宜興年鑑

(2017)

（总第29卷）

宜兴市人民政府 主办
宜兴市史志办公室 编

方志出版社
Publishing House of Local Records

图书在版编目（CIP）数据

宜兴年鉴．2017 / 宜兴市史志办公室编．--北京：方志出版社，2017．7

ISBN 978-7-5144-2475-1

I．①宜… II．①宜… III．①宜兴－2017－年鉴
IV．①Z525．34

中国版本图书馆CIP数据核字（2017）第181557号

宜兴年鉴（2017）

编　　者：宜兴市史志办公室

责任编辑：李 静

出 版 人：冀祥德

出 版 者：方志出版社

地址 北京市朝阳区潘家园东里9号（国家方志馆4层）

邮编 100021

网址 http://www.fzph.org

发　　行：方志出版社发行中心

电话（010）67110500

经　　销：各地新华书店

印　　刷：宜兴市德胜印刷有限公司

开　　本：889×1194　　1/16

印　　张：27

字　　数：943千字

版　　次：2017年7月第1版　2017年7月第1次印刷

印　　数：0001～2600册

ISBN 978-7-5144-2475-1　　定价:200.00元

主　办

宜 兴 市 人 民 政 府

主　管

宜 兴 市 地 方 志 编 纂 委 员 会

主　任： 张立军
副主任： 卢　敏
成　员： 周　峰　王富民　路　翀　闵曲成　许红霞　马南新　宗豪杰
徐早其　彭福友　夏侯岭　王旻明　丁汉洲　王迎春　蒋惠清
蒋志刚　蒋国强　吴锡军　狄胜君　蒋德荣　陈建平　何　忠
苏锡林　夏红军　赵　辉　许夕华　钱西元　刘赛洪　王忠东
范燕慧　朱乾辉　李文军

承编单位

宜 兴 市 史 志 办 公 室

主　　任： 夏侯岭
副 主 任： 耿海华　朱峻峰

编辑部

主　　编： 耿海华
副 主 编： 吴　艳　吕　浩
编　　校： 王　雅　叶　绿　吕　浩　朱　敏
吴　艳　吴建群　张璐瑶　解丽莉
文字处理： 汪慧芸
装帧设计： 黄文婷
英文翻译： 郑　昳

地　址：江苏省宜兴市宜城街道陶都路8号
电　话：0510-87986705 87986703(传真)
Http://sqw.yixing.gov.cn/
E-mail: yxszb1996@sina.com

编 辑 说 明

一、《宜兴年鉴（2017）》以邓小平理论、“三个代表”重要思想、科学发展观为指导，贯彻落实习近平总书记系列重要讲话精神和治国理政新理念、新思想、新战略，坚持辩证唯物主义和历史唯物主义的立场、观点和方法，实事求是记载宜兴市经济、政治、文化、社会、生态等各方面的基本面貌和发展情况，为各级领导、决策者和管理者提供准确的信息和情况，为社会各界了解、研究宜兴提供基本信息资料，并为编修地方综合志书积累资料。

二、《宜兴年鉴（2017）》按分类编辑法，分为特载、概况、陶艺·书画、政治建设、经济建设、“美丽宜兴”建设、文化建设、社会建设、镇·街道、人物·荣誉、附录·索引11大部类，下设类目、分目、条目3个层次，共有专文、重要文献、宜兴概貌、大事记、组织机构和领导人员名录、陶艺、书画、中共宜兴市委员会、宜兴市人大常委会、宜兴市人民政府、政协宜兴市委员会、中共宜兴市纪律检查委员会、民主党派·工商联、武装、社会团体、园区建设、对外开放、科技、工业经济、旅游业、金融业、房地产业、建筑业、商贸流通、农业·农村、信息化建设、服务与监管、城乡规划、城乡建设与管理、交通建设与管理、生态环保、教育、公共文化、报业·广电、体育、史志·档案·文史资料、政法工作、社会保障、民政事务、公用事业、卫生计生、镇、街道、人物、荣誉、附录、索引47个类目。条目为记述的基本单位，其标题用黑体加“【】”表示。

三、年鉴卷前公益彩页设“宜兴荣誉”“宜兴数字”“宜兴纪事”三个栏目，以图片的形式彰显宜兴地方特色和年度大事要事。由本刊编辑部主办的2016“精彩宜兴”年度照片征集评选活动获奖作品以刊中刊的形式收录，展示过去一年宜兴的自然和人文面貌。

四、组织机构和领导人员名录中的任免职时间均为党委提名时间（省、无锡市直属部门及驻宜兴单位除外）。

五、“新闻人物”收录2016年度有特殊影响的人物；“逝世人物”收录2016年逝世的、较有影响的宜兴籍副县（团处）级（含）以上领导，曾在宜兴担任过副县

（市）职以上的干部，享受地（市）级以上政治、生活待遇的在宜兴的离休干部，在市内外有一定影响的宜兴籍知名人士。

六、年鉴中收录的各行政村、社区基本情况为2016年年底时的情况。

七、《宜兴年鉴（2017）》部分文字后标有“*”，此类文字在附录中有缩略语、专用词语注释。

八、本年鉴中所有“上年”均指“2015年”。有关“江苏省”“宜兴市”“中共江苏省委员会”“中共宜兴市委员会”的记述，非特定需要时（标题名、文件名等），分别省略为“省”“市”“省委”“市委”。在对外开放中提及外资、外商等时，“外”均指境外（包含港澳台地区）。

九、《宜兴年鉴（2017）》的检索方式有目录和索引两种。目录在卷首，中文目录编排至条目，英文目录编排至分目。索引在卷末，采用主题分析法编制，按汉语拼音顺序排列，设条目索引、图片索引两部分。

十、《宜兴年鉴（2017）》的稿件和随文插图主要由各部门、各有关单位及各镇、园区、街道提供，并经各单位负责人审定核实。卷首彩页图片部分由宜兴日报社提供。各单位内容后均有撰稿人署名，《附录》中列有审稿人员名单。

十一、表格中无数字和无法获得数字和有关情况的单元格用“—”表示；数据为零的，用“0”表示。

十二、根据行文实际需要，《宜兴年鉴（2017）》部分机构使用简称，部分机构全称、简称对照表列于《附录》中。

十三、读者可以通过手机扫描封面二维码，登录宜兴市史志办公室微信公众号（宜兴史志）、官网（宜兴市情网）查看《宜兴年鉴（2017）》所有内容。

十四、所用统计数据均以市统计局编纂的《宜兴统计年鉴》公布的数据为准，市统计局未作统计的，按各行业、各部门、各单位自行统计的数据实录。

城市荣誉

中国人居环境奖

国家历史文化名城

国家生态市

国家环境保护模范城市

国家卫生城市

国家园林城市

国家可持续发展实验区

全国生态示范区

全国科技进步示范县（市）

全国法治县（市、区）创建活动先进单位

全国计划生育工作先进县

全国体育先进县（市）

中国优秀旅游城市

全国广播电视先进县（市）

全国文化先进县

中国陶瓷历史文化名城

国家知识产权试点城市

全国节水型城市

全国绿化模范城市

全国义务教育发展基本均衡县（市、区）

全国休闲农业与乡村旅游示范县

中国美丽乡村建设示范县

七星级慈善城市

2016年新获荣誉

第十六届全国县域经济与县域基本竞争力百强县——第六位

2016中国最具幸福感城市——第六位

全国农村一二三产业融合发展试点县

全国科普示范县（市、区）

国家级农村职业教育和成人教育示范县

国家公共文化服务体系示范区

全国计划生育优质服务先进单位

国家体育产业示范基地

全国地质灾害群测群防高标准“十有县”

全省法治建设示范县（市、区）

江苏省优秀管理城市

江苏省平安县（市、区）

镇：13个

街道：5个

省级以上开发区：3个

行政村：213个

社区居委会：98个

全市总面积：1996.6平方千米

年末总人口：108.34万人

常住人口：125.44万人

人口自然增长率：1.02‰

城市化水平：65.12%

地区生产总值：1377.74亿元

第一产业增加值：48.74亿元

第二产业增加值：709.51亿元

第三产业增加值：619.49亿元

工业总产值：3510.6亿元

工业利税总额：182.85亿元

全社会固定资产投资总额：537.31亿元

社会消费品零售总额：556.37亿元

到位注册外资：1.58亿美元

外贸进口总额：6.82亿美元

外贸出口总额：30.17亿美元

旅游接待人数：2203.34万人次

旅游总收入：224.92亿元

公共财政预算收入：108.65亿元

公共财政预算支出：117.42亿元

金融机构本外币存款余额：1925.33亿元

金融机构本外币贷款余额：1401.17亿元

居民储蓄存款余额：966.82亿元

参加基本养老保险人数：34.2万人

参加失业保险人数：27.5万人

参加企业职工基本医疗保险人数：44.29万人

参加城乡居民医疗保险人数：44.76万人

居民消费价格总指数：101.7

商品零售价格总指数：101.5

城镇居民人均可支配收入：46092元

城镇居民人均生活消费支出：28767元

农村居民人均可支配收入：23709元

农村居民人均生活消费支出：16771元

全社会用电量：92.25亿千瓦时

全社会供水量：1.2亿吨

《宜兴数字》板块数据由市统计局提供

1月

横跨整个东氿水面的范蠡大桥实现结构贯通

图为范蠡大桥　　（王春　摄）

. 2月

“‘一带一路’宜兴紫砂系列展览”活动陆续在泉州、厦门、西安、杭州、上海、哈尔滨、成都、广州等地举办

图为西安站第十一届中国艺术节特展宜兴紫砂展出场景　（丁焕新　摄）

3月

央视《新闻联播》播出太华镇乾元村的茶园，时长26秒的报道，生动展现了宜兴重视生态建设给农民带来的实惠

图为乾元茶场　（周徽平　摄）

4月

2016中国宜兴国际素食文化暨绿色生活名品博览会在宜兴大觉寺举办。本次素食节以“传播素食文化倡导绿色生活”为主题，通过一系列融合文化与创意的活动，推动两岸文化交流、展示宜兴城市形象

图为素食节现场　（曹益采　摄）

5月

部署全市农村土地承包经营权确权登记颁证工作。2013年起，宜兴市推行农村土地承包经营权确权登记颁证试点工作，至2016年年底顺利实现“确保85%的村完成确权、60%的村通过验收”的目标

图为宜兴市首批农村土地承包经营权证发放仪式会场 （仇洪生 摄）

.6月

双湖路（阳灵隧道南侧）、滆湖东路绿化工程竣工，新增绿化面积近70万平方米

图为双湖路绿化工程，施工范围为张灵慕线至阳灵隧道南入口，全长800米，总面积6.4万平方米 （夏侯岭 摄）

7月

宜兴遭遇历史最大洪涝灾害，全市干群团结一心，取得抗洪救灾重大胜利

1 2 3 4

1. 抢铺应急便道 （丁焕新 摄）
2. 连夜搭建便于市民出行的便民桥 （鲍陈 摄）
3. 驻宜兴部队官兵在抗洪一线 （龚平 摄）
4. 救灾一线的坚守 （冯卫 摄）

8月

中国共产党宜兴市第十三次代表大会召开

图为党代会会场　（仇洪生　摄）

图为新当选的市委常委合影　（仇洪生　摄）

9月

西渚镇白塔村入选农业部公布的2016年中国美丽休闲乡村推介名单，成为无锡地区唯一入选乡村

图为白塔之晨　（万正初　摄

10月

2016中国陶都（宜兴）金秋经贸洽谈会隆重举行

图为秋洽会集中签约现场　（仇洪生　摄）

第一届中国通航产业发展（丁蜀）论坛

图为第一届中国通航产业发展(丁蜀)论坛现场　（丁蜀镇政府　供稿）

11月

省委书记李强就深入学习贯彻中共十八届六中全会精神，专程到宜兴实地了解基层党建工作开展情况

图为在宜兴调研期间李强(图前中)与种田大户交流　（仇洪生　摄）

8月至11月，市镇两级人大代表换届选举，全市1010228名登记选民依法选举产生市人大代表357名、镇人大代表1022名

图为选民在选举日投上庄严一票　（单祖英　摄）

12月

继市美术馆、市博物馆开馆后，市科技馆正式开馆，标志着市文化中心全面投用

图为市文化中心夜景　（郭晨杰　摄

曹婉芬家庭获评第一届全国文明家庭，并受到习近平总书记的亲切接见

图为习近平总书记接见曹婉芬的电视画面

创建生态保护引领区

宜兴拥有全省乃至长三角地区不多见的生态禀赋和优美的自然环境，封面是反映宜兴市“山在城中,城在水中,人在画中”生态宜居的照片。优美的人居环境，与近年宜兴市铁腕治污分不开。“十二五”期间，关停琉璃瓦企业275个，淘汰水泥落后产能600多万吨、造纸能力10.5万吨/年、印染生产能力1500万米；2016年未出现重污染天气，PM2.5浓度较2013年下降30.6%，下降幅度全省领先；在全省乃至全国率先实现供水、供气、污水处理、垃圾处理、建设管理等城乡公用事业一体化；2014—2016年，仅市财政投入环保经费就超过50亿元，年均增长34%。

2016年年底，在省委、省政府部署的“两减六治三提升”行动中，宜兴领到一个特别的任务：创建生态保护引领区。宜兴将在专项行动中先发先行，在生态建设中争当示范，做好“加减法”：治污减排是减法，转型升级则是加法。一方面抓节能减排，坚决淘汰落后产能，治理污染源；另一方面抓转型升级，大力发展新兴产业，以环保促进产业兴市战略转型。

目 录

特 载

概 况

陶艺·书画

政治建设

经济建设

旅游业

金融业

房地产业

建筑业

“美丽宜兴”建设

文化建设

社会建设

镇·街道

街 道

人物·荣誉

人 物

荣 誉

附录·索引

Main Contents

Special Record

General Description

Ceramic Arts·Painting

Political Construction

Economic Construction

"Beautiful Yixing"Construction

Cultural Construction

Social Construction

Towns·Streets

Personage·Honor

Appendix·Indexes

专 文
ARTICLE

万众一心 奋起抗灾
宜兴抵御历史最大洪涝灾害

宜兴地处太湖西线，承泄溧阳、金坛、武进等地4700多平方千米客水，境内水网纵横交错，共有市、镇、村级河道2424条，共计3174.5千米，水域面积达375平方千米。全市拥有万亩以上圩21只，五千亩以上圩16只，水库19座，其中大型1座(横山水库)、中型1座(油车水库)、小型17座。

一、雨情、水情、灾情情况

受超强厄尔尼诺影响，2016年宜兴市降雨明显偏多，降雨总量达1199毫米，其中汛期降雨为866毫米，半年的降雨量接近往年全年的降雨量。特别是7月1日—5日，全市出现连续强降雨，全市平均雨量达269毫米，其中徐舍、宜城、大浦的降雨量分别达355毫米、265毫米、269毫米。

6月22日起，徐舍、宜城等区域水位相继超警戒水位，特别是7月1日起，连续的强降雨，加上上游客水的“上压”、太湖高水位的“下托”、京杭大运河钟楼闸关闭，使得宜兴市境内水位持续攀高并不断刷新纪录，使全市出现了有水文记录以来的最大洪涝灾害。

特大洪灾期间，河湖水位不断上涨，全市各地险情、灾情随之不断增多。据不完全统计，全市累计发生决口、坍塌、渗漏等各类险情742处，宜城城区62个小区、19条道路被淹，全市累计受灾人口180202人，紧急转移安置2.14万人，集中安置3943人(集中安置点76个)，受灾农田27.56万亩，受损房屋339户，受淹企业405个，直接经济损失近5.72亿元。

二、抗洪救灾

入汛后，宜兴市围绕确保人民群众生命财产安全这一必保目标和核心要求，落实各项防范和处置措施，防汛形势总体处于可控状态。

1.未雨绸缪早准备。针对可能出现洪涝灾害的预判，宜兴市未雨绸缪、及早准备。在动员部署上，5月6日市政府就召开专题会议，部署安排防汛工作，并明确各镇(园区、街道)和重点水利工程防汛责任人，下发责任状。在预案修订上，市防汛防旱指挥部(以下简称“市防指”)于汛前就督促各责任单位根据近年水情、工情变化，及时修订各类应急预案，并由市防指分类汇总全市所有水库、重点塘坝和五千亩以上圩的防汛预案。全市有防汛抢险队310个7556人。其中，民兵抢险队136个、2642人，河道及管理单位抢险队117个、2521人，水库抢险队36个、1533人，其他专业抢险队21个、860人。通过防汛大检查，全市共查出河道堤防险工10处、3177米，病闸4座，病站7座。另外，主汛期前，市防指要求各镇(园区、街道)依托社会力量建立适应性强、反应快速、行动灵活、抢险高效的机械化应急抢险队伍，提升全市应急抢险效率。全市共建立机械化应急抢险队伍18支、人员148人，配套各类机械设备130台(套)。全市储备防汛“三袋”(草袋、纺织袋、麻袋)134.49万只、木材360.5立方米、毛竹1.69万支、桩木(树棍)2.565万支、铁丝4512千克、元钉792千克、柴油21.5吨、块石3153吨、土工布2.94万平方米、彩条布8.6万平方米。其中，市级防汛仓库储备编织袋37万只、彩条布8.6万平方米、桩木3750根，市抗旱排涝队储备编织袋5万只、土工布1万平方米、块石3000吨、潜水泵20台、流动抗排机船30条。

2.科学应对抢主动。市委、市政府始终注重汛情的动态研判分析，及时响应、迅速应对，牢牢把握防汛工作主动权。6月28日，针对雨情和水位情况，市防指启动防汛Ⅲ级响应，要求全市各责任单位和抢险队伍24小时在岗在位，加强巡查和值守，确保各类防洪水闸、排涝泵站安全有序运行。7月2日上午，全市遭受暴雨，市防指立即启动防汛Ⅱ级响应，市级层面也立即召开防汛工作会议，针对性部署当前工作；当天下午1点

30分，在研判最新汛情后，市委、市政府召开紧急会议，召集所有市委常委、副市长及所有责任单位主要负责人，对防汛工作进行再部署、再落实，同时要求市委常委、副市长第一时间奔赴基层，亲自指挥；下午5点，市防指将响应级别调至最高级Ⅰ级，动员全市各级和市民进入抗洪救灾的战斗状态。

3.因地制宜抓关键。根据不同时点、不同区域的实际情况，因地制宜采取对策，全力以赴狠抓关键，确保各项措施落到实处。在山区，重点加强对水库、塘坝的水情监测和工程检查，及时组织库塘下游、涧沟周边等危险区域的人员撤离。得益于近年病险库塘除险加固工程的实施和水库库容的科学调度，全市山区防汛总体较好，所有水库塘坝没有险情发生。在圩区，重视巡查抢险，严防重点圩堤发生溃坝，市防指加强统筹调配，全力保障各镇抢险救灾物资，累计对上争取支援水泵56台，发放编织袋15万只、木桩4500根、水泵148台（套）。同时，积极协调无锡军分区、武警8690部队和民兵应急连，累计出动部队官兵和民兵应急连1600多人次支援各地应急抢险。市水利农机局组织业务骨干19人，深入一线、全力指导基层进行科学救灾。在城区，积极采取应急措施，配备排水设备、配强抢险队伍，全力开展受淹小区和重点路段排涝、水电管线抢修等工作。7月2日，市防指专门下发《关于立即撤离危险地带人员的紧急通知》，要求各镇（园区、街道）及时将危险地带群众转移到学校等地，确保危险区域群众生命安全。

4.加强宣传掌舆情。入汛后，特别是7月1日后，一些防洪抗灾的虚假信息开始在微信等现代传媒上传播，中央电视台等市外媒体也相继进入宜兴现场报道。针对这一实际，市防指高度重视，打出了舆情把控"组合拳"：市委、市政府发布《告市民书》，号召全市党群团结一心、合力抗灾；市防指办公室开办《防汛抗灾简报》，及时将最新汛情、工作动态传达到各级各单位，交流抗灾好做法、传递抗灾正能量；市委宣传部组织力量及时开展针对性辟谣2次，深入基层一线挖掘抗洪救灾典型，积极对接市外媒体在宜兴报道，牢牢把握宣传主动权，总体保持了良好的舆论环境。宜兴市为方便受灾市民出行连夜搭建的便民桥被市民称为"爱心桥"，中央电视台、江苏卫视、江苏交通广播电台、《扬子晚报》、《无锡日报》、无锡电视台、苏州电视台等主流媒体均予以报道，中央电视台在《今日视点》栏目用了整整10分钟的篇幅报道，《扬子晚报》在头版显著位置刊登"爱心桥"大幅照片。

5.关注民生强保供。在救灾方面，市政府批准安排500万元支持各镇（园区、街道）救助受灾群众，帮助解决基本生活困难。市民政局于7月3日启动自然灾害救助二级应急响应，7月7日将应急响应级别提升至一级，紧急下拨临时救助款208万元、自然灾害生活救助资金800万元，启动民生保险大面积灾害事故处理特别程序。市城管局采取轮岗上阵、轮班作业的形式，坚持每天16小时持续工作，灌装沙袋6万多只应急调往全市各处。城管系统在整个抗洪救灾期间紧急出动突击攻坚力量1.2万多人次，调集车辆机械260多台（套），参与险情处置、转移群众等攻坚任务300多次。市公安局全力确保人民群众生命财产安全和社会稳定，累计投入警力17267人次、出动警车1383辆（次），检查危旧房屋、水库堤坝、水利设施等重点部位8565处，发现并排除各类汛情隐患2494件（次），及时救助疏散受困群众14222人。市建设局抗洪抢险队伍，在宜城城区西木、富雅园、茶西、茶东、土城、龙潭等15个新村和社区搭建便民桥2.2万米，用掉钢管23万米，方便受灾市民出行。市供电公司以保障防汛救灾用电为目标，启动应急预案，出动应急工作人员1449人、车辆231辆，发现险情及时处置，确保居民用电和供电主设备运行安全。市供电公司在整个抗洪救灾期间抢修恢复配变105台，恢复用户供电6438户。市公用事业局下属水务集团及时自救，确保了氿滨水厂和官林增压泵站的安全，保障了全市供水正常。在次生灾害防治方面，市防指于7月4日下午专题召开会议，明确各部门工作职责，落实针对性工作措施，坚决防止有毒易爆物品、地质灾害、水污染、食品中毒灾害发生。

在抵御超历史洪灾过程中，全市抗洪救灾共消耗编织袋240万只、编织布48万平方米；抗灾用电730万千瓦时、用油12吨；抗灾机械1065台、运输设备8600班（次）、抢险舟船2086般（次）；投入抗灾人数约32.55万人次。市防指调度防汛仓库和抗旱排涝队支援各地各部门抗洪救灾的编织袋19.5万只、彩条布9.3万平方米、桩木6350根、排涝机泵111台（套），其中省防指支援宜兴市抗排机泵50台（套）。按照"政府拨一点、镇村补助一点、个人自筹一点、亲友资助一点、社会捐助一点、政策减免一点"的办法，投入市级补助金218万元，改造193户困难群众的危旧房343间。全市4.16万户居民家庭获得洪涝灾害理赔3294.35万元。

在严峻的汛情、灾情面前，全市在市委、市政府的坚强领导下，团结一致，共同奋战，应对有力、有序、有效，确保了万亩以上圩不破圩、水库塘坝不溃坝、太湖大堤不决口，取得了抗洪救灾的全面胜利。

（屠飞翔）

编辑　吴艳

重要文献
IMPORTANT DOCUMENTS

践行新理念　开创新局面
为建设“强富美高”新宜兴而努力奋斗

——在中国共产党宜兴市第十三次代表大会上的报告

中共宜兴市委书记　沈　建

（2016年8月8日）

中共宜兴市委书记　沈建　　　　（仇洪生　摄）

同志们：

在奋战“十三五”、奋力开新局的重要时刻，中共宜兴市第十三次代表大会隆重开幕了！

会议的主要任务是：深入贯彻落实党的十八大、十八届三中、四中、五中全会和习近平总书记系列重要讲话特别是视察江苏重要讲话精神，回顾总结宜兴市第十二次党代会以来的主要工作，研究确定今后五年的奋斗目标和重点任务，选举产生中共宜兴市第十三届委员会和纪律检查委员会，动员全市各级党组织、全体共产党员和广大干部群众，凝心聚力、开拓进取，为高水平全面建成小康社会，建设经济强、百姓富、环境美、社会文明程度高的新宜兴而努力奋斗。

现在，我代表中共宜兴市第十二届委员会向大会作报告。

过去五年的工作总结

市第十二次党代会以来，面对严峻复杂的宏观环境、持续加大的下行压力，市委在省委、无锡市委的坚强领导下，团结带领全市人民，主动适应经济发展新常态，积极应对各种风险挑战，统筹做好稳增长、调结构、促改革、惠民生等各项工作，基本完成了既定目标任务，为新一轮发展奠定了坚实基础。

综合实力不断提升。主要经济指标基本保持两位数增长。2015年，全市实现地区生产总值1285.7亿元，人均GDP超1.6万美元，是“十一五”末的1.6倍。一般公共预算收入达102.5亿元，全社会固定资产投资、社会消费品零售总额等指标接近翻番。工业总产值由2300.2亿元增加到3502.9亿元，累计实施超亿元工业项目280只，是“十一五”期间的2.5倍。环科园创新资源加速集聚，统筹发展稳步推进。开发区升格为国家级经济技术开发区，产业体系不断健全。陶瓷产业园区特色鲜明、活力增强。阳羡生态旅游区获批省级旅游度假区。宜兴县域经济基本竞争力继续位居全国前列。

转型升级步伐稳健。产业结构持续优化，三次产业比重调整为3.9∶51.3∶44.8，服务业占比年均提高近1个百分点。主导产业转型加快，电力电缆、环保水处理设备国内市场占有率分别达13%、40%以上。新能源、新材料、光电子等新兴产业发展迅速。高新技术产业产值占规上工业产值比重达39%，蝉联全国科技进步考核先进县（市）、全国科普示范县（市），入选国家知识产权试点城市。企业兼并重组、战略合作、上市融资步伐加快，累计实施兼并重组、战略合作项目83只，标的总额超过370亿元。全市共有上市企业25家、新三板挂牌企业23家。去年，2家企业入围"中国企业500强"，4家企业入围"中国民营企业500强"，5家企业入选"中国民营企业制造业500强"。生态、文化、旅游加速融合，旅游总人数年均增长13%。农业发展方式加快转变、综合效益不断提升，高效农业比重由44.8%升至67.9%，获全国粮食生产先进县、全国休闲农业与乡村旅游示范县称号。

城乡面貌持续改善。城乡建设累计投入超160亿元，城市建成区扩大到78平方公里，城市化率由58.2%升至64.8%。东氿新城建设稳步推进，市文化中心基本建成投用，优质市场主体相继进驻、城市功能不断完善。老城区改造力度加大，31个老小区、43条城区道路完成综合改造。农村面貌持续提升，3324个自然村完成环境整治，建成218个"三星级康居乡村"、3个全省最美乡村，交通、供水、供气、污水处理、垃圾处理"五个城乡一体化"全省领先。宁杭高铁顺利通车，新改建干线公路315公里，提档升级农村公路516公里，内畅外达的大交通格局逐步形成。城乡管理不断加强，成功创建省优秀管理城市。

生态建设成效明显。治太保源深入推进，投入超27亿元，建成油车水库、城市污水处理厂等一批重大工程，实施重点治太项目、小流域治理项目1071只，入湖水质不断改善，太湖连续8年实现安全度夏。落实最严格的环保准入制度，累计否决200多个项目。实施民生环保工程590只，关停化工、铸造、水泥等企业近300家，万元GDP能耗下降25.1%，主要污染物总量削减目标超额完成。复垦工矿废弃地4911亩，新增城市绿地9000亩，城区和集镇生活污水集中处理率分别达96%、86%，安全供水率、林木覆盖率、空气质量优良率等生态指标全省领先。成功创建国家生态市、获得中国人居环境奖。

社会事业协调发展。累计投入民生资金超300亿元，民生支出占比五年增加3.8个百分点。完成65件140项实事项目，群众生产生活条件不断改善。居民收入稳步增长，城镇居民、农村居民人均可支配收入分别提高到42750元、21910元。城乡教育现代化不断加快，医药卫生体制改革扎实推进，社会保障制度框架基本接轨无锡，公共文化服务体系不断完善，群众的幸福感、满意度持续提升。精神文明建设亮点纷呈，成功入选全国文明城市提名资格城市。社会治理体系进一步健全，平安宜兴、法治宜兴建设深入推进，企业资金运行风险稳控有力，社会大局保持和谐稳定。

从严治党深入推进。认真贯彻落实全面从严治党的新要求、新部署，切实履行管党治党责任。深入开展党的群众路线教育实践活动、"三严三实"专题教育、"两学一做"学习教育，广大党员干部的思想觉悟、作风素质明显提高。坚持团结稳定鼓劲、正面宣传为主，宣传思想和舆论引导工作有力有效。认真落实《干部任用条例》，建立健全干部选拔任用、监督管理、考核评价等制度，干部队伍建设实现新提升。全力推进基层服务型党组织建设，党的执政基础更加稳固。严格落实党风廉政建设"两个责任"，深入推进作风建设，保持反腐高压态势，政治生态风清气正。支持人大、政协依法履职、助力发展，推动统战、群团组织开拓创新、服务大局，双拥、人武、档案、史志、老干部等各项工作都取得新进步。

各位代表、同志们，五年的成绩来之不易，发展的成就令人鼓舞！这些成绩的取得，是上级党委正确领导的结果，是市委团结带领全市各级党组织和广大党员、干部群众团结拼搏、奋发进取的结果，是历届市委打下的良好基础，以及广大老干部，党外人士、人民团体、驻宜部队大力支持的结果。在这里，我代表中共宜兴市委，向全市广大干部群众，向所有关心支持宜兴发展的社会各界人士，表示衷心的感谢并致以崇高的敬意！

回顾五年的奋斗历程，我们不仅取得了显著成绩，也积累了宝贵经验：

一是始终把加快发展作为核心要务。五年来，面对复杂多变的宏观形势、转型升级的紧迫任务，我们始终坚持发展第一要务，以项目建设助推经济增长，以产业转型积蓄发展优势，以开放合作集聚资源要素，有力推动了全市经济平稳健康发展。实践证明，只有坚持加快发展不动摇、做强产业不松懈，宜兴的综合实力才会不断壮大，城市地位才会持续提升。

二是始终把做强特色作为关键之举。五年来，我们始终把放大特色作为宜兴发展的重要抓手，立足独特的产业基础、城市定位和资源禀赋，做强特色主导产业，提升城市宜居品质，激活生态文化优势，进一步扩大了宜兴的知名度和影响力。实践证明，只有坚持一切从实际出发，走特色化、差异化发展之路，才会彰显出宜兴的比较优势，才会在激烈的区域竞争中脱颖而出。

三是始终把务实为民作为执着追求。五年来，我们牢记为民宗旨，坚持"尽力而为、量力而行"，保持民生投入的稳定性、针对性和可持续性，深入推进就业惠民、服务便民、社保利民、稳定安民，让全市群众享受到了更多改革发展成果。实践证明，只有牢固树立务实为民导向，扎实办好各项民生实事，才能赢得群众的信任和支持，才能汇聚起推动宜兴发展的强大合力。

四是始终把党的建设作为根本保障。五年来，我们始终坚持从严管党治党，全面加强党的思想、组织、作风、反腐倡廉和制度建设，营造了干事创业、风清气正的良好氛围，为经济社会发展提供了坚强的政治保证。实践证明，党是引领发展的核心力量，只有不断加强和改进党的建设，我们的事业才能无往不胜。

回顾五年，我们既要充分肯定成绩，更要清醒地看到存在的问题和不足。主要是：经济总量不大，产业结构不优，项目后劲不足，开放和创新力度不大，经济发展的质量和效益亟待提高；城市能级不够强，城市、生态、文化的特色仍未真正转化为发展优势；企业资金运行风险依然存在，社会金融生态成为制约发展的瓶颈；环境保护面临较大压力，生态文明建设任务艰巨；少数党员干部创业激情、担当精神需要进一步增强，破解发展难题的能力有待提高，等等。对此，我们必须高度重视，采取有效措施，切实加以解决。

今后五年的发展目标和工作思路

今后五年，是宜兴高水平全面建成小康社会的决胜期，也是建设"强富美高"新宜兴的攻坚期，更是全市上下践行新理念、开创新局面的奋进期。我们面临着良好的发展机遇，中央"四个全面"战略布局、五大发展理念、供给侧结构性改革，为宜兴未来发展提供了基本遵循、指明了前进方向；"一带一路"、长江经济带、长三角区域发展一体化、苏南国家自主创新示范区等国家战略，为宜兴加快发展提供了现实机遇。只要我们顺势而为、找准思路，就一定能抓住机遇、乘势而上，在新一轮发展中占据主动、赢得优势。我们肩负着更重的发展任务，在新常态的大背景下，今后一段时期，我们既要面对实现经济稳中有进、稳健发展的现实压力，也要应对调整产业结构、转变发展方式的长期考验；既要抓紧补齐发展和民生短板，也要积极增创新的竞争优势、培育新的经济增长点；既要坚持全面从严治党不动摇，也要激发广大党员干部、企业家和社会各界人士干事创业的积极性，等等。我们重任在肩、责无旁贷。全市上下只有在市委的领导下，团结一心、步调一致，咬定目标、埋头实干，才能战胜新挑战、实现新突破。我们具备了更加坚实的发展基础，经过历届市委和全市人民的不懈奋斗，宜兴的经济总量连上台阶，综合实力今非昔比，产业、城市、生态、文化"四位一体"发展特色鲜明，独特的产业优势、秀美的环境优势、广阔的空间优势、潜在的区位优势等日益彰显，正加快转化为助推发展的强大动力。尤其是当前，随着国内地下管廊、"海绵城市"建设的推广，环境治理的深入以及休闲旅游的兴起，我市线缆、环保、旅游等特色优势产业，迎来了新一轮的发展"黄金期"，市场前景无比广阔。更为重要的是，宜兴不但拥有一支勤奋敬业、埋头实干，履职尽责、敢打硬仗的党员干部队伍，还有一支顽强拼搏、吃苦耐劳，善于创新、勇创大业的企业家队伍，这是我们战胜一切困难、夺取更大胜利的最大底气和信心所在。全市各级党组织和党员干部，一定要认清形势、明确方向，坚定信心、提振精神，既要看到宜兴的机遇和优势，也要感到身上的责任和压力，更要充满前进的希望和动力，进一步统一思想、凝心聚力，负重奋进、只争朝夕，推动宜兴经济社会发展不断开创新局面、迈上新台阶。

今后五年宜兴发展的指导思想是：全面贯彻党的十八大和十八届三中、四中、五中全会精神，以习近平总书记系列重要讲话特别是视察江苏重要讲话精神为引领，坚持"四个全面"战略布局，深入践行五大发展理念，大力实施产业强市、创新驱动、开放带动、城乡一体化、绿色发展、共建共享战略，朝着把宜兴建设成为"无锡'一体两翼'发展格局中更为坚强一翼、宁杭城市带中心节点城市"的目标，解放思想、改革创新、埋头实干，为高水平全面建成小康社会、建设"强富美高"新宜兴而努力奋斗。

今后五年经济社会发展的主要目标是：

——综合经济实力显著增强。经济保持中高速增长，地区生产总值、一般公共预算收入年均增长7.5%，全市综合实力和区域竞争力明显增强，对无锡大市的贡献度不断提高。区域科技创新体系加快构建，开放型经济质量和水平显著提升，城市功能和辐射力进一步增强，结构合理、支撑有力的现代产业体系基本形成，宜兴产业迈向中高端水平，规模和质态实现跨越式发展。到2020年，全市高新技术产业产值占规上工业产值比重达到42%，服务业增加值占GDP比重达到47%以上，研发投入占比达到3.2%以上。

——百姓满意程度不断提高。低收入群体收入较快增长，经济薄弱村加速脱困转化，收入差距逐步缩小，城乡居民人均收入不断提高。大众创业更加活跃，社会就业更加充分，保障水平与经济发展水平同步提高，医疗卫生、教育、体育等覆盖城乡的公共服务更加完善，百万宜兴市民更多更公平地分享改革发展成果，获得感、幸福感和满意度持续提升。

——生态环境质量持续改善。"美丽中国示范区"建设取得重大进展，主要污染物排放总量大幅减少，区域水环境治理取得阶段成效，森林覆盖率、空气质量优良率和地表水水质全省领先。生态宜居的核心价值全面融入生产生活方式，生态文明的建设、保障机制继续完善，全社会绿色发展、低碳发展水平持续提升。天更蓝、水更净、空气更清新的优良生态，成为宜兴最大的民生福祉和响亮的城市品牌。

——社会文明程度明显提升。中国梦、社会主义核心价值观和宜兴城市精神深入人心，人民群众思想道德和科学文化素质、诚信法治意识明显提高，社会文明程度大幅提升，力争成功创建全国文明城市。公共文化服务体系更加完善，历史文化遗存得到更好保护，文化软实力更加彰显。法治宜兴建设扎实推进，人民民主更加健全，法治政府基本建成，司法公信力进一步提高。社会治理得到加强和创新，社会诚信体系全面建立，公共安全管理不断强化，始终位居全省最安全、最稳定、最和谐地区之列。

确立这样的目标，符合宜兴新一轮发展的客观要求和自身定位，也符合全市人民的普遍期盼和共同利益。全市各级党组织要自觉肩负起这一时代重任，动员和带领全市广大干部群众，为实现今后五年的奋斗目标而不懈努力。

实现今后五年的奋斗目标，必须更加解放思想、创新突破。解放思想、勇于创新，是引领新常态、实现新作为的最大法宝。面对阻碍发展的陈旧观念、传统路径、制度瓶颈，以及前进道路上的新情况、新问题、新困难，我们要大胆破敢于立，有所为有所不为。要着力在发展理念、工作方法、体制机制等各个方面，借鉴先进经验，积极探索实践，善于在无路处找路，在危机中转机，在困境中突围，在全市上下掀起新一轮思想解放的热潮，激发创新创业的活力，不断增添各项事业蓬勃发展的新动能，开创宜兴阔步向前的新局面。

实现今后五年的奋斗目标，必须突出聚焦产业、优化发展。产业强，则经济强，城市强。要牢固确立产业强市主导战略，以做强实体经济为根本，按照“强骨骼、壮肌肉、丰羽毛”的要求，全力以赴引育重大产业项目，促进制造业转型升级，不遗余力优化企业发展环境，重振企业家创业热情，推动宜兴产业加速崛起；着力提高发展的质量和效益，不断强化创新驱动，持续扩大对外开放，加快产业结构的战略性调整、发展方式的根本性转变，构建以新兴产业为先导、先进制造业为主体、现代服务业为支撑、生态文化旅游业为特色、现代农业为基础的现代产业体系。

实现今后五年的奋斗目标，必须着力强化担当、真抓实干。敢于担当，是党员干部的应有品质；狠抓落实，是事业成败的根本保证。要树立强烈的大局意识和责任意识，以“功成不必在我、建功必须有我”的境界和胸怀，为宜兴的发展倾尽全力。面对改革发展稳定中的重点难点问题，要挺身而出、迎难而上，主动作为、不躲不绕，做到在难题面前敢于开拓，在矛盾面前敢抓敢管，在风险面前敢担责任。对于市委确定的目标任务、部署的重点工作，要以一抓到底、抓则必成的韧劲和毅力，不折不扣抓落实、全力以赴抓推进，以实实在在的工作成效，交出一份满意答卷。

实现今后五年的奋斗目标，必须切实改善民生、凝聚合力。群众对美好生活的向往，就是我们的奋斗目标。要坚持民生优先、共建共享不动摇，以普惠性、保基本、均等化、可持续为方向，切实提高就业、环保、文化、教育、医疗、养老等公共服务水平，大力解决城乡统筹发展、困难群体帮扶、经济薄弱村转化等民生重点问题，不断提升人民群众的获得感。全力维护风清气正的政治环境、诚信法制的经济环境、团结和谐的社会环境，充分调动全市上下共谋发展、共建家园的积极性和创造性，凝聚起建设“强富美高”新宜兴的强大合力。

今后五年的主要任务和重点措施

实现今后五年的奋斗目标，我们必须立足全局、突出重点、把握关键，着力抓好五个方面的工作：

一、构建现代产业体系，提升发展的质量和效益

落实供给侧结构性改革要求，以智能化、绿色化、服务化、高端化为引领，通过打造支撑有力的支柱产业“强骨骼”，提高经济发展质量“壮肌肉”，培育新的经济增长点“丰羽毛”，全力推动宜兴产业提档升级、经济转型发展。

做强工业主体经济。以提高竞争力和支撑力为重点，坚持做强主导产业、提升传统产业、培育新兴产业“三管齐下”，推动工业经济量质齐升，到2020年，力争形成电线电缆、节能环保、新能源三个千亿级支柱产业。要做优做强主导产业。支持有实力的线缆企业在更大范围内实施战略合作，通过兼并重组、强强联合等措施，加快延伸产业链，做强产业龙头；鼓励有技术、有市场的企业实施差异化竞争、特色化发展，培育一批“单打冠军”；引导广大中小企业围绕产业龙头，加强产业分工、协作配套，显著提升宜兴线缆产业的规模化、集群化水平，提高行业竞争能力，巩固在全国四大线缆基地中的领先地位。鼓励化纤纺织骨干企业加强与央企国企合作，引进先进装备、高端技术，按照差别化生产方向，延伸产业链条、提升产品档次，显著提升产业整体配套能力和规模效益。机械装备产业要突出高端化、智能化导向，招引国内外先进的整机项目，提升企业创新能力，加快由关键零部件制造迈向整机制造，努力挺进产业链中高端。要改造提升传统产业。开展“千企技改”行动，发挥装备贴息等政策激励作用，实施装备更新、技术革新，加快“机器换人”步伐，推动陶瓷耐材、铜材加工、精细化工、保温建材等传统产业迈向产业链、价值链高端。主动对接“中国制造2025”、工业4.0和“互联网+”，加快工业化、信息化“两化融合”，提升生产制造的智能化、信息化、自动化水平。大力实施“质量强市”战略，鼓励企业主导和参与制(修)订国内外标准，争创各级各类名牌产品、知名品牌，不断提升企业的品牌价值和行业话语权。要培育壮大新兴产业。抢抓节能环保产业发展的政策机遇、市场机遇，大力整合各类资源优势、平台优势、品牌优势，加速推进科技成果产业化，大力引进和培育一批国际国内有影响力的龙头企业、上市公司，加快做大产业总量，提升贡献份额。要坚持项目带动，依托现有产业基础，加快引进一批代表行业先进水平、引领产业发展方向的龙头型、基地型项目，推动新能源、光电子新型显示、绿色食品等新兴产业加速壮大。要创新财政扶持政策和方式，综合运用股权投资、资本注入和设立引导基金等方式，带动和吸引信贷、社会等资本投向新兴产业，为产业发展提供金融支撑。

优化产业发展结构。依托宜兴特有的城市、生态、空间资源禀赋，加快发展特色产业，进一步优化产业结构。要推动现代服务业提质增效。大力发展生产性服务业、生活性服务业，构建与制造业相融合、与城市化相配套的现代服务业体系。重点发展总部经济、现代物流、科技服务、现代金融、电子商务等生产性服务业，推动制造业和服务业互动发展。加快招引一批文化创意、教育医疗、健康养老等高端生活性服务业项目，努力实现精细化、高品质发展。进一步提升城市商圈集聚化、特色化发展水平，促进商贸流通业持续健康发展。要推动生态文化旅游业提速发展。以“大旅游、大产业”为统领，围绕“全域旅游”目标，优化完善全市旅游总体规划和体制机制，从市级层面高位推动旅游发展。坚持旅游开发的市场化导向，加速整合全市旅游资源，吸引有品牌有实力的旅游机构、市场主体参与开发建设，提高宜兴旅游产业的开放水平，打造生态文化旅游业“升级版”。坚持宜南山区旅游整体联动发展，积极争创国家5A级景区和国家级旅游度假区。不断丰富旅游文化内涵，推动宜兴旅游在观光游览、休闲度假、文化体验等方面加快融合提升，持续打响“中国陶都·陶醉中国”品牌，打造长三角知名的生态文化旅游目的地。要推动现代农业提升水平。积极转变农业发展方式，以农业园区、特色基地为主阵地，夯实农业基础设施和服务平台，提升农业物质装备和技术水平，不断提高农业综合效益。大力培育种粮大户、农民专业合作社、家庭农场、龙头企业等经营主体，发展多种形式适度规模经营，构建更具活力的农业经营体系。深入实施农产品品牌战略，进一步提高宜兴农产品的市场知名度。发挥优势、拓展功能，着力构建农村一二三产融合发展的现代产业体系。各板块要围绕“产业强市”目标，结合各自区位条件、产业基础、资源禀赋，按照“宜农则农、宜工则工、宜商则商、宜游则游”的原则，引导优势主导产业集聚发展、特色发展，推动全市产业结构不断优化。

提升企业发展质态。引导企业进一步更新理念、优化路径，加快摆脱对传统发展方式的依赖，步入更稳更强更优的发展轨道。加快建立现代企业制度、完善公司治理结构，提高内部决策、经营、管理的科学化、规范化水平，有效规避各类运行风险，为长远可持续发展奠定基础。支持企业走资本经营之路，通过上市、登陆“新三板”、发行企业债券等途径，拓展直接融资渠道，为企业发展提供有力的金融支撑，摆脱对银行信贷资金的过度依赖。大力弘扬“工匠精神”，引导中小企业走“专精特新”发展道路，打造一批在细分领域市场占有率高、成长性好的“小巨人”企业。树立“按税收排位次、以贡献论英雄”的发展导向，鼓励和引导企业提高发展质量效益，提升对全市经济的贡献度。企业经营者能力素质的高低，决定着企业的发展质态。要大力开展新时期宜商培育工程，加快打造一支有志向、善经营、懂管理、讲诚信的企业家队伍。通过组织学习考察、集中培训等途径，帮助企业家拓宽视野、转变观念，摒弃“小富即安”思想，保持创新创业热情，不断向行业顶尖看齐；通过建立企业观摩、项目交流等平台，促进企业家比学赶超、借鉴提高，形成相互之间比财税贡献、比发展质态、比行业地位的良好氛围；通过大力弘扬“四千四万”精神，褒扬诚信守法行为，鼓励企业家传承工商基因，坚守实体经济，尽好社会责任，成为支撑宜兴未来发展的脊梁。

营造良好发展环境。充分发挥政府“有形之手”作用，提高新常态下做好经济工作的能力和水平。要优化政策环境。结合宜兴经济和产业实际，在制定招商引资、产业转型等政策过程中，树立“精明发展”理念，既要贴近项目引进、企业发展的实际需求，提高政策的“含金量”和“精准度”，又要算好“成本账”和投入产出比，用好用足每一项资源、每一寸土地，实现效益最大化，更好地发挥政策导向和激励作用。五年累计安排总额不低于50亿元的产业扶持资金，重点加大对招商引资项目、企业兼并重组、盘活利用闲置资产和重特大产业项目等的支持力度。不折不扣落实上级和我市降低实体经济企业成本各项政策，切实减轻企业负担，促进企业稳定发展。要优化服务环境。积极构建“亲清”新型政商关系，把握好“亲”“清”二字，不能为了“清”而不敢“亲”、不去“亲”，要真心实意与企业家交朋友，强化主动服务意识，努力营造更加便捷、精准、高效、贴心的亲商环境。各级各部门要立足职能、尽心服务，及时解决项目建设、企业发展中遇到的审批、融资、用地、用工等问题；各级“一把手”要敢于为发展挑担负责，对企业合理的需求不推不拖、全力协调，对职责范围内的事情不等不靠、坚决落实，为宜兴发展营造最优环境。要优化金融环境。全力做好风险防范、化解、处置等工作，严厉打击恶意逃废债务行为，切实维护安全稳定的金融环境。加快推进资产清收盘活，围绕“有利于破圈解链、有利于实体经济发展、有利于盘活闲置资产、有利于财政资金保值”的原则，稳妥处置联保互保担保矛盾，努力实现金融秩序的持续好转。要优化诚信环境。大力推进诚信体系建设，依托政府“一库一网一平台”的推广应用，帮助企业规范财务管理、规避经营风险；建立健全企业信用“红黑”名单界定机制，加强结果应用，让诚信者处处受益，让失信者付出代价、寸步难行。广泛开展诚信宣传教育，在全社会营造诚信守法的浓厚氛围。

二、全面深化改革开放，增强发展的动力和活力

始终高举改革开放的旗帜，全面深化改革、强化创新驱动、加快对外开放，进一步突破重点领域、关键环节的瓶颈制约，厚植经济社会发展的优势，为宜兴发展提供持久动力。

深化综合改革。加快行政审批制度改革，坚持“简政放权、放管结合、优化服务”要求，重点实施相对集中行政许可权改革，对市场准入、投资建设领域进行集中审批，最大限度限制自由裁量权、提高审批效率。优化行政管理体制，深化丁蜀镇“强镇扩权”试点，推进环科园、高塍镇统筹发展，进一步落实芳桥街道委托开发区管理，推动阳羡生态旅游区省级机构升格。完善差别化考核体系，更加突出产业强市、特色发展和贡献作为，引导镇园街道错位发展、个性发展、竞相发展。全面深化国有资产改革，加快推进交通、建设、公用事业领域国有企业整合，积极开展股权多元化探索，推动优质国有企业上市发展，着力盘活国有闲置资产，确保实现保值增值。健全政府全口径预算管理体系，全面推行预算绩效管理，科学调整市镇财政管理体制，确保各级财政运行更规范、保障更有力。加大投融资体制改革力度，确立企业投资主体地位，大力推广、运用PPP模式，积极鼓励社会资本参与基础设施、社会事业等领域建设，充分激发社会投资的动力和活力。加快事业单位分类改革，进一步理顺事业单位管理运行体制，逐步加大政府购买公共服务力度。全面完成农村承包地确权登记颁证工作，稳妥推进土地承包经营权有偿退出试点工作，积极推进集体建设用地使用权流转、村级股份经济合作制改革，提高农村“三资”管理和运作水平，实现镇级农村产权交易市场全覆盖，进一步激活农村发展动力。

强化创新驱动。实施创新主体培育工程，加速打造数量众多、充满活力的创新型企业梯队，“十三五”期间培育行业排头兵领军企业50家、科技型中小企业180家，高新技术企业累计达300家。鼓励企业加大科技创新力度，加强科技研发机构建设，不断深化产学研合作，积极开展国际技术合作，大力提高研发投入比重。扎实推进环科园苏南国家自主创新示范区建设，积极发挥省产业技术研究院环保专业研究所、国际合作项目、创新战略联盟等作用，力争成为有国际影响力的省环保装备产业技术创新中心。加快完善公共技术服务平台，加强知识产权保护，优化科技金融服务模式，全力支撑科技型中小企业、新兴产业发展。更大力度实施“陶都英才”工程，依托在外乡贤、特色产业等优势，大力引育科技创新创业、经营管理、高技能人才和人才团队，集全市之力优化人才生活、发展环境，让宜兴真正成为人才的高地、创业的摇篮。

提升开放水平。始终突出园区的主阵地、主引擎作用，大力推进体制机制和运行模式创新，着力加大招商引资力度，在更大范围内集聚高端项目、高端技术、高端人才，到2020年环科园、开发区和陶瓷产业园区分别形成千亿级、五百亿级的产业规模，省级以上园区外资贡献度超过70%。坚持“市外即外”，主动对接上海产业转移等机遇，全面创新招商引资体制机制，加大考核奖励力度，赋予板块更多项目招引自主权，真正通过产业招商、以商引商，在利用外资、项目建设上实现量质突破；加大服务业、旅游业及社会事业开放力度，构建全方位、宽领域、多层次的外资利用格局，力争五年累计实现到位注册外资超22亿美元。实施出口品牌培育五年行动计划，积极引进出口导向型外资项目，推动外贸进出口稳存量、拓增量，力争五年累计实现进出口总额220亿美元。鼓励企业增强国际化意识，主动对接“一带一路”等战略，积极到境外投资布点、收购企业和研发机构、抢占市场，更好参与全球分工、提升发展层次。

三、大力推进城乡建设，展现一体化发展新格局

积极顺应城市发展规律，强化以人为本理念，转变城市发展方式，提高城市治理能力，大力推进新型城镇化建设和城乡一体化发展，不断提升城乡规划建设管理水平，加快建设生态宜居、富有活力、特色鲜明的现代化城市，让宜兴市民的生活更方便、更舒心、更美好。

优化城乡发展格局。突出规划引领作用，紧扣“一圈三带”空间布局，科学修编新一轮城市总体规划，推动城乡各类规划有机衔接，实现“全域规划、多规融合”，真正做到“一张蓝图绘到底”。突出优化城区格局，推动宜城、丁蜀“一核双城”向“一体统筹”转变，加快新老城区功能互补、均衡发展，实现环科新城、科创新城与主城区的一体融合。明晰镇街功能定位，引导中心镇增强功能、辐射周边，推动一般镇街精致建设、特色发展，努力形成全市镇街定位清晰、分工互动、协调有序的发展格局。持续优化村庄布局，科学划定重点村、特色村、一般村，有效指导新农村建设。牢固确立规划即法、刚性执行的意识，健全动态化、日常化的监督执法机制，坚决杜绝随意变更、违规建设等行为，使城市建设发展更加科学合规、有序可控。

全面提升基础设施。围绕“一小时深度融入沪宁杭、半小时无缝对接苏锡常”的目标，积极推进常宜、宜长高速公路、泰锡宜城际铁路和范蠡大道建设，加速“锡宜一体化、融入长三角”进程。加快提升、建设国省干线公路，大力推进县道改造、农村公路提档升级，形成覆盖全市域、沟通市镇村的高等级公路网络。以打造“完善可靠的水安全体系”为目标，紧扣圩区、山区、城区三大重点，严格按照标准推进防洪工程建设，力争用五年时间将城乡防洪能力提升到一个新的台阶，进一步筑牢保障群众生命财产安全的坚固防线。加快推进“海绵城市”建设，进一步提高城市的承载力。统筹抓好公共交通、供热管线、电网、天然气、通信信息网络等建设，不断提高市政公用设施的保障能力。

统筹推进城乡建设。基本完成老城区的城中村、城北区域、丁蜀城区等更新改造，着力丰富新城区的载体和业态，提升主城区的功能和能级。精心做好城市水文章，以三氿为核心打造绿色水道、净化水体质量、提升沿岸景观，大力发展水上运动和城市旅游，真正建成亲水宜人、独具魅力的东方水城。推进丁蜀城区陶文化设施的改造和项目建设，进一步打响“中国陶都”品牌。依托产业、生态、文化等特色元素，支持和引导有条件的板块列入全国特色小镇创建试点，打开镇级发展的崭新空间。坚持“镇级城市化、城乡一体化”思路，推动交通、供水、供气、污水处理、垃圾处理等“五个城乡一体化”提标扩面，加快基础设施向农村倾斜，在更高水平上实现城乡统筹发展。调整完善农户建房规划管理政策，加快农村危旧房改造，全面推进村庄环境整治提升行动，五年内建成200个以上的康居乡村和特色村庄，继续提高全市农村的人居环境和质量。

持续强化城乡管理。实施全天候、系统性、现代化的城市运行管理模式，改革创新城市管理体制机制，构建智慧城市管理体系，确保城市井然有序、健康运行。按照全市域、全覆盖的要求，推动城乡管理重心下移、触角延伸，引导社会各方力量参与城乡管理，齐力打造全省城乡管理示范城市。强化重点领域、重点部位的综合管理，加大对被撤并老集镇、旅游景区、城中村及建筑场地、矿产品运输等管理力度，集中整治宜南山区违法建设、居民小区违章搭建、城区干道违停乱停等问题，努力破解城乡管理难题，让人民生活更美好。

四、坚持绿色发展理念，持续提升生态文明建设水平

始终坚持生态宜居核心价值，以打造"美丽中国示范区"为目标，不断加大生态环境保护力度，大力发展绿色、低碳、循环经济，加快建设资源节约型、环境友好型社会，不断开辟宜兴生态文明发展新境界。

狠抓治太保源。把治太工作摆上更加重要的位置，严格落实"河长制"管理，对无锡市定31条河道持续开展控源截污、清淤疏浚、农业面源污染治理、河岸整治，对其他主要河道及其支流进行环境综合整治，坚决完成太湖治理各项目标任务，力争到2020年，地表水好于Ⅲ类水质的比例超过70%。大力提升全市污水处理体系运行管理水平，提高污泥无害化处置能力，确保污水处理达标率达到99%以上；全面实施农村生活污水治理三年行动计划，实现对全市3000多个自然村的污水治理全覆盖。建设西氿湿地等生态修复工程，构筑城区由西向东的生态绿色走廊。全面实施桃花水库、新孟河延伸拓浚工程等重大项目建设，进一步提升水厂、管网等供水系统能级，基本形成以横山水库、油车水库、桃花水库等为主力水源，西氿水为备用水源的多源保供体系。继续实施水源地保护工程，通过清淤、生态修复、周边环境整治等，切实改善水源地环境面貌，让宜兴市民始终喝上优质、安全、放心的饮用水。

深化环境治理。突出大气治理，持续实施"蓝天工程"，全面完成重点行业脱硫脱硝、除尘改造、锅炉整治等阶段性任务，进一步加大"油改气"、秸秆综合利用、新能源推广等力度，力争空气质量优良率保持全省领先。加快垃圾焚烧、工业固废、环卫工程等重点项目的实施投运，开展污染场地土壤综合治理与修复试点，全面提升各类垃圾、污染物的处置能力和水平。持续开展民生环保行动，切实解决好群众身边的异味、噪音、废气、油烟等突出环境问题，不断提高宜兴城乡的宜居度。建立职责明确的三级网格化监管体系，确保环境监管不留死角。强化生态红线区域保护，增强环保执法刚性，重拳打击企业违法违规排放等行为，绝不让宜兴的青山绿水遭到破坏。

推行绿色发展。坚持最严格的节约集约用地和耕地保护制度，实现节地水平和产出效益"双提升"。严把产业项目落地的环境关，引导企业减少污染排放、实现绿色发展，确保完成"十三五"减排目标任务。以绿色GDP为导向，进一步推动循环经济发展，环科园和开发区、陶瓷产业园区分别创建成为国家级、省级园区循环化改造试点单位，在更大范围内推广循环清洁生产。严格控制能源消费总量，支持重点节能项目建设，引导企业加大节能投入力度，力争万元GDP、规模企业万元增加值能耗分别下降16%、20%。倡导绿色低碳生活，推行生活垃圾减量化与回收利用，持续开展生态镇、生态村和绿色社区、绿色家庭等创建活动，在全社会形成"爱护生态环境、共建美好家园"的良好风尚。

五、加强社会事业建设，增强人民群众的获得感

顺应人民群众对美好生活的向往，始终把保障和改善民生放在首位，持续加大民生投入，大力发展社会事业，提升社会治理水平，让全市人民更有获得感、安全感和幸福感，在共建共享中高水平全面建成小康社会。

推进文明城市建设。加强先进思想文化引领，持续开展社会主义核心价值观宣传教育，全面实施市民素质提升工程，引导市民学文明、讲文明，力争成功创建全国文明城市。全面确立文化驱动发展理念，统筹建设现代公共文化服务体系，加强镇村特色文化发掘培育，丰富城市"10分钟文化圈"、农村"10里文化圈"内涵，提升各类文化设施使用效率，高标准建设国家公共文化服务体系示范区。加强历史文化名城（镇）保护发展，实施区域文化品牌弘扬工程，推进紫砂陶制作技艺申报世界非物质文化遗产，加强月城街、古南街等文化遗存和周铁古镇保护修复，让市民增强文化自豪感和满足感。推动文化与产业、城市融合发展，加快做大做强文化产业，力争文化产业增加值占GDP比重超过5%。

提高收入保障水平。全力促进社会充分就业，完善和落实"大众创业"扶持政策，持续实施经济薄弱村扶持计划，到2020年城乡居民收入分别超61000元、31000元。加快健全完善社会保障体系，推进社保扩面提标，建立基本养老保险正常调整机制，深化机关事业单位养老保险制度改革，认真落实被征地农民社保政策，努力推动社会保障体系向普惠共享型升级，到2020年城乡基本社会保险覆盖率达99.5%以上。继续完善住房保障体系，推进住房保障向常住人口全覆盖。积极开发社会救助资源和渠道，综合构建困难人员生活保障、特殊困难救助、临时救助等衔接配套的社会救助体系。

不断优化公共服务。优先发展教育事业，大力发展学前教育，突出义务教育优质均衡发展，发展优质特色高中，推动职业教育提档升级，在教育资源布局、社会力量办学、教师队伍建设等方面加快探索创新，全面提升宜兴教育质量，打响宜兴教育品牌，办好人民满意教育。深化医药卫生体制改革，推进医药分开、分级诊疗，鼓励社会办医，到2020年实现人人享有基本医疗卫生服务目标；高水平建成人民医院新院区，加强社区卫生服务中心（站）规范化建设，强化基层卫生人才队伍建设，让宜兴人民享受到更加优质的医疗服务。坚持公交优先理念，进一步提升城市公交、城乡公交、镇村公交和公共自行车营运、管理水平。鼓励社会力量投资养老产业，完善多元化医养服务体系，满足养老服务新需求。加强人口管理和服务，促进人口素质提升和均衡发展。加快发展体育事业和体育产业，增强人民群众身体素质。

加强社会治理创新。坚持和完善人民代表大会制度、中国共产党领导的多党合作和政治协商制度，巩固发展最广泛的爱国统一战线，保证人民广泛参加国家治理和社会治理，形成生动活泼、安定团结的政治局面。稳步推进司法体制改革，深化法治宜兴建设，精心组织"七五"普法，在全社会形成良好法治氛围和法治习惯。大力倡导公平正义、弘扬社会正气，形成积极向上的正能量。不断创新社会治理体制，规范市、镇、村三级社会管理服务平台，完善社会矛盾化解"大服务"、"大调解"平台建设，最大限度增加和谐因素，增强社会发展活力。全面深化平安宜兴建设，加大信息化设施和手段的应用，构建立体化社会治安防控体系，依法惩治各类违法犯罪活动，确保人民安居乐业、社会安定有序。高度重视食品药品安全，加大交通安全、生产安全等监管力度，实施瓶气安全保障工程，完善自然灾害和突发事件应急处置，严防各类重特大安全事故发生，全力保障人民群众的生命财产安全。

推动全面从严治党迈上新台阶

践行新理念、开创新局面，关键在全面从严治党。全市各级党组织要进一步强化管党治党意识，夯实管党治党责任，把全面从严治党要求，贯穿党的建设全过程、改革发展各方面，不断提高党建工作科学化水平，为建设"强富美高"新宜兴提供坚强保证。

1.突出思想政治建设，坚守共产党人的精神家园。从严治党，思想政治建设是核心。要以深入开展"两学一做"学习教育为抓手，围绕中国特色社会主义理论体系、党章党规和习近平总书记系列重要讲话精神，持续深化理论武装，扎实推进学习型党组织建设，不断坚定党员干部的道路自信、理论自信、制度自信、文化自信。落实意识形态工作主体责任，深化党中央治国理政重大主题宣传教育，全面加强新闻宣传和舆论引导工作，牢牢掌握意识形态领域的领导权主导权。严格党内政治生活锻炼，坚持和完善民主生活会、组织生活会、批评和自我批评等制度机制，切实增强政治意识、大局意识、核心意识、看齐意识。创新新常态下干部培训工作，突出理想信念教育和专业能力建设，重点抓好党政"一把手"、新提任市管干部、中青年后备干部教育培训，推动各级干部加快解放思想、拓宽发展视野、完善知识结构，更好地引领宜兴改革发展。

2.狠抓干部队伍建设，打造干事创业的中坚力量。事业兴衰，唯在用人；用人之要，重在导向。要认真贯彻新时期好干部标准，牢固树立"凭实绩用干部"、"为敢担当者担当、为敢负责者负责"的导向，选优配强各级领导班子、选好用好每个党政干部，旗帜鲜明地重用勇挑重担、创新突破的干部，动真碰硬地问责懒政怠政、为官不为的干部，理直气壮地宽容先行先试、无意过失的干部，真正让担当负责、崇尚实干成为宜兴发展的主旋律、最强音。加快优秀年轻干部培养锻炼，统筹抓好后备干部、女干部和党外干部的选拔使用，形成配备合理的梯次结构，为宜兴加快发展注入充足动力。完善干部考核评价体系，探索建立容错纠错机制，从严监督管理干部，最大限度关心激励干部，打造一支忠诚干净担当的干部队伍，营造积极向上、干事创业的良好氛围。

3.强化基层组织建设，铸牢本固基强的战斗堡垒。基层党组织是党执政的根基。要坚持力量、投入、资源、工作"四个下沉"，深入推进基层服务型党组织建设，持续整顿软弱涣散基层党组织，把全面从严治党要求落实到基层，推动基层党建工作全面进步、全面过硬。以村、社区等基层党组织换届为抓手，更加重视村书记队伍建设，进一步完善教育培训、激励保障和管理监督机制，打造一支安心基层、善于发展、服务群众、维护稳定的村级带头人队伍；继续优化社区党组织设置，有效统筹驻区单位、人民团体、社会组织等资源，构建社区区域化党建大格局；扎实推进学习型、服务型、创新型机关建设，深化领导干部"三解三促"活动，全面提升服务基层、服务发展、服务群众的作风效能；持续加大"两新"组织党建工作力度，进一步扩大党的组织覆盖面和影响力。全面加强和改进党的群团工作，最广泛地把群众组织起来、动员起来、团结起来，凝聚起改革发展的强大合力。严把党员"入口"关，疏通不合格党员"出口"，强化党员日常教育管理，切实增强党员队伍的生机活力。

4.加强党风廉政建设，巩固风清气正的政治生态。全面从严治党必先全面从严执纪。要坚持把纪律和规矩挺在前面，严格落实全面从严治党党委主体责任、纪委监督责任，层层传导压力，加强考核问责，确保落到实处。突出"廉洁自律准则"、"纪律处分条例"和"问责条例"的学习贯彻，严格教育预防，用好监督执纪"四种形态"，抓早抓小、源头防治，让广大党员干部受警醒、明底线、知敬畏。深入落实中央八项规定和省市委十项规定精神，聚焦"年节假期"、"关键少数"，进一步推动监督重心下沉、触角延伸，强化制度执行的常态化、长效化，驰而不息把作风建设抓到底。始终保持惩治腐败的高压态势，坚决惩治和查处群众身边的不正之风和腐败行为，以"零容忍"态度查办各类腐败案件，加快形成不敢腐、不能腐、不想腐的有效机制，以反腐倡廉的实际成效取信于民。

同志们，宜兴的发展又站上新的起点。我们要不忘初心、继续前进，牢记使命、接续奋斗。让我们紧密团结在以习近平同志为总书记的党中央周围，在省委、无锡市委的坚强领导下，团结带领全市人民，凝心聚力、开拓创新、埋头实干，为高水平全面建成小康社会、建设"强富美高"新宜兴而努力奋斗！

坚定信心　克难求进
为建设"强富美高"新宜兴合力奋斗

——在市委十三届二次全会上的讲话

中共宜兴市委书记　沈　建

（2016年12月30日）

同志们：

这次市委全体会议，是在宜兴改革发展的关键时期、转型提升的攻坚阶段，召开的一次十分重要的会议。会议的主要任务是：以党的十八大和十八届三中、四中、五中、六中全会精神为指引，深入贯彻中央经济工作会议以及省、市党代会、全省经济工作会议、无锡市委十三届二次全会精神，回顾总结今年工作，正确研判当前形势，研究部署明年任务，进一步动员全市各级党组织和广大党员干部，团结带领全市上下，鼓足发展干劲、奋力担当作为，合力开创宜兴经济社会发展的崭新局面。下面，我根据市委常委（扩大）会议讨论的意见，讲四个问题。

一、全市上下合力拼搏，实现了"十三五"良好开局

今年以来，特别是市第十三次党代会召开后，全市上下积极应对复杂多变的宏观环境，牢牢把握稳中求进工作总基调，坚定信心、迎难而上、合力攻坚，经济社会发展保持了平稳态势，取得了来之不易的成绩。

1.经济发展稳健向前。面对经济下行的巨大压力，我们始终坚持加快发展不动摇，把稳企业、稳金融、稳经济摆在突出位置，通过出台产业扶持、降低成本、促进开放等政策，采取集中观摩、全面督查、定期协调等举措，全市项目建设"三个一批"的态势初步形成，产业强市的信心决心更加坚定。面对金融稳定的繁重任务，我们更加突出打击恶意逃废债务，大力完善诚信体系，稳步推进协调服务，重点实施打包清收，全市金融风险基本见底，经济秩序得到有力维护。通过全市上下的共同努力，宜兴经济在经受考验中站稳了脚跟，预计全年实现地区生产总值1320亿元，增长6.6%；实现一般公共预算收入108.65亿元，增长6%；城乡居民人均可支配收入分别达到45850元、23700元，同比增长7.3%和8.2%，主要指标增长稳定在合理区间。

2.转型升级继续加快。产业强市战略加快实施，现代产业体系持续完善。线缆等主导产业稳健增长，新能源、光电子产业产值预计分别增长20%和55%；高新技术产业产值占规上产值比重达39.5%；服务业增加值预计增长6.7%，占GDP比重达45%；旅游产业全年总收入突破200亿元，增长8.4%；农业发展方式加快转变，成功创建"全国农村一二三产业融合发展试点县"。重点企业加快转型步伐，4家企业入围中国民企500强，6家入围中国民企制造业500强，工业产值前100位企业占全市规上产值一半以上，红牛、远东等税收十强企业1—11月纳税22亿元，有力支撑起全市经济大局。今年新增上市企业2家、新三板挂牌企业17家；普睿司曼收购中环电缆、天津中环重组国电光伏等取得显著进展，全年实施兼并重组、战略合作项目43只，标的总额超过120亿元。

3.城乡面貌持续提升。市文化中心全面投用，范蠡大道全线贯通，阳光100商业街、城东文旅综合体等项目高效推进，城北老城区改造项目顺利实施，村庄环境长效管理成效明显，城乡面貌实现新的提升。文明城市创建深入推进，交通秩序、小区环境、市容环境进一步改善，城市管理更加精细化、长效化。治太保源各项任务扎实推进，畜禽整治任务提前完成，河道清淤常态化开展，农村生活污水治理行动启动实施，太湖连续九年实现安全度夏。节能减排、大气治理、民生环保、环境监管等工作齐头并进，万元GDP能耗和主要污染物排放量下降达到上级要求，顺利完成G20峰会保障、中央环保督察配合任务。

4.民计民生不断改善。坚持民生优先导向，超过70%的财政支出用于民生事业，11件44项民生实事项目顺利完成。全民参保登记扎实开展，基本医疗保险、基础养老金等继续提标，社会保障整体水平不断提升。农村综合改革深入实施，新一轮薄弱村扶持全面启动。宜兴陶瓷文化创意产业园被列入江苏省重点文化产业示范园区。教育、卫生、广电、体育、民政等各项事业统筹推进。全市干群团结一心，抗洪救灾取得重大胜利。"平安宜兴"、"法治宜兴"建设深入推进，有力维护了安定有序的社会局面。

5.党的建设有力推进。市第十三次党代会圆满召开，市镇村三级党组织成功换届，各级领导班子得到配优配强。"两学一做"学习教育深入开展，学习贯彻党的十八届六中全会精神掀起热潮，"增强'四个意识'、争做合格党员"的氛围日益浓厚。基层服务型党组织建设务实推进，党的基层基础更加稳固。全面从严治党"两个责任"落实到位，党风廉政建设不断深化，反腐败工作保持高压态势，党员干部的纪律规矩意识全面加强。统战、群团、双拥、人武、档案、史志、老干部等各项工作都取得了新的进步。

取得这些成绩，是全市上下同心同德、奋力拼搏的结果。一年来，市委总揽全局、科学决策，发挥了坚强的领导核心作用；市政府狠抓落实、克难攻坚，卓有成效地推进了各项工作；市人大、市政协围绕大局、积极履职，有力促进了中心工作的开展。全市各级各部门恪尽职守、奋发实干，为宜兴发展作出了新的贡献。在此，我谨代表中共宜兴市委，向为全市发展大局作出贡献的同志们，向给予我们鼎力支持的社会各界人士，表示衷心的感谢和崇高的敬意！

在肯定成绩的同时，我们也要清醒地看到，宜兴的发展仍然面临不少困难和问题：一是经济稳步增长的基础还不稳固，经济金融领域的矛盾还没有彻底解决，企业家投资热情不足、生态环境制约等问题仍然突出，经济发展的速度和后劲都亟待提升。二是转型发展的成效还不明显，科技创新、对外开放、新兴产业对经济的支撑作用还不强，足以支撑未来发展的现代产业体系尚未形成。三是民生领域还存在一些短板，社会保障工作、公共服务水平、经济薄弱村脱困、城市文明程度等还需进一步加强，区域和城乡之间还存在不平衡性。四是少数党员干部担当精神、专业化水平有所欠缺，工作激情有所退化，实干作风有待提升，不能适应新形势下发展的需要。对此，我们要高度重视，并在今后的工作中不断改进和解决。

二、认清形势、鼓足干劲，奋力开创宜兴发展的新局面

当前，宜兴已经踏上了“十三五”发展的新征程，朝着“强富美高”的新目标负重前行。越是使命艰巨、任务繁重，越要正确把握形势、清醒认识自身，理清发展方向和路径，以更加坚定的信心决心，推动宜兴的发展行稳致远、再上台阶。

从外部形势看，当前和今后一个时期，我们将长期面临经济发展和环境保护的新常态。经济发展新常态，是中国经济克服转型阵痛、转换发展动力、消化前期政策的必经阶段，也是实现经济发展更有质量、更具效益、更可持续的必由路径，这是我们做好经济工作的大逻辑。环境保护新常态，是贯彻五大发展理念、补好生态短板的应有之义，最严环保法、最严环保督察、省“263”专项行动相继实施，解决环境问题比任何时候都更为紧要。要看到，这两个新常态，是时代潮流、大势所趋，不以人的意志为转移，更没有人可以阻挡。对此，怨天尤人只会无济于事，消极被动更会贻误发展。只有拿出直面挑战的勇气，确立积极进取的心态，主动顺应时势，加快转变理念，更好地认识、把握和引领新常态，才能找准前进的方向、找到突破的路径，把宜兴的发展推向更高水平。还要看到，形势面前人人平等，客观环境大家都差不多，关键看谁能发挥好主观能动性。放眼周边地区，面对严峻形势，仍然克服困难制约，千方百计上项目、搞建设，其干劲和胆略令人赞叹，发展的态势令人震撼。我们必须增强坐不住、等不起的紧迫感，立即警醒起来、忧急起来、行动起来，进一步解放思想、振奋精神，咬定目标、创新实干，真正为宜兴的发展大业，作出我们这代人应有的贡献。

从宜兴自身看，由于内外环境变化、历史积累矛盾等因素，近年来的发展遇到了一些困难和问题，其中最突出的就是经济增长后劲不足、企业金融风险多发、产业结构不尽合理。但我们要看到，经过这些年市委市政府担当作为、全市上下共同努力，一些问题的处置取得了积极进展，宜兴的发展仍然保持平稳态势，没有出现大的波折。特别是今年，尽管宏观形势更加复杂，但全市主要经济指标下滑的势头得到遏制，一些指标有了缓慢复苏的迹象，还有部分指标实现了较快增长，呈现出明显的筑底企稳、长期向好态势。截至11月底，全市工业用电量、规上工业增加值、利税总额分别同比增长7.4%、4.5%、15.1%，社会消费品零售总额同比增长9.8%，金融机构本外币贷款余额增速扭转了2012年来的下滑态势，比去年略有增长；同时，线缆、环保产业销售收入均实现较快增长，远东、中超、中广润、俊知、国信协联、灵谷化工、沪宁钢机等龙头企业发展态势强劲，宜兴经济稳健发展的基本面更加巩固。更要看到，宜兴的线缆、环保等优势产业在行业有地位、全国有影响，正在通过加速转型升级，实现新的更大发展；宜兴城市现代大气的形态，科学合理、相对完善的功能布局，完全能够集聚各类高端要素，支撑产业优化升级；宜兴的发展空间和土地资源，能够持续为产业发展、项目落地提供有力保障；独一无二的生态禀赋和文化底蕴，既为城市增添了独特魅力，也为大力发展旅游、文化产业提供了良好基础。相信随着经济周期的逐步扭转，通过全市上下的埋头实干，宜兴良好的潜力和优势一定会充分激发，未来的发展必将迎来更广阔的天地。

适应形势变化，实现新的发展，最终着力点还是要贯彻上级要求，结合宜兴实际，紧紧依托产业强市的战略，通过改革创新的方法，沿着加快转型的路径，走出一条符合宜兴实际、具有宜兴特色的“两聚一高”发展道路。其中，产业强市是主导战略，就是要以“四化”为引领，通过构建量质齐升的现代产业体系，实现产业强、经济强、宜兴强；改革创新是核心方法，就是要大力实施理念创新、机制创新、科技创新，激发引领发展的澎湃动力；加快转型是基本路径，就是要通过产业的转型升级、城乡的统筹提升、区域的优化治理，真正建成“强富美高”的新宜兴。具体要做到“六个坚持”：一是坚持做强实业，按照“强骨骼、壮肌肉、丰羽毛”的总要求，以做强实体经济为根本，以强攻项目建设为抓手，以产业转型升级为方向，深入推进产业强市战略，推动宜兴经济总量、发展层次实现新的攀升；二是坚持创新突破，全面解放思想，加快破除因循守旧、满足现状、畏首畏尾、不敢突破的观念，进一步调整体制机制，更好激发全市上下干事创业的激情干劲；三是坚持生态优先，更加突出生态宜居核心价值，扎实推进省“263”专项行动，深入推动生产方式、生活方式、消费方式的绿色化，加快打造全省生态保护引领区；四是坚持扩大开放，把对外开放摆上更加重要的位置，全面加快开放型经济发展，推进更深层次、更高水平的双向开放，努力以开放转变发展观念、集聚资源要素，打造驱动发展的新引擎；五是坚持城乡统筹，突出城乡规划一张图、全覆盖，持续提升城市的功能品质，不断拓展城乡统筹的内涵层次，让宜兴的城市更加卓越、与众不同，乡村更具特色、充满活力；六是坚持为民富民，从解决好人民群众普遍关心的突出问题入手，不断加快富民增收步伐，增加公共服务供给，补齐社会保障短板，加大困难群体、薄弱地区帮扶脱困力度，让人民群众年年看到新变化、得到新实惠。

宜兴的发展，是全体宜兴人的共同事业；宜兴的未来，需要每个宜兴人为之奋斗。面对千帆竞发、不进则退的竞争格局，面对产业强市、创新转型的繁重任务，我们只有充分调动全市上下的积极性、主动性、创造性，广泛凝聚社会各界、方方面面的智慧力量，才能形成众志成城、攻坚克难的强大合力。下一步，在党员干部层面，市委将以贯彻无锡《关于运用监督执纪"四种形态"的意见》等"1+3"文件为契机，旗帜鲜明地为担当者担当、为负责者负责，全力支持、关心爱护主动挑担、勇于任事的干部；将大力弘扬"凭实绩、看担当"的用人导向，真正让想干事的人有机会、能干事的人有舞台、干成事的人有地位；将全面实施机关工作考核、科学调整板块考核体系，奖优罚劣、强化激励，促进各级机关竞相作为、重点园区勇挑重担、乡镇板块争作贡献。市四套班子领导，要主动发挥示范带头作用，积极投身项目招引和建设、服务企业、创建文明城市等工作的第一线，为全市发展领好头、为各级干部放好样。全市机关干部，要坚决贯彻市委的决策部署，认真践行"既依法规范、更保驾护航"的工作理念，进一步提高行政审批效率、服务保障水平，全力为发展扫清障碍、提供助推。各个板块的同志，要发挥基层主力军作用，进一步振奋精神、高点定位、迎难而上，尽快形成你追我赶、竞相突破、热气腾腾的发展局面，以各个块面的有力支撑，推动宜兴发展的全面进步。在全市企业层面，我们将鲜明树立"按税收排位次、以贡献论英雄、看诚信评优劣"的导向，更有针对性地出台政策、优化服务，全力支持广大企业和金融机构立足宜兴、加快发展、诚信经营，真正让专注发展、贡献突出的企业有作为、有地位、得实惠。广大企业要积极响应市委号召，树立攀高比强的志向，破除小富即安的思想，加大有效投入、加快转型升级，提高发展的质量和效益；各大银行和金融机构也要强化与宜兴风雨同舟的理念，加大对上争取，做好金融服务，支持地方发展，和全市企业一道，真正成为经济建设的主人翁。在全社会，我们要发扬宜兴人认真务实、勤劳智慧的优良品质，大力激发全体市民的创业激情和发展活力，努力汇聚起共谋发展、共建家园的强大正能量。市委相信，只要全市上下万众一心、奋发有为，全市各级担当负责、真抓实干，合力推进产业强市、创新转型的新征程，宜兴的发展一定大有可为，宜兴的明天一定更加辉煌！

三、咬定目标、狠抓落实，推动经济社会平稳健康发展

明年全市工作的指导思想是：全面落实党的十八大和十八届三中、四中、五中、六中全会精神，深入贯彻习近平总书记系列重要讲话特别是视察江苏时重要讲话精神，按照省、无锡市相关会议部署，坚持稳中求进工作总基调，牢牢把握产业强市主导战略，统筹做好稳增长、防风险、调结构、优环境、惠民生、促改革各项工作，全力推动经济社会平稳健康发展，在高水平全面建成小康社会上迈出坚实步伐，以优异成绩迎接党的十九大胜利召开。

根据这一指导思想，明年全市经济社会发展的主要目标是：(1)经济发展指标——主要经济指标增幅达到无锡市平均水平。其中：地区生产总值增长7—7.5%左右，一般公共预算收入增长5%左右，固定资产投资增长5%左右，规模以上工业产值增长5%左右，外贸进出口保持正增长。(2)环境质量指标——节能减排和大气、水环境质量确保完成上级下达的目标任务。(3)居民收入指标——城乡居民人均可支配收入与经济发展同步增长。

明年重点要抓好六个方面的工作。

1.坚持拓增量稳存量优服务，推动经济企稳向好

当前，外部环境依然严峻，经济发展中的不确定因素仍然很多。从我们自身看，稳定经济增长的基础还不稳固，稳增长仍然是明年经济工作的首要任务。要从制约经济发展的主要矛盾入手，坚持分类施策、精准发力，更大力度拓增量、稳存量、优服务，推动企业稳健运行、经济企稳向好。

要全力推进项目建设。抓项目、拓增量是稳增长的重中之重。要紧紧扭住"三个一批"项目建设龙头，以重大产业项目的招引、落地和建设为抓手，进一步造浓"一切围绕项目转"的工作氛围，以项目促投入、稳增长、增后劲。一是要集中精力促招引。保持招商引资强攻态势，一手抓对外招引，紧盯北上广深、港台日韩等主攻方向，加大对接力度，加快承接一批优质企业；一手抓对内挖潜，依托我市优势产业，围绕产业链强链补链，加大以企引企、以商招商力度，争取一批国企央企、上市公司来宜兴布局产业、投资项目。要整合招商力量，改变招商思路，按照"短期投入、中期平衡、长期受益"的原则，测算好招商成本，为投资者提供更优的政策措施，提高招商成功率。在招商引资过程中，还要注重盘活闲置土地和厂房，用足用好存量资产，努力形成新的生产力。二是要优化审批抓落地。推动资源要素、优质服务向重大产业项目集中，按照项目投资规模，实行市、镇领导分级挂钩服务；对审批涉及部门较多、推进存在障碍的项目，要建立分管市领导牵头，发改、环保、规划、经信等部门参与的项目会审会办机制，通过开展并联审批、开辟"一事一议"绿色通道，提高审批效率、排除落地制约，坚决防止项目推进"议而不定、久拖不决"。三是要创新考核强推进。加强对板块项目引进、产业发展等指标完成情况的考核，加强对部门服务板块、牵线搭桥成效的考核，进一步体现考核的导向作用和激励作用。制定落实全市重大项目建设通报制度，市委、市政府每季度专题听取板块重大项目推进情况汇报，并定期组织项目观摩活动，对推进有力和推进不力的，既要有褒贬的说法，又要有奖惩的办法。

要全力支持园区发展。重点园区是宜兴的希望所在，在支持和推动园区发展上，全市上下必须统一思想、全力以赴，重点园区必须舍我其谁、勇挑重

担。下阶段，市级层面将大力推动行政服务、干部人才、投融资平台、基础设施、土地指标等资源向园区集中，为园区发展提供最优环境、最大支撑。一园两区要把握机遇、高点定位，按照相比一般板块产业投资增速翻倍、项目数量翻倍、财税收入增速翻倍的“三个翻倍”要求，加快做好土地供应、区域环评、规划选址、征地拆迁、基础设施等前期工作，提振精神、自加压力、奋起直追，力争在产业转型上谋求更大作为，在财税贡献上展现更强担当，在指标完成上体现更高追求，为全市挑重担、作示范，真正成为宜兴“投资的主阵地、项目的大本营、产出的保障地”。环科园要充分利用产业、平台、人才等优势，大力招引实力强企，把主要精力放在企业和项目的落地上，加快把研发成果转化为产业竞争力，努力引育2—3家环保上市企业，推动环保产业全面发力；开发区要把强攻大项目、发展大产业摆在突出位置，围绕产业链延伸、集群化发展招引龙头项目，致力在新能源、半导体电子材料、高端智能装备等产业培育上谋求更大突破，在国内行业中形成竞争优势；陶瓷产业园区一方面要立足做强陶瓷产业，优化产品结构、加强对外合作，推动陶瓷产业转型提升、打响品牌；另一方面要加快通航产业园建设，以更快的速度、更高的效率，抓紧促成一批优质项目落地，抢占通航产业发展先机。官林镇要进一步完善产业支撑平台，提升产业承载能级，拓展产业发展空间，不断彰显国家电线电缆产业基地的品牌优势。各个板块都要坚持发展第一要务，立足全市发展大局，把自己的优势和特色研究透，找准方向和路径，充分挖掘内部潜力，抢抓一批效益高、活力强的好项目，努力培育更多的增长点，提高对全市的贡献度。要借鉴先进地区经验，探索全市范围内的“项目统筹流转”机制，实现各个板块间招商资源的优化配置、招商成果的利益共享，充分发挥板块招商的积极性，齐心协力推动产业强市建设。

要全力优化企业服务。发挥政府有形之手作用，为企业发展明导向、优环境、提信心，是保护和激发企业发展热情的当务之急。一是要强化发展导向。新一年，市里将择时召开全市企业家大会，宣传市支持、服务企业发展的政策措施，鼓励企业做到大而强、优而特，树立鲜明的发展导向。各个板块也要积极响应，进一步造浓骨干企业比质态、比贡献、比作为的浓厚氛围。二是要高效精准服务。针对企业不同发展阶段最急需、最现实、最迫切的需求，集中行政资源、政策资源、服务资源，提供“保姆式”“店小二”式的服务，在企业抢订单、拓市场、稳经营的过程中，搭建平台、提供指导、破解制约，当好企业发展的坚强后盾。不折不扣落实中央、省市稳增长、降成本各项政策，及时调整优化又好又快政策，更加强化“看投入产出比、讲财税贡献率”的导向，积极创新“拨改投”“拨助贷”等扶持方式，突出兼并重组、企业上市、金融支撑、资产盘活等工作重点，进一步发挥好有限资金的杠杆作用。同时，要注重提高政策兑现的“时效性”，使政府奖励政策真正起到对企业的激励作用。三是要结对挂钩帮扶。以领导干部挂钩服务企业为重点，大力开展企业服务年活动。经信委要会同市委组织部，结合新一年领导干部“三解三促”活动，建立“四套班子”领导与重点企业挂钩帮扶机制，为企业提供更有针对性、更有实效性的指导服务。大力开展部门服务企业竞赛活动，通过比对上争取、比担当作为，切实为企业解决实际困难，努力构建立体化、长效化的服务保障机制。

要全力优化金融生态。明年是化解金融风险、优化金融生态的攻坚之年，要推动金融局面由面上稳控向质上优化转变，更大力度控风险、优环境、稳增长。一是要坚定不移打击逃废债行为。要坚决贯彻市委市政府的决策部署，始终保持打击的高压态势。市委政法委要牵头公检法部门，进一步统一思想、凝聚合力、配强人员、加大力度，巩固打击成效，抓住反面典型，充分发挥打击震慑力。重点要加强工作统筹，进一步优化政法机关协同作战机制，抓住制约打击处置的关键环节集中攻坚，形成强有力的工作合力。市公安局要选优配强经侦力量，主动介入、快速侦查，从严从快处置一批影响恶劣的逃废债当事人，切实发挥打击逃废债主力军作用。市检察院要与公安部门密切配合，实时掌握情况，依法对相关案件违法者快速批捕、提起公诉，同时与法院积极协调、加强会商，协同解决法律适用上的瓶颈制约。市法院要快速审理恶意逃废债务的相关案件，加大执行力度，依法惩处逃废债当事人，坚决维护社会公平正义。要加快破产案件的审理进度，切实维护相关当事人的合法利益。二是要导向鲜明建好诚信体系。建立健全褒扬诚信行为、曝光失信典型的有效机制，帮助诚信者优先解决实际困难、享受优惠政策，让失信者受到更多约束、付出更多代价。充分发挥“一库一网一平台”作用，加强企业征信数据应用，为评价企业信用提供有力参考。金融办要会同人民银行、银监办等部门，调整完善对银行的考核评价体系。今后，考评结果将直接与政府资源调配挂钩，对于在化解风险、服务发展方面主动作为、表现突出的银行，要在财政性存款、融资平台贷款、重大投资项目贷款等政府资源上给予倾斜。对于不顾大局、不讲诚信、随意压贷抽贷、扣划财政性转贷资金、联合授信不兑现承诺的银行，要在金融系统内予以通报，让失信银行付出代价。三是要条块结合加强风险处置。金融办等职能部门要站在市级层面，加强对全市风险处置工作的指导，建立分工明确、协调顺畅、务实高效的工作机制。一方面要全面摸清风险底数，对出险企业逐个分析，提出处置对策措施；另一方面要加强对处置工作的动态跟踪，对商定一致的处置办法要加快启动，对推进过程中出现的问题要及时协调，确保工作方案持续优化、落地见效。属地板块要守土有责、主动作为，对辖区企业通盘考虑、动态排查，按照“一企一策”的要求，从早从快介入出险企业的处置，斩断担保链风险的蔓延，止住经济发展的“出血点”；同时要全力做好闲置资产的招商变现，尤其是对区域内部分土地、厂房等优质资产，属地板块可主动考虑收购储备，既为破产企业“案结事了”提供支撑，又为后续资产处置掌握主动。四是要多措并举压降不良贷款。持续压降不良贷款率，是优化金融生态环境、扩大信贷投放信心的重要抓手。一方面要巩固已有成果，突出优质担保企业的破圈解链，提高定向打包精度、加大清收盘活力度，提高政府打包清收的质效；另一方面要充分调动银行机构化解不良贷款的主观能动性，鼓励银行加大对上争取力度，宣传宜兴化解企业风险的有效做法和积极成效，争取更多资源向宜兴倾斜，灵活采取自主打包、核销处置等多种方式化解不良贷款，通过创新金融产品、促进信贷投放、扩大信贷分母来稀释不良率，确保明年底不良贷款率控制在2%左右。同时，要加快已打包资产的变现。综合运用债权转让、破产清算、司法追缴等手段，对主债务企业采取全额清收追缴，坚决防止借机逃废债务，体现政府打包清收工作导向。

2.强攻转型提升，激发经济增长新动能

加快转变经济发展方式，是适应新常态、打开新局面的唯一途径。我们要牢牢把握供给侧结构性改革主线，加快转变经济发展理念，摆脱传统发展方式依赖，持之以恒优结构、补短板、强实力，不断增强发展新动能。

要大力完善现代产业体系。产业的结构层次决定了发展的质量效益。要以智能化、绿色化、服务化、高端化为引领，加快完善结构合理、特色明显、优势突出的现代产业体系，推动宜兴发展本固基强、后劲勃发。一是要推动工业发展提质增效。电线电缆、化纤纺织、机械装备等主导产业，要依靠强强联合、产业链延伸等途径，坚持差异化、特色化、高端化发展，培育行业品牌，提升产品质量，增加高端供给，不断提升行业占有率、实现做优做强。铜材加工、陶瓷耐材、精细化工等传统产业，要瞄准新技术新业态，加快技术改造、装备提升步伐，提高劳动生产率和产品附加值，避免低端市场重复竞争，全力迈向产业链、价值链中高端。节能环保、新能源、光电子新型显示、通用航空等新兴产业，要以龙头项目为带动，注重和市场需求、资本要素的充分对接，着力开拓市场空间、扩大有效产能，解决发展过程中的瓶颈制约，形成新的增长极。二是要做大做强生态文化旅游业。市促进文化旅游产业改革发展领导小组要牵头抓总，围绕发展“全域旅游”总体目标，进一步解放思想、科学谋划，迅速制定具有指导性和可操作性的工作方案。要瞄准打造支柱产业目标，引入专业策划团队，坚持高起点定位、高标准设计，修订完善旅游产业总体发展规划，构建旅游大产业的框架格局。要按照定位特殊、功能完善、形态精美、机制创新的目标，规划、招引、落地旅游小镇项目。要整合全市的旅游和管理资源，精心组织项目包装、市场推介，全力招引震撼型的重特大产业项目，以龙头项目带动配套项目，促进旅游产业爆发式发展。要丰富完善城市的旅游功能和业态，将城市建设纳入旅游事业通盘考虑，按照景区标准配置公共资源，推动城市由宜居型向宜游型提升。三是要加快发展现代服务业。发挥地理区位优势，立足“公、铁、水、空”大交通格局展开前瞻性研究，重点发展仓储、运输、信息处理等物流经济，努力完善现代物流体系，打造区域性物流节点城市。要确保生活性服务业发展与城市化进程相匹配，结合城区人口规模、人员结构，科学配置城市综合体等功能载体，促进商贸流通业持续健康发展。要把握电子商务发展机遇，推动紫砂、茶叶等特色产品对接互联网经济，不断降低经营成本，抢占市场份额，提升生产性服务业发展质效。四是要提高现代农业发展水平。围绕全国农村一二三产业融合发展试点县建设，积极推进杨巷镇试点工作，不断完善农业产业体系、做优特色农业布局，逐步在全市范围内推开试点。积极培育农民合作社、家庭农场等新型农业经营主体。鼓励发展“合作社+电商”等融合经营模式，构建更具活力的农业经营体系。大力发展现代高效农业园区，提升农业物质装备和技术水平，不断提高农业效益和竞争力。此外，市各职能部门要切实加强政策、产业和市场研究，立足实际明晰产业转型方向，及时调整产业规划和政策，切实提高服务的前瞻性、针对性、实效性，为经济发展提供最精准的规划引导和政策保障。

要提高开放工作的层次和水平。扩大对外开放，是补齐发展短板、增强前进动力的关键所在。要坚定不移实施开放带动战略，目光向外拓展市场空间、对接高端要素、集聚发展资源，有效解决增量不足的现实制约，真正以大开放促进大发展。一是要着力完善开放体系。突出园区板块主体，着力建设一支懂市场、重实干、善开拓的招商队伍，打造招引项目的攻坚力量。要研究新的绩效考评机制，特别是在薪酬分配、出差出境等方面作出探索，实行差别化管理，加大激励力度，解除后顾之忧。要铺设一张覆盖一线城市、链接主要外资来源地的招商网络，定向出击蹲点招商，精耕细作广开渠道，不断提升招商组织化程度。要强化信息项目的捕捉、收集和储备，建设一整套数据完备、层次清晰的信息系统。要发挥宜兴乡贤众多、人脉宽广的优势，对在外乡贤信息进行梳理建档，重点关注具有产业背景的院士、教授及政府和企业高管等宝贵资源，为扩大开放渠道、掌握项目信息提供重要支撑。要加强市级督导，加快设立市投资促进中心，统筹市镇两级资源，协调开展信息交流、项目对接、活动组织和督查服务，提升开放工作的实际成效。二是要提升外向型经济水平。高度重视利用外资工作，确立“市外即外”理念，坚持以内资引外资、以本土企业招引外部资源，发挥外资对促进实体经济发展的重要作用，有力带动产业升级、技术创新、观念更新，确保全年到位注册外资4亿美元目标。要促进外贸增长，鼓励重点外贸企业深耕传统市场、拓展新兴市场，加快引育新的外贸和外贸流通企业。要把握“一带一路”机遇，加快“走出去”步伐，鼓励有实力的企业通过境外设厂布点、并购优质资产等途径，有效规避贸易壁垒、引入市场先进要素，提升经济国际化水平。三是要扩大开放领域。突出市场化导向，围绕医疗、教育、养老、文化等领域，探索设立PPP项目库，招引具有雄厚实力、成熟经验、成功作品和优秀团队的市场主体，参与项目投资建设运营，加快构建全方位对外开放新格局。要大力招引各类投资基金参与产业发展，帮助企业解决融资需求、拓展市场渠道、规范经营管理，增强开放合作的行业氛围，实现一举多得的积极效果。

要突出科技人才引领作用。加强科技创新、突出人才引领，是“聚力创新”的核心内容。要更加注重创新驱动，做强科技人才动力引擎，激发社会创新活力，打造更具优势的创新型经济。一是要发挥企业创新主体作用。大力营造创新氛围，增强企业创新意识，积极培育行业排头兵企业、高新技术企业等创新主体，打造具有较强竞争力的创新企业集群。突出科技型企业引领示范，鼓励企业开展专利研发、平台建设、合作对接等科技活动，新增省级以上研发机构6家，R&D占GDP比重达到3.05%。二是要注重产学研合作实效。精心筹办百企高校行、院士教授走访活动，鼓励企业分行业、分批次主动出击，组织开展专题产学研对接，引进吸纳更多技术创新成果。要促进创新要素和生产要素深度融合，发挥科技镇长团、宜兴籍教授的资源优势，推动更多创新成果落地转化，成为新的生产力，全年引进产学研合作项目140项。三是要引进培养更多高端人才。扎实推进“双招双引”工程，深入开展“人才强企151”培育计划，帮助企业个性化、多渠道招引人才，让更多人才来宜落地生根、发挥实际作用，着力构建特色鲜明的区域性人才高地。重点实施“陶都乡贤”反哺工程、“陶都名家”引领工程，发挥重点人才的引领示范效应，吸纳更多创新资源，带动培养更多科技型、管理型和技术型专业人才，全力助推产业发展。四是要强化科技服务支撑。围绕产业导向和企业需求，落实省40条科技创新政策、高企税收优惠和研发费用加计扣除政策，更加灵活主动服务科技型企业。要重点发展科技金融事业，鼓励园区设立特色型创投平台、种子基金，引入更多银行参与“苏科贷”业务扩容扩面，探索开展科技担保服务，通过“科学家+企业家+银行家”的紧密联合，全力突破科技型企业发展的关键问题。五是要整合创新政策资源。坚持“化零为整、集约利用”原则，归并整合科技人才专项政策资金，提高资金利用效率。要调整财政扶持的政策导向，聚焦前景广、潜力强的重点科技企业，采用股权投资、贷款贴息、风险补偿等扶持手段，促进企业发展增速、税收增长、股权增值，更好体现财政投入的综合价值。

要增强企业核心竞争实力。实践证明，只有竞争力强、附加值高的企业，才能跨越低端重复竞争的“陷阱”，在市场考验中经久不衰。要鼓励企业以打造“百年老店”为追求，把握外部机遇，对接高端资源，苦练发展内功，真正成为托举宜兴发展的厚重基石。一是要积极开展战略合作兼并重组。这是推动企业做强做大最快捷的路径。要引导企业拿出优质资源，与央企国企、实力名企开展战略合作，主动参与其产业链延伸、产品配套、境内外布点等分工合作，获取更稳定的市场资源、金融资源、技术资源，降低经营风险、提升质量效益。支持规模骨干企业主动出击，兼并收购优质企业，通过整合行业资源、优化产品结构、提高经营效率，加快成长为引领业界的龙头企业。二是要加强企业资本经营。上市办要排定完善拟上市企业清单，指导企业完善制度、优化管理，对照上市要求开展查漏补缺，调配行政资源攻克难点制约，全力把企业送进发展“快车道”，2017年力争新增主板上市企业2家、新三板挂牌企业5家以上。相关职能部门要调整上市扶持政策，一方面由“事后奖励”转为“过程帮扶”，解决企业投融资、股改等方面的现实问题，把力道用在企业上市前最急需的环节。另一方面加强企业上市后的运行监管，引导企业以上市为新起点，充分利用资本市场，更好地做强主业、裂变扩张，为地方发展作出更大贡献。三是要加强企业家队伍建设。引导企业家确立“干大事、创大业、争一流”的目标，大力弘扬工匠精神和“四千四万”精神，扎根实业、坚守主业，诚信守法、规范经营，成为稳定地方经济、建设产业强市的中坚力量。要以“宜商培育工程”为主抓手，综合运用专题培训、学习交流、观摩促进等方式，帮助企业家拓展眼界格局，增强市场开拓和应对能力。要重视企业接班人队伍建设，探索培养传承、外部引进的双重路径，既要推动本地青年企业家迅速成长、顺利接班，还要借助现代企业管理制度、职业经理人制度等先进手段，推动企业基业长青。

3.践行绿色发展理念，全力打造全省生态保护引领区

加强生态保护是宜兴的重要责任，推进绿色发展是我们的必然选择。要立足“生态保护引领区”的新定位，以省“两减六治三提升”专项行动计划为引领，制定落实好我市实施意见，以我为主、主动作为推进生态建设、绿色发展，促进生态文明和经济发展相得益彰。一是要全力以赴治太保源。严格落实“河长”、“断面长”管理职责，全面完成省、无锡市下达的太湖水污染治理目标任务，围绕年度11条市定重点河道整治，大力开展畜禽整治、农村生活污水治理、生态清淤、工业点源治理等专项行动，确保太湖连续十年实现安全度夏，确保入湖水质持续改善。重点抓好控源截污，环保部门和属地板块要条块结合，联手推进企业污水纳管全覆盖；城镇区域要按照“确保两年完成”的目标，推动宜城、丁蜀主城区、主要集镇区等地做到“应纳尽纳”；农村区域要全力推进水源地、太湖一级保护区范围内村庄污水治理，确保完成上级考核目标任务，并探索运用市场化模式，解决农村分散式污水处理问题；主要工业区、旅游景区、太湖主要入湖河道沿线等敏感区域，要基本消灭管网漏接死角，尽全力把控源截污做到位。推动污水处理厂提标改造，确保稳定实现一级A标准排放。实施桃花水库、氿滨水厂扩建等工程，构建多源保供体系。二是要持之以恒节能减排。加快推进太湖流域一级保护区化工企业关停并转迁工作，狠抓化工、印染行业整治，做到有效保护优质生产力、坚决淘汰落后生产力。严守生态红线，严把项目准入关，大力推进园区规划环评工作，完善产业结构调整指导目录，积极开展排污许可证管理和排污权交易，集中有限资源承载更有效益的发展。严控能源消费总量和强度，引导园区发展循环经济、企业加大节能投入，完成年度节能减排任务。三是要大力实施综合治理。继续实施大气污染防治行动计划，重点开展挥发性有机物专项治理行动，力争空气质量优良率全省领先。开工建设光大垃圾二期扩容项目，加快推进张渚垃圾填埋场

改造、污泥处置等项目，逐步推行垃圾分类收集和分类处置，切实提升垃圾无害化处理水平。完善固危废处置利用机制，有效开展土壤修复，全面提升各类污染治理能力。推进西氿湿地等生态修复工程建设，研究探索将水环境治理、水生态修复和城市防洪大包围相结合的系统工程，做到既改善城市水环境、又提高城市水安全。持续开展民生环保行动，解决好群众身边的突出环境问题。四是要全面从严监管执法。重点提升环境质量、特别是出入境水质检测水平，为分析研判、科学决策提供支撑。严格落实环境保护“党政同责、损害担责”责任制，加快建设市、镇、村三级网格化监管体系，确保环境监管全覆盖。建立完善环境联合执法机制，严厉打击环境违法行为，推动企业增强治污减排的自觉性。建立完善环境保护考核激励、宣传引导机制，切实提高全社会的环保意识。在从严抓好监管的同时，环保部门要进一步加大对上争取力度，既以工作实效赢得支持、获得信任，又以沟通衔接反映实际、争取空间，营造和构建环保工作的有利环境。

4.稳步推进城乡一体化，建设一座与众不同的卓越城市

要围绕“增内涵、优品质”的要求，精准用力提升城市功能、细处着手促进文明提升、补足短板加强城乡统筹，加快把宜兴打造成为与众不同、市民满意的卓越城市。一是要提高完善城市规划。完成新一轮城市总体规划，推动城市总规和产业发展、土地利用、环境保护、防洪保障等规划无缝对接、多规融合。要强化规划执行的刚性、权威性和延续性，真正做到“一张蓝图绘到底”。要确立“经营城市”的理念，优化土地利用规划布局，建立健全土地收购、储备、招商、推介等制度体系，形成既满足城市更新与发展、又提高土地产出效益的用地格局。二是要大力推进重点工程。按照“围绕产业、服务民生、先急后缓、保质保量”的原则，保持城乡建设的合理规模、有序节奏。加快建设人民医院新院区，高标准建成红十字会血站、120急救指挥中心、周铁医院，启动实施陶都路、宜浦路、宜北路改造工程，加快启动王婆村、曲坊社区等老小区、城中村改造项目，进一步完善城市功能、提升人居环境。积极开展常宜高速、宜长高速开工建设的对接配合工作，加快推进宜马快速通道前期衔接工作，配合省铁路部门，做好盐泰锡常宜城际铁路的前期规划设计，早日实现“1小时深度融入沪宁杭、半小时无缝对接苏锡常”的目标。开工建设范蠡大道北延段、周杨公路、潘西线等重点工程，系统性研究城市快速交通体系，加快形成内畅外联、高效便捷的大交通格局。强攻新一轮城乡防洪工程建设，实施城市防洪应急工程，圩区、山区、库塘达标及除险加固等重点项目，确保明年主汛期来临时发挥其功能效益。加快推进新孟河延伸拓浚工程，力争明年下半年开工建设。三是要深化文明城市创建。以提高群众满意度为导向，以全国文明城市测评体系为工作标准，全面提升城市管理和服务水平。深入推进创建文明城市11项专项整治行动，巩固扩大严管街成效，集中力量攻克停车管理难问题、提高交通守法率、强化市容市貌管理，切实维护良好城市环境。大力推进志愿服务制度化建设，建立健全文明典型的培育、关爱和激励机制，开展系列主题实践活动，培育城市文明风尚。建立创城工作市领导包干定片制度，实行“按季度督查测评”的工作机制，推动创城工作常态化、长效化。四是要拓展农村发展空间。要坚持“扶限并举、精准脱困、一村一策、注重造血”的原则，制定出台薄弱村扶持工作计划，设立市镇配套的“经济薄弱村发展基金”，强化属地责任，各板块因村制宜实施各薄弱村脱困转化项目，年内完成16个以上经济薄弱村帮扶转化。要以宜南山区为重点，实施农村农户建房规划管理办法；扎实推进村庄环境改善提升行动，高标准建成3个无锡市城乡一体示范特色镇和一批美丽乡村、康居乡村示范点。要以建设省农村改革试验区为契机，全面完成农村承包地确权工作，积极争创省农村土地“三权分置”创新示范县，加快建立市级农村产权交易平台，进一步激发农村发展活力。

5.加强民生和社会建设，维护安定和谐的社会局面

聚焦富民、为民惠民，是高水平全面建成小康社会的核心要义。要始终坚持共建共享发展战略，扎实办好各项民生实事，全力以赴补短板、维稳定、促和谐，不断增强群众获得感。一是要致力推进民生改善。放大“援企稳岗”等就业创业政策效应，积极打造集创业载体、技能辅导、岗位开发于一体的服务体系，重点解决创业融资难题，促进居民就业增收。要提高社会保障标准和统筹层次，运用全民参保登记工作成果，促进社保扩面。稳步提升最低工资标准、企业退休人员养老金、城乡居民基础养老金，全面实施城乡居民大病保险，精准落实社会救助，城乡低保、城乡居民基础养老金提升至700元/月和185元/月。加快棚户区改造工作，拓宽住房保障覆盖范围，不断健全多层次的住房保障体系。按照“数量适当压减、力量相对集中、效益不断提升”原则，精心排定一批与群众直接相关的实事项目，确保“定则必做、做则必成”，切实解决群众身边的、感受最直接的现实问题。二是要大力发展社会事业。推动教育资源均衡布局，扎实推进小学、幼儿园和特殊教育学校等新建工程，全力提升初高中教育质量，促进各类教育协同发展。要加快职业教育提档升级，探索集团化办学模式，促进校企有效合作，努力培育更多实用型技术人才，更好服务产业强市建设。加快推进医疗卫生体制改革，构建更高效率的分级诊疗制度，提升基层医疗卫生机构运行活力。扎实推进丁蜀等敬老院的新建改建项目，不断完善养老硬件体系，提升服务质量。积极探索医养结合、智慧养老新模式，引进社会组织开展居家养老服务，加快九如城二期、苏欣护理院三期项目建设，更好满足多元化养老服务需求。三是要加快提升文化实力。深入倡导社会主义核心价值观，研究出台精神文明建设工作考核办法，培育文明家庭，涵养文明乡风，用优秀传统文化带动精神文明建设。实施文化惠民工程，扎实开展“书画之乡”“书香城市”系列文化活动，提升市文化中心的公共文化服务功能，加大文化薄弱村扶持力度，让群众文化生活更加丰富多彩。大力繁荣民间文化，发挥各类协会组织积极作用，有力促进文艺精品创作。加强历

史文化名城保护，打造蜀山古南街等一批特色文化街区，修缮古窑址和陶瓷工业遗产，全力推进紫砂技艺申遗工作，打造“宜兴窑系”文化品牌。探索和制定文化产业发展政策，促进文化与科技、金融、互联网融合发展。四是要加强民主法治建设。全力支持人大、政协依法履行职能。切实做好新形势下的统战群团工作，巩固和发展最广泛的爱国统一战线。加快“法治宜兴”建设，全面实施“七五”普法规划，深入推进法治政府建设，推动法治文化阵地全覆盖，采用“互联网+”手段拓展普法传播路径，切实提升法治宜兴建设的覆盖面和影响力。扎实推进社区治理创新试点，优化社区协商自治工作机制，进一步提升社区自治水平。推动军地双拥共建、融合发展，不断提高双拥创建工作的成效，争创“全国双拥模范城”。五是要全力促进社会和谐。立足源头防控、动态排查、多元化解等环节，健全覆盖全流程的矛盾排查化解机制，加强“阳光信访”系统深度应用，有效预防和化解社会矛盾问题。深化“平安宜兴”建设，加强立体式治安防控能力。坚持安全生产“党政同责、一岗双责”，加大重点行业管理、专项整治力度，把企业主体责任落到实处，有效预防各类安全事故发生。突出源头严防、过程严管、风险严控，有序开展药械产品和餐饮食品安全监管，严厉打击食品药品领域违法犯罪行为，保障群众身体健康和生命安全。统筹抓好公共卫生、市场监管等工作，全力维护安定和谐的社会局面。

6.深化重点领域改革，增添发展后劲活力

当前，面对新形势新要求，宜兴很多工作到了破解瓶颈制约、释放发展活力的关键阶段，必须用改革的思路和办法，完善一系列新机制、新举措，才能推动各项事业持续向前。一是要强化绩效考核导向。继续实施镇、园区、街道差别化考核，加大对地方财税增收、扩大有效投资、闲置资产盘活、金融风险化解、资本经营及上级考核指标的考评力度，以鲜明的考核导向引领发展。要动真碰硬实施机关部门考核，加大对重点工作完成情况、对上争取、作风效能等方面的考核和结果应用力度，探索重点工作条块联动、责任共担、成绩共享的考核办法，营造共同干事创业的氛围。二是要深化行政管理改革。坚持“简政放权、放管结合、优化服务”要求，以开发区为试点先行先试，逐步在全市推开相对集中行政许可权改革，推动行政审批职能集中、流程优化、全面提速；推进以市场监管领域为重点的综合行政执法改革，进一步整合执法队伍，下移执法重心；深化丁蜀镇“强镇扩权”试点，构建更加集中高效的行政管理架构。三是要提高国资经营效益。坚持规范与效益并重，全面深化国资改革，推动国有资产规范运作、保值增值。以组建交通产业集团为试点，加快探索国有资源资产的激活、整合和实体化改革、资本化运作，不断激发国资经营活力。

四、坚持全面从严治党，为宜兴事业发展提供坚强保证

在新的起点上推动宜兴更好更快发展，根本在于党要管党、从严治党。全市各级党组织要深入贯彻党的十八届六中全会精神，进一步增强管党治党意识、落实管党治党责任，以项目化的方法、钉钉子的精神，全面推进党的思想、组织、作风、反腐倡廉和制度建设，推动全面从严治党走向深入，为建设“强富美高”新宜兴提供坚强政治保证。

1.要强化思想引领，激发奋发有为的精神状态。贯彻落实中央《关于新形势下党内政治生活的若干准则》，充分运用群众路线教育实践活动、“三严三实”专题教育、“两学一做”学习教育的成功经验，坚持民主生活会、组织生活会、“三会一课”制度，用好批评和自我批评武器，使党内政治生活更有政治性、时代性、原则性、战斗性。以学习型党组织和领导班子建设为抓手，发挥党委（党组）中心组的龙头带动作用，综合运用陶都大讲堂、干部培训、党员轮训等平台载体，持续深化理论武装、切实增强“四个意识”。加强换届后领导班子建设，重点办好新提任领导干部专题培训班、青年干部培训班等主体班次，加快提升干部队伍的视野、素质和能力。抓好意识形态工作不放松，不断加强新闻宣传、舆论引导工作，牢牢把握意识形态工作的领导权主导权。以迎庆党的十九大为契机，组织开展各类主题教育和党性锻炼活动，凝聚起推动宜兴发展的强大正能量。

2.要狠抓队伍建设，打造干事创业的中流砥柱。按照“20字”好干部标准，把用人导向真正朝“想干事、敢干事，凭实绩、看担当”的方向聚焦，把干部资源加快向发展的重点地区、重点部门、关键岗位倾斜，切实把有担当、有实绩、有口碑的好干部选出来用起来。全面加大年轻干部工作力度，对看得准、有潜力、有发展前途的年轻干部，坚持早发现、早培养，压担子、多磨练，下大气力抓好培养选拔工作。统筹做好女干部、党外干部的选配工作，加快打造结构合理、充满活力的干部队伍。坚持从严管理干部，加大个人有关事项报告查核力度，深化干部监督“三员一网”建设，确保从严管理全到位、真到位。完善干部考核评价体系，健全正向激励机制，加快建立能者上、庸者下、劣者汰的有效机制，鼓励和支持干部立担当之志、练担当之能、尽担当之责。

3.要夯实基层基础，筑牢本固基强的战斗堡垒。坚持政治属性和服务功能相统一，深化基层服务型党组织建设，实施新一轮基层党组织书记能力素质提升计划，推行村（社区）党组织书记备案制度，推动基层党建全面进步、全面过硬。出台加强农村基层党建工作意见，不断优化农村党组织体系，提升农村党员干部能力素质，推动农村党建与强村富民深度融合，全面提升农村党建的工作成效。加快创新社区党建，广泛开展为社区群众“幸福圆梦”活动，试行业委会、物业公司负责人兼职社区党组织委员工作，着力构建社区建设三方联动新格局。聚焦机关部门的作风效能，扎实开展学习型、服务型、创新型机关创建，更好发挥机关党建服务中心、建设队伍的作用。持续加大“两新”组织党建力度，分类规范出险关停企业党建工作，进一步扩大党的组织和工作的有效覆盖。坚持发展党员“8+2”制度，常态化抓好党员管理，切实增强党员队伍的整体素质。

4.要深化正风肃纪，营造风清气正的发展环境。全面加大巡察工作力度，强化党风廉政建设责任制的监督检查，健全权力监督机制，把全面从严治党责任落到实处。健全从严管理干部、关心爱护干部相结合的制度体系，出台监督执纪"四种形态"、容错纠错、治理为官不为、打击诬告陷害等系列文件，既筑牢纪律防线、又激励担当作为。坚持作风建设常态化、长效化，聚焦年节假期、重点领域，运用明察暗访、畅通举报、专项审计等形式，不断健全作风监督网络，坚决整治"四风"问题。把纪律规矩挺在前面，深入开展廉洁自律准则、纪律处分条例、党内监督条例、党内问责条例等宣传教育，坚持抓早抓小、防微杜渐，让纪律规矩始终成为带电的"高压线"。始终保持惩治腐败的高压态势，严肃查处群众身边的不正之风，以"零容忍"态度查办各类腐败案件，用反腐倡廉的实际成效取信于民。

同志们，推动宜兴发展迈上新台阶、开创新局面，任务艰巨、使命光荣、时不我待。让我们紧密团结在以习近平同志为核心的党中央周围，高举中国特色社会主义伟大旗帜，以党的十八届六中全会精神为指引，团结带领全市广大干部群众，凝心聚力、开拓进取、埋头实干，为建设"强富美高"新宜兴而努力奋斗！

政 府 工 作 报 告

——2017年1月7日在宜兴市第十七届人民代表大会第一次会议上

宜兴市人民政府市长　张立军

各位代表：

现在，我代表市人民政府向大会报告工作，请予审议，并请政协委员和其他列席人员提出意见。

宜兴市人民政府市长　张立军　　（仇洪生　摄）

本届政府工作回顾

本届政府自2012年市第十六届人民代表大会第一次会议选举产生以来，在中共宜兴市委的正确领导下，紧紧依靠全市人民，认真贯彻落实党的十八大、十八届三中、四中、五中、六中全会和习近平总书记系列重要讲话精神，科学应对各种挑战和考验，负重奋进、合力拼搏，全市经济社会发展取得了明显成效，为高水平全面建成小康社会、建设"强富美高"新宜兴奠定了坚实基础。

——过去五年，是综合实力显著增强、发展质量稳步提升的五年。主动适应经济发展新常态，力保经济稳健发展基本面。全市地区生产总值迈上千亿台阶，达1320亿元，占无锡比重提升0.3个百分点；一般公共预算收入突破百亿大关，达108.7亿元，年均增速高于无锡1.3个百分点。城镇居民、农村居民人均可支配收入分别达45850元、23700元，分别增长56.1%、62.9%。县域经济基本竞争力位居全国第六。工业经济稳健运行。工业总产值由2890亿元增加到3510亿元。规模工业产值占无锡比重提升1.7个百分点，新兴产业占比提升至16.1%，新能源产业产值实现倍增，产业转型迈出坚实步伐。电线电缆、环保水处理设备国内市场份额分别超10%、30%，继续保持领先优势。工业投入年均增长4.4%，技改投入占比增至70%，投资结构由"扩张型"向"内涵型"转变。8家企业入选中国"制造业企业500强""民营企业制造业500强"；"工业百强"产值比重提升8.6个百分点，达到62%，成为工业经济的重要支撑。中国驰名商标累计达17件，2家企业荣获无锡市市长质量奖，品牌兴企、质量强企理念不断增强。"一库一网一平台"入库市场主体7.4万家，企业财务信用平台在全省率先建成，诚信体系建设得到加强。金融环境保持稳定。将维护金融生态安全作为经济工作的重中之重，采取设立贷款周转金、贷款平移贴息、打击恶意逃废债务、打包处置等一系列针对性举措，探索出一条切实可行、可供借鉴的风险化解路径。帮助企业转贷超千亿元，兑现企业代偿、承接银行债务补贴5800万元，政银联手打包处置不良贷款81亿元，坚决守住了不发生区域性、系统性金融风险的底线。新入驻银行11家，所有全国性股份制商业银行在宜设立分支机构，更多金融机构积极融入宜兴发展主战场。现代服务业活力彰显。服务业增加值年均增长8.1%，占GDP比重提升至45%。完成服务业投入1190亿元，实施超亿元重点项目83只，万达广场、八佰伴等城市综合体建成运行。消费市场规模持续扩大，社会消费品零售总额稳居全省县级市第四。年成交额超20亿元的商品交易市场达5个；全社会物流总额年均增长6.2%；电子商务交易额年均增幅超30%，跻身国家电子商务进农村综合示范市行列。陶瓷文化创意产业园入选省重点文化产业示范园区。生态文化旅游业蓬勃发展。旅游资源开发力度加大，相继建成龙池山自行车公园、阳山荡等新景点；AAAA级景区增至8家，阳羡生态旅游区晋升省级旅游度假区，为创建AAAAA级景区、国家级旅游度假区打下坚实基础。乡村旅游互动发展氛围日趋浓厚，深氧湖汊、禅居西渚等一批旅游小镇人气渐旺，芳桥目连文化节、徐舍花田灯海等主题活动精彩纷呈，获评全国休闲农业与乡村旅游示范市。文旅融合、体旅互动成效进一步放大，陶瓷文化艺术节、素食文化博览会、环太湖自行车赛等一批节会和赛事打响品牌。积极与高铁沿线城市、知名旅游平台对接合作，长三角旅游目的地效应开始显化，接待游客总人数、旅游总收入均实现翻番。现代农业快速提升。高效设施农业增至20.2万亩，占耕地面积比重提高20个百分点；高标准农田占比达65.2%。七大农业产业园累计投资11亿元，引进项目83只。家庭农场、专业合作社数量均居无锡首位，适度规模经营比重达83.8%，带动农业增效、农民增收作用日益明显。种植业“三品”产量占比倍增，新增农产品国家地理标志证明商标4只。中央小农水重点县建设高效推进，农业生产条件进一步改善。被评为全国粮食生产先进市。

——*过去五年，是改革开放持续深化、动力活力不断释放的五年。*重点改革稳步实施。优化行政管理体制，环科园与高塍镇实现统筹发展，芳桥撤镇设街并委托开发区管理，丁蜀镇“强镇扩权”有序实施；市场监管局、卫计委挂牌成立，不动产登记中心、“一办三中心”设立到位。行政审批制度改革扎实推进，编制政府行政权力等5张清单。“先照后证”“五证合一、一照一码”等商事制度改革高效落实。财税制度改革走向深入，“营改增”试点全面推开，政府部门预决算实现全公开，预算绩效、政府性债务、国有资产等领域的规范化管理不断加强。农村土地承包经营权确权登记颁证有序开展，“三资”管理模式成为全国示范。事业单位分类改革、公立医院综合改革、招投标改革、殡葬改革等取得积极成效。“全面二孩”、居住证制度、广电台网分离等一批新政得以落实。园区发展再上台阶。园区支撑作用逐步显现，“一园两区”工业产值占比由33.1%提升至40.8%，年均增幅高于全市4.3个百分点。环科园确立“环境医院”新模式，建成10个国家级环保产业平台，与20多个国家和地区建立环保技术合作交流关系，环保专业园区的影响力、承载力进一步提升。国家级经济技术开发区获国务院批准，新能源、新材料、光电子等产业持续壮大，高端动力机械、智能装备制造等产业快速崛起，引进超亿元项目39只，其中超10亿元项目10只。陶瓷产业园区主导产业量质俱升，工业陶瓷、陶瓷非金属材料占比超45%；通用航空产业加速布局，通用机场等项目前期工作进展顺利。官林成为无锡市首个千亿级强镇，获评“国家电线电缆产业基地”。开放合作深入推进。累计利用外资14亿美元，引进市外内资278亿元。27只超3000万美元重大外资项目先后落户，制造业外资占比提升至63.7%。鼓励企业与央企国企、实力民企、知名外企结盟，一批本土企业与中建材、普睿司曼等企业成功联姻，战略合作、兼并重组项目达121只、总标的达370亿元。完成进出口总额239亿美元、出口总额165亿美元，机电、化工等行业出口规模扩大、占比稳步攀升。境外投资年均增长23.8%，总量稳居无锡第二。企业进军资本市场步伐加快，新增上市企业7家、新三板挂牌企业25家，募集资金超26亿元。与3个国际友城、8个友好城市交流互动更为密切。科技创新日趋活跃。高新技术产业产值达1120亿元，占规模工业产值的39.5%。全社会研发投入逐年提高，占GDP比重提升0.33个百分点，其中企业投入占97.2%。省级以上孵化器增加到10家，万人有效发明专利拥有量从10.89件增至16.28件。与23家高校、院所建立合作关系，组织各类对接活动300余次，引进产学研项目550只、国际技术合作项目40只。“陶都英才”工程深入推进，引育国家“千人计划”专家43名、省“双创团队”7个；成功牵手2名诺贝尔奖得主、7名外籍院士。荣获全国科技进步考核先进市、国家可持续发展实验区、省人才工作先进市等称号。

——*过去五年，是重大工程高效推进、城市功能日臻完善的五年。*规划引领持续强化。启动编制新一轮城市总体规划，修编完善土地利用总体规划，加强城乡空间重要节点等课题研究，完成新一轮镇村布局、老城区更新改造、东氿滨水区域景观等41个专项规划。深入开展“一张图”信息系统建设，完成基础地理、地下管线等信息普查，有力推动规划相互衔接。功能布局不断优化。建筑面积达18.8万平方米的市文化中心全面建成，大剧院、博物馆、图书馆、美术馆、科技馆五大主题场馆向公众开放，成为市民享受优质公共文化服务的主窗口；东氿大厦、市民中心、农商行大楼等一批标志性建筑屹立东氿之畔，新庄大桥、梅林大桥、东氿公园建成启用，东氿新城展现出现代城市形象。人民路、荆溪路、阳泉路等23条城区道路完成改造，宜城、丁蜀39个老小区环境综合整治、22万平方米“平改坡”工程顺利完工，老城区人居环境明显改善。大交通格局取得历史性突破。投入65亿元用于交通基础设施建设。宜兴阔步迈入“高铁时代”，与北京、西安、成都、厦门等71个大中城市实现直通，对外通达能力有了质的飞跃。范蠡大道、环科大道、滆湖东路、太湖大道全线贯通，104国道宜兴段、宜金线完成改造，内外主干路网体系更加优化。汤省线、阳灵隧道、太华旅游干线建成投用，市内旅游公路“毛细血管”更为畅通。新改建农村公路600公里，整修危旧桥梁130座。客运公交实现城乡一体化，新建16个场站，新增、优化80条线路，城乡居民享受到更实惠、更便捷的出行服务。公用事业取得新进步。油车水库建成供水，氿滨水厂一期10万吨扩建工程完工启用，供水管网向偏远山区拓展延伸，百万市民饮用水安全得到更有力保障。“川气入宜”竣工通气，天然气用户覆盖率提升10个百分点。建成供电双环主干网,电力安全保障能力进一步增强。全光网城市加速推进,光纤入户率超97%。城乡管理水平不断提高。积极探索符合宜兴特点的城市管理新格局,理顺环卫、城区河道、出租车、户外广告等管理体制机制,城市管理顶层设计进一步优化。主动回应群众关切,有效化解菜场周边环境、城区桥梁下构筑物、大排档扰民等一批反响强烈的管理难题。从强化长效管理入手,加大宜南山区违法建设、矿产品生产运输秩序等整治力度,形成条块联动、部门联手的严密监管网。城市管理精细化、一体化水平位居全省同类城市前列,荣获省优秀管理城市称号。

——过去五年,是生态建设力度加大、环境品质日益彰显的五年。治太保源深入实施。始终把省定9条入湖河道作为整治重点,累计投入资金35亿元、实施治太项目751只,扎实推进治太保源"四大专项行动",劣V类河道全面消除,19个国省考断面达到阶段性水质目标。连年实现太湖安全度夏。新的城市污水处理厂建成投用,新增污水主管网335公里,城区、集镇生活污水处理率分别提升至96%、86%。11座污水处理厂全部实现一级A标准排放。先后实施5轮645家畜禽养殖场整治,圆满完成省、无锡市下达任务。对农村河道进行新一轮疏浚,清淤河道1233条、1300万方。新建省级湿地公园1个,修复生态湿地1.2万亩。城乡环境稳步提升。连续开展民生环保专项行动,强化重点区域气味、噪声、烟尘粉尘等污染治理,对191家企业实施综合整治,淘汰高污染燃料锅炉1538只,秸秆禁烧保持常态,PM2.5平均浓度无锡最低,累计下降30.6%,降幅居无锡首位。改造提升26个被撤并老集镇,完成3324个自然村环境整治,建成218个"省三星级康居乡村";西渚白塔、张渚善卷等5个村入选"全省最美乡村",省级以上生态村占比超60%。农村增绿、山区复绿工程持续推进,林木覆盖率达29.2%,在全省处于领先水平。国家卫生城市、国家园林城市通过复评。荣获中国人居环境奖。节能减排成效显著。加快淘汰蓄电池、化工、铸造等行业的落后产能,关停并转企业312家。完成节能和循环经济项目105只、减排项目260只,对580家企业开展能源审计和清洁生产审核,规模企业万元产值能耗累计下降3.5%,主要污染物排放强度等约束性指标达到考核要求。节约集约用地政策不断完善,亿元GDP占地面积下降15.6%。创成国家节水型城市、省国土资源节约集约模范市。

——过去五年,是民生事业全面进步、发展成果更为普惠的五年。民生投入持续加大。财政民生支出占一般公共预算支出比重由66.3%增至74%,累计达322亿元。完成66件162项惠民实事,市民卡、公共自行车、"农改商"、平价商店等一批群众感受度强、受益面广的项目实施到位。保障体系不断健全。企业职工医保与机关事业职工医保、学生医保与城乡居民医保并轨运行,城乡居民大病保险制度制定出台,社会保障制度体系实现与无锡接轨。启动全民参保登记,完成社保扩面10.8万人,社会保险综合覆盖率达99.3%。城乡低保标准由每人每月360元增至600元,城乡居民基础养老金标准实现翻番。多层次住房保障体系更为健全,8355户中低收入家庭居住条件得到改善。市养老护理中心建成投用,九如城带动养老机构"公办民营"模式全省领先。慈善捐赠热度不减,发放善款2.2亿元,帮扶困难群众19.8万人次,连续两届获中国城市公益慈善指数七星级奖。残疾人服务机构建设走在全省前列。新增就业岗位16.2万个,扶持自主创业1万人,城镇登记失业率控制在2.3%以内,两项居民收入增速始终高于同期经济增速。社会事业协调发展。新建各类学校6所,完成校舍加固6.2万平方米,创建省优质幼儿园10所。农村校车安全工程和城区学生公交专线受到社会好评。获评全国义务教育发展基本均衡市、国家农村职业教育和成人教育示范市。新官林医院、妇幼保健所建成投用,市精神卫生中心、120急救指挥中心、血站开工建设。市人民医院晋升三级甲等综合医院,开创省内县级医院先河。完成杨巷老街、鲸塘老街等历史街区保护性修复,全国重点文物保护单位增至6家,周铁镇获评国家历史文化名镇。丁蜀镇入选第一批中国特色小镇。创成省公共文化服务体系示范区。承办国家级、国际级体育赛事32场,在全省率先建成城乡社区"10分钟体育健身圈",群众体育工作被评为全国先进。社会大局和谐稳定。深入推进技防城建设,完成18个技防镇升级改造,建成257个技防小区,初步形成立体化治安防控体系。"阳光信访"全面推广,信访稳定绩效名列全省前茅。"政社互动"稳步推行,3个社区被评为全国和谐示范社区。镇村规范化调委会实现全覆盖。安全生产、食品药品安全形势总体稳定,连年保持省平安市称号。全力应对雨雪冰冻、持续干旱等极端气象灾害,应急处置能力实现新提升。圆满完成G20峰会服务保障任务,充分展示宜兴良好形象。

——过去五年,是自身建设切实加强、政务环境更加优化的五年。扎实开展党的群众路线教育实践活动,严格落实"三严三实""两学一做"要求,常态推进"三解三促",畅通联系服务群众"最后一公里"。自觉接受人大法律监督、工作监督和政协民主监督,积极听取人大、政协和各民主党派、工商联、无党派人士意见建议,认真落实人大专项工作评议和询问整改要求,人大代表建议、政协委员提案办理满意率达95.1%。始终保持与工青妇等人民团体的紧密联系。政府工作法治化水平不断提升,被评为省法治建设示范市、省级依法行政示范点。建成市政府网站集群,建立新闻发布会制度,开通"宜兴发布"政务微博微信,积极参加无锡政风行风热线直播活动,优化"12345"政府公共服务热线运行机制,政民交流渠道更为通畅。强化政府部门内控机制建设,抓好财政资金绩效审计,审计项目单位128个,促进增收节支近34亿元。认真贯彻中央八项规定和省市委十项规定精神,稳妥有序完成新一轮公车改革,严格落实公务接待、办公用房等制度,一般性支出连续5年实现下降。

此外,国防动员、民兵预备役、双拥优抚等工作不断加强,物价、统计、统计调查、档案、史志、侨务、民族宗教、邮政、通信、人防、气象、公积金管理等各项事业取得新成绩,税务、海关、国检、烟草、盐务、海事等部门工作取得新进步。

特别是刚刚过去的2016年，面对复杂严峻的宏观形势和持续下行的经济压力，我们坚决贯彻中央供给侧结构性改革精神，高效落实“三去一降一补”要求，沉稳应对改革发展稳定中遇到的急事、难题、险情、重任，主动作为、奋力攻坚，顺利完成了市十六届人大五次会议确定的各项目标任务，实现了本届政府的良好收官和“十三五”稳健开局。这一年，我们牢牢把握“稳中求进”总基调，牢固确立“稳经济、稳金融”工作导向，以产业发展资金、降低企业成本等一系列政策强化产业扶持，以集中观摩、经贸洽谈等一系列活动强化项目招引，以打击恶意逃废债务、处置出险企业等一系列举措强化金融稳控，全市经济金融发展经受住风险考验，继续稳健前行。这一年，我们始终以做强实体为根本，送温暖、化制约、优服务，鼓励企业坚守实业不浮躁、引导企业苦练内功强体魄、推动企业抢抓机遇求裂变，灵谷化工、国信协联等一批龙头企业成为引领行业的“常青树”，俊知集团、雅克科技等一批科创型企业成为创新转型的“先行军”，红牛饮料、奥瑞金包装等一批新兴企业成为对上贡献的“排头兵”，实体经济成为宜兴经济发展的中流砥柱。这一年，我们将生态保护、集约发展作为自觉追求，把上级刚性要求和宜兴自身需求有机结合，变被动的环境治理为主动的经济转型，变点上的督察整改为面上的管理提升，变分散的各自为战为系统的集中攻坚，强势推进河道治理、锅炉整治、黄标车淘汰、耕地保护、规范用地等各项工作，为优质项目落户腾出空间，成功赢得“十三五”生态文明建设首胜。这一年，我们始终顺应人民群众对美好生活的向往，没有因年景特殊而减少民生项目，没有因财力趋紧而降低民生投入，按照“量力而行、先急后缓、共建共享”的原则，高标准、高质量实施了一批事关群众切身利益的实事项目，真正体现了政府的为民情怀。这一年，我们以创建全国文明城市为主线，以惠民育民为宗旨，以精细管理为抓手，从人民群众最为关注的地方改起，从基础设施最为薄弱的环节抓起，从城市管理最为明显的短板补起，举全市之力、聚全民之智，大力度开展交通秩序、占道经营、城郊环境等11项专项整治行动，实现了城市形象和文明程度的“双提升”。这一年，我们面对超历史特大洪灾的严峻考验，科学指挥、全力应对，团结带领广大干群，紧紧依靠驻宜部队，积极投身抗洪救灾第一线，守圩堤、堵决口，搭便桥、抢排涝，筑起了一道又一道坚固防线，打赢了一场又一场艰苦战斗，演绎了一幅又一幅感人画面，成功守护了人民群众生命财产安全，生动诠释了“新时代抗洪精神”。

过去五年是极不平凡的五年。五年实践使我们体会到：必须始终把中央精神作为根本遵循和行动指南，主动把上级要求和宜兴实际紧密结合，科学谋划宜兴发展定位，才能走出一条符合时代特征、具有自身特点的转型发展之路；必须始终认清外部环境变化和内在发展制约，解放思想、敢破敢立、勇于担当，才能不断扫清前进道路上的障碍，开辟科学发展的新境界；必须始终确立以人民为中心的执政理念，与人民群众同呼吸、共命运、心连心，才能充分激发全市上下的积极性、主动性和创造性；必须始终以建设人民满意政府为目标，着力营造高效的政务环境、公平的营商环境、和谐的社会环境，才能凝聚起风雨同舟、和衷共济的强大正能量。我们将十分珍视这些宝贵经验，并在今后工作中更好地继承和发扬。

各位代表，过去五年取得的成绩，是市委统揽全局、坚强领导的结果，是市人大、市政协有效监督、鼎力支持的结果，是社会各界、广大干群携手奋进、共同努力的结果。在此，我谨代表市人民政府，向全市人民，向市人大代表、政协委员，向离退休老同志、向各民主党派、工商联、无党派人士、各人民团体，向驻宜单位干部职工，向驻宜部队官兵和公安民警，向所有关心、支持和参与宜兴建设发展的海内外朋友，表示崇高的敬意和衷心的感谢！

在肯定成绩的同时，我们也清醒认识到当前存在的问题和不足，主要是：产业转型升级步伐不快，质量和效益需要进一步提高；发展后劲不足，重大项目偏少，项目招引体制机制有待完善；创新资源和要素集聚能力不强，科技进步对经济增长的支撑作用仍需增强；金融领域风险隐患依然存在，金融生态还比较脆弱；城乡区域发展存在不平衡性；生态保护和环境治理的累积性矛盾亟待化解；民生保障、社会治理和群众期盼还有差距；政务服务、作风效能有待继续加强和提升；等等。对这些问题，我们将采取有效措施，切实予以解决。

新一届政府工作的目标定位与基本思路

市第十三次党代会描绘了宜兴未来五年发展的宏伟蓝图，为新一届政府在新的起点上推进各项事业发展，指明了前进方向、增添了强大动力。新一届政府将深入贯彻落实习近平总书记系列重要讲话特别是视察江苏重要讲话精神，紧紧围绕“五位一体”总体布局和“四个全面”战略布局，坚持“稳中求进”工作总基调，牢固树立和贯彻落实新发展理念，适应把握引领经济发展新常态，坚持以提高发展质量和效益为中心，以供给侧结构性改革为主线，全面做好稳增长、防风险、调结构、优环境、惠民生、促改革各项工作，促进经济平稳健康发展和社会和谐稳定，如期完成“十三五”发展任务，奋力谱写“强富美高”新宜兴的精彩篇章。

——*新一届政府的奋斗目标*。宜兴地处苏南发达地区，必须精准对标高水平全面建成小康社会指标体系，发扬优势、补齐短板，提升水平、走在前列，确保如期完成高水平全面建成小康社会的重大历史使命。我们将全力建设发展质量更高的小康。让“创新、协调、绿色、开放、共享”发展理念成为全市上下的生动实践，提前实现地区生产总值比2010年翻一番，科技进步对经济增长的贡献度逐年提高，产业迈向中高端水平，主要经济指标增幅高于无锡市平均，使宜兴成为无锡“一体两翼”发展格局中更为坚强一翼、宁杭城市带中心节点城市。我们将全力建设群众获得感更强的小康。让群众有更稳定的工作、更可靠的社会保障、更满意的教育、更高水平的医疗服务、更舒适的居住条件、更优美的生态环境、更安定的社会秩序，居民收入、企业利润、财政收入“三个口袋”更加充实，全体市民在小康路上一个不少、一户不落，形成共建小康社会、共享发展成果的良好局面。

——新一届政府的工作取向。高水平全面建成小康社会，必须集中力量、集中资源、集中政策，在聚力创新、聚焦富民上谋实招、求实效。聚力创新，我们将把创新作为驱动发展的新引擎和主动力，让创新贯穿一切工作始终，着力推进以科技创新为核心的全面创新，着力推进发展理念、体制机制等全方位、多层次、宽领域的大创新，努力构建政府营造创新环境、企业勇挑创新重担、各类人才施展创新才能的良好生态，使创新成为全社会的自觉追求和共同行动。聚焦富民，我们将把富民作为实现全面小康的根本要求，以群众对美好生活的向往为工作追求，切实找准民生建设、社会事业、生态保护、扶贫攻坚等领域的短板，靶向发力、精准施策，下大力气解决好事关群众切身利益的现实问题，千方百计加快富民步伐，提高广大群众的富裕程度和生活质量，让人民群众有更强的获得感和幸福感。

——新一届政府的工作思路。围绕“两聚一高”的目标和取向，我们将在五个方面下真功、求突破，充分展示高水平全面建成小康社会的过硬成果。

坚定不移推进产业强市。坚持以“智能化、绿色化、服务化、高端化、品牌化”为引领，充分发挥“一园两区”主平台、主支撑作用，致力打造电线电缆、节能环保、新能源三大千亿级支柱产业，基本构建以新兴产业为先导、先进制造业为主体、现代服务业为支撑、生态文化旅游业为特色、现代农业为基础的产业体系，建成产业结构优化、创新活力较强、竞争优势明显的现代产业发展新高地。

坚定不移强化城乡统筹。以城市更美好、城乡更协调为追求，深入推进多规融合，进一步完善城乡基础设施，进一步拓展内外大交通格局，进一步优化公共管理服务，打造宜兴“城乡一体化”升级版，全面提升城市内涵品质和农村环境面貌，充分彰显“水城、陶都、生态”三大特色品牌，加快建成与众不同、令人向往的现代化卓越城市。

坚定不移践行绿色发展。以建设全省生态保护引领区为统领，有序推进“两减六治三提升”专项行动计划，牢牢守住生态保护、耕地保护、城市开发边界“三条红线”，基本形成资源节约、环境友好的产业结构、增长方式和消费模式，让宜兴的天更蓝、山更绿、水更清、地更净、空气更清新，让宜兴宝贵的生态资源得到永续保护和可持续利用。

坚定不移实施文化引领。深入挖掘文化遗产的独特内涵和价值，大力加强优秀文化的保护和传承，积极推进文化对外交流与合作，持续打响陶瓷、名人、书画、茶禅等文化品牌，进一步提升文化宜兴的知名度和影响力；扩大优质公共文化产品供给，满足人民群众日益增长的文化需求；推动文化与产业、城市、生态、科技的深度融合，在宜兴处处都能感受到文化的气息、享受到文化的熏陶，焕发百万陶都人民的文化自信。

坚定不移深化改革开放。把改革作为解决发展进程中所有问题的“总钥匙”，紧紧抓住事关经济社会发展的关键环节、事关群众切身利益的重大问题，敢于啃硬骨头、敢于涉险滩，打好全面深化改革攻坚战，更多更好地释放改革红利；把开放作为汇聚各类优质要素的“主通道”，更加主动融入国家对外开放大战略，抢抓“一带一路”建设重大机遇，加快引进来和走出去步伐，推进城市、企业、人才国际化进程，着力增创开放型经济发展新优势，让宜兴的发展生机勃勃、活力无限。

2017年政府重点工作

今年是党的十九大召开之年，是实施“十三五”规划的关键之年，也是新一届政府工作的起步之年。做好今年各项工作，具有非常重要而特殊的意义。今年国民经济和社会发展的主要预期目标为：地区生产总值增长7—7.5%；一般公共预算收入增长5%左右；全社会固定资产投资增长5%左右；万元GDP能耗、主要污染物排放强度完成上级下达任务；居民消费价格指数控制在省定范围内；城镇居民、农村居民人均可支配收入与经济保持同步增长。

围绕以上目标，重点抓好六方面工作：

一、坚持项目为王，着力形成更具爆发力的动力引擎。将项目作为“产业强市”的核心支撑，用最优的机制、最实的举措，全力推动项目投入大突破、载体建设大跃升、开放格局大转变。集全市之力主攻项目。加快建立“比项目质量、比建设进度、比产出贡献”的目标考核和政策激励体系，强化全市聚精会神抓项目的鲜明导向，确保全年引进超亿元制造业项目30只。加快构建以四套班子领导为主的项目挂钩机制、以经济主管部门为主的项目服务机制、以市级督查为主的项目督查机制、以定期观摩为主的项目促进机制，推动一批重大产业项目快落地、快建设、快见效。聚最优资源做强园区。集中各类优质资源和要素向园区倾斜，推动“一园两区”扩开放、强实力、提能级，加快成为投资的主阵地、项目的大本营、产出的保障地，确保投资增速、项目数量、财税增幅较一般板块实现翻番。环科园要发挥国家级平台多、国际化合作广等优势，建立“环境医院”实体化运作、市场化经营模式，承接一批环境治理工程，落地一批优质产业项目，引育一批环保上市企业，加快推进远东福斯特高端动力电池、双盾环境除霾装置等重点项目，壮大园区经济总量。开发区要把项目作为立区之本，瞄准重大产业项目、专精优特项目、新兴产业项目，力争引进超10亿元项目4只；全力抓好灵谷化工汽车清洁剂、东方环晟电池片等一批在手项目，完成后劲投入100亿元，实现工业总产值550亿元。陶瓷产业园区要一手抓特色产业提升，重点引进高端陶瓷耐材项目，扩大陶瓷产业集群影响力；一手抓新兴产业培育，加速实施通用机场、海翼飞机、华飞航空等项目，全力抢抓通航产业发展机遇。官林镇要完善支撑平台，提升承载能级，进一步建强

“国家电线电缆产业基地”。以强攻招商扩大开放。科学把握全球产业资本流向，深耕上海、对接北京，瞄准港台、紧盯日韩，积极抢抓先进制造业项目转移机遇和溢出效应，通过结对招商、蹲点招商、专题招商等形式，争取落地一批补链型、强链型重大内外资项目。依托本土优质企业、现有优势产业，深入对接央企国企、实力民企、知名外企，加大推介力度，全力促成一批兼并重组、战略合作项目。造浓招商氛围，建强市投资促进中心，建优招商队伍和招商网络，探索板块间“项目统筹流转”机制，构筑上下联动、园区引领、镇街并进的招商工作格局。研究更具针对性的绩效考评办法，在薪酬分配等方面实行差别化管理，体现“既传递压力、又激发干劲”的双重导向。

二、坚持转型路径，着力构筑更具支撑力的产业体系。以“调高、调轻、调优”为方向，实施一二三产固本强基、提质增效工程，为产业“强骨骼、壮肌肉、丰羽毛”打牢基础。提升制造业竞争能力。加快高端线缆产业创新发展，鼓励线缆企业进军“特种化、智能化”等领域，扩大优势产品市场占有率，赢得更多行业话语权，力争创成全国电线电缆质量提升示范区。引导环保企业与国际国内领军企业深化战略合作，嫁接资本和技术优势，进一步增强环保产业的核心竞争力。顺应化工产业转型新要求，引导有规模、有潜力的化工企业转变发展模式，走清洁化、可持续发展道路。继续坚持技改扩能不放松，推动陶瓷耐材、机械制造等传统产业扩容补链，向“专精特高”方向迈进。深入实施质量升级、品牌增效、标准提档三大工程，着力提升产品“含金量”、壮大企业“软实力”。积极运用云计算、大数据等互联网资源，推进“两化”深度融合，创成一批省示范企业和智能车间，加快“宜兴制造”向“宜兴智造”转变。增强服务业发展活力。优化城中核心商圈，培育城东新兴商圈，引导万达广场、八佰伴等商贸骨干做优业态，建成阳光100凤凰街，进一步提升生活性服务业质态。依托万石国际石材城、卓易创业软件园等载体，做大现代物流、软件信息等生产性服务业规模。紧跟电商发展大势，推动线缆、陶瓷、石材等产业与电商嫁接融合，争创省级以上电商平台示范企业3家。完善文化产业发展政策，加大文化众创空间建设力度，提升文化产业贡献度。以去库存、稳市场为重点，促进房地产业健康发展。推动旅游业做大做强。立足“全域旅游”战略定位，强化旅游改革发展高位统筹，编制引领未来旅游发展的系统性规划，构建起旅游板块协调联动的新格局。集中力量推进“两区同创”，推动阳羡生态旅游区、善卷文化旅游景区丰富内涵、优化配套，整体提升核心景区竞争力。顺应特色小镇发展趋势，围绕陶文化体验、深氧度假、茶禅养生等主题，致力打造一批功能完善、形态精美的旅游小镇。继续加强旅游资源资产的挖掘、整合、推介，吸引有品牌、有实力、有市场的优质主体参与开发，全力招引重特大项目，加快水墨田园、揽云谷等重点项目建设，加速旅游产业化进程。主动探索“旅游+”模式，提升乡村旅游与文化、农业、体育的融合度。实施品牌营销策略，坚持以节兴旅、以会促游，精心筹办陶瓷文化艺术节、素食文化博览会等重大节会，进一步提升宜兴旅游的知名度和影响力。加快农业现代化步伐。以全国农村一二三产业融合发展试点为契机，完善农业产业体系，优化特色产业布局，打造“丘陵山区休闲观光农业”“平原圩区传统基础农业”两大全产业链板块。强化重点园区基础设施建设，新增高效设施农业1.2万亩，推动现代农业提质增效。围绕做强特色优势产业，加快引进和培育一批带动能力强、市场前景广的农产品加工龙头企业，进一步提高产品附加值和产业竞争力。培育壮大新型农业经营主体队伍，扩大农产品“线上、线下”销售量。充分利用“农信贷”等融资担保平台，多措并举强化农业金融支撑。加强耕地保护，全面完成永久基本农田划定，科学运用第三次全国农业普查成果，为农业持续增效奠定基础。

三、坚持优化提升，着力培育更具竞争力的发展环境。充分发挥政府“有形之手”作用，从政策、服务、要素等方面提供系统性支撑，全力消除影响发展的瓶颈和制约，更好地为实体经济保驾护航。加快修复金融生态。按照“稳旧控新”思路，将工作重心由风险化解向生态修复转变，营造稳定有序的金融环境。保持严打恶意逃废债务行为的高压态势，加强行政司法联动，从严从快从重处置典型案件，形成强有力的震慑效应。加强企业财务信用平台的推广应用，进一步加快企业诚信体系建设。加速推进重点出险企业分类处置，提高定向打包精度，加大清收盘活力度，帮助优质企业尽快摆脱担保链束缚。发挥科创担保、市镇两级周转金等政府性平台的引领作用，积极构建“资金池+银行+担保”的风险共担体，着力化解企业融资“担保难”“转贷难”问题。定期开展企业“健康体检”，建立健全风险预警监测机制，密切关注企业资金运行情况，提高风险处置的预判性和主动性。完善金融机构考核机制，优化政府资源配置，引导更多信贷资金投向实体经济，确保制造业贷款规模明显增长。加强上下对接协调，鼓励银行通过组建存量银团、实施联合授信，保持贷款存量，有效保障企业正常生产经营。持续强化创新驱动。以苏南国家自主创新示范区建设为引领，突出企业科技创新主体地位，启动“百千万”行动计划，培育更多创新型增长点，做大做强高新企业集群，力争新增省级以上研发机构6家，万人有效发明专利拥有量达17.5件。用好用活现有各类创新载体，有针对性地开展集成创新和技术攻关，实现平台建设与产业发展精准对接，让更多创新成果落地转化为新的生产力。实施“陶都乡贤”反哺工程，发挥宜兴籍大学校长、院士教授的学术影响力和资源带动力，促进科技资源与产业需求有效衔接，力争引进产学研合作项目140只、国际技术合作项目10只。不断厚植人才优势。将引才与引资、引智紧密结合，丰富“陶都英才”内涵，发挥“科技镇长团”桥梁纽带作用，吸引更多高层次人才来宜创新创业，引育国家“千人计划”专家、省“双创计划”人才20名。实施新时期宜商培育工程，构建制度化、专业化培训机制，帮助企业家拓宽视野、转变思路、更新理念，努力打造一支敢创大业、善于经营、诚信担当的企业家队伍。充分发挥老一辈优秀企业家的示范引领和帮带作用，促使更多的新生代企业家传承好宜商精神，承接好企业发展接力棒。弘扬“工匠精神”、推进产教融合，开展产业工人培养工程，加快建设一支与产业发展相适应的技能型人才队伍。精准发力服务发展。始终与企业共克时艰、携手同行，建立更为紧密的“亲”“清”新型政商关系。修订完善“又好又快”政策措施，推动土地、金融等要素保障向优质企业倾斜，大力扶持转型成效好、带动作用强的企业，重点激励税收贡献多、增幅大的企业，进一步强化“扶优育强”的发展导向。实施“中小企业进规模”工程，引导企业加快发展、做大做强，进一步放大“比贡献、比质态”的示范效应。加强拟上市企业梯队建设，强化企业资本经营指导，力争新增主板上市企业2家、新三板挂牌企业5家以上，让更多企业通过资本市场实现裂变扩张。落实外贸企业各项扶持政策，确保进出口总额保持正增长。协调推进各项改革。深化“放管服”改革，加快政务服务“一张网”建设，建立以权责清单为核心的高效审批模式，扎实开展相对集中行政许可权改革试点，实现审批标准化、扁平化、便利化。探索以市场监管领域为重点的综合行政执法改革，整合执法队伍、下移执法重心。深化商事制度改革，进一步放宽市场准入条件，逐步实现全程电子化登记。完善市镇财政结算体制，促进财税收入稳定增长。强化镇级债务限额目标管理，发挥联合融资平台积极效应，推动存量债务“优结构、降成本”。创新“拨改投”“拨助贷”等财政扶持方式，更好发挥财政资金杠杆作用。加快推进国企改革，试点组建交通产业集团，切实增强企业市场竞争力。以建设省农村改革试验区为契机，着力实施“三权分置”改革，全面完成土地承包经营权确权登记颁证，建立健全市镇两级农村产权交易平台，因地制宜推进供销合作社综合改革，有效激发农村发展活力。

四、坚持以人为本，着力打造更具亲和力的卓越城市。加快启动“城市更好”提升行动三年计划，推动城乡建设由拉框架、扩规模向增内涵、优品质转变。进一步提升中心城区功能。完成新一轮城市总体规划编制，加强产业发展、土地利用、城市防洪、海绵城市、环境整治等规划的相互衔接、多规融合，形成引领城市未来发展的系统性规划。推动城东保利文旅综合体建设，提升东氿区域景观设施，打造更加靓丽的滨氿花园城市。实施蛟桥河东段两岸环境整治，优化太滆河沿河亲水空间，串联宜城滨水百里健身步道，彰显江南水城特质。继续提升宜城、丁蜀城区形象，推进陶都路、宜浦路、宜北路等道路工程，综合改造11个老小区、3个城中村。进一步提升基础设施配套。开展常宜高速、宜长高速、宜马快速通道前期工作，配合做好盐泰锡常宜城际铁路规划设计，启动周杨公路、潘西线等重点工程，实施老104国道徐宜段改造，确保环科大道南延段、宁杭高速宜兴东互通、云岭路、善龙路全线贯通，完成150公里镇村道路和20座危旧桥梁改造，构建更为便捷的市域交通网络。启动新一轮城乡防洪工程建设，加快新孟河延伸拓浚、圩区达标、山区库塘除险加固、城市防洪等重点项目，着力增强全市整体防洪能力。实施桃花水库、氿滨水厂扩建等工程，铺设供水管网80公里，进一步强化饮用水安全保障。开工建设光大垃圾二期扩容工程，稳妥推进飞灰填埋场改造和污泥处置项目，新建城北垃圾中转站，切实提升垃圾无害化处理能力。完善天然气管网体系，完成60公里燃气管网建设、6000户燃气入户改造任务。继续深化“数字宜兴”建设，实现千兆光纤到楼入户、无线网络全覆盖。进一步提升城市管理水平。深入实施城市环境综合整治接续行动，巩固省优秀管理城市创建成果，突出问题导向，着力解决交通秩序混乱、违章停车、小区物业管理、占道经营等难题，补齐城市管理短板。推动镇级城市化提标创优，持续改善镇容镇貌，同步提升城乡综合管理水平。坚持疏堵结合、管教并举，切实运用行政管理、社会引导、现代科技等手段，构建更为科学长效的管理机制。进一步提升美丽乡村品质。以全域化为方向，强化规划先行、政策支撑，深入开展村庄环境改善提升行动，彰显乡村特色风貌，传承文明乡风民俗，打造一批“望得见山、看得见水、记得住乡愁”的最美乡村，推动美丽乡村建设由“典型引路”向“面上提升”拓展。高标准建成省级美丽乡村示范点3个、康居乡村示范点2个。

五、坚持协同并治，着力彰显更具吸引力的生态品牌。启动“两减六治三提升”专项行动，努力实现生态效益和经济效益协调同步、互促并进。打响水体治理攻坚战。严格落实“河长”“断面长”管理职责，建立健全一河一策、共抓共管工作机制，实现科学治污、联动治污。积极开展太湖一级保护区化工企业关停并转迁工作，深化畜禽整治、生态清淤、工业点源治理等专项行动，全力削减氮磷排放总量，稳步提升入湖河道水质。新建污水主管网120公里，大规模推进村庄污水治理，持续扩大污水收集处置体系有效覆盖面，力争主要工业区、旅游景区、主要入湖河道沿线应纳尽纳。完成华骐等污水处理厂改造工程，提高污水达标排放稳定性。坚持市场化方向，研究探索蓝藻资源化利用新模式，实现太湖安全度夏。打响大气治理攻坚战。继续落实大气污染防治行动计划，通过控排、减煤、禁烧等举措，确保空气质量持续改善。实行能源消费总量和强度“双控”，落实节能评估审查制度，实施重点节能和循环经济项目20只以上。继续推进新一轮燃煤锅炉整治，推广使用清洁能源，进一步压降燃煤排放，力争天然气占一次能源比重超10%。研究挥发性有机物有效治理途径，重点开展塑料制品、包装印刷等行业专项治理，持续推进机动车尾气、建筑扬尘等综合整治，常态化落实秸秆禁烧机制，最大限度控减大气污染因子。构建从严监管新格局。严把产业项目准入关，坚决防止高能耗、高污染项目落户。做好第二次全国污染源普查工作，积极探索排污权交易、区域生态补偿等工作，有效控制和盘活环境容量指标。推动监管重心下移、提升基础管理水平，构建职责更明、覆盖更广的网格化监管体系。增强环保执法刚性，重拳打击违法违规排放等行为，促进企业自觉落实环保责任、不断强化环境治理。构建生态修复新格局。突出抓好太湖、滆湖、三氿五荡及饮用水源地等区域水环境综合整治，实现治理水污染与涵养水生态、打造水景观有机结合。完善固危废处置利用机制，提高减量化、无害化、资源化处置水平。开展工矿废弃地复垦，做好城乡建设用地增减挂钩工作，科学有效防治土壤污染，促进土地节约集约利用。

六、坚持普惠共享，着力建设更具向心力的幸福家园。时刻把群众冷暖记在心上、把民生保障抓在手上，不折不扣办好年度实事项目，让全市人民共享发展红利。切实聚焦富民增收。完善创业就业政策体系，强化“援企稳岗”政策支持，打好技能培训、就业帮扶、岗位开发“组合拳”，新增城镇就业1.2万人；推进大众创业，加强各类创业载体建设，扶持自主创业1880人。实施“强村富民”工程，持续发力精准扶贫，完成16个经济薄弱村脱贫转化。围绕增加土地收益、农业经营收益、资产性收入，积极创新资金、资产、经营权等入股合作方式，拓宽农民增收致富渠道。稳步提升保障水平。充分运用全民参保登记结果，促进社保扩面，压降断保人数，确保新增社保扩面1万人。全面实施城乡居民大病保险，城乡低保、城乡居民基础养老金标准分别提升至每人每月700元和185元。持续探索“医养结合”“智慧养老”模式，积极引导社会组织、市场主体参与居家养老服务，更好地满足多元化养老服务需求。加快棚户区改造，拓宽住房保障覆盖范围。强化社会救助托底功能，推动慈善机构向村、社区延伸，保障困难群众基本生活。完善公共服务体系。优化教育资源布局，新建东氿小学及幼儿园，迁建特殊教育学校，推进普通高中优质特色发展，探索组建职业教育集团，实现各类教育协同发展。继续推进医药卫生体制改革，健全分级诊疗制度，扩大医联体试点范围，推动优质医疗卫生资源普惠共享；启动市人民医院新院区建设及和桥医院改扩建，确保市精神卫生中心、120急救指挥中心、血站等工程完工，更好地满足群众健康需求。改革完善计划生育服务管理，促进人口长期均衡发展。推进市全民健身中心建设，高水平办好一系列有影响的国内、国际体育赛事。提升城市文明内涵。坚持高位统筹与协同联动、巩固提高与查漏补缺有机结合，全力塑造城市文明形象，力争创成全国文明城市。广泛开展志愿服务、文明教育、公益宣传等活动，引导市民群众在参与创建中固化文明习惯、涵养文明风气。实施文化惠民工程，依托市文化中心大力引进高品质文艺演出和艺术展览，精心组织各类文化基层行活动，让广大市民更好享受艺术熏陶和文化滋养。实施文艺精品创作工程，发挥各类协会组织的桥梁纽带作用，加强文化人才队伍建设，努力多出名家大师、多出精品力作。以传承“陶文化”为主脉，推进紫砂陶制作技艺申报世界非遗，实施蜀山古南街改造，加强古窑址和陶瓷工业遗产修缮，持续打响“宜兴窑系”文化品牌。加大古镇名村、文物古迹、文化遗存保护力度，延续文化宜兴的历史印记。夯实社会治理基础。深化“平安宜兴”“法治宜兴”建设，高标准完善“三网三机制”，持续提高治安防控智能化、网格化水平，严密防范、依法惩治各类违法犯罪行为。完善全流程的矛盾排查化解机制，健全“大调解”工作格局，理顺基层司法管理体制，促进社会和谐稳定。逐步推开社区协商自治创新试点，提升社区治理的群众参与度。继续强化安全红线意识，科学开展城市安全风险评估，严格落实安全生产、食品药品安全等领域长效监管措施，不断增强突发公共事件应急响应和处置能力，有效遏制各类事故发生，持续提升公众安全感。

加强政府自身建设

新一届政府即将承担起实现未来五年发展愿景的重大历史使命。我们将在市委的坚强领导下，以建设“创新型、法治型、服务型、廉洁型”政府为目标，自觉接受人大法律监督、工作监督和政协民主监督，主动接纳社会各界的建言献策，团结和调动一切积极因素，在全市上下营造“撸起袖子加油干”的浓厚氛围，奋力开创新一届政府工作新局面。

引领“改革创新”之先。正确把握好当前与长远、力度与节奏、加法与减法的关系，保持改革勇气、增强创新锐气，积极探索与宜兴实际紧密结合的创新性举措。强化“越是困难越向前”的攻坚意识，紧盯招商引资、旅游发展等重点领域和难点问题，以体制机制的突破赢得优势、开创新局。确立正向激励导向，建立容错免责制度，为改革者撑腰、为创新者鼓劲，推动政府组成部门及其工作人员在发展一线勇于担当、建功立业。

夯实“依法行政”之基。加快法治政府建设进程，落实“法定职责必须为、法无授权不可为”要求，自觉将法治思维和法治方式贯穿政府工作全过程，推动决策程序更加科学规范、权力运行更加公开透明，确保行政行为于法有据、合理合规。深化法治文化建设，高标准开展“七五”普法，将法治宣传教育融入经济社会发展各领域，让法治成为全民信仰。推行“阳光政务”“掌上政务”，善用各类媒体资源，推进政务公开，提升政府工作透明度。

弘扬“务实高效”之风。把强执行、抓落实作为主旋律，建立健全“激励有为、问责无为”的制度体系，持续深化“中梗阻”治理，坚决整治“懒政、庸政、怠政”等不良现象。强化政府目标考核的科学性和严肃性，定期不定期晒成绩单、亮排行榜，确保责任和压力传导到“神经末梢”。始终把民之所望作为施政所向，坚持驻村蹲点、访贫问苦、结对帮扶等好做法，让“三解三促”活动更有成效。

绷紧“清正廉洁”之弦。进一步立规明矩、正风肃纪、倡俭治奢，多措并举扎紧制度围栏，推动廉政巡察工作向基层延伸，管好“微权力”，严防“微腐败”。巩固和扩大“三严三实”“两学一做”学习教育活动成果，深入推进作风建设，坚决防止“四风”问题隐身变异、反弹回潮，始终做到心中有戒、行有底线，保持风清气正的良好政府形象。

各位代表，回首过去，发展成就令人振奋；展望未来，宏伟蓝图催人奋进。让我们在中共宜兴市委的坚强领导下，团结、带领和依靠全市人民，坚定信心、克难攻坚，不忘初心、继续前进，为高水平全面建成小康社会、建设“强富美高”新宜兴而努力奋斗！

2017年宜兴市政府为民办实事项目计划建议

表1

单位：万元

序号	项目名称	责任单位	主要建设内容	计划总投资	累计投资	2017年计划 计划完成投资额	2017年计划 至年底进度
				596665	39100	303489	
1	社会保障	人社局	提高基础养老金：每人每月增加15元，基础养老金标准提高至185元	—	—	—	完成
		民政局	慈善救助：筹集资金3300万元，实施“助学、助医、助残、助困、助老和应急救助”六大救助	—	—	—	完成
		丁蜀镇	丁山养护院建设：用地面积49272平方米，总建筑面积49751平方米	26233	—	5000	完成工作量20%
		残联	提高抗险能力：为全市2.5万名持证残疾人购买团体意外伤害保险	—	—	—	完成
		妇联	妇女儿童之家建设：实施10个妇女儿童家庭公益服务项目，开展“妇女儿童之家”服务能力提升培训，评选10个宜兴市“妇女儿童之家”示范点	50	—	50	完成
2	促进就业	人社局	保障就业：全市新增就业岗位30000个，全市劳动力实现就业20000人，农村劳动力转移就业8000人，城镇登记失业率控制在3%以内，农村调查失业率控制在3.2%以内，零就业家庭动态归零	—	—	—	完成
		人社局	技能培训：城乡劳动者职业技能培训人数1500人，培训农村劳动力9500人，培养高技能人才500人	—	—	—	完成
3	放心消费	物价局	农产品平价商店：全市40个平价商店每天以低于市场均价15%以上的价格销售15个以上品种的农产品。	500	—	500	完成
4	方便出行	交通局	农村公路提档升级工程：拓宽和重建镇道、重要村道150千米，同时改造危旧桥梁20座，绿化和安保设施同步实施到位	13000	—	13000	完工
		交通局	城乡公交候车亭建设：建设完成50个城区候车亭，10块站牌，50个农村候车亭，100块农村站牌	660	—	660	完工
		城管局	公共自行车四期：增设35个公共自行车站点	140	—	140	完工

续表1

序号	项目名称	责任单位	主要建设内容	计划总投资	累计投资	2017年计划	
						计划完成投资额	至年底进度
4	方便出行	旅游局	旅游交通导引标识体系建设(一期):重点围绕国家AAAAA级旅游景区、国家级旅游度假区创建交通导引标识体系。2017年完成主要高速公路出口及国、省干线的规划布点	1000	—	1000	完成
		建设局	城西路网提升改造:叠翠路(710米)、巷头西路(600米)道路改造、雨水系统改造、供电入地、交通工程改造及照明改造等,绿线宽度约60米	920	—	920	完工
		建设局	宜北路改造:南起太滆路北至芜申运河,全长约2600米,道路红线宽度36米	11480	—	11480	完工
5	环境提升	宜城街道	老小区改造:东虹东区地面立面改造,共和、仓屋里地面改造	1000	—	1000	完工
		丁蜀镇	老镇区改造:①东贤新村、蛇墩新村、煤炭小区、红卫新村、纺织小区门楼改造,丁山汽车站立面改造,神鹰小区平改坡;②丁山游泳馆北侧停车场新增50个车位;③张边路、万安路、曙光路、民主路、汤蜀路、紫砂路延伸段提升改造	7193	—	4000	完成工作量60%
		建设局	枫隐广场建设:面积约4.5万平方米,主要完成广场铺装及绿化景观、跑酷、迷你球类场地等居民休闲设施建设	1800	—	1800	完工
		水利局	农村河道清淤:农村河道清淤87条54.77千米81万立方米	1052	—	1052	完成
6	公用事业	公用事业局	2017年农村污水治理工程:因地制宜,采用纳管、截流等多种形式对全市自然村的生活污水进行分期治理	100000	—	80000	完成80%
		公用事业局	城北垃圾转运站工程:新建城北大型垃圾中转站,规模600吨/天	10700	—	8000	完成80%
		公用事业局	2017年丁蜀集镇污水纳管工程	12000	—	7000	完成60%
		公用事业局	天然气推广:老小区入户改造3000户	1800	—	1800	完成
		公用事业局	城市防洪应急工程	11000	—	5500	完工
7	医疗事业	卫计委	★宜兴市周铁医院暨宜兴市精神卫生中心建设:占地面积45亩,总建筑面积28369平方米	16229	6800	9429	完工

续表1

序号	项目名称	责任单位	主要建设内容	计划总投资	累计投资	2017年计划	
						计划完成投资额	至年底进度
7	医疗事业	建设局	★宜兴市红十字会血站(扩建)和120急救指挥中心(新建)项目:总建筑面积17376.7平方米,其中血站8873.7平方米、120急救指挥中心4114平方米、其他446平方米、地下部分3943平方米	10534	2000	8534	完工
		宜城街道	宜城街道社区卫生服务中心建设:利用原图书馆改造,总建筑面积6963平方米,其中加固改造2683平方米,新建4280平方米	3000	—	3000	完工
		卫计委	提升社区卫生服务体系医疗服务能力建设:鼓励二级以上医院医师到基层医疗机构多点执业,提升社区卫生服务机构中医药服务能力和医疗康复服务能力	—	—	—	完成
		卫计委	宜兴市区域卫生信息平台(二期)及“银医通”推进项目:完成对全市8个区中心医院、260个社区卫生机构现有信息系统的升级改造工作,完成18个社区卫生服务中心LIS系统和区域心电系统的上线工作	390	—	390	完成
		卫计委 建设局	宜兴市人民医院新院区:建设医疗综合楼、行政科教楼、后勤楼、感染病楼及周边道路配套工程,总建筑面积253000平方米	219900	15600	48000	工作量30%
8	文教事业	教育局	★特殊教育学校新建工程:学校整体搬迁,建筑面积11000平方米	6000	—	1400	土建开工
		教育局	东氿小学新建工程:建设四轨小学及四轨幼儿园,用地45亩,总建筑面积17000平方米	8500	—	7000	主体建筑完工
		环科园	环科园实验小学、幼儿园新建工程:新建实验小学、幼儿园,建筑面积约18000平方米	5500	—	2750	完成工作量50%
		宜城街道	融创幼儿园建设工程:建筑面积地上10493平方米,地下4100平方米	6000	—	6000	完工
		文广新局	“文明宜兴 文化惠民”宜兴市文化服务新行动:组织全市18个镇(园区、街道)、特色文艺团队、文化志愿者队伍互动演出	—	—	—	完成区域互动演出100场次
		文广新局	“徐悲鸿美术课堂”建设:全年开展2—3个大型活动,常规性活动20次	—	—	—	完成

续表1

序号	项目名称	责任单位	主要建设内容	计划总投资	累计投资	2017年计划	
						计划完成投资额	至年底进度
8	文教事业	文广新局	城乡一体化公共阅读体系建设：2017年完成6个镇（园区、街道）20个农村书屋的数字视窗建设	—	—	—	完成
		民政局 史志办	★宜兴革命纪念园“一体两馆”建设工程：新建革命烈士纪念馆，重建革命陈列馆，总建筑面积5772.5平方米，其中革命陈列馆2382.9平方米，革命烈士纪念馆3389.6平方米。并新建广场及停车场	5896	4500	1396	完工
9	平安创建	公安局 综治办	2017年技防城三期工程：建设电警和卡口抓拍系统，建设加油站、封闭小区出入口简易抓拍系统，建设农村“村村通”监控，16个镇老旧小区技防改造，建立社会面监控资源共享云平台，进行视频结构化分析	2388	—	2388	完成
10	公共服务	供电公司	宜兴中低压配农网建设与改造：对宜兴市18个乡镇、农村中低压线路、设备进行建设与改造	43500	—	43500	完成
		市宜能实业有限公司	充电桩建设：在新天地工程地面停车场（西南侧）、城北大排档停车场、沁园停车场、大觉寺停车场、新街街道办门口文化广场西侧停车场等处安装250台充电桩	500	—	500	完成
		体育局	全民健身中心建设：建设总建筑面积1.7万平方米的健身中心	7800	—	1000	完成主体工程的30%
11	安居工程	环科园	堂前东区安置房：建设安置房约12万平方米	35000	—	10500	完成工作量30%
		宜城街道	★春雁花园安置小区：总建筑面积83291平方米，其中住宅用房47642平方米，408套；商业用房10930平方米，社区物业用房866平方米	25000	10200	14800	完工

编辑　吴艳

宜兴概貌

GENERAL DESCRIPTION OF YIXING

基础地情

【建置沿革】 宜兴古称荆邑，春秋时属吴。秦始皇二十六年（公元前221）建县，改荆邑为阳羡县。西晋太安二年至永嘉四年（303—310），朝廷为表彰周玘（周处长子）三兴义兵平乱之功，设置义兴郡，属扬州。隋开皇九年（589），改称义兴县，属常州。宋太平兴国元年（976），为避赵光义讳，改为宜兴县，属常州。清雍正四年（1726）分为宜兴、荆溪二县。民国元年（1912）荆溪县撤销，并入宜兴县。1949年6月至1953年1月属常州专区，1953年1月至1956年2月属苏州专区，1956年2月至1983年3月属镇江专区(1967年3月改称镇江地区)，1983年3月起属无锡市，1988年1月撤销宜兴县，设宜兴市（县级市）。

【地理位置】 宜兴市位于北纬31°07′～31°37′，东经119°31′～120°03′。地处江苏省西南端、沪宁杭三角中心，东面太湖水面与苏州太湖水面相连，东南临浙江省长兴县，西南界安徽省广德县，西接常州市溧阳市，西北毗连常州市金坛区，北与常州市武进区相傍。滆湖镶嵌宜兴和武进之间，“三氿”（东氿、团氿、西氿）相伴市区。地势南高北低，西南部为低山丘陵，全市最高峰为黄塔顶，海拔611.5米；东部为太湖渎区，适宜种植各种蔬菜；北部和西部分别为平原区和低洼圩区，是宜兴粮油主要产地。全市总面积1996.6平方千米，城市化率65.12%。

【区划人口】 至年底，全市有2个国家级开发区——中国宜兴环保科技工业园、宜兴经济技术开发区，1个省级开发区——江苏宜兴陶瓷产业园区，有镇13个、街道5个，有行政村213个、社区98个。户籍总人口108.34万人，其中男性53.41万人。全年出生9218人，出生率8.51‰；死亡8108人，死亡率7.49‰；人口自然增长率1.02‰；计划生育率99.76%。少数民族42个、1.1万人（含流动少数民族）。宜兴市人民政府驻地：宜城街道陶都路8号。

【自然资源】 宜兴地区资源丰富，可开发利用土地较多。降水丰沛，河流湖荡密布，水资源丰富，水域面积532.6平方千米。有天然湖荡30个（不含太湖）。探明矿种有石灰岩、大理岩、石英砂岩、煤、泥炭等27种。蜀山独有的陶土是制作紫砂器具的上等原料。拥有竹子、松树、杉树等品种为主的用材林，是江苏省竹林资源最丰富的地区之一。茶树种植面积7.49万亩，茶叶总产量6119吨，是江苏省的茶叶主要产区。有野鸭、黄雀、黄鹂等上百种野生鸟类，狼、野猪、刺猬、松鼠等多种野生哺乳动物，银鱼、鲫鱼、草鱼、蚌、蟹等几十种水产。

【土特名产】 宜兴有山有水，物产丰富。所产陶器驰名中外，尤以紫砂最为有名，享有“陶都”美誉。丘陵山区盛产多种名特优茶、板栗、毛竹、竹笋和杨梅，“阳羡紫笋”茶唐朝时就定为贡茶，咸肉煨笋（腌笃鲜）是宜兴特色菜肴。和桥豆腐干咸而不齁；清廷贡品徐舍小酥糖甜而不腻；杨巷葱油饼香酥可口、甜咸适中；官林荤油糕香、甜、软，回味无穷；高塍猪婆肉味香皮沙，口味独特；芳庄羊肉肉质鲜美，白切熟羊肉配蘸以甜酱，让人回味无穷；张渚大白果种核大，苦味少，糯性好；滆湖螃蟹蟹壳泛青，腹部洁白，肉质饱满，蟹肉肥、香、鲜；太湖“三鲜”白鱼、白虾、银鱼味道鲜美，营养丰富；渎区百合被誉为“太湖之参”；野生菌类雁来蕈味道鲜美，营养价值高；宜兴乌米饭香糯可口，具有明目、乌发等功效。

（吴艳）

【气象】 气候特点：年平均气温16.7摄氏度，较常年偏高0.6摄氏度；年极端最低气温-8.8摄氏度(出现在1月26日)，年极端最高气温40摄氏度(出现在8月19日)；35摄氏度以上高温日数35天，接近常年3倍，其中8月份高温日数达20天，历史罕见。全年雨日152天，较常年偏多18天；年总降水量2281.8毫米，为宜兴地区自1959年有完整气象记录以来最多年份，较常年偏多987.2毫米；汛期6—8月降水量达1237.5毫米，较常年偏多9成；全年出现暴雨9次，为常年平均值的3倍；日最大降水量178.3毫米，出现在7月2日，创下了新的宜兴日降水量极值。年日照时数1586.8小时，较常年偏少247.5小时。

四季气候特征：冬季（2015年12月—2016年2月）：气温正常略偏高，降水正常。冬季平均气温5摄氏度，比常年偏高0.4摄氏度；其间气温波动大，最低气温-5摄氏度以下的严寒日数达11天，最高气温超过20摄氏度的天数达10天。冬季降水量188.9毫米，接近常年，其中1月份降水较常年明显偏多、2月份降水较常年又明显偏少；1月21日至23日出现暴雪。

春季（3—5月）：气温偏高，降水明显偏多。春季平均气温15.9摄氏度，较常年偏高0.8摄氏度。春季降水量456.3毫米，较常年偏多近5成。其中，3月份较常年偏少一半；4月份降水量达201.4毫米，超过常年同期的2倍，创下新的气候极值；5月份降水量继续明显偏多，接近常年同期的2倍。

夏季（6—8月）：气温偏高，降水明显偏多。夏季平均气温27.6摄氏度，较常年偏高0.8摄氏度。其中，8月份气温异常偏高，平均气温29.7摄氏度，较常年同期偏高2.1摄氏度，月高温天数20天，为历年最多。夏季总降水量819.9毫米，较常年偏多近5成。其中，6月份降水量超过常年的2倍，7月份接近常年的2倍，8月份又较常年异常偏少近9成。6月19日入梅，7月20日出梅，梅雨期31天，较常年偏长6天；梅雨量636.3毫米，超过常年2倍。

秋季（9—11月）：气温略偏高，降水异常偏多。秋季平均气温18摄氏度，较常年偏高0.4摄氏度；降水量812毫米，较常年异常偏多3倍以上；9月份降水量达417.6毫米，接近常年同期的4倍，创下新的气象记录，其中9月14—16日受台风"莫拉蒂"的外围影响，出现过程雨量近200毫米的强降雨天气；10月19日—11月1日、11月16—26日分别出现连续14天和11天的长连阴雨过程。

灾害性天气：1月24—26日出现多年少见的严寒冰冻天气，全市部分老旧居民小区水管爆裂，影响群众生活。3月11日和25日出现低温霜冻和倒春寒，使全市春茶受损严重。7月1—5日，全市出现超历史的强降雨过程。受上游客水过境、本地强降雨、下游太湖水位偏高的共同影响，全市主要河流、水库、塘坝水位在7月2日达到1954年以来的历史最高水位。至7月4日，全市受淹住户达12650户，道路积水成涝408条，最大积水深度1.6米。市民政局7月8日统计，全市受灾农田14551.6公顷，受灾人口达180102人，56个受灾群众安置点集中安置3237人，倒塌、损坏房屋分别为60间、194间，直接经济损失约2.65亿元。7月20日—8月2日、8月5—25日分别出现连续13天和20天的晴热高温，丘陵地区农作物受灾明显。夏收夏种和秋收秋种期间均遭受连续阴雨的恶劣天气影响，粮食减产损失严重。据市农业保险推进委统计，全年因天气原因，农业作物受灾理赔金额高达2484万元。

2016年宜兴市气象要素

表2

要素名称	1月	2月	3月	4月	5月	6月	7月	8月	9月	10月	11月	12月	全年
平均气温(摄氏度)	3.1	5.8	10.6	16.9	20.1	23.9	29.1	29.7	23.7	18.9	11.5	7.0	16.7
降水量(毫米)	100.5	28.5	51.3	201.4	203.6	431.2	372.0	16.7	417.6	299.2	95.2	64.6	2281.8
雨日(天)	15	5	8	14	18	19	12	6	10	20	17	8	152
日照(小时)	79.3	186.9	143.1	139.9	139.6	79.1	183.0	263.0	131.7	29.1	82.3	129.8	1586.8
雷暴(天)	—	1	—	3	3	8	7	3	—	1	—	—	26

2016年宜兴市气象要素初终日

表3

要素名称	初终日			
	初日	终日	初终间日数(天)	初日
霜	2015年11月27日	2016年3月14日	109	2016年11月2日
雪	2016年1月20日	2016年2月14日	26	2016年11月23日
积雪	2016年1月21日	2016年2月14日	25	2016年11月23日
结冰	2015年11月27日	2016年3月14日	109	2016年11月24日
无霜期日数(天)	232			

（李万里）

【水文】 宜兴西氿站最高水位5.37米，出现在7月5日；最低2.96米，出现在3月6日；年水位落差2.41米。太湖大浦口站最高水位4.87米，出现在7月8日；最低2.80米，出现在1月24日；年水位落差2.07米。宜兴城6条河年径流量29.8亿立方米，6月30日年最大下泄流量650立方米/秒。全年蒸发量757.6毫米。

2016年宜兴市各水文站月降水量

表4　　单位：毫米

站名	1月	2月	3月	4月	5月	6月	7月	8月	9月	10月	11月	12月	年总量
宜城	87.4	20.8	49.0	232.0	249.0	343.0	349.5	52.5	366.0	259.0	71.3	57.0	2136.5
大浦	85.3	21.7	47.6	177.0	294.2	391.8	373.2	13.4	290.2	253.0	82.9	53.2	2083.5
官林	87.1	22.7	45.6	261.6	227.4	357.4	316.6	26.0	457.6	288.8	70.2	53.4	2214.4
湖㳇	102.2	21.3	50.0	146.0	283.0	388.0	398.0	119.5	414.5	261.0	82.6	52.5	2318.6
横山水库	79.2	19.5	41.4	179.4	174.8	348.4	340.8	114.8	370.2	243.0	66.1	28.2	2005.8

2016年宜兴市各水文站月平均水位

表5　　单位：米

河名	站名	1月	2月	3月	4月	5月	6月	7月	8月	9月	10月	11月	12月	年平均
西氿	宜城	3.24	3.11	3.03	3.35	3.44	3.88	4.65	3.49	3.42	3.95	3.66	3.27	3.54
太湖	大浦	3.25	3.13	3.04	3.27	3.40	3.82	4.48	3.50	3.35	3.78	3.64	3.27	3.50
横山水库	横山水库	34.69	34.75	34.31	34.60	34.84	34.43	33.90	33.02	32.59	35.02	34.54	33.77	34.20

（刘君华）

【名胜古迹】 宜兴是全国闻名的太湖风景名胜区阳羡景区、中国优秀旅游城市、国家园林城市、国家历史文化名城。南部山区多溶洞，景奇形怪，发现80多个，开发开放5个，其中善卷洞、张公洞1934年就对外开放。有国家AAAA级风景区8个：善卷洞风景区、竹海风景区、龙背山森林公园、团氿风景区、陶祖圣境风景区、张公洞风景区、云湖风景区和中国宜兴陶瓷博物馆（中国紫砂博物馆）。有始建于晋朝的周王庙（纪念晋平西将军周处）、宋代苏东坡亲自创建蜀山东坡书院和亲自手植的闸口天远堂西府海棠、始建于明朝的文昌阁、清乾隆时期建造的瀛园、太平天国时期改建的辅王府等人文景点。

【文化遗存】 宜兴历史悠久，拥有7000余年的制陶史和2200余年建县史。先民勤劳朴实，留下众多文化遗存。位于徐舍镇的西溪遗址为马家浜文化时期大型聚落遗址，体现出先民六七千年前日出而作、日落而息，祥和、自然的生活。2002年发掘的骆驼墩遗址，代表了太湖西部山地向平原地带过渡的新石器考古文化特点，对研究长江下游古代文明进程有着重要意义，被列为2002年国内六大考古发现之一。西渚镇猪婆山曾是春秋战国时期人群居住点。1984年，吾桥村出土的汉代独木舟被南京博物馆收藏。建于三国吴天玺元年（276）的国山碑被誉为“江南第一碑”。丁蜀前墅的明代龙窑是全国唯一迄今仍在使用的古龙窑。至2016年，全市拥有各级文保单位135处、156个点。其中，全国重点文物保护单位6处、11个点，江苏省文物保护单位13处、23个点，宜兴市文物保护单位116处、122个点。全市有国家级非物质文化遗产项目4个、省级项目13个、无锡市级项目21个、宜兴市级项目28个；国家级非物质文化遗产项目代表性传承人3人、省级传承人12人、无锡市级传承人81人、宜兴市级传承人108人。

【陶瓷艺术】 宜兴是中国陶瓷历史文化名城，远在7000多年前，先民便开始烧制陶器。在丁蜀等地发掘出各种商周时期的古陶器皿及残片。骆驼墩遗址和宜兴窑址被列入全国文物保护单位。紫砂、精陶、均陶、青瓷、美彩陶被誉为陶瓷“五朵金花”。特别是紫砂壶，以其独特的泥质、造型和古朴的自然美感而名扬海内外。明代供春的“供春”

壶、时大彬的三足"如意"壶、项圣思的"圣陶杯"均为国家一级文物,分别珍藏于国家博物馆、无锡博物馆和南京博物馆。宜兴陶器既实用,又具观赏价值。紫砂作品在国际、国内屡屡获奖,一些作品被作为国际交往的礼物。至2016年年底,全市有中国工艺美术大师10人、中国陶瓷艺术大师23人、江苏省工艺美术大师68人、江苏省陶瓷艺术大师58人(部分人获2个及以上称号);从事陶艺的工艺美术类专业技术职称人员共6245人,其中研究员级高级工艺美术师100人、高级工艺美术师243人。宜兴(紫砂)是被省经贸委认定的江苏省传统工艺美术特色产业基地。

【宜兴名人】 宜兴物华天宝,人杰地灵。历代曾出进士近400人,其中状元4人、榜眼5人、探花1人;有宰相10人、将军15人。晋朝周处文武双全,是妇孺皆知的"周处除三害"的主角,是弃恶从善、尽忠报国的典型,所撰《阳羡风土记》是中国最早记述地方习俗和风土民情的著作之一。南北朝时将军陈庆之骁勇善战,为一代名将。卢象升为明末著名抗清将领。明代徐溥入阁12年,政绩卓著。明代周延儒连中两元(会元、状元),后两度出任内阁首辅。在文化艺术上,宜兴人才辈出。唐代蒋防、宋代蒋之奇和蒋捷、明代吴炳、清代陈维崧等在中国文学史上享有较高声誉。文学家蒋防的《霍小玉传》广为流传;诗人蒋捷的诗句"红了樱桃,绿了芭蕉"成为千古名句,与周密、王沂孙、张俊并称为"宋末四大家";戏剧家吴炳著有"粲花五种曲",其《绿牡丹》和《西园记》是越剧和昆剧的保留剧目;陈维崧是晚清阳羡词派领袖,参与编修《明史》,与吴江的吴槎汉、云间的彭古晋并称为"江左三凤凰"。

现代更是人文荟萃。宜兴被誉为"教授之乡",有宜兴籍大学校长100多位。其中,有全国政协原副主席、著名物理学家、北京大学原校长周培源,有被称为"一街双星"的原高教部部长、清华大学原校长蒋南翔和台湾大学原校长虞兆中,有被誉为"双子星座"的孪生兄弟——中国科学院院士、著名物理学家、天津大学原校长史绍熙(原名史绍华)和著名教育家史绍熙。宜兴籍院士亦众多。至2016年年底,宜兴籍"两院"院士累计有27位,其中中国科学院院士13位(周培源、唐敖庆、潘菽、史绍熙、朱洪元、朱既明、吴浩清、章综、程镕时、朱邦芬、褚君浩、吴岳良、张旭)、中国工程院院士14位(周镜、沙庆林、薛鸣球、程天民、陈太一、吴中如、唐西生、陈国良、高鼎三、黄瑞松、陈志南、任南琪、丁荣军、朱蓓薇)。宜兴享有"书画之乡"的盛誉,中国现代美术事业的奠基者,杰出的画家和美术教育家徐悲鸿享誉海内外,吴冠中、吴大羽、尹瘦石、钱松喦等一批画家也享有很高声誉。音乐戏曲方面,名家众多。其中,有参与编订《刘天华创作曲集》《瞎子阿炳曲集》的刘天华弟子储师竹,任中国音乐学院原副院长的刘天华弟子蒋风之,著名二胡演奏家闵惠芬,歌唱家程静子、张权。新闻出版方面,有20世纪早期就蜚声报界、被誉为"报界三杰"的徐凌霄,《新华日报》筹办人之一、社长潘梓年,《文汇报》创始人之一、著名记者的徐铸成,《光明日报》总编辑储安平,《人民日报》高级记者王金凤等报界名人。体育方面,有2015年世界台联排名第一的丁俊晖,2008年北京奥运会中国女篮主力队员、亚洲女篮锦标赛及亚运会的团体冠军卞蓝,三届残奥会女子坐式排球团体冠军谈燕华等体坛明星。政界方面亦是名人众多:中共历史上隐蔽战线、文化战线和统一战线的卓越领导人,上海市原副市长潘汉年;中共江苏省委原书记储江;原机械工业部部长周建南;中共湖北省委原书记、原中国民用航空局局长蒋祝平;黑龙江省原省长邵奇惠;全国政协副主席、中国人民银行行长周小川;中共中央委员,国家宗教事务局党组书记、局长王作安。军界方面,宜兴籍军人副军职以上的有近30人。其中,有原工程兵副司令员马苏政,原国防科学技术工业委员会副主任、中将军衔的谢光,解放军沈阳军区原副司令员、中将军衔的宗顺留,解放军总参谋部办公厅原主任、少将军衔的曾裕财,中国人民革命军事博物馆原政委、少将军衔的赵仲起,参加中国人民抗日战争暨世界反法西斯战争胜利70周年阅兵式,任英模部队方队领队的第16集团军参谋长黄铭(少将军衔)和第1集团军副政委周夕根(少将军衔)。外交界方面,有联合国原副秘书长沙祖康,外交部原副部长、中国驻美国原大使朱启桢,中国驻加拿大、英国原大使查培新等。

【人民生活】 全市居民年人均可支配收入37326元,比上年增长8.5%。其中:城镇居民46092元,比上年增长7.8%;农村居民23709元,比上年增长8.2%。全市居民年人均生活消费支出23968元,比上年增长8.4%。其中:城镇居民28767元,比上年增长7.1%;农村居民16771元,比上年增长11.8%。城镇居民人均住房建筑面积47.5平方米,农村居民人均住房建筑面积71.48平方米。全年居民消费价格指数为101.7,比上年提升0.3个百分点。其中:服务项目价格指数为101.5,比上年提升0.6个百分点;消费品价格指数为101.7,与上年持平;商品零售价格指数为101.5,比上年提升0.9个百分点。

2016年宜兴市每百户城镇家庭部分耐用消费品拥有量

表6

指标	计量单位	2016年	2015年
家用汽车	辆	50	39

2016年宜兴市每百户农村家庭部分耐用消费品拥有量

表7

指标	计量单位	2016年	2015年
家用汽车	辆	23	19

续表6

指标	计量单位	2016年	2015年
摩托车	辆	24	29
电冰箱(柜)	台	103	97
洗衣机	台	100	97
热水器	台	110	98
空调	台	251	236
彩电	台	215	207
计算机	台	96	92
固定电话	部	67	75
移动电话	部	239	221

续表7

指标	计量单位	2016年	2015年
摩托车	辆	34	43
电冰箱(柜)	台	100	97
洗衣机	台	100	98
热水器	台	93	91
空调	台	149	141
彩电	台	161	153
计算机	台	36	44
固定电话	部	67	72
移动电话	部	206	197

（吴艳）

科学发展

【概述】 面对经济下行的巨大压力，通过出台产业扶持、降低成本、促进开放等政策，采取集中观摩、全面督查、定期协调等举措，全市项目建设“三个一批”(即招引一批、开工一批、投产一批)的态势初步形成。面对金融稳定的繁重任务，突出打击恶意逃废债务，大力完善诚信体系，稳步推进协调服务，重点实施打包清收，经济秩序得到有力维护。全年地区生产总值1377.74亿元，比上年增长6.7%；一般公共预算收入108.65亿元，比上年增长6%；城乡居民人均可支配收入分别达46092元、23709元，分别比上年增长7.8%和8.2%，主要指标增长稳定在合理区间。位列第十六届全国县域经济与县域基本竞争力百强县第六位。

【政治建设】 市第十三次党代会召开，市镇村三级集中换届，各级领导班子配优配强。“两学一做”学习教育深入开展，学习贯彻中共十八届六中全会精神掀起热潮，“增强‘四个意识’、争做合格党员”的氛围日益浓厚。自觉接受人大法律监督、工作监督和政协民主监督，听取人大、政协和各民主党派、工商联、无党派人士意见建议，落实人大专项工作评议和询问整改要求，人大代表建议、政协委员提案办理满意率达95.1%。基层服务型党组织建设实推进，党的基层基础更加稳固。全面从严治党“两个责任”落实到位，党风廉政建设不断深化，反腐败工作保持高压态势，党员干部的纪律规矩意识全面加强。政府工作法治化水平提升，出台《宜兴市政府规范性文件合法性审查工作标准》。参加无锡政风行风热线直播活动，优化“12345”政府公共服务热线运行机制。强化政府部门内控机制建设，抓好财政资金绩效审计，审计项目单位27个，促进增收节支近12亿元。完成新一轮公车改革，落实公务接待、办公用房调整等方面的制度，一般性支出实现连续5年下降。

【经济建设】 全市完成工业总产值3510.6亿元。全市871个规模以上工业企业产值2792.15亿元、销售收入2594.43亿元、利税总额182.85亿元。电线电缆、化纤纺织、机械装备三大主导产业快速发展，全年规模以上企业产值1128.6亿元，占全市规模工业经济比重达40.4%；陶瓷与耐材、铜材加工、精细化工和保温建材四大传统产业健康发展，全年规模以上企业产值974.3亿元，占全市规模工业经济比重达34.9%。节能环保、新能源、光电子新型显示、绿色食品四大新兴产业大幅提升，全年规模以上企业产值464.4亿元，比上年增长14.3%，占全市规模工业经济比重达16.6%。全市工业产值超1亿元企业311个，其中超10亿元的48个、超100亿元的4个。重点企业加快转型步伐，4个企业入围中国民企500强，6个入围中国民企制造业500强。

服务业质态不断提升。全年商品销售额1532.94亿元，服务业增加值619.49亿元，社会消费品零售总额556.37亿元。宜兴华地百货有限公司、宜兴新苏南商厦有限责任公司等四大商场全年销售额28.46亿元，“大统华”“大润发”两大品牌超市年销售额14.3亿元。商品房销售153.11万平方米、成交金额120.50亿元，普通商品住房均价6676元。拥有各类商品交易市场90个，其中年成交额超20亿元的商品交易市场达5个。电子商务交易额稳步增长，新建成省级电子商务示范镇2个、省电子商务示范村3个，跻身国家电子商务进农村综合示范市行列。接待国内外游客2203.34万人次，旅游总收入224.92亿元。年末，全市金融机构本外币存款余额1925.33亿元，本外币贷款余额1401.17亿元。

农作物受淹面积占种植面积九成以上，水产受灾面积超过五成，全市农业生产、经营主要经济指标均有所下降。全年农林牧副渔总产值86.57亿元，比上年下降3%。全年粮食总产量37.05万吨、油料总产量5052吨、茶叶总产量6119吨、水果总量2.14万吨、干果总量2418吨。全年农作物播种面积130.76万亩。新增高标准农田1.5万亩、高效设施农业（渔业）面积1.57万亩、"三品"（无公害农产品、绿色食品、有机食品）农产品128个。西渚镇白塔村获评中国美丽休闲乡村，湖㳇镇张阳村凭借特色盆景苗木产业获评全国"一村一品"示范村。高度重视农业与二、三产业的融合发展，年内创建为全国农业产业融合试点县。全市农机总动力52.1万千瓦，粮油生产机械化水平95%。

【文化建设】 随着保利大剧院、博物馆、美术馆相继开馆，文化中心全面探索运营，完成文艺演出、文化讲座、展览培训、读书沙龙等文化活动近200场，各场馆到馆总人流量超过100万人次。全年送电影下乡3200场，送戏下乡160场，文化馆小剧场演出不同剧种304场。全年举办群众活动和赛事36次，参加竞赛活动人数达1.18万人次。积极承办国际国内高水平体育赛事。全年承办中法男篮奥运会热身赛、国际滑水公开赛等国际赛事；全国越野行走公开赛、全国东西南北中羽毛球赛等国内赛事。全市拥有文化产业单位1700多个。市广播电视台全年播出自采广播、电视新闻2.6万余条（次）。《宜兴日报》全年出版305期，刊登宜兴地区新闻8000多篇、新闻图片3000多幅。市史志办公室编纂的《宜兴年鉴（2016）》出版发行。市档案局馆藏档案总量达到91.18万卷（件）。

【城乡建设】 围绕城市总体规划，完善规划编制体系，优化城市空间布局，发挥城乡规划的统筹引领作用。全年组织实施政府投资工程59项，累计完成投资9.85亿元。文明城市创建深入推进，交通秩序、小区环境、市容环境进一步改善。村庄环境长效管理成效明显，城乡面貌实现新的提升。一批重点工程竣工。市行政服务中心、老体育馆改造、横山水库防洪调度中心、杨巷粮库、电教馆改造等公建项目，顶上桥改建、世纪大桥吊杆更换、阳羡东路改造、滆湖东路绿化、双湖路南侧绿化等市政绿化项目，城区楼宇亮化、体育中心亮化改造等照明亮化项目全面完工，阳泉路、通真观路、朝阳路、茶局巷等旧城道路改造工程实现全线通车。内外主干路网体系更加优化，范蠡大道、环科大道、滆湖东路、太湖大道全线贯通，国道104线宜兴段、宜金段完成改造。汤省线、阳灵隧道、太华旅游干线建成投用。加快推进一批重大项目。周铁医院、红十字会血站及120急救指挥中心、革命纪念园"一体两馆"工程等公建项目按预定工期加快推进，陶都路拓宽改造、范蠡大道绿化等项目前期工作顺利推进。

【社会建设】 坚持民生优先导向，超过70%的财政支出用于民生事业，11件44项民生实事项目顺利完成。就业和再就业形势总体平稳。全年新增就业岗位3.2万个，城镇登记失业率2.2%。社会保障统筹实施。基本医疗保险、基础养老金等继续提标，社会保障整体水平不断提升。全市34.2万人参加基本养老保险，27.5万人参加失业保险、44.29万人参加企业职工基本医疗保险、44.76万人参加城乡居民医疗保险。教育事业投入22.75亿元。年内，市青少年活动中心新馆投用，宜兴市被评为国家级农村职业教育和成人教育示范县、江苏省平安校园建设示范市（首批）。全市有各级各类医疗机构517个，全年门（急）诊530.76万人次，收治住院病人17.72万人次，市人民医院晋升为三级甲等综合医院，杨巷镇社区卫生服务中心建成全国群众满意乡镇卫生院。"平安宜兴""法治宜兴"建设深入推进。宜兴市继续居于全省最稳定、最安全的地区之列，被省委、省政府评为2015年度平安县（市、区）、2014—2015年全省法治建设示范县（市、区）。全年募集慈善资金6153万元，支出3980万元，惠及群众6.5万人次。宜兴城市公益慈善指数位居第四届"中国城市公益慈善指数"全国县(市)第二位。

【生态文明建设】 治太保源各项任务扎实推进，畜禽整治任务提前完成，河道清淤常态化开展，农村生活污水治理行动启动实施，太湖连续九年实现安全度夏。节能减排、大气治理、民生环保、环境监管等工作齐头并进，万元GDP能耗和主要污染物排放量下降达到上级要求，顺利完成G20杭州峰会保障、中央环保督察配合任务。连续开展民生环保专项行动，强化重点区域气味、噪声、烟尘粉尘等污染治理，对不合格企业实施综合整治，淘汰高污染燃料锅炉，秸秆禁烧保持常态。通过大气污染治理和推进民生环保工程，全市PM2.5年均浓度比上年下降10%。全面提升城乡环卫基础设施布局和承载能力，张渚镇70万方级填埋场改造工程前期有序实施。全市污水厂全年累计处理污水6670万吨，出水综合合格率达99%以上。

（吴艳）

编辑　吴艳

大事记
MAJOR EVENTS

1月

4日　全市基层党建工作专项述职会议召开。市委书记王中苏要求，全市各板块党（工）委及负责人牢记肩负的职责和使命，不断拓宽工作思路，创新工作方法，务求工作实效，为全面提升宜兴市基层党建工作科学化水平作出新的贡献。

8日　国家科学技术颁奖大会在北京人民大会堂举行。“中国人体表难愈合创面发生新特征与防治的创新理论与关键措施研究”被授予国家科技进步奖一等奖。该项目第二完成人是宜兴籍院士程天民。

12日　万阳苗木专业合作社、明珠青梅专业合作社成为国家级林业专业合作社示范社。

14日　江苏省宜兴第一中学学生宗璐因“捐髓救父”的事迹获全国“最美中学生”称号。

18—20日　市十六届人大五次会议召开。大会听取预算审查委员会作的预算审查报告（书面）；通过关于宜兴市人民政府工作报告的决议（草案）；通过关于宜兴市国民经济和社会发展第十三个五年规划纲要的决议（草案）；通过关于宜兴市2015年国民经济和社会发展计划执行情况及2016年国民经济和社会发展计划的决议（草案）；通过关于宜兴市2015年全口径预算执行情况和2016年全口径预算的决议（草案）；通过关于宜兴市人大常委会工作报告的决议（草案）；通过关于宜兴市人民法院工作报告的决议（草案）；通过关于宜兴市人民检察院工作报告的决议（草案）；听取并通过议案审查委员会主任委员裴全华所作的议案审查报告（草案）。

19—21日　市政协十四届五次会议召开。本次会议共收到提案291件，参与提案的政协委员334人次。提案主要围绕助推经济建设、统筹城乡发展、发展社会事业、提升民生福祉等方面。大会通过《中国人民政治协商会议宜兴市第十四届委员会提案委员会关于第五次会议提案审查情况的报告》和《中国人民政治协商会议宜兴市第十四届委员会第五次会议决议》。

24—25日　全市最低气温降至-9℃。气象资料显示，此次低温是宜兴市自1959年有气象记录后的历史第三低温。

2月

1日　宜兴市第一个二级汽车客运站——宜兴丁蜀汽车客运站试运行。

4日　宜兴市被命名为2016—2020年度首批全国科普示范县（市、区），至此，宜兴市连续三届获此荣誉。

是月　2015年度全国地质灾害群测群防高标准“十有县”评比结果揭晓，全省有两个县（市、区）榜上有名，宜兴市位列其中。

是月　位于环科园的宜兴卓易创业软件园晋级国家级科技企业孵化器。

3月

1日　首届宜兴市“美德好少年”表彰大会举行，55名陶都学子获宜兴市“美德好少年”称号。

4日　全市信访稳定工作会议召开。会议对全市当前信访重点工作作了部署，要求各级进一步提高对信访稳定工作紧迫性和重要性的认识，树立强烈的政治责任感，以守土有责、守土尽责的使命感，全力以赴做好各项工作，确保宜兴社会大局的和谐稳定。

是日　中共宜兴市第十二届纪律检查委员会第六次全体会议召开。会议学习贯彻习近平总书记系列重要讲话和中央、省、无锡市纪委全会精神，回顾总结2015年工作，研究部署2016年全市党风廉政建设和反腐败工作任务。市委书记、市人大常委会主任王中苏在会上强调，全市党员干部要牢记使命、扎实工作，不断推动全面从严治党迈上新台阶，为高水平全面建成小康社会、建设“强富美高”新宜兴提供坚强政治保证。

10—11日　全省乡村旅游工作座谈会在宜兴举行，与会人员围绕加快发展乡村旅游进行了座谈交流，并现场参观宜兴市部分特色乡村旅游项目建设情况。副省长许津荣出席座谈会。

12日　市委召开全市党建、精神文明建设和群团工作会议。会议动员全市各级党组织和广大党员干部，以坚强有力的党建工作为统领，进一步加强正面舆论引导，筑牢基层组织基础，营造团结和谐环境，最大限度凝聚起全社会团结奋斗的强大合力，为高水平全面建成小康社会、建设“强富美高”新宜兴提供强大动力。

15日　在市金融工作暨政银企合作恳谈会上，25个银行与全市270多个企业达成授信总额近400亿元的合作协议,其中新增贷款超200亿元。

30日 中国渔业物联网与大数据产业技术创新战略联盟在宜兴成立,市委书记、市人大常委会主任王中苏参加相关活动。

是日 工业和信息化部公布2015年度全国工业品牌培育示范企业名单,全省8个企业上榜,江苏俊知技术有限公司名列其中。

31日 太华镇乾元村的茶园出现在央视《新闻联播》中,时长26秒,生动展现了宜兴市近年生态建设给农民带来的实惠。

是日 全市国土资源工作会议召开,部署安排新一年工作任务,并动员全市在新的起点上,开创国土资源工作新局面,力争至2020年创成全国国土资源节约集约模范县(市)。

4月

1日 全市财税工作会议召开。市委书记、市人大常委会主任王中苏要求,全市上下要统筹做好推动发展、撬动转型、平衡收支、规范管理等各项工作,促进财政稳健运行、经济稳中有进。

8日 省委、省政府对全省13个先进开发区、100个优秀企业和100名优秀企业家进行表彰。远东控股集团有限公司董事局主席蒋锡培,灵谷化工有限公司董事长、总经理谈福元获"优秀企业家"称号;红牛维他命饮料(江苏)有限公司获"优秀企业"称号。

13日 宜兴市被省政府命名为江苏省人口协调发展先进县(市)。

13—14日 省委常委、副省长徐鸣到宜兴视察防汛工作,要求全市各级各部门要以对人民群众生命财产安全高度负责的精神,严格落实各级防汛责任制,有效做好重点部位的应急处置工作,全力以赴确保安全度汛。

21日 宜兴市新一轮公务用车制度改革的封存车辆进行首批拍卖,49辆公车以195.5万元总价成交。

23日 省体育总会、中视体育、跑者世界杂志社等联合主办的"江苏最美跑步线路"评选活动揭晓,湖汊深氧健身公园健身跑段上榜。

28日 在江苏省第十七届"陆羽杯"名特茶评比中,宜兴市获特等奖21个、一等奖23个,数量均居全省首位。

4月28日—5月2日 2016中国宜兴国际素食文化暨绿色生活名品博览会在宜兴大觉寺举办。

29日 市委召开全市"两学一做"学习教育工作座谈会,认真学习贯彻习近平总书记重要指示和中央、省市委座谈会精神,对全市开展"两学一做"学习教育进行动员部署。市委书记王中苏动员全市各级党组织和广大党员,要以习近平总书记重要指示精神为引领,以更加昂的政治热情、更加扎实的工作举措,圆满完成学习教育各项任务,为高水平全面建成小康社会、建设"强富美高"新宜兴提供坚强保证。

是月 高塍中学获环保部颁发的"国际生态学校"绿旗,成为宜兴市唯一获此荣誉的学校。

5月

1日起 宜兴市营改增试点全面推开,建筑业、房地产业、金融业和生活服务业全部纳入试点范围。

3日 市政府全体(扩大)会议召开,动员全市各级担当尽责、真抓实干,做到"新开局有新作为、新常态有新状态",把思想统一到市委、市政府的决策部署上来,把精力集中到推进各项重点工作上来,确保完成既定目标任务,奋力实现宜兴"十三五"发展良好开局。

4日 全市召开专题会议,部署全市农村土地承包经营权确权登记颁证工作。

是日 江苏宜兴工业陶瓷展览中心和宜兴陶瓷新材料孵化器,在丁蜀镇揭牌成立。

5日 全市科技创新和人才工作会议召开。会议动员全市各级特别是企业认清形势、统一思想,寻找差距、研究对策,营造"大众创业、万众创新"的浓厚氛围,激发创新创业的蓬勃活力,为实现宜兴经济社会的健康可持续发展,提供强有力的科技和人才支撑。

6日 宜兴市社渎港水环境综合整治现场会召开,研究部署下阶段综合治理工作。市长张立军要求社渎港沿线各地和各相关部门凝聚强大合力,迅速行动、积极履责,加快改善社渎港水环境质量,确保完成各项既定任务和考核目标。

6—7日 全省副省级以上老干部一行70余人,到宜兴考察生态文明建设等情况。市领导王中苏、张立军、刘亚民、邵亚群、周中平等陪同考察。

7—8日 2016年中国羽毛球协会业余积分赛全国东西南北中羽毛球大赛(宜兴站)比赛在宜兴举行,宜兴军团夺得三项冠军。

9日 国土资源部副部长曹卫星到宜兴视察国土资源管理工作。中共宜兴市委书记、市人大常委会主任王中苏陪同视察。

11日 在省政协主席张连珍的带领下,省政协主席会议全体成员、在南京的省政协委员等180多人,到宜兴参加"省政协委员活动日"活动。

12日 五洞村村级慈善基金成立,共募集善款625万元,其规模为全省同级慈善基金之最。

13—15日 首届江苏名茶展暨休闲观光农业博览会在江苏国际农业展览中心举办。宜兴市的15个"宜兴阳羡茶"品牌加盟企业应邀参会,市御茶农林生态园有限公司、市嘉禾茶叶种植专业合作社均获名茶评比金奖。宜兴市早春踏青二日游获评全省休闲农业与乡村旅游十佳精品线路。

14—15日 第三届芳桥目连文化节暨2016年"凌飞杯"宜兴国际滑水公开赛在阳山荡风景区举办。宜兴市委书记、市人大常委会主任王中苏,政协主席邵亚群出席活动开幕式。

19—22日 第十三届中国(上海)国际茶业博览会在上海世博展馆举办,宜兴市组织21个"宜兴阳羡茶"品牌加盟企业参加,提升了阳羡茶品牌知名度和市场影响力。

25日　不良金融资产清收处置工作推进会召开。市委书记、市人大常委会主任王中苏在会上要求，全市各级要统一思想、迅速行动，认真抓好不良金融资产的清收处置工作，在全社会树立鲜明导向、造浓工作氛围，努力形成不良金融资产清收处置的整体合力，不断优化宜兴金融生态环境。

5月28日—6月22日　由宜兴市人民政府、淮安市人民政府主办，宜兴陶瓷博物馆、淮安市博物馆协办的“运河陶·宜兴窑——当代紫砂茶器展”在淮安市博物馆举办。

5月28日—9月24日　“深氧湖㳇”杯宜兴市第二届网络文化节举办。

31日　中国石材协会授予张渚镇国内唯一的“中国大理石薄板出口基地”称号。

是月　经国家工商总局核准，“湖㳇杨梅”被认定为国家地理标志证明商标。

6月

6月1日—9月30日　主题为“中国陶都　陶醉中国”的宜兴城市摄影展在上海浦东国际机场开展，共展出关于宜兴的摄影作品47张，以及宜兴紫砂、宜兴陶瓷、宜兴味道、宜兴文创等实物展品36件(套)。

7日　由环保部环境保护对外合作中心和中国环境科学学会举办的国际清洁技术与融资峰会暨环保技术国际智汇平台第一届年会在北京举行。环科园被授予“环保智汇平台基地”称号，成为全国首批“环保智汇平台基地”之一。

18日　由省文化厅主办，省宜兴紫砂工艺厂、江苏工美艺术精品馆承办的“工匠精神——‘紫砂七老’60周年传承谱系展”在江苏工美艺术精品馆开展，任淦庭、吴云根、裴石民、王寅春、朱可心、顾景舟、蒋蓉七位紫砂大家的作品合体亮相。

20日　市不动产登记局成立。

23日　中国艺术科技研究所与市政府就在宜兴建立“紫砂陶艺术品国家级检验检测中心”签订战略合作协议，紫砂行业在打造“国家级鉴定平台”上实现“零”的突破。

30日　宜兴市启动“公交免费Wi-Fi”项目，开启新一轮“智慧宜兴”建设。

是月　2016年《市委、市政府关于促进经济和社会又好又快发展的意见》出台，安排6亿元奖励资金用于促进现代产业和社会事业发展，同时优化了对资金监管，将项目申报审核交给申报部门，以确保监管更精准、高效。

是月　宜兴市单体投资最大的水利工程——新孟河延伸拓浚工程宜兴段建设启动。新孟河延伸拓浚工程在宜兴市境内主要涉及漕桥河、太滆运河、北干河三条河道的疏拓，总长约19.67千米，需新建跨河桥梁16座，涉及和桥、万石、周铁、新建4个镇，概算投资约9.4亿元。

7月

1日17时至7日15时　全市平均降雨量达283毫米，加上上游洪水的“下压”及下游太湖的高水位“顶托”、京杭大运河钟楼闸关闭，使得宜兴市境内水位持续攀高并不断刷新纪录。7月5日，宜城达到了最高水位5.55米，超警戒水位1.35米、超历史最高水位0.26米；随后，徐舍、杨巷也纷纷超过历史最高水位达到5.9米和6.26米，分别超警戒水位1.5米和1.66米、超历史最高水位0.27米和0.4米；大浦(太湖)水位7月8日17时达到最高水位5米，超过警戒水位1.2米。多地水位接连突破历史最高水位，使宜兴市出现了有水文记录以来的最大洪涝灾害。

2日　宜兴市防汛紧急会议召开，进一步统一思想、落实措施，强化组织领导，全面落实工作职责，全力确保防汛各项工作高效落实。市委副书记、市长张立军出席会议。会后，市委副书记周中平等市领导立刻到周铁、徐舍、丁蜀、太华等地，深入防汛一线，靠前指挥各项工作。

4日　省委常委、副省长徐鸣专程赶至宜兴，视察抗洪救灾工作，并动员全市上下继续严防死守，全面夺取抗洪救灾的全胜。市领导王中苏、张立军等陪同视察。

8日　省委常委、无锡市委书记李小敏深入高塍、官林、宜城等地，视察宜兴市防汛救灾及群众安置工作开展情况。

是日　宜兴市召开全市抗击特大洪灾、抵御超强台风紧急会议，进一步动员全市上下牢固确立“抗大灾、抗长灾”的指导思想，以超常规的举措全力应对超历史的洪水和超强台风，凝聚起万众一心、众志成城的坚强合力。

是日　市委召开全市领导干部会议，宣布中共江苏省委及无锡市委关于宜兴市委主要负责同志职务调整的决定：沈建任中共宜兴市委委员、常委、书记，宜兴经济技术开发区党工委书记。王中苏不再担任中共宜兴市委书记、常委、委员，宜兴经济技术开发区党工委书记职务。

11日　东部战区司令员刘粤军一行到宜兴视察防汛抗洪工作。省委常委、副省长徐鸣，市委书记沈建，市长张立军陪同视察。

13—21日　市委书记沈建赴全市各地开展专题调研活动，深入基层一线了解经济社会发展情况，与属地领导干部一起想良策、促发展。调研中，沈建要求全市各地按照无锡打造产业强市、推进“四化”建设的要求，“强骨骼、壮肌肉、丰羽毛”，进一步健全产业发展体系，全力推动全市经济社会平稳健康发展，为“十三五”开局打下良好基础。市委副书记周中平陪同调研。

15日　省经信委和省工商联联合发布2015年江苏省营业收入百强民营企业(集团)名单，宜兴市的远东控股集团有限公司、江苏三木集团有限公司、江苏金辉集团公司、江苏华地国际控股集团有限公司、无锡市凌峰铜业有限公司入围。

19日　中共宜兴市第十二届委员

会第七次全体会议在市政府会议中心召开。会议审议并通过了关于召开中共宜兴市第十三次代表大会的决议（草案），并要求做好大会召开的各项筹备工作。市委书记沈建主持会议并要求，全市各级要认真贯彻会议精神，以更加强烈的大局意识、纪律意识，不折不扣完成党代会筹备任务，统筹做好当前重点工作，努力营造奋发有为、团结向上的浓厚氛围，为市第十三次党代会的胜利召开奠定坚实基础。

29日　农业部发布《关于认定第六批全国一村一品示范村镇的通知》，湖㳇镇张阳村凭借花卉苗木产业取得的成绩，成为全国316个“一村一品”示范村镇之一。

8月

1—31日　第一届徐舍美栖村花田灯海艺术节举办，吸引游客15万人次。

1日　在中共中央组织部办公厅公示的第二批国家“万人计划”领军人才中，市恒兴精细化工有限公司总裁、技术总监王恒秀成为全市入选该项计划的第一人。

4日　国家自然科学基金委员会公布2016年度国家杰出青年科学基金建议资助项目申请人名单，中宜生态土研究院院长薛强成为全市入选该项目的第一人。

8—10日　中国共产党宜兴市第十三次代表大会在市政府会议中心召开。大会应到代表300人，实到代表292人。沈建代表中共宜兴市第十二届委员会向大会作题为《践行新理念　开创新局面　为建设“强富美高”新宜兴而努力奋斗》的工作报告。李平代表中共宜兴市第十二届纪律检查委员会作工作报告。大会一致通过《中国共产党宜兴市第十三次代表大会关于中共宜兴市第十二届委员会工作报告的决议》，通过《中国共产党宜兴市第十三次代表大会关于中共宜兴市第十二届纪律检查委员会工作报告的决议》。

10日　中共宜兴市第十三届委员会举行第一次全体会议。市委委员、候补委员出席会议，市纪委委员列席会议。会议选举产生了中共宜兴市第十三届委员会常务委员会委员和书记、副书记，沈建当选为中共宜兴市第十三届委员会书记，张立军、周中平当选为副书记；通过中共宜兴市第十三届纪律检查委员会第一次全体会议选举结果的报告。

是日　中共宜兴市第十三次代表大会举行第二次全体会议。大会通过选举产生中共宜兴市第十三届委员会委员33人、候补委员6人，选举产生中共宜兴市第十三届纪律检查委员会委员15人、出席中共无锡市第十三次代表大会代表73人。

12日　水利部公布第十六批国家水利风景区名单，江苏省共上榜5个，宜兴竹海风景区入选，是无锡地区唯一上榜的风景区。

16日　宜兴市召开专题会议，部署整治和查处侵害群众利益不正之风和腐败问题专项行动。市委副书记周中平出席会议。

是日　省节能环保领域的唯一创新中心和核心载体——江苏省环保装备产业技术创新中心在环科园揭牌，并启动项目建设。

23日　全市党政领导干部会议在市政府会议中心召开。会议总结上半年工作，安排下半年任务，进一步落实产业强市战略各项重点工作，动员全市上下坚定信心、振奋精神、埋头实干，以更强的担当、更实的举措，努力完成年度目标任务，奋力实现“十三五”发展良好开局。

是日　宜兴市陶艺界的程辉、范洪泉、高丽君、储立被中国陶瓷工业协会授予“中国陶瓷艺术终身成就奖”。

24日　宜兴市召开专题会议，全面部署新一届村（社区）“两委”换届选举工作。

25日　全国工商联公布“中国民营企业500强”名单。宜兴市的远东控股集团有限公司、江苏三木集团有限公司、江苏江润铜业有限公司、江苏华地国际控股集团有限公司4个企业入围，数量与上年持平；在同期发布的“中国民营企业制造业500强”中，宜兴市有江苏三木集团有限公司、无锡市凌峰铜业有限公司、无锡江南电缆有限公司、宜兴市意达铜业有限公司、江苏中超控股股份有限公司、浙江昱辉阳光能源江苏有限公司6个企业入选，比上年增加1个。

26日　宜兴市西渚镇白塔村被中国生态文化协会表彰为“2016年全国生态文化村”，成为该评选活动自2009年开展后无锡地区唯一入选村。

27日　中国企业联合会、中国企业家协会发布2016“中国企业500强”，宜兴市的江苏金辉铜业集团有限公司和远东控股集团有限公司入围。

9月

2日　全市首个小微银行——民生银行宜兴丁蜀小微支行开业。

5日　在2016中国体育文化·体育旅游博览会中，宜兴市的龙池山自行车公园和坐落于芳桥街道的江苏炫宇风暴体育发展有限公司水上体育运动演出项目，分别获评“中国体育旅游十佳精品景区”和“中国体育旅游创新项目”。

10日　宜兴市召开环境综合整治暨河道专项治理工作推进会，总结上半年环境综合整治和河道专项治理工作，并对下阶段工作进行了部署。会议要求市各相关部门和板块要坚决打赢这场环境保护攻坚战。

12日　科技部公布第三批众创空间名单，宜兴环保黑马营入围，成为全市唯一一个国家级众创空间。

13日　农业部公布2016年中国美丽休闲乡村推介名单，西渚镇白塔村凭借特色民俗脱颖而出，成为无锡地区唯一入选乡村。

15日　《关于宜兴市产业发展扶持资金实施意见（2016年—2020年）》出台。50亿元的产业扶持初始资金，将全部用于补助优质项目的引育，通过助力产业强市战略推进，重振宜兴产业雄风。

22日　2013—2015年度江苏省文明村镇、文明单位(社区、校园)公布，新建镇、宜城街道沧浦村等1镇8村入选省文明村镇，市建设局等6个单位入选省文明单位(社区、校园)。数量位居全省县(市)前茅。

23日　无锡地区首个苏宁生活广场——宜兴苏宁生活广场开业。

是日　市美术馆新馆开馆暨系列书画展览活动在宜兴文化中心举行。

23—25日　"美食美器宜帮菜"第五届江苏·宜兴餐饮博览会暨第七届江苏乡土风味烹饪大赛(宜兴专场)在宜兴力达广场举办，全市120多个餐饮单位参赛，让市民一饱眼福和口福。

24日　全市人大换届选举工作会议在市政府会议中心召开。从会议起至2017年1月，宜兴市开展市镇两级人大换届选举工作。市委书记沈建在会上要求，全市上下要从政治和全局的高度，充分认识这次换届选举的重要意义，增强做好换届选举工作的责任感和使命感，精心组织、扎实工作，确保换届选举圆满完成。

是日　宜兴市专题召开农村生活污水治理暨断面达标工作协调会，加快推进农村生活污水治理、断面达标等工作，确保完成年度既定目标任务。市长张立军参加会议。会前，张立军等至周铁镇周铁村、东湖村等地，实地察看了农村生活污水处理工程推进情况。

28—29日　省委组织部学习教育协调小组到宜兴，督查宜兴市基层党建7项重点任务落实情况与"两学一做"学习教育推进情况。督查中，省委组织部学习教育协调小组对全市基层党建7项重点任务落实与"两学一做"学习教育推进情况给予充分肯定。

30日　全市党政领导干部会议召开。会上，市委书记沈建要求全市上下迅速传达贯彻无锡市第十三次党代会精神，进一步振奋精神、昂扬斗志、聚焦目标，全力冲刺全年目标任务，努力实现"十三五"良好开局，在新的起点上推动宜兴各项事业蓬勃向前。

是日　宜兴市举行烈士公祭活动。

是月　经过6轮拍卖，全市290辆公车被拍卖，拍卖总金额超950万元，这是宜兴市最大规模的一次公车拍卖。

是月　江苏新坤兴生态农业有限公司通过省农委专家组的现场考核，成为全市唯一一个入选农业部畜禽养殖标准化示范场的养殖单位。

10月

8日　《市政府关于进一步做好就业创业工作的实施意见》出台，推出22条有力举措，推动就业创业工作。

13日　全市银行业座谈会举行，26个在宜兴的金融机构以及市经信委、金融办等相关部门负责人出席会议，探讨当前全市金融运行情况。市委书记沈建要求全市银行业要紧密协作、携手努力，以更强的决心、更实的举措把宜兴的金融生态环境建设好、维护好，为推进产业强市、推动经济发展迈上新台阶提供坚强保障。

15日　浙商银行宜兴支行开业。至此，12个全国性股份制银行全部落户宜兴。

18日　2016中国陶都(宜兴)金秋经贸洽谈会暨项目集中签约仪式举行。集中签约项目56个。其中：外资项目19个，计划总投资13.78亿美元，协议注册外资5.11亿美元；工业内资项目22个，计划总投资204.8亿元人民币；服务业内资项目15个，计划总投资85.68亿元人民币。

18日　首届中国通用航空产业发展(丁蜀)论坛在丁蜀镇举办。

27日　2016(第四届)中国环保技术与产业发展推进会在宜兴召开。

是日　中美环境科学与污染控制国际研讨会在宜兴市举行。会议汇聚了科技界、教育界、企业界的高端人才和优势资源，促进了高校、研究院所、相关企业在环境科学与污染控制领域的国际交流与合作。

29日　在由新华网主办的2016第四届旅游业融合与创新论坛暨"2016最美中国榜"盛典上，中国宜兴国际陶瓷文化艺术节入选首批"最具影响力特色节庆"，张渚镇则凭借其"山水交融、美丽富饶"的特色，入围"2016最美中国榜"。

10月30日—11月2日　国家安监总局安全评估专家组在宜兴市开展城市安全风险评估前期调研，宜兴市城市安全风险评估正式启动，成为全国县(市)中第一个开展城市安全风险评估的城市。

是月　市生锋生态太湖大闸蟹养殖专业合作社发运的500千克宜兴大闸蟹在中国香港通关。这是宜兴大闸蟹首次出口。

是月　全市降雨天数达19天，降雨总量达300毫米左右，为常年平均水平的4倍左右，创下宜兴有气象历史纪录以来该月的历史极值。

11月

1日　教育部公布第三批国家级农村职业教育和成人教育示范县(市、区)创建入围名单，宜兴市上榜，成为无锡地区唯一入围县(市、区)。

3日　省委书记李强就深入学习贯彻中共十八届六中全会精神在常州、无锡调研。在无锡期间，李强专程到宜兴实地了解宜兴市基层党建工作开展情况。省委常委、无锡市委书记李小敏，省委常委、省委秘书长樊金龙陪同调研。

5日　在北京举行的中国纺织人才工作大会上，新建镇人民政府获"2016中国纺织行业人才建设示范单位"称号，全省仅有三个镇级政府获此荣誉。

5—6日　中国·宜兴第十九届太湖风筝节暨2016年"东泽杯"全国风筝精英赛在周铁镇竺山湖湿地公园举行。

7日　2016年度中国建制镇综合实力前1000强(全国科学发展千强镇)榜单发布，官林镇、丁蜀镇、高塍镇、和桥镇、周铁镇和张渚镇入围。其中，官林镇入围百强，位列第92位。

是日 在2016第四届中国(邳州)银杏节上,周铁镇老城隍庙前的千年古银杏获评“江苏最美银杏”。

16日 宜兴科技馆开馆。该馆是国内同级城市最大的科普综合性场馆。

20日 2016—2017年度第一批中国建设工程鲁班奖入选工程名单揭晓。宜兴市新的城市地标性建筑——宜兴文化中心获鲁班奖,成为全市首个摘得中国建筑业工程最高奖项的群体建筑。

29日 第五届国际清洁能源峰会在澳门举行。宝银特种钢管有限公司凭借其核电蒸发器用690U形管及高温气冷堆蒸汽发生器用换热组件,分别获“中国能源装备十大卓越性能产品”和“中国能源装备十大年度创新产品”两项大奖。

30日 由华文教育基金会主办的“相约中国陶都·探寻中华文化”海外华裔青少年2016年中国文化行——江苏宜兴营活动,在市丁山实验小学开营。40名马来西亚华裔青少年、教师到宜兴市交流学习。

是月 省文化厅公布2016年度省级重点文化产业示范园区名单,宜兴陶瓷文化创意产业园位列其中,成为全省8个入选园区之一,也是无锡地区唯一入选的园区。

12月

1日 “2016中国最具幸福感城市”调查推选结果在北京发布,十座县级城市上榜,宜兴市列第六位。

7日 中央电视台“感动中国2016年度人物”20位候选人公布,官林镇义庄村农民、“寻亲大姐”吕顺芳名列其中。

7—8日 省政协副主席徐鸣率部分省政协委员、提案者和提案承办单位负责人到宜兴,以“推进农村社会治理”为专题,就民革江苏省委提出的“关于进一步促进我省社区治理的建议”、省台联提出的“实施美丽乡村行动计划、扎实推进城乡一体化发展”和卢章平等委员提出的“关于加强涉农新型社区建设的建议”三件提案办理情况进行督办。

7—10日 市委召开工作务虚会召开,回顾总结2016年工作,谋划确定2017年工作的目标、思路和措施。会上,市委书记沈建要求,全市上下要进一步解放思想、奋发进取,以高昂的斗志、必胜的信心,立足新起点,全力开创宜兴经济社会发展新局面,为建设“强富美高”新宜兴而努力奋斗。

10日 2016中国名村影响力300佳排行榜公布,官林镇都山村列第26位。

12日 第一届全国文明家庭表彰大会在北京举行。宜兴市的曹婉芬家庭作为全国文明家庭代表参加表彰大会,并受到习近平总书记的亲切会见。

13—14日 省委常委、副省长杨岳到宜兴调研农业面源污染治理工作情况,市委书记沈建、市长张立军陪同调研。

14—15日 2016年创业黑马社群大会在北京举行,2016创业园区创新磁场榜单发布,中国宜兴环保科技工业园获最具创新产业影响力园区奖。

15日 全国先进个体工商户表彰大会暨纪念中国个体劳动者协会成立30周年座谈会在北京举行,丁蜀镇紫圣陶轩陶瓷经营部的唐黎萍获“全国先进个体工商户”称号。

16日 《2016县域经济与县域发展报告》在北京发布。在第十六届全国县域经济与县域基本竞争力榜单中,宜兴市位列第六位,与上年持平。

19日 第七届海峡两岸传统文化可持续发展论坛在宜兴陶瓷博物馆陶瓷(紫砂)文化研究院举行。

是日 省经信委发布2015年度“江苏省自主工业品牌五十强”企业名单,无锡江南电缆有限公司上榜,成为全市继远东电缆有限公司后第二个入围“江苏省自主工业品牌五十强”的企业。

20—21日 市委书记沈建、市长张立军带领市党政代表团,先后赴武进区、昆山市、常熟市、江阴市等地,重点考察学习这些地区在加快产业强市过程中,围绕科技创新、结构调整、转型升级等方面所取得的成功经验,感受周边地区干部群众勇于创新创造、激情干事创业的精神风貌,科学探寻在新一轮发展中加快推动产业提档升级的新路径、新方法,推进产业强市。

23日 宜兴籍台球运动员丁俊晖被市精神文明建设指导委员会聘为宜兴市首位“文明宜兴公益大使”。

26日 第四届“中国城市公益慈善指数”发布,宜兴城市公益慈善指数以84.83分位居全国县级市第二位,与第一位江阴仅相差0.11分。同时,宜兴还首次跻身主要由直辖市、地级市占据的捐赠总额前20名,进入全国慈善城市“第一方阵”。

30日 中共宜兴市第十三届委员会第二次全体会议举行。会议回顾总结2016年工作,正确研判当前形势,研究部署2017年任务,进一步动员全市各级党组织和党员干部,团结带领全市上下,鼓足发展干劲、奋力担当作为,合力开创宜兴经济社会发展的崭新局面。市委书记沈建代表市委常委会作工作报告。

是日 国家发展改革委办公厅公布全国农村产业融合发展试点示范县名单,宜兴市名列其中。

编辑 吴艳

组织机构和领导人员名录

ORGANIZATIONAL STRUCTURE AND NAME LIST OF THE LEADERSHIP

中共宜兴市委员会

书　记　王中苏(7月免)
　　　　沈　建(7月任)
副书记　张立军　周中平
常　委　王中苏(7月免)
　　　　沈　建(7月任)　张立军
　　　　周中平　梅中华(7月免)
　　　　余银龙(7月免)　朱旭峰
　　　　朱晓晔　沈晓红(女)
　　　　徐志军(7月免)　孙海东
　　　　蔡卫红(7月免)
　　　　何晓进(7月任)
　　　　李　平(7月任)
　　　　裴焕良(7月任)
　　　　张凡明(7月任)

中共宜兴市纪律检查委员会

书　记　余银龙(7月免)
　　　　李　平(7月任)
副书记　潘　峰　沈　中(7月免)
　　　　马南新(7月任)
常　委　潘　峰　沈　中(7月免)
　　　　马南新　朱建强　宋　诚
　　　　杨正强　周　东(7月任)

中共宜兴市委工作部门及直属单位、群团机构

市委办公室

(挂"市委政策研究室"牌子)
主　任　周　峰
副主任　胡　健　郭　平(11月免)
　　　　徐旭军(3月免)　秦　强
　　　　应　鹏　周叔军

市委组织部

部　长　孙海东
副部长　何　涛　范明荣(11月免)
　　　　王旻明(3月免)
　　　　宗豪杰(11月任)

市委宣传部

部　长　沈晓红(女)
副部长　蒋永芳　徐早其
　　　　黄　波(女,3月任)

市委统一战线工作部

(挂"市人民政府侨务办公室"牌子)
部　长　莫克明(7月免)
　　　　周中平(7月任,兼)
副部长　马才军　王立明
　　　　周　陶(女)

市民族宗教事务局

(2015年4月,由统战部挂牌调整为单独设立,为市政府工作部门)
局　长　王立明(3月任)
副局长　葛丽敏(女,3月任)

市委台湾工作办公室

(挂"市人民政府台湾事务办公室"牌子)
主　任　胡国君
副主任　吴永平　徐　湞(女)

市委政法委员会

(挂"市社会治安综合治理委员会办公室"牌子)
书　记　徐志军(7月免)
　　　　朱晓晔(7月任)
副书记　彭福友　尹小华
　　　　王乃鼎(挂职,7月免)

市机构编制委员会办公室

(挂"市事业单位登记管理局"牌子)
主　任　朱　云(女,3月免)
　　　　徐旭军(3月任)
副主任　朱　伟

市委农村工作办公室

主　任　蒋干达
副主任　谈亚年(7月免)
　　　　薛慧芳(女)　陆海华
　　　　杨永平(3月任)

市委市级机关工作委员会

书　　记　马建成
副 书 记　丛伯群
纪工委书记　蒋海燕(女)

市委老干部局

局　长　王旻明(3月免)
副局长　舒志超　王延莉(女)
　　　　姚开宏

市委机要保密局

(挂"市国家保密工作局"牌子)
局　长　徐旭军(兼,3月免)
　　　　郭　平(兼,3月任,11月免)
副局长　吴俊杰(3月任)

市信访局

局　长　蒋国成
副局长　王小龙(3月免)
　　　　王　吉(女,3月辞职)
　　　　张新华　蒋杰敏(3月任)

市委党校（市行政学校）
校　　长　王中苏（兼，7月免）
　　　　　周中平（兼，7月任）
副 校 长　吴荣芳（常务）　周　宾
　　　　　许明亮

《宜兴日报》社
党总支书记　程　伟
社　　长　程　伟
总　　编　芮占良
副 总 编　岳　鹏　史志强
　　　　　李　丽（女）

市史志办公室
主　　任　夏侯岭
副 主 任　耿海华　朱峻峰

市档案局
（挂“市档案馆”牌子）
局　　长　丁汉洲
副 局 长　宗伟方　蒋如原
　　　　　贺黎欣（女）

市总工会
党组书记　周亚定（11月免）
主　　席　黄维正
副 书 记　黄维正
副 主 席　蒋庆源
纪检组长　闵　燕（女）

共青团宜兴市委员会
书　　记　周俊鹏
副 书 记　黄　力

市妇女联合会
主　　席　孙春燕（女）
副 主 席　杜　颖（女）
　　　　　朱青红（女）

市科学技术协会
主　　席　徐群芳（女）
副 主 席　刘育峰　马国华
　　　　　刘　勃（兼）
　　　　　吴永来（兼）
　　　　　沈　立（兼）

市归国华侨联合会
主　　席　胡国君（兼）
副 主 席　裴春花（女）
　　　　　曹　彪（兼）

市文学艺术界联合会
主　　席　魏　敏
副 主 席　何　勇
　　　　　萧智君（11月免）
　　　　　吴　鸣（兼）
　　　　　刘　明（兼）

市残疾人联合会
理 事 长　杭仁育
副理事长　戴菊华（女）

市工商业联合会
主　　席　温秀芳（女）
党组书记　马才军
副 主 席　马才军
　　　　　闵浩生（7月免）
　　　　　王招大　顾汉章（兼）
　　　　　郑旭东（兼）
　　　　　谈岳明（兼）
　　　　　宗伟刚（兼）
　　　　　张锡林（兼）
　　　　　史建珍（女，兼）
　　　　　杨伯民（兼）
　　　　　黄振球（兼）
　　　　　葛伯初（兼）
　　　　　蒋加平（兼）
　　　　　庄建新（兼）
　　　　　钱利荣（兼）
　　　　　魏爱民（兼）
　　　　　杨　飞（兼）
　　　　　石国松（兼）

宜兴市人大常委会

党组书记　王中苏（2月免）
　　　　　刘亚民（2月任）
主　　任　王中苏（7月调离）
　　　　　刘亚民（7月任）
副 书 记　王中苏（2月任，7月免）
　　　　　王华良　周　斌（2月任）
副 主 任　王华良
　　　　　周　斌（7月任）
　　　　　华学文（11月免）
　　　　　裴全华（2月免）　赵菊明
　　　　　徐志军（7月任）
　　　　　朱保强（11月任）
党组成员　陈国强　王敏辉

宜兴市人大常委会工作部门

市人大办公室
（挂“市人大民族宗教侨务工作委员会”牌子、“市人大常委会研究室”牌子）
主　任　王富民
副主任　戴亚芳（女）　葛　瑛（女）

市人大内务司法工作委员会
主　任　盛凤锡

市人大财政经济工作委员会
主　任　徐占良（7月免）
　　　　严旭峰（11月任）
副主任　沈岳军（7月免）
　　　　许凌鹰（女，7月任）

市人大教育科学文化卫生工作委员会
主　任　孙荣仙（女，3月免）
　　　　褚东平（3月任）
副主任　褚东平（3月免）

市人大人事代表联络工作委员会
主　任　蒋志良

市人大环境资源城乡建设工作委员会
主　任　程　骏（3月免）
　　　　欧方明（3月任）

市人大农村工作委员会
（2015年12月，设立市人大农村工作委员会）
主　任　王小龙（3月任）
副主任　俞　雯（女，3月任）

宜兴市人民政府

党组书记　张立军
市　　长　张立军
副 书 记　梅中华（12月免）
　　　　　何晓进（7月任）
副 市 长　梅中华（7月免）
　　　　　何晓进　周　斌

吴青峰　储红飙
周　军(11月免)
尹志华(11月免)
卢　敏(女)
马　钟(11月任)
谢海华(11月任)
戈林兴(挂职)

宜兴市人民政府工作部门及直属企事业单位

市人民政府办公室

(挂“市人民政府外事办公室”“市人民政府政策研究室”牌子)

党组书记　狄胜君
主　　任　狄胜君
副 主 任　许红霞(女)
　　　　　贾伟征　宗　慧
　　　　　王林俊　储锡峰
　　　　　蒋华兵　田　军

市发展和改革委员会

(挂“市企业上市工作办公室”牌子)

党组书记　王迎春
主　　任　王迎春
副 主 任　戴占梅(7月免)
　　　　　史旭辉(3月任)　程志兴
　　　　　朱小泽(11月任)　张　华

市经济和信息化委员会

(挂“市中小企业局”牌子)

党委书记　沈建民
主　　任　蒋惠清
副 书 记　蒋惠清
副 主 任　张福元(7月免)
　　　　　蒋荣金(7月免)　王承杰
　　　　　林泉刚　葛　春
纪委书记　蒋永祥

市教育局

党委书记　孙全芳
局　　长　蒋志刚
副 书 记　蒋志刚　柳志贤(3月免)
副 局 长　柳志贤　潘其涛
　　　　　蒋华强
　　　　　蒋铁伟(兼,12月免)
纪委书记　沈　勤(女)

市政府教育督导室

主　　任　徐建明(3月免)
　　　　　柳志贤(3月任)
副 主 任　徐岳军

市科学技术局

(挂“市知识产权局”牌子)

党组书记　廖忠祥
局　　长　蒋国强
副 书 记　蒋国强
副 局 长　廖忠祥　秦绍清
　　　　　张　静(女)　周丽明
　　　　　俞　军

市公安局

党委书记　周　军(12月免)
　　　　　谢海华(12月任)
局　　长　周　军(12月免)
　　　　　谢海华(12月任)
副 书 记　黄红光
政治委员　黄红光
副 局 长　许晓峰　许小平　卢伟民
　　　　　单祖新　储小悦
纪委书记　严　伟(3月任)

市监察局

局　　长　潘　峰
副 局 长　朱建强　宋　诚
　　　　　俞　雯(女,兼,3月免)

市民政局

党委书记　蔡培中
局　　长　吴锡军
副 书 记　吴锡军
副 局 长　许为农
　　　　　邱顺英(女,7月免)
　　　　　汤惠仙(女)
纪委书记　谈志良

市司法局

党组书记　周　贤
局　　长　周　贤
副 局 长　史耀清　张建云(女)
　　　　　周云平(3月任)
纪检组长　张新华(3月任)

市财政局

(挂“市金融工作办公室”“市人民政府国有资产监督管理办公室”牌子)

党组书记　叶毅平
局　　长　陈雪峰
副 书 记　陈雪峰
副 局 长　吴菊芳(女)
　　　　　史富君(7月免)　朱朝辉
　　　　　蒋　典(3月任)
纪检组长　王　洁(女)

市人力资源和社会保障局

党组书记　蒋德荣
局　　长　蒋德荣
副 局 长　朱　云(女,3月免)
　　　　　徐旭军(3月任)　蒋定芳
　　　　　杨志宏　王建伟
　　　　　黄　真(女)　邵　锋
纪检组长　郭红伟(女,7月免)

市建设局

(挂“市人民防空办公室”牌子)

党委书记　蒋小青
局　　长　陈建平
副 书 记　陈建平　张听宝
副 局 长　张听宝　俞卓军　范智刚
　　　　　曹炳炎(11月免)
　　　　　张亚军　冯斌荣
纪委书记　蒋宝军(11月免)

市交通运输局

党委书记　胡卫平
局　　长　何　忠
副 书 记　何　忠
副 局 长　李　云　鲍祖强(7月免)
　　　　　黄　伟　周群雄
　　　　　李新平(3月免)
纪委书记　师　晔

市水利农机局

党委书记　严旭峰(11月免)
局　　长　苏锡林
副 书 记　苏锡林　杨剑锋
副 局 长　徐文元　钱卓军
纪委书记　杨剑锋(兼)

市农林局

（挂“市农业资源开发局”牌子）

党委书记　周介其
局　　长　夏红军
副 书 记　夏红军
　　　　　林兆琴（女，11月免）
副 局 长　周介其　宋建法
　　　　　潘国庆　李国华（11月免）
纪委书记　林兆琴（女，兼，11月免）

市商务局

（挂“市口岸管理委员会办公室”牌子）

党组书记　赵　辉
局　　长　赵　辉
副 局 长　周铭新　许伯诚
　　　　　吴南强　刘俊尧

市文化广电新闻出版局

党委书记　许夕华
局　　长　许夕华
副 局 长　杭科军　万年青（女）
　　　　　张燕军
纪委书记　吴春祥

市卫生和计划生育委员会

（2015年4月，组建市卫生和计划生育委员会，不再保留市卫生局、市人口和计划生育委员会）

党委书记　许国明（3月任）
主　　任　钱西元（3月任）
副 书 记　钱西元（3月任）
副 主 任　史伟明（3月任）
　　　　　王　欣（3月任，7月免）
　　　　　应和君（3月任）
　　　　　李　莉（女，3月任）
　　　　　徐瑞芳（女，3月任）
纪委书记　陆良君（3月任，12月免）

市市场监督管理局

党委书记　尹建良
局　　长　周达祥
副 书 记　周达祥
　　　　　蒋俊杰（12月，立案侦查）
副 局 长　蒋俊杰（12月，立案侦查）
　　　　　杨　涛
　　　　　宋　柯（11月免）
　　　　　许阿良　沈　军
　　　　　徐小良　周志高
　　　　　陆　静（女）　孙驰渊
纪检组长　虞伟民

市审计局

党组书记　朱韫珂
局　　长　周水仙（女）
副 书 记　周水仙（女）
副 局 长　蒋　典（3月免）
　　　　　俞　雯（女，3月免）
　　　　　潘艳月（女）
纪 检 组 长　许建平

市环境保护局

党组书记　谢伯军（11月免）
局　　长　欧方明（3月免）
　　　　　王旻明（3月任）
副 书 记　欧方明（3月免）
　　　　　王旻明（3月任）
副 局 长　成振辉　徐建华
　　　　　许　峰
　　　　　戴　寅（女，11月免）
纪检组长　刘培珍（女）

市规划局

党组书记　邵　旻（女，11月免）
局　　长　朱乾辉
副 书 记　朱乾辉
副 局 长　贾　俊　王　斌
　　　　　马斌强
纪检组长　周国强

市住房保障和房产管理局

党组书记　王继青（女）
局　　长　花　强
副 书 记　花　强
副 局 长　陈　刚　王朝霞（女）
　　　　　曹　达

市公用事业管理局

党委书记　邵　旻（女，11月任）
局　　长　钱伟兴
副 书 记　谈　兵（11月免）
副 局 长　许凌鹰（女，7月免）
　　　　　王兆春（3月辞职）
　　　　　李新平（3月任）
　　　　　徐　震（女，3月任）
　　　　　潘跃峰（7月任）
纪委书记　谈　兵（兼，11月免）

市旅游园林管理局

党委书记　王忠东（3月任）
局　　长　王忠东
副 书 记　王忠东（3月免）
副 局 长　夏建伟（兼）
　　　　　张田田　王永伟
纪委书记　朱丽群（女）

市城市管理局

（挂“市城市管理行政执法局”牌子）

党委书记　唐福君
局　　长　陈法荣
副 书 记　陈法荣　谈　超
副 局 长　毛　俊　马定元
　　　　　周纪军
纪委书记　朱叶青

市统计局

党组书记　汤卫平
局　　长　范燕慧（女）
副 局 长　蒋备军　丁红霞（女）

市安全生产监督管理局

党组书记　蒋晓良（11月免）
　　　　　董国强（11月任）
局　　长　蒋晓良（11月免）
　　　　　董国强（11月任）
副 局 长　史旭辉（3月免）
　　　　　孟笑俊
　　　　　吴和平（11月免）
　　　　　汤永军（3月任）
纪检组长　周雄军

市粮食局

党委书记　褚勇军
局　　长　褚勇军
副 书 记　堵宪勤
副 局 长　沈亚军
　　　　　吴雅琴（女，3月任）
纪委书记　姚文伟

市体育局

党组书记　李　江
局　　长　李　江
副 局 长　魏宜明　蒋洪法

市物价局

党组书记　陈德明
局　　长　黄国明

副　书　记　黄国明
副　局　长　陈海平(12月免)
　　　　　　余文高
纪检组长　蒋　中

市人民政府法制办公室

主　　任　吴　旭
副　主　任　陈新民

市政务服务管理办公室

(2015年4月,更名为宜兴市政务服务管理办公室,挂"宜兴市政务服务中心"牌子)
党工委书记　洪占强(3月任)
主　　任　洪占强(3月任)
副　主　任　吴雅琴(女,3月免)
　　　　　　张瑞金(3月任)
　　　　　　周　斌(3月任)
纪工委书记　苏　冉(女,3月任)

市太湖水污染防治办公室

主　　任　史旭辉(3月任)
副　主　任　王国枫　段　晖(女)

市广播电视台

党委书记　张益强(3月任)
台　　长　张益强
副　书　记　张益强(3月免)
　　　　　　周　康(11月免)
副　台　长　陆春华　吴雪峰
　　　　　　徐　达
纪委书记　周　康(兼,11月免)

市招投标管理办公室

党组书记　夏正愚
主　　任　夏正愚
副　主　任　薛永军　尹利明

市市级机关事务管理局

局　　长　陈新君
副　局　长　沈　健(女)　吴　琪
　　　　　　徐永辉

市接待办公室

主　　任　范宏伟
副　主　任　吴　斌

市云湖景区建设办公室

副　主　任　李新群　凌贤青

市高铁新城建设管理办公室

党组书记　曹春华(7月免)
主　　任　张继宏
副　书　记　张继宏
副　主　任　吴雪峰(兼,11月免)
　　　　　　宗志峰　谢国强

市外事服务中心

主　任　胡　健
副主任　蒋剑超

市供销合作总社

(市供销企业集团公司)
党委书记　周汉庚
主　　任　周汉庚
董　事　长　周汉庚
总　经　理　周汉庚
副　主　任　蒋建明(2月免)　宋义平
副董事长　蒋建明(2月免)　宋义平
副总经理　蒋建明(2月免)　宋义平
纪委书记　莫小峰

市商业贸易资产管理有限公司

党委书记　张福元(3月免)
　　　　　　许忠根(3月任)
经　　理　张福元(7月免)
副　书　记　张福元(3月任,7月免)
　　　　　　许忠根(3月免)
副　经　理　许忠根　潘志泉

宜兴高铁新城(商务区)建设投资有限公司

(国有企业单位)
总　经　理　吴雪峰(11月免)
副总经理　潘跃峰(7月免)

江苏宜兴旅游产业集团有限公司

(国有企业单位)
总　经　理　夏建伟
副总经理　卢　达　蒋叶强(兼)
　　　　　　任　倬(女)

政协宜兴市委员会

党组书记　邵亚群(7月免)
　　　　　　梅中华(7月任)
主　　席　邵亚群(11月免)
　　　　　　梅中华(11月任)
副　书　记　邵亚群(7月任)
　　　　　　庄建明
　　　　　　莫克明(12月任)
副　主　席　庄建明　莫克明
　　　　　　洪　雅(女,11月任)
　　　　　　芮俊燕(女,兼)
　　　　　　钱伟兴(兼)
　　　　　　温秀芳(女,兼)
党组成员　唐群峰(7月任)
原协理员　唐汉中
　　　　　　黄浩南(5月退休)
　　　　　　何国强　宗国平
秘　书　长　闵曲成

政协宜兴市委员会工作部门

市政协办公室

主　　任　闵曲成
副　主　任　庄建龙　钱　晖

市政协提案委员会

主　　任　王岳国
副　主　任　潘　峰(兼)
　　　　　　周亚定(兼)

市政协经济科技委员会

主　　任　陈星华(11月免)
　　　　　　唐志忠(11月任)
副　主　任　沈建民(兼)
　　　　　　黄亚伟(兼)

市政协人口资源环境城乡建设委员会

主　　任　孙跃建(11月免)
副　主　任　戴　寅(女,11月任)
　　　　　　王忠东(兼)
　　　　　　欧方明(兼,3月免)
　　　　　　贾　俊(兼)
　　　　　　王旻明(兼,3月任)

市政协文教卫体委员会

主　　任　陈俊林
副　主　任　史伟明(兼)
　　　　　　柳志贤(兼)
　　　　　　魏宜明(兼)
　　　　　　万年青(女,兼)

市政协学习文史委员会

主　　任　吴全良

副 主 任　叶聚森(1月免)
　　　　　程　伟(兼)

市政协社会法制委员会

主　　任　周洪芬(女)
副 主 任　马才军(兼)
　　　　　彭福友(兼)

市人民法院

党委书记　刘　勇(12月免)
　　　　　王　英(女,12月任)
院　　长　刘　勇(11月免)
　　　　　王　英(女,11月任)
副 书 记　翟一平　吴志良
副 院 长　芮俊燕(女)
　　　　　翟一平　王旭东
　　　　　郑　东
纪委书记　吴淑琴(女)

市人民检察院

党组书记　王玉珏(12月免)
　　　　　李　营(女,12月任)
检 察 长　王玉珏(11月免)
　　　　　李　营(女,11月任)
副检察长　周为禹　周晓明
　　　　　吴跃旺
纪检组长　陈时强

镇(园区、街道)机关

张渚镇

书　　记　张　敏
副 书 记　王赛军
　　　　　吕国民(12月,立案侦查)
人大主席　周晓生
镇　　长　王赛军
副 镇 长　谈慧元　吕国强
　　　　　胥静逸(女)　周　兵
　　　　　王洪中
纪委书记　冯志军

西渚镇

书　　记　唐其君
副 书 记　钱　靖(女)　吴　健
人大主席　吴和平(11月任)
人大副主席　邹洪生(7月免)
镇　　长　钱　靖(女)
副 镇 长　荆建方　杨志良
　　　　　陈永军　刘　杰
纪委书记　张　伟

太华镇

书　　记　蒋健君
副 书 记　江　峰
　　　　　唐逸俊(11月免)
人大主席　汤永伟(11月免)
　　　　　唐逸俊(11月任)
镇　　长　江　峰
副 镇 长　朱俊强　杭海东
　　　　　史健迅　许贝丽(女)
纪委书记　严　俊

徐舍镇

书　　记　林启中
副 书 记　张达志　张　涛
　　　　　徐旭军(挂职,5月免)
人大主席　丁山明
镇　　长　张达志
副 镇 长　蒋勤益(11月免)
　　　　　金春华　蒋洪元
　　　　　潘国强　章小刚
　　　　　潘成柯
纪委书记　薛　敏(女)

官林镇

书　　记　裴焕良(11月免)
　　　　　虞仁军(11月任)
副 书 记　谈　伟(11月免)
　　　　　孙文华(11月任)
　　　　　王　卫(11月免)
　　　　　沈建民(挂职,2月免)
人大主席　韩良君
镇　　长　谈　伟(11月免)
　　　　　孙文华(11月任)
副 镇 长　蒋建军　吴　林
　　　　　卢国强　蒋占军
　　　　　李新平(挂职,10月免)
纪委书记　史成飞

杨巷镇

书　　记　虞仁军(11月免)
　　　　　王穗村(11月任)
副 书 记　王穗村(11月免)
　　　　　王　卫(11月任)
　　　　　史伟平
人大主席　虞仁军(兼,11月免)
　　　　　李国华(11月任)
人大副主席　袁明育(11月免)
镇　　长　王穗村(11月免)
　　　　　王　卫(11月任)
副 镇 长　卢　刚　杨　俊
　　　　　王　硕　贺国俊
纪委书记　王广军

新建镇

书　　记　杨　杰
副 书 记　唐　军　沈鹰峰
人大主席　杨　杰(兼,3月免)
　　　　　杨卓云(3月任)
人大副主席　许联群(2月免)
镇　　长　唐　军
副 镇 长　秦曙明　夏　峰
　　　　　蒋国彪　储云华
纪委书记　周　鑫

和桥镇

书　　记　史中武
副 书 记　殷其敏
　　　　　张文伟(11月免)
人大主席　张应京(7月免)
　　　　　张文伟(11月任)
镇　　长　殷其敏
副 镇 长　陆　平　毛旭娟(女)
　　　　　施旭伟　陈俊杰
　　　　　陈伟强
纪委书记　吴振业

高塍镇

书　　记　朱保强
副 书 记　王益君(11月免)
　　　　　周雪强(11月任)
　　　　　蒋　波
人大主席　沈　中(7月任,11月免)
　　　　　谢伯军(11月任)
人大副主席　蒋达伦(7月免)
镇　　长　王益君(11月免)
　　　　　周雪强(11月任)
副 镇 长　王卫平(7月免)
　　　　　鲁建伦(11月免)
　　　　　吕朝霞(女)　周　浩
　　　　　吴冬强
纪委书记　闵勤峰

万石镇

书　　记　宗豪杰(11月免)

谈　伟(11月任)
副书记　陈卫能　邱远远
人大主席　徐洪林
镇长　陈卫能
副镇长　张全军　周志安
俞　震　季国敏(3月任)
纪委书记　潘明达

周铁镇

书记　路　翀
副书记　陈忠强
孙文华(11月免)
宗　慧(挂职,10月免)
人大主席　杨小新(11月免)
周亚定(11月任)
镇长　陈忠强
副镇长　杨卓云(3月免)
杨亚忠　汤　皓
单　涛
周海强(3月任)
纪委书记　洪　涛

丁蜀镇

书记　马　钟
副书记　储　鑫
周泉荣(11月免)
沈　勇(11月任)
人大主席　周泉荣
镇长　储　鑫
副镇长　包建君(11月免)
史成俊　王　健
吴　鑫　伍震球
黄立明　方　晔
纪委书记　许　烨

湖㳇镇

书记　刘赛洪
副书记　马　敏(女)　王　勇
人大主席　刘赛洪(兼,11月免)
谈　兵(11月任)
人大副主席　梁其华(7月免)
镇长　马　敏(女)
副镇长　吴文兵(7月免)
盛幼群　徐雯霞(女)
吕旭明　沈　扬(挂职)
纪委书记　黄景宁

宜城街道

党工委书记　陈　平
副书记　刘文君
周雪强(11月免)
郭　平(11月任)
人大工委主任　孙晓明(11月免)
沈　中(11月任)
办事处主任　刘文君
副主任　褚曙强
何继红(女)
刘亚强
蒋卓平
纪工委书记　史黎辉

屺亭街道

党工委书记　张　毅
人大工委主任　陈星华(11月任)
人大工委副主任　张雁伟(1月免)
办事处副主任　褚志瑾(女,3月免)
徐英姿(女)
洪晓晖　袁觉良
纪工委书记　褚亚南(3月免)

新街街道

党工委书记　朱旭峰
副书记　张才春(11月免)
吴雪峰(11月任)
王学君　蒋宁鹏
人大工委主任　蒋宝军(11月任)
人大工委副主任　侯亚峰(1月免)
办事处主任　张才春(11月免)
吴雪峰(11月任)
副主任　王学君
褚雪华(女,7月免)
周建中　陈　洁
谢慧超
纪工委书记　吴　健

新庄街道

党工委书记　蒋华平
副书记　李长青
任　飞(11月免)
人大工委主任　郑建华(11月免)
周　康(11月任)
办事处主任　李长青
副主任　薛　强　汤泽伟
周　迪(女)
欧　鹏
纪工委书记　张铁林

芳桥街道

党工委书记　朱晓晔(7月免)
裴焕良(11月任)
副书记　董国强(11月免)
任　飞(11月任)
蒋震平
人大工委主任　唐志忠(11月免)
孙凤飞(11月任)
办事处主任　董国强(11月免)
任　飞(11月任)
副主任　沈进良　曹效平
骆伟俊　朱晨辉
纪工委书记　陈菊芬(女,3月免)
朱海云(女,3月任)

中国宜兴环保科技工业园[正处(县)级]

党工委书记　王中苏(兼,7月免)
副书记　朱旭峰
朱保强(11月免)
管委会主任　朱旭峰
副主任　张鹏飞
潘泉华(10月,已故)
杨跃飞(3月,行政撤职)
裴志良(11月任)
纪工委书记　钱荣明

宜兴经济技术开发区[正处(县)级]

党工委书记　王中苏(7月免)
沈　建(7月任)
副书记　朱晓晔(主持日常工作,7月免)
裴焕良(主持日常工作,7月任)
管委会主任　张立军
副主任　朱晓晔(7月免)
裴焕良(7月任)
骆永辉(12月,立案侦查)
刘　英(女)

江苏宜兴陶瓷产业园区〔副处(县)级〕

党工委书记　马　钟
管委会副主任　何亚君(女,11月免)
沈　勇(11月任)

原江苏宜兴经济开发区[副处(县)级]

党工委副书记　杨祖良
管委会副主任　杨卓明

朱小泽(11月免)
蒋雅峰
纪工委书记 杨祖良(兼)
(市委组织部)

省、无锡市直属部门及部分驻宜兴单位

宜兴市人民武装部

部长 张凡明
政委 蔡卫红(3月免)
副部长 王立铎

宜兴市国税局

党组书记 郁岚(女)
局长 郁岚(女)
副局长 许洪良(2月免)
申建军 陈洪波
纪检组长 王峰芳

无锡市宜兴地税局

党组书记 庞德征
局长 庞德征
党组副书记 潘曙光(12月免)
副局长 潘曙光(12月免)
程旭伟 许永明
纪检组长 储永宝(3月免)

宜兴市国土资源局

党委书记 马卫明
局长 马卫明
党委副书记 孙海军
副局长 丁君强
蒋晓贤(12月免)
吴跃平 莫志强
纪委书记 孙海军(兼)

宜兴市烟草专卖局

党组书记 陈仪
局长 陈仪
经理 陈仪
副局长 吴晓唯
副经理 吴晓唯
副局长 孙荣福
副经理 孙荣福

宜兴市供电公司

总经理 张澄
党委书记 朱庆连(2月免)
叶磊(2月任)
副总经理 朱庆连(2月免)
叶磊(2月任)
沈才元 俞伟
戚正强 顾仲德
纪委书记 冯铭

华东宜兴抽水蓄能有限公司

总经理 朱冠宏
党委书记 蔡军(1月免)
徐莉(女,1月任)
党委副书记 朱冠宏
副总经理 蔡军(1月免)
徐莉(女,1月任)
王霆(1月免)
吴舰
周军(1月任)
王世成
纪委书记 李学锋

中国电信股份有限公司宜兴分公司

党委书记 张健
总经理 张健
副总经理 沈青平 谢科 汤跃
纪委书记 沈青平(兼)

中国邮政集团公司江苏省宜兴市分公司

党委书记 杨旻(2月免)
总经理 杨旻(2月免)
党委副书记 王春南(2月任)
副总经理 王春南(主持工作,2月任)
陈丽芳(女)
陈永东(7月任)
黄健荣(6月任,10月免)
纪委书记 陈丽芳(女,兼)

中国移动通信集团江苏有限公司宜兴分公司

总经理 曹忱
副总经理 刘炜 陆强

中国联合网络通信公司宜兴市分公司

总经理 王宜东
党支部书记 谈建峰
副总经理 谈建峰
吴群(7月免)
王玉芳(女)

宜兴市盐务管理局

(江苏省苏盐连锁有限公司宜兴分公司)
局长 滕新军(8月免)
王雨欧(11月任)
经理 滕新军(8月免)
王雨欧(11月任)
副局长 王雨欧(8月免)
刘畅(11月任)
副经理 王雨欧(8月免)
刘畅(11月任)

无锡海关驻宜兴办事处

主任 张浩
副主任 范星(女)

宜兴出入境检验检疫局

党组书记 刘秀芳(女)
局长 刘秀芳(女)
副局长 张呈伟 汤小平
纪检组长 陆中明

江苏宜兴海事处

党组书记 宗占君
处长 宗占君
副处长 陈伟(6月任)
许明康(6月任)

宜兴市气象局

局长 钱小陶
副局长 李万里

无锡市住房公积金管理中心宜兴市分中心

主任 郭维勤
副主任 葛晓

无锡工艺职业技术学院

党委书记 何祖伟
院长 孙丽华(女)
党委副书记 邵汉强
副院长 过元伟 孙振球
吴岳军
殷海芳(女,5月免)
冯萍(女,5月任)
纪委书记 邵汉强(兼)

中国人民银行宜兴市支行

党组书记 喻志军

行　　长　喻志军
副 行 长　陈爱仙（女）　汤至锋

中国银行业监督管理委员会
无锡监管分局宜兴办事处

主　　任　赵　骥（6月免）
　　　　　徐峥嵘（6月任）

中国工商银行股份有限公司宜兴支行

党委书记　蒋　俊（6月免）
　　　　　徐洪春（6月任）
行　　长　蒋　俊（6月免）
　　　　　徐洪春（8月任）
副 行 长　薛　云（11月任）
　　　　　冯　琴（女）
　　　　　吴　津（女）
　　　　　孙小倩（女，8月免）
　　　　　柯文渊（7月任）
　　　　　邢　然（6月免）
纪委书记　蒋建龙

中国农业银行股份有限公司
宜兴市支行

党委书记　缪纪良
行　　长　缪纪良
副 行 长　陶　琦（12月免）
　　　　　姚　峰（12月任）
　　　　　任国忠
　　　　　唐咏华（女，7月免）
　　　　　卫恩祥（女）
　　　　　张　蕾（女，7月任）

中国银行股份有限公司宜兴支行

党委书记　孙国明
行　　长　孙国明
副 行 长　蒋志军　史宵圆
　　　　　李炯磊　王　晶
　　　　　刘　康（1月任）
纪委书记　张高翔

中国建设银行股份有限公司宜兴支行

党委书记　戴伟刚（1月免）
　　　　　朱　健（1月任）
行　　长　戴伟刚（1月免）
　　　　　朱　健（1月任）
副 行 长　周华平　许震新
　　　　　柴俊年

中国农业发展银行宜兴市支行

党支部书记　陶　翔
行　　长　陶　翔
副 行 长　吴立伟（女）
　　　　　蒋震霞（女）

交通银行股份有限公司宜兴支行

党总支书记　冯轶东
行　　长　冯轶东
副 行 长　许怀荣（1月免）
　　　　　费永洁（女）
　　　　　庄建军（1月任）

江苏银行股份有限公司宜兴支行

党支部书记　卫国平（1月免）
　　　　　顾雪军（1月任）
行　　长　卫国平（1月免）
　　　　　顾雪军（1月任）
副 行 长　马卫党

江苏宜兴农村商业银行股份有限公司

董 事 长　王　炜
党委书记　王　炜
行　　长　吴　凌（5月免）
　　　　　宋　萍（女，5月任）
党委副书记　吴　凌（5月免）
　　　　　宋　萍（女，5月任）
监 事 长　王雅萍（女，5月免）
　　　　　徐　杰（5月任）
纪委书记　王雅萍（女，5月免）
　　　　　徐　杰（5月任）
副 行 长　徐　杰（5月免）
　　　　　胡洪兵
　　　　　邢伟文（5月免）
　　　　　朱　桦
　　　　　林华平（5月任）
　　　　　周小锋（5月任）

中国人民财产保险股份有限公司
宜兴支公司

党总支书记　黄建新
总 经 理　黄建新
副总经理　储国琪

中国人寿保险股份有限公司
宜兴支公司

总 经 理　陈　波（9月免）
　　　　　黄奕辉（10月任）
副总经理　徐智勇

中国太平洋财产保险股份有限公司
宜兴支公司

党组书记　胡仲清
总 经 理　胡仲清
副总经理　庄月平
　　　　　史燕彬（11月任）
　　　　　张　烨（女）
　　　　　刘乐平（12月免）

中国太平洋人寿保险股份有限公司
宜兴支公司

党总支书记　徐汉良
总 经 理　徐汉良（4月免）
　　　　　许敏强（4月任）
副总经理　刘志桃
　　　　　许敏强（4月免）

（各单位）
责任编辑　吴艳

陶艺

CERAMIC ARTS

综 述

【概述】 宜兴是中国著名陶都，7000余年制陶史孕育了丰厚独特的陶瓷文化。丁蜀及周边陶瓷产区遍布许多汉唐以后的古窑址，见证宜兴陶业发展演变的历史，古老的陶瓷传说和陶瓷生产习俗流传至今。在岁月的长河中，历代陶工薪火相传，以勤劳和智慧创制出千姿百态、品种繁多、造型优美的陶瓷精品。古朴典雅的紫砂、苍翠如玉的青瓷、端庄凝重的均陶、美观耐用的精陶、风姿绰约的美彩陶，被誉为宜兴陶瓷艺术的“五朵金花”。宜兴紫砂陶制作技艺、宜兴均陶制作技艺被列入国家级非物质文化遗产名录，宜兴青瓷制作技艺、宜兴彩陶装饰技艺、宜兴陶传统仓储技艺、宜兴龙窑烧制技艺被列为省级非物质文化遗产名录。

宜兴陶艺文化活动频繁，1988—2016年，先后举办8届陶瓷艺术节。在“以陶为媒，以艺会友，扩大交往，促进发展”的宗旨指导下，陶艺节进一步“让世界了解宜兴，让宜兴走向世界”，“中国陶都”的知名度和美誉度日益提升。

宜兴陶艺家内外交流互访活跃，陶艺精品频频亮相国内外大型陶瓷艺术展示会。2016年，陶艺交流活动好戏连台，海峡两岸传统文化可持续发展论坛、“互联网”时代紫砂文化推广研讨会等研讨会在宜兴举办；市第二届陶刻作品展暨“虿二杯”陶刻大赛、市首届“中超利永杯”大奖赛、市2016“创新——成就经典”紫砂创新作品大赛、陶艺大师评选实际操作考核等陶艺比赛顺利举办；“一带一路”宜兴紫砂巡展及相关活动相继在国内外16个城市举办，彰显出宜兴紫砂的独特魅力；宜兴紫砂在俄罗斯圣彼得堡展出，日本“常滑烧”陶艺品在宜兴展出，促进了中外陶瓷艺术交流融合；《宜兴紫砂 双桥飘香》发行、宜兴青瓷非遗传承展示馆开馆等都为弘扬宜兴陶瓷文化增光添彩。

陶艺文化的繁荣带动了陶艺阵地建设的不断发展。全市既有以展示陈列陶瓷作品为主的宜兴陶瓷博物馆、中国紫砂博物馆，也有“长乐弘”“寄畅园”等陶艺家成立的陶艺工作室，还有中国陶都陶瓷艺术博览中心、中国陶都陶瓷城等专业陶瓷交易场所和中国首个紫砂创客空间——壶乐汇创客空间。陶艺行业群众性组织众多，先后成立了宜兴市陶瓷行业协会、女陶艺家分会、陶刻分会等专业行业协会，为陶艺发展搭建沟通交流平台，引导并促进了宜兴陶瓷文化产业又好又快发展。

宜兴陶艺源远流长，灿烂辉煌，在历史长河中，涌现出众多大家名匠。众多名人在传承中鼎新，在发展中探索，引领宜兴陶瓷技艺不断发展。至2016年年底，全市陶艺从业人员中，具有技术职称的6245人。全市有中国工艺美术大师10人、中国陶瓷艺术大师23人（部分人获2个及以上称号）。宜兴市紫砂产业重镇丁蜀镇有紫砂专业合作社67个、企业400多个、家庭作坊1.2万多个，有紫砂制作者4万多人、产业配套人员6万多人。

（吴艳）

陶艺动态

【紫砂壶泡茶安全性研究成果发布】 宜兴紫砂壶为茶而生，因茶而兴，历千百年而长盛不衰。为加深对紫砂壶泡茶安全性问题的了解，市茶文化促进会与中国农业科学院茶研所合作成立紫砂壶泡茶科学研究课题组，开展紫砂壶泡茶安全性研究。课题组通过大量分析实验数据表明，各种紫砂泥料的紫砂壶泡茶的安全性均很强，并出版《壶韵茶更香》一书，用事实正本清源。11月，“紫砂壶泡茶安全性研究”成果向社会公开发布。活动现场以投影图版的形式，从实验材料、仪器分析、实验结果等方面向公众就宜兴紫砂壶泡茶安全性研究报告作了翔实的论证和解读。

【青瓷作品获全国名瓷烧制技艺金奖】 9月，中国陶瓷工业协会、河南省陶瓷玻璃行业管理协会、汝州市人民政府在河南省汝州市举办第二届中国历史名瓷烧制技艺大赛，宜兴窑艺陶瓷研究所张荣法创新的青瓷“荷韵”和宜兴陶瓷博物馆眭龙俊制作的“延年益寿”对壶均获金奖。其中：“荷韵”以其清丽的艺术特色和窑变、彩绘的装饰技艺，抽象的造型艺术，刻画出荷花的秀美姿色；“延年益寿”对壶壶体呈高圆形，壶盖似龟背，上有用绿、红、黄三色绞泥作龟甲花纹装饰，构思巧妙，寓意和美长寿。

【市第二届陶刻作品展暨“虿二杯”陶刻大赛】 12月，以“弘扬陶刻文化、培育陶刻新人、丰富陶刻创作”为宗旨，市陶协、市人社局、市文联和上海虿二轩文化传播有限公司联合举办宜兴市第二届陶刻作品展暨“虿二杯”陶刻大赛。178件参评作品以紫砂陶为主，器形包含壶、瓶、钵、缸、笔筒、笔洗等。专业评审组对参赛选手技艺制作能力、设计创新能力等方面进行考核，尤其注重选手对传统陶刻装饰的工艺技巧、书画技艺、文化底蕴和时代精神体现等方面的把握。大赛共评选出金奖9人、银奖20人、铜奖36人、优秀奖52人。

【参展第七届广州紫砂文化节】 7月，由广东陶瓷协会、市陶协联合主办的第七届广州紫砂·陶瓷艺术文化节暨名陶展·茶文化艺术精品展在广州市举行。文化节共设展位256个，其中宜兴紫砂展位152个。中国陶瓷艺术大师吴鸣、季益顺等200多位紫砂艺人参加文化节，宜兴紫砂艺人戴亚强现场表演全手工紫砂壶制作技艺。其间，举行“紫金城杯”参赛作品评比，宜兴产区有86件(套)作品参评，共有72件(套)作品分获金、银、铜奖和优秀奖，其中赵曦鹏的“香荷恋心”壶、顾顺芳的“一捆竹”茶具、何卫枫的“青狮”壶等9件(套)作品获金奖。

【第二届“中国陶仙子”评选活动】 9月，为弘扬传统紫砂文化，展示现代女性新风尚，拓展和丰富陶文化内涵，宜兴日报社、市妇联、市陶协举办第二届“中国陶仙子”评选活动。活动吸引江苏、河南、甘肃等地的100多名从事制陶或陶瓷销售、文化创意等行业的女性参加。11月，评选决赛在丁蜀镇紫砂村进行。决赛共分文化知识问答、才艺表演两部分。经过激烈角逐和严格评选，丁俊文获“中国陶仙子”称号。

陶艺展览

【宜兴紫砂首次走进圣彼得堡】 8月22—28日，应俄罗斯圣彼得堡华人华侨联合会、俄罗斯中国总商会圣彼得堡分会、圣彼得堡俄中商务中心、俄罗斯IBT集团的邀请，宜兴紫砂陶艺作品在俄罗斯圣彼得堡有着231年历史的涅瓦大街迎宾楼进行为期7天的展出。这是宜兴紫砂首次在俄罗斯圣彼得堡亮相，也是中俄文化交流年展系列活动之一，活动共展出了宜兴紫砂壶、盆作品168件。开幕式当天，国家农业部副部长、中国中国农业科学院院长李家洋，俄罗斯圣彼得堡华人华侨联合会会长陈志刚，俄罗斯联邦IBT集团副总裁伊格尔·菲利科萨维奇以及中国驻圣彼得堡领事馆、俄联邦商会、圣彼得堡皇家瓷器厂和当地媒体200多人出席开幕活动并参观展览。展出期间，文化底蕴深厚、造型丰富的宜兴紫砂艺术品获得了参观展览的俄罗斯各界人士的好评。

宜兴市第二届“中国陶仙子”评选决赛现场　　(赵文华　摄)

【“一带一路”宜兴紫砂巡展】 丝绸之路曾让宜兴紫砂远涉重洋，在国际舞台上崭露头角。年内，“一带一路”宜兴紫砂巡展及相关活动在古海上丝绸之路重要港口泉州市、古陆上丝绸之路起点西安市、上海市、英国伦敦市等16个国内外城市举办，慕名观展的中外观众累计8万余人次，向世界集中展示了宜兴紫砂的独特魅力。展品以紫砂、茶叶、丝绸为载体，以创新的模式还原“丝绸之路经济带”特色，侧重展示丝路景象和地域文化。展品除大师名作之外，还有以“一带一路”为主题的作品和“壶乐汇创客”系列作品。

【宜兴紫砂英国展】 年内，伴随“一带一路”步伐并配合中英旅游年的“美丽中国”宣传，宜兴市组团赴英参加交流活动。4月8日，由中国国家旅游局驻英国办事处、英国伦敦大学主办，英国华人艺术协会、市陶协协办的“紫器东来”中国宜兴紫砂艺术国际交流活动在英国伦敦大学中央圣马丁学院举行，市陶协会长史俊棠、伦敦陶瓷协会主席劳丽、英国陶艺家海伦作交流发言，中外陶艺家观赏了紫砂操作技艺演示。12日，“紫玉金砂、东壶西渐”中国紫砂艺术英国展在大英博物馆举办，展示了顾景舟制作的“玉璧”提梁壶以及30位中青年陶艺家的作品63件。展会期间，宜兴陶艺家与伦敦大学开展一系列艺术交流活动，并访问了英国韦奇伍德陶瓷公司，就陶瓷艺术相关话题进行深入交流。

【宜兴窑韵·常观自在——中日陶艺文创展】 6月，由宜兴陶瓷博物馆主办、市氿铃文化传媒有限公司和市常观堂创意文化有限公司协办的“宜兴窑韵·常观自在——中日陶艺文创展”在宜兴陶瓷博物馆举办，吸引游客9000多人。展览集中展出了带有宜兴、常滑两地各自不同风格的文创陶艺作品60多件(套)，其中有众人熟识的宜兴紫砂仿鼓壶、德钟壶、秦权壶等款式，还有产自日本常滑市的后手茶铫、茶注、茶盏等。这些文创作品以陶为基，以传统工艺为根、以文创理念为本、以人们日常生活所需为向导，融合了中日两国的不同文化，体现了在现代文明中传统技艺的新诠释。

【"紫砂七老"60周年传承谱系展】
1956年，省政府任命任淦庭、吴云根、裴石民、王寅春、朱可心、顾景舟、蒋蓉7名紫砂名艺人为技术辅导，培养出了徐汉棠、徐秀棠、李昌鸿、吕尧臣、汪寅仙、周桂珍、鲍志强、顾绍培、何道洪、曹婉芬、毛国强等一大批中国工艺美术大师和中国陶瓷艺术大师，为宜兴紫砂行业的振兴做出了巨大贡献，被后人尊称为"紫砂七老"。2016年6月，由省文化厅主办，江苏工美馆、宜兴紫砂工艺厂承办的"工匠精神——'紫砂七老'60周年传承谱系展"在江苏工美馆举办。参展作品中有任淦庭的圆三尺花盆(陶刻)、吴云根的双色"上竹段"壶、裴石民的"裙钟"壶、王寅春的"六方井"壶、朱可心的"松鼠葡萄"壶、顾景舟的"牛盖莲子"壶、蒋蓉的"蛤蟆石榴树桩"壶7件"紫砂七老"作品，也有近100名"紫砂七老"嫡传弟子和再传弟子的创新作品133件(套)，体现出了紫砂的传承脉络。

【玲壶紫气·香茗四溢——"宜兴窑"紫砂茶器展】 4月，由宜兴市政府、仪征市政府共同主办的"玲壶紫气·香茗四溢——'宜兴窑'紫砂茶器展"在仪征市博物馆举办。展览依托仪征市"绿杨早春"茶文化节品牌资源，以"宜兴窑系"历史发展脉络为主线，分紫砂矿料展区、制壶工具展区、当代紫砂茶器展区三大展示区。其中，紫砂矿料展区展示底槽青、嫩红泥、本山绿泥等紫砂矿料14种，制壶工具展区展出包括中国工艺美术大师汪寅仙使用过的调色盘和江苏省工艺美术大师顾治培使用过的喷水壶等制壶工具26件，当代紫砂茶器展区展出中国工艺美术大师顾绍培制作的"天龙鼎珠"壶、中国陶瓷艺术大师毛国强的"竹露生香"壶等精品64件(套)。

【涵墨壶韵——鲍志强紫砂艺术展】
9月，由市委宣传部、省工艺美术协会、省陶协、中国艺术研究院等联合主办的"涵墨壶韵——鲍志强紫砂艺术展"在中国美术馆举办。此次展览展示了中国工艺美术大师鲍志强精品力作80余件，其中由鲍志强、吴为山等艺术名家联袂创作的紫砂艺壶首次公之于众。200多名各界人士代表出席开幕式活动。开幕式当天，由中国艺术研究院编辑的《中国工艺美术大师全集——鲍志强卷》一书出版发行；100多名来自中国工艺美术学会、中国艺术研究院、北京大学、清华大学及在北京文学艺术界的学者名流、收藏家、文博专家在中国美术馆集中举行鲍志强紫砂艺术研讨会；中国美术馆收藏鲍志强的两件紫砂艺术作品"龙香"提梁壶和"松竹梅"笔筒，并颁发永久收藏证书。

陶艺交流

【联合国代表团中国文化行走进陶都】 7月，由联合国中文教育部主办的"璀璨江南·联合国代表团2016年中国文化行"活动走进宜兴，法国、意大利、荷兰、埃及等26个国家的50多位联合国代表参观宜兴紫砂工艺厂、宜兴陶瓷博物馆，代表团成员对陈列的紫砂精品表现出浓厚的兴趣。在艺术交流活动中，代表们观赏了现场紫砂壶手工制作和紫砂陶刻技艺，还与小朋友们一起进行了以"和平与梦想"为主题的绘画创作。中国工艺美术大师、中国陶瓷艺术大师汪寅仙和中国工艺美术大师顾绍培与代表们进行了艺术交流。中国工艺美术大师、中国陶瓷艺术大师鲍志强和中国陶瓷艺术大师毛国强先后在两把紫砂壶上陶刻"艺术联接世界"铭句，作品烧制后赠送联合国，希望把紫砂文化传播给全世界。

【宜兴陶艺代表团赴日本常滑交流】
常滑市是日本规模最大的传统陶瓷产区，陶瓷业是该市的主要产业之一。宜兴市与常滑市有着深厚的历史渊源，在清朝时宜兴陶艺就影响和促进了常滑的陶瓷技艺。据史料记载，清光绪四年(1878)，宜兴陶工金士恒受常滑陶瓷企业主鲤江方寿的邀请，赴常滑传授陶艺，毫无保留地把宜兴紫砂的泥片成型法以及陶刻装饰等技艺传授给寿门等日本徒弟，对常滑陶艺产生了深远影响，金士恒也成为宜兴与常滑文化交流的开拓者。20世纪80年代起，两地陶艺

联合国代表团成员观赏手工制作紫砂壶　　（丁焕新　摄）

交流不断深入。2016年6月,常滑市陶瓷协会、陶瓷商业协会联合组团参访宜兴市,并与市陶协结成友好协会,双方就加强对口协作达成协议。8月,常滑烧祭50周年(即第50届常滑烧陶艺节)在常滑市举办,宜兴陶艺代表团一行18人应邀参加艺术节活动。代表团在与日本陶艺家开展陶艺交流的同时,还出席了常滑市寿门金士恒研究会成立仪式。双方在交流中表示,要不断深化两地文化尤其是陶艺交流,共同促进两地陶瓷企业合作。

【海峡两岸传统文化可持续发展论坛】 12月19日,第七届海峡两岸传统文化可持续发展论坛在宜兴陶瓷博物馆陶瓷(紫砂)文化研究院举行。中国台湾、山东、北京等地陶艺界学者与宜兴市陶瓷文化研究领域的相关人士一起展开互动交流。本次论坛主题是"宜兴窑系对两岸文化的辐射与影响",结合宜兴陶瓷历史沿革与技艺传承,以及两岸陶文化发展建设等重点展开交流与讨论,旨在为推进"宜兴窑系"打造与建设、推动城市文化发展与定位、促进文化可持续交流与合作增添持久活力。论坛上,市陶瓷文化研究学者施云乔等专家被宜兴陶博馆聘请为特邀研究员;江苏省作协会员任宣平编撰的《缸山如画——宜兴窑寻访纪实》和紫砂文化研究者陈茆生编撰的《紫砂题咏赏析》首发。

【"松鼠葡萄"十头咖啡套具研讨会】 2015年11月,顾景舟制"松鼠葡萄"十头咖啡套具在北京东正2015秋拍中以9200万元(含佣金)成交,刷新了中国紫砂壶拍卖的记录。2016年1月,市陶协、宜兴方井紫砂文化城联合举办顾景舟制"松鼠葡萄"十头咖啡套具专题研讨会,众多紫砂名家、紫砂专家、学者参加研讨会。与会人员围绕该作品制作的历史背景、泥釉料、创作理念、艺术特点、制作技艺、烧成配套作了深入的探讨和研究。研讨会后,把研讨成果从艺术价值上升到学术价值,并归纳汇编专册,成为紫砂行业经典分析教案。

【一代巨匠——可心紫砂技艺专题研讨会】 朱可心是新中国成立后宜兴紫砂工艺厂创始人之一,1956年被江苏省政府任命为技术辅导,为"紫砂七老"之一,被业内公认为花器巨匠。为纪念朱可心逝世三十周年,10月21日,由市陶都经济联合会主办的"一代工匠——可心紫砂技艺专题研讨会"在陶都陶瓷城博览中心举行,来自东南亚和上海、福建、镇江等地的朱可心壶迷和紫砂爱好者130余人参加活动。研讨会上,展出了朱可心制作的部分紫砂作品,与会人员缅怀了朱可心这位倍受尊崇的紫砂老艺人,探讨了他独特的紫砂技艺的传承问题。

陶艺传播

【《宜兴紫砂 双桥飘香》出版发行】 丁蜀镇双桥村东濒太湖,西接蜀山风景区,地理环境优越,紫砂文化源远流长,是丁蜀镇五个紫砂专业村之一。全村4680名村民中,有2900多人从事紫砂产业,拥有专业技术职称人员360多人,紫砂业成为该村名副其实的富民产业。1月6日,由中国文联出版社出版发行的《宜兴紫砂 双桥飘香》一书首发暨中国陶都双桥紫砂网站开通仪式在丁蜀镇双桥村村委举行。《宜兴紫砂 双桥飘香》全书6万字,配图823幅。该书分《名家题词》《村史流芳》《大赛菁华》《艺苑荟萃》《创业群英》《缤纷活动》《蓝图绘就》七个方面,完整翔实地记述了双桥村的历史渊源、村风民俗、陶瓷艺术、文化脉络、创业进程,是该村打造紫砂品牌、助推产业发展的一项重要的文化工程。

【清华美院第二期陶刻高研班开班】 3月5日,由清华大学美术学院主办,省陶协、省书法家协会协办的第二期中国书画艺术名家陶刻艺术高级课程研修班开学典礼在江苏省宜兴紫砂工艺厂举行,来自全国各地的20余位书画家和陶刻家通过研修班接受为期一年的培训。本期研修班旨在运用清华大学美术学院一流的教学资源和开放办学经验,与市书协、市陶协联袂合作办班,构建培训高层次紫砂陶刻英才的艺术平台,为宜兴紫砂业发展发挥引领作用。

【宜兴青瓷非遗传承展示馆开馆】 4月,由江苏省非遗项目"宜兴青瓷制作技艺"无锡市代表性传承人詹杏娣创办的宜兴青瓷非遗传承展示馆在湖㳇镇洑西村开馆。该馆集中展示了近150件宜兴青瓷作品,涵盖了艺术品瓷、工艺品瓷、文房用瓷等。该馆除作品展示外,配有"宜兴城市暨青瓷史考"专项文字图片展览以及艺术创作交流室、"非遗"传承工坊,将与各地的文化组织合作,不定期举办书画笔会、古琴雅集、文化沙龙等活动,将青瓷制作、青瓷文化体验旅游和青瓷技艺传承得到更好的融合。

陶艺作品

【沁香枕式千筒】 作者许卫国,助理工艺美术师。一签筒刻绘花鸟,一螳螂栖身老树杆上,形成一幅秋韵之美。另一个签筒全铭花鸟图。两签筒相得益彰。获宜兴市第二届陶刻作品展暨"盂二杯"陶刻大赛金奖。

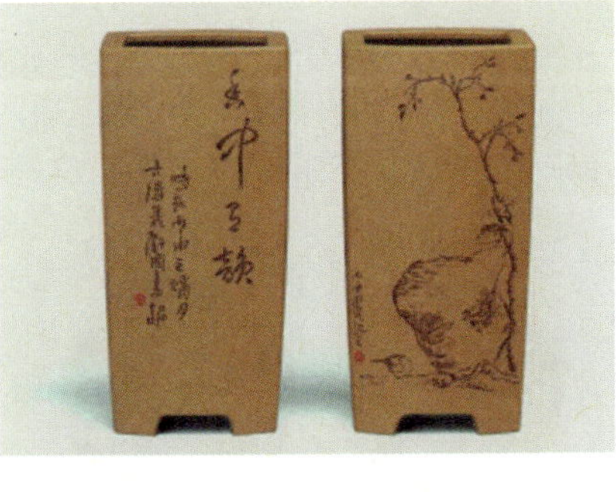

【花鸟四条屏】 作者吴志军,助理工艺美术师。作品由紫砂画屏组成,以花鸟

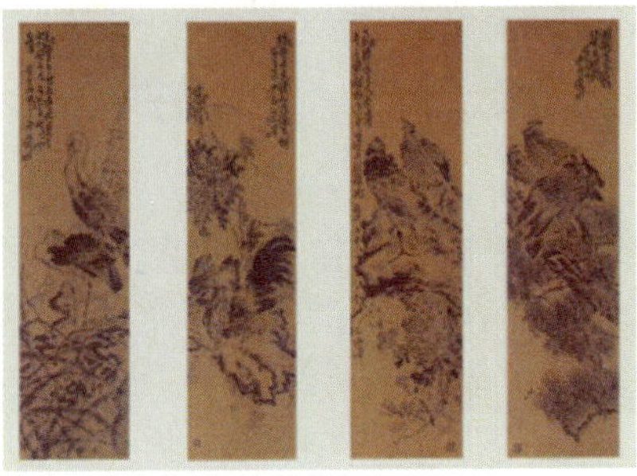

入画，采小写意技法，注重墨分五色效果，点线面的应用、字与画的表达、单刀双刀的结合造浓了传统文化气息。获宜兴市第二届陶刻作品展暨“盂二杯”陶刻大赛金奖。

【中国字】 作者潘晟昱，助理工艺美术师。作品为方形紫砂花瓶，作品装饰选用中国古代经典的启蒙读物《千字文》作为素材，为字的结构和书法作品排版，让书法在紫砂陶瓶上完美呈现。获宜兴市第二届陶刻作品展暨“盂二杯”陶刻大赛金奖。

【留连戏蝶时时舞】 作者潘宁心，助理工艺美术师。作品由四件茶碟组成。该组茶碟取意自雍正粉彩瓷器纹样，共4组，每组由一对相异的蝴蝶与四季花卉构成。通过陶刻传统手法，加以点线面变化，动感十足。获宜兴市第二届陶刻作品展暨“盂二杯”陶刻大赛金奖。

【小楷兰亭序】 作者蒋守卫，助理工艺美术师。作品造型古朴，线条明快。将东晋王羲之文《兰亭序》以小楷书刻于缸体四周，字体刀法严谨，极具宜兴陶刻传统风范。获宜兴市第二届陶刻作品展暨“盂二杯”陶刻大赛金奖。

【梅竹赏瓶】 作者陆轶舟，助理工艺美术师。作品为紫砂方形花瓶，瓶饰丰富多彩。一面刻竹和鹌鹑，意取“竹报平安”；一面刻梅花鸟雀，意取“梅开五福”；另两面分别刻隶书和草书。作品颇见陶刻和书画功底。获宜兴市第二届陶刻作品展暨“盂二杯”陶刻大赛金奖。

【早梅图】 作者黄文艺。此作品由三块紫砂画板组成。作品以中国传统意境为基调，加以现代水墨表现手法，用陶刻的技法表现出中国水墨画之神韵，书画俱佳。获宜兴市第二届陶刻作品展暨“盂二杯”陶刻大赛金奖。

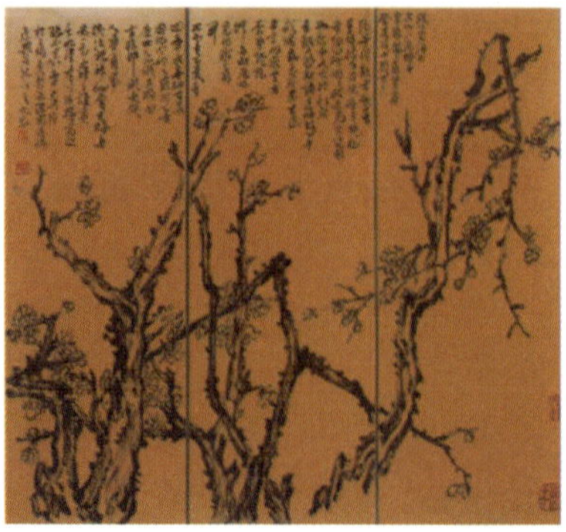

【古典人物画缸】 作者黄松。该作品采紫砂清水泥成型，表层铺以段泥，色彩鲜明。由著名画家王朝永书画，以古典人物高士和仕女为主题，用传统中国画为基础，加以现代表现手法，再用陶刻的技法表现笔墨效果和书写性，既有中国画之韵味，又有强烈的刀法质感。获宜兴市第二届陶刻作品展暨“盂二杯”陶刻大赛金奖。

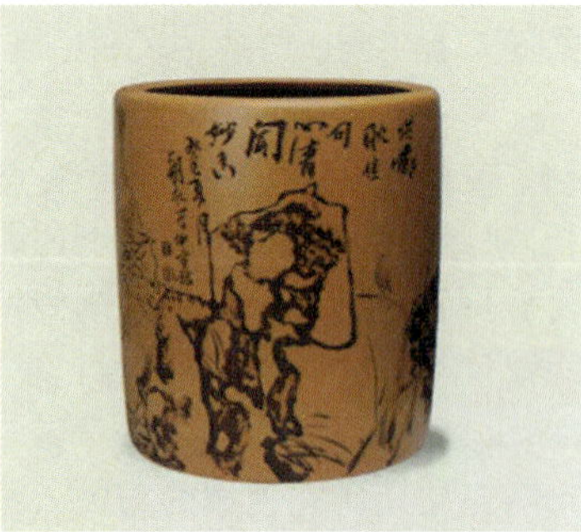

【古方紫砂瓶】 作者程文兵。该作品为紫砂方形花瓶，以秦汉画像瓦当等为元素，将文字和图案巧妙组合在一起，充满古典韵味。作品古朴高雅，可以通过作品感受到秦风汉韵的雄伟气势。获宜兴市第二届陶刻作品展暨“盂二杯”陶刻大赛金奖。

陶艺人物

【概述】 根据人力资源和社会保障局职称办的统计，至年底，全市从事陶艺的工艺美术类专业技术职称人员共6245人，其中研究员级高级工艺美术师100人、高级工艺美术师243人、工艺美术师770人、助理工艺美术师1768人、工艺美术员3364人。全市有中国工艺美术大师10人、中国陶瓷艺术大师17

人、省工艺美术大师63人、省陶瓷艺术大师58人、省工艺美术名人16人、省陶瓷艺术名人53人(部分人获2个及以上称号)。年内,中国陶瓷艺术大师吕俊杰应邀在联合国总部为50多位各国外交官讲述中国宜兴紫砂的悠久历史、文化内涵和艺术魅力,成为第一位走进联合国总部传播紫砂知识的陶艺大师;G20杭州峰会期间,由汪成琼创作的"紫韵东方·日月同辉"紫砂套壶成为国礼赠送给各国领导;宜兴范家壶庄陶瓷艺术品有限公司的范伟群被省政府评为2016年江苏省有突出贡献中青年专家;市陶瓷行业协会陶刻协会会长蒋琰滨凭借"历史说"系列壶项目入选由省委组织部、省人力资源和社会保障厅、省财政厅选拔的第十三批江苏省"六大人才高峰"高层次人才;丁蜀镇西望村党总支书记、江苏省陶瓷艺术大师范泽锋获"无锡市十大杰出青年"称号;李昌鸿夫妇向中国人口福利基金会善基金捐赠紫砂作品募款505万元。

【宜兴新增一批省大师和省名人】 年初,省陶瓷行业协会在宜兴启动第二届省级陶瓷艺术大师、名人的评审工作,全省共有126名陶艺人员报送作品378件(套)(每人送评3件),专业包括制壶、陶刻、雕塑、均陶、青瓷、彩陶。7月,经专家评委评审,产生江苏省陶瓷艺术大师40人和江苏省陶瓷艺术名人58人。至此,全省有江苏省陶瓷艺术大师72人、江苏省陶瓷艺术名人75人,其中宜兴市有江苏省陶瓷艺术大师58人、江苏省陶瓷艺术名人53人。

(王明康)

附:

中国紫砂博物馆·宜兴陶瓷博物馆

中国紫砂博物馆·宜兴陶瓷博物馆位于丁蜀镇仙鹤山麓,是隶属于宜兴市文化广电新闻出版局的国有事业单位。

中国紫砂博物馆·宜兴陶瓷博物馆主楼

(中国紫砂博物馆·宜兴陶瓷博物馆　提供)

它最早是江苏省宜兴陶瓷公司在丁蜀镇设立的陶瓷产品陈列室,主要为产品销售服务,也接待国内外宾客参观。1978年,征地1.8万平方米,动工建造了新的陶瓷陈列馆。1983年1月1日对外开放。1991年,扩建陶瓷陈列馆,并于当年更名为宜兴陶瓷博物馆,成为宜兴历史上第一座博物馆。2013年11月,宜兴陶瓷博物馆获批为中国紫砂博物馆,成为宜兴历史上首座"国字号"博物馆。2014年8月,经中共中央台办批准,以宜兴陶瓷博物馆设立海峡两岸交流基地,成为江苏省继南京中山陵之后,又一个两岸文化交流合作的平台。

近年,中国紫砂博物馆·宜兴陶瓷博物馆各项软硬件设施逐步完善,展馆、展厅、绿化环境得到全面更新改造。至2016年年底,馆区占地面积4万多平方米,展馆面积近5000平方米。馆区设置古代陶瓷馆、紫砂历史馆、名人名作馆、现代艺术馆、顾景舟艺术馆5个展馆,总计18个展厅及2个多功能临展厅,还配套设置48间陶艺体验工作室以及陶瓷(紫砂)文化研究院和游客服务中心,成为国内影响和规模较大的集展示、研究、传播、保护、社会教育和陶艺交流于一体的专业陶瓷博物馆。

中国紫砂博物馆、宜兴陶瓷博物馆藏品数量过1万件,其中馆藏国家一级文物9件、二级文物41件、三级文物57件。常年展示近2000件(套),藏品门类涵盖距今7000多年的夹砂古陶器、商周时期的原始青瓷、战国时期的印纹陶、汉代釉陶、两晋青瓷、宋元均陶、明清紫砂、当代美彩陶、现代名家紫砂精品和国内其他陶瓷产区的代表作品以及30多个国家、地区的现代陶艺作品,均具有较高的历史、文化和艺术价值,充分展示了宜兴悠久的制陶历史和灿烂的陶瓷文化。

中国紫砂博物馆、宜兴陶瓷博物馆建馆后,先后有陈慕华、彭冲、万里、周培源、朱镕基、李瑞环、李铁映、李岚清、曾庆红、李源潮、曾培炎、韩启德等70多位党和国家领导人到馆参观。并且多次举办国内外大型活动,接待中外游客超过100万人。1988年5月7日,中国宜兴第一届陶瓷艺术节在陶瓷陈列馆开幕,以后多次国际、国内陶艺交流、展览

紫砂历史馆　　（中国紫砂博物馆·宜兴陶瓷博物馆　提供）

和评比都在馆内举行。2000年10月，宜兴陶瓷博物馆被评为宜兴十佳景点之一，2005年入刊《江苏省博物馆指南》，2009年被评为宜兴新十景之一。

中国紫砂博物馆、宜兴陶瓷博物馆工作人员在陶瓷文化研究方面取得一些成绩，相继在国家、省级专业平面媒体上刊登近1百余篇专业论文和宣传报道。2010年起，中国紫砂博物馆、宜兴陶瓷博物馆先后接受中央电视台、ICN北美华人电视台、江苏省电视台等主流媒体采访，并制作成专题纪录片对外播放，为世界认识宜兴，了解宜兴传统文化打开了窗口。

在陶瓷文化考古发掘和交流方面，中国紫砂博物馆●宜兴陶瓷博物馆除了继续推进与南京博物院、宜兴市文管会共同合作的“宜兴蜀山古窑址考古”等项目外，还探索与国内大专院校在陶瓷文化研究、非物质文化遗产保护等领域的合作。2012年，宜兴陶瓷博物馆退休职工吕尧臣被评定为国家级非物质文化遗产传承人。

中国紫砂博物馆·宜兴陶瓷博物馆作为江苏省华侨华人文化交流基地、无锡市社科普及基地，与众多文教单位以及驻宜兴部队、学校、社区等建立了共建关系，通过定期举办形式多样、内容丰富的陶文化专展、特展来积极弘扬祖国悠久的陶瓷文化，取得良好社会效应。

（中国紫砂博物馆·宜兴陶瓷博物馆　提供）

编辑　吴艳

书 画
PAINTING AND CALLIGRAPHY

综 述

【概述】 市美术馆全年举办展览24场、艺术交流会2场，接待观众12.65万人次；吴冠中艺术馆、宜兴日报书画院、宜兴城市美术馆分别举办展览36场、7场和8场。宜兴市举办了全国油画作品展、"苏风墨韵"江苏省书法名家精品巡回展、中国百家金陵画展（油画）金奖作者十人联展等高质量书画展览。至2016年年底，市美术场馆联合会有会员单位60个，会员单位展厅总面积达3万平方米。全市累计有中国美术家协会会员21人、中国书法家协会会员23人、省美术家协会会员79人、省书法家协会会员173人。 （吴艳）

书画动态

【宜兴美术馆新馆开馆】 9月23日，宜兴美术馆新馆在文化中心开馆，并举行"第五届全国青年美术作品展览""美在自然，爱在人间——朱理存、马振声（中国）人物画展览""艺语乡愁——宜兴籍在宁书画家邀请展""薪火相传——徐悲鸿艺术精英作品展"4个重量级书画展览活动。新建后的美术馆建筑面积1.6万平方米，展厅总面积4500平方米，设有5个临时展厅和徐悲鸿纪念馆、尹瘦石艺术馆、范保文艺术馆、闵叔骞艺术馆、宜兴籍书画名家馆5个固定展厅。新建后的美术馆库房总面积410平方米，分为2个普通库房和1个精品库房，每个库房均配有恒温恒湿自动调控系统、闭路电视安全监控系统和活动密集式存储画柜等先进设施。至年底，美术馆新馆接待参观9.45万人次。

（徐旸）

【全国硬笔书写大赛宜兴9名学生获特等奖】 7月21日，由书法报社主办的"中国好字帖杯"第八届全国中小学生硬笔书写大赛暨2016年现场总决赛在南京举行。市硬笔书法培训中心组织13名选手参加4个组别的比赛。经过角逐，潘铖键、戴靖航等9名选手获特等奖，其他4名小选手获银奖，市硬笔书法培训中心获优秀组织奖。

（吕瑞芳）

宜兴美术馆新馆 （丁焕新 摄）

【书画陶艺家抗洪救灾捐赠作品拍卖会】 11月13日，由市慈善会、市文联主办的"情满陶都 心系万家"宜兴市书画陶艺家抗洪救灾捐赠作品拍卖会在吴冠中艺术馆举行。拍卖历时4个小时，330多件拍品中有200多件拍品以46.52万元的总额成交。其中：尹祥明、周婷夫妇共同创作的"天曲"壶以5万元成交，成为当天拍出的最高价；吕俊杰创作的"仙翁"壶以4.5万元成交；吴冠南的作品《花鸟》以1万元成交；储云的作品《行书横幅》以7500元成交。市慈善会按照专款专用的规定，将拍卖款以及其他捐赠善款下拨给宜兴市洪涝灾害中受灾最严重的镇、街道。

（吕瑞芳）

【"牵星星的手，把爱传递"活动】 3月26日，由市残联、市文广新局联合主办的"牵星星的手，把爱传递——儿童画义卖互动"活动在市徐悲鸿纪念馆举行。活动现场展出了市博爱家园儿童成长中心的自闭症儿童的作品74幅以及昂立稚慧谷自主美劳的孩子的作品109幅。活动中，孩子们在馆外进行了百米长卷的现场绘画。现场共售出画作145幅，筹得爱心款4554元，全部捐给市博爱家园儿童成长中心用于自闭症儿童康复训练。

（徐旸）

书画展览

【“翰墨陶都　韵美紫玉”全国巡展举行】 为弘扬中国传统文化、倡导当代工匠精神、推广紫砂精品力作，4—12月，由市政府、丁蜀镇政府、市文联主办的“翰墨陶都 韵美紫玉”——中国书画名家·陶艺家跨界交流作品全国巡展相继在宜兴东坡书院、眉山三苏祠博物馆、四川省艺术院、北京正阳门博物馆举办，180余个中国主流媒体和地方媒体对此进行报道和关注。展览精心遴选范泽锋、周伯其等35名知名陶艺家和陈传席、唐辉等28名全国各省市知名书画家的作品，全面展示了中华民族传统紫砂文化与中国书画文化紧密结合的成果，极富艺术感染力和视觉冲击力。此次全国巡展活动，既提升了书画家、陶艺家的美誉度，又提升了宜兴紫砂市场的影响力，为宜兴紫砂迈向高品位、艺术化、人文化发展之路起到了积极作用。

（吕瑞芳）

【全国油画作品展】 继2013年、2014年、2015年吴冠中艺术馆承办中国美协主办的“全国中国画大赛”“全国工笔画大赛”“全国首届油画展”后，2016年9月，由中国美术家协会、市政府联合主办的“2016吴冠中艺术馆全国油画作品展”在市吴冠中艺术馆举行。本次全国油画作品展展出作品198件，其中优秀作品48件，作品题材丰富，技艺精湛，风格多样，集思想性、艺术性、观赏性于一体，反映了丰富多彩的社会生活和当今时代的精神风貌，呈现出中国油画创作的整体面貌和艺术走向，为宜兴的油画家提供了一次学习和交流的机会。

（吕瑞芳）

【“苏风墨韵”江苏省书法名家精品巡回展】 8月5—12日，由省书法家协会、市委宣传部主办的“到人民中去——‘苏风墨韵’江苏省书法名家精品巡回展（宜兴站）”在宜兴日报书画院举办。“苏风墨韵”江苏省书法名家精品巡回展自2014年12月启动后，先后到镇江、淮安、常州、江阴等地展出。此次在宜兴展出的作品不仅包括尉天池、章剑华、言恭达、孙晓云等江苏当代顶级书法家的精品力作，还有储云、张六弢等10位宜兴书法家的佳作，展品艺术风格各异，真草隶篆精彩纷呈，代表了江苏省书法艺术的最高水平和最新成果，吸引了不少书法爱好者观赏。

（杨鋆）

【中国书画陶艺名家太华采风行作品展】 5月起，太华镇开展“太华采风行”活动，通过书画陶艺名家对太华进行采风创作，用艺术的形式凸显出太华的山水特质和生态底蕴，展示出太华转型发展、绿色发展的阶段性成果。8月20—30日，由中国民间文艺家协会、中国文联民间文艺艺术中心主办的“天生丽质 醉美太华”中国书画陶艺名家太华采风行作品展在市美术馆举办，展出40多位国内著名作家、书画家、陶艺家通过“太华采风行”活动创作的优秀作品近100件，作品体现的深远意境和独特韵味与太华镇这座江南特色小镇形神相融。

（吕瑞芳）

【中国百家金陵画展金奖作者十人联展】 8月，由省美术家协会、省油画学会主办的“2015·中国百家金陵画展（油画）金奖作者十人联展”在吴冠中艺术馆举办。本次画展以“时代足迹”为主题，鼓励和倡导美术工作者以人民为创作中心，立足现实生活，突出时代特色，展现时代变迁，描绘时代新貌，共收到3500多人的参赛作品4000余件，最终评出入选作品100件，其中金奖作品10件。本次展出的是10位获得金奖的艺术家包括金奖作品在内的作品70余件，其中有宜兴籍画家余尚泓的《雪》《乡村》系列等作品。

（吕瑞芳）

【纪念潘汉年诞辰110周年书法作品展】 1月12日潘汉年诞辰日之际，“汉年故里 古村陆平”——纪念潘汉年诞辰110周年书法作品展暨专辑首发式在新街街道陆平村潘汉年故居举行。潘汉年是中国革命事业中作出特殊贡献的卓越革命家、中共隐蔽战线的传奇人物，他留下的一批诗词作品是宜兴人民的宝贵精神财富。怀着对革命前辈的敬仰，市书法家协会众多书法家将潘汉年的诗作创作成40多件书法作品，陈列于潘汉年故居，以书法艺术的形式缅怀他的历史功绩、传承他的革命精神。同时，《汉年故里

中国书画陶艺名家太华采风行作品展部分作品

（市美术馆　提供）

古村陆平——纪念潘汉年诞辰110周年专辑》一书首发。

（吕瑞芳）

【八零油画学社优秀作品邀请展】 1月1—15日，由中国美术家协会宜兴创作中心、省青年美术家协会主办的“2016·吴冠中艺术馆——八零油画学社优秀作品邀请展”在吴冠中艺术馆举办。八零油画学社是2011年在江西省成立的一个全国性的青年油画学术研究团体，成员多次在全国大展中获奖。此次展览共展出八零油画学社16位成员作品135件，集中展示了八零油画学社近年的创作成果，为宜兴市油画界带来了新的视野和启示。

（吕瑞芳）

【泰兴·宜兴书法作品联展】 泰兴、宜兴同处长江经济带，两地地缘相近、人文相亲。为展示两地书法艺术的最新成果，促进两地书法家的相互学习交流，泰兴、宜兴两地市委宣传部、文广新局、文联联合举办书法作品联展，展出两地41位书法家的62件作品。1月，由泰兴、宜兴两地市委宣传部、文广新局、文联联合举办的“心心相印——泰兴·宜兴书法作品联展”在泰兴文化艺术中心举办。4月26日—5月6日，该展览移至市美术馆。此次活动以书法为媒，推动两地文化艺术界的交流互动，共同推进文化事业繁荣发展。

（吕瑞芳）

【由北向南·江南园林写生展】 5月15—20日，由西安美术学院、市委宣传部、市文联主办的“由北向南——王保安博硕研究生江南园林写生展”在吴冠中艺术馆展出，共展出王保安和他15位学生的作品100多幅。王保安，江苏徐州人，西安美术学院美术教育系主任、教授、博士生导师，中国美术家协会会员。王保安带领他的学生，利用两年的寒假时间赴苏州、扬州、无锡等地对江南园林进行考察和写生，探索南方园林的绘画语言，探索南北画派的特点和融合，以加强学生艺术语言的多元性。写生展在全国巡展，宜兴是第二站。开幕式上，西安美术学院与宜兴市文联签订《西安美术学院宜兴创作基地暨书画交流合作协议》，并向宜兴市委宣传部和吴冠中艺术馆各捐赠1幅作品。

（吕瑞芳）

【宜兴市首届妇女书法作品展】 6月30日—7月20日，“瀚墨韵陶都 巾帼显风流——宜兴市首届妇女书法作品展”在市美术馆举办。此次展览精选妇女书法作品88件。作品中既有婉转细腻的楷书、大气流畅的草书、宁静飘逸的隶书等，也有篆刻、陶刻等作品，体现出作者不同的艺术风格和蓬勃向上的精神面貌。为了纪念红军长征胜利80周年，开幕式现场，市新四军历史研究会向市书法家协会赠送《新四军战斗故事》一书，6位革命老同志现场为大家讲述了革命故事；市书法家协会妇女工作委员会的骨干即兴创作书法作品10件并赠送给6位革命老同志。

（吕瑞芳）

【吴鸣书画紫砂作品展在呼和浩特举办】 10月8—14日，由呼和浩特市文广新局、荣宝斋（呼和浩特）有限公司、省陶瓷艺术委员会、市文联主办的“怡墨研砂——吴鸣书画、紫砂（师生）作品展”在内蒙古呼和浩特荣宝斋展出。展览共展出吴鸣的书画精选作品50余幅以及《华夏文脉之三苏竞文》《竹林寻贤》《庄子·子非鱼》等历年获奖作品11件。他的书画作品，以其独特的现代水墨画表现宜兴的紫砂文化，使紫砂和书画互为辉映；他的紫砂壶作品，用传统的工具和制作方式结合现代艺术理念和视觉形态，在传承与创新、传统与现代、国际视野与地域特色上有机融合，特色鲜明。同时展出的还有他的学生顾美群、胡朝君等11人的紫砂作品。

（吕瑞芳）

【张立涛书画陶艺作品展】 12月16—22日，由省文艺家企业家联谊会、市文联主办的“水墨青花——张立涛书画陶艺作品展”在吴冠中艺术馆举办。张立涛，1962年生，山东枣庄人。中国书法家协会会员，山东省美术家协会会员，民建中央画院画家，国家画院画家。书法篆刻作品13次入展中国书法家协会主办的各类书展并获奖。此次共展出他的书画作品100余件以及篆刻印章和紫砂青花陶艺作品。他将古青花瓷的图饰风格运用于山水画创作，开创出别具一格的青花山水画。开幕式上，张立涛向市慈善总会、吴冠中艺术馆、市美术馆、市博物馆、宜兴中国紫砂博物馆分别捐赠了作品。

（吕瑞芳）

【胡春福作品在无锡展出】 12月3—23日，由无锡市书法家协会、无锡市美术家协会、无锡市民间文艺家协会主办的“翰墨壶韵——胡春福书法、国画、紫砂壶作品展”在无锡市文渊坊金匮山房举办。胡春福，1978年生于宜兴，南京师范大学美术学专业毕业，为中国书法家协会会员、中国民间文艺家协会会员、无锡市书协理事、无锡市国画院特聘画师、国家级工艺美术师。他的隶书创作古拙随性，自成一格；他的国画多有油画般的色块和素描的功力；他的制壶集陶艺、书画、篆刻于一体，特色鲜明。此次展出的书法、国画和紫砂作品，全方位展示了他的艺术才华和创作成就。 （吕瑞芳）

【《宜兴日报》创刊60周年全国书画名家题贺作品展】 3月26日至4月1日，笔墨情缘——《宜兴日报》创刊60周年全国书画名家题贺作品展在宜兴日报书画院举办。此次书画展规模盛大，章剑华、吴雪、胡抗美、范扬、郑晓华、周志高等国内许多书画名家，纷纷以庆贺《宜兴日报》创刊60周年为主题，创作书画精品150余件。同时，为让更多人领略到这些作品的风采，由古吴轩出版社出版，中国书法家协会副主席、江苏省书法家协会主席孙晓云题写书名的《笔墨情缘——创刊六十周年全国书画名家题贺作品集》一书同期发行。

（杨鋆）

【汪凯书刻艺术作品巡展(宜兴站)】 9月10—15日，由省书法家协会、江苏书法院和常州市文联联合主办的汪凯书刻艺术作品巡展（宜兴站）在宜兴日报书画院举办，吸引全市书法、刻字爱好者观展。共展出汪凯的书法、刻字、陶刻、篆刻作品137件，其中刻字作品46件、书法作品67件、陶刻作品17件、篆刻作品7件。汪凯，1970年出生于江苏泗阳，中国书法家协会会员、省书法家协会刻字委员会副主任、省青年书法家协会理事。他的书法作品雅致拙朴、古意盎然，现代刻字作品富于层次感，并将书法艺术的表现美与雕刻艺术的装饰美融为一体。开幕式上，汪凯分别向宜兴市美术馆、宜兴日报书画院捐赠了书法长卷《东坡散文两首》和《手卷·袁宗道散文：上方山四记》；在宜兴日报社作了题为《书法与现代刻字漫谈》的讲座；与部分书法、刻字爱好者进行互动交流，全市100多位书刻爱好者听取讲座。

（杨鋆）

书画人物

【概述】 全市全年新增中国美术家协会会员2人（尚云、洪辉）、省书法家协会会员49人。至年底，全市累计有中国美术家协会会员21人、中国书法家协会会员23人、省美术家协会会员79人、省书法家协会会员173人。

2016年止宜兴市中国美术家协会、中国书法家协会会员

表8

类　别	姓　名
中国美术家协会会员	徐秀棠　鲍志强　吴冠南　史国富　吴俊达　杭中吉　施小马　吴　鸣　刘建平　承　强　蒋焕余　尹祥明　许艳春　张正中　吕俊杰　承　庆　邹蕴芳(女)　陈剑平　毛国强　尚　云　洪　辉
中国书法家协会会员	储　云　许亦华　张六弢　汪精学　汪建春　查元康　萧子君　陈盘明　程　伟　庞现军　戴静波　陈　伟　李伯春　杭洪祥　蒋群英　何　勇　周建明　魏　敏　徐安碧　徐卓新　陈祖培　胡春福　林永水

【尹祥明被乌克兰国家科学艺术院授予院士】 6月13日，乌克兰国家艺术科学院授予尹祥明院士仪式在宜兴市举行。乌克兰国家艺术科学研究院院长安德烈·戚培根为尹祥明颁发院士证书。尹祥明，1963年生于江苏宜兴，中国美术家协会会员、中国工艺美术学会雕塑专委会委员、研究员级高级工艺美术师、著名陶艺家，1985年从事紫砂陶艺雕塑创作，师从中国工艺美术大师、中国陶瓷艺术大师徐秀棠，后就学中央美术学院雕塑系，1998年创建宜兴日月陶坊。作品多次参加国内外陶瓷艺术展览，并在全国陶艺创作展赛中多次获奖，部分作品被文化部、中国历史博物馆等收藏。尹祥明多次赴乌克兰，致力于中乌文化艺术交流。他的作品在乌克兰展出，深受乌克兰艺术家和艺术爱好者喜爱。

【“勇者天放——何勇书法沪上展”举行】 3月26—30日，由省书法家协会、《书法》杂志主办的“勇者天放——何勇书法沪上展”在百年老字号上海南京东路朵云轩举行，300余人出席开幕式。展览共展出作品60余件。其中：有平尺小字，也有尺八巨制；有率意的行草，也有工稳的隶楷；有随手所记的短札，也有抄录古诗文的长篇。何勇坚持自然书写的理念，把情感赋于每一笔画，形式多有变化，让人看来感觉生机勃勃。此外，何勇还借助宜兴紫砂得天独厚的优势，将书法和紫砂结合，展出了陶板陶盘等紫砂陶刻作品，达到了书法美和紫砂美的完美融合。

（吕瑞芳）

编辑　吴艳

中共宜兴市委员会

THE CPC YIXING CITY COMITTEE

重要决策

【概述】 2016年，是宜兴市“十三五”规划的开局之年。全市以中共十八大和十八届三中、四中、五中、六中全会精神为指引，深入贯彻中央经济工作会议以及省、市党代会、全省经济工作会议、无锡市委十三届二次全会精神，积极应对复杂多变的宏观环境，牢牢把握稳中求进工作总基调，经济发展稳健向前，转型升级继续加快，城乡面貌持续提升，民计民生不断改善，党的建设有力推进。全市地区生产总值、一般公共财政预算收入分别为1377.74亿元、108.65亿元，分别比上年增长6.7%和6%，主要指标增长稳定在合理区间。全年市委召开常委会议30次，市委发文43份，决策内容涵盖城乡建设、社会建设、文化建设、生态文明建设、民生保障和党的建设等方面。

【促进经济社会又好又快发展】 5月，为深入贯彻中央、省经济工作会议精神和关于降低实体经济企业成本的意见，主动应对复杂多变的国际经济环境和国内经济运行出现的新情况、新问题，实现宜兴市“十三五”良好开局，市委、市政府出台《关于促进经济和社会又好又快发展的意见》（以下简称《意见》）。《意见》共安排奖励资金6亿元（现代产业发展资金5亿元、社会事业发展资金1亿元），推进现代产业发展和社会事业发展。《意见》明确，现代产业发展板块包括支持工业投资项目、支持企业科技创新、支持企业做优做强、支持“互联网+”发展、支持绿色集约发展、支持服务业发展、支持农业农村经济发展、优化企业发展环境8个方面，社会事业发展板块包括改善人居环境、完善社会保障体系、推进健康宜兴建设、加强社会文明建设4个方面。

【产业发展扶持资金设立】 针对近年全市制造业项目，尤其是投资量大、带动力强、产出率高的重大项目缺乏的现状，市第十三次党代会明确宜兴市确立产业强市的主导战略。9月，以“智能化、绿色化、服务化、高端化”为引领，市委、市政府制订出台《关于宜兴市产业发展扶持资金实施意见（2016—2020年）》，设立初始规模为50亿元的宜兴市产业发展扶持资金。政府根据项目实际，通过直接补助、“拨改投”两种方式，发挥政府资金的杠杆作用，引导社会资本、产业资本和金融资本向实体经济投入，促进产业链延伸，激发市场主体与社会力量的创新创业活动。

【不良金融资产清收处置】 面对近年出现的企业资金运行风险，市委、市政府主动做好银行与企业的风险化解、协调服务、不良压降等工作。5月25日，召开不良金融资产清收处置工作推进会。会议要求全市各级相关部门做好宣传动员，加强对《无锡联宜基金不良金融资产处置清收意见》的解读，引导企业正确解读政策，树立良好社会导向；多渠道做好清收工作，通过资金回笼促清收、盘活闲置资产促清收、借助司法途径促清收；强化责任落实，完善工作机制，加强督查考核，强化属地责任。至年底，全市通过现金清收、重组盘活、打包处置等方式压降不良贷款74.1亿元，把不良率压降在3%的警戒线以下，连续第二年实现不良贷款余额与不良贷款率双降。

重要会议

【中国共产党宜兴市第十三次代表大会】 8月8—10日，中国共产党宜兴市第十三次代表大会召开。沈建代表中共宜兴市第十二届委员会，向大会作题为《践行新理念 开创新局面 为建设“强富美高”新宜兴而努力奋斗》的工作报告，李平代表中共宜兴市第十二届纪律检查委员会作工作报告。会议回顾总结市第十二次党代会以来的主要工作，研究确定今后五年的奋斗目标和重点任务，选举产生中共宜兴市第十三届委员会和纪律检查委员会。

【市委全体会议】 全年十二届、十三届市委全体会议各召开2次。7月19日，市委十二届七次全体会议召开。会议指出，宜兴处于换届的关键时期，召开市第十三次党代会，事关全局、事关发展、事关长远。会议强调全市各级要贯彻会议精神，完成党代会筹备任务，统筹做好当前重点工作，营造奋发有为、团结向上的浓厚氛围，为市第十三次党代会的胜利召开奠定坚实基础。会议审议并通过关于召开中共宜兴市第十三次代表大会的决议（草案），并要求做好大会召开的各项筹备工作。8月2日，市委十二届八次全体会议召开。市委书记沈建就市第十三次党代会召开的时间及议程安排、十二届市委工作报告的起草过程、报告起草的指导思想和总的原则、报告的主要内容等情况作具体说明。全会决定8月8日至10日召开市第十三次党代会；讨论提出市第十三次党代会议程的建议；讨论并通过《十二届市委工作报告》和《十二届市纪委工作报告》；通过关于确定出席中共无锡市第十三次代表大会代表候选人预备人选的表决办法，并投票表决确定出席中共无锡市第十三次代表大会代表候选人预备人选；表决通过全会决议。全会还进行了分组讨论。与会委员结合自身工作实际，围绕市委工作报告（讨论稿）和市纪委工作报告（讨论稿）的具体内容及其他议题展开讨论。8月10日，市委十三届第一次全体会议召开。会议由沈建主持。市委委员、候补委员出席会议，市纪委委员列席会议。会议选举产生中共宜兴市第十三届委员会常务委员会委员和书记、副书记；通过中共宜兴市第十三届纪律检查委员会第一次全体会议选举结果的报告。新当选的市委书记沈建，代表新一届市委常委会发言，要求新一届市委领导集体要坚持昂扬斗志、不忘初心，始终保持奋发有为的精神状态；加强学习、增强本领，不断提升驾驭发展的能力水平；心系群众、改善民生，深入践行执政为民的根本宗旨；同心同德、精诚团结，着力打造干事创业的坚强集体；严于律己、秉公用权，带头树立清正廉洁的良好形象；把新一届市委班子建设成为组织放心、群众满意的坚强领导集体。12月30日，市委十三届二次全体会议召开。市委常委会主持会议。市委委员、候补委员出席会议。市委书记沈建代表市委常委会作题为《坚定信心 克难求进 为建设“强富美高”新宜兴合力奋斗》的工作报告。会议回顾总结2016年工作，正确研判当前形势，研究部署2017年任务，动员全市各级党组织和党员干部，团结带领全市上下，鼓足发展干劲、奋力担当作为，合力开创宜兴经济社会发展的崭新局面。市委副书记、市长张立军作会议小结，并就学习贯彻落实全会精神作部署。会议表决通过《中共宜兴市第十三届委员会第二次全体会议决议》。

【**市委常委会议**】 全市市委常委会议召开30次。

1月9日，十二届市委第99次常委（扩大）会议召开。会议讨论政府工作报告（送审稿）、宜兴市国民经济和社会发展第十三个五年规划纲要（2016-2020年）（征求意见稿），审议关于落实省委巡视组反馈意见整改情况的报告，听取全市公务用车制度改革后保留车辆使用有关规定的具体说明。

2月1日，十二届市委第100次常委（扩大）会议召开。会议传达学习习近平总书记在中央政治局“三严三实”专题民主生活会上的重要讲话和省“两会”精神；听取并讨论关于全市实施公务员职务与职级并行制度，关于在机关事业单位实施交通补贴，2015年度镇、园区、街道工作考核情况的汇报；审议市管正职年度考核先进集体、优秀个人建议名单。

2月3日，十二届市委第101次常委（扩大）会议召开。会议传达学习中纪委、省纪委全会精神，听取宜兴市2015年度落实党风廉政建设责任制情况检查工作汇报，传达学习全省组织部长会议精神，审议2015年度综合先进名单（初评稿），讨论扶持宜兴“金融小镇”发展的有关意见。

2月22日，十二届市委第102次常委（扩大）会议召开。会议讨论宜兴市人大常委会2016年工作要点、政协宜兴市委员会2016年工作要点，听取关于发放市级机关工作目标考核奖建议的汇报。

3月19日，十二届市委第104次常委（扩大）会议召开。会议传达学习上级政法、信访工作会议精神，讨论2016年农村工作相关政策意见，研究宜兴市审计整改督查办法、关于深化“陶都英才”工程促进人才创新创业的实施意见、镇（街道）纪（工）委书记和副书记等提名考察办法（试行）。

3月25日，十二届市委第105次常委（扩大）会议召开。会议讨论2016年镇、园区、街道工作考核意见，关于促进经济和社会又好又快发展的意见，生态文明保护和河道专项治理相关配套文件；听取2016年“茶禅四月到宜兴”旅游季活动方案汇报。

4月16日，十二届市委第106次常委（扩大）会议召开。会议传达学习全省推进供给侧结构性改革工作会议精神、上级关于领导班子换届工作会议精神，讨论全市镇党委换届工作意见和工作方案。

4月26日，十二届市委第107次常委（扩大）会议召开。会议讨论无锡联宜基金不良金融资产处置清收办法、关于在全体党员中开展“学党章党规、学系列讲话，做合格党员”学习教育的实施方案，听取换届工作相关情况汇报。

5月26日，十二届市委第108次常委（扩大）会议召开。会议传达无锡市信访稳定工作会议精神和上级关于严肃换届纪律、加强换届风气监督工作的有关精神，观看严肃换届纪律的警示专题片，讨论《关于全市党政领导包案化解信访突出问题实施办法》、2016年度党政领导包案工作联系表、关于推荐2013—2015年度无锡市先进基层党组织的初步方案，专门研究部署安全生产工作。

6月3日，十二届市委第109次常委（扩大）会议召开。会议传达学习中组部《关于学习贯彻习近平总书记重要批示精神加强党委（党组）领导班子建设的通知》精神，集中学习《党委会的工作方法》，讨论市委常委会开展“两学一做”学习教育工作方案、宜兴市2013—2015年度先进基层党组织建议推荐名单。

7月13日，十二届市委第111次常委（扩大）会议召开。会议传达学习习近平总书记“七一”重要讲话精神，听取市第十三次党代会筹备工作建议意见和镇党委、纪委换届工作情况的汇报。

7月19日，十二届市委第112次常委（扩大）会议召开。会议研究全市上半年经济运行情况，听取关于迎接中央环境保护督察有关情况、关于政府投资重点项目监督工作情况的汇报，讨论关于降低实体经济企业成本促进经济平稳健康发展的实施意见、关于促进全市开放型经济转型升级的工作意见。

7月25日，十二届市委第113次常委(扩大)会议召开。会议专题学习“马克思主义经典著作的方法论”，研究部署全市安全生产工作。

8月1日，十二届市委第116次常委(扩大)会议召开。会议讨论市第十三次党代会工作报告(讨论稿)、市纪委工作报告(讨论稿)，审议市委十二届八次全体会议方案、市第十三次党代会日程安排、市第十三次党代会代表编组名单、《选举办法》(草案)等相关材料，讨论通过市第十三次党代会各类建议名单。

8月26日，十三届市委第一次常委(扩大)会议召开。会议讨论市镇两级人大换届选举工作的有关文件、做好全市村(社区)“两委”换届选举工作的相关意见，传达学习无锡市G20杭州峰会安保稳定工作部署会议精神，听取全市G20杭州峰会空气质量保障工作情况汇报，研究关于调整宜兴市加强金融生态建设工作领导小组的通知。

10月23日，十三届市委第四次常委(扩大)会议召开。会议审议关于成立宜兴市促进文化旅游产业改革发展领导小组的建议方案、中共宜兴市委关于进一步加强巡察工作的实施意见(讨论稿)，听取2015年《促进经济和社会又好又快发展的意见》奖励兑现工作情况的汇报，讨论关于加快推进教育改革发展的意见、宜兴市乡村教师支持计划实施细则，传达了中央政法工作会议等相关会议精神。

10月31日，十三届市委第五次常委(扩大)会议召开。会议专题传达学习党的十八届六中全会精神，并进行交流发言。

11月5日，十三届市委第六次常委(扩大)会议召开。会议传达省委李强书记在宜调研讲话精神，学习《关于新形势下党内政治生活的若干准则》《中国共产党党内监督条例》，讨论研究《宜兴市农村农户建房规划管理办法》(报批稿)，审议《关于在全市公民中开展法治宣传教育的第七个五年规划(2016—2020年)》(送审稿)。

11月10日，十三届市委第七次常委会议召开。会议研究讨论《政协宜兴市委员会关于做好政协换届工作的意见》(讨论稿)、《关于市政协换届人事安排工作的意见》。

11月23日，十三届市委第八次常委(扩大)会议召开。会议传达学习省第十三次党代会精神，讨论规范和调整全市机关事业单位住房公积金、提租补贴缴存基数及比例的方案，听取邵亚群在宜兴市人民对外友好协会兼职相关事宜的汇报。

12月3日，十三届市委第九次常委(扩大)会议召开。会议讨论关于市第十七届人民代表大会第一次会议筹备工作的意见、政协宜兴市委员会关于筹备召开市政协十五届一次会议的报告，听取关于宜兴农商行定向增发股本金情况的汇报。

12月28日，十三届市委第12次常委(扩大)会议召开。会议传达学习无锡市委十三届二次全会精神，审议市委全会工作报告(讨论稿)、政府工作报告(送审稿)，讨论关于2016年度综合评先表彰工作意见，学习《中共中央国务院关于推进安全生产领域改革发展的意见》，调整确定市委常委分工、市政府领导班子成员分工。

【党政领导干部会议】 全市党政领导干部会议召开2次。8月23日，市委、市政府召开全市党政领导干部会议。市委书记沈建分析当前发展面临的形势，强调产业是经济的命脉、发展的基础，地方党委、政府抓经济、抓发展，最关键、最核心的就是抓产业。会议总结2016年上半年工作，安排下半年任务，进一步落实产业强市战略各项重点工作。市长张立军对下阶段工作作了部署。9月30日，市委、市政府召开全市党政领导干部会议。会议传达了无锡市第十三次党代会精神，要求全市上下围绕无锡市第十三次党代会提出的“加快锡澄锡宜一体化进程，推进江阴、宜兴‘两翼’发展”的明确要求，在加快空间对接的同时，更加快发展步伐：狠抓项目投入，做强企业主体，强化园区支撑，做大经济总量；推动产业升级，坚持创新开放，强化精明发展，提升发展质效；进一步提高城市品质，确立生态优势，打响文化品牌，做强特色优势。

【农村工作会议】 3月23日，市委、市政府召开全市农村工作会议。市委书记王中苏要求全市各级要认真贯彻落实中央、省市农村工作会议精神，结合全市农村工作实际，增强做好“三农”工作的责任感和使命感，全面推动农村新一轮发展。市委副书记周中平、市政协副主席钱伟兴，分别就2016年全市农村工作和深入推进公用事业城乡一体化建设作了具体部署。会议下发《2016年农村土地承包经营权确权登记颁证工作任务书》《关于建设“强富美高”新农村的意见》《关于扎实开展新一轮经济薄弱村扶持工作的意见》《关于进一步规范有序推进农村土地经营权流转工作的意见》等。张渚镇、屺亭街道轸村村、芳桥街道金兰村作交流发言。

【项目建设推进会】 8月21—22日，市委书记沈建、市长张立军带队，现场观摩全市51个重点项目。8月23日，市委、市政府召开全市项目建设推进会。市委书记沈建指出，项目是一个地方的立身之本、发展之基；此次观摩活动抓出了针对性，也抓出了新亮点，但是其中出现的发展后劲不足、动力不强等问题也不容忽视。会议要求，全市要增强狠抓项目建设的责任感和紧迫感，把项目投入作为当前推动产业发展、稳定经济增长的紧要任务，采取更有针对性、实效性的举措，为项目建设创造一切有利条件，为全市经济持续稳定增长注入后劲动力。会上，各镇、园区、街道的主要负责人分别汇报项目建设的情况。

【金融工作暨政银企合作恳谈会】 3月15日，市委、市政府召开金融工作暨政银企合作恳谈会。市委副书记、市长张立军主持会议。会议要求，全市上下要明确各自职责定位，狠抓关键、稳控全局，全力维护金融安全稳定；强化导向、注重实效，力促金融服务实体经济；惩防并举、标本兼治，巩固良好的金融环境。会上，25个银行与全市270多个企业达成授信总额近400亿元的合作协议，其中新增贷款超200亿元。

【金融稳定工作会议】 10月22日，市委、市政府召开金融稳定工作会议。会议指出，全市上下积极应对经济下行、金融趋紧等不利影响，确保了宜兴经济社会发展大局的稳定有序，但宜兴金融运行中存在的隐患尚未消除，风险的传导和蔓延还没有得到根本的遏制，维护金融稳定的压力还很大。市委书记沈建要求全市上下针对金融稳定形势，充分凝聚政府银行企业各方合力，化解企业资金运行风险，持续优化金融生态环境，为实现"十三五"良好开局提供有力的金融支撑。会议下达《当前金融稳定重点工作任务书》。市公安局、市人民法院、官林镇、周铁镇、交通银行宜兴支行作交流发言。

【2015年度综合先进表彰大会】 2月26日，市委、市政府召开2015年度全市综合先进表彰大会。市委书记王中苏代表市四套班子向受到表彰的先进集体和个人表示祝贺，并充分肯定各类先进所取得的成绩。会议希望全市上下按照市委十二届五次全会的总体部署，全面学习、大力弘扬各类先进典型争先、领先、率先的精神品质，以争先创优、比学赶超为动力，千方百计稳增长，坚定不移调结构，精益求精优管理，全力以赴促改革，一着不让维稳定，力求通过方方面面的共同努力，在新一轮发展中把握主动、创造胜势，奋力推动宜兴各项事业再上新台阶、再攀新高峰。

附：

中共宜兴市委
关于市委常委分工的通知

宜发〔2016〕43号

各镇（街道）党（工）委，环科园、开发区党工委，市委各部委办，市各委办局党委（党组），市各直属单位党委，市各人民团体：

沈　建同志　主持市委全面工作，分管人大工作、政协工作、纪委工作、干部工作、人民武装和人民生活方面工作；

张立军同志　主持市政府全面工作，兼管财政、人事、机构编制、国有资产管理、税务、审计、监察方面工作；

周中平同志　负责党建工作、农业和农村工作，负责市委统战部工作、党校工作，协助沈建同志分管干部工作，分管组织、农办、意识形态、群团、办公室、机要保密、机关党工委、老干部、双拥、史志、档案工作；

朱旭峰同志　负责环科园工作；

朱晓晔同志　负责市委政法委工作；

沈晓红同志　负责市委宣传部工作，分管文化旅游工作，协助周中平同志分管意识形态和群团工作；

孙海东同志　负责市委组织部工作，分管人才工作、干部培训工作，协助周中平同志分管老干部工作；

何晓进同志　负责市政府常务工作；

李　平同志　负责市纪律检查委员会工作；

裴焕良同志　负责经济技术开发区日常工作；

张凡明同志　负责市人民武装部工作，分管地方武装建设、国防教育以及驻宜兴部队联系工作。

中共宜兴市委

2016年12月28日

重要活动

【党政代表团赴江阴考察】 2月25日，宜兴市党政代表团赴江阴市考察，学习江阴骨干企业谋发展、创大业、比贡献的思路和做法。市委书记王中苏指出，江阴强，强在实体经济上，强在拥有一大批技术水平高、市场竞争力强的大企业大集团上，强在拥有一支视野开阔、善于开拓的企业家队伍上；面对经济发展新常态，企业的竞争不再是简单比规模、总量和速度，更重要的是比质量、效益和持续；在提升企业核心竞争力、推动企业做大做强的过程中，宜兴必须吸收江阴在推动企业自主创新、强化人才支撑作用、完善科技金融体系方面的先进做法，加快企业转型升级，促进产业高端化发展；必须学习江阴企业家敢想敢拼、勇争一流的精神和追求，抓住实

市党政代表团成员在无锡市滨湖区考察拈花湾小镇　　（仇洪生　摄）

体经济这个关键，开拓思路、大胆创新，通过技术革新、资本经营等举措，推动宜兴经济在转型升级的浪潮中闯出一番新天地。

【党政代表团赴沿太湖地区考察】 3月28—30日，宜兴市党政代表团赴无锡市滨湖区，苏州市吴江区，浙江省德清县、长兴县、安吉县等地，重点考察学习生态文明建设经验。市委书记王中苏要求全市各级要紧密联系实际，认真学习、理解、消化吸收各地生态建设和环境保护等方面的先进经验，坚持以生态宜居为核心价值，改善生态环境，打造“美丽中国示范区”。

【党政代表团赴武进昆山常熟江阴考察】 12月20—21日，宜兴市党政代表团赴武进、昆山、常熟、江阴等地考察，重点学习这些地区在加快产业强市过程中围绕科技创新、结构调整、转型升级等方面所取得的成功经验，感受周边地区干部群众勇于创新创造、激情干事创业的精神风貌，科学探寻在新一轮发展中加快推动宜兴市产业提档升级的新路径、新方法，推进产业强市。市委书记沈建指出，全市各级要充分认清强产业、促发展的重要性，把主要精力集中到加快产业转型、推进产业强市上来；要牢固树立“项目为王、投资为本”的理念，集中精力做好项目建设，为产业强市注入强劲推动力；要更好引导企业更新理念、优化路径，加快摆脱对传统发展方式的依赖，向行业顶尖看齐，不断步入更稳更强更优的发展轨道；要确立更加强烈的使命意识、担当精神，加快推进“强富美高”新宜兴建设。

（潘娉娉）

组织工作

【概述】 全市组织系统认真落实全面从严治党要求，以思想教育为基础，激发各级领导干部担当作为的内生动力；以制度执行为抓手，巩固风气清朗的选人用人环境；以重点突破为先导，统筹推进基层党建和党管人才工作；以精通业务为追求，不断提升组织工作科学化、规范化水平。贯彻省委农村党建工作意见，落实“一把手”抓党建主体责任，基层党建工作取得新成效。省委书记李强到宜兴调研基层党建工作，肯定宜兴市基层党建工作主要做法和成效。建设“头雁”队伍，提升引领能力。坚持思想政治素质强、引领发展能力强“双强”标准，推行“两推一选”*，一批优秀人才进入村（社区）领导班子，63名大学生村官当选“两委”委员。举办新一届村（社区）书记培训班，开设首届书记工作论坛，推进村（社区）书记公开述职、民主直评，落实基层党组织、党员“双评议”制度*，提升基层党组织书记能力素质。延伸组织网络，强化组织功能。印发《深入推进合作社党建工作意见》，推行合作社党员“双重”管理模式，探索“支部+合作社+农户”组织构架，发挥合作社党建带动增收、带民致富作用。落实社区党建工作意见，及时跟进拆迁安置型小区的党组织建设，评选“小桔灯”等一批“陶都先锋”社区特色服务品牌，推动形成“一区一特色”社区党建工作新局面。实施“两新”组织“四个集中”行动，创新成立紫砂电子商务行业协会等特色支部，以党建工作助推电商平台发展。开展“三强一好”*非公企业创建，江苏俊知技术有限公司等60个企业成为全市首批“三强一好”企业。严管党员队伍，激发生机活力。下达党员发展指标，坚持入党积极分子集中培训，开展发展党员“8+2”制度*落实情况检查，实现党员发展总量控制与质量提升。坚持党组织、党员“统一活动日”制度，开展“最佳主题党日活动”评选，汇编下发优秀案例，丰富基层支部组织生活。下发远程教育站点规范化建设意见，拍摄一批党建专题片，探索智慧社区党建平台建设。全年新发展党员914人。其中：35岁以下611人，占66.85%；女党员332人，占36.32%；非公有制经济组织党员375人，占41.03%；高中文化以上党员852人，占93.22%。全市共有基层党委74个、党工委9个、党总支382个、党支部4018个。党员总数82507人，其中预备党员1395人、女党员17972人。

【“两学一做”学习教育】 按照市委部署要求，精心谋划推进，从严从实督导，全市“两学一做”学习教育取得实效。规定动作求规范。围绕真学深学，用好中心组学习、主题党课、学习交流会、专题大讨论、“陶都大讲堂”等载体，组织党员、干部带着使命学、融会贯通学、因地制宜学。市领导带头读原著悟原理、广调研深研讨、摆问题严整改，做到先学一步、学深一层。市镇两级举办专题轮训班53期，轮训骨干党员2万余人。围绕以知促行，分领域引导党员“亮身份、践承诺、树形象”，全面推行“党员家庭”挂牌，充分发挥党员责任区、服务区、示范岗、攻关组等平台的示范效应，引导党员立足岗位、履职担当。自选动作创特色。在统筹结合上，将“两学一做”与市、镇、村党组织换届结合，教育引导党员以党章党规为镜，自觉维护换届工作的政治性、严肃性和政策性。在推动实践上，将抗洪救灾作为检验学习教育成效的重要实践，引导党员在抗洪救灾一线践行合格标准、彰显党性本色，高塍镇党总支部书记王盘华入选省践行“四讲四有”*先进典型巡回报告团。在家风建设上，将合格党员的要求融入家庭文化建设，创新开展“清廉家风润万家”系列主题活动，展评家庭廉政情景剧32部，征集廉政亲情寄语近900条。在典型引领上，以身边人说身边事为切入点，举办“身边的感动”党员故事征文演讲比赛，组建“蒲公英”宣讲团巡回宣讲，选树宣传先进典型30个。督促整改见实效。市镇两级成立督导组100个，通过听、访、查、看等形式，全面开展系统自查、交叉督查和随机抽查，督促基层单位建立问题清单，做好整改落实。

【换届工作】 按照省委、无锡市委统一部署，在市委领导下，做好换届各项工作。超前谋划抓统筹。强化领导把关和组织指导，提前做好换届人事的适度调整、补缺优化等工作。履行考察职责，通过政治标准、身份认定、推荐提名、组织考察，合理确定人选结构，提高人选质量。做好统筹协调、督促指导等工作，掌握干部思想动态，注重代表人选思想引导，夯实换届工作思想基础。精心组织抓推进。科学制订方案，集中精力部署，换届工作推进环环相扣、无缝对接、有序高效。做好市镇两级党委换届，完成13个镇党委换届，选举产生新一届市党代表300人；配合市委安排市十三次党代会选举事项，选举产生新一届市委班子、市纪委班子和出席无锡市第十三次党代会的代表73人。抓好基层党组织换届，全市1487个基层党组织完成换届，村(社区)党组织班子成员平均得票率达90%以上。注重把党管干部与人大依法行使职权结合起来，市镇两级人大、政府换届工作有序推进。严肃纪律抓监督。采用组织观看《镜鉴》专题片、学习《严肃换届纪律文件选编》、签订《严肃换届纪律承诺书》、举办专题培训班、编发提醒短信、编印宣传卡等方式，宣传落实中央“九严禁”要求*。建立换届风气监督“十项任务”清单和“五个责任主体”责任清单，开展相关人员谈心谈话520人次，对各镇实施全覆盖巡回督查，夯实基层党委严肃换届纪律主体责任。宜兴市换届风气监督工作得到上级组织部门肯定。

【领导班子和干部队伍建设】 围绕发展大局，以集中换届为契机，统筹推进领导班子和干部队伍建设。彰显鲜明用人导向。聚焦发展选干部、配班子，坚决贯彻落实新时期好干部标准和“三严三实”要求，坚持德才兼备、以德为先，把政治标准放在首要位置，在干部调配中做到“四重五凭六看”*，选拔政治强、懂业务、有能力、善担当、作风正的优秀干部。突出干部选任规范。遵循新修订的干部工作系列制度，进一步规范从干部动议到干部任职的选任环节，把好干部选任资格条件和程序关口，做到流程细化、节点把严、按步推进和全程纪实。选优配强领导班子。不断改进考察方式，探索建立个人评、党委评、群众评、组织评的“四联评”考察新模式，全面完成镇(街道)及市级机关部门领导班子集中考察。注重综合分析研判，统筹考虑班子年龄、性别、专业、党派等结构，合理配置干部资源，增强市管领导班子整体功能。全年共调整任免市管领导干部205人，其中提拔52人、交流62人。做好干部教育培训。突出思想政治建设核心，统筹抓好领导干部专业化能力建设，开设“陶都大讲堂”专题讲座5期，举办社会管理创新与法治建设、企业经营与管理创新等主体班次4期。建立培训计划季度申报备案制度，实施领导干部培训纪实考核，干部教育培训从严规范管理成为常态。注重年轻干部培养。完善年轻干部跟踪培养机制，组团式开展第三批年轻干部“三个一线”挂职锻炼*，推动年轻干部到基层一线压担磨炼。坚持在实践锻炼中考察和识别年轻干部，26名优秀年轻干部被提拔进入市管领导班子。

【干部监督管理工作】 突出从严要求、聚焦关键少数、坚持抓早抓小，不断整合监督资源，前移监督关口，完善监督举措。严把选任关口。全面推行干部选任全程纪实，坚持干部档案“凡提必审”、个人有关事项报告“凡提必核”、纪检监察机关有关廉政情况的意见“凡提必听”、反映有关问题的信访举报“凡提必查”，防止干部“带病提拔”。注重发挥大数据在干部选任中的辅助作用，构建全市干部信息管理综合平台。强化日常管理。坚持谈心谈话，认真开展领导干部提醒、函询和诫勉工作。组织1400多名市管领导干部填报个人有关事项，实施个人有关事项报告查核214人次，2名拟提拔对象因不如实报告被暂缓任用。牵头完成市管正职领导干部经济责任审计12人，任中审计比例进一步提高。聚力专项监督。规范全市干部人事档案专项审核工作，组织各相关单位完成档案审核5342本，重新认定干部“三龄两历一身份”*831项。推进超职数配备干部专项治理、领导干部因私出国(境)管理等工作。严格制度落实。将干部工作系列制度执行情况列入基层单位年度综合考评体系，严抓《干部选拔任用和管理监督工作制度汇编》学习贯彻。出台全市干部人事档案管理综合制度和实施意见，提升干部人事档案规范化管理水平。坚持严格管理和激励关心相结合，公务员职务与职级并行制度有序实施。

(周健)

宣传工作

【概述】 全市宣传工作深入贯彻中共十八大和十八届三中、四中、五中、六中全会精神，坚持以习近平总书记系列重要讲话精神为指引，紧紧围绕统筹推进“五位一体”*总体布局和协调推进“四个全面”*战略布局，把牢方向导向，服务中心大局，推进创新发展，强化自身建设。思想理论建设持续深化，新闻舆论引导积极有效，核心价值观建设扎实推进，文化发展改革实现突破，对外宣传工作更加主动，意识形态管理鲜明有力。年内，宜兴市获“江苏省冬训工作示范县(市)”称号，宜兴陶瓷文化创意产业园区获“江苏省重点文化创意产业示范园区”称号。

【理论武装】 学习贯彻习近平总书记系列重要讲话和中共十八届六中全会精神，印发《图说系列讲话》《十八届六中全会精神学习手册》等学习资料，引导党员干部读原著、学原文、悟原理。市委中心组全年参加专题讲座、报告会12次。依托手机短信平台向中心组成员、宣传干部推送手机微学堂17期、5500余条(次)。结合“两学一做”学习教育，围绕五大发展理念，在全市领导干部中开展“践行五大发展理念*，建设‘强富美高’新宜兴”专题学习调研。以“理论课堂”“技能课堂”“诚敬课堂”创建为抓手，在全市企业党员中开展“三学三强”*主题教育，打造江苏国信协联燃气热电有限公司、江苏亨鑫科技有限公司2个企业党员教育示范点，创立企业党员教育的新模式。开展“身边的感动”党员故事征文演讲比赛，用党员故事展现党员干部可亲可敬、可学可为的时代风采。组织选手参加“我与十三五”百姓名嘴风采展示比赛，获无锡市一等奖、江苏省二等奖。

【新闻宣传】 开展新闻宣传“创新年”活动，推出“展望十三五，迈上新征程”“坚持产业强市、实现强富美高”等系列报道30多组，刊出专题1000余篇，激发全市人民干事创业的激情与热情。精心策划“‘原色回归，全国名作家、名记者、名编辑’宜兴乡村行”、“一带一路”紫砂巡展、“最宜兴”十大符号评选等对外宣传活动。在中央电视台新闻频道、国际频道等刊播新闻和专题40篇，在《人民日报》《光明日报》等主流媒体及网站刊发《宜兴乾元村，山好水好茶超好》(3月25日《人民日报》头版)、《宜兴白塔村，美乡村、富乡亲、留乡愁》(3月25日《光明日报》头版)等报道近600篇(不含转载)。在人民网、新华网等主流网站推送新闻2500余条(次)，提升宜兴市的影响力和美誉度。“宜兴发布”政务微信、微博高效运行，粉丝突破13万人，平均阅读量约2500条(次)，占领主流舆论的制高点。深化网络文化建设，优化网络舆论环境，举办以“网络，成就你我梦想”为主题的第二届网络文化节，开展追梦路上、筑梦文明、寻梦家园等网络主题活动42项，参与网民36.8万人次，点击互动超过300万次。

【文明创建】 开展全国文明城市创建活动，接受省级测评。开展“文明加速度 创城我参与”“创城宣传进万家”等主题活动，提升创建文明城市工作的知晓率与参与度。“陶都志愿者”平台服务功能提升，在线注册突破9.1万人，培育“连心桥”“小蜜蜂”等志愿服务品牌，开展志愿服务300余场。在全国范围内开展“陶都志愿者标识”征集活动，选定富有志愿文化和地域特色的陶都志愿者LOGO并在第二届网络文化节上发布。开展“与文明同行——梦想舞台巡演”等道德实践活动，建成宜兴市“道德讲堂”总堂。“道德风尚美江苏”全国网络媒体江苏行活动在宜兴市举行，全面宣传宜兴市培育和践行社会主义核心价值观的新探索。深化“八礼四仪”*养成教育，组织开展“美德少年”推选、“我们的节日”系列活动，引导未成年人敢于筑梦、勇于追梦、勤于圆梦。完成2013—2015年度省、无锡市群众性精神文明创建评选工作，新增新建镇、宜城街道沧浦社区、建设局等15个省级文明单位。深入推进“文明乡风沐农家——家园守护行动”，开展优秀家规家训和家风故事征集评选活动，建成“家风家训广场”，以“传扬好家训 温润好民风”为题在首届江苏省文明家庭表彰大会上作家风建设经验介绍；《醉美桃溪》等22首村歌获宜兴市村(社区)歌、村谣大赛金银奖，江苏卫视对宜兴市“陶都村歌会”作宣传推介；“香雪潜翻 桃醉潘东”等32条标语获评宜兴市优秀村庄宣传语；印发《杏花烟雨里的勤善江南》，集中展示“家园守护行动”的阶段性成效，展现全市“两个文明”(物质文明和精神文明)协调发展的新进展。曹婉芬家庭获首届全国文明家庭，苏南英家庭获首届江苏文明家庭，张涛获评中国好人，宜兴抗洪突击队、徐鹤鸣、蒋益君获评江苏好人。

【文化发展】 市文化中心高效运行，美术馆、博物馆、科技馆相继开馆；保利剧院打造首届话剧节、市民音乐节两个特色演出季；图书馆常态性举办文化讲座、读书沙龙等公益活动，到馆人数68万余人次。持续实施村(社区)公共文化服务“六有”*标准化提升工程，城乡一体化公共阅读体系建设有序推进，善卷村建成全市首个“云媒体电视智慧社区”示范点，宜兴市创建为国家公共文化服务体系示范区。探索“文化+文明”新模式，开展“文明宜兴 文化惠民”服务行动，开展文艺汇演100余场、公益放映3200场、送戏下乡464场、书画展演300余场，惠及群众60余万人次。刘军华的紫砂陶工艺作品“凌竹”壶获中国民间文艺山花奖，何勇的书法作品获中国书法兰亭奖佳作奖，徐风的长篇文学传记《布衣壶宗》被评为2015年度“中国好书”，评选表彰“阳羡文学艺术奖”获奖作品52件。为弘扬宜兴陶瓷文化，组织“运河陶”陶艺巡展交流活动，启动“宜兴窑系”综合示范区改造工程。为传承历史、追思先贤、砥砺后辈，编撰出版《岳飞在宜兴》。

(万伟峰)

统战工作

【概述】 组织各党派团体围绕全市年度经济社会发展的目标任务，拟定民主协商会、情况通报会、对口联系课题，组织各党派团体调研组骨干成员开展集中调研。共协助市委举行民主协商会1次和情况通报会、座谈会5次，完成与政府部门对口联系专题座谈活动11次，形成调研报告26份。在“两会”期间，各民主党派、工商联和无党派人士联络组提出集体提案47件，个人提案、建议143件，其中7件被列为市长、政协主席联合督办提案。全年撰写社情民意信息27件，有4件得到市委、市政府领导的批转办理，有3件被全国政协和江苏省委采纳。做好党外代表人士的教育培训工作，组织举办首期党外青年骨干培训班，市各民主党派和无党派的37名以80后为主体的青年骨干在省社会主义学院参加培训。选送38名优秀党外年轻干部参加民主党派中央、省委和无锡市委的培训。继续开展“坚持和发展中国特色社会主义学习实践活动”，以强化组织建设为重点，确保各民主党派搞好换届选举，实现组织人事新老交替。进一步创新侨务工作载体，夯实侨务工作基础。2016中国文化行——江苏宜兴营在丁山实验小学举办，活动为期12天，来自马来西亚的40名华裔青少年通过系列活动感受到中华文明的博大精深。年内，市侨办被评为江苏省侨务工作示范单位，和桥镇劳动社区被评为全国社区侨务工作示范单位。

【"同心实践基地"创建工作】 2016年是开展"同心实践基地"创建活动的第三年，市各民主党派、工商联和无党派人士联络组结合宜兴实际，围绕年年有创新、每年有延伸的工作目标，推进"同心实践基地"创建工作。全市共有挂牌市级、民主党派市委级、支部级三级同心实践基地15个，形成了完善的同心实践基地创建网络，并得到无锡市委统战部的高度肯定。5月，在无锡市召开的坚持和发展中国特色社会主义学习实践活动暨同心实践基地建设交流推进会上，宜兴市的丁蜀镇基地、民盟四支部基地、农工党基层委员会基地和无党派人士联络组基地被无锡市委统战部表彰为"同心实践示范基地"。

【社会服务活动】 2016年是开展"春风五月行"社会服务活动的第七年，5月，市各党派团体开展健康体检、专家义诊、送教下乡、家电维修、扶贫助学、送温暖到敬老院等社会服务活动。全年共开展各类有组织的社会服务活动20余次，出动志愿人员近300人次，服务群众3000余人次，每月为西渚镇横山水库水源地的500余户贫困家庭免费提供饮用水3吨，捐赠款物折合10万余元。

（宗希）

涉台工作

【概述】 把握两岸和平发展主题，借助紫砂文化海峡两岸交流基地（以下简称基地）平台，做好对台经济、交流和涉台宣传工作，两岸各地到基地交流参访11.6万人次。围绕经济建设中心，做好台资招商，深入台湾开展服务业考察，并帮助镇（园区、街道）在台湾开展经贸洽谈。持续服务好在宜兴台商，坚持落实每月走访制，倾听台商心声，主动为台商解决实际困难，营造出良好的创业投资生活环境。全年上报信息26条，被国台办采用4条，被省、无锡市台办采用22条。其中，《两岸相宜、共促茶业》《谱写宜台合作新篇章》在《两岸关系》杂志刊发，《以壶为友 情牵两岸》在《台湾工作通讯》杂志刊发。

【对台交流】 全年接待到宜兴参访团组15批160人次，公务赴台湾交流团组16批200人次，赴台湾旅游探亲5690人次。举办宜兴—南投两岸紫砂交流首展，深化宜兴与南投两地的文化交流。由宜兴台商合资企业经典陶坊主办的"坚持与趋势——一位台湾茶人的紫砂情"主题研讨会暨李尉文古壶捐赠活动在基地举办。举办第四届两岸茶文化论坛、第七届两岸传统文化可持续发展论坛暨"宜兴窑系"两岸影响和发展论坛、第五届两岸素博会、宜兴竹海风景区两岸文创产品交流展。接待台东县东海中学学生到宜兴开展教育交流，接待南投市市长宋怀琳带领的紫砂陶艺协会、高雄南亚塑胶企业工会参访团、台东县台东市民代表会参访团以及著名导演凌峰带领的《八千里路云和月》摄制组到宜兴交流参访。

【对台经贸】 以服务全市经济建设为重点，赴上海市台湾同胞投资企业协会拜访考察，邀请其到宜兴参会考察；组团赴台湾开展服务业考察，为宜兴市拓展第三产业服务领域，尤其是开发"夜市"市场板块提供借鉴。考察台湾文化产业和医疗卫生行业，并分别与台湾相关领域的财团法人和企业负责人交流洽谈，学习台湾在相关领域的成功经验。台北素博会期间，市旅游局、宜兴陶博馆专程组团参会，并在台湾举办紫砂和文创产品巡展活动，推广陶瓷和文创产业。依托涉台信息，帮助镇（园区、街道）开展经贸交流。借助公务赴台中市考察交流以及走访台企的契机，对有合作发展潜力的台企和项目展开重点攻关。帮助徐舍镇与上海市台协会牵线搭桥，促成双方在精致农业方面的交流学习。全程跟踪指导官林镇、徐舍镇、杨巷镇在台湾的农业经贸考察交流，确保考察活动顺利实施。帮助台东县创业青年吴奕漫的"吴家妈妈"食品公司与紫竹苑食品有限公司达成合作意向。

【对台服务】 坚持落实每月走访制，为台企在宜兴投资、经营、运行提供服务支撑。持续开展"三解三促"*和"三大三送"*服务活动。组织第三届台协会换届选举和台商春茗酒会活动。召开全市台侨工作座谈会，听取基层统战委员和台联会理事对做好对台经济工作的意见。组织台属联谊会开展城市建设成果参观活动。积极做好受灾台企灾情勘查、走访慰问和生产自救的指导帮扶工作。协助市委统战部妥善处理台胞张国书房产纠纷问题，会同市商务局通过法律途径解决台湾ABC牙医集团宜兴宝岛口腔医院与宜兴本地投资商经济纠纷问题，联系市公安局和属地派出所妥善处理花园豪生大酒店因民间借贷而引发的民事纠纷问题等，及时处置和上报省、无锡市台办转来的涉台案件情况。

（黄芳）

市级机关党建工作

【概述】 组织开展2016—2018年领导干部"三解三促"暨"一帮一、献爱心"活动，年内走访慰问困难群众400多户，资助慰问金80多万元。完成市第十三次党代会机关党工委系统党代表选举和宜城街道第23选区市人大代表选举工作。指导督促直属党组织开展"两学一做"专题教育活动，发放《"两学一做"学习读本》《党史必修课》《学是基础，做是关键》等书籍1万余本（册）。9—10月，3个督查组对直属57个党组织"两学一做"开展情况进行全面督查。至年底，市级机关党工委有下属党组织148个，其中党总支部19个、党支部129个，有党员2949人。

【防汛救灾】 7月，宜兴市启动防汛I级响应后，市机关党工委及时组织78个机关部门党员奔赴34个社区开展防汛救灾工作，并走访受灾群众，疏导群众情绪；组织青年党员突击队支援土城社区等重点受灾社区；主动协调宜城街道社区卫生中心做好市司法局和五局大院等灾后防疫消毒杀菌工作，帮助机关部门及时恢复正常办公秩序。

【学习培训】 继续对机关党员分类培训，先后举办入党积极分子培训班，市级机关党组织书记专题培训班，2016—2018年第一、二期中层党员轮训，机关工会主席培训班等，全年党员接受培训800余人。加强党风廉政教育，在直属党组织中开展“清风课堂”教育，印发《画说准则条例》《一图读懂党内法规》6000册，组织观看廉政微电影，开展新党员集体廉政谈话。

【组织建设】 年内，发展新党员21人，26名预备党员按期转正，5个党(总)支部班子换届选举，调整7个党(总)支部书记、副书记，对4名党支部委员备案审批。开展党内“双评”，表彰2015年度优秀党(总)支部22个、优秀党(总)支部书记12人和优秀党员154人。开展“最佳主题党日”评选活动，12个机关党组织的党日活动被评为宜兴市最佳主题党日。强化党组织书记“主业意识”，开展机关党组织书记党建专项述职活动。

【文明服务】 配合宜兴创建全国文明城市建设，印发文明创建宣传海报1800余张，组织机关干部6000多人次参与文明交通志愿服务活动。组织市级机关青年志愿服务队30多人走进土城社区开展捐衣活动，共捐衣150余件。组织38名女性组成机关巾帼志愿队，开展“春苗行动”志愿服务活动。组织320多名机关党员干部无偿献血7000多毫升。命名表彰2013—2015年度宜兴市文明机关52个、宜兴市文明机关标兵18人。

【群团活动】 市级机关工会组织开展以“勇攀高峰”为主题的机关干部职工登山活动、“精彩瞬间”随手拍摄影比赛、机关干部职工书法培训成果展。市级机关团工委组织开展以“最美时光”为主题的系列活动、青年悦读分享会和主题拓展训练活动、“我们的节日”机关青年羽毛球友谊赛、青年摄影培训班。市级机关妇工委组织开展以“春苗行动”为主题的捐书活动，29个机关部门参与捐书2900余册，分批送至新建镇庄林小学、宜城街道谈家干社区和张渚镇西街社区；组织机关妇女参与“一起读书吧”职工子女读书会。市级机关关工委组织100多名机关干部职工子女以及部分家长观看电影《百团大战》，并开展“颂歌献给党，立志跟党走”征文活动。

(张夫海)

信访工作

【概述】 全市受理群众来信来访8504件(次)，比上年下降17.17 %。来市信访4209件(次)，比上年下降7.58 %。其中：来信872件，比上年上升16.42%；来访363批、3337人次，分别下降25.61%、12.30%；集体上访142批、2962人次，分别比上年下降24.06%、10.35%。发生越级进京上访106批、143人次，分别比上年下降34.16%、46.24%。其中：进京非正常上访37批、43人次，分别比上年下降51.32%、66.41%；中央信访联席办登记非正常上访1人，比上年下降66.7%；进京集体上访2批、12人次，分别比上年下降33.33%、61.29%。发生越级去省上访76批、472人次，批次比上年下降8.43%，人次比上年上升85.10%。其中，去省集体上访8批、364人次，批次比上年下降11.11%、人次比上年上升147.62%。在无锡市市(县)区科学发展年度考核评价中，宜兴市信访指标考核结果继续保持领先。宜兴市信访局被省人力资源和社会保障厅、省信访局推荐为全省信访系统先进集体。

【信访工作制度改革】 依托阳光信访系统，推行阳光信访深度应用，信访业务实现全口径网上流转，信访工作公信力显著加强；启动信访事项办理群众满意度评价工作，接受信访群众监督和社会监督。通过法定途径分类处理信访投诉请求，31个市级机关部门(单位)制订出台法定途径清单，进一步厘清信访与其他法定途径之间、其他法定途径相互之间的受理范围。改革信访工作考核办法，把信访工作纳入全市科学发展观考核体系，把信访积案化解工作作为全市重点工作纳入考核。

【信访突出问题化解】 市委、市政府高度重视信访突出问题化解工作，市委常委会召开专题会议专题部署，确定24个重点难点信访问题，由市领导负责，包接待、包协调、包处理、包息访、包稳控；市信访局与有关部门对接，按市委常委会的要求跟踪督办，推动问题化解。在全市组织开展深化信访积案化解专项行动，实施星级管理办法，分层级、按难易分类推动、重点突破，重点化解包括上级交办案件在内的信访积案68件。其中：市信访局会同市委办、市政府办、市纪委、市委政法委等单位进行联合督导，推动化解积案15件；国家信访局交办的7件信访积案化解6件，化解率85.7%，居无锡七大板块首位。

【信访秩序维护】 全面实行依法逐级走访权益保障卡制度，凡在法定信访渠道内的信访事项都按照“初次走访领卡、逐级走访凭卡、处理结果记卡、权益保障用卡”要求规范操作，推动群众自觉凭卡走访，责任单位依卡办访，促使逐级走访成为常态、信访事项及时就地解决、信访秩序根本好转。以公益性、服务性、法律性为原则，探索邀请律师参与信访积案化解工作，通过建立包案负责、协调疏导、法律援助等制度，对一些重点信访积案当事人进行解疑释惑、明理释法，消除当事双方隔阂，疏解信访人怨气。依法治理信访活动中的违法犯罪行为，会同政法、公安、法院等部门制订出台《关于建立依法打击信访活动中违法犯罪行为工作机制的意见》，明确依法治访的组织协调、调查取证、依法处置等工作流程和要求，对群众信访活动中的违法犯罪行为实施精准打击，确保打击有据可依、有章可循。

【信访工作责任层层压实】 市委常委会研究出台《关于全市党政领导包案化解信访突出问题实施办法》(以下简称《办法》),明确市信访工作联席会议每年年初排查一批信访突出问题,按照市领导包片包线要求落实领导包案,报常委会审议后执行;每年年末,市信访工作联席会议办公室向市委专题汇报市领导包案情况,通报镇、园区、街道及有关部门党政领导包案责任落实情况。年内,根据《办法》要求,市委常委、副市长带头对24个重点信访问题进行包案,带头做、带头抓,对保障稳定、促进化解、维护权益起到良好的示范带动作用。探索大督查工作机制,根据年初制订的督查计划,组织相关部门联合跟踪督查3次;通过年初签订责任状、年底进行工作考核,开展无进京越级上访、无去省集体上访、无因信访问题引发极端事件和舆论负面炒作事件的镇、园区、街道创建活动,压实属地责任,在全市上下形成一级抓一级、层层抓落实的大信访工作格局。

(钱航军)

老干部工作

【概述】 全市老干部工作围绕中央办公厅、国务院办公厅印发的《关于进一步加强和改进离退休干部工作的意见》(以下简称《意见》)的目标要求,聚焦"两学一做"学习教育,加强离退休干部思想政治建设和党支部建设,深入开展增添正能量活动,加快阵地建设提档升级,打造老年教育活动高地,加快推进老干部工作转型发展。年内,借助专题讲座、网站、内部刊物、宣传橱窗和微信公众号等平台,向离退休干部宣传《意见》精神,并在老干部活动中心、离退休干部党支部开展"老干部工作大家谈"活动,以座谈会的形式征求对贯彻落实《意见》的建议。至年底,全市有离休干部257人。其中:抗日战争时期参加革命工作的53人,解放战争时期参加革命工作的204人;享受地市级政治生活待遇的5人,享受地市级医疗、乘车待遇的6人,享受县处级政治生活待遇的95人。

离退休干部先进事迹报告会 (王泽华 摄)

【老干部党支部堡垒作用强化】 以"两学一做"活动为载体,加强老干部党支部建设,引导老同志坚定理想信念,自觉对党忠诚。向全市离退休干部印发"两学一做"专题读本,并向离休干部和市委、市人大、市政府、市政协老领导赠送《习近平谈治国理政》《习近平总书记系列重要讲话读本》《胡锦涛文选》等书籍。开展"我看从严治党新气象"专题讨论活动,组织老干部畅谈对中共十八大后党中央全面从严治党的真实感受。分层次组织"回看十二五,展望十三五"活动:组织市委、市人大、市政府、市政协老领导参观市文化中心,感受宜兴市文化建设成果;组织基层以党支部为单位就近开展参观活动,引导老干部了解宜兴市"十三五"规划蓝图。

【老干部党建工作平台拓展】 整合市老干部大学和市老干部党校的教育优势资源,为基层党支部的党员理论辅导、特色课程培训、镇(园区)在城党小组就近学习等提供教学服务。推进市老干部党校建设,做好内部功能设计和氛围布置。改造后的报告厅,宽敞明亮,设施完备,可同时容纳600多名老干部参会活动;学习示范教室为城区老干部党支部提供了集中学习点,成为老干部加强思想政治建设的重要阵地。

【老干部增添正能量活动】 以"展示阳光心态、体验美好生活、畅谈发展变化"为主要内容,开展"树好新形象,增添正能量"老干部主题教育活动。以形象塑造汇聚正能量。开展"我身边的正能量"微故事征集活动。选取16位离休干部的感人事迹,编印老干部先进事迹宣传册《为党的事业增光添彩》,在老干部及其他老年群体中引起强烈反响,树立老干部充满正能量的良好形象。以形象宣传传递正能量。以纪念建党95周年为契机,举办离退休干部先进事迹报告会,宣传离退休干部晚年生活的激情和作为,确立正面的舆论导向,进一步凝聚老干部是推动发展重要力量的社会共识。以形象展示增添正能量。组建老干部巡访团,吸收一批社会责任感强的老干部大学骨干学员,配合市文明办、司法局等部门开展法制宣传、社区创建、关心下一代等工作,树立离退休干部有德有为的长者风范。

(王博)

保密工作

【概述】 每月编写保密宣传刊物《保密之声》1—2期,发放至全市各级党政机关;在全市各级党政机关中征订发放《红色往事》《保密工作》等关于保密工作的书籍,增强全体工作人员的保密意识。参与举办各类保密培训班,在市办公室主任能力提升班、初任公务员培训班的业务培训中授课，提高参训人员的保密知识水平和工作技能。开展保密自查自评督查。实地检查全市20多个机关单位党政领导干部保密工作责任制、保密自查自评工作相关要求的落实情况，听取汇报，查看台账，检查计算机，现场点评并反馈意见。组织专人每月检查全市党政机关网站，并利用互联网监控系统，监管互联网各类数据传递，坚决杜绝失密、泄密事件发生。中、高考期间组织专门力量跟踪检查全市中高考试卷存放点和各考场对试卷的保管、领取、运送、分发等程序，杜绝试卷泄露情况的发生，确保中、高考顺利完成。

（徐喆）

党校工作

【概述】 全年举办各级各类培训班120期，培训人数达1.5万人次，其中主体班次40期、培训人数超5000人次，主要包括入党积极分子培训班、甘肃省甘南州精准扶贫培训班、全市新任(村)社区书记培训班、事业单位新录用人员培训班、军转干部培训班、初任公务员培训班等。与各镇、园区、街道和机关部门联合开办中青年干部培训班，参训中青年干部达1500人次。至年底，全校有教职工30人，17名专职教师均具有大学本科以上学历，其中研究生学历的占88%、中高级职称占70%，在全省党校系统中始终名列前茅。

【理论教育】 坚持把理论武装作为干部培训的关键，精心设置培训课程，完善教学布局，突显党校培训特色。在培训内容上，以党的理论教育和党性教育为主，兼顾干部履岗必备能力素质，建立基本理论教学专题库，形成完备的主课体系。在教学方式上，探索研讨式、体验式、互动式等新型教学形式，把党的理论讲清、道理讲明、实质讲透。在师资配置上，组建主课教研团队，推行集体备课制度，加强主课教学骨干力量，建立兼职师资库，聘请100多名专家学者和领导到校讲学，提升理论教育效果。在课堂教学之外，坚持把经典著作和理论等列为学员必读书目，促进干部提升理论素养和运用马克思主义立场、观点、方法观察处理问题的能力。

【基层宣讲】 围绕习近平总书记系列重要讲话、社会主义核心价值体系等重大时事热点，成立“两学一做”宣讲团，到全市各机关、镇、园区、街道、社区、农村为全市干部群众作《习近平治国理政新思想》《基层党组织建设》《新条例和新准则》《党的十八届六中全会精神解读》等专题党课义务宣讲。全年外出宣讲80多场(次)，听课群众超1万人次。

【决策咨询研究】 继续加大与全市各机关部门、镇、园区、街道的合作力度，以宜兴经济社会发展中的重点、热点问题作为科研的重要内容，并以课题组的形式进行攻关。年内，《宜兴市“十三五”生态文明建设研究》一文获江苏省党校系统2011—2015年度优秀决策咨询成果一等奖，《宜兴市县域经济发展的SWOT分析——从第三次经济普查数据看宜兴市县域经济发展状况》一文获三等奖。

【调研成果】 充分发挥党校参谋助手作用，围绕政策盲点、社情民意、中心工作开展各类调研，对调研中发现的典型及时总结，将调研成果及时转化为社会成果。全年在省级以上刊物公开发表论文11篇，在市级刊物刊载文章2篇，参编书籍1部，完成省委党校调研课题1项、环太湖发展研究中心课题2项、无锡市哲学社会科学招标课题1项、无锡党校系统课题14项，提交无锡市党校论坛年会论文18篇，其中4篇被评为优秀论文。

【对外科研交流】 坚持开放科研格局，积极对外争取立项课题，总结宜兴发展成果；鼓励支持教师参与高层次科研研讨，宣传宜兴建设经验。从宜兴经济社会发展的生动实践入手，教师撰写理论研讨文章20多篇，部分优秀论文先后在长三角校长论坛、江苏省哲学社会科学界第十届学术大会、全省党校系统十八届六中全会精神理论研讨会、无锡市传统家学及当代价值研讨会、无锡市社会工作和社区管理研讨会等高层次研讨会上交流并获奖。

（范蕗珏）

人才工作

【概述】 全市人才工作紧紧围绕“产业强市”战略，深入实施“陶都英才”工程，以促进产业结构调整、助推经济转型发展为目标，创新人才政策体系，优化人才发展环境，着力构筑人才高地，为推动经济社会发展提供有力的人才支撑和智力保证。全年引进各类人才1.01万人。其中：高层次人才510人、海外留学人员121人、外国专家15人、到宜兴合作创新和落户创业的“千人计划”专家7人；入选国家“千人计划”1人、“万人计划”1人、“双创人才”11人、“双创博士”人才10人、“双创团队”1个；培育“陶都英才”创新创业领军人才13人，引育高级经营管理人才8人、高技能人才3545人。引进国外智力项目4个。引导和支持企业依据产业发展需求引进国内外顶尖人才、创新创业领军人才、高技能人才、优秀大学生。全年办理文教专家到中国许可申请、外国专家证申请事项25个。在年度人才综合考评中，宜兴市人才工作考核得分首次名列无锡大市第一。

【“陶都英才”政策新体系初步搭建】 3月，市委、市政府制订出台《关于深化“陶都英才”工程 促进人才创新创业的实施意见》，发布“陶都英才”新政。根据新政指导意见，各职能部门按各自职责先后制订《关于建立镇(园区、街道)党(工)委书记和人才工作部门负责人履行党管人才职责专项述职制度的意见(试行)》《宜兴市科技和人才工作领导小组成员单位人才工作职责和相关工作制度》《关于加强“人才强企”梯队建设 启动“151培育计划”的实施意见》《关于宜兴市新引进优秀人才申领租房（购房）补贴的实施办法》《宜兴市“陶都英才”科技创新创业领军人才（团队）项目申报指南》《宜兴市“陶都英才”科技创新创业领军人才（团队）项目扶持和实施管理办法》6项实施细则，共同搭建起全市人才工作政策新体系。新的“陶都英才”政策体系，引才机制突出市场化导向，注重调动企业、智库和中介服务机构的积极性，增强引才机制的灵活度和人才资源配置的有效性；人才引育突出针对性，紧扣产业转型需求，探索产业升级领军人才、企业经营管理人才、大学生、高技能人才并重的引育模式；人才评价突出科学性，优化考评结构，利用“大数据”对人才进行综合评价，建立项目人才升级和退出机制，对符合条件、运行发展特别优秀的项目进行提档升级，对发挥作用不明显的人才，经核实后取消相关激励政策或人才待遇。“陶都英才”新政实施后，“陶都英才”项目标准和申报程序得到全面升级。全年共认定“陶都英才”项目12个，其中创新项目5个、创业项目5个、创新团队项目2个，为产业升级发展提供了有力支撑，同时也为各级项目的申报提供充裕的人才储备。

【《人才发展“十三五”规划纲要》制订出台】 年内，市人才办等部门编发《人才发展“十三五”规划纲要》（以下简称《纲要》），明确宜兴市在“十三五”期间，要全面落实人才优先发展战略布局，造就人才智力高度密集、创新创业更加活跃、产业发展齐头并进、人才环境显著改善的人才发展新常态，人才竞争力保持地区前列位置。《纲要》提出，要坚持人才与产业融合发展、政府与市场双轮驱动、引进与培育齐头并进、高端和基础统筹推进四项基本原则，开展“陶都英才”升级工程、“陶都海外精英”引进工程、“陶都乡贤”回归工程、“陶都企业家”培养工程、“陶都工匠”引育工程、“陶都学子”集聚工程、“陶都名家”引领工程、“陶都产业人才特色小镇”创建工程八大重点工程，夯实产业发展创新平台、金融支撑平台、新型创新创业平台、社会化人才服务平台四大平台。《纲要》的出台明确了全市“十三五”期间人才工作的方向。

【《关于加快推进大学生创业园建设的实施细则》出台】 9月，为吸引更多大学生到宜兴创业创新，市人社局制订出台《关于加快推进大学生创业园建设的实施细则（试行）》（以下简称《细则》）。《细则》提出，学生创业园是指在全市范围内由独立机构运营，面向从事科技创新类或创意设计类及其他创新创意类项目的大学生创业者、创业团队和创客，为其提供低成本、便利化、全要素、开放式创新创业孵化的服务平台；经认定的市级大学生创业园视其固定资产投入、注册资金、就业人数、年销售规模给予一次性10万元—50万元的启动资金资助；根据市级大学生创业园业务情况开展年度考核，根据考核结果给予10万元—50万元的运行补贴。

【《新引进优秀人才申领租房（购房）补贴的实施办法》出台】 6月，市人社局出台《关于宜兴市新引进优秀人才申领租房（购房）补贴的实施办法》（以下简称《办法》）。根据《办法》，2012年3月后到宜兴并与所在企业签订3年以上劳动合同或在宜兴自主创业、缴纳社会保险的优秀人才，租购房可申报此项补贴。《办法》取消了原硕士、研究生以上人才的租房补贴的户籍限制，使企业能更柔性地引进人才；购房补贴发放的年限从1年延长到3年，从而更有利于优秀人才在宜兴稳定就业。全年符合条件的租房补贴人员115人，享受购房补贴人员25人，补贴资金166.5万元。

【“双创计划”项目申报创历史新高】 年内，“双创计划”人才项目申报数量取得较大突破。经过申报初审、基本条件评价、技术评审、答辩评审、社会公示等环节，全市共有11名高层次人才入选“双创人才”，10名博士入选“双创博士”，江苏雅克科技股份有限公司（以下简称雅克科技）谢东颖团队入选省“双创团队”，项目数量居无锡大市首位、全省县级市前列，其中雅克科技谢东颖领衔的“双创团队”获“双创计划”项目中最高专项人才资金资助500万元。

【“高校行”系列活动】 4月，“合肥高校行”活动在合肥工业大学举行，80多个宜兴企业与合肥地区高校院所开展科技与人才项目洽谈等活动。活动期间，合肥工业大学机械工程学院和丁蜀机械产业联盟、安徽农业大学茶与食品科技学院和市乾元茶叶有限公司分别签署共建战略合作协议，合肥工业大学生物与食品工程学院和市乾元食品有限公司、合肥工业大学化学学院和宜兴锦桢铸造有限公司分别签署产学研合作协议。12月，“西安高校行”活动在西安电子科技大学举办，60多个宜兴企业与多所西安高校开展产学研对接活动，并举办校园招聘活动。活动中，宜兴市政府与西安电子科技大学签署战略合作协议，无锡昌瑞自动化科技有限公司与西安交通大学通讯工程系签订产学研合作协议，23个企业参与招聘活动，共提供职位100个，达成聘用意向40多人。

【众创空间建设】 年内，全市大力推进众创空间建设，各类众创空间发展良好。蒲公英创客空间、环保“黑马营”、麦客加众创空间等载体为大学生创新创业提供了广阔空间和系统支持。麦客加众创空间组织举办首届全国大学生创新创业大赛，吸引50多个高校500多个项目参赛；环保“黑马营”先后组织环保中小企业投融资论坛、环保创新创业大赛等多场环保行业专业活动，拥有入营孵化企业20个；蒲公英众创空间充分利用运营团队在韩国环保技术对接方面的优势，搭建起与韩国技术交流对接更高效快捷的平台，引进韩国技术进入孵化阶段项目8个；“壶乐汇”众创空间，立足陶瓷紫砂艺术产业特色，让创客们对茶文化、紫砂文化、陶式生活有更深了解，从跨界融合创新中寻找灵感，进而创作出更具特色的紫砂器具。年内，由江苏省陶瓷研究所有限公司与丁蜀镇政府共建的"陶誉科创"（陶瓷新材料孵化器）落户丁蜀镇，主体设在江苏省陶瓷研究所有限公司内，总建设面积3万多平方米，是宜兴陶瓷产业创新创业的专业孵化平台，市光兴清华节能技术有限公司等初创企业入驻。

【人才项目申报】 年内，市人社局推荐4人参加无锡市第十七期高层次人才经济研究班的培训，推荐3个单位申报2016年无锡市柔性引进外国专家、海外智力项目。全市有14个国家引进境外技术、管理人才项目得到立项，其中国家级重点项目1个、省级普通项目4个、无锡市级普通项目9个；全市有7个第十三批"六大人才高峰"项目入选C类。

【吴炯入选国家"千人计划"项目】 吴炯是细胞信号传导技术领域的知名专家，在细胞生物学领域国际权威杂志发表论文30余篇，获得美国专利5件。2012年，吴炯带领一批国际知名的骨干科学家与银环控股集团合作成立众森源生物技术（江苏）有限公司，将其具有自主知识产权的新型抗体制备技术投入实际应用，同时协助诺贝尔奖获得者Richard Roberts博士成立理查·罗伯茨生物科技中国（宜兴）研究院，开启了江苏省民企与"诺奖"得主合作的先河，推动了宜兴市生物医药产业的快速发展。12月，吴炯入选国家"千人计划"，成为2016年度无锡全市唯一入选的高层次人才，也是全市第八位自主培育的"千人计划"专家。

【"万人计划"项目取得零突破】 王恒秀是浙江大学化工系博士、清华大学一碳化学与化工国家重点实验室博士后，2001年入职宜兴市中港精细化工有限公司，历任公司总工程师、研发中心主任、公司总经理、集团公司总裁，先后承担并完成了国家"火炬"计划、江苏省科技攻关、江苏省自然科学基金和无锡市青年科技人才培养计划等科研项目，形成多套具有特色的专有技术并实现研发成果的产业化，其中3-戊酮系列产品相关技术填补了国内的技术空白。2016年6月，王恒秀入选国家"万人计划"，成为全市入选该项计划的第一人。

【环科园引进石墨烯团队】 1月，环科园引进南洋理工大学研究生院院长、南京工业大学海外研究生学院院长申泽骧教授团队。申泽骧教授团队是国际上最早进行石墨烯制备与应用研究的团队之一，在石墨烯研究领域享有盛誉。该团队落户在宜兴环科园与南京工业大学合作成立的宜兴石墨烯新材料产业园，依托南京工业大学2011协同创新中心进行科技成果转化，以产品化、市场化为导向，打造国际化的、世界一流的石墨烯新材料产业化研究基地。申泽骧教授团队成立产业园的运营平台公司——宜兴南工烯环新材料科技有限公司，并成立宜兴市恩创环保有限公司、江苏佛照新能源科技有限公司两个子公司，主要生产石墨烯水处理电极材料和石墨烯动力锂电池隔膜材料。

【乡贤工作持续推进】 年内，全市初步搭建起乡贤工作体系。建立乡贤动态信息定期报送制度，加强市镇两级的沟通联系，全面及时了解全市在外乡贤的基本情况和动态信息，市人才办定期编制《乡贤动态信息参阅》，让市领导及时掌握在外乡贤情况。开展乡贤走访活动，结合"高校行"等人才活动，拜访部分重要乡贤，加强乡贤与家乡联系，探索产学研合作机会。逐步充实乡贤联络员队伍，在乡贤资源聚集的南京、西安、成都等地聘请一批知名度较高、号召力较强的"教授网"联络员，并在西安、成都两地设立宜兴乡贤联络站，并依托这些渠道通报宜兴市经济社会发展情况、科技人才政策等。发动镇、村全面收集在外乡贤信息，全年新增100余名乡贤信息，更新乡贤信息400多条，"中国宜兴教授网"数据库得到进一步完善。

（周健　蒋励）

编辑　吴艳

宜兴市人大常委会

STANDING COMMITTEE OF YIXING MUNICIPAL

综　述

【概述】 全年召开常委会会议7次、主任会议2次，开展视察5次，组织专项工作评议和询问各1次，听取和审议专项报告18项，形成审议意见和建议10个。依法行使重大事项决定权，先后审查和批准2015年市级决算、2016年国民经济和社会发展计划部分指标调整方案、2016年预算调整方案，作出决议、决定18项。依法行使人事任免权，依法任免国家机关工作人员65人次。对《宜兴市城市管理相对集中行政处罚权实施办法》《宜兴市城市地下管线管理办法》等4个规范性文件的合法性、适当性进行备案审查。

【镇街人大工作指导】 加强对基层人大工作的指导，年初召开全市镇（街道）人大工作会议，出台《关于2016年度镇人大工作的指导意见》，指导各镇人大确立年度目标。坚持常委会领导和委办负责人分片联系指导镇（街）人大制度，坚持邀请镇（街）人大负责人列席常委会会议或活动，加强常委会和基层的联系。持续推进镇（街）人大"两专一办"（配备专职负责人、专职工作人员，设立人大办公室）建设，18个镇（街）人大均配备专职主席（主任），优化镇（街）人大干部队伍年龄结构，部分镇（街）人大主席进入同级党委班子。探索园区人大工作机构建设，加快推进基层人大规范化建设。

【自身建设】 按照省委、无锡市委人大工作会议的要求，协助市委贯彻落实上级关于加强县乡人大工作和建设的重要文件精神，有效落实新一届常委会组成人员名额增加、专职委员比例提高等有关规定，解决常委会内设机构"一人委"问题，加强常委会工作力量。响应市委号召，常委会领导班子成员赴全市各地灾区参与抗洪抢险，市人大机关党员干部对口支援受灾社区。组织开展领导干部"三解三促""一帮一、献爱心"活动，努力保持同人民群众的血肉联系。扎实开展"两学一做"学习教育，组织常委会机关和镇（街）人大干部赴全国人大培训基地集中培训，提升人大干部的理论水平、综合素质和履职能力。深入基层、深入一线开展专题调研，形成调研报告18份。召开全市人大信息宣传工作会议，创建宜兴人大微信公众号，坚持同步更新宜兴人大网站，编制《务实创新·履职为民》纪念画册，编印《宜兴市人大常委会公报》5期、《宜兴人大通讯》20期。

重要会议

【代表大会】 1月18—20日，市第十六届人民代表大会第五次会议召开。会前，全体市人大代表专题视察宜兴文化中心、九如城养老综合体等重点民生实事项目的建设运营情况。会议听取和审议政府工作报告、市人大常委会工作报告、市人民法院工作报告、市人民检察院工作报告，书面审议《宜兴市国民经济和社会发展第十三个五年规划纲要》《宜兴市2015年国民经济和社会发展计划执行情况及2016年国民经济和社会发展计划草案的报告》《宜兴市2015年全口径预算执行情况和2016年全口径预算草案的报告》和《宜兴市人民政府关于市十六届人大四次会议代表建议、批评和意见办理情况的报告》，并通过相应的决议。会议选举产生宜兴市十六届人大法制委员会、财政经济委员会。会议期间，收到代表提出的建

市第十六届人民代表大会第五次会议召开　　（市人大办　提供）

议、批评和意见158件。会议闭幕时，无锡市人大党组成员、中共宜兴市委书记王中苏作《绘就新蓝图 建设新宜兴 开启高水平全面建成小康社会新征程》的讲话。

【常委会会议】 全年召开常委会会议7次。

2月26日，第26次会议召开。审议通过市人大常委会2016年工作要点（草案），作出关于接受裴全华辞去市十六届人大常委会副主任等职务请求的决定。

4月28日，第27次会议召开。听取和审议市政府关于加强宜兴教师队伍建设管理情况的报告，决定有关人事任免事项。

6月27日，第28次会议召开。审查和批准宜兴市2015年决算，听取和审议市政府关于2015年预算执行情况和其他财政收支情况的审计工作报告、市人民法院关于金融和破产案件审理执行工作情况的报告，对常委会任命的部分国家机关工作人员开展述职评议，决定有关人事任免事项。

8月30日，第29次会议召开。听取和审议市政府关于2016年上半年国民经济和社会发展计划及预算执行情况的报告、关于2016年政府投资重点项目建设和资金预算安排及执行情况的报告，书面审议"一府两院"关于上半年市人大常委会审议意见和建议办理情况的报告，作出关于开展第七个五年法治宣传教育的决议、关于市镇两级人民代表大会换届选举问题的决定、关于设立宜兴市选举委员会的决定、关于确定镇人民代表大会代表名额的决定，通过市新一届人大代表名额分配方案。

10月24日，第30次会议召开。对市行政服务工作情况进行专项评议并结合开展询问，通过市人大常委会关于调整代表资格审查委员会组成人员名单的决定。

12月5日，第31次会议召开。审查和批准宜兴市2016年国民经济和社会发展计划部分指标调整方案、宜兴市2016年预算调整方案，听取和审议市政府关于2016年政府投资重点项目资金调整情况的报告、关于市十六届人大五次会议代表建议、批评和意见办理情况的报告，确认市十七届人民代表大会代表资格，作出关于召开市十七届人大一次会议的决定。

12月23日，第32次会议召开。听取和审议市政府关于2016年全口径预算执行情况和2017年全口径预算初步安排情况的报告、市人大常委会代表资格审查委员会关于市十七届人大代表变动情况和补选代表资格审查报告，书面审议市人民政府、市人民检察院关于办理下半年市人大常委会审议意见和建议的报告，讨论市人大常委会工作报告（征求意见稿）、市十七届人大一次会议日程安排（草案）、选举办法（草案）、通过办法（草案）和各类建议名单，作出关于接受梅中华辞去宜兴市人民政府副市长职务请求的决定、关于接受周军辞去宜兴市人民政府副市长职务请求的决定、关于接受尹志华辞去宜兴市人民政府副市长职务请求的决定、关于接受刘勇辞去宜兴市人民法院院长等职务请求的决定、关于接受王玉珏辞去宜兴市人民检察院检察长等职务请求的决定、关于王英代理宜兴市人民法院院长职务的决定以及关于李营代理宜兴市人民检察院检察长职务的决定，接受骆永辉辞去宜兴市第十六届人大代表职务请求，决定有关人事任免事项。

【主任会议】 全年召开主任会议2次。

6月22日，第18次主任会议召开。听取市政府关于市十六届人大五次会议代表建议办理情况的汇报。会议建议市政府及相关职能部门思想上要再重视，力度上要再加大，责任上要再明确，沟通上要再强化，重点上要再突出，提高代表建议办理的满意度和落实率。会议同时听取市政府关于物业管理工作情况的汇报，建议要以法治化、规范化、专业化、自治化为导向，提升全市物业管理服务水平。

10月19日，第19次主任会议召开。听取市人民检察院关于侦查监督工作情况的汇报。会议建议要加强法治宣传，注重沟通衔接，完善内控机制，优化队伍结构，坚持科技强检，不断推进执法和司法规范化建设。

监督工作

【视察活动】 全年开展专题视察5次。

5月27日，视察食品安全监管方式创新工作情况。实地察看湖滨实验学校、大统华城北购物中心、青云菜场，并听取相关汇报。建议要加快职能融合，强化宣传引导，注重基础建设，构建全面覆盖的食品安全监管体系。

7月19日，视察老年人医养结合工作情况。实地察看九如城康复医院、苏欣护理院，并听取相关汇报。建议要坚持政策引导、高位统筹、普惠于民，为全

2016年7月，市人大常委会视察老年人医养结合工作情况 （市人大办 提供）

面推进医养结合打好基础、做好示范。

9月21日，视察农业综合开发工作情况。实地察看徐舍镇高标准农田建设示范工程项目、张渚镇红汕坞农业生态园，并听取相关汇报。建议要整合区域资源，形成带动效应，不断加快农业现代化建设。

11月17日，视察"强化有效投入、增强发展后劲"工业项目情况。实地察看东方环晟光伏（江苏）有限公司、远东光电股份有限公司、江苏博砚电子科技有限公司，并听取相关汇报。建议要加强重大项目招引，加快项目建设进度，做好落地项目服务，打造经济发展"主引擎"。

12月29日，视察2016年度政府实事项目实施情况。实地察看市民服务中心、常胜新村、老城区道路改造、老体育馆、红十字会血站和120急救指挥中心，并听取相关汇报。建议要紧盯工作目标、树立精品意识，进一步加强组织协调，狠抓推进落实，发挥实事项目便民、利民、惠民的重要作用。

【述职评议】 根据全市人大工作会议精神，制订《宜兴市人大常委会任命的"一府两院"工作人员述职评议暂行办法》，对常委会任命的干部探索开展述职评议工作。制订述职评议方案，组织市科技局、人社局、卫计委、旅游局、城管局5个政府部门的主要负责人向市人大常委会述职并接受评议。加强前期调研，组织座谈，召开常委会会议对述职对象进行民主评议，测评结果当场公布。

【专项工作评议和询问】 坚持专项工作评议和询问常态化，组织对市行政服务工作开展监督。形成《市人大常委会关于开展行政服务专项工作评议和询问的实施意见》，组建评议和询问工作组，通过召开相关部门和社会各界座谈会，向社会公开电子邮箱、监督热线等方式，广泛听取社会各界的意见和建议。组织开展会前视察，召开常委会会议，听取专项工作报告，进行专题询问，由市政府相关负责人以及政务服务管理办公室、发改委等职能部门主要负责人回答与会人员提出的问题，并由与会人员对行政服务工作进行民主测评，综合评定结果为基本满意。根据评议情况整理形成评议意见，督促政府坚持行政服务"三集中、三到位"，提高审批效率，完善配套设施，规范中介行为，优化发展环境，并按照规定的时序进度进行整改落实、报告反馈，有效推动了全市行政服务工作的不断发展。

【工作监督】 听取和审议关于教师队伍建设管理情况的报告，建议要整合资源配置，优化评价体系，创新激励机制，提高教师队伍的综合素质。听取和审议关于全市金融破产案件审理执行工作情况的报告，督促市法院配优、配强力量，推进协调联动，加大重大案件、典型案件的审理执行力度，全力营造公平公正的经济金融环境。按照《中华人民共和国预算法》规定的程序、时序和全口径预决算审查监督的有关要求，审查和批准宜兴市2015年决算和2016年预算调整方案，听取和审议宜兴市2016年预算执行、"同级审"、政府投资重点项目预算安排及执行等报告，初审2017年预算草案，建议政府提高财税征管水平，优化财政支出结构，推进财政资金使用绩效评价，最大限度发挥财政资金对经济发展的杠杆作用。

换届选举

【概述】 市、镇两级人大换届选举工作分五个阶段进行。8月下旬至9月下旬为准备工作阶段；9月下旬至11月10日为宣传发动和选民登记核对阶段，全市统一于11月10日公布选民榜；11月11日至11月23日为提名推荐和协商确定代表候选人阶段，全市统一于11月15日公布第一轮市、镇人大代表候选人名单，并在充分酝酿、讨论、协商的基础上，于11月23日公布正式代表候选人名单；11月23日至12月4日为候选人与选民见面和投票选举代表阶段，组织各选区选民在统一规定的选举日（11月30日）投票选举市、镇两级人大代表；12月5日至12月底为选举工作总结和筹备召开新一届人大一次会议阶段。

换届选举共划分市代表选区161个，应参加市代表选举的选民116.55万人，实际参加投票选举的选民101.05万人，参选率95.3%，依法选举产生市十七届人大代表357人。经市人大常委会代表资格审查委员会审查和市十六届人大常委会第三十一次会议确认，全市各选区选举市十七届人大代表的过程，符合《中华人民共和国全国人民代表大会和地方各级人民代表大会选举法》和《江苏省各级人民代表大会选举实施细则》的有关规定，357名市十七届人大代表的代表资格选举有效。由于代表人员变动，至市十六届人大常委会第三十二次会议，全市有市十七届人大代表356人。

【换届选举前期准备】 市人大常委会深入基层开展前期调查研究，听取意见和建议，提前制订切实可行的全市人大换届选举工作方案和日程安排表，并要求各镇街人大根据各自的实际制订和完善实施方案，确保整个换届选举工作有计划、有步骤地进行。召开主任会议，传达省、无锡市县乡两级人大换届选举工作会精神，并向市委常委会进行专题汇报，起草《关于做好市镇两级人大换届选举工作的意见》提请市委批转。9月24日，市委召开全市人大换届选举工作会，全面安排部署换届选举工作。批准市、镇两级成立选举机构，由党委书记任换届选举工作领导小组组长，承担起法定的工作职责，形成严密的选举工作网络。组织召开多次人大换届选举工作人员业务培训会议，市、镇两级对人大换届选举工作人员2.1万人开展业务培训56场。由市选举委员会成员和市人大机关干部组成4个联络组，分地区、分阶段赴基层开展联络指导工作。

【换届选举宣传】 在全市各社区、行政村制作悬挂横幅1240条(次),粘贴标语6178条(次),并由《宜兴日报》、宜兴电视台、“宜兴发布”微信公众号多次组织专栏、专稿宣传,提高全市人民对人大换届选举的认知度。累计发放《致选民公开信》38.97万份、《选民须知》2.1万份,印发登记公告2.1万份,发函、发电联系外出选民8619人,群发动员外出选民回宜兴参加选举短信9000余条,最终选民登记率100%,参选率95.3%。

【选举过程依法规范】 坚持按照法定时间和法定程序提名代表候选人,全市推荐出第一轮市代表候选人1391人,是应选代表数的4倍;镇代表候选人2641人,是应选代表数的2.6倍。做好组织引导和协商确定工作,最终确定市人大代表正式候选人518人,是应选代表的1.5倍。召开正式候选人与选民见面会536场,组织正式候选人开展走访座谈联系选民活动,加深选民对正式候选人情况的了解。协助组织部门、地方党委和其他19个相关部门对候选人开展考察审查,把好代表候选人的政治关、素质关、结构关。出台推荐连任代表的实施意见,做好连任代表人选的推荐工作。依法选举产生的新一届市人大代表357人,其中:工人、农民和专业技术人员身份的市代表263人,占73%;非中共党员的市代表121人,占34%;女性市代表99人,占28%。新一届镇人大代表1022人,其中:工人、农民和专业技术人员身份的镇代表901人,占88%;非中共党员的镇代表357人,占35%;女性镇代表309人,占30%。市、镇两级人大代表的素质和结构都得到进一步优化。

代表工作

【概述】 服务和保障人大代表依法履行法定职权,充分发挥代表主体作用。深入开展“建设美丽宜兴、展示代表风采”主题实践活动和代表“回选区、进社区”联系服务选民活动,组织全市各级人大代表深入基层、联系选民,积极履职、展示风采。制订《关于2016年度市人大代表小组活动的意见》,指导21个市代表小组围绕经济转型、城乡一体、环境保护、民生改善、社会管理等主题开展视察调研等活动。继续推进“两级载体、两项制度”*建设,为代表履职搭建平台、夯实基础。组织代表学习培训,定期向代表寄送人大刊物和内部资料,全年共邀请28名代表列席常委会会议、主任会议或参加视察等重要活动,为代表知情知政创造条件。坚持开展“双争双评”活动,完善代表履职激励机制,提高代表的履职积极性。

议案建议及信访督办

【概述】 市十六届人大五次会议期间及闭会期间,市人大代表提出建议、批评和意见162件。常委会坚持以提高代表建议办理质量为导向,明确办理职责,规范办理流程,完善督办机制,先后两次专题听取建议办理报告,并由常委会领导与市政府领导联合重点督办建议6件。代表对办理结果表示满意和基本满意的占95.1%,已经落实、基本落实和正在落实的93.8%。《关于恢复地下(人防工程)停车场功能的建议》《关于进一步加强对小区业主委员会支持力度的建议》等一批事关群众切身利益、为全社会广泛关注的建议得到有效推进,获得代表好评。认真接待和受理群众来信来访,加强对信访问题的跟踪督办,维护人民群众合法权益。全年受理群众来信来访57件(次),全部依法妥善处理。

2016年度市人大代表优秀建议

表9

序号	代表姓名	建议名称
1	张珊珊	关于加强社区卫生人才队伍建设的建议
2	陈才龙 沈岳军 程同孚 魏建华 邵小强	关于恢复地下(人防工程)停车场功能的建议
3	练 强	关于改善蛟桥河城东段水质的建议
4	潘云枫 吴叶美 徐 慧 万红仙 顾岩年 费文媛	关于对破坏我市耕地耕作层行为加强制止与监管的建议
5	石舅生 吴叶美 程同孚 魏建华 王伟东 张美君 王小平 包卫军	关于要求市政府采取有力举措促进宜兴经济健康有序发展的建议
6	徐建荣 华 健	关于建议住房管理局进一步加强对小区业主委员会的支持力度的建议

(陈啸)

编辑 解丽莉

宜兴市人民政府

YIXING MUNICIPAL PEOPLE'S GOVERNMENT

重要政务

【概述】 面对复杂严峻的宏观形势和持续下行的经济压力，市政府牢牢把握稳中求进总基调，确立"稳经济、稳金融"工作导向，贯彻中央供给侧结构性改革精神，落实去产能、去库存、去杠杆、降成本、补短板"三去一降一补"要求，全市经济社会继续保持平稳健康发展态势，主要经济指标增幅总体高于无锡平均水平。全年实现地区生产总值1377.7亿元，一般公共预算收入108.7亿元，社会消费品零售总额556.4亿元，全社会固定资产投资537.3亿元，城镇居民、农村居民年人均可支配收入分别为46092元、23709元。全市产业结构提档升级，开放创新持续深化，城市功能更加完善，环境品质日益彰显。"茶禅四月到宜兴"等活动受到社会好评，县域经济基本竞争力位居全国第六。继续加大民生投入，优先保障惠民实事，11件44项为民办实事项目有序推进，成为2016中国最具幸福感城市之一。

【经济发展】 在宏观形势严峻复杂、挑战考验不断增多的大背景下，市政府主动适应经济发展新常态，先后制订出台《关于深入推进预算管理制度改革的实施意见》《关于加快我市新能源汽车推广应用的实施意见》《关于加快推进国有林场改革的实施意见》《宜兴市中心外贸企业融资风险补偿资金池管理办法(试行)》等政策意见，全市经济继续保持稳健发展。全年完成工业总产值3510.6亿元，"工业百强"产值比重达62%。4个企业入围中国民企500强，6个企业入围中国民企制造业500强，2个企业获无锡市市长质量奖。将维护金融生态安全作为经济工作的重中之重，采取设立贷款周转金、贷款平移贴息、打击恶意逃废债务、打包处置等举措，守住了不发生区域性、系统性金融风险的底线。全年中小企业贷款周转金公司为260多个企业周转银行贷款100亿元。至年底，全市"一库一网一平台"(宜兴市企业信用信息基础数据库、宜兴诚信网、宜兴市公共信用信息服务平台)入库市场主体达7.4万个，有年成交额超20亿元的商品交易市场5个。

【开放合作】 继续做优做强优质服务平台，营造便捷高效的政务环境，市政府出台《关于加快建设知识产权强市的实施意见》等政策意见，继续推进开放合作，加强与国际友好城市的交流互动。一批宜兴企业与中国建筑材料集团有限公司、普睿司曼集团等企业联姻。全年利用外资1.58亿美元，完成进口总额6.8亿美元、出口总额30.2亿美元。境外投资4.17亿美元，总量居无锡第二位。新增上市企业2个、新三板(全国中小企业股份转让系统)挂牌企业18个。与高校、院所组织对接活动50余次，引进产学研项目150个、国际技术合作项目14个。推进"陶都英才"工程(2012年市委市政府制定实施的符合宜兴产业发展特色的高层次人才引育计划)，入选国家"千人计划"专家1人、省"双创团队"(高层次创业创新团队)1个。

【城乡建设】 坚持高效推进重大工程，提升城市内涵，打造更强更美更精城市。市政府出台《关于加快全市棚户区(危旧房)改造工作的实施意见》《宜兴市国有土地租赁办法》《宜兴市闲置土地处置办法》《宜兴市集体经营性建设用地租赁暂行办法》等政策意见。建筑面积达18.8万平方米的市文化中心投用，大剧院、博物馆、图书馆、美术馆、科技馆五大主题场馆向公众开放。范蠡大道全线贯通，阳光100商业街、城东文旅综合体等项目高效推进，城北老城区改造项目顺利实施。1月，宜兴市被评为省优秀管理城市。

【生态环保】 坚守生态宜居核心价值理念，市政府制订《宜兴市水污染防治工作方案》《宜兴市小型水利工程管理体制改革实施方案》《2016年民生环保专项行动实施意见》《宜兴市畜禽养殖污染防治工作方案》《关于河道综合整治工程管理的实施意见》等政策意见。推进治太(湖)保(水)源"四大专项行动"(企业达标排放、污水处理提标升级改造、畜禽养殖场整治、河道清淤)，劣Ⅴ类河道全面消除，19个国省考断面达到阶段性水质目标。连续9年实现太湖安全度夏。新的城市污水处理厂建成投用，新增污水主管网67千米，城区、集镇生活污水处理率分别提升至96%、86%。11座污水处理厂实现一级A标准排放。新建省级湿地公园1个。强化治理重点区域气味、噪声、烟尘粉尘等污染，淘汰高污染燃料锅炉544个，PM2.5平均浓度无锡最低。西渚镇白塔村入选全国生态文化村，省级以上生态村占比超60%。推进农村增绿、山区复绿工程，林木覆盖率达29.2%。完成节能和循环经济项目22个、减排项目32个，对20个企业开展能源审计、54个企业进行清洁生产审核。

【民生事业】 按照“量力而行、先急后缓、共建共享”原则，高标准、高质量实施实事项目11件44项，市政府制订出台《关于进一步做好援企稳岗促进就业工作的实施意见》《加快发展体育产业促进体育消费的实施意见》《关于宜兴市开展城乡居民大病保险工作的实施意见》《关于加强全市老年人体育工作的实施意见》等政策意见。加大民生投入，财政民生支出占一般公共预算支出比重提升至74%。启动全民参保登记，完成社保扩面10.8万人，社会保险综合覆盖率达99.3%。城乡低保标准增至每人每月600元。市养老护理中心建成投用，九如城带动养老机构“公办民营”模式全省领先。新增就业岗位3.2万个，扶持自主创业1980人，带动就业6857人，城镇登记失业率控制在2.3%以内。社会事业协调发展，新建小学1所、改(扩)建学校7所，完成4所学校2万平方米校舍加固，创建省、无锡市优质幼儿园各1所。市人民医院晋升三级甲等综合医院，丁蜀镇入选第一批中国特色小镇。全力应对特大洪涝灾害，应急处置能力实现新提升。完成G20杭州峰会服务保障任务，展示宜兴良好形象。

【自身建设】 开展“两学一做”(学党章党规、学系列讲话，做合格党员)学习教育，常态推进“三解三促”*活动，全面落实从严治党“两个责任”。自觉接受人大法律监督、工作监督和政协民主监督，听取人大、政协和各民主党派、工商联、无党派人士意见建议，落实人大专项工作评议和询问整改要求，人大代表建议、政协委员提案办理满意率达95.1%。政府工作法治化水平提升，出台《宜兴市政府规范性文件合法性审查工作标准》。参加无锡政风行风热线直播活动，优化“12345”政府公共服务热线运行机制。强化政府部门内控机制建设，抓好财政资金绩效审计，审计项目单位27个，促进增收节支近12亿元。完成新一轮公车改革，落实公务接待、办公用房调整等方面的制度，一般性支出实现连续5年下降。

重要会议

【市政府全体(扩大)会议】 5月3日，市政府召开全体(扩大)会议，部署和安排全年工作目标任务。根据政府工作的总体要求和发展目标，分解、落实年度重点工作52项，涉及农业农村、工业经济和信息化、服务业等9个方面。其中：农业农村类继续探索农村改革新路径，稳妥开展农村土地承包经营权抵押担保试点，基本完成农村承包地确权登记颁证，完成农业实用技术培训1.3万人，培训农村劳动力9560人；工业经济和信息化类力争全年实施一期投资超1亿元重点项目60个以上，力争智能电网、节能环保等主导产业产出规模占全市比重再提升1.5个百分点，争创省两化融合示范(试点)企业5个，实施装备智能化项目20个；服务业类力争组织各类银企对接会4次以上，新增上市企业2个、新三板挂牌企业5个，实现股权融资20亿元，实施国家AAAAA级景区、国家级旅游度假区“双创联动”；科技人才类力争高新技术产业产值占规模工业产值比重达39.5%，争取新引进产学研合作项目130个、国际技术合作项目10个，力争建成无锡市级以上有特色的创新型孵化器3个以上，全年完成中国驰名商标1件、江苏省著名商标15件、无锡市知名商标20件、江苏省名牌产品8个、无锡市名牌产品20个，创成AA以上质量诚信企业3个。会议要求政府全体成员要确立强烈的责任意识和使命意识，以攻坚克难的干劲、创新突破的闯劲、一抓到底的韧劲，同心同德，尽职尽责，开创政府工作新局面。

【市政府常务会议】 全年市政府常务会议召开9次。

1月4日，第33次常务会议召开，讨论、研究“十三五”规划纲要，听取市发改委关于《宜兴市国民经济和社会发展第十三个五年规划纲要(讨论稿)》。

3月7日，第34次常务会议召开，讨论、研究市商业规划(2015—2030)、市国有土地租赁办法、市集体经营性建设用地租赁暂行办法、市闲置土地处置办法、“宜兴市市长质量奖”评定办法、关于加快全市新能源汽车推广应用的实施意见和关于新能源汽车充换电设施建设运营管理的实施意见、丁蜀镇工业集中区规划修编方案会商的情况汇报、2015年度市科技进步奖评审情况和市第二十一届科技节方案的汇报8项议题。

4月29日，第35次常务会议召开，讨论、研究全市安全生产工作。

6月4日，第36次常务会议召开，讨论、研究关于贯彻落实《江苏省人民政府关于机关事业单位养老保险制度改革的实施意见》的通知、关于调整2016年度住房保障标准的通知、关于扶持远东光电与中建材下属全资公司凯盛科技集团合作项目的相关建议、市城市管理相对集中行政处罚权实施办法(市政府87号令修订稿)、市城市地下管线管理办法、关于在全市生产经营单位中开展安全生产诚信体系建设的意见、市政务外网云计算平台管理办法和市政务信息资源共享管理办法、关于华亚化纤所持农商行股权收购的建议、关于太华镇工业集中区规划修编方案有关情况的汇报、关于全市工业企业安全生产责任清单编制情况的汇报10项议题。

9月1日，第37次常务会议召开，讨论、研究市水污染防治工作方案、2017年度居民医保工作调整方案、开展城乡居民大病保险工作的实施意见、进一步做好就业创业工作的实施意见、市国有林场改革实施方案、推进社会保障卡金融功能应用方案、公共供水水厂水资源费结算标准调整方案、食品小作坊登记管理办法、关于《宜兴市食品药品安全事故应急预案》的情况汇报、关于《宜兴市行政审批中介服务事项目录清单》有关情况的汇报、关于调整黄标车提前淘汰补助标准的通告11项议题。

9月10日，第38次常务会议召开，讨论、研究关于支持远东集团投资建设6GW（1GW即10亿瓦特）高性能锂电池项目工作，听取高塍镇《关于支持远东集团投资建设6GW高性能锂电池项目的情况汇报》。

10月22日，第39次常务会议召开，讨论、研究市“十三五”防洪排涝规划及2017年水利投资计划，听取关于筹办首届“宜兴·丹麦文化季”活动的汇报、关于开设宜兴至成都高铁始发班车的情况汇报。

11月23日，第40次常务会议召开，讨论、研究市税收征管保障及税收遵从引导实施办法、关于开展审计整改督查工作的方案、市无偿献血表彰奖励办法、关于调整2017年度城乡居民养老保险基础养老金的建议报告、关于对江苏省宜兴电子器件总厂彻底民营化改制及其国有资产处置方式的汇报5项议题。

12月15日，第41次常务会议召开，讨论、研究《政府工作报告（讨论稿）》、关于提高全市低保保障和“五保、三无”供养补助金标准的情况汇报、市地名管理办法、关于宜兴市居民用水居民用气阶梯价格制度改革的说明，听取关于兑现2015年度企业代偿、承接银行债务补贴的汇报。

附：

关于市政府领导班子成员分工的通知

宜政发〔2016〕167号

各镇人民政府，环科园、经济技术开发区管委会，市各街道办事处，市各委办局，市各直属单位：

由于人员变动和工作需要，经研究决定，市政府领导班子成员分工如下：

张立军：主持市政府全面工作，兼管财政、人事、机构编制、税务、审计、监察、国有资产监管方面工作。

分管市财政局、市人力资源和社会保障局（人事）、市编办、市审计局、市监察局、市政府国有资产监督管理办公室。

联系宜兴市国税局、宜兴地税局。

何晓进：负责市政府常务工作，分管市政府办公室、接待、政策研究、政务公开、应急管理、机关事务管理、政务服务、行政审批、发展改革、企业上市、工业、工业集中区、能源、信息化、无线电管理、统计、统计调查、科技、供电、金融、证券、保险以及与市人大、市政协联络方面工作。

分管市政府办公室、市接待办公室、市政府政策研究室、市机关事务管理局、市政务服务管理办公室、市政务服务中心、市发展和改革委员会、市企业上市工作办公室、市经济和信息化委员会、市中小企业局、市统计局、市科学技术局、市知识产权局、市金融工作办公室、市商贸资产管理公司。

联系市总工会、市科协、宜兴调查队、宜兴供电公司、市工商联、中国人民银行宜兴支行、银监会无锡分局宜兴办事处、宜兴农村商业银行、市各金融证券保险机构。

周　斌：分管招商引资、开放型经济、口岸、服务业、市场监管、食品药品监管、市场流通、物价、外事、侨务方面工作。

分管市商务局、市口岸办公室、市发展和改革委员会（服务业领导小组办公室）、市市场监督管理局、市食品药品监督管理局、市物价局、市政府外事办公室、市外事服务中心。

联系市台办、市侨办、市侨联、宜兴国检局、无锡海关宜兴办事处、宜兴市烟草专卖局、宜兴市盐务管理局、中石化宜兴分公司、市对外友好协会。

吴青峰：分管农林、水利农机、国土、矿产资源管理、不动产登记、人力资源和社会保障（劳动社保）、民政、老龄、双拥、预备役、征兵、粮食、民族宗教、供销方面工作。

分管市农林局、市农业资源开发局、市水利农机局、市国土资源局、市不动产登记局、市人力资源和社会保障局（劳动社保）、市民政局、市粮食局、市民族宗教事务局、市供销总社。

联系市委农办、市气象局、市残联、市人武部、驻宜部队、市老年协会、市农村经济学会、市老区开发促进会、市扶贫开发协会。

储红飙：分管环境保护、卫生和计生、旅游、文化、版权、文化遗产保护、广播电视、对口支援方面工作。

分管市环境保护局、市太湖水污染防治办公室、市卫生和计划生育委员会、市旅游园林管理局、宜兴旅游产业集团、市文化广电新闻出版局、市版权局、市文化遗产局、市广播电视台。

联系市文联、江苏有线宜兴分公司、市生态文明研究与促进会。

卢　敏：分管教育、司法、政府法制、体育、档案、地方志、精神文明、妇女儿童方面工作。

分管市教育局、市政府教育督导室、市司法局、市政府法制办公室、市体育局。

联系市档案局、市史志办公室、市妇女儿童工作委员会、市未成年人保护委员会、市红十字会、市关心下一代工作委员会。

马　钟：分管安全生产、消防、城乡规划、建设和管理、交通运输、公用事业、高铁新城建设管理、住房保障、人防、邮电通信、供电基础设施方面工作。

分管市安全生产监督管理局、市公安局消防大队、市规划局、市建设局、市人民防空办公室、市交通运输局、市城市管理局、市城市管理行政执法局、市住房保障和房产管理局、市公用事业管理局、市云湖景区建设办公室、市高铁新城建设管理办公室、市招投标管理办公室、市国土资源局（土地收购、储备和交易中心）。

联系宜兴供电公司（供电基础设施建设）、江苏宜兴海事处、宜兴邮政公司、宜兴电信公司、宜兴移动公司、宜兴联通公司、宜兴公积金管理中心。

谢海华：分管公安、信访稳定方面工作。

分管市公安局。

联系市信访局、市见义勇为基金会。

戈林兴：分管科技镇长团方面工

作;协助分管财政、人力资源和社会保障(劳动社保)、科技方面工作。

宜兴市人民政府

2016年12月29日

(杨若凌)

政府法制

【概述】 全年起草、审核、修改市政府规范性文件5件,向无锡市政府和宜兴市人大常委会报备;审核修改其他政府文件49件;完成上级立法征求意见12件;备案并通过审查镇(街道)、部门上报规范性文件2件。全年清理《市政府关于公布部分规范性文件清理结果的决定》确认继续有效的以及2014年1月1日至2015年12月31日市政府及其办公室制订的规范性文件355件。集中评查和考核全市行政机关依法行政、规范执法示范点创建等工作。组织全市260名新领证执法人员和280名执法机构、法制机构负责人参加执法培训。开展全市行政执法主体和行政执法人员清理工作,全市37个行政执法主体符合申领行政执法证件的人员为3957人。组织政府法律顾问审查修改政府合同近40件,出具书面审查意见4件。全年收到行政复议申请30件,办结26件,其中不予受理1件、作出维持决定8件、责令被申请人限期履行6件、驳回申请人申请6件、以告知的形式作出答复的4件、申请人撤回申请的1件。全年召开行政复议听证会1次,处置以市政府为被告的行政诉讼案件16件、信访复查案件4件、行政执法投诉案件1件,审理仲裁案件10件。年内,市法制办被省法制办评为全省法制工作成绩突出单位。

《法制讲堂》 (市法制办 提供)

【依法行政检查实现常态化】 在2015年对依法行政检查考核进行改革、调整、试运行的基础上,2016年市法制办结合全市依法行政工作实际,实施"534"工作法。主要内容有:落实5个步骤,即提前3天寄出通知,现场检查,抽查案卷,评查打分,发出《法制建议书》;抓住3个环节,即检查前的通知和检查后的整改意见发到部门办公室,案卷抽查后带回办公室检查、互查,现场检查时间要短;提出4点要求,即态度要好、工作要细、评查要严、打分要实。7—12月,市法制办逐一检查全市所有考核部门,重点查看2015年7月至2016年6月的工作台账和执法案卷。考评结束后,向考核单位发放"说理式"法制建议,同时把考核结果作为评先评优及政务综合考评中依法行政考核打分的依据,发挥依法行政考核对推进依法行政和建设法治政府的作用。

【规范性文件合法性审查试点工作】 年初,宜兴市被确定为全省规范性文件合法性审查试点单位,市政府印发《关于进一步做好规范性文件合法性审查工作的通知》。5月,省法制办召开完善规范性文件合法性审查机制试点工作座谈会,市法制办在会上作交流发言。10月,宜兴市出台《宜兴市政府规范性文件合法性审查工作标准》,规定了规范性文件合法性、合理性、必要性、可行性审查的具体标准,着重规范了合法性审查的送审稿及相关材料、初审阶段中的退(缓)办情形、征求和听取意见的具体操作、调研的发起和专家咨询论证要点等方面的标准。11月,该标准被省法制办作为范本印发全省。

【领导干部学法用法活动】 为落实常务会议学法制度,针对市政府常务会议议题多、时间紧的特点,市法制办编印《法制讲堂》学法资料供参会领导自学。《法制讲堂》每期一项内容,重点解读新颁布实施的法律、法规、规章和政策,以及市政府领导需要了解的条文内容。会后,将《法制讲堂》发放至市委、市人大、市政府、市政协及全市各镇(园区、街道)和政府工作部门领导,推动学法活动向纵深发展,提高全市行政机关领导干部法制意识和法律素养。按照《宜兴市非人大常委会任命领导干部法律知识任职资格考试暂行办法》的规定,市法制办继续会同市委组织部实施全市非人大任命市管领导干部法律知识任职资格考试,全年参加考试7人,合格率100%。

(陈雯)

人事工作

【概述】 市人社局把握人事管理体制改革方向,按照编制许可、改善结构、协调管控、强化自身等要求,高水平、多层次规范人事管理。全年接收安置军转干部42人,完成被分配到企业的军转干部的解困、稳定工作。开展公务员职务与职级并行制度的部署实施和职级晋升的审核审批工作。稳步推进博士后科研机构建设,全市累计建成国家级博士后科研工作站9个、分站4个,省博士后创新实践基地9个,有在站博士29人。规范职称评审工作,全年完成对1639名报名参加工艺美术评审人员的资格审核,符合条件的1413人,其中高级98人、中级118人、初级1197人。大中专毕业生初定职称1416人。审核推荐进入各级各类评委会评审的职称申报材料5749份,审核各类考试报名资格

1.02万人次，培训1.3万人次，证书注册1.2万人次，发放证书1.46万张。重视专家队伍建设，按照《双向目标责任书》的要求，年末对第六轮学术技术带头人进行培育期满考核，同时开展第七轮学术技术带头人的选拔推荐工作。

【公务员管理】 继续完善机关事业单位公开招聘制度，全市行政机关考录公务员80人（含公安）。市人社局编制政府口公务员考录职位计划32个(43人)，配合上级业务主管部门做好3200多名网上报名考生的资格初审和130名拟进入面试环节人员的资格复审。对50名新录用公务员举行为期10天的初任培训，并跟踪指导试用期内人员管理。8月，市人社局会同市委组织部印发《关于做好2016年上半年度公务员教育培训工作情况统计和下半年度教育培训计划申报工作的通知》，明确科级及其以下干部参加教育培训的时间每年累计不少于12天或90学时。同月，会同市委组织部印发《关于开展2016年度公务员自主选学工作的通知》，全市3800多名公务员完成选学并通过网上考试。9月，会同市委组织部举行以“五大发展理念——新发展理念与新江苏发展”为主题的省公务员大讲堂“送教下基层”培训，全市204名公务员参加。

【事业单位人事管理】 按照《江苏省事业单位公开招聘人员办法》和《无锡市事业单位公开招聘人员实施办法》，市人社局完善和规范学历条件、递补规则等方面的招聘政策，全年公开招录事业单位工作人员413人，其中教育系统196人、卫生系统117人、其他事业单位100人。全年办理事业人员岗位聘用约3000人次，事业单位岗位设置常态化管理工作步入正常化轨道。9月，为提升全市事业单位新进人员的政策理论素养和岗位履职能力，市人社局首次组织116名全市事业单位新进人员参加系统性的集中岗前培训。

（蒋励）

机构编制管理

【概述】 市编办深化行政审批制度改革，落实政府机构改革，加快政府职能转变，持续推进简政放权、放管结合、优化服务改革，严格控制机构数、编制数和职数。全年承办涉及机构编制调整事项32件，其中签批发文32件。新设立事业机构4个，更名4个，撤销4个。增核编制51名，其中行政9名、事业42名。完善机构编制实名制管理信息系统，全年完成人员出入编业务1911人次。调研全市镇（园区、街道）编外用工情况，拟定《宜兴市镇（园区、街道）编外用工管理实施意见》，核定编外用工指标，明确薪酬标准和准入制度。强化机构编制监督检查和预审制度，全年完成中层职数预审11人次、津补贴审核52人次、车贴审核4人次。开展机关、群团统一社会信用代码赋码工作，全年赋码85件，赋码率100%。实行机关事业单位网上名称管理，完成中文域名续费653个，其中公益域名562个、政务域名91个。

【丁蜀镇行政管理体制改革试点工作通过验收】 2010年，丁蜀镇作为省经济发达镇行政管理体制改革的20个试点镇之一，开始创新调整体制，下放管理权限，推进“强镇扩权”工作。至2016年，该镇由原来的7个党政机构、7个事业机构整合为10个职能机构，市级以上派出机构由原来的12个调整为10个。按照“能放即放、充分授权”原则，累计下放权限1152项。其中，第一批行政授权事项33项、行政权力延伸服务事项467项，分期分批授权652项。2016年，省行政管理体制改革试点工作督查小组围绕“集中高效审批、分类监管服务、综合行政执法”三个方面，验收丁蜀镇行政权力的下放承接、前后台运行机制和行政流程再造、权责清单规范等方面的工作。5月，该镇的行政管理体制改革试点工作通过验收。

【行政审批制度改革】 2013年起，市编办持续坚持简政放权，至2016年年底，累计取消审批事项175项、减少38.5%，承接上级下放审批事项103项。其中，2016年取消76项、承接13项。编制《宜兴市行政审批中介服务事项目录清单》，保留行政审批中介服务事项49项，其中47项可由申请人自行选择中介机构。出台《关于建立双随机抽查机制加强事中事后监管的实施意见》，编制《部门随机抽查事项清单》，规范全市行政执法检查部门的执法行为，强化事中事后监管。编制《宜兴市公共服务事项目录清单》《宜兴市行政事业机构清单》，

省编办到丁蜀镇评估该镇的行政管理体制改革试点工作（市编办 提供）

以省标准化清单和市设权力清单为基础，按照“不另设权力、不减少权力”的原则，指导44个部门编制完成行政权力办事指南，推进全省政务服务“一张网”建设。

【机构改革】 推进市政务服务管理办公室、政务服务中心、公共资源交易中心、“12345”政府公共服务热线受理中心“一办三中心”政务服务平台建设。市编办会同市国土局、政务办、招投标中心调研市公共资源交易平台建设情况，制订公共资源交易平台整合初步方案。完成市卫计委、民宗局、太湖办和市不动产登记中心等机构调整设置，落实“三定”(定主要职责、内设机构、人员编制)方案，指导其挂牌运行。

【事业单位改革】 推进承担行政职能的事业单位改革试点工作，系统梳理事业单位职能，按照“政事分开、精简效能、统筹兼顾”的原则，制订改革试点方案。实行事业单位年度报告公示制度，全年网上公示事业单位年度报告书510份、事业单位法人变更申请书76份、事业单位设立登记申请书12份。推进事业单位“一证一码”制度改革，完成事业单位统一社会信用代码证更换510份，建立以信用管理为重点的事业单位监管服务体系。

（吴伟）

政务服务

【概述】 原宜兴市行政服务中心更名为宜兴市政务服务管理办公室(挂“宜兴市政务服务中心”牌子，以下简称市政务办)。全年市政务服务中心窗口受理审批(服务)事项76.85万件，其中即办件66.29万件、承诺件10.56万件；办结76.69万件，比上年增加8.56万件，增长12.57%。收缴规费11.03亿元，比上年减少1.31亿元，降低10.59%。群众评价满意度始终保持在99%以上，市政务办列全市2016年度“千人评议机关”第十位。

【“多证合一”工作有序推进】 市政务办会同市市场监管局，在上年实行工商注册登记证、组织机构代码证、税务登记证“三证合一、一照一码”的基础上，增加社会保险登记证、统计登记证，实行“五证合一”登记制度，实现企业注册登记一表申请、一窗受理、一次告知、一份证照。按照进一步深化商事制度改革的要求，将公章备案领域等内容统一注册登记，实行“多证合一”，为企业注册登记和大众创业提供便捷高效服务。至年底，全市核发“一照一码”营业执照2.51万份，占在业企业总数的68%。

【不动产统一登记制度实施】 6月，市政务办会同市国土、住房部门，推进不动产登记改革。整合不动产登记职责，建立不动产统一登记制度，梳理不动产登记办事流程，制作宣传图示、便民告知单。整合国土、住房、综合窗口，设立不动产登记服务窗口，设置导询处、查询与注销区、业务受理区，协调、新增工作人员23人，确保业务办理顺畅。同时，采取现场集中办理，短信、电话预约办理和通知领证等方式方法，提高办事效率。至年底，受理不动产登记业务2.01万件，办结1.97万件。

【行政权力网运行透明规范】 扩大行政权力网运行项目的覆盖面，加快行权网与部门自建业务系统对接，提高行政权力在线覆盖率和运行率。全市36个部门(不含垂管部门)的415项行政权力事项在网上公开运行，实际在线运行191项，在线运行率46%，全年受理办结29.2万件。按照市政府办牵头、市编办协调、市法制办审核、市政务办负责入库的职能分工，集中梳理全市6000多项权力事项，规范编制权力事项办事指南。同时，组织开展全市行政权力事项清单和办事指南标准入库培训，为全省政务服务“一张网”总体部署工作做好准备。

【政务服务效能提升明显】 围绕便民惠企，优化流程、精简材料，提高办事效率。全年承诺件提前办结4.28万件，提速率41.18%，实行上门服务267件，节假日预约服务2288件，先办后补2969件。建设窗口质监证、安监证、施工许可证“三证”由原来的分别受理改为统一受理，压缩审批时限。交通窗口梳理材料清单，明确操作流程，确保《水路运输许可证》和《船舶营运证》下放审批事项承接到位。卫计委窗口开通建设项目卫生审查、建设项目职业病防护设施竣工验收网上审批，走在全省县级市的前列。国土窗口启动不动产登记短信通知系统，方便群众第一时间获取办理结果。开展现场集中服务，受理红塔新苑拆迁安置户现场办理不动产证712件。地税窗口创新设计不动产涉税业务预收件表，帮助办事群众提前准备好手续资料。农林窗口开通网上预申报通道，企业可通过网络报单，窗口工作人员预审后，办事人员到窗口提供必要材料即可出证。商务窗口对于审核要件齐全、个别非关键性的材料暂时缺失的申请，采取先办后补等方式，尽早让企业拿到批文证书。

（陆碧莲）

民族宗教事务

【概述】 全市有少数民族42个，总人口达11000人(含流动少数民族)，以苗族、布依族、彝族、壮族、土家族居多。在校少数民族学生(含流动少数民族群众务工子女)1404人。全市有清真饮食拉面店110户，比上年增长7.3%。有佛教、道教、天主教、基督教四大宗教，依法备案登记的宗教活动场所64个，其中佛教35个、道教7个、基督教20个、天主教2个。有比丘、比丘尼、道士、牧师、长老、传道和神父等教职人员157人，信教群众10多万人。宗教活动场所健康发展，新增四星级宗教活动场所3个，累计5个；新增三星级宗教活动场所4个；雪蓑寺被评为无锡市文明宗教活动场所。指导市佛教协会出台《宜兴市佛协规章制度》，市佛教协会对247名符合条件的上岗人员统一颁发上岗证。加强对全

第五届道教文化节
（市民宗局 提供）

市首个宗教场所创办托老院的指导工作，对临津寺等12个场所的改建、扩建予以现场论证、程序把关。做好新庄教堂负责人的推荐、考察和任命批复工作。全年为34个合法登记的佛教、道教活动场所颁发国家宗教局制作的场所标识牌。

【宗教领域和谐稳定】 举行民宗领域安全生产培训班，指导芙蓉寺、西乾寺、司徒寺、吉祥寺、临津寺佛像开光活动的安全工作。以“安全生产月”为契机，做好14个受洪灾严重的宗教场所的抗灾工作及17个佛（道）教场所香期协调安保工作。对全市39个佛教、道教场所开展《关于在全市开展佛教、道教活动场所去商业化整治工作》落实情况普查，维护佛教、道教领域秩序。全年开展民宗领域突出信访问题、基础工作薄弱环节、宗教活动场所安全事故隐患、有风险的预警项目四项集中排查4次，重视市“两会”、G20杭州峰会期间的民宗领域稳定工作，无非正常或越级上访事件发生。

【民族工作扎实开展】 全年市、镇、村三级筹集20多万元，走访慰问并资助少数民族贫困户、低收入家庭150多户。做好穆斯林群众“开斋节”和“古尔邦节”期间的组织协调和安全保障工作。市民宗局、财政局联合出台《关于对回族等10个少数民族居民发放清真食品补贴的通知》，对220名符合政策的少数民族群众落实补贴，标准为每人每月12元。全年为116名符合规定的少数民族中考投档考生提供族别证明，为3名外来少数民族群众解决子女入学问题，为34个清真饮食拉面店协调解决经营、租赁困难问题6个，保障少数民族群众权益。

【宗教文化品牌建设】 继续推进全市宗教文化发展，丰富文化内涵，创造特色品牌。开展“宗教慈善质量提升年”活动，引导宗教界捐资、捐物，折款110多万元。市天主教爱国会、大潮山福源寺分别为特困家庭、特殊病人实施定点捐助。全市四大宗教团体为阜宁灾区捐资18万元。举办第五届道教文化节、“上海—宜兴”书画展览、“传播素食文化，倡导绿色生活”讲座、传统国学夏令营等宗教文化品牌活动。接待中国藏语系佛学院毕业生参访团和两岸人间佛教交流访问团等到大觉寺交流访问，大觉寺全年接待香、游客逾30万人次。首次开设道教“庚桑论道”，扩大道教影响力。慧林禅寺牵手扬州鉴真佛学院，成立“圆觉讲堂”，设立佛学研究基地，全年开展佛学讲座4次。

（陈敬良）

外事·接待

【外事】 全年接待邀请外宾15批、321人次，其中日韩外宾4批、32人次。4月，参加韩国闻庆市茶碗节开幕式，开展友好城市交往和中韩陶瓷文化艺术交流活动。11月，参加无锡市第八届无锡国际友城交流会的28个国家、36个友好城市代表团的约190名外宾到宜兴考察。全年审核因公出国（境）团组60批、137人次。其中，宜兴组团23批、94人次，非宜兴组团37批、43人次。组团出访的国家主要有日本、美国、英国等。

（何静）

【接待】 做好全国政协副主席刘晓峰等到宜兴考察的接待工作。全年接待来宾841批、1.02万多人。其中：承担三级警卫任务1批、20多人；部省级来宾40批、500多人，地市级来宾60批、900多人；有关县市党政代表团及各类考察团200批、3500多人；商务接待150批、2000多人；外宾30批、300多人；其他来宾360批、3000多人。参与2016中国宜兴国际素食文化暨绿色生活名品博览会等活动期间部分来宾的接待工作。

（陆沿庄）

机关事务管理

【概述】 根据市机构编制委员会《关于宜兴市市级机关事务管理局更名的批复》，自3月30日始，宜兴市市级机关事务管理局更名为宜兴市机关事务管理局。全年交换文件18万件，邮寄信件12万封，分发报刊97.5万份；提供中央空调服务260次；保障会议1385次，其中承办专场会议650次。承担市“两会”、市第十三次党代会、2016年中国宜兴国际素食文化暨绿色生活名品博览会、中国陶都（宜兴）金秋经贸洽谈会等活动的部分保障任务。机关食堂全年供餐13.9万人次，完成市老干部新春茶话会聚餐、公务接待性便饭等275桌（次）、2800人次，连续19年无饮食卫生安全事故发生。卫生保洁工作落实“错时”与“跟踪”服务，清洗玻璃和纱窗1200平方米，清理生活垃圾1.27万桶。做好基建日常维修保障工作，改造出新办公室41

个、面积8500余平方米，更换屋面防水卷材2070平方米。加强院外房产管理，组织实施市涉密载体销毁中心建设，配合做好海关原办公楼改造。调整市政府大院绿化布局，更新花木5900余平方米。加强政府大院车辆管理，严格外来人员、车辆登记制度，协助做好上访人员的劝阻、疏导工作，全年接待来访登记8000人次，盘查无通行证车辆2.6万辆（次）。规范车辆停放秩序，建立7号楼车主联系电话台账，安装倒车固定桩46个，维修更换5—9号楼车库门，安装车辆道闸及监控系统。加强五局大院安保工作，协助指挥车辆6300辆（次）。换发2017—2018年车辆通行证4500余张。落实安保24小时值班巡逻制度，负责重要会议安保工作9场（次）。“6110”热线24小时值守，全年维修2100余次。全年开展全市党政机关办公用房清理整改、“回头看”工作4次，实地测量市领导办公室并上报资料，指导市党政机关办公用房重新登记统计工作。至11月，全市党政机关办公用房清理整改工作全部完成。

【“两型”示范机关创建工作】 为创建资源节约型、环境友好型“两型”示范机关，提高机关运行效能，市机关事务管理局组织开展节能宣传周暨能源紧缺体验、节能产品和技术推广应用等活动。组织公共机构5名工作人员参加由国家机关事务管理局与清华大学联合举办的公共机构远程教育培训。加强政府大院目标节能管理，利用电价、天然气价格差，与江苏双良有限责任公司签订零成本投入的能源合同管理协议，改造升级中央空调系统，新投入300万卡制冷设备1台，节约设备改造投资300万元，为公共机构解决节能改造资金短缺问题起到示范作用。新装节能灯1000只，全年可节电8万千瓦时。升级改造自来水管道系统，新增消防、绿化取水点40个，实现10幢办公楼自来水表分立，全年可节水5万立方米。贯彻执行省、无锡市公共机构能源资源消费统计制度，完成全市334个公共机构2015年度、2016年度上半年的能源资源消耗统计网上直报工作。考核镇（园区、街道）和市级机关单位节能工作，完成公共机构节能2016年度目标任务。市中医医院被评为省级“两型”示范公共机构，周铁镇政府、市国土资源局等7个单位被评为无锡市“两型”机关示范单位。

【机关公务用车管理】 落实公务用车编制管理、购置审批、经费预算管理等制度，规范执法执勤用车和事业单位用车的配备使用。完善公务车购置申请和审批材料、行驶证、机动车信息登记等建档工作，全年审查核定、申请更新公务用车31辆。在无锡市公车改革领导小组办公室和市纪检监察部门的组织下，全年抽查公务车使用情况4次，处理公车私用人员2人。按照先调剂使用、后统一处置的原则，处置停驶封存车辆；调配使用公务车32辆；处置报废67辆；组织公开拍卖8次，成交340辆，收入1075.67万元。开展企事业单位公务车改革的前期摸底工作，摸清全市650余个事业单位和国企的公车底数。

（周光宁）

对口支援与南北挂钩

【概述】 继续开展与陕西省吴起县、富县和重庆市云阳县以及新疆维吾尔自治区霍城县、阿合奇县的对口支援工作，推进与江苏省沛县、睢宁县的“南北挂钩”帮扶工作，做好宜沛工业园区的共建工作。全年市财政支持资金430万元，其中云阳县40万元、霍城县15万元、阿合奇县15万元、吴起县50万元、富县70万元。支援富县、吴起县的5个建设项目全部竣工，包括富县莲花池村文化广场项目和吴起县吴起镇、五谷城镇双庙村的道路维修项目。出资200万元帮扶睢宁县大周村建设标准厂房6000平方米，年底建成。出资40万元扶持沛县魏庙镇毛寨村、鹿楼镇杜桥村新建经济薄弱村综合服务中心。全年接待吴起县、富县、沛县、睢宁县党政代表团15批、200人次。5月，市发改委组织江苏中超电缆股份有限公司、江苏中讯电子科技有限公司等8个企业赴西安市参加第二十届东西部经济合作与投资贸易洽谈会，签约项目1个。

（颜昭培）

编辑　叶绿

政协宜兴市委员会

THE CPPCC YIXING COMMITTEE

综　述

【概述】 围绕市委十四届五次全会确定的目标任务，履行政协主要职能，团结市各民主党派、工商联、无党派人士、人民团体和各界人士，推动全市各项事业协调发展。邀请全国政协委员徐安碧第一时间传达全国“两会”精神，组织政协常委专程赴全国政协北戴河培训基地培训，系统学习习近平总书记系列重要讲话精神和人民政协协商民主理论知识，推动委员知情明政、献计出力。开展“立足本职促发展，当好委员献良策”主题活动，动员各级政协组织和政协委员为应对宏观经济形势挑战、促进经济平稳健康发展献计献策。坚持围绕中心、服务大局，就事关全市改革发展稳定的重大事项和人民群众普遍关注的热点问题开展协商议政、建言献策活动。按照“三在前、三在先”*要求，就全市经济社会发展的有关重点议题，开展政治协商活动。完善民主监督机制，运用建议案、视察调研、提案督办、反映社情民意等形式，开展经常性民主监督活动，促进部门提高行政效能，维护人民群众根本利益。围绕市委、市政府中心工作参政建言，为稳增长、防风险、调结构、优环境、惠民生、促改革等各项工作贡献智慧和力量。坚持团结民主，加强与各民主党派、工商联和无党派人士的联系沟通，搭建履职舞台，创优参政条件，各党派团体全年提交集体提案33件，反映社情民意信息17条；加强与党外知识分子、非公经济代表人士及其他新社会阶层的团结联络，营造和衷共济、共创伟业的生动局面。推进政协工作制度化、规范化、程序化建设，进一步完善协商议政、民主监督、视察调研、建言献策、提案办理、反映社情民意等工作机制，对市城管执法局提案办理工作开展民主评议活动，促进履职规范有序、务实有效。加强政协委组工作，抓好政协专门委员会、工作委员会、界别活动组基础建设，推动各项履职活动规范有序开展。

重要会议

【全体会议】 1月17—19日，市政协十四届五次会议召开。听取和审议《中国人民政治协商会议宜兴市第十四届委员会常务委员会工作报告》《中国人民政治协商会议宜兴市第十四届委员会常务委员会关于提案工作情况的报告》；听取和讨论市委书记王中苏所作的讲话；列席市十六届人大五次会议，听取并讨论政府工作报告、市人民法院工作报告、市人民检察院工作报告；举行参政议政大会；通过提案审查报告和大会决议。

【常务委员会会议】 市政协十四届委员会全年召开常务委员会会议5次。

1月9日，十四届二十次常委会议召开。听取市政协十四届五次全会各讨论组协商讨论市委领导讲话、常委会工作报告、提案工作报告、政府工作报告及其他报告综合情况汇报；协商通过市政协十四届五次会议提案审查报告（草案）和大会决议（草案）。

3月9日，十四届二十一次常委会议召开。视察城市总体规划工作情况，协商通过《政协宜兴市委员会2016年工作要点》。会议提出：搞好城市总体规划工作，对于促进经济社会发展、有效配

市政协召开十四届二十二次常委会　（市政协办　提供）

置公共资源、保护生态环境、协调利益关系、维护社会公平具有十分重要的意义。在城市规划过程中,要始终坚持起点要高、特色要明、执行要严的原则;在城市规划建设中,要创新工作思路、突出重点内容、坚持长效管理,始终注重协调推进;在城市规划推进中,要加大经费投入、加强部门联动、强化队伍建设,始终提供有力保障。

6月28日,十四届二十二次常委会议召开。视察全市制造业在建项目建设及后劲投入情况;协商通过《加强新时期企业家队伍建设,为宜兴经济可持续发展注入不竭动力》《强化责任、协调联动,合力打好水环境治理攻坚战》两个调研报告,并以建议案形式报送市委、市政府。

9月23日,十四届二十三次常委会议召开。听取市政府关于市政协十四届五次会议后提案办理和常委会建议案落实情况的通报。会议提出:提案和建议案是人民政协履行职能、服务发展的重要方面,也是政协委员参政议政、建言尽智的重要形式。各级政协组织和政协委员思想上要更为重视、举措上要更有力度、成果上要更富实效,继续巩固深化办理成果,以更大力度推动中心工作。

12月19日,十四届二十四次常委会议召开。听取关于协商推荐市十五届政协委员的情况说明、起草常委会工作报告、起草提案工作报告、举行市政协十五届一次会议的情况说明;协商通过市十五届政协委员名单、《关于举行中国人民政治协商会议宜兴市第十五届委员会第一次会议的决定》、市政协十五届一次会议议程(草案)和日程安排(草案)以及有关人事任免事项;通过市十四届政协常委会工作报告和提案工作报告。

【主席会议】 市政协主席会议全年召开15次,其中内部会议6次。

3月28日,十四届六十一次主席会议召开,视察协商全市国税工作情况。会议提出:市国税系统要以创新、协调、绿色、开放、共享五大发展理念为引领,认真落实供给侧结构性改革各项举措,助推“稳增长、调结构、惠民生、防风险”各项工作,进一步提高依法治税水平,加快推进税收现代化;要落实税制改革、培植优质税源、加强税收分析,深化改革、服务发展,致力于组织收入的稳步增长;要优化政策环境、深化活动成效、强化平台建设,以质为纲、打造品牌,致力于纳税服务的持续优化;要加大宣传力度、凝聚各方合力、提升队伍素质,凝心聚力、创新管理,致力于国税事业的长远发展,为实现“十三五”良好开局,建设“强富美高”新宜兴作出新贡献。

4月27日,十四届六十二次主席会议召开,视察协商全市金融运行情况。会议提出:各级各相关部门要摸清风险底数、强化分类处理、坚持依法打击,分类指导、密切配合,稳步推进不良贷款清降工作;要扩大信贷投放规模、创新金融服务方式、加快诚信体系建设,创新举措、融合发展,提升金融服务实体经济能力;要提高重视程度、提升领导能力、造优社会氛围,强化领导、凝聚合力,努力营造金融发展的良好环境。

5月17日,十四届六十三次主席会议召开,视察协商电信事业改革发展情况。会议提出:电信公司要坚持以政府引导和企业主导相结合,纳入城市规划、狠抓有效投入、加强日常管护,一着不让推进基础设施建设;要坚持以融合发展和优化服务为抓手,调优经营结构,保障应急通信,提升服务水平,千方百计做大公司业务总量;要坚持以外优环境和内强实力为保障,持续加大宣传、激发队伍活力、营造良好环境,全力以赴推动电信事业发展,充分发挥在“智慧城市”建设中的示范和支撑作用,更好地服务和推动全市经济社会信息化进程。

6月16日,十四届六十四次主席会议召开,视察协商全市粮食收储工作情况。会议提出:粮食工作关系到社会稳定、经济发展的大局和人民群众的切身利益,要立足地方实际,加强宣传引导工作、严格执行收购政策、努力提高服务水平,全力以赴确保夏粮收购稳定有序;要狠抓基础管理,加快建设扩仓容、慎重入库求质量、强化监管保库存,多措并举加强安全储粮各项工作;要强化发展保障,坚持龙头引领、突出品牌创新、优化发展环境,千方百计助推粮油产业转型升级,为全市经济社会平稳健康发展奠定坚实基础、提供有力支撑。

7月20日,十四届六十六次主席会议召开,视察协商大气污染防治工作情况。会议提出:全市各级各部门都要把大气污染防治工作放在重要位置,坚持联防共治,做到守土有责。要着眼长远,坚持规划先行、民生优先、问责必严、科学治理,打好大气污染防治的持久战;要突出重点,集中力量治理工业污染、多措并举管控汽车尾气、疏堵结合推进秸秆焚烧,打好大气污染防治的攻坚战;要多方联动,强化组织网络、政策引导、宣传教育,打好大气污染防治的整体战,共同为宜兴市建设生态文明城市作出应有贡献。

9月6日,十四届六十七次主席会议召开,视察协商企业破产案件审理工作情况。会议提出:要充分发挥职能作用,将提升企业破产案件审理工作水平摆在重要位置,要强化服务意识、攻坚意识和监督意识,提高认识,进一步明确目标方向;要突出规范化、打好联动战、提升实效性,紧扣关键,进一步提升审理成效;要强化组织领导、突出宣传引领、建强专业队伍,夯实基础,进一步创优工作环境,为推动经济社会平稳健康发展作出应有贡献。

9月19日,十四届六十八次主席会议召开,视察协商全市职业教育发展情况。会议提出:要立足新起点,转变传统观念、明确发展定位、坚持统筹规划,准确把握职业教育改革发展路径;要紧扣关键点,更加注重人才培养、合作交流和师资建设,提升职业教育改革发展水平；要强化支撑点，健全组织体系、加大投入保障、强化宣传引导，不断夯实职业教育改革发展基础，开创职业教育事业新局面。

10月21日，十四届六十九次主席会议召开，视察协商江苏有线宜兴分公司改革发展情况。会议提出：江苏有线宜兴分公司要坚持与时俱进、精准定位，不断解放思想、树立品牌形象、制定科学规划，进一步明晰发展路径；要坚持强基固本、创新开拓，实现现代化管理、搭建多功能平台、提供优质化服务，进一步优化发展质态；要坚持多措并举、创优环境，强化宣传引领、激发内生活力、强化工作合力，进一步夯实发展基础，在自身发展壮大的同时，积极融入全市中心工作，为改革、发展、稳定大局添砖加瓦。

11月16日，十四届七十次主席会议召开，视察协商科技创新工作情况。会议提出：要坚持高位推进、特色发展、管放结合，做到认识再深化，在引领科技创新工作方向上有新思路；要培育多元化主体、提供强有力支撑、搭建一体化平台，做到重点再突出，在提升科技创新工作成效上有新突破；要健全完善组织体系、高度重视知识产权、营造良好环境氛围，做到配套再完善，在强化科技创新工作支撑上有新举措，在新的更高起点上奋力开创全市科创事业发展的崭新局面。

政治协商

【概述】 发挥全体会议、常委会议、主席会议、专题协商会议和专委会对口联系等协商议政的重要作用，提高政治协商成效。全体会议围绕全市工作大局和政府工作报告开展整体协商，常委会议围绕加强企业家队伍建设和水环境保护治理等重要课题进行重点协商，主席会议围绕工业制造业在建项目建设与后劲投入、不良贷款压降、企业破产工作、科技创新、职业教育发展等市政府重点工作视察协商和通报协商，专题协商会议围绕制订《宜兴市农村农户建房规划管理办法》工作进行专题协商，形成意见建议函9件，都得到市委、市政府的重视和采纳。专委会围绕稳固工业经济、统筹城乡发展、提升民生福祉、促进社会稳定等，开展对口协商活动20余次，一批意见和建议得到落实。

民主监督

【概述】 运用例会、视察、对口联系、提案、反映社情民意信息等方式，提升民主监督实效。召开“开放型经济发展”政情交流会，组织企业家委员与12个职能部门主要负责人面对面交流、实打实谋划，为企业解疑释惑、牵线搭桥，营造政企联手、抱团取暖的良好发展氛围。召开提案办理工作民主评议会，组织委员对市城管执法局提案办理工作进行民主评议，充分调动起委员参政议政的积极性，推动提案落到实处、发挥实效。组织委员参加“千人评议机关”活动，对有关部门的工作提出批评和意见，促进政务环境更加优化、行政效能不断提升。工作委员会围绕当地实际，就实事工程的实施情况、政府部门的工作效能和群众关注的热点问题开展形式多样的民主评议活动，推动相关工作。

参政议政

【概述】 常委会议围绕加强企业家队伍建设和水环境保护治理的课题，深入基层调研，形成的2份建议案得到市委、市政府主要领导高度重视，并分别作出重要批示。在市政协十四届二十三次常委会议上，市政府就办理落实建议案情况作了通报。建议案《加强新时期企业家队伍建设，为宜兴经济可持续发展注入不竭动力》从优化干事创业体制机制、满足知识更新迫切需求、提升经营发展实战能力、营造专注发展良好氛围四个方面提出思路和举措，为加快打造优秀企业家队伍、保障经济社会稳健发展起到积极助推作用。建议案《强化责任、协调联动，合力打好水环境治理攻坚战》围绕推动产业结构调整、加快设施配套建设、统筹环境综合整治、加大违法惩戒力度、常态管理和造浓氛围6个方面，为加快构建水环境共治的良好工作格局提出对策措施，取得良好效果。各工作委员会立足当地实际，就镇级城市化管理、社区和企业文化建设、实事工程建设推进等课题开展视察调研，为推动地方经济社会平稳健康发展献计出力。

提案及社情民意

【概述】 提案委员会全年收到提案316件，立案300件。至年底，通过分管市长和分工主席联合督办、视察督查、专委会对口督办、“二次答复”等形式，提案所提的意见和建议已落实、正在落实或列入计划落实的294件，占94.6%。《关于“十三五”期间进一步加强云湖上游环境综合整治，有效提升云湖水质的建议》《科学规划，以修复老街古村为着力点，把丁蜀打造成名副其实的“中国陶都”》等提案的办理落实，促进了相关工作取得明显成效。提案者表示满意或基本满意的290件，占96.8%。收到社情民意信息31条，编报《社情民意》简报17期，市委、市政府领导26人次对社情民意作出批示。《高度重视、积极争取，推动我市农村“三权”抵押贷款试点工作有序开展》《完善农村公交配套设施，为群众出行提供方便》等社情民意信息得到市委、市政府领导及有关部门的重视、采纳和落实。

（黄瑜）

编辑　解丽莉

中共宜兴市纪律检查委员会

THE CPC YIXING DISCIPLINE INSPECTION COMMITTEE

综　述

【概述】　全市各级党组织和党员领导干部贯彻全面从严要求，围绕市委党风廉政建设“两个责任”（主体责任、监督责任）实施意见和“五张清单”（党委主体责任清单、纪委监督责任清单、领导班子成员责任清单、问题清单、整改清单），落实管党治党责任。各级纪检监察组织按照中央、省市和宜兴市委决策部署，推动全市党风廉政建设和反腐败工作取得新进展。贯彻落实纪法分开、纪在法前、纪比法严要求，以纪律思维分析问题，以法律标准规范行为，用纪律管住大多数。坚持问题导向，加大作风整饬力度，营造良好干事创业环境。落实“打铁还需自身硬”要求，持续推进转职能、转方式、转作风，激发纪检监察队伍活力。坚持有腐必反，以零容忍态度惩治腐败，全年受理信访举报400件（次），通过监督执纪主动发现问题线索334件，查办案件371件。

【队伍建设】　按照“正人先正己”要求，加强自身建设，坚决防止“灯下黑”。推进“两学一做”学习教育，组织开展专题学习讨论、“我讲我的业务”、查摆问题等活动。强化业务培训，联合上海交通大学举办全市纪检监察干部培训班。创新干部培养机制，实行纪检监察系统干部上派下挂锻炼工作制度，提升新形势下纪检干部履职能力。梳理纪检监察工作中的重点、难点问题，由市纪委常委带队开展集中调研，形成调研报告12篇，实现成果转化14项。做好镇（街道）纪（工）委书记、副书记提名，市纪委派驻纪检组组长、副组长提名，事业单位和市属企业纪委书记、副书记提名3个提名考察办法，新设镇纪委副书记3人，新增市级机关纪工委（纪检组）2个。调整市纪委、监察局领导分工，发挥班子整体效能。建立纪检监察后备干部库，拓宽选人用人视野。规范内部监督，修订公务活动、请示报告、工作纪律等制度，汇编成册。改进基层纪检监察工作目标责任制考核，加大结果运用力度，对工作推进不力的单位，约谈其主要负责人。

重要会议

【市纪委十二届六次全体会议】　3月，中共宜兴市第十二届纪律检查委员会第六次全体会议召开。总结2015年全市党风廉政建设和反腐败工作情况，部署2016年反腐倡廉任务。2016年主要工作是：贯彻中共十八大和历次全会精神，落实习近平总书记系列重要讲话精神，按照中央和省、无锡市纪委全会以及宜兴市委全会部署，保持政治定力，坚持全面从严治党，以党章为根本遵循，以党纪为基本准绳，加强党的纪律建设，履行监督执纪问责职责，深化纪律检查体制改革，健全法规制度，强化党内监督，抓好作风建设，坚决惩治腐败，维护群众利益，构建不想腐不能腐不敢腐的体制机制，为建设“强富美高”新宜兴清障护航。

【市纪委十三届一次全体会议】　8月，中共宜兴市第十三届纪律检查委员会第一次全体会议召开。会议通过《中共宜兴市第十三届纪律检查委员会第一次全体会议选举办法》和监票人名单，以无记名投票方式，选举产生中共

中共宜兴市第十二届纪律检查委员会第六次全体会议

（市纪委　提供）

宜兴市第十三届纪律检查委员会书记、副书记、常务委员，李平当选为市纪委书记。

监督检查

【概述】 市委加强组织领导，成立全面从严治党"两个责任"领导小组，设立主体责任、监督责任办公室，抓好"两个责任"落实。突出责任逐渐传递、任务分解落实，市委与基层党组织"一把手"签订党风廉政建设责任书，实行项目化管理、责任化推进。做好省委督查组、无锡市委督查组反馈问题的整改落实工作，健全完善领导体系、工作机制、责任追究等规章制度。履行监督职责，加强党风廉政建设分析研判，每半年向市领导通报分管（联系）单位纪检监察信访和案件情况，为市领导履行"一岗双责"提供参考。开展"两个责任"落实情况检查，由市委常委带队，抽查单位22个，发现问题74个，提出整改意见66条。督促基层落实"责任双报"*、"监督双谈"*、述职述廉、约谈提醒等制度，形成工作支撑。树立正确执纪导向，严肃追责中央环保督察、国家土地例行督察和全市安全生产事故调查中发现的违纪违规问题，问责16人次。

【市委巡察工作启动】 11月，按照中央、省和无锡市关于开展市（县）巡察工作的新部署、新要求，市纪委启动新一届市委巡察。出台市委巡察工作意见，明确巡察工作对象范围、主要任务、机构人员、工作机制等，为巡察工作开展提供依据和遵循。召开全市动员部署会，制订巡察工作流程，确保巡察工作规范有效。年内，完成首轮对太华镇、市环保局的巡察，发现各类问题44个，移交问题线索11件。

作风建设

【概述】 紧贴全市中心工作，制订出台《中共宜兴市纪委宜兴市监察局关于服务保障"产业强市"主导战略的实施意见》，开展行政审批服务效能、行政执法行为、"中梗阻"问题整治回头看等专项督查，释放纪检监察工作为宜兴经济社会健康发展清障护航的信号。落实中央"八项规定"精神和省、市委"十项规定"要求，加强节日期间作风建设，全年派出4个批（次）13个检查小组，对发现的问题督促相关部门即知即改、立行立改。深化作风效能明察暗访，督查单位85个，提出整改意见79条，问责追究62人次。严查不作为、慢作为问题，督促办结"政风行风热线"栏目受理和省纠风办下转的群众投诉。开展"机关作风与效能建设走访周"活动，走访企业180余个，督促整改意见建议50余条。对发现的"四风"问题和典型问题，一律通报曝光，形成震慑。

【"千人评议机关"评议活动】 10月，宜兴市"千人评议机关"日常评议活动启动。在延续信函评议、社会调查评议、网上日常评议和集中大会评议方式的同时，对13个公共服务单位、21个涉企执法监管单位、42个市级机关部门以及25个银行业机构开展分类专项评议，平均满意率分别为88.38%、89.27%、90.7%和86.68%。评议结果纳入年终作风与效能建设考核，在全市范围内进行通报。

【三项专项整治行动全面开展】 按照上级纪委的通知要求和宜兴市委、市政府的部署安排，在全市开展侵害群众身边利益的不正之风和腐败问题专项整治、违规吃请和公款吃喝等问题专项整治和扶贫领域监督执纪问责工作专项督查工作，牵头会同相关部门分成5个小组对全市所有部门（单位）开展检查，发现问题21类、91个，下发核查函2份。针对发现的问题，对3人实施提醒谈话，对2名违纪党员立案处理，给予2名党员党内严重警告处分。

预防腐败

【概述】 落实纪法分开、纪在法前、纪比法严要求，坚持惩前毖后、治病救人方针，以纪律思维分析问题，用纪律标准规范行为，用纪律管住大多数。开展常态化纪律教育，举办党纪政纪知识竞赛和廉政亲情寄语征集活动，增强党员干部的党章意识和纪律观念。召开全市党员领导干部警示教育大会，观看警示教育片，31名领导干部主动上交违纪所得54.6万元，取得良好教育效果。打造"清风阳羡"教育品牌，更新在线测评试题，组织党员干部在线学习。坚持"每月一廉文、每周一廉信、每日一廉语"，向市管领导干部发送廉政短信近5万条。探索家风建设的有效形式，首次举办"清廉家风润万家"廉政情景剧汇演，教育引导党员干部自清自省、慎独慎微。开展廉政公益广告创作，选送作品在省纪委和无锡市纪委比赛中获奖。落实市委建立健全惩防体系2013—2017年工作规划的实施意见，针对中央巡视组巡视江苏、省委巡视组巡视无锡反馈的涉农惠农项目建设、村集体资金管理等方面的问题，督促农林、农办、建设、招投标中心等职能部门剖析原因，完善监管制度。落实党内监督条例，加强对党员领导干部特别是主要领导干部履行职责和权力行使情况的监督。践行监督执纪"四种形态"，让有轻微问题的党员干部讲清问题，认识错误，及时改正。全年约谈提醒407人次，诫勉谈话23人，通报批评17人。建成市管领导干部廉政档案信息系统，汇集全市1000余名领导干部相关数据。

【"清廉家风润万家"廉政情景剧创作展评】 5—10月，市纪委联合市委组织部、市妇联开展"清廉家风润万家"廉政情景剧创作展评活动，推动优秀传统文化传承，促进廉洁家风家规培育。活动征集参赛作品32个，经初赛评选出优秀作品10个，并进行汇演，受到观场300余名领导干部一致好评。参赛作品以发生在党员群众身边的勤廉人、勤廉事和违反"八项规定"以及"四风"问题的典型事例为题材，对违纪"高发点"、纪

宜兴市“清廉家风润万家”廉政情景剧汇演　　　　（市纪委　提供）

律“边界线”作出解读，把反腐倡廉建设的要求更加形象化、具体化。

【“清风阳羡”微信公众号开通】 10月，市纪委微信公众号“清风阳羡”开通。公众号设置《廉政在线》《举报评议》和《联系我们》3个一级栏目。《廉政在线》包含《工作动态》《案件聚焦》《廉文荐读》《在线学习》4个子栏目，至年底，共发布廉政图文信息100余条。《举报评议》设置《四风随手拍》板块，鼓励群众通过上传照片的形式反映干部违反中央“八项规定”精神和省、市委“十项规定”要求的问题。

【廉政公益广告展播】 按照无锡市委统一部署，在全市开展优秀廉政公益广告集中展播活动。在宜兴高铁站、公交站台、景区、交通要道展播廉政公益广告10万余次。利用展播契机，开展廉政公益广告创作征集，全市征集选送作品4件。其中，宜兴地税局选送作品《方圆有度》和宜兴供电公司选送作品《点亮清廉　光明一生》分获省纪委廉政公益广告二等奖和无锡市纪委廉政公益广告一等奖。

纪律审查

【概述】 适应纪律审查工作新形势、新要求，坚持有案必查、违纪必究，健全纪律审查工作机制，加大纪律审查工作力度，保持惩治腐败高压态势。发挥反腐败协调小组职能，整合市人民法院、人民检察院、公安局、审计局等办案资源，健全线索移交、信息查询和协作联动工作机制。制订出台加强信访举报和问题线索处置的意见，建立完善重要问题线索监管机制，对监督执纪、专项巡察和其他部门移送的问题线索实现受理初核、集体研判、立案审查全程监督。推行纪检监察系统“全员办案”模式，把办案工作纳入纪检监察工作目标责任制考核范围，明确委机关业务科室每年提供成案线索不少于1条，镇（园区、街道）每年自办案件不少于2件，对无自办案件的镇（园区、街道），由分管纪委常委对其纪委书记进行约谈。

【问题线索电子化管理】 年内，以问题线索管理信息化系统为核心，陆续开发问题线索电子台账、案管工作助手软件，整合全市党员库，公务员、事业人员库，受党政纪处分人员库三大基础数据库，联动纪律审查信息管理系统和省纪委、省监察厅问题线索管理信息系统，实现案管工作全过程电子化管理，全市问题线索大数据平台初步形成。

【重要问题线索研判机制】 根据省、无锡市纪委要求，结合宜兴实际，制订下发《进一步加强信访举报、问题线索处置工作的实施意见》，明确规定对于信访举报及其他渠道发现的线索的研判处置办法。其中：属于反映市管领导干部问题和反映一般干部问题但具体、有可能成案的问题线索均交由案件监督管理室负责；对反映问题详实、可查性强的问题线索，经初核后，确需采取拟立案、谈话函询、暂存的，由承办单位提请问题线索处置研判小组集体研判，并根据集体研判结果制作呈请表提出处理意见。

（李梦姣）

编辑　解丽莉

民主党派·工商联

DEMOCRATIC PARTY·ASSOCIATION OF INDUSTRY AND COMMERCE

中国民主同盟宜兴市委员会

【概述】 中国民主同盟宜兴市委员会(以下简称民盟宜兴市委)以教育、文化界人士为主,兼有经济、科技界人士。全年发展新盟员13人,累计170人,其中各级人大代表16人、政协委员23人。民盟宜兴市委下设支部10个。12月11日,民盟宜兴市第三次盟员大会召开,选举产生民盟宜兴市第三届委员会委员15人,赵菊明等15人当选为委员。在民盟宜兴市委三届一次会议上,赵菊明当选为主任委员,黄兵、俞雯、俞卓军、王亮当选为副主任委员。在纪念中国民主同盟成立70周年、民盟江苏省委成立60周年活动中,赵菊明、卫平、张乃明被评为先进个人,宜兴七支部被评为先进集体,宜兴二支部、六支部和丁山一支部被民盟无锡市委评为优秀基层支部,宜兴四支部、丁山二支部被评为特色支部,陈才龙、蒋亚娟被民盟无锡市委评为社会服务先进个人。新入盟的成员参加由民盟无锡市委举办的为期两天的新成员培训班,范建华参加民盟江苏省委2016年基层骨干会议;民盟宜兴市委中的市委委员和部分骨干成员参加中共宜兴市委统战部举办的骨干培训班。组织全体盟员学习中共十八届三中、四中、五中、六中全会精神,民盟十一大精神以及习近平同志关于坚持走中国特色社会主义政治发展道路的重要论述,开展树立和践行社会主义核心价值体系活动。组织全体盟员听取上半年经济形势专题报告、党风廉政建设情况通报等,全年参加中共宜兴市委民主协商会1次,参加市建设局、旅游局、交通局情况通报会各1次,参加市政协组织的政情交流会2次。

【调研与提案】 民盟宜兴市委完成“完善机制 致力严管切实提升我市医疗器械质量监管水平”等调研课题4个,在市政协十四届五次大会上递交集体提案12件、个人提案18件。盟员提案《关于多措并举高效推进智慧城市建设》《加强对城区高层住宅楼“空中违建”管理的建议》被列为重点提案。

【社会服务】 6月,为庆祝中国民主同盟成立75周年、江苏民盟成立60周年,民盟宜兴市委在南京市成功举办“大师之路——宜兴民盟陶艺书画精品展”,教育委员会对丁蜀中学、周铁中学进行高考学生考前辅导,“黄丝带”课堂中超工作站为帮教人员授课。盟员沈建强被评为江苏省劳动模范,盟员张美君被评为江苏省妇女“双学双比”竞赛活动先进个人,盟员张乃明获“无锡市最具成长性中小企业家”称号,盟员汤卓敏获无锡市“巾帼建功”标兵称号,盟员薛建英被评为宜兴市十佳巾帼创业明星、陶都好人和官林镇优秀企业家。

(朱夕芬)

中国民主建国会宜兴市基层委员会

【概述】 中国民主建国会宜兴市基层委员会(以下简称民建宜兴市基层委员会)主要是由经济界人士组成。全年新增会员11人,累计有会员158人;有基层支部8个。12月,民建宜兴市第五次会员大会召开,会议选举产生民建宜兴市基层委员会新一届委员会,尹利娟、叶正泉、李万里等12人当选为委员。在民建宜兴市基层委员会五届一次会议上,薛强当选为主任委员,李万里、刘伯君、钱敏当选为副主任委员,任命蒋傲生为秘书长。

【调研与提案】 民建宜兴市基层委员会围绕《发挥市场监管职能 促进企业信用体系建设》等开展调研,主动收集民意,讲求界别特色,提出要积极推进信用体系中各类“子平台”建设、要确保信用体系建设中的信息安全,不断完善企业信用评估机制、抓好信用服务市场培育完善、加强对失信企业的监管等意见和建议,得到中共宜兴市委、市政府和相关部门的高度评价。与市经信委就“宜兴市企业信用体系建设”等内容进行对口联系,提出不断完善企业信息的及时性和真实性,企业信用的内生机制、评估机制、担保机制、监督机制以及提高信息平台的利用程度等意见建议。与市环保局以“加强挥发性有机物综合整治”为主题开展对口联系活动,多次进行调研,并与环保局进行了书面交流。全年提交建议或提案34件。其中,集体提案5件,个人提案、建议29件。全年民建宜兴市基层委员会合各支部提交社情民意8件。

【社会服务】 民营企业支部企业家会员所属企业,全年完成应税销售收入130多亿元,利税总额7亿多元。5月,围绕市委统战部提出的“春风五月行”活动,践行“同心”思想,深入开展“同心”行动,民建宜兴市基层委员会同心实践示范基地在丁蜀镇敬老院运作,民建民营企业支部同心实践示范基地在新庄中学运作。在丁蜀镇开展“同心助推发展”活动，为丁蜀镇敬老院送去40箱面条等日用品，组织以王俊为代表的推拿高级技师20多人，为80多名老人们按摩推拿。会员孙骁的企业坚持每年向周铁镇政府捐资“银燕园丁奖”及困难救助金共计25万元。会员苏斌的农业企业通过市平价菜篮子工程验收，让利于民取得良好社会反响。会员刘晓燕领导的申万宏源证券宜兴营业部，全年地税入库2亿元，列宜兴金融服务业企业第一名。

（蒋敖生）

中国民主促进会宜兴市委员会

【概述】 中国民主促进会宜兴市委员会（以下简称民进宜兴市委）全年发展新会员10人，累计191人；设支部11个。教育文化界人士占70%，具有中高级职称的占87%，有各级人大代表、政协委员41人。3月，安排会员胡晓斌参加无锡市民主党派骨干多党合作理论研修班，组织青年骨干会员9人赴省社会主义学院参加宜兴市党外青年骨干培训班。5月，周莱赴省社会主义学院参加全省骨干会员培训班。6月初，副主委张静赴中央社会主义学院参加民进全国中青年会员培训班。7月，8名新会员参加无锡市民主党派新成员培训班，听取多党合作基本政治制度理论讲座和参政议政讲座，履职能力进一步加强。9月，会员刘育峰参加无锡市党外青年干部培训班。11月，11名会员参加民进无锡市第十一次代表大会，芮俊燕被选举为民进无锡市委常委，芮俊燕、胡洁云、周文鹏被选举为民进江苏省第十次代表大会代表。年内，民进宜兴市委被授予民进江苏省“组织管理系统建设先进单位”称号，专干周文鹏被授予民进江苏省“组织管理系统优秀管理员”称号。在民进全省参政议政工作先进评选中，民进宜兴市委和园区支部被评为民进全省参政议政工作先进集体，姚祥明、任倬被评为民进全省参政议政工作先进个人。

【调研与提案】 围绕“理顺职能，整合资源，构建高效的市场监督管理体系”主题，张静带领骨干会员深入调研，形成题为《理顺机制 强化管理 为我市特种设备安全运营提供有力保障》的调研报告，并由任倬代表民进宜兴市委在中共宜兴市委召开的民主协商会上作发言。围绕“提升城区环境 争创文明城市”“小区物业管理情况”，与市城管执法局、住房保障局开展对口联系，提出建议。宜兴“两会”期间，提交集体提案20件、个人或联名提案27件。其中，徐敏伟撰写的园区支部提案《关于加强教师队伍建设 提升教育质量的建议》被列为市政府、市政协重点督办提案，姚祥明撰写的《关于建立书画交易市场打造我市又一文化名片的建议》被列为市政协专委会重点督办提案。年内，《高度重视洪涝灾害期间传染病的防控》《宜兴文化中心停车管理亟待加强》等4篇社情民意得到市领导的批示。

【社会服务】 5月，民进宜兴市委在“同心”实践示范基地陶都小学开展送教下乡活动，举办语文、数学等学科的公开示范课，并与丁蜀学区英语学科教师进行座谈交流，促进全市城乡小学教学的共同发展。宜兴三支部在“同心”实践基地万石中学举办英语、物理学科的公开示范课，并与相关学科教师座谈交流。会员全年捐款200余万元。

（周文鹏）

中国农工民主党宜兴市基层委员会

【概述】 中国农工民主党宜兴市基层委员会（以下简称农工党宜兴市基层委员会）主要由医学卫生、人口资源环境领域的高中级知识分子组成。全年发展新党员8人，调入党员1人，累计130人。其中，本科学历以上111人，高级职称83人，医学卫生、环保和人口资源主界别成员99人。有基层支部6个。全年在核心刊物及省级以上刊物发表论文40余篇，其中SCI论文2篇、中华级论文8篇，获市级以上奖项的10余篇。会员周炎主持的课题获2016江苏省卫生厅新技术引进奖二等奖，带领科室团队成功创建省级重点专科。会员范志军创办的中国艺术金融控股有限公司在香港联合交易所成功上市。12月，农工党宜兴市第五次党员大会召开，选举产生农工党宜兴市第五届基层委员会，史伟明、凌芳、沈国强等12人当选为委员。在农工党宜兴市基层委员会五届一次会议上，史伟明当选为主任委员，凌芳、沈国强、万年青、周炎当选为副主任委员，任命耿加宏为秘书长。

【调研与提案】 11月，中共宜兴市委召开民主协商会，围绕“理顺职能 整合资源 构建高效的市场监督管理体系”这一议题，听取党外人士的意见和建议，凌芳在会上作题为《理顺机制 探索创新 全力推进我市食品安全监管工作》的发言。7月，与司法局开展对口联系活动，就市法律援助工作开展交流。12月，与市市场监管局开展对口联系活动，对“食品安全监管联动机制”提出意见和建议。制订农工党宜兴市基层委员会课题招标办法。专题调研报告《加快发展养生养老产业 促进宜兴经济绿色发展》获农工党江苏省委表彰。宜兴“两会”期间，提出集体提案9件、个人提案16件。凌芳在参政议政大会上作题为《加快发展养生养老产业 促进宜兴经济绿色发展》的发言，《关于加快启动宜兴市医疗中心建设的建议》《关于规范消防执法检查的建议》被评为优秀提案；社情民意《关于加快推进校园直饮水工程 保障学生饮水健康安全》的社情民意被评为优秀社情民意。全年向市政协和上级组织递交社情民意48条。其中，《基层反映取消麻醉系或重蹈儿科老路》的信息被全国政协采纳，《微信金融互助传销特质明显需整治》的信息被中共江苏省委采纳,《基层反映精神病防治困难重重》《粮食丰收当心谷贱伤农》等4条信息被江苏省委统战部采纳,《基层反映预防接种异常反映临床处置能力薄弱隐患多》《全面推行取消门诊输液或致四类问题需积极应对》等5条信息被农工党江苏省委采纳,《建议完善措施严格公务员离职管理》《户外LED广告管理需加强》等11条信息被《无锡市党政信息》采纳。2016年,农工党宜兴市基层委员会社情民意信息工作获农工党无锡市委特等奖。

【社会服务】 3月,在文化广场开展学雷锋志愿服务活动。5月,开展"春风五月行"社会服务活动,公共卫生支部在和平社区为社区群众开展义诊咨询服务,人民医院支部赴官林镇开展大型健康服务活动,第二人民医院支部到湖汶镇为群众服务。6月,同心实践基地丁蜀镇蜀北社区受到中共无锡市委的表彰,综合支部在徐舍镇举行清理家庭小药箱暨健康咨询活动。7月,向受洪灾影响的和平社区捐赠一批灾后消杀物资,并现场指导灾后防疫工作。9月,第十个世界狂犬病日期间,在张渚镇开展狂犬病知识宣传询活动。健康服务全年累计发放宣传资料2500余份,免费测量血糖600余例,受益群众1500多人。11月,人民医院支部6位党员继续与市紫砂小学外来务工人员子弟结对,向14名学生捐赠助学金7000元。广大党员积极向西部贫困学生捐款。

(耿加宏)

宜兴市工商业联合会(总商会)

【概述】 市工商业联合会(以下简称市工商联)发挥在市委、市政府管理和服务非公有制经济中的助手纽带作用。开展走访慰问活动,主席温秀芳、副主席王招大赴和桥镇钟溪村走访慰问困难群众,副主席闵浩生带队赴丁蜀镇、张渚镇走访慰问原工商业者。开展"春风五月行同心助学"活动,帮助川埠小学完善音乐专修教室2个。根据省工商联"百企帮百村"精准扶贫活动工作要求及无锡市工商联就该项工作的部署,两次赴沛县,与魏庙镇房村村、鹿楼镇杜桥村签订80万元的扶贫项目合同。与贵州省江口县工商联缔结友好合作商会。11月,与市委宣传部、市经信委等单位联合举办宜兴市第二届企业文化艺术节。市工商联被全国工商联评为2015年度全国"五好"县级工商联。

市工商联(总商会)与贵州省江口县工商联(总商会)缔结友好合作商会签约仪式现场　　(市工商联　提供)

【调研与提案】 年内分两期、四个批次走访全市18个镇(园区、街道)的工商联常务委员会委员企业、执行委员会委员企业和有代表性的成长型企业及部分老字号企业,全面了解民营企业发展形势。围绕"民营制造业企业现状""简政放权 优化服务 深入推进宜兴商事制度改革"等课题进行调研,撰写调研报告,向市委、市政府建言献策。宜兴"两会"期间,提交集体提案《关于加快我市产业转型升级的建议》《关于稳定农村教师队伍的建议》,提交个人建议案、提案25件。

【服务会员】 3月,组织召开基层商会秘书长培训会议,邀请无锡市工商联副主席王海宝作题为《新常态下做好乡镇街道商会工作》的理论授课,与杭州市西湖区工商联座谈交流,参观杭州市智慧产业创业园。5月,与市委组织部、市经信委和团市委联合组织全市63名中青年企业家赴北京大学进行企业经营与管理创新专题研修。5月,"纳税人之家"召开一届三次理事会议,吸纳市国税局相关职能部门加入。7月、9月,组织同业商会会长分别到四川省宜宾市、乐山市考察学习。9月,与市妇联在上海联合举办宜兴市女企业家高级研修班,市女企业家联谊会、女企业家商会的43名会员参加研修班。

【商会工作】 制订全市商会建设发展规划,明确商会发展目标任务,指导商会自身建设。1月,市女企业家商会召开一届三次会议,酒类同业商会(行业协会)第二届会员大会召开。2月,市中小商贸企业商会走访慰问宜城、新街街道4个社区的24户贫困群众。7月,市女企业家商会部分会员到杨巷镇慰问受灾群众,捐款15.16万元,捐献物资价值5.3万元。9月,与贵州省江口县工商联缔结友好合作商会。年内,先后成立张渚镇石材同业商会、宜兴市超市供应商商会、和桥镇福巷村集装袋同业商会、宜兴市万达金街商会、宜兴市紫荆科创企业商会。

(张云)

编辑　解丽莉

武 装
ARMED

人民武装

【概述】 坚决贯彻省军区、军分区党委和市委、市政府决策指示，紧紧围绕实现党在新形势下的强军目标，开展思想政治教育，深化军事斗争准备，增强综合保障能力，夯实安全发展基础。年度各项工作高起点、高标准有序开展。

【思想政治建设】 持续强化党的创新理论武装。把学习贯彻习近平总书记系列重要讲话精神特别是国防和军队建设重要论述作为首要任务和核心内容，开展改革强军主题教育和“两学一做”学习教育活动，引导全体干部职工和民兵预备役人员强化政治意识、大局意识、核心意识、看齐意识。持续抓好党管武装制度落实。年初召开全市人民武装工作会议，集中研究解决影响国防动员和后备力量建设的突出矛盾问题，全市上下管武装、抓武装的氛围非常浓厚。突出抓好军队调整改革期间的思想教育。针对省军区系统改革即将启动、人员思想容易产生波动的实际，关注和随时掌控干部职工思想动向，组织开展经常性思想教育和谈心交心活动，帮助所属人员克服模糊认识和松劲思想。

【军事斗争准备】 扎实推进战备工作。探索推进人武部战备规范化、信息化、常态化、实战化建设，建好“四室四库”和“四网四监控”。针对基层武装部规范化建设水平参差不齐、村（社区）民兵营部规范化建设相对薄弱的实际，采取镇（街道）支持一点、村（社区）自己出一点、市人武部支援一点物资器材的形式，一次性投入80余万元，重点抓好40个民兵营部和1所学校、1个企业规范化建设试点。坚决完成非战争军事行动任务。全年共出动民兵1000余人次、车辆200余台（次），圆满完成全国“两会”、G20杭州峰会、环太湖自行车赛、森林防火、宜兴“秋治会”和“素博会”等重要时段的执勤备勤任务。7月，宜兴市发生历史最大洪涝灾害，在市委、市政府和市防汛指挥部的领导下，市人武部主动协调武警二师、一军工兵团、武警水电第五支队和无锡武警支队等现役部队出动兵力5000余人次，指挥全市民兵预备役人员和合成化民兵应急分队共8000余人次，与人民群众通力协作、连续作战、奋力抢险，共同取得了抗洪抢险的全面胜利。

【动员工作有序开展】 根据军分区统一部署，依托《国防动员潜力数据调查系统》，完成了兵员、经济、科技、装备、人防、卫生、交战等11个方面4000多条潜力数据、9000多名动员潜力对象的信息采集和调查核查工作，为准确掌握潜力底数打下了坚实基础。完成民兵整组工作。采取市人武部抽查、基层武装部普查的方式，逐一联系适编人员、逐个走访适编单位、逐项核准信息数据，真正摸清遂行任务、能力现状和人员、单位、科技资源等底数，实现了与任务实际、区域实际的紧密衔接。4月底，对基层各单位整组进展情况进行检查和点验，共抽点基干民兵1375人，到点率99%。兵员征集任务完成出色。市人武部和市公安、卫生、民政、教育、交通等部门牢固树立“一盘棋”思想，密切协作，完成440名男兵和6名女兵的征集任务，实现无一例责任退兵。其中，被征集士兵大专以上文化程度占61.5%，大学生征集比例明显提高。

（高鹏）

武 警

【概述】 武警8690部队分两批组织团以上干部开展理论轮训，创办基层干部理论学习夜校，推动理论武装全覆盖、大众化。结合官兵思想实际和行为特点，推进“践行强军目标，争做新一代革命军人”主题教育活动，开展“我们是武警野战军”基层业余文艺会演、“振五声、塑五形”军人作风养成活动，启动政工网升级改造、网上警史馆建设，宣扬战史战功和先进典型。始终把工作着力点向中心靠拢，完成抗洪抢险、G20杭州峰会安保执勤任务。反复完善战备方案，坚持抓好常态战备和实案演练，战备建设体系化实案化精确化取得新进展。抓好冬季野营拉练、“卫士-16”演习、首长机关和新兵训练、连进攻战斗实弹演练等重大演训活动，持续开展军事训练考核性比武竞赛，部队实战化训练水平稳步提升。发放受灾官兵家庭慰问金30余万元，协调地方成立大病救助、特困补助救济基金，建立专业法律服务、心理服务到连队结对机制，帮助官兵解决子女入学、家属就业、转业安置等实际问题。8693部队被武警部队表彰为抗洪抢险先进集体，8691部队、8693部队二营、8694部队三营、8690部队工兵防化营被武警部队表彰为G20峰会安保先进单位，被G20峰会筹委会安全保卫组表彰为安保贡献突出集体，8692、8693、8694部队被武警部队表彰为暑期百日安全竞赛活动优胜单位，8693部队一营二连党支部被武警部队党委表彰为先进基层党组织。

武警无锡支队第二大队按照“前沿指挥所”职能要求，贯彻战训法集训精神，把执勤处突摆在中心位置，修订完善执勤方案，精心组织勤务，组织执勤安全教育整顿，推进哨位阵地化建设和“犬防”工作，提升执勤应急处突能力。开展400米障碍、捧擒、哨兵反袭击等训练，提高综合军事素质。年内，出动兵力800人次，担负烈士纪念日公祭、大觉寺佛法会现场警戒等重大临时性任务和备勤任务，完成押解勤务110余起，并完成丁蜀镇钱家湖地区抗洪抢险任务及G20杭州峰会安保任务。抽组人员参加“卫士-16”演习。开展改革强军主题教育及“两学一做”教育活动，与无锡开放大学合作，继续推进流动图书馆进警营活动，引导官兵“读经典战例、讲战斗故事、学战斗英雄、砺战斗精神”。开展“学法规、用法规、守法规”活动，组织“严制度、守纪律、强责任、除隐患”专题整顿教育，拉网式全覆盖排查隐患，为家庭涉法官兵提供法律援助，对20余名战士进行心理干预，转化关注对象10人，巩固整顿成果。所属五中队被武警江苏总队表彰为基层建设先进中队，宜兴市中队连续六年被武警江苏总队表彰为基层建设标兵中队。

【武警8690部队冬季野营拉练】 1月26—30日、12月9—15日，武警8690部队分两个阶段，按照“统一课题背景、统一计划安排、统一拉练强度、统一参演身份、统一参训人员、统一着装和武器装备携带”设计野营拉练内容，组织部队进行冬季野营拉练。拉练以处突防卫作战使命任务为引领，全程贯彻真难严实要求，突出“练指挥与练协同、练战法与练处置、练体能与练技能”，部队在常行军、强行军、急行军的基础上，穿插展开处置突发事件、攻防战斗、防敌高空侦察、防敌特袭扰破坏、通过染毒地带、重要目标袭击战斗、战斗勤务、捕歼战斗等15项内容训练，全面锻炼部队“走、打、吃、住、藏、管、保”综合能力。

【武警8690部队苏皖地区抗洪抢险】 7月3日，武警8690部队出动8693、8694部队以及工兵防化营和后勤分队，担负驻地江苏宜兴和安徽丹阳湖农场抗洪抢险任务。7月8日，按照武警部队命令，部队紧急驰援安徽抗洪一线，担负合肥、芜湖、池州、安庆4个险区的39个险工险段抗洪抢险任务，77个基层组织、25支党员突击队、1100名党员冲锋在危险地段，抗击长江干流、支流、湖泊高水位“三叠加”严重汛情。抗洪抢险期间，累计出动兵力2.1万余人次，加固堤坝93.18千米、搬运沙袋134.5万个、排除管涌险情44处。

武警8690部队参加抗洪　　（8690部队　提供）

【武警无锡支队二大队赴丁蜀镇抗洪抢险】 7月中旬，武警无锡支队二大队配合市抗洪救灾指挥部，出动兵力300余人次，赴丁蜀镇钱家湖开展抗洪抢险工作，共搬运沙袋1万余个、加固堤坝2千米、抢救重要物资10万余元，完成丁蜀镇钱家湖堤坝险情排除任务，保障了百姓的平安。

（丁福旺　胡宗晓）

人　防

【概述】 加强指挥通信建设和人防工程建设，开展人防宣传。严格执行人防易地建设费执收标准，全年征收人防易地建设费3300万元。坚持“以建为主、以收促建”工作原则，坚持重大项目集体会商制度，做到依法审批与优质服务相结合。年内，宜兴市被授予“十二五”全省人民防空先进城市称号，市人防办被省民防局评为民防工作先进单位。

【指挥通信建设】 完成全省统一组织的警报试鸣任务，警报鸣响率100%、覆盖率98%。人防指挥车到位后，制订训练计划和制度，保证每周指挥车联动训练2次，每月外出综合训练1次。增添无人机系统，全方位、多角度进行应急支援，提升人防办应对突发事件的指挥通信处理能力。对各级指挥场所坚持做到每天有巡查、每周有调试、每月有联动预演、半年有维护保养，发现故障及时排除，确保通信畅通指挥到位，全年34台电声警报器处于良好状态。

【人防工程建设】 全年新立项人防工程7个，新开工建设4个，竣工5个。做好在建人防工程的质量监管，坚持日常检查和重点抽查相结合，定期检查全市必检质量控制点，制订人防工程质量监督日志。注重工程日常维护保养，全年投入500多万元对金三角自建人防工程进行全面封闭维修。人防立体停车楼、太滆人防工程等自建工程在保证战备效能不降的前提下，发挥其社会效益和经济效益，为社会提供停车位500余个。

【人防宣教】 利用多种载体平台全方位进行人防宣传，做到人防宣传进机关、进学校、进社区、进企业、进网络。在宜兴电视台点播专题片《重庆大轰炸》，并和电视台签约每周2次滚动播出人防专题片。结合重大活动邀请媒体进行宣传报道，做到报纸有文、电台有声、电视有影。9月18日（防空警报试鸣日），市人防办和宜兴市第二高级中学联合举行防空疏散演练，增强师生应对突发事件的避险能力。邀请无锡市民防应急救援指导服务中心专业人员到现场授课，讲述抗震减灾经历及应急救援专业知识。

（赵德勇）

消　防

【概述】 至年底，全市共发生火灾799起，死亡1人，受伤0人，直接经济损失489万余元。市公安消防大队共接警2251起，出动2159次（含增援），出动消防车2922辆（次），消防人员1.85万人次，抢救被困人员142人，疏散134人，抢救财产价值896万元。市公安消防大队下辖现役中队2个，有官兵63人，有执勤消防车9辆；专职队1个，有执勤车消防19辆，地方合同制专职消防队员239人。全市有地方政府专职消防队8个。

消防监督员检查单位的消防控制室　　（市消防大队　提供）

【消防监督管理】 提请市政府主要领导、分管领导定期带队开展消防安全督查，适时组织联合执法检查活动，始终保持对火灾隐患和消防违法行为的高压严打态势。全年大队共检查社会单位3454个、发现火灾隐患4456处，督促整改4402处，责令“三停”（停产停业、停止施工、停止使用）33个，临时查封26个，完成“G20峰会安保”“素博会”“秋治会”等一系列重大活动和重大节日消防安保工作。部署开展高层地下大型商业综合体和夏季消防安全检查等专项行动。全市排查发现重大火灾隐患单位5个、历史遗留3个，销案1个。针对未完成整改的重大火灾隐患，督促单位落实整改责任、措施、资金、期限和预案。

【消防宣传】 在推进各有关单位设置固定消防宣传栏的基础上，与市广播电视台合作开设《宜兴消防》专题节目，在《宜兴日报》设置的《宜兴警方》专栏定期通报消防警情，在陶都传媒网站增设《宜兴消防》专栏，开辟公益短信发送平台并发送消防提示短信10万余条（次）。结合夏季消防检查宣传方案及要求，开展消防教育培训128次，指导灭火疏散逃生演练136次，培训人员3万余人次。分批组织150名消防控制中心人员参加岗位资格培训。注重扩大消防志愿者队伍，与市职业技术学院签订共建协议，成立学生志愿者小分队，以高层公共建筑、在设有车间或者仓库的建筑物内设置员工集体宿舍的建筑、出租屋等场所和外来务工人员、独居老人等人群为重点，针对性开展消防宣传教育及关爱行动。

（周伟）

编辑　解丽莉

社会团体
COMMUNITY GROUPS

宜兴市总工会

【概述】 全年，新建独立基层工会220个、法人企业工会800个，新发展会员2万多人。至年底，全市累计建立工会单位总数9100个、独立基层工会委员会2378个，工会会员达42万人。围绕“智慧工会”发展要求，探索“互联网+工会”服务职工体系建设，为建设宜兴工会综合服务管理平台做好前期调研工作。构建和谐劳动关系，做好厂务公开民主管理，深化工资集体协商，探索维权机制建设，维护职工合法权益。履行工会帮扶职能，加大困难职工解困脱困帮扶和保障力度。提升职工岗位技能和职业素质，获评无锡市五一劳动奖状5个、无锡市工人先锋号9个、无锡市五一巾帼标兵岗2个，获评无锡市五一劳动奖章8人、无锡市五一创新能手14人、无锡市五一巾帼标兵3人。弘扬劳模精神、职工精神、工匠精神，获评全国五一劳动奖章1人、江苏省劳动模范15人、“我心中的无锡工匠”1人。

【首届“宜兴工匠”评选启动】 4月，为弘扬工匠精神，打造一支与现代产业发展相适应的高技术、高技能、高素质领军人才队伍，市总工会启动首届“宜兴工匠”评选活动，活动将持续开展5年，每年遴选出20名各行各业内的技能“大腕”。评选活动分为基层推荐申报、公众网络票选、专家组评选三个阶段。年内，全市各级工会按照“公开、公平、公正、择优”原则，做好宣传引导、发掘选拔、推荐上报等工作，以技能人才的品德、能力、业绩为主要依据，坚持标准，发掘推荐代表行业领域内最高技能水平的优秀技能人才。经筛选，从51名候选人中确定33名入围人选参加网络投票，并成立评审小组对入围人选进行第二轮评议，最终按照网络投票和评审小组评议的权重相加评选出首届“宜兴工匠”20人。

【职工服务平台建设】 3月，市总工会出台《全市工会加强职工服务平台建设三年规划（2016—2018）》，计划用三年时间，从市级、镇（园区、街道、局级）系统、村（社区、企业）三个层面，以有阵地、有项目、有资金、有制度、有人员的“五有”为标准，推进职工服务中心（站、点）建设，为职工提供信访接待、困难帮扶、就业服务、权益维护、争议调处、综合服务等多种服务。年内，改造升级市总工会职工帮扶中心，建设市级职工服务平台。环科园、开发区、徐舍镇等10个镇（园区、街道）作为首批创建单位，全力建设规范的职工服务平台，申报无锡市职工服务平台建设项目，接受无锡市总工会的统一考核；30多个基层单位申报宜兴市级职工服务平台建设项目，由市总工会组织统一考核，评选出优秀和合格两个等级。

【职工素质提升工程】 以“宜兴市职工精神”大宣传活动为抓手，开展“践行职工精神，实现人生梦想”主题征文活动，评选表彰“忠诚型、向善型、精业型、超越型”身边楷模100人，组织开展身边楷模事迹专场演讲会。开展“培育好家风——陶都女职工在行动”系列活动，组织女职工开展“我爱我家——好家庭随手拍”“培育好家风”主题宣讲等活动。开展职工文化企业文化共建活动，联合市文联开展“匠心筑梦”全市职工书画作品展，参与“智慧女性、幸福家庭”读书征文活动和全市企业文化艺术节，承办“匠心筑梦——工匠故事工匠精神”演讲比赛。联合市文广新局开展宜兴市书香企业评选，表彰首批宜兴市十佳书香企业。加强职工书屋建设，年内创建全国职工书屋建设示范单位1个，省职工书屋建设示范单位1个，无锡市职工书屋建设示范单位2个、电子书屋2个、读书角1个。完成“蓝领成才工程”三年行动，2013年起，全市累计有超1万名师徒结成对子开展传帮带活动。组织职工开展岗位练兵、合理化建议、技术革新、技术攻关等职工经济技术创新活动，获评无锡市职工十大科技创新成果、十大先进操作法、十佳金点子各1个。举办宜兴市线缆产业电线电缆检验工职业技能竞赛和医务人员技能竞赛，全年开展职业技能竞赛50多场（次），参与人数1万多人。市总工会层面全年举办技能培训班12期，培训职工3000多人。

【职工权益保障】 全年，全市有7000个企业签订工资集体协商协议，32个行业开展计件定额工价协商，行业、企业工资（工价）协议覆盖职工35万人，工资集体协商企业覆盖率98.5%。开展劳动法律宣传服务月、工会送法进企进村等活动，市、镇两级联合行动开设劳动法律法规宣传咨询15场（次），接待职工咨询、求助1500多人次。成立由100多名法律援助志愿者组成的市镇两级工会阳光法律援助志愿者服务队，与工会法律援助站相互协作，维护职工合法权益。在市总工会网站开通律师“以案说法”栏目，每月由市职工法律援助律师团的律师对典型案件以及职工普遍关注的热点、难点问题进行分析和点评。举办工会劳动法律监督员、工资协商指导员培训班和全市产业工会以案释法专题讲座。开展全市工会劳动法律监督联动检查，帮助和指导企业规范劳动用工。做好工会劳动保护工作，加强职工安全文化建设，组织4200个企业、2.1万个班组、25.7万名职工参加“安康杯”竞赛活动，开展群众性事故隐患和职业病危害排查治理。开展“安全隐患随手拍”活动，在全市生产企业中开展“职工健康保护示范企业”创建活动，组织开展夏季“送清凉、送安全、送法律”活动，为高温岗位一线职工送防暑降温物品折款20多万元。

【职工帮扶注重精准和普惠结合】 坚持精准帮扶困难职工和普惠服务全体职工相结合。全年累计为939名困难职工建档，制订帮扶计划和帮扶措施。继续发放特困职工优惠证，505户特困职工家庭享受特困职工优惠政策，并增发春节慰问金每户1000元。开展2016年度元旦、春节送温暖活动，市总工会帮扶市级困难职工家庭1200多户，每人发放慰问金1000元和爱心棉被1条；各级基层工会共投入600余万元，资助困难职工家庭7000余户。开展“金秋助学”活动，资助困难职工家庭子女296人，发放助学金46.25万元，并采取工会干部与困难学生结对的方式结成助学对子102对。开展职工大病救急帮扶行动，救助大病职工112人，救助金由每人3000元提高至5000元。推进“工会就业援助月”活动，联合市人社局开展专场招聘会4场(次)，提供就业岗位6000余个。做好“安康·爱心驿站”扩面工作，为户外工作人群提供便利服务，新建“安康·爱心驿站”7个。继续推进“爱心母婴休息室”建设，全年新建4个。做好职工互助互济工作，全年为48位患重病的互助互济会员发放入会金额20倍的补助款，累计6.7万余元。

（李逸萍）

共青团宜兴市委员会

【概述】 团市委以保持和增强团的政治性、先进性、群众性、引领力、凝聚力、服务力、创新力为目标，开展“弘扬长征精神、决胜全面小康”“核心价值观I践行”“党团队手拉手 唱响‘十三五’”“关注‘十三五’创造新生活”等系列活动。范泽峰被评为无锡市十大杰出青年，评选宜兴市新锐青商50人、宜兴市最美青工100人。打造“网络共青团”，完善团市委官方网站、微博、微信。开展“苏青C空间建设”，举办机关开放日创新创业青年专场活动，开展“职场微体验 暑期莫宅家”大学生暑期实习活动，为400多名大学生提供见习岗位。开展青年岗位能手、最美青工评选活动和青少年经常性法制宣传教育活动，参与中小学生自我保护情景剧大赛，新庄中学的《智斗社会小混混》获无锡市三等奖。强化重点青少年排摸工作，按照分类服务原则，开展管护行动、牵手行动、回归行动、阳光行动和关爱行动。延伸圆梦大学项目服务内容、对象，全年资助贫困学生75人，金额22.26万元。围绕“四覆盖五整合六推进”*推动园区团建工作，全年新建“两新”组织(新经济组织、新社会组织)团组织72个，累计1288个。加大团干部培训力度，贯彻落实“1+100”(1个团干部联系100名青年)制度，全市各专职团干部人均开展活动10场、联系青年100人。按照团员发展步骤要求，降低团员发展数量，提高团员发展质量，初中毕业班团员数学生数比约44%、高中毕业班团员数学生数比约85%。推广“六个一”*团建项目，宜兴中专、张渚中专被评为全省中学中职共青团工作“六个一”团建项目示范校创建单位。

【青少年之家建设】 9月，按照“旗舰门店+社区云店、自营团队+联盟伙伴、标准服务+个性定制、线上平台+线下平台”的“4+”模式，加强团属阵地青少年之家建设。同时，根据青少年之家实体阵地建设情况，在团中央官方网站上建立相应的网络阵地。11月，全市16个青少年之家集体“上线营业”，并依托团中央官方网站开通宜兴市青年之声互动社交平台，邀请专业人士组成专家团及时答复青少年线上提出问题。至年底，建成市级平台1个、街道平台3个、镇级平台12个，其中宜兴市青年之家和万石镇、官林镇青年之家被评为省级示范平台，线上青少年之家全年开展活动30余场。

【青年互联网创新创业大赛】 为响应

宜兴市青年互联网创新创业比赛活动 （团市委 提供）

国家“互联网+”行动计划和“大众创业、万众创新”要求，选拔出一批优秀青年创业人才和具有发展潜力的互联网创业项目，5月，团市委联合有关部门启动“电信杯”宜兴市青年互联网创新创业大赛。大赛收到35个青年创业团队提交的37个创新创业项目，其中企业组项目23个、创意组项目14个。经初赛、决赛，评出一等奖1名、二等奖2名、三等奖3名、最佳创意奖2名。

【青年企业家能力素质培养】 全年向青年企业家发送“青商BossTown”微知识短信超10万条，免费派送经典书籍超2000册。配合市委组织部组织全市63名优秀青年企业家赴北京大学参加宜兴市企业经营与管理高级研修班。搭建政企对话平台。4月，开展“对话青商走进法院”活动，青年企业家代表走进市人民法院，通过现场旁听庭审、交流座谈等，实现良好的法企互动。10月，组织开展“青税携手 共创未来”市青商会走进地税主题活动，帮助青年企业家深入了解当前涉税热点，强化依法纳税意识。全年市青商会开展青商活动30余场。

【志愿服务】 3月起，团市委号召全市基层团组织和团员助力全国文明城市创建工作，开展交通疏导、环保宣传、低碳骑行、环境清理、扶贫帮困等志愿服务行动，累计出动志愿者4000人次。在2016中国宜兴国际素食文化暨绿色生活名品博览会、2016中国陶都(宜兴)金秋经贸洽谈会等重大活动期间，团市委、市青年志愿者协会招募青年志愿者300余人，提供服务20余万人次。学雷锋月期间，启动“与雷锋同行 和美德相伴”集中服务行动，各镇(园区、街道)团组织积极响应，累计服务群众6万余人次。抗洪救灾期间，动员60余名青年志愿者组成8支突击队，赴各社区开展救灾，各青商分会自发捐资捐物，捐财、物累计折款40余万元。

（黄舒文）

宜兴市妇女联合会

【概述】 市妇联全面落实中央、省、市委《关于加强和改进党的群团工作的意见》精神，围绕市委、市政府中心工作，深入开展“两学一做”学习教育，坚持服务大局的工作主线，坚持联系服务妇女群众的工作生命线，坚持面向基层、顺应需求和解决问题的工作导向，创新工作方式方法，夯实基层组织基础，助推女性创业创新，推进家庭文明建设，推动各项工作取得新进展。

【基层组织建设】 贯彻落实中央党的群团工作会议精神和《全国妇联改革方案》，创新基层组织设置。全面推进村(社区)妇代会改建妇联工作，抓住2016年全市村(社区)党组织换届契机，出台《关于做好全市村(社区)妇代会改建妇联工作的意见》。以妇代会改建妇联为切入点，改善组织构架，按3—5人标准配备专兼职副主席，按7—15人标准建立执委队伍，扩大基层妇联组织成员。至年底，全市215个村、97个社区妇代会全部完成改建工作。推进镇、街道妇联组织区域化建设工作，率先在万石镇启动宜兴市级试点工作。利用全市各级领导班子及基层组织换届契机，推进女性参政议政，主动协调市委组织部、市民政局分别出台换届工作意见，推动提高各级领导班子中女性比例、村(社区)“两委”中女性比例和村(社区)妇联主席进“两委”比例。

【女性创业创新】 2016年是全市妇联系统“创业创新巾帼行动推进年”，市妇联围绕市委产业强市战略，瞄准创业女性需求，整合社会资源，提高服务效能。在全市范围内开展女性创业创新项目大赛，征集女性创业项目25个，经过资格审查、评委初评、网络投票、项目路演等环节，最终评选出创业风采奖1个、一等奖1个、二等奖2个、三等奖3个。组织参加省巾帼创业创新大赛、无锡市“指尖风采·魅力巧娘”创意手工制作大赛等活动。市万阳苗木专业合作社朱允芬获“江苏省十大农民创业女状元”称号，江苏乾元茶业有限公司汤卓敏获“江苏省百名电商创业女能人”称号。扶持培育一批巾帼示范基地，挂牌成立市巾帼创客联盟。举办女性就业专场招聘会，81个用人单位提供岗位938个，有300多名女性与招聘单位达成初步就业意向。举行全市“巾帼文明岗”命名授牌仪式暨创建工作实务培训，为新命名的61个单位授牌。举办全市女企业家高级研修班，组织40余名女企业家赴上海学习考察。联合市供销合作总社举办农村电商带头人培训班5期，培训女性250余人。开展全市农村妇女网上行基础技能培训，1710名农村妇女参加培训。

【家庭文明建设】 以深入寻访“最美家庭”为基础，树立家庭文明新榜样。宜兴“紫砂世家”曹婉芬家庭被评为第一届全国文明家庭，受到习近平总书记接见；苏南英家庭获“江苏省最美家庭”和“江苏省文明家庭”称号；汪寅仙家庭、钱岳龙家庭等16户家庭获“无锡市五好文明家庭标兵户”称号。以廉政教育为主题，拓展家庭文明新内涵。联合市纪委、市委组织部开展“清廉家风润万家”主题活动，引导全市干部群众将爱岗与爱家结合，培育良好家风，推动文明家庭、和谐家庭和廉洁家庭建设。开展“良好家风，清廉我家”廉政情景剧创作展评活动，用小情景剧搭建宣教大平台。全市征集参赛作品32件。通过初赛，评选出10件作品并登上宜兴广播电视台的演播舞台。开展“清风伴耳 幸福常在”廉政亲情寄语活动，选出廉政亲情寄语893条，将家庭亲情融入党员干部廉政教育，充分发挥家庭促廉助廉的重要作用。

【“小桔灯”项目】 “小桔灯”儿童课外守护家园项目作为市妇联儿童关爱品牌项目，继续扩大实施范围，新增市图书馆、丁蜀镇紫砂小学、丁蜀镇白宕社区、张渚镇西街社区、周铁镇周铁社区5

个试点单位，累计13个。全年开展儿童自护安全教育、兴趣培养、成长拓展、家庭教育等活动200多场、5000余人次，惠及家庭2000多户。积极拓展服务内容，创建“小桔灯”微信电台，并通过电台举办读书音频大赛。线上线下的互动交流，为广大家庭和妇女儿童搭建更有效、更快捷的学习、展示平台。

（王婷婷）

宜兴市科学技术协会

【概述】 推动全民科学素质建设，制订《宜兴市全民科学素质行动计划纲要（2016—2020年）实施意见》，推进五大重点人群科学素质建设，持续推动全国科普示范县（市）创建活动。屺亭街道奔马社区被评为省级社区科普益民计划先进集体，环科园国际环保展示馆、西渚镇兴望农牧基地和太华镇竹文化博物馆被评为无锡市科普教育基地。成立湖㳇镇花卉苗木专业技术协会和周铁镇蔬菜专业技术协会。至年末，全市有农村专业技术协会22个。开展主题科普宣传活动，围绕“科技惠民、创新生活”主题，举办市第28届科普宣传周，开展送科技下乡、科普进社区、科普进校园等群众性科普活动。联合市农林学会、草莓协会等学（协）会深入和桥、张渚、万石等镇举办乡村科普集市，发放科普资料，为农民提供技术咨询服务。全年举办科普讲座、科技培训48期，发送科普飞信15万条（次），车载“科普大篷车”累计播放2万多小时。发动全市83所中小学校的1.86万名中小学生参加省“金钥匙”科技知识竞赛，参与省第27届省青少年科技创新大赛，丁山小学的参赛作品入围总决赛，“快乐科学校园行”活动走进市广汇小学等3所科技特色学校。研究制订出台《宜兴市科普志愿者管理办法（试行）》，配合市文明办做好陶都志愿者团队登记管理工作。与市旅游部门合作，探索开辟3条科普旅游专线并成功推送上市。提升学会能力，致力服务科技工作者。组织2014—2015年科技论文评比，征集科技论文271篇，评出特等奖3篇、一等奖33篇、二等奖120篇。评选表彰优秀科技工作者，做好第六届青年科技英才总结及第七届青年科技英才推荐命名工作。开展建言献策活动，征集意见20余篇，配合相关部门做好政协提案答复工作。

【宜兴科技馆建成开馆】 11月，经过近5年多时间的打造和建设，宜兴科技馆建成开馆。该馆总投资2亿元（其中布展投入6000万元），占地面积1.2万平方米（其中布展面积6000平方米），分为4层扇面空间和1个球形建筑。整个布局设计和展项内容安排上坚持“宜生活、兴科技”的原则，以弘扬科学精神、展示科学原理、展现科普之光为理念，把科学发现、人文精神以及科学家的故事交相融合，为全国县级市中规模最大、布展一流的综合性科技馆。馆内设立的两个中心（创客空间和探索中心），以及率先引进的外包服务运营模式，均为全国科技馆业内首创。

【海外智力引进】 发挥中国宜兴环保科技工业园、宜兴经济技术开发区、江苏宜兴陶瓷产业园区三大园区优势，融入全省、全国海智资源库，依托国家和省海智资源平台，开展海外人才和项目对接、引进、推介、服务等工作。全年收集企业项目需求75项、人才需求32名，发布海智项目35个。申报创建并获批“中科协宜兴海智基地”，加强海智工作数据库建设，畅通与海外科技团体的交流合作渠道。11月上旬，2016无锡（宜兴）海智环保项目洽谈会在环科园召开，助推全市环保产业发展。

（肖绯）

宜兴市归国华侨联合会

【概述】 全年接待来自美国、荷兰、加拿大等地的海外侨胞以及2016“亲情中华”夏令营江苏营全体营员18批86人次。3月，市侨联被省侨联命名为首批江苏省双“五有”侨联组织。4月，市委印发《关于进一步加强和改进新形势下侨联工作的实施意见》，明确新形势下全市侨联工作的方向，成为指导全市侨联工作的纲领性文件。8月，与市台办首次联合举办全市台侨系统干部培训班。9月，市侨联专职副主席裴春花受邀参加中国侨联成立60周年纪念大会。

【拓展联谊】 重视发挥省华侨华人文化交流基地——陶博馆的窗口作用，举办中日陶艺文化交流、“外教”讲紫砂、“第七届海峡两岸传统文化可持续设计论坛”等活动展览。与江苏省侨联海外委员、阿联酋江苏商会相关侨领及单位

“亲情中华”夏令营活动 （市侨联　提供）

进行对接联系，促成市陶瓷行业协会于12月赴阿联酋阿布扎比参加2016谢赫扎耶德文化遗产节，助推宜兴紫砂文化走进中东。和无锡市侨联联合牵线北京安达泰克科技有限公司、广东美涂士建材股份有限公司等侨企到宜兴寻找合作商机并陪同考察；牵线唐敖庆基金会到和桥小学磋商设立奖学金。12月，首次开展跨区域互动交流活动，组织侨界书画爱好者参加“翰墨侨韵 印象沙洲”苏州侨界庆祝中国侨联成立60周年暨迎新年书画展。

【为侨服务】 继续在全市侨联干部中开展“争当侨胞之友”主题实践活动，坚持开展定期走访慰问、与侨界弱势群体结对帮扶、为归侨及部分重点侨眷赠送生日祝福、健康体检等品牌活动。全年走访慰问归侨侨眷138人次、发放慰问金慰问品折现共计9.5万余元；走访侨界“空巢老人”18人、发放慰问金1.8万元；向侨界群众发送贺卡及短信400余条。与无锡市示范侨之家宜城街道土城社区结对开展“两学一做”党员先锋在行动暨“相约星期五”为民服务活动，为辖区侨台眷属提供帮助与服务。依托基层为侨服务平台，尤其是和桥侨联分会、张渚侨台服务中心、宜城及丁蜀的社区侨之家等，经常性地组织侨界群众开展活动。市侨联指导开发区获评江苏省侨联新侨创新创业示范基地，推荐江苏巨珩新材料科技有限公司夏帆博士负责的艾伦·黑格团队斩获第六届中国侨界贡献奖“创新团队”奖，成为中国侨界贡献奖开评以来全市第5个获此荣誉的新侨创业企业。牵头成立全市留学人员亲属联谊组织，与市委组织部、市人才办对接，筹建市侨界专家委员会。

（王云丹）

宜兴市文学艺术界联合会

【概述】 全年新增国家级会员7人、省级会员18人、无锡市级会员25人。全市累计有文艺家协会8个、民间社团7个，有会员1800多人，其中国家级会员112人、省级会员295人。尹祥明被乌克兰国家科学艺术院授予“院士”称号，徐风作为无锡地区唯一代表参加第九届全国作代会，季益顺、卫江安参加全国第九届民间艺术家协会代表大会。新增音乐舞蹈协会丁山分会、市朗诵协会张渚分会、市杜鹃花少儿朗诵团。举办迎新春书画展、醉美陶都——2016迎春摄影作品展、2016青少年音乐舞蹈才艺比赛、第三届美术报吴冠南大写意花鸟画高研班师生作品展、“匠心筑梦”全市职工书画作品展等活动。承办“到人民中去·苏风墨韵——江苏省书法名家精品巡回展宜兴站”和 中国文联、中国美协第五期贯彻习近平总书记在文艺工作座谈会上的讲话精神专题研讨班。举办2016·吴冠中艺术馆全国油画展、清华美院——陶刻高研班、宜兴书法院第三届书法研修班、市陶都文学院第二届文学研修班。与丁山成人学校联合举办书画陶刻高研班，与市教育局联合主办教育系统艺术沙龙书法班。12月，“翰墨陶都·韵美紫玉”中国书画名家陶艺家跨界交流活动在北京召开。继续打造文联季刊《艺届》，陆续出刊春、夏、秋、冬四卷，发表文艺作品60多万字和书画、摄影、陶艺等作品500多件。

【文艺惠民活动】 在人民剧院举办迎新年优秀传统剧目展演，观众超5000人次。4月，配合市委做好“茶禅四月到宜兴”活动，举办“茶之味、茶之趣、茶之韵、茶之景、茶之艺”五大活动。7月，市戏剧曲艺家协会举办庆祝中国共产党成立95周年现代京剧展演。8月，市朗诵协会举办纪念长征胜利80周年诗文朗诵大赛；市书法家协会举办纪念长征胜利80周年妇女书法展，与宜兴地税局合办“陶韵税风·踏春而行”地税文化暨书法创作交流活动。9月，市戏剧曲艺家协会举办“戏苑中秋 走进陶都”专场戏曲演唱会。10月，市摄影家协会举办“筑梦东氿”纪念中国共产党成立95周年暨长征胜利80周年摄影展。

【文艺精品工程创建】 4月，市作家协会举办“老宜兴”文学作品征集评选活动，收到作品近100篇，并结集成书《老宜兴》。在4月23日世界读书日，徐风的《布衣壶宗》获2015年中国年度好书。5月，省书法家协会、省书法院、市书法家协会举办的“勇者天放——何勇书法作品展”在上海展出。6月，市民间艺术家协会在省现代美术馆举办“大美民间·壶孕乾坤”宜兴紫砂艺术青年才俊作品展。

【文艺品牌塑造】 市文联策划打造“情满陶都——宜兴市文艺家走基层活动”系列文艺节目，继续坚持演出形式大众化、演出内容品位化、演出质量专业化的活动标准。年内，举办情满陶都·心系万家——宜兴市书画陶艺家抗洪救灾作品捐赠仪式，收到陶艺家捐款1.7万元和捐赠书画陶艺作品276件。其中，美术作品78件、书法作品187件、陶艺作品11件。捐赠的作品拍得善款46.25万元。市音乐舞蹈家协会在武警部队举办情满陶都、抗洪凯旋——宜兴市文艺家走进军营慰问演出，市美协、市书协组织书画家走进宜兴监狱、走进茶文化促进会。

（吕瑞芳）

宜兴市残疾人联合会

【概述】 全市新增残疾人819人，累计有持证残疾人2.38万人。全市拥有福利企业131个，安置残疾人6377人。实现残疾人按比例就业的单位有515个，安置残疾职工1028人。扶持残疾人创业就业基地29个，安置残疾人就业230人。市脊柱侧凸康复中心建成运行。省残疾人就业创新(创优)项目落户宜兴。市残疾人康复中心、市爱德陶艺社获无锡市2011—2015年扶残助残先进单位称号。市爱德培训学校被评为江苏省档案管理一星级单位。博爱家园孤独症儿童成长中心被评为宜兴市社会组织规范化建设AAAA单位，获中国心智服务最佳行业贡献奖。接待处理涉残来电、来信、来访381件（次）。市残疾人法律维权服务站定点9名专职律师为40名残障人士提供法律援助服务。

【困难残疾人帮扶】 全年为711名重残低保残疾人发放低保重残补贴78.88万元，为1300名生活不能自理的重度残疾人员发放护理补贴183.23万元，为4081名特殊困难残疾人发放生活救助补贴2392.7万元（其中市级发放1674.9万元），为79名高中学历及以上残疾学生发放教育专项补贴21.58万元。救助三、四级精神智力残疾人1057人，发放生活救助93.66万元。救助精神病人门诊服药760人、28万元，救助贫困精神病人住院治理35人、8.69万元。实施"阳光助残安居工程"，修缮贫困残疾人家庭住房50户，投入资金53.55万元。为符合条件的残疾人办理免费乘坐城乡公交车"爱心卡"466张，全市累计1.32万张，全年刷卡次数118.38万次，减免费用274.29万元。

【残疾人康复服务】 康教结合工作促使10名残疾儿童进入普通幼儿园就读，2名残疾儿童进入普通小学就读。开展全市小学五六年级和初中二年级青少年脊柱侧凸筛查2.85万人，筛查出阳性病例1438人。为812户残疾人家庭辅具适配及无障碍改造1094件，投入资金34万元。贫困听力障碍患者助听器适配补贴30人，投入资金15万元，人工耳蜗救助1人，投入资金5万元。救助0—6岁残疾儿童106人（其中外出康复14人），救助7—14岁残疾儿童30人，共计投入资金262万元。完成白内障手术582例，投入资金81.8万元。门诊服药精神病人救助870人，投入资金32.3万元；贫困精神病人住院救助47人，投入资金13.5万元。农疗中心组织700人次精神康复者开展各类活动。

【残疾人就业】 2662个单位入库残疾人保障金5917.6万元。稳定福利企业用残政策，全市131个福利企业集中安置残疾人就业6377人。推动按比例安置残疾人就业，新增安置残疾人就业企业167个，安置残疾人330人。扶持残疾人创业基地22个，辅助就业基地7个，残疾人自主创业6人，就业残疾人230人。培育辅助性就业机构12个，有10个单位正常开展辅助性就业，辅助性就业劳动项目供货单位5个、劳动项目配送中心2个，全市参加辅助性就业劳动的残疾人163人。依托市镇（街道）二级培训阵地，举办各类培训班19期，培训残疾人663名，其中协助镇（街道）开展岗位和技能培训598人次。举办残疾人专场招聘会2场，组织141个企业为残疾人提供就业岗位220个、职位642个，586人次残疾人应聘，92人与企业签订意向书，35人实现上岗就业。

【文化助残】 主办"同步奔小康，实现中国梦"宜兴市残疾人紫砂文化就业创业成果北京展。38名残疾紫砂艺人的86件精品力作参展。投入资金50万元，创建集善爱心书屋5个。组织盲人参加"共沐书香"走进图书馆体验视障阅览室活动。选送盲人小合唱《鸿雁》参加市第二届"百合花奖"评奖活动，获歌唱类银奖。编排廉政情景剧《天亮了》参加市纪委主办的"清廉家风润万家"廉政情景剧汇演获二等奖。邀请世界聋人奥林匹克运动会冠军费勇为6名特教学校学生指导训练，获得残疾人田径锦标赛三金三银四铜的成绩。选拔2人参加省残疾人象棋比赛，1人获肢体残疾组第四名。1人入选省队参加坐地排球集训。向省残联推荐28名文化艺术人才，推荐5人加入中国残疾人文联。聘请汪寅仙等10位省级以上大师为爱德陶艺社特聘顾问，开展为期一年的结对帮扶。两批15名结对对象德艺素养得到有效提升，7人通过考试晋升职称，3人在"景舟杯"陶艺大赛中获佳绩，1人获第十一届全手工制陶大赛二等奖。

【助残阵地建设】 市残疾人康复中心新大楼投入运行。中心使用面积5000平方米，建筑面积1.3万平方米。政府对康复设施投入近400万元，康复设施增加70余套，康复功能室扩大到13个。其中脊柱侧凸中心添置价值159万元的进口专业康复设备，并聘请全国知名脊柱侧凸康复专家为首席专家，为中心提供技术支撑。中心全年筛查确诊需康复治疗的195人，其中9人实施康复救助。农疗中心资产整合新增硬件设施投入近300万元。创建镇（街道）"残疾人之家"11个，村（社区）"残疾人之家"4个。

（蒋敏）

宜兴市红十字会

【概述】 完善基层红十字会组织，组织18个镇（园区、街道）红十字会专兼职干部开展业务培训1次。在"5·8"世界红十字日、"5·12"全国防灾减灾日、"6·14"世界献血纪念日、"12·1"世界艾滋病日等开展宣传活动。发放宣传资料2000余份，全年筹资203.19万元，发放救助款物折价157.32万元。

【关爱弱势群体】 以"改善最易受损害群体的境况"为工作目标，开展博爱助困、博爱助残、博爱助老、博爱助医以及灾害救助活动。春夏两季救助贫困家庭524户，救助金额57.4万元。3月，市和桥医院红十字会联合镇政府民政科，为该镇的105名残疾人免费体检。4月，由省红十字会资助的红十字助老帮扶基地在张渚、和桥、屺亭3个敬老院落成，配备助老康复器材，价值15.8万元。5月，宜城街道红十字会联合宜城街道社区服务中心志愿者，为下漳社区残疾人及其家属30多人，开展健康讲座、免费测量血压、健康体检、用药指导、心理咨询活动。同月，市人民医院的8名红十字志愿者赴苏欣护理院为高龄老人提供健康咨询服务。6月，无锡市红十字会志愿者到宜兴资助贫困学生39人，资助金额3.22万元。7月，宜兴遭遇洪灾时，市红十字会向无锡市红十字会申请价值27.09万元的家庭箱、急救包，并配备凉垫、夏凉被、雨伞等生活用品，及时送往受灾严重的14个镇（街

发放救灾物资　　（市红十字会　提供）

道）及救灾安置点，受益2500多人。8月，市红十字会开展“红十字励志助学金”活动，资助贫困学生595人，发放助学金35.7万元。为年内遭遇突发事件的36户家庭资助15.11万元。12月，市卫计委与市人民医院的16名志愿者赴屺亭敬老院为老年人做康复指导。为6户特困家庭向上级红十字会申请二次救助3000元，为5名白血病患儿申请中国红十字总会的小天使基金。

【救护培训】 根据省红十字会2016年百万培训项目的要求，完成全市8800人的救护培训任务。全年为10个企业450人进行救护培训。市红十字会联合市卫计委、市总工会开展全市医务人员技能竞赛，选拔出4名优秀的救护培训师参加无锡市红十字应急救护师技能竞赛，获二等奖1名、三等奖2名、优胜奖1名，并获团体一等奖。

【无偿捐献】 市红十字会把宣传《中华人民共和国献血法》、普及献血知识、推动捐献造血干细胞和遗体捐献工作作为市精神文明建设的重要内容，动员和组织红十字会基层组织和会员、志愿者带头参与，形成良好的社会氛围，无偿献血、捐献遗体（器官）工作迈上新台阶。全年无偿献血1.82万人次，献血6.7吨，全市全年获全国无偿献血奉献奖735人。新增造血干细胞志愿者12人，加入中华骨髓库江苏省分库的累计有416人，有1名志愿者实现角膜捐献、3名志愿者实现遗体捐献，中央电视台对角膜捐献志愿者张月红做了相关报道。宜兴市获国家无偿献血奉献奖（金奖、银奖、铜奖）的献血者、成功捐献造血干细胞的志愿者享受以下优惠政策：免费游览市政府主办的园林、风景名胜区等场所（包括善卷洞、竹海、陶瓷博物馆）；免费乘坐全市范围内的公共交通工具；在非营利性医疗机构就诊免交普通门诊诊察费。献血者成功捐献造血干细胞的，本人终身免交临床用血费用，其配偶、父母和子女终身按照不超过800毫升的用血量免交临床用血费用等。达到国家无偿献血奉献金奖（8000毫升）标准以上的献血者，其兄弟姐妹、祖父母、外祖父母、配偶父母享受直系亲属的待遇。

（张晓红）

宜兴市关心下一代工作委员会

【概述】 坚持服务青少年的正确方向，弘扬“忠诚敬业、关爱后代、务实创新、无私奉献”的“五老”（老干部、老战士、老专家、老教师、老模范）精神，围绕市委、市政府工作大局，发挥各级关工委和“五老”积极性及独特优势，着眼于培育和践行社会主义核心价值观。以纪念中国共产党成立95周年和中国工农红军长征胜利80周年为契机，开展青少年思想道德教育，促进青少年健康成长。坚持把关爱特殊和弱势青少年群体作为重中之重，在继续开展青少年法制教育、“四帮一”（集老教师、在职老师、优秀学生和家长四方之力，共同帮助一名“问题”学生）教育等活动的同时，组织“五老”参与社区矫正工作。5月，在全市原参与社区矫正的300多名志愿者中遴选76人，组成市社区矫正“五老”志愿者骨干团队，重点开展对未成年社区矫正对象的帮教工作。通过举办培训班、举行聘任仪式、组织志愿者与社区矫正人员面对面帮教、召开推进会议，促进全市“五老”参与社区矫正工作规范有序地开展。5月30日，宜兴加强基层关工委组织和“五老”队伍建设的做法在中国关工委网站宣传推广。至年底，全市有各级关工委组织2663个，参与各级关工委组织的“五老”骨干4450余人，经常参与关工委活动的“五老”志愿者9100多人；参与社区（村）校外教育辅导站工作的社会志愿者520人，其中在职教师285人、大学生村官150人；全市有社区（村）青少年校外教育辅导站308个、老教师家庭辅导站558个，195个社区（村）校外教育辅导站建成电子阅览室，285个社区（村）实现未成年人零犯罪。市关工委、张渚镇关工委等4个关工委被评为全省关心下一代工作先进集体，蒋顺龙、唐川弘等8人被评为全省关心下一代工作先进工作者。

【“颂歌献给党，立志跟党走”主题教育】 为帮助青少年了解党的奋斗历程、丰功伟绩和宏图远景，向他们传导矢志践行中国梦的正能量，从小立大志，永远跟党走，在全市青少年学生中开展“颂歌献给党，立志跟党走”主题教育活动。1—4月，市关工委召开4次市青少年思想道德教育报告团成员会议，商讨青少年教育主题，会审主题教育宣讲材料。3—5月,编发5万余字的宣传辅导读本3500册。6—7月,召开动员大会部署主题教育工作,培训"五老"宣讲员骨干,并编发简报推动面上教育活动。6月下旬至9月,全市各级关工委围绕教育主题,组织"五老"宣讲员、在职教师、大学生村官及回乡度假的大学生深入学校和社区(村),开展主题宣讲和教育实践活动。尽管暑期受到洪涝灾害和持续高温的影响,但主题教育活动仍然有序推进。全市举办宣讲报告会、征文演讲、知识竞赛、教唱红歌等活动1852场(次),参与主题教育活动的青少年学生15万人次。9月,省关工委公布并表彰"全省校外教育辅导站电子阅览室优秀特色活动推广项目"获奖单位,丁蜀镇湖渎社区校外教育辅导站的《党在我心中——党史故事音频制作活动项目》获视频类一等奖、文字类三等奖,丁蜀镇公园路社区校外教育辅导站的《"童心向党"主题教育活动方案》获文字类三等奖。12月,市关工委评选表彰张渚镇茗岭村、宜城街道土城社区等青少年主题教育活动先进社区(村)20个,各奖励5000元用于添置校外教育辅导站设施。

【基层关工委组织建设】 3月,市委组织部、市关工委联合印发《关于进一步加强关工委组织建设和"五老"队伍建设的通知》(简称《通知》),要求各基层党委要进一步加强镇(街道)、社区(村)关工委组织建设,抓住2016年镇、街道党(工)委和居(村)民委员会集中换届的契机,调整充实关工委领导班子,并明确提出,各级党组织要把关工委作为退二线、退休的优秀老同志发挥余热的优先岗位来安排。《通知》还要求各级党政组织要从有利于加强关工委领导班子建设、有利于开展关心下一代工作出发,按照"五老"的特长和优势,以自愿为原则,就近就地把他们组织到关心下一代志愿者队伍中来。各级关工委组织要按照"新老交替、增强活力"的要求,动员吸收相对年轻的老同志成为"五老"队伍的新生力量。10—11月,根据省委组织部、省关工委有关通知精神,市委组织部、市关工委联合部署开展全市基层关工委组织建设情况检查。这次检查以各镇(街道)、社区(村)两级关工委和市教育、政法等部门关工委为重点,采取自查和重点抽查的方法,检查了解基层关工委组织建立健全、班子配备、"五老"队伍建设、经费落实等情况。检查发现,近几年来,关工委组织队伍建设呈现良好势头,但也存在着党政领导重视程度不平衡,有的基层关工委战斗力不强、活动不经常,"五老"队伍结构显现老教师多、老干部少,城区多、农村少,年龄偏大的多、相对年轻的少等问题。

(倪锦豪)

宜兴市生态文明研究与促进会

【概述】 围绕宜兴市第十三次党代会目标任务,按照市委、市政府关于"环境立市、生态兴市"的战略方针,确立研究课题,深入基层调研,宣传"创新、协调、绿色、开放、共享"发展理念,关注与促进全市生态文明建设。深入徐舍镇、西渚镇、宜兴经济技术开发区等地调研,开展座谈交流。发展各分会,根据各地实际确立调研课题,14个基层分会全年撰写调研报告20余篇。全年出刊《宜兴生态文明》1500份,突出报道了"十二五"以后全市生态文明建设的成就和"十三五"期间生态文明实践的新思路、新举措。

【世界环境日系列活动】 指导和协调社会各方力量,开展宣传引导工作。引导全市牢固确立"绿水青山就是金山银山"的理念,自觉践行绿色生活,参与环境保护,促进全市建设发展的绿色化和人民群众生活方式的绿色化。6月,在市文化广场举行由市人民政府主办、市环保局、市生态文明研究与促进会承办的纪念第45个"世界环境日"系列活动。活动以"改善环境质量,推进绿色发展"为主题,现场展出"环保新征程,生态新宜兴"环保摄影作品百余幅,并开展志愿者签名、环评咨询服务、环境法治服务、环境信访服务、环境监测服务和宣传资料发放等活动,得到市民的热情关注和参与。

(周惠民)

宜兴市老年协会

【概述】 张渚镇及各村(社区)老年协会进行换届,太华、官林、周铁、丁蜀等镇老年协会调整部分会长。新增老年活动室26个,累计715个。发动志愿老人4955名,结对帮扶困难老人4966人。动员325个团队、9835人老人参加银发旅游,配合组织12.5万名老人免费体检,举办健康讲座1580场(次),2654名老年调解队员调处涉老矛盾2051件。基层老年学校开办1271个班(次),7.3万人次老人参加。首次以老年家庭才艺为主题举办第五届老年文艺会演。各镇(街道)老年协会按照创建合格老年协会工作规划,加大创建力度,全市249个村(社区)老年协会达到合格标准。举办宜兴市"九如城杯"《中华人民共和国老年人权益保障法》暨《江苏省养老服务条例》知识竞赛,全市6万多人次参与。举办老年节敬老月活动,宜城街道老年协会开展走访慰问暖民心、乐龄舞台展风采、道德讲堂感孝亲等系列活动;丁蜀、湖汊等镇老年协会制作展板,展示工作风采;周铁镇老年协会开展老年家庭才艺展示、知识竞赛等活动。

【老年活动场所提档升级】 湖汊镇投入800多万元新建和改造大东、东兴、张阳等村老年活动室。周铁镇投资250万元新建欧毛渎、王茂等村老年活动室。万石镇南漕村投资1000万元新建村老年活动中心。新街街道南岳社区新建西花园居家养老日间照料中心,并引进九如城养老服务团队进行管理。屺亭街道东郊社区爱心配餐中心建成投运,为空巢老人提供送餐服务。宜城街道老年协会排查20个社区老年活动室，并提出改造建议。加快自然村（小区）老年活动室建设步伐，湖汉镇洑西村投入100万元在城泽、油车两个自然村建设老年活动室，周铁镇下邾村东庄自然村新建老年活动室。

【老年协会走访慰问】 张渚镇老年协会连续5年，每年利用春节、老年节2次走访慰问全镇85岁以上老人2600多人。宜城街道老年协会走访慰问老人1.39万人，发放慰问金123万元。徐舍镇老年协会走访慰问老人3000多人，发放慰问金70多万元。湖汉镇老年协会开展“心系夕阳，情暖三老”服务活动，组织各村（社区）老年协会会长、秘书长等31位志愿者，为全镇100名高龄、“空巢”、失能老人提供上门服务；新街街道南河社区老年协会委派退休医生为老年人提供免费上门诊疗服务。宜城街道北虹社区老年协会对高龄、“空巢”、残疾老人做到每日必访，土城社区老年协会分年龄层次、固定日期开展服务活动，并为高龄、“空巢”、失能老人安装爱心门铃。全市各级老年协会全年走访慰问老人7.8万人次，发放慰问金2221万元。

（韦伟）

宜兴市老区开发促进会

【概述】 全年开展专题调研2次，撰写调研报告2篇；多次接待省和无锡市等有关地区老领导到宜兴考察，做好与省“三会”（老区开发促进会、扶贫开发协会、扶贫基金会）、无锡市“三会”（老区开发促进会、扶贫开发协会、农村经济学会）和《苏南发展》研究所的联系，与锡山、江阴等县（市）区对口部门进行定期交流。11月，受省“三会”委托，为省宜兴中学、省宜兴第一中学、市和桥高级中学、市和桥中等专业学校、市张渚高级中学的50名学生发放济困助学金10万元。

【调查研究服务“三农”】 开展“三农”（农业、农村、农民）工作专题调研，为搞好“三农”工作建言献策。配合省“三会”和无锡市“三会”开展“发展休闲农业、建设美丽乡村”“努力营造发展环境、促进民营经济健康发展”“因病致贫帮扶机制”“农业产业化发展”等课题调研。5月，赴市民政局以及有关单位进行调研，了解全市社会慈善事业发展情况，撰写调研报告《发展慈善事业，构建和谐社会》。11月，赴市委农办、市坤兴养猪专业合作社、市怡农蔬菜专业合作社、市天信种养专业合作社进行调研，了解农民合作社内部信用合作的情况，撰写调研报告《内部信用合作的实践与探索》。这些调研报告被《苏南发展》《无锡调研与信息》《无锡农村经济》等刊物转发。

（张仲华）

宜兴市新四军历史研究会

【概述】 为抢救挖掘、收集史料，给健在老同志发出史料征集函，走访老战士家属30多人，召开各类征稿会议6次，征集、编写文章40余篇；协助市史志办为宜兴革命陈列馆征集红色藏品50余件。其中，有新四军后勤部门的缝纫机、有新四军伤病员用的调药瓷瓶，还有老战士、老领导珍藏几十年的宝贵史料。新四军宣讲团成员划分成4个宣讲小组，先后到8个镇、园区、街道、19个社区、20多所中小学校以及市公安局、江苏省宜兴监狱等单位宣讲68场（次），受教育者1.2万余人。全年发行《大江南北》杂志3339份，连续第五年获《大江南北》杂志社发行工作最高奖项特优奖。

【纪念红军长征胜利80周年系列活动】 为贯彻中央关于隆重纪念红军长征胜利80周年的指示精神，9月3日，召开纪念红军长征胜利80周年暨《大江南北》杂志发行与学用座谈会。会长金绍尧在会上作《纪念红军长征胜利80周年学习红军革命精神》专题讲座，70多名参会者受到爱国主义和革命优良传统的教育，对长征有了更深层次的理解。为加强宣讲效果，把长征中的故事，穿插结合宜兴籍长征参加者宗益寿、潘汉年等人的故事或事迹，制成图片或图板。9月8日，组织部分宣讲团成员和会员20多人在老干部活动中心举行“学习红军长征精神”座谈会。通过系列活动，研究会成员以及其他参加各项活动人员对长征精神的实质有了新认识。

（张澍）

编辑　解丽莉

园区建设
INDUSTRIAL PARK CONSTRUCTION

中国宜兴环保科技工业园

【概述】 围绕建设创新园区、活力园区、和谐园区的目标定位，环科园主动适应经济发展新常态，扩大开放合作，整合优质资源，加快统筹发展，提升承载能级，推进项目建设，继续保持经济健康平稳发展、优质资源加速汇聚的态势。园区面积212平方千米，全年地区生产总值256.7亿元（含高塍镇，下同），比上年增长6.1%。财政可支配收入5.96亿元。应税销售收入1044.8亿元，比上年增长13.7%。其中，工业、流通分别为722.1亿元、301.8亿元。全社会固定资产投资82.2亿元。全年新批外资项目5个，协议注册外资2.4亿美元、到位注册外资3950万美元。出口总额3.01亿美元，比上年增长9.1%。新增新三板上市企业6个，累计有上市企业16个。

【资源集聚效应日益凸显】 科技部、省政府实施《部省宜兴合作计划（2016—2020）》，为“十三五”期间共同将环科园打造成为全国环保创新示范基地划定路线图。举办第四届中国环保技术与产业发展推进会（参见《工业经济》类目《节能环保产业》分目）。与环保部东盟中心联合举办“一带一路”（丝绸之路经济带、21世纪海上丝绸之路）环保国际合作研讨会，签署第二轮战略合作协议（2016—2020），推动中国东盟合作示范基地、环保技术国际智汇平台基地建设，并成为国家首批环保培训示范基地。采用“园院合一”（环保特色分园+环境医院分院）模式，推介“环境医院”，与河北承德、云南昆明、四川武胜签署总投资体量300亿元的区域环境治理订单，对接中信环境技术有限公司等央企上市公司、Tigris（泰格斯）水务基金等资本集团，联合专家、院士，带领宜兴当地企业共同实施区域治理项目。与中信集团分别签约设立10亿美元和100亿元的环保产业发展基金，获得进出口银行江苏省分行授信额度100亿元，为区域治理项目提供资金支撑。

【承载能级持续提升】 基础设施建设不断加强，构筑环保大道、科技大道、兴杨公路、塍洲路、塍文路、中桥路等“两横四纵”环科新城骨干路网。西氿大桥开始建设，打通环科园与高塍区域紧密衔接大通道。完成铜山路、氿西路改造和新园路、岳南路亮化绿化工程，启动新街中学风雨操场、归径老街、火车站广场景观改造和龙泽苑小区市政改造等工程。投入3500多万元实施中央小农水项目、小区排涝、圩区闸站建设、库塘涧河防洪治理等水利建设工程。把全国文明城市创建工作与园区发展紧密结合，启动实施土千花园、世纪花园改造等实事工程，改善人居环境，提升社会治理水平。

【科技创新成果丰硕】 成功申报高新技术企业21个、省高新技术产品40种、省级工程技术研究中心3个，江苏俊知技术有限公司通过国家企业技术中心认证。中宜生态土研究院与中国科学院武汉岩土所等单位联合申报的“生活垃圾填埋场气—液致灾防控与资源化利用关键技术及应用”获中国产学研合作创新成果奖一等奖。江苏中农物联网科技有限公司被评为2016年中国产学研合作创新示范企业。全年引进外籍院士2人、中国工程院院士1人、“千人计划”*专家3人、“双高”（高学历、高素质）人才73人、留学人员26人。中宜生态土研究院院长薛强获国家杰出青年奖，南京大学宜兴环保研究院院长任

第四届中国环保技术与产业发展推进会　　（环科园　提供）

洪强及团队获国家科技大奖自然科学二等奖。卓易软件园升级为国家级孵化器，宜兴环保黑马营成为全市唯一的国家级众创空间。哈宜环保创新产业联盟、中国渔业物联网与大数据产业技术创新战略联盟等产学研合作新平台成立。江苏俊知光电通信有限公司、江苏卓易信息科技股份有限公司、江苏中农物联网科技有限公司的新技术新产品均获物联网博览会银奖。

【开放合作深入推进】 推进中韩、中新、中美、中以四个国别合作项目，启动中韩环保高端装备制造基地、中新水处理国际创新园等特色园区建设。举办中加、中韩、中美等环保技术交流会30多场（次），组织企业参加第十七届中国环博会、慕尼黑环保展、新加坡国际水博会等，达成一批新合作项目。与中信集团联合成立环保总承包公司，在环科新城核心区域规划建设中国水科技城，联合新加坡南洋理工学院在宜兴联合建设水务管理学院。俄罗斯科学院、莫斯科国立大学、南洋理工大学在园区设立新材料研发中心。与新南威尔士大学签约，共建火炬技术转化基地和联合实验室。

【省环保装备产业技术创新中心揭牌】
8月，省环保装备产业技术创新中心在环科园揭牌成立并启动建设。该创新中心是江苏省“十三五”规划提出“一中心、一基地”（产业科技创新中心和先进制造业基地）建设内容中的六大中心之一，也是江苏省在节能环保领域唯一的创新中心和核心载体。创新中心由省科技厅、宜兴市政府和环科园共同建设，三方各出资5000万元，设立产业技术研发联合资金，重点支持重大产业创新项目及平台载体建设。计划至2018年，把创新中心建成全国领先的环保技术与装备研发中心，突破重大关键共性技术10项以上，制订环保技术与装备国家（行业）标准20项以上，培育年营业收入超10亿元的创新型环保装备龙头企业15个以上，建立国际环保技术转移对接中心10个以上，建立“环境医院”分院10个以上，成为功能完善、开放共享、机制创新、成效显著，具有典型示范作用的重大产业化创新平台。

【国家水专项课题研究在宜兴启动】
3月，由环科园参与的水体污染控制与治理科技重大专项（以下简称“水专项”）课题——“水污染控制与治理技术成果转化平台与产业化推广机制研究”在宜兴启动。该课题是根据《国家中长期科学和技术发展规划纲要（2006—2020年）》设立的十六个重大科技专项之一，旨在研究如何展示、推广和产业化“十二五”期间的水专项重大成果。环科园在该课题中要完成两大目标任务：一是建立国家及太湖流域水专项科技成果展示推广平台，为水污染防治技术成果供需双方搭建信息公开与共享的公共服务平台和对接中心；二是研究提出水专项科技推广联盟的建设运行方案，建立层次更高、辐射面更广的水专项科技推广联盟，综合推进技术成果转化、孵化和产业化。6月，环科园作为唯一的以环保产业为主体的园区参与国家“十二五”科技创新成就展，其策展的以“山水林田湖”流域综合治理为主题的沙盘、《创新驱动发展科技引领未来——“十二五”资源环境海洋领域科技创新重大成果》汇编手册在展会上亮相。

【两大环保合作项目落户环科园】
1月，南京工业大学2011协同创新中心宜兴石墨烯新材料产业园、上海化工研究院（宜兴）环保产业技术联合创新服务平台合作共建签约仪式在环科园举行。宜兴石墨烯新材料产业园作为首批国家2011协同创新中心重大项目之一，将依托南洋理工大学、南京工业大学等，围绕石墨烯水处理电极、石墨烯动力电池等产业方向，建设一流的石墨烯产品孵化及产业化基地。上海化工研究院（宜兴）环保产业技术联合创新服务平台建成后，将依托研究院与宜兴环保企业就高新技术联合创新、“环境医院”窗口服务、新技术产品联合攻关等方面展开合作。

【黑马大赛环保创新创业大赛举办】
在“大众创业、万众创新”新态势下，为充分整合优质资源，给环保创业者提供最丰厚的产业孵化要素和最先进的创业扶持机制，3月，环科园和创业黑马（北京）科技股份有限公司联合举办2016（第四届）黑马大赛环保创新创业大赛。此次大赛以“环创时代，创新未来”为主题，历时5个多月，延续上届“导师+专家+投资机构”的评委阵容，用市场化、资本化角度为参赛者剖析。大赛筛选出晋级项目24个，产生冠、亚、季军共6个，其中宜兴的江苏新奇环保有限公司获二等奖。

（孙夏）

宜兴经济技术开发区

【概述】 园区核心区域总规划面积68.6平方千米，全年地区生产总值145.1亿元，比上年增长8.23%。应税销售收入573.3亿元，比上年增长14%，其中工业471.6亿元、流通91.9亿元。财政总收入27.28亿元，全社会固定资产投资113.8亿元。协议注册外资3289万美元，到位注册外资3781万美元，进出口总额12.3亿美元。其中，出口11.2亿美元，比上年增长7.5%，居全市首位。全年引进项目68个，总投资超200亿元，其中13个重大项目总投资超120亿元，有超30亿元项目2个、超10亿元项目2个。以企业为主体，实施重点产学研项目15个，万人发明专利拥有量达50件，继续领跑全市。有科创企业89个，其中实现产业化的企业超40个。“三创”（创新、创业、创意）载体总面积近100万平方米，产学研合作项目近100个。通过优先股、可转债等方式，园区平台公司投资科创企业30个，投资总额2.4亿元。高纯度生物基环保增塑剂、高性能有机硅清洁材料等19个项目实现成果转化。新培育国家“千人计划”专家1人、江苏省“双创”（创新创业）计划人才1人，新增江苏省“333”工程*专家3人。5月，开发区和市人社局联合主办首届“麦客杯”全国大学生创新创业大赛，为创业者提供创业政策、创业融资、商业模式等方面的培训，促成项目在宜兴落户（参见《社会保障》类目《就业与创业》分目）。12月，在第五届国际清洁能源论坛上，宝银特种钢管有限公司的核电蒸发器用690U形管和高温气冷堆蒸汽发生器用换热组件，分别被评为中国能源装备十大卓越性能产品和中国能源装备十大年度创新产品。

【对外开放】 深入推进战略合作，天津中环半导体股份有限公司重组国电光伏（江苏）有限公司工作稳步实施，达成合作框架协议。江苏雅克科技股份有限公司联合华泰集团出资12亿元并购韩国UP公司，进军半导体配套行业。华狮集团有限公司对江苏三和管业制造有限公司启动资产收购，盘活江苏舜天服饰股份有限公司。加快推动企业上市上报，江苏艾洛维显示科技股份有限公司、江苏清投视讯科技有限公司和无锡视美乐激光显示科技有限公司在新三板挂牌。驰马拉链（无锡）有限公司、江苏中升立体显示科技有限公司等8个企业拟在主板或新三板上市，形成一批上市企业后备梯队。深入推动交流协作，举办2016中国显示峰会，扩大园区光电子行业影响力。中央电视台《大国重工》栏目专门拍摄报道开发区8个企业，园区知名度得到新提升。

【项目建设】 江苏九迪动力股份有限公司多缸柴油发动机实现批量生产，东方环晟光伏（江苏）有限公司高效电池片改造、江苏金久建材集团有限公司年产80万吨水泥粉磨生产线等5个项目竣工投产。无锡华宸控制技术有限公司电控、无锡恩吉威新能源有限公司电池、江苏兴云新能源有限公司锂电池组装加工等项目进入试生产阶段，园区具备了新能源汽车电池、电机、电控三大主件生产能力。海格力斯（宜兴）产业园、江苏雷蒙化工科技有限公司环保增塑剂扩能项目启动建设，宜兴东方智能汽车装备有限公司的智能装备、宜兴新融兴科技有限公司的航天航空装备制造项目建设推进有力，无锡汇全物流有限公司、宜兴市林凯物流基地有限公司等生产性服务业项目推进加速。清华科技园宜兴分园建设加快，启动招商工作。

【华宸新能源汽车电控项目落户开发区】 积极探索“中国制造2025”的“宜兴路径”，以汽车核心部件制造为引领，引进江苏九迪股份有限公司、海格力斯（宜兴）产业园等汽车制造优质项目，夯实迈向百亿级高端动力机械装备产业的基础。2016年3月，北京华宸文鼎科技有限公司投资建设的新能源汽车电控项目落户开发区。该项目致力于新能源汽车的动力系统、电控系统、充电系统等核心产品和核心技术的研发、制造、销售等，面向国内外的乘用车、商用车、环卫车等新能源汽车领域。项目分两期实施，一期投资总额8000万元，将形成4万套电控系统产能，销售规模达3亿元；二期投资总额为6亿元，形成含电控系统、动力系统和充电系统等产品在内的10万套电控系统产能。项目全部达产后，可实现年销售收入超10亿元。

江苏九迪动力股份有限公司发动机批量下线　　（开发区　提供）

【开发区形成投影显示产业集聚效应】 近年，为扶持和促进投影显示产业的发展，开发区大力投入功能载体建设，先后成立宜兴投影显示产业协会、中国投影显示产业联盟、激光投影公共技术和检测平台，形成从光源到整机的全产业链布局，集聚企业30余个，培育出新三板上市企业3个，汇集高端产业人才300多人，裸眼3D、激光投影电视等产品和技术在业内领先，实现年产值近10亿元。年内，开发区举办2016中国显示峰会，总面积达12万平方米的宜兴投影产业园建成，成为国内第一个专注于投影产品设计、开发、生产、销售和服务的产业园区。

【清华科技园宜兴分园启动招商】 科创慧谷（宜兴）项目位于开发区科创新城CBD（中央商务区）核心区，总投资35亿元。整体项目分两期，集产业孵化、研发生产、教育培训、商务办公、文化娱乐、生活休憩等功能于一体。项目建成后，可容纳企业近500个，实现年产值200亿元，孵化科技型中小企业300个，配套支撑企业100个，引进创新创业人才1万人。5月，项目产业园——清华科技园宜兴分园启动招商。至年底，科技园引荐到园区考察的企业和机构100多个，完成投资体量10亿元，力争打造成为长三角经济圈规模最大的“清华系”科技园之一。

【全市首个生物质能发电项目通过评审】 12月，江苏国信协联能源有限公司投资建设的全市首个生物质能发电项目的可行性研究报告通过省电力设计院专家的评审，这是协联公司响应国家发展可再生能源的政策、拓展新能源领域的举措。该项目的发电原料主要是农作物秸秆、芦苇、果树枝条和树皮等，可缓解化石能源消耗，帮助农民增收。项目投产后，可年消耗秸秆约25万吨，生产“绿电”2.5亿千瓦时，为企业创造直接经济效益约3000万元，协联公司也将成为国内首个燃煤、燃气、生物质能发电“三元”并存的大型热电企业。

（梅玲）

江苏宜兴陶瓷产业园区

【概述】 园区全年工业应税销售收入173亿元，其中规模以上企业142亿元。流通应税销售收入39.5亿元。到位注册外资330.9万美元。自营出口创汇3.91亿美元，比上年增长6.08%。工业后劲投入31亿元，比上年增长12.3%。至年底，入园企业500多个，其中年销售收入超10亿元企业4个。举办2016中国宜兴工业陶瓷产业发展高峰论坛，建成宜兴陶瓷新材料孵化器，提升产学研合作的深度和广度。组织园区企业参加上海国际陶瓷工业展等经贸交流活动，帮助企业开拓市场，引进先进技术装备，加快企业转型发展步伐，园区发展质态和运作水平继续提升。实施基础设施提升改造工程，主要涉及通蠡路、蠡河路、川埠路、西施路。

【支柱产业应税销售收入增幅明显】 机电、冶金、陶瓷三大园区支柱产业全年实现应税销售收入128.3亿元。骨干企业支撑明显，江苏亨鑫科技有限公司、宜兴新威集团有限公司位列全市工业前50强，江苏和田科技材料有限公司、宜兴市美达电磁线有限公司、江苏三恒高技术窑具有限公司应税销售收入增幅超50%，江苏富陶科陶瓷有限公司、宜兴市丁山耐火器材有限公司应税销售收入增幅超10%，江苏拜富科技有限公司、江苏省宜兴彩陶工艺厂、宜兴王子制陶有限公司、无锡市宇超电气科技有限公司平稳增长，无锡市瑞尔精密机械股份有限公司、宜兴市灵谷塑料设备有限公司等企业的产品市场占有率持续提升。成长型企业发展稳健，宜兴市隆昌耐火材料有限公司应税销售收入增幅超50%，宜兴市九荣特种陶瓷有限公司、无锡市陶都电力器件厂应税销售收入增幅达20%。外贸出口平稳增长，江苏亨鑫科技有限公司、宜兴维多利亚家具有限公司年出口额均超2000万美元，无锡市宇超电气科技有限公司在新三板上市。

【中国宜兴工业陶瓷产业发展高峰论坛】 5月，由江苏宜兴陶瓷产业园区、丁蜀镇政府联合主办的2016中国宜兴工业陶瓷产业发展高峰论坛在丁蜀镇举办，全国60多所高校、科研院所的专家教授、业内人士和宜兴有关部门负责人、相关企业负责人展开研讨交流。论坛围绕创新与人才、找准转型路径、补长发展短板等问题，为丁蜀镇陶瓷产业尤其是工业陶瓷产业发展把脉问诊、建言献策，并助力各方洽谈会商、展开合作，促进全镇工业陶瓷企业加快完善产业链、增强创新能力、提升核心竞争力。东南大学与江苏一品环保有限公司的智能变频除尘电源项目、长沙理工大学与江苏宜翔陶瓷科技有限公司的高档酒瓶用新型陶瓷釉料开发项目等10个合作项目签约。

【宜兴工业陶瓷展览中心和陶瓷新材料孵化器成立】 5月，江苏宜兴工业陶瓷展览中心和宜兴陶瓷新材料孵化器揭牌成立。工业陶瓷展览中心位于恒隆紫砂电子商务园区，建筑面积约1000平方米，通过图片、实物、影像资料等，展出丁蜀镇50个企业的结构陶瓷、功能陶瓷、耐火材料等代表性技术产品约1000种、1500多件（套），是集工业陶瓷新产品、新技术和新工艺于一体的展示场馆。陶瓷新材料孵化器是为陶瓷产业创新创业服务而设立的载体平台，除了为入驻的孵化企业提供研发检测、中试生产等方面的共享设施外，还根据陶瓷产业特点，为入驻对象提供人事代理、劳动保障、咨询融资等服务，降低企业的创业成本和风险。

（吕俊昌）

宜兴市工业集中区

【概述】 全市13个市级工业集中区全年新增企业227个，累计4554个。全年工业销售收入2118亿元、利税总额111亿元、利润总额71亿元。在建工业项目383个，年内完成投入103亿元。基础设施建设投入17亿元。开展工业用地更新补充调查，摸清全市工业企业用地、规模及产业、税费、用工等情况，建立多部门共享数据库，制订工业用地指南、工业项目验收等政策性文件，引导企业向高效、高端化发展。推进落实环科园中宜环境医院要求调整为工业地产项目、和桥镇原闸口工业集聚区内4公顷土地拟调整为工业用地和开发区设立涉重产业园等事宜，组织开展丁蜀镇和太华镇两个工业集中区规划修编工作。

【闲置资产盘活利用成效显著】 全市有资产闲置企业403个，闲置土地800公顷，建筑面积261.8万平方米。据此，市经信委加快推进企业兼并重组和盘活利用闲置资产工作，建立全市工业企业闲置资产情况数据库，研究制订扶持政策，编制实施细则。针对控股收购、注册设立新企业、资产收购、吸收合并四种形式，对盘活前的土壤修复工作、盘活过程中的地方经济新增贡献部分、盘活利用后企业地方经济新增贡献进行奖励。至年底，全市产生盘活闲置资产和兼并重组项目约40个，兼并盘活土地近100公顷，盘活房产43万平方米，协议资金达20亿元，促进全市13个工业集中区健康发展。其中，新建镇采用“先承包经营、再破产重整”“一次性依法收购”“先执行清偿、再破产清算”等方式盘活集中区企业，江苏三鑫化纤有限公司进入破产清算程序，江苏金福莱公司投资2亿元重整市埃尔金毯业有限公司，江苏中建钢构（金通钢机）有限公司的100亩闲置资产完成评估。

2016年宜兴市工业集中区基本情况

表10

名　称	基础设施建设完成工作量(万元)		入区企业数(个)		项目建设		集中区产出(万元)		
	累计	2016年	累计	2016年新增	在建项目(个)	2016年完成(万元)	销售收入	利税总额	利润
合　计	1039769	171979	4554	227	383	1032442	21183655	1110693	709630
张渚工业集中区	33370	3529	237	9	36	145680	999203	90920	78080
西渚工业集中区	13669	3500	121	0	4	14200	292216	19143	12369
太华工业集中区	14925	0	199	2	6	15100	221714	8747	6316
徐舍工业集中区	147034	51000	353	29	15	171000	1401144	39160	11600
官林工业集中区	219042	56700	422	40	78	92623	9382450	320762	245678
杨巷工业集中区	26542	7000	200	14	2	44000	297116	5949	-142
新建工业集中区	55111	2100	313	8	12	26000	881963	44800	28120
和桥工业集中区	50577	850	284	23	5	53725	633782	214148	102547
高塍工业集中区	47227	2000	906	52	45	64181	4394436	143449	68479
万石工业集中区	142236	1500	734	26	39	190521	836163	75638	52116
周铁工业集中区	24702	1000	385	13	125	155412	1130884	91560	63467
芳桥工业集中区	245844	42000	217	9	10	52000	389400	25200	19700
新庄工业集中区	19490	800	183	2	6	8000	323184	31217	2130

（谢锐）

编辑　叶绿

对外开放

OPENING TO THE OUTSIDE WORLD

综　述

【概述】 全年协议注册外资4.6亿美元，比上年增长67.86%。到位注册外资1.58亿美元，比上年下降21.02%。进出口总额37亿美元，其中出口30.17亿美元、进口6.82亿美元，进出口规模继续列无锡市九大板块第四位，占无锡市进出口总额的5.3%。境外中方投资额4.17亿美元，比上年增长19.8%。服务外包业务合同总额12.1亿美元、业务执行额9.7亿美元、离岸合同额8.6亿美元、离岸执行金额6.8亿美元，均比上年增长。口岸集装箱进出量7262标准箱、货运量8.29万吨。全年新增上市企业2个(累计25个)、新三板挂牌企业18个(累计25个)。

(章丽燕)

【跟踪服务保发展】 市商务局坚持强化跟踪管理，突出外资企业风险防范和主动服务，扶持外资企业健康运营。加快重大项目审批进度，将项目审批服务由事中转向事前，从掌握项目信息阶段就开始介入，缩短企业进入市场的时间。跟踪了解和掌握项目立项、申报进展情况，与镇(园区、街道)主动沟通，确认项目资金到账情况，加快到账进度。跟踪服务已批准的项目建设，按照能快则快、能早则早原则，倒排工期计划，定期检查进度，力促在建项目按进度完成投资、新建项目按计划开工。全市有在建外资项目50个，年内完成后劲投入工作量39.7亿元。外商投资企业年应税销售收入503.42亿元，比上年增长0.8%；上缴税额20.59亿元，比上年下降0.2%。

(周文虹)

【外资企业运行势态良好】 在全球经济严峻形势下，全市外商投资企业保持良好的发展势头，外税收入每月呈同比增长的势头，且增幅明显，占全市税收的比重有大幅提高；应税销售收入2年多来首次出现正增长。全市列入销售统计的432个外资企业中，全年销售收入比上年增长的有235个，占全市外资企业数的54.4%；年销售收入超1亿元企业67个，比上年增加7个。前50强外资企业应税销售收入326.69亿元，比上年增长7.77%，占全市外资企业应税销售收入总量的64.89%。

【招商引资有所突破】 拓展在外乡贤、政经界友人、投资机构、境外机构驻中国代表处等工作渠道，全年结识拜访相关人员80多人次。承接2016中国陶都(宜兴)金秋经贸洽谈会——中(国)芬(兰)经贸活动，组织环科园和市旅游、文化、体育、教育等相关部门和企业，与芬兰地方政府、客商进行现场对接交流。推进"深耕上海"工作，成立宜兴驻沪商务代表处，构建完备的招商网络，初步形成项目信息互通机制，为全面强化招商工作打下基础。全年在巴西、阿根廷、阿联酋、南非和北欧等地组织开展经贸交流活动，向新兴国家和地区展示宜兴良好的投资环境和投资潜力。至年底，全市以金融招商的新模式引进重大外资项目1个，协议注册外资3000万美元。

【利用外资质量提升】 全市新设外资项目29个，比上年增加8个，合计实现协议注册外资3.94亿美元，占全市总量的85.6%，项目单体规模达1357.46万美元。新批项目分别来自新加坡、韩国和中国香港等13个国家和地区。其中：亚洲项目20个，合计协议注册外资3.26亿美元，为全市最大外资来源区；欧洲、美洲项目分别为4个和3个；香港资本、新加坡资本分别以1.7亿美元、1.3亿美元位列第一、第二。全年制造业到位注册外资9971.6万美元，占全市到位注册外资总量的63%。引进由世界500强西门子集团投资的西门子燃气轮机部件(江苏)有限公司和服务业重大外资项目4个，分别是江苏光耀颐年智能技术有限公司、中信环境流域治理(江苏)有限公司、无锡合裕长商贸有限公司和通佑商务咨询(宜兴)企业(有限合伙)。江苏俊知技术有限公司被省商务厅认定为第五批外资跨国公司地区总部。

【对外贸易回稳向好】 在全国、全省出口额负增长，无锡市微增长的情况下，宜兴市实现年出口额30.17亿美元，比上年增长3.4%，占无锡大市出口总额的7.1%，比上年提高0.2个百分点。年内，市商务局相继出台《关于促进全市开放型经济转型升级的工作意见》和《宜兴市中小外贸企业融资风险补偿资金池管理办法》，搭建外贸综合服务平台"旺达通"，推动江苏辛巴地板有限公司设立海外仓。全年组织98个企业赴境外参加展会195个，展会数比上年增加15个；组织63个外贸企业参加第119届、第120届中国进出口商品交易会(广交会)和第26届中国华东进出口商品交易会,实现展位面积增长、参展企业增加的目标。竹木业、柠檬酸、陶瓷业3个公平贸易预警点通过省商务厅审核,并新增阿斯巴甜公平贸易预警点。全年为企业申报国家进口贴息资金、开拓资金、公平贸易扶持资金和省、无锡市外贸稳增长资金达3000万元,惠及外贸企业约250个。

【境外投资额创历史最高水平】 全年新批境外投资项目15个,其中中方投资总额4.17亿美元,比上年增长19.8%,创历史最高水平。从项目类型看,新设立非贸易类项目8个,合计中方投资额3.57亿美元,占全市中方投资总额的85.6%。从项目规模看,新增超1000万美元重大境外投资项目6个,合计中方投资额占全市中方投资总额的93%。从投资领域看,境外投资项目涉及环保设备制造、半导体新材料、药品制造、洗衣粉化妆品生产、酒店管理和种植养殖业,呈多元化发展。其中,传统产业中的环保对外投资项目批准4个,木地板行业开始跨出国门。

【服务外包】 全年新增服务外包企业23个,全市累计176个,仅1个企业离岸业绩空白。根据业务类型分析,全市信息技术外包(ITO)完成业务总额占服务外包业务总量的47.4%,技术性业务流程外包(BPO)完成业务总额占服务外包业务总量的0.6%,技术性知识流程外包(KPO)完成业务总额占服务外包业务总量的52%。全年为服务外包企业争取扶持资金1068万元,创下历年最好成绩。

【秋洽会成功举办】 10月,2016中国陶都(宜兴)金秋经贸洽谈会(以下简称秋洽会)在宜兴举办。会上,集中签约内外资项目56个,合计总投资384亿元,拟引进资金323.7亿元。其中:外资项目19个,计划总投资13.78亿美元,协议注册外资5.11亿美元,涉及美国、沙特阿拉伯和中国香港等9个国家和地区;

秋洽会项目集中签约仪式 (市商务局 提供)

工业内资项目22个,计划总投资206亿元;服务业内资项目15个,计划总投资85.68亿元。签约的外资项目中,独资项目12个、合资项目7个,协议注册外资超3000万美元重大项目8个。重点项目有新加坡中信环境技术有限公司的总投资4.5亿美元、注册外资1.35亿美元的水科技城开发建设项目,意大利普睿司曼(中国)投资有限公司的总投资1亿美元、注册外资5000万美元的电线电缆项目,美国ALGIX Limited Liability Company的总投资1亿美元、注册外资2450万美元的蓝藻资源化利用项目和新加坡普洛斯集团的总投资5000万美元、注册外资3000万美元的物流产业园项目。

(章丽燕)

利用外资

【概述】 全年批准外资项目40个,其中新设29个、增资转股11个。全年新增协议注册外资4.6亿美元,比上年增长67.86%。到位注册外资1.58亿美元,比上年下降21.02%,利用外资总量居无锡市第六位。新设制造业项目13个,占项目总数的44.83%,协议注册外资0.97亿美元,比上年增长60.88%;服务业项目16个,占项目总数的55.17%,协议注册外资2.96亿美元,比上年增长1138.63%,主要涉及研发、咨询服务、贸易、环保水处理工程等行业。新增无锡合裕长商贸有限公司、江苏普睿司曼科技有限公司、通佑商务咨询(宜兴)企业(有限合伙)等协议注册外资超3000万美元的重大项目5个。外资总部经济等新型业态持续发展,新增外资跨国公司地区总部1个。至年底,全市有外资跨国公司地区总部4个、外资功能性机构1个。年内,世界500强企业西门子集团下属的西门子(中国)有限公司独资设立的西门子燃气轮机部件(江苏)有限公司落户开发区。

【新设外资项目增多】 全年新设外资项目29个,比上年增长38.1%。新增协议注册外资3.93亿美元,比上年增长249.92%。江苏光耀颐年智能技术有限公司、中信环境流域治理(江苏)有限公司、西门子燃气轮机部件(江苏)有限公司等8个项目协议注册外资均超1000万美元,合计协议注册外资3.54亿美元,占新设外资项目协议注册外资总量的90.08%。新设项目当年到账0.94亿美元,占全市外资到账总量的59.5%,其中江苏普睿司曼科技有限公司、中信环境流域治理(江苏)有限公司全年到账均超3000万美元。

【全市首个外资有限合伙企业设立】 6月,由开曼群岛的通德股权投资管理(上海)有限公司、上海通德股权投资基金企业(有限合伙)合作创办的通佑商务咨询(宜兴)企业(有限合伙)成立。

该公司总投资3000万美元、协议注册外资3000万美元，是全市首个设立的外资有限合伙企业，主要从事商务咨询业务，对拓宽利用外资形式的渠道起到积极作用。

2016年宜兴市外商投资企业行业结构

表11

行　业	当年创办数（个）	占比（%）	累计创办数（个）	占比（%）	当年协议注册外资（万美元）
合　计	29	100.00	2100	100.00	39366.33
二产小计	13	44.83	1722	82.00	9747.38
机电	9	31.03	525	25.00	9176.82
纺工	—	—	227	10.81	—
轻工	—	—	392	18.67	—
冶金	—	—	83	3.95	—
化工	1	3.45	205	9.76	58.08
粮油	—	—	42	2.00	—
陶瓷	1	3.45	114	5.43	315.00
建材	2	6.90	122	5.81	197.48
二产其他	—	—	12	0.57	—
一产小计	—	—	57	2.71	—
三产小计	16	55.17	316	15.05	29618.95
其他小计	—	—	5	0.24	—

2016年宜兴市批准外商投资企业合作国家和地区

表12

国家（地区）	当年批准数（个）	累计批准数（个）	国家（地区）	当年批准数（个）	累计批准数（个）
合　计	29	2100	毛里求斯	—	2
中国香港	10	869	马绍尔群岛	—	2
中国台湾	3	298	俄罗斯	—	2
美　国	2	244	伯利兹	—	3
日　本	—	118	瑞　典	—	2
新加坡	3	97	墨西哥	—	1
英属维尔京群岛	1	74	科特迪瓦	—	1
韩　国	3	71	图瓦卢	—	1
澳大利亚	—	54	匈牙利	—	1

续表12

国家(地区)	当年批准数(个)	累计批准数(个)	国家(地区)	当年批准数(个)	累计批准数(个)
加拿大	1	35	巴　西	—	1
英　国	—	20	塞浦路斯	—	1
德　国	2	21	柬 埔 寨	—	1
荷　兰	—	19	玻利维亚	—	1
萨摩亚	—	19	保加利亚	—	1
泰　国	—	17	巴 拿 马	—	1
马来西亚	—	16	智　利	—	1
阿联酋	—	12	约　旦	—	1
印　尼	—	11	印　度	—	1
中国澳门	1	12	伊　朗	—	1
文　莱	—	9	挪　威	—	1
意大利	—	6	哈萨克斯坦	—	1
法　国	—	7	希　腊	—	1
新西兰	—	5	津巴布韦	—	1
西班牙	1	6	土耳其	—	1
开曼群岛	1	7	尼日利亚	—	1
奥地利	—	4	塞舌尔	—	2
菲律宾	—	4	百慕大	—	1
芬　兰	—	2	丹　麦	—	1
比利时	—	2	尼泊尔	—	1
以色列	—	2	卢森堡	1	1
西萨摩亚国	—	2	—	—	—

（孟伟康）

对外贸易

【概述】 全年完成进出口总额37亿美元,比上年下降3.2%。其中:自营出口30.17亿美元,比上年增长3.4%;进口6.82亿美元,比上年下降24.4%。新获自营进出口经营权企业214个,累计2284个。年出口额超1000万美元规模企业63个,合计出口21.1亿美元,占出口总额的69.9%。向美国、印度、韩国、日本、泰国、孟加拉国六大主销市场出口14.4亿美元,占出口总额的47.7%。传统产品出口涨跌不一,化工、纺织产业逆势上扬,进出口合计分别为10.1亿美元、5.2亿美元,分别比上年增长9.2%、9.5%,占比较上年分别提升3.1、1.6个百分点。传统市场出口巩固,对美国、印度、韩国、日本分别出口5.6亿美元、2.5亿美元、2亿美元和1.9亿美元,分别比上年增长11.1%、26.3%、80%和0.5%。新兴市场国家出口增长显著,对墨西哥、智利、沙特阿拉伯出口分别比上年增长52.8%、127.2%、201.9%。全市外贸经营主体不断壮大,有进出口实绩的企业883个,比上年增加50个,其中2016年新引进和培育外贸企业33个、新增出口1.8亿美元。一般贸易进出口增长较快,合计进出口30.4亿美元,比上年增长5.8%,占全市进出口总额的

82.2%，比上年提升7个百分点。技术进出口贸易量质提升明显，道尼尔海翼有限公司、鹏鹞环保(集团)等15个企业提升产品质量，增强国际竞争力，合计进口合同金额达3000万美元。技术出口企业数从上年的1个增加到4个，合同额达780万美元，比上年增长31倍。

【市场开拓】 据产业特色、产品特点、市场分布，细分全市企业境内外参展计划，鼓励企业加快市场开拓。1月，结合宜兴产业特色和企业贸易类别情况，市商务局制订《2016年宜兴市国际市场贸易促进计划》，引导企业在挖掘传统市场潜力的同时，积极开拓国内、国际新市场。指导企业抓住"一带一路"战略、自贸区建设等机遇，拓展国际市场份额，组织及引导全市98个企业赴境外参加展会180个，展会数比上年增加15个。组织63个外贸企业参加第119届、第120届中国进出口商品交易会(广交会)和第26届中国华东进出口商品交易会(华交会)。坚持"优进劣汰、竞争择优"原则，落实两届广交会展位各95个、华交会展位10个，实现了展位面积增长、参展企业增加、展位结构优化、接单成效明显等目标。

【出口信用保险承保】 鼓励企业加快投保出口信用保险，规避收汇风险，拓宽融资渠道，转变贸易方式，促进外贸出口可持续发展。至年底，全市新增出口投保企业44个(其中小微企业37个)，累计199个(其中小微企业152个)。在对外贸易持续低位运行的新常态下，出口信用保险全年累计支持宜兴出口贸易10.17亿美元，实现正增长。其中：出口信用保险对宜兴全口径出口支持率31.02%，比上年下降2.2个百分点；对一般贸易出口支持率46.21%，比上年下降0.27个百分点。光伏产业的浙江昱辉阳光能源江苏有限公司，化工产业的江苏雅克科技股份有限公司、江苏汉光甜味剂有限公司，线缆产业的无锡江南电缆有限公司、江苏亨鑫科技有限公司等重点出口企业利用信用保险规避收汇风险、加快市场开发、筛选优质买家，取得良好效果。

【贸促服务】 市贸易促进委员会(以下简称市贸促会)不断强化服务功能，全年办理一般原产地证6253份，审批来料(进料)加工业务506份、加工贸易生产能力证明157份、进口保税料件内销批准60份、外国人来华邀请函和技术引进等其他业务143份。出刊《外经贸动态》12期、3000余份。加大对上资金争取力度，全年帮助250多个企业申报并获拨扶持资金3768.39万元，其中2015年度下半年中小企业国际市场开拓资金299.05万元、2015年度进出口信用保险补贴487.42万元、2016年省级商务发展专项资金(第一批及第二批项目)1932.45万元、2016年外经贸发展专项资金进口贴息项目39.44万元、2016年外经贸发展资金(第一批及第三批项目)890.03万元。年内，市贸促会被省贸促会评为省贸促工作先进单位，是6个获奖单位中唯一的县级单位。

【外贸综合服务平台不断夯实】 市商务局出台《宜兴市中小外贸企业融资风险补偿资金池管理办法(试行)》，设立中小外贸企业融资资金池，采用政银保三方合作模式，撬动银行资金，加强对中小外贸企业金融扶持，有449个企业列入备案企业库、8个企业进入会审，其中1个企业获得资金。成立并启动旺达通外贸综合服务平台，为全市中小企业提供国际贸易过程中供应链管理、市场拓展、业务咨询等服务，降低中小外贸企业成本。为推动外贸新业态的发展，市商务局出台《关于开展推动宜兴市企业设立公共海外仓工作的通知》，推动江苏辛巴地板有限公司、无锡江南电缆有限公司在阿联酋迪拜设立公共海外仓，鼓励企业延伸外贸供应链管理。

2016年宜兴市自营出口情况(按地区分类)

表13

地　区	流通企业出口(万美元)	生产企业出口(万美元)	三资企业出口(万美元)	合　计(万美元)	占　比(%)
合　计	39271	151340	111137	301748	100.00
欧　洲	24468	64427	63051	151946	50.36
亚　洲	4789	24333	12350	41472	13.74
北美洲	3813	33029	21988	58830	19.50
拉丁美洲	2994	18165	4541	25700	8.52
大洋洲	1278	4284	4746	10308	3.42
非　洲	1929	7102	4461	13492	4.47

2016年宜兴市自营出口情况（按行业分类）

表14

类 别	流通企业出口（万美元）	生产企业出口（万美元）	三资企业出口（万美元）	合 计（万美元）	占 比（%）
合 计	38890	150974	111122	301748	100.00
机械电子	5814	27626	51485	84925	28.14
化工医药	6617	68831	4152	79600	26.38
纺 织	7748	9138	29197	46083	15.27
轻工工艺	13615	32182	23633	69430	23.01
其中：陶瓷	3754	3796	9674	17224	5.71
五金矿产	4772	9229	1924	15925	5.28
农副产品	324	3968	731	5023	1.66

2016年宜兴市自营出口创汇1000万美元以上企业

表15 单位：万美元

企业名称	出口额	企业名称	出口额
浙江昱辉阳光能源江苏有限公司	26099	灵谷化工有限公司	19491
江苏汉光甜味剂有限公司	9179	江苏雅克科技股份有限公司	7958
无锡嘉瑞光伏有限公司	7721	江苏国信协联能源有限公司	7524
微密科技（宜兴）有限公司	6921	江苏森茂竹木业有限公司	5688
宜兴高青制衣有限公司	5354	无锡市博大竹木业有限公司	5066
宜兴丹森科技有限公司	4875	宜兴新乐祺纺织印染有限公司	4849
无锡江南电缆有限公司	4015	鹰普机械(宜兴)有限公司	3886
江苏三木集团	3769	宜兴乐威牛仔布有限公司	3486
江苏瑞佳化学有限公司	3171	宜兴市邦达康进出口贸易有限公司	3071
宜兴市宝达讯进出口贸易有限公司	3056	宜兴市林德进出口有限公司	2920
江苏傲伦达科技实业股份有限公司	2907	宜兴维多利亚家具有限公司	2720
江苏兴达文具集团有限公司	2535	宜兴市舜昌亚麻纺织有限公司	2403
江苏立霸实业股份有限公司	2398	江苏坤风纺织品有限公司	2375
宜兴市天石饲料有限公司	2320	江苏亨鑫科技有限公司	2309
宜兴旭信行进出口有限公司	2289	宜兴宇星新材料科技有限公司	2195

续表15

企业名称	出口额	企业名称	出口额
宜兴新森大竹木制品有限公司	2172	乐祺纺织实业(无锡)有限公司	2116
宜兴新捷鼎进出口有限公司	2095	宜兴长荣织造有限公司	2078
宜兴市鑫宽贸易有限公司	2072	宜兴市雪胡泽贸易有限公司	2061
宜兴市梁胡头贸易有限公司	2015	无锡乐峰太阳能科技有限公司	1891
远东电缆有限公司	1785	宜兴市元宏进出口有限公司	1671
江苏朔耘石化装备有限公司	1610	宜兴中大纺织有限公司	1593
宜兴市宇龙塑胶包装制品有限公司	1530	江苏中超电缆有限公司	1496
无锡赛晶太阳能有限公司	1491	中凯光电江苏有限公司	1441
江苏沪宁钢机股份有限公司	1426	江苏威腾人造草坪有限公司	1417
江苏宏远药业有限公司	1317	宜兴华兴刷子有限公司	1207
江苏裕辉国际贸易有限公司	1186	宜兴市旭硝子工业陶瓷有限公司	1169
江苏宇豪纺织有限公司	1114	宜兴市中正化工有限公司	1108
宜兴市金格纺织品有限公司	1096	无锡市乾翰进出口有限公司	1076
宜兴振兴制刷有限公司	1065	江苏雷蒙化工科技有限公司	1059
宜兴新威利成稀土有限公司	1040	宜兴市蓝波化学品有限公司	1015
江苏天音化工有限公司	1014	宜兴市环海金属制品有限公司	1009
凌志环保股份有限公司	1007	—	—

（陈娟）

对外经济技术合作

【概述】 全年境外中方投资额4.17亿美元，位居无锡市第二；新核准境外投资项目15个，累计141个。15个境外投资项目中有非贸易项目8个、中方协议投资额超1000万美元项目6个。平均投资额2786万美元，比上年提高453万美元。市许之杰商贸有限公司、江苏雅克科技股份有限公司、江苏泛太矿业发展有限公司等境外企业运行良好。新增华仁建设集团获批对外承包工程资质，全市拥有对外承包工程资质企业累计10个。

【境外投资亮点频现】 宜兴企业境外投资不但具有前瞻性，而且具有灵活性，非洲、南美洲等资源丰富的地区成为宜兴企业特别青睐之地。年内，新药研发、境外污水处理厂设备中标、江苏卓易信息科技股份有限公司境外研发中心等成为新的投资业态。江苏先科半导体科技有限公司以2亿美元收购韩国UP公司项目成为全市最大的境外并购项目和境外投资项目，境外并购成为新亮点。全年对外实际现汇投资1.8亿美元，超过历年实际投资总额，实际投资创历史最高水平，全市对外投资进入良性发展轨道。

（蒋顺龙）

服务外包

【概述】 全年完成业务合同额12.1亿美元、业务执行额9.7亿美元、离岸合同额8.6亿美元、离岸执行额6.8亿美元，分别比上年增长17.8%、19.4%、23.1%、22%。全市服务外包领域不断拓展，多元化战略稳步推进，服务外包业务向高端扩展，涵盖传统信息技术外包服务、业务流程外包服务和较高端的知识流程外包服务，在镇(园区、街道)的覆盖率为100%。加大对服务外包企业扶持力度，全年向上争取到扶持资金1068万元。

【服务外包企业培育】 新企业培育工作稳步推进，行业范围不断扩大，产业结构持续优化，全年新增服务外包企业23个（累计176个），其中环保研发设计类7个、电子信息研发类企业5个、其他研发类企业10个、消防设计类企业1个，为扩大产业规模和总量夯实基础。以重点板块为培育特色，形成有序发展、有所侧重的发展形态，其中开发区重点培育以软件开发、工业设计及电子显示技术研发为主的外包企业，环科园重点培育以系统集成设计、环保技术研发、工程设计为主的外包企业，宜城街道重点培育以软件开发、管理咨询类为主的外包企业，带动效应明显增强。

【产业特色不断彰显】 重点围绕环保设计和检验检测两大特色外包产业，做好企业培育、政策倾斜、产业规划等工作，培育引导与环保设计、检验检测有上下游联系的其他外包产业发展，通过产业集聚，提升整体竞争力，形成一批环保技术研发与环境检测、陶瓷材料研发与检测、钢结构工程设计、电线电缆检测、通信设备检测等领域具有较高技术实力和行业影响力的服务外包企业。围绕环保和陶瓷产业，形成全国唯一并具有国际知名度的两大服务外包产业集群——环科园和陶瓷产业园区，园区内的科研院所、技术型企业、创业孵化器成为全市服务外包的新兴力量。

【外包领域持续扩大】 拓展消防设计、电子信息装备研发、工程技术研发、机械装备设计等特殊类型企业，丰富全市服务外包产业链。通过持续性的政策引导和扶持，调动和发挥服务外包产业的智力优势，促进传统企业在工业设计、工程设计、技术研发上的能力和水平。依托宜兴在环保、陶瓷、线缆、精细化工、机械装备等传统领域上的优势与经验，发展生产性服务外包，推动传统制造业向高端制造、智能制造的变革，走服务外包与传统制造产业虚实结合、优势互补、互相促进的可持续发展之路。俊知集团有限公司将原有的3个省级研究院组成独立的研发机构——江苏俊知智慧工业有限公司，实现主辅分离，企业注册资本5000万元，业务范围包括工业机器人研发、通讯技术研发等，成为宜兴本土培育的重点外包企业。

（杜伊媛）

资本经营

【概述】 多渠道拓展融资，稳步推进债券，全市有正在运营的城市建设投资债券6个，总额73.7亿元，整体运作良好。其中，9月新增2016年中国宜兴环保科技工业园发展总公司企业债券11.7亿元。培育创新创业“双创”企业，加大扶持力度，有针对性考虑企业上市实际问题，推动有潜力的“双创”企业上市融资工作。全年新增境内上市公司1个（江苏高科石化股份有限公司）、境外上市公司1个（中国艺术金融控股有限公司），全市累计有上市企业25个，其中境外上市18个、国内主板上市2个、中小板上市5个，首发融资合计136亿元。新增新三板挂牌企业18个，全市累计25个。鹏鹞环保股份有限公司获证监会审核通过，江苏卓易信息科技股份有限公司、江苏诺明高温材料股份有限公司报省证监局辅导。5月，江苏远航精密合金科技股份有限公司成为全市唯一进入新三板创新层的企业，对企业规范自身运作水平、扩大行业影响力、拓展融资渠道具有重要意义。11月，中辰电缆股份有限公司与三花控股集团签署B轮融资投资协议，双方将在资源利用、业务整合等方面展开交流与合作。

【全市首个文化艺术类企业在香港上市】 11月，国内最大的紫砂艺术品拍卖行——中国艺术金融控股有限公司在香港联合交易所挂牌上市，成为国内首个以紫砂等艺术品为业务特色的港股上市企业，这对宜兴紫砂艺术品对接金融平台具有示范意义。该公司发行4亿股，每股发售价格0.75港元，合计募集资金3亿港元。同时，公司引入两名基石投资者，分别认购500万美元、1000万美元等值的股份。

【两宜兴公司各出资5亿元入股苏民投】 4月，江苏省11个民营企业共同签订《江苏民营投资控股有限公司股东协议书》，拟设立江苏民营投资控股有限公司（以下简称苏民投）。远东控股集团有限公司、江苏中超控股股份有限公司参与签约，分别出资5亿元入股，各占苏民投注册资本的5.81%。按照计划，未来五年内，苏民投资产规模有望超过600亿元，公司价值有望超过1200亿元，管理的总资产规模有望超过5000亿元。同时，将培育10个以上境内外上市公司，打造功能基本齐全的金融控股平台，力争实现苏民投整体上市。

（高雨陶）

编辑　叶绿

科技

SCIENCE AND TECHNOLOGY

综　述

【概述】 高新产业规模不断壮大。全年高新技术产业产值1120亿元，占规模以上工业总产值的39.5%。全年新增高新技术企业47个，累计303个；新增省科技企业上市培育计划入库企业5个，累计达37个；新增省高新技术产品231种，居无锡市各板块第一位。自主创新能力稳步提升。全年引进产学研合作项目158个、国际技术合作项目14个；发明专利申请2865件，获专利授权417件，万人有效发明专利拥有量达16.3件。灵谷化工有限公司荣获国家科技进步二等奖，江苏国信协联能源有限公司荣获中国专利优秀奖。载体平台建设提质增效。环保黑马营升级为国家级众创空间，宜兴众创空间、新力源众创空间成为省级众创空间，全市有省级以上创新载体10个；新增省级工程技术研究中心8个，累计120个；新增省企业研究生工作站5个，累计54个。人才集聚效应更加凸显。新增省“双创(创新、创业)团队”1个、“双创人才”11人、“双创博士”10人、产业教授3人(累计17人)。成功申报国家“万人计划”和“国家杰青”项目各1个。创新创业环境优化。全社会研发投入41.6亿元，占地区生产总值的3%。每1万名劳动力中研发人员数达105人。对152个高新技术企业落实2015年度税收减免2.7亿元，对40个科技型中小企业发放“苏科贷”(江苏省科技成果转化风险补偿专项资金贷款)贷款1.1亿元。新增省级以上科技计划项目37个，争取资金近1亿元。

江苏灵谷化工有限公司获国家科技进步奖二等奖 （市科技局　提供）

【“陶都英才”力推产业发展】 2012年起，市委、市政府启动“陶都英才”工程，通过平台建设、扶持政策，探索符合宜兴实际的人才与科技、经济深度融合的发展模式，实现“聚天下英才为我用”的目标。2016年3月，市委、市政府出台《关于深化“陶都英才”工程促进人才创新创业的实施意见》，激发人才创新创业活力。年内，新增“陶都英才”科技创新领军人才5人、科技创业领军人才5人、科技创新领军团队2个。至年底，累计认定“陶都英才”科技创新创业人才(团队)项目5批，共计65个。其中，有创业人才45人、创新人才16人、创新团队4个，有博士46人、硕士18人，40人拥有海外留学和工作背景，入选国家“千人计划”人才9人、省“双创计划”人才22人、国家杰青3人、“长江学者”特聘教授2人。前四批入选的40个创业人才项目全年实现销售收入6.3亿元，比上年增长23%；四年累计实现销售收入17.7亿元，人均实现销售收入4000多万元。2个创新团队项目实现项目产品收入8.7亿元。“陶都英才”不仅成为名副其实的科创人才“储备库”，也为宜兴带来了各领域最前沿的创新思维，创造了数百项的科研成果，成为宜兴实施“产业强市”战略的重要“智撑”。

高新产业

【概述】 全市以高端线缆、节能环保为代表的高新技术产业产值达1120亿元，占规模以上工业产值的39.5%。完成全社会研发投入41.6亿元，占国内生产总值的3%。在全省率先启动高新技术企业培育工程，聚力推动企业素质和能力全面提升，组织宝银特种钢管有限公司、江苏亨鑫无线技术有限公司等98个企业申报高新技术企业，通过公示88个，全市累计303个。无锡视美乐科技股份有限公司、江苏蓝兴化工环保股份有限公司等5个企业成为省科技企业上市培育计划入库企业，全市累计37个。全年新增省科技型中小企业26个，全市累计194个；新认定省高新技术产品231种，居无锡各板块第一。全面落实研发费用加计扣除政策，鼓励和支持企业加大研发投入，全市397个企业的1175个项目进行网上备案，备案金额达41.5亿元。江苏省宜兴(宜林)高新技术产业开发区申报工作启动。

【全市高新技术企业超300个】 近年，宜兴大力实施创新驱动战略，先后制订出台《宜兴市科技创新三年赶超行动计划》《关于加快高新技术企业培育发展的实施意见》等政策，不断推进传统产业高新化和高新技术产业化，逐步培育了一批技术含量高、综合竞争力强的高新技术企业及后备梯队。这些企业集中分布在宜兴优先发展的电子信息、光电、新能源、新材料、机械制造等领域。为支持企业创新发展，宜兴市积极落实高新技术企业税收优惠政策，高新技术企业每年可享受15%的所得税税率优惠，税收"减负"10%。2008—2015年，全市高新技术企业累计享受税收减免15.62亿元。2016年，全市新增47个高新技术企业，累计303个，数量位居全省各县（市）前列，为"产业强市"战略推进积蓄了更加强劲的动力。

【省高新技术产品"产量"高】 近年，宜兴积极引导企业加大科技创新投入，加快创新平台建设，加速科技成果转化，通过日趋完善的科技创新服务体系推动企业加速自主创新步伐，有力激发了科创企业对于省高新技术产品申报热情。2016年，宜兴新认定省高新技术产品231种。2014—2015年，累计认定省高新技术产品750余种，位居全省县级城市第一方阵。宜兴的高新技术产品主要集中在新材料、新能源与环保、光电子、生物与医药等产业，大多处于国内领先或国际先进水平，技术含量和经济附加值高，有效提升了企业品牌知名度和经济利益。

2016年宜兴市新增的国家级高新技术企业

表16

企业名称	属 地	企业名称	属 地
江苏广通电力设备有限公司	环科园	江苏三强环境工程有限公司	环科园
宜兴中大纺织有限公司	环科园	江苏安琪尔废气净化有限公司	环科园
江苏大信环境科技有限公司	环科园	江苏东光电子有限公司	环科园
江苏金丝利药业有限公司	环科园	江苏天纳节能科技股份有限公司	环科园
江苏新中金环保科技有限公司	环科园	江苏中宜生态土研究院有限公司	环科园
鹰普机械(宜兴)有限公司	环科园	宝银特种钢管有限公司	开发区
中凯光电江苏有限公司	开发区	无锡帝科电子材料科技有限公司	开发区
无锡佳测科技有限公司	开发区	驰马拉链(无锡)有限公司	开发区
江苏金润环保工程有限公司	开发区	江苏永康机械有限公司	开发区
江苏联创人造草坪股份有限公司	西渚镇	无锡迅驰电子科技有限公司	太华镇
江苏华纳环保科技有限公司	徐舍镇	江苏浦漕科技股份有限公司	官林镇
加宏科技(无锡)有限公司	官林镇	无锡市曼优丽新型复合材料有限公司	官林镇
无锡市苏南电缆有限公司	杨巷镇	宜兴市昌吉利化工有限公司	新建镇
宜兴市聚金信化工有限公司	新建镇	江苏新纪元环保有限公司	高塍镇
江苏源泰恒环境工程有限公司	高塍镇	江苏开能华宇环保设备有限公司	高塍镇
江苏八达科技股份有限公司	高塍镇	江苏百茂源环保科技有限公司	高塍镇
江苏沃尔特环保有限公司	高塍镇	宜兴福鼎环保工程有限公司	高塍镇
宜兴市海纳环境工程有限公司	高塍镇	宜兴市华鼎机械有限公司	高塍镇

续表16

企业名称	属 地	企业名称	属 地
远东宜能电气有限公司	高塍镇	江苏宏力光电科技股份有限公司	万石镇
江苏瑞亚搅拌科技有限公司	周铁镇	江苏力维智能装备有限公司	周铁镇
宜兴市惠华复合材料有限公司	丁蜀镇	江苏亨鑫无线技术有限公司	丁蜀镇
江苏宇超电力工程股份有限公司	丁蜀镇	宜兴市宝登合金有限公司	丁蜀镇
无锡双木机械科技有限公司	芳桥街道	江苏泰源环保科技股份有限公司	新庄街道
江苏国强环保集团有限公司	新庄街道	—	—

知识产权

【概述】 市政府召开专利工作会议，下发《市政府关于加快建设知识产权强市的实施意见》，下达专利工作目标任务，强化各级、各部门的责任意识和担当精神。江苏八达科技股份有限公司、江苏蓝星环保科技有限公司、江苏宜达光电科技有限公司、江苏利通电子有限公司成为国家企业知识产权管理规范贯标企业，江苏宜达光电科技有限公司成为省贯标优秀企业，全年新增省贯标培育企业16个、省贯标认证备案企业9个。江苏兆盛环保股份有限公司获省知识产权战略推进项目立项。全市申请专利7354件，其中发明专利2865件、专利授权3305件，每万人有效发明专利拥有量达16.3件。新增省高价值专利118件、专利保险12单。查处侵权专利70件，结案率100%。市知识产权局被评为2016年度江苏省知识产权宣传培训工作先进集体。

【专利申请日均超20件】 近年，宜兴市先后出台《宜兴市专利资助经费管理办法》《宜兴市科学进步奖励办法》等激励政策，加大知识产权相关知识的培训与普及力度，构建更加完善的科技创新政策体系，不断优化知识产权发展环境，全社会的知识产权意识和创新能力显著提升，专利数量、质量迅速增加和提升。在专利申请的各类群体中，企业始终是主体，既为企业在市场竞争中赢得主导地位，也推动其加快迈向细分行业的“第一方阵”。同时，个人申报的知识产权数量也明显上升，凸显出社会各界知识产权意识的增强。2016年，全市共申请专利7354件，平均每天超20件，发明专利占专利申请总量的39%，万人有效发明专利拥有量达16.3件，超额完成市定年度目标。

成果转化

【概述】 全年成功申报省级以上科技计划项目37个，争取科技资金近1亿元。无锡市兴盛新材料科技有限公司、江苏燎原环保科技股份有限公司等7个企业获批省重大成果转化专项资金项目，争取科技资金3400万元。市科兴合金材料有限公司、江苏诺明高温材料股份有限公司等4个企业获批省级工业支撑（竞争类）项目，争取科技经费420万元。市天池特种养殖有限公司获批省农业科技项目。4个企业获批省社会发展科技项目，立项数超江阴市。2个企业通过省级农业科技超市分店现场考察。3个企业获宜兴市科技成果转化项目立项，25个企业获宜兴市重点研发项目立项。市军达浆料科技有限公司获省科技进步奖三等奖，6个企业获无锡市科技进步奖。江苏国信协联能源有限公司获中国专利优秀奖，驰马拉链（无锡）有限公司、远东电缆有限公司、凌志环保股份有限公司获无锡市专利优秀奖。39个项目获宜兴市科技进步奖，申报数与获奖数均比上年大幅增长。

【省科技成果转化省地联合招标项目中标五个】 年初，省科技厅以国家高新区为载体，在生物医药、纳米科技、新型环保装备、机器人等重点规划和着力培育的战略产业，采取省地联合招标方式，集中支持11类处于战略性新兴产业高端环节和关键节点的科技成果转化，以促进产业的集聚发展和高端攀升。按规定，投标人不仅要有良好的资金状况，还须拥有与项目相关的自主知识产权，相关技术水平还应处国内领先或国际先进水平。同时，竞标项目不仅要有较好的前期研发基础、成熟的技术，目标产品还应有较好的市场前景，能在3年的实施期内形成批量生产销售或重大应用示范。环科园20余个企业参与“新型环保技术与装备研发及产业化”项目竞标。7月，经组织申报、专家评审、现场考察等程序，江苏新奇环保有限公司、无锡利保科技发展有限公司等5个宜兴企业申报的“高效集成化、模块化垃圾渗滤液深度处理技术及一体化成套装备的研发与产业化”等5个项目中标，获得省级扶持资金1600万元。

2016年宜兴市被立项的省重大成果转化项目

表17

项 目 名 称	承 担 单 位
高效节能PBT弹性工业丝的熔体直纺技术和装备的研发及产业化	无锡市兴盛新材料科技有限公司
煤焦废液高效资源化技术及其成套装备的研发及产业化	江苏燎原环保科技股份有限公司
高效集成化、模块化垃圾渗滤液深度处理技术及一体化成套装备的研发与产业化	江苏新奇环保有限公司
烟囱排放物控制关键技术与复合材料排烟筒研发及产业化	利保科技有限公司
污水总氮深度脱除反硝化深床滤池技术与装备研发及产业化	江苏中宜金大环保产业技术研究院有限公司
物化复合技术处理水刺循环水工艺与集成装备的研发及产业化	江苏光阳动力环保设备有限公司
污泥(危废)热风全干化技术及成套装置的研发制造与产业化	江苏菲力环保工程有限公司

2016年宜兴市获评的无锡市级以上科技进步奖项目

表18

项目名称	完成单位	奖项类别
高性能淀粉基环保纺织浆料的关键制备技术与产业化应用	江南大学 宜兴市军达浆料科技有限公司	江苏省科技进步奖三等奖
汽车排气系统不锈钢厚法兰精密冲压技术的研发及产业化	无锡鹏德汽车配件有限公司 南京工程学院	无锡市科技进步奖二等奖
智能电网用高强耐热大容量扩径导线的研制与应用	远东电缆有限公司	无锡市科技进步奖二等奖
氨基酸类有机金属药物的制备及其抗肿瘤活性的研究	宜兴市人民医院	无锡市科技进步奖三等奖
宜兴市儿童及相关人群伤害监测与综合干预模式研究	宜兴市疾病预防控制中心 江苏省疾病预防控制中心 东南大学公共卫生学院	无锡市科技进步奖三等奖
新农村污水集中生态处理系统	江苏德立环保工程股份有限公司	无锡市科技进步奖三等奖
新型抗PID太阳能组件	浙江昱辉阳光能源江苏有限公司	无锡市科技进步奖三等奖

政产学研

【概述】 举办宜兴市“合肥高校行”“大连高校行”科技和人才对接交流会,“专家教授宜兴行”“宜兴市—麻省理工学院环保技术交流会”等大规模产学研对接活动,引进产学研合作项目158个、国际技术合作项目14个(累计合作金额1972万元,兑现资助164万元)。市政府与华东理工大学签订全面合作协议,签约高校数累计达23所。中宜生态土研究院获2016年中国产学研合作创新成果一等奖。人才工程高效落实,制订出台“陶都英才”新政二十条,促进俄罗斯院士维乐利·鲁尼与环科园合作建设石墨烯新材料产业园，引进黄碧英、周嵬等“千人计划”专家到宜兴创新创业。成功申报省“双创团队”1个、“双创人才”11人、“双创博士”10人，位列无锡第一。庄建新等3个企业家获批省产业教授，累计17人。王恒秀成为国家“万人计划”领军人才，中宜生态土研究院院长薛强获国家杰出青年科学基金扶持。

【市政府与华东理工大学签订全面合作协议】 近年，市委、市政府始终将校企、校地合作作为提升区域创新能力的重要手段，市政府先后与南京大学、清华大学等22个高校院所建立全面战略合作关系，搭建了南宜、哈宜、武宜等产学研合作平台，每年开展“企业家高校行”“专家教授宜兴行”“科技镇长团产学研对接会”等大型产学研活动20多场（次），每年实施各级各类产学研合作项目100多个，组建部、省级产业技术创新联盟4个。2016年6月，在2016宜兴市科技镇长团年度产学研对接会上，市政府与华东理工大学签订全面合作协议，宜兴市产学研全面合作高校签约数累计达到23个。此次合作，将按照“优势互补、互利双赢、共同发展”的合作原则，在加强政产学研合作、引进毕业生到宜兴就业等方面开展院地对接，进行深度全面合作，在增强企业的自主创新能力和核心竞争力等方面发挥酵母作用、辐射作用和示范作用，在高端管理人才培养、推进大学生创新创业等方面发挥良好的促进作用。

【宜兴市—麻省理工学院环保技术交流会】 4月，麻省理工学院教授珍奈儿·汤普森访问宜兴，并举行宜兴市—麻省理工学院环保技术交流会，全市30多个环保企业的代表参加交流会。会上，汤普森作题为《生态工程可持续发展》的演讲，围绕环境健康工程和环境微生物学等方面的研究，介绍该领域最新研究动态及成果，并与在座企业代表进行热情交流。访问期间，汤普森教授还参观了宜兴环保产业研究院、江苏博大环保股份有限公司、无锡市新都环保科技有限公司等企业。此次活动为宜兴环保产业发展既搭建了平台、畅通了渠道，也提升了环保产业国际化水平，为产业发展提供新动力。

【薛强成为宜兴入选国家杰出青年科学基金第一人】 8月，国家自然科学基金委员会公布2016年度国家杰出青年科学基金建议资助项目申请人名单，中宜生态土研究院院长薛强入选，成为宜兴入选“国家杰青”第一人。国家杰出青年科学基金项目，旨在支持基础研究方面取得突出成绩的青年学者，支持其自主选择研究方向、开展创新研究，促进青年科学技术人才的成长，该项目是风向标式的高端科技人才资助项目。薛强现任中国科学院武汉岩土力学研究所所长、中宜生态土研究院院长，长期从事环境土力学与工程方面的研究，围绕垃圾填埋场、污泥淤泥处置场和污染渣土堆存场等城市固体废弃物处置领域开展研究工作。

科技金融

【概述】 强化“苏科贷”入库管理，从企业知识产权、销售收入、研发投入、研发人员4个方面明确工作要求，促进“苏科贷”工作的规范化和制度化。组织开展科技系统财务知识专题培训，邀请无锡工艺职业技术学院和会计师事务所的财务专家，针对科技项目管理、科技企业财务管理等工作对局机关业务骨干、科技助理和部分科技型中小企业的负责人进行培训。稳步推进“苏科贷”业务，全年累计备案企业40个，发放贷款1.1亿元，贷款余额1.07亿元，继续保持全省县级市前列。有序实施“金科通”业务，新增立项企业2个，发放贷款500万元。

【科技金融打通企业融资“瓶颈”】 近年，为推动技术创新，满足科技型中小企业对资金的需求，解决其在抵押贷款等方面的难题，“省科技成果转化风险补偿贷款项目”“省重大成果转化项目”等省级科技资金鼓励政策的实施，有力助推全市众多科技型企业，尤其是科技型中小企业的发展。同时，不断提升的创新能力，成为企业争取科技金融支持的“砝码”。江苏天纳节能科技有限公司依靠自主研发的可使传统中央空调能源利用率提高40%的中央空调能效控制系统，连续3年获“苏科贷”支持，2016年新获的400万元贷款全部用于携程网总部大楼的节能改造。越来越多的科技型企业将科技创新成果转化为获得科技金融支持的重要“砝码”。至年底，全市有40个企业获“苏科贷”支持，贷款1.1亿元，贷款企业数和贷款额较上年均实现稳步增长，科技金融成为打通企业融资“瓶颈”、促进企业发展的一大动力。

【科技系统财务知识专题培训】 2—3月，全市科技系统财务管理培训班正式开班，市科技局业务骨干、各镇（园区、街道）科技助理和部分科技型中小企业的负责人近60人参加培训。此次培训邀请中瑞岳华税务师事务所江苏有限公司的财务专家，围绕会计基础知识、财经法规与会计职业道德、会计电算化、财务分析与审查、高新技术企业和加计扣除政策解读以及科技计划项目财务评审6个方面，用一个半月时间，分10次（课）为学员进行全面、系统、详尽的培训。通过培训，全体学员既初步了解了财务基础知识，巩固了科技计划项目财务评审能力，也提升了财务管理水平。尤其促使各企业负责人认识到规范企业财务管理的重要性和紧迫性。

创新载体

【概述】 科技部和省政府签署新一轮《科学技术部、江苏省人民政府共同推进中国宜兴环保科技产业园创新发展合作计划(2016—2020年)》。省环保装备产业技术创新中心、宜兴陶瓷新材料孵化器启动建设，环科园环保创新平台组建的联合体被省产业技术研究院列为重点分支机构。省陶瓷研究所有限公司、江苏卓易信息科技股份有限公司入围省科技服务骨干机构能力提升项目，沪宁钢机股份有限公司获省重点企业研发机构能力提升项目。9个省级研发机构在省绩效评估中获评优秀，合格率100%。省环保装备产业技术创新中心在环科园成立。环保黑马营晋级国家级众创空间，宜兴众创空间、新力源众创空间晋级省级众创空间，蒲公英创客空间、壶乐汇创客空间晋级无锡市级众创空间，全市省级以上孵化器、众创空间累计10个。新增宜兴市级以上工程技术研究中心37个，累计215个；新增省企业研究生工作站5个，累计54个。

环保黑马营晋级国家级众创空间 （市科技局 提供）

【环保黑马营晋级为国家级众创空间】 众创空间是顺应网络时代创新创业特点和需求，通过市场化机制、专业化服务和资本化途径构建的低成本、便利化、全要素、开放式的新型创业服务平台的统称。位于环科园的环保黑马营成立于2014年6月，是环保领域的创新型孵化平台，致力于在未来技术、工程示范、企业孵化、信息交流、投资对接等方面为环保创业者提供综合服务和支撑。其先后组织2015年环保创新创业大赛、2016年环保中小企业投融资论坛等环保行业专业活动20多场，同时通过交流沙龙、线上线下培训等方式，为创业者提供一对一的咨询和帮助。至2016年，黑马营拥有入营孵化企业20个，为6个项目争取融资1.2亿元。10月，科技部公布第三批众创空间名单，宜兴环保黑马营入围，成为全市唯一一个国家级众创空间。

2016年宜兴市被认定的省级工程技术研究中心

表19

中 心 名 称	企业名称	属　地
江苏省过滤与分离设备工程技术研究中心	江苏巨能机械有限公司	周铁镇
江苏省（群星）防火电缆工程技术研究中心	无锡市群星线缆有限公司	官林镇
江苏省500KV线缆工程技术研究中心	圣安电缆有限公司	高塍镇
江苏省水处理工程技术研究中心	江苏江华水处理设备有限公司	高塍镇
江苏省食品药品级包装工程技术研究中心	宜兴威尼特包装袋有限公司	万石镇
江苏省高压电缆附件工程技术研究中心	科耐特电缆附件股份有限公司	徐舍镇
江苏省物联网控制系统工程技术研究中心	江苏清投视讯科技有限公司	开发区
江苏省（远兴）噪声治理工程技术研究中心	江苏远兴环保集团有限公司	环科园

科技活动

【概述】 举办宜兴市第二十一届科技节，召开市科技创新和人才工作会议和全市专利工作会议，举办“企业家高校行”“专家教授宜兴行”等活动，激发全社会创新创业的激情与动力。协助举办第四届中国环保技术与产业发展推进会、中国（宜兴）工业陶瓷产业发展高峰论坛等重大活动，聚焦科技创新、助推产业强市的氛围越发浓厚。举行宜兴市学习贯彻省科技创新“40条政策”宣讲会，推进政策贯彻落实。指导各类创新创业活动，环科园连续第二年举办全国环保创新创业大赛；开发区举办首届“麦客杯”全国大学生创新创业大赛；江苏安琪尔废气净化有限公司的“工业有机废气净化装备国产化”项目获第四届江苏科技创业大赛三等奖，入围全国创新创业大赛十二强；中宜生态土研究院的“WEP水环境修复系统”和市凌泰环保设备有限公司的“一体化高效养殖净水系统”代表宜兴市参加“全球青年创业大赛 无锡站”决赛，均获三等奖。

2016第四届中国环保技术与产业发展推进会　　　（市科技局　提供）

【中国(宜兴)工业陶瓷产业发展高峰论坛】 5月，2016中国(宜兴)工业陶瓷产业发展高峰论坛在宜兴举办，国内60多所高等院校、科研院所的专家教授和业内专家，与宜兴一批相关企业负责人进行研讨交流和对接合作。论坛中，专家教授围绕创新与人才、找准转型路径、补长发展短板等问题，为宜兴陶瓷产业尤其工业陶瓷产业发展建言献策。活动现场，东南大学与江苏一品环保科技有限公司合作的智能变频除尘电源项目、长沙理工大学与江苏宜翔陶瓷科技有限公司合作的高档酒瓶用新型陶瓷釉料开发项目等10个合作项目签约。同时，还举行中国工业陶瓷产业发展论坛主题报告会、陶瓷新材料孵化器发展规划论坛、海绵城市建设与陶瓷产业发展论坛等子活动。通过举办论坛，实现了专家与企业的自由对接，搭建了产学研沟通交流的优质平台，促进了宜兴工业陶瓷企业加快完善产业链、增强创新能力、提升核心竞争力。

【中国环保技术与产业发展推进会在宜兴举行】 10月，2016第四届中国环保技术与产业发展推进会在宜兴市举行，500余位国内外环保领域的专家学者、企业精英、政府领导、媒体代表等，共同探讨环保产业创新发展之路。大会以“集聚全球创新资源，引领产业高端发展”为主题，围绕《科学技术部、江苏省人民政府共同推进中国宜兴环保科技产业园创新发展合作计划(2016—2020年)》(第二轮部省合作计划)，推动宜兴环科园打造国内一流的环保产业技术创新中心和具有显著竞争力的产业基地。开幕式上，环科园与河北省承德市、云南省昆明市、四川省武胜县、中信环境投资集团有限公司分别签署区域环境治理合作协议，和Tigris(泰格斯)水务基金、中国进出口银行南京分行分别签署金融资本合作协议，并举行国际标准化组织工业水回用分技术委员会国内技术对口单位揭牌、中国城市污水处理概念厂启动建设仪式。同时，推进会还设有“环保创新高地”“中新水生态科技城”两个分论坛，举办了国际水协中国青年委员会年会、中美环境科学与污染控制国际学术研讨会、2016环保创新创业大赛总决赛等活动。

（丁治国）

编辑　吕浩

工业经济

INDUSTRIAL ECONOMY

综　述

【概述】 受宏观形势、洪灾、保障性限产停产、金融风险等因素影响，全年规模工业产值2792.15亿元，比上年增长0.6%；规模工业利税和工业利润182.8亿元、133.5亿元，分别比上年增长8.7%、13.1%，高于无锡市平均水平；工业用电70.4亿千瓦时，比上年增长7.3%；新登记工业企业631个，比上年增长46.4%。电线电缆、化纤纺织、机械装备三大主导产业发展迅速，全年规模以上企业产值1128.6亿元，比上年增长0.2%，占全市规模工业经济比重40.4%。陶瓷与耐材、铜材加工、精细化工和保温建材四大传统产业全年规模以上企业产值974.3亿元，比上年下降6.2%，占全市规模工业经济比重34.9%。节能环保、新能源、光电子新型显示、绿色食品四大新兴产业全年规模以上企业产值464.4亿元，比上年增长14.3%，占全市规模工业经济比重达16.6%。做好新能源汽车的推广应用工作，全年推广新能源汽车148辆，其中公用领域100辆，新增布点充电桩252个。全年实施两化融合项目13个，江苏俊知技术有限公司通过工业和信息化部两化(信息化和工业化)融合管理体系的现场评估审核，成为国家级两化融合体系贯标。环科园、开发区、官林镇、徐舍镇、宜城街道、丁蜀镇、周铁镇、和桥镇、高塍镇、张渚镇工业应税销售收入均超100亿元，分别为722.12亿元、471.64亿元、952.23亿元、187.64亿元、2018.04亿元、181.05亿元、113.27亿元、104.89亿元、489.13亿元、132.62亿元；工业应税销售收入50亿元—100亿元的有芳桥街道、万石镇、新建镇，分别为51.9亿元、85.12亿元、92.39亿元；10亿元—50亿元的有湖㳇镇、西渚镇、太华镇、杨巷镇、新庄街道，分别为18.84亿元、32.99亿元、27.53亿元、37.87亿元。

【规模经济】 规模经济健康发展，全市有规模以上企业871个，全年工业产值(现行价)2792.2亿元、工业增加值421.7亿元，利税总额182.8亿元，分别比上年增长0.6%、0.46%和8.72%。销售收入2594.4亿元，比上年下降1.78%。全年应税销售收入超100亿元企业4个、50亿元—100亿元5个、20亿元—50亿元16个。全力推进智能制造，全年新增国家级企业技术中心1个、省级智能车间2个、省创新示范企业1个，入选省“新技术新产品推广应用”目录产品3种、省自主“工业品牌五十强”企业2个。江苏俊知技术有限公司被评为省三网融合创新基地示范工程。

【后劲投入】 推进北汽兴东方智能装备制造、无锡丁蜀通用航空产业园等73个重大工业项目建设，并倒排时间节点，实行专人跟踪、服务和推进。其中，无锡索力得科技发展有限公司工业丝、江苏金石研磨有限公司陶瓷研磨球、宜兴市意达铜业有限公司充电桩绞线等16个项目竣工投产，西门子燃气轮机部件(江苏)有限公司燃机叶片、江苏俊知光电通信有限公司4G通信光缆扩产等12个项目设备进入安装调试，北投(宜兴)环保装备产业园、江苏九迪动力股份有限公司高端动力产业园等27个项目进入施工。全年全市工业装备投入38.5亿元，比上年增长53%。创新合作方式，市经信委组织开展2016中国陶都(宜兴)金秋经贸洽谈会(以下简称秋洽会)等招商活动，引导企业加快对接国企、上市企业、名企等重点群体，引进、储备优质产业项目。加强与上海的经济合作，按照市委、市政府深耕上海的要求，多次赴上海市经信委、发展研究中心、产业合作促进中心等部门机构，商谈沪宜合作方式。全年引进工业内资项目71个，总投资规模239.8亿元，其中协议引进资金203.1亿元，年内实际到账资金58.9亿元。秋洽会期间工业内资签约项目22个，总投资规模206亿元，引进市外资金203.8亿元。

【新兴产业】 全年节能环保、新能源、光电子新型显示、绿色食品四大新兴产业211个规模以上企业产值464.4亿元，比上年增长14.3%，占全市规模以上工业总量的16.6%。全市新能源及光电子产业拥有规模以上企业42个，全年产值74.3亿元，比上年增长63.6%，占全市规模以上企业总产值的2.67%；销售收入76亿元，比上年增长58.2%，占全市规模以上企业销售收入的2.9%；实现利税3.8亿元，占全市规模以上企业利税的2.1%。基本形成以环科园、开发区和张渚镇为主体，周边镇园为补充的发展格局。光电子新型显示产业销售收入超亿元的企业有11个，销售收入63.5亿元，占整个产业销售收入的83.5%，骨干企业在行业内的支撑作用继续加强。全市绿色食品产业有规模以上企业23

个，全年销售收入95亿元、利税总额19.8亿元，分别占全市规模以上企业相应总量的3.7%、10.8%。红牛智能生产车间被省经信委评为江苏省示范智能车间。

【银企矛盾缓解】 市经信委加强企业和银行之间的协调，搭建沟通平台，向相关上级银行汇报沟通，推进相关企业银团组建和联合授信签约，江苏华亚化纤有限公司等8个企业与相关债权银行成功签署联合授信框架合作协议。全年召开银企协调会议40多次，形成会议纪要49份，协调说明函9份，汇报建议方案11份。发挥市中小企业贷款周转金公司的周转平台功能，全年中小企业贷款周转金公司为260多个企业周转1400多笔约100亿元的银行贷款。

【"智慧宜兴"内涵不断丰富】 9月，市政府发布《宜兴市政务信息资源共享管理办法》和《宜兴市政务外网云计算平台管理办法》，进一步促进电子政务集约化管理和应用，加快推动政务信息资源优化配置和有效利用。建立政府首席信息主管制度，举办第一期宜兴市党政机关首席信息主管(CIO)培训班。编制《宜兴市通信基站布局专项规划(2016—2020)》和《宜兴市管线布局专项规划(2016—2020)》。深入拓展信用体系建设，建设宜兴市企业信用平台二期项目，为未来实现信用信息深化应用和政务数据融合共享奠定基础。"工业性用地调查数据平台"建设成效显著，成熟建设经验被上级部门在全省范围内总结推广。市民主页综合信息服务平台上线，提供政务及生活服务共计42个，其中包含交通、教育、医疗、住房、公安5大类别、41个查询类服务和1个政务互动。

【绿色节能发展】 市经信委分解落实年度节能目标任务，对50多个规模企业开展清洁生产培训，对20个高耗能企业开展能源审计。推进绿色发展重点项目建设，通过"万吨"节能工程、五大节能行动，建好循环经济项目库，并做好项目建设的跟踪服务工作。组织13个企业申报省转型升级引导专项资金绿色发展类项目，配合相关部门开展燃煤锅炉淘汰，300多台燃煤锅炉(油炉)改用蒸汽、天然气、液化气、电等清洁能源。完成G20杭州峰会和世界物联网博览会期间空气质量保障任务。推广散装水泥，开展散装水泥宣传周活动，官林镇通过省发展散装水泥示范镇考核验收。全年销售散装水泥856.7万吨，比上年减少80.2万吨，水泥散装率77.5%；销售预拌砂浆16.5万吨，比上年增加1.7万吨。

【信用体系建设】 "一库一网一平台"以企业信用信息基础数据库为基础，以宜兴诚信网为窗口，以公共信用信息服务平台为载体，涵盖超过7.4万个企业，信用信息数量近46万条。全年宜兴诚信网访问量突破3万人次，平台查询7000余次，177个失信"黑名单"企业在宜兴诚信网上公示。组织35个企业申报省信用管理贯标企业，市政府发布《宜兴市企业信用信息征集管理办法》和《宜兴市企业信用管理实施办法》，企业财务信用平台、建筑业信用云服务平台、金融涉险企业预警系统等子平台相继开发、上线，企业财务信用平台为全省首创，得到国家税务总局的高度关注。

(王业达)

电线电缆产业

【概述】 电线电缆产业以市场为导向，以创新为动力，以转型为主线，以国家农网建设、城网改造、5G(第五代移动通信)网络建设、智能电网建设为契机，积极鼓励线缆企业通过战略合作、兼并重组、股权融资、科技创新等方式加快转型升级、做大做强，进一步提升企业核心竞争力。全市电线电缆产业104个规模以上企业工业产值787.6亿元、销售收入771.5亿元，分别比上年增长2.1%和1.8%；利税总额29.8亿元，比上年下降2.8%；工业产值、销售收入、利税总额分别占全市规模以上企业相应总量的28.2%、29.7%和16.3%。电线电缆产业全年生产电力电缆268.78万千米，比上年增长3.38%；生产光缆992万芯千米，比上年增长33.3%。10月，官林镇政府与意大利普睿司曼集团签署战略合作协议，计划共同创建全球性的电线电缆产业研发、制造、贸易平台。

【骨干企业】 全市电线电缆产业有上市企业7个，是全市拥有上市企业最多的产业。有年销售收入超1亿元企业66个，全年工业产值768.4亿元、销售收入754.9亿元、利税总额29.6亿元，分别占规模以上电线电缆企业相应总量的97.6%、99.8%、99.3%。其中，超5亿元

高端线缆项目试投产　　(仇洪生　摄)

企业28个，全年销售收入668.9亿元，占规模以上高端线缆企业总量的84.9%，占比比上年增长12个百分点，产业集聚度增强。远东控股集团有限公司全年应税销售收入293.4亿元，比上年增长9.5%，位列全市第一位和2016年亚洲品牌500强第315位，较上年跃升41位，巩固了全国最大电力电缆生产企业的地位。无锡江南电缆有限公司全年应税销售收入71.7亿元、利税总额8.2亿元。12月，无锡江南电缆有限公司入选2015年度江苏省自主工业品牌五十强企业，成为全市第二个入围企业。

【线缆成为质量品牌建设"先行军"】 根据国务院《质量振兴纲要》、国家质检总局《关于深入开展产品质量提升示范项目(区)建设的指导意见》以及市委、市政府制订的《宜兴市2016年深化质量强市建设行动计划》目标，在全市线缆产业中继续开展全国电线电缆产品质量提升示范项目建设。远东智慧能源股份有限公司引入"卓越绩效"管理模式和六西格玛管理方法，帮助企业获得2016年度首届宜兴市市长质量奖。江苏亨鑫科技有限公司以国际化的高标准要求带动工厂智能化、管理信息化、制造精益化建设，获2016年度首届宜兴市市长质量奖、2016年度无锡市市长质量奖。江苏俊知技术有限公司获"全国工业品牌培育示范企业"国字号头衔。至年底，全市560多件各类品牌商标和名牌中，线缆类产品达220多件，占比近40%，成为质量品牌建设的"先行军"。

【科技创新助推电缆产业发展】 近年，全市电线电缆企业发挥创新主体作用，以科技创新引领企业转型升级。2016年3月，无锡江南电缆有限公司承担的"特高压输电线路用大截面铝合金芯成型绞线"项目获2015年度宜兴市科技进步奖一等奖。该项目的目标产品仅1年就为企业新增销售超1亿元。江苏中超电缆股份有限公司与江南石墨烯研究院、西安交通大学、常州第六元素材料科技股份有限公司合作，以石墨烯材料在电线电缆中的应用为重点研发方向，开展电线电缆用石墨烯复合材料研发、石墨烯电缆结构设计、工艺设计、中试、产品标准编制备案及成果转化和产业化推广等工作。公司试制生产的石墨烯包覆采煤机屏蔽橡套软电缆产品取得国家检测中心的检测报告，为企业进军未知的市场空间奠定基础。

【远东买卖宝推动产业链深度融合】 6月，远东买卖宝、电线电缆商会、省装饰装修行业协会签订"双会一宝"三方OTO战略合作签约，为加快发展注入新动力。该合作模式以整合线上线下资源为核心，联合企业、商会、协会三方，满足销售市场终端需求，打造从制造端到销售端的利益和发展共同体，推动产业链上下游端口的深度融合。同时，远东买卖宝积极布局线下体验店，成为以互联网电商、线下实体专卖店和供应链金融为基础服务支撑，以电线电缆和电工电气行业为核心的全产业链电子商务OTO服务平台。至年底，买卖宝拥有优秀供货商1000多个、企业级买家客户超1万个，平台单日服务客户数超1000人次，单日成交量超300单，单月新增会员数达5000个。

【中辰电缆实现"双轮驱动"】 中辰电缆股份有限公司成立于2010年，是国家级高新技术企业，公司每年都要拿出应税销售的3%用于技术研发，开发出航空航天用电缆、核电与风电用电缆、海底用电缆等新产品，拥有专利10多件，获"中国线缆行业最具影响力十大品牌"称号。2016年11月，公司与三花控股集团签署B轮融资投资协议，双方将在资源利用、业务整合等方面展开交流与合作，构建双方合作发展的新平台、新机制。得益于技术创新和资本运作的"双轮驱动"，2016年，该公司利税总额0.6亿元，比上年增长8.6%。

2016年宜兴市电线电缆产业重点骨干企业主要经济指标

表20 单位：万元

序 号	单位名称	销售收入	利税总额
	合 计	6688527	289712
1	远东控股集团有限公司	2934075	42763
2	无锡江南电缆有限公司	716908	82249
3	江苏俊知技术有限公司	261070	7949
4	远程电缆股份有限公司	246932	17918
5	江苏亨鑫科技有限公司	209621	16102
6	江苏中超控股股份有限公司	190512	9422

续表20

序　号	单位名称	销售收入	利税总额
7	江苏中辰电缆有限公司	152953	6126
8	圣安电缆有限公司	146660	5853
9	无锡市沪安电线电缆有限公司	138630	11460
10	江苏海达电缆有限公司	138495	8751
11	江苏宝安电缆有限公司	137896	685
12	江苏东峰电缆有限公司	132819	11940
13	江苏裕龙电磁线有限公司	130730	1194
14	江苏三木集团曙光电缆有限公司	130404	4837
15	江苏中煤电缆有限公司	128148	8774
16	江苏长峰电缆有限公司	92208	9385
17	江苏远大电缆有限公司	91119	7984
18	江苏三木集团华美电缆有限公司	86992	3241
19	江苏恒峰线缆有限公司	78736	249
20	江苏蓝翔线缆股份有限公司	64918	576
21	无锡市明珠电缆有限公司	63543	2977
22	江苏凯达电缆有限公司	63395	4836
23	无锡市群星线缆有限公司	62678	6315
24	江苏华亚电缆有限公司	62589	5106
25	江苏荣宜电缆有限公司	61553	2325
26	江苏红峰电缆集团有限公司	60645	6500
27	无锡市新阳光电缆有限公司	53717	3794
28	江苏东南电缆有限公司	50581	401

（戴欣晔）

化纤纺织产业

【概述】 受国际市场需求下降、大宗商品价格震荡等因素影响，化纤纺织产业部分企业发展略显疲态，但总体发展态势较平稳。全市化纤纺织产业78个规模以上企业全年工业产值134亿元、销售收入132.1亿元、利税总额3亿元，分别比上年下降1.9%、2%和30.3%，分别占全市规模以上企业相应总量的4.8%、5.1%和1.6%。从产品产量上来看，棉混纺布、色织布、亚麻布产量分别比上年增长19.51%、17.32%和13.85%；受市场大环境影响，苎麻布产量比上年下降100%，服装产量比上年下降21.54%，其余相关产品产量比上年均略有增减。

【骨干企业】 全市化纤纺织产业有年销售收入超1亿元企业21个，全年销售收入109.8亿元，占规模以上化纤纺织企业总量的83.1%。其中,年销售收入超10亿元的为江苏华亚化纤有限公司、宜兴乐祺纺织集团有限公司、江苏明阳化纤有限公司,销售收入分别为32.4亿元、27.2亿元和11.6亿元,分别占规模以上化纤纺织企业总量的25%、21%和8.8%。江苏华亚化纤有限公司与中国恒天集团有限公司签订战略合作框架协议,围绕打造百亿级新材料产业基地目标,恒天集团计划投资建设一批具有较强带动力的重大项目,提升全市化纤产业创新能力、规模实力。宜兴乐祺纺织集团有限公司面对国家对境外投资的优惠政策,开拓生产成本相对较低且市场广阔的东南亚国家。2015年乐祺柬埔寨公司投产后,10条生产线处于满负荷状态,月产服装成衣30万件,并由柬埔寨直接出口日本和欧美地区,集团2016年产能提高约20%。无锡市兴盛新材料科技有限公司全年销售收入4.08亿元,比上年增长100.7%。无锡索力得科技发展有限公司销售收入1.13亿元,比上年增长180.1%。

【新建镇被评为纺织行业人才建设示范基地】 20世纪70年代末80年代初,新建镇化纤产业开始起步,通过逐年的资本扩张、产业链的延伸、产业集群的拓展,化纤纺织产业成为全镇的支柱产业,形成较完善、配套齐全的化纤纺织产业链,具备较强的产业资源优势和产业竞争优势。该镇先后被评为全国小企业创业基地、江苏百家重点产业集群培育基地、无锡市十佳创业基地等。2016年11月,在北京举行的中国纺织人才工作大会上,新建镇政府获"2016中国纺织行业人才建设示范单位"称号,全省仅有3个镇级政府获此称号。

2016年宜兴市化纤纺织产业规模以上企业主要产品产量

表21

产品名称	单位	产量	产品名称	单位	产量
布	万米	14388	蚕丝	吨	287
其中:色织布(含牛仔布)	万米	4133	其中:绢纺丝	吨	287
棉布	万米	10009	无纺布(无纺织物)	吨	17923
棉混纺布	万米	4379	帘子布	吨	0
印染布	万米	43036	服装	万件	717
绒线(俗称毛线)	吨	2813	梭织服装	万件	429
亚麻布(含亚麻≥55%)	万米	2941	针织服装	万件	289
苎麻布(含苎麻≥55%)	万米	0	—	—	—

2016年宜兴市化纤纺织产业重点骨干企业主要经济指标

表22　　单位:万元

序号	企业名称	销售收入	利税总额
	合　计	1098188	27919
1	江苏华亚化纤有限公司	324059	9285
2	宜兴乐祺纺织集团有限公司	271965	6173
3	江苏明阳化纤有限公司	116077	1234
4	无锡市兴盛新材料科技有限公司	40754	276
5	宜兴市舜昌亚麻纺织有限公司	37793	1471

续表22

序号	企业名称	销售收入	利税总额
6	宜兴中大纺织有限公司	36392	4468
7	宜兴高青制衣有限公司	35505	357
8	江苏天地化纤有限公司	32274	862
9	驰马拉链(无锡)有限公司	29640	4470
10	江苏坤风纺织品有限公司	23754	-2886
11	江苏爱娇实业股份有限公司	20017	417
12	无锡迈克斯纺织品有限公司	18319	144
13	宜兴市百丽纺织染整有限公司	16108	259
14	宜兴长荣织造有限公司	14642	-739
15	宜兴市华芸亚麻纺织有限公司	14093	96
16	宜兴市中长色织有限公司	11747	353
17	江苏省亚盟劳务加工有限公司	11561	770
18	无锡索力得科技发展有限公司	11272	-288
19	宜兴市华阳色织有限公司	11170	277
20	宜兴市盛阳布业有限公司	10836	106
21	江苏国信复合材料科技股份有限公司	10210	814

（谢锐）

机械装备产业

【概述】 全市机械装备产业虽然受金融风险及市场过度竞争等影响，但大部分企业通过转型发展，做精做优产品，停产低端产品，产业整体产能和销售虽受影响，但产品利润实现较大增幅，产业整体呈现稳健发展态势。全市机械装备产业155个规模以上企业工业产值206.97亿元、销售收入196.46亿元、利税总额11.69亿元，分别比上年下降4.9%、下降4.16%和增长4.48%，分别占全市规模以上企业相应总量的7.41%、7.08%和8.07%，占比比上年均略有上升。

【骨干企业】 有年销售收入超1亿元企业38个，比上年增加9个，全年工业产值157.06亿元、销售收入147.56亿元，分别比上年增加28.4亿元和26.7亿元，分别占规模以上机械装备企业相应总量的75.38%和75.11%，比重较上年均有提升。全年销售收入超10亿元的企业有2个，分别为江苏沪宁钢机股份有限公司33.66亿元，江苏金泰科精密科技有限公司12.5亿元。

【沪宁钢机公司装配式建筑产业基地工程启动】 江苏沪宁钢机股份有限公司是全市最大的机械装备制造企业，形成适合学校、医院、城市综合体等装配式钢结构建筑技术体系，具有集成化设计、工厂化加工到装配式施工等一系列完整解决方案。12月，总投资约3.8亿元的沪宁钢机装配式钢结构建筑产业基地工程启动。该项目位于环科园，计划新建1万平方米装配式钢结构研发大楼1幢、5000平方米装配式钢结构住宅1幢，以及试验加工中心、检测中心等配套工程。项目建成后，企业将新增装配式钢结构生产流水线3条，形成年产30万吨装配式钢结构的能力，致力于打造成为国家装配式建筑产业基地。2016年公司总产值达40亿元，约占全市规模以上机械装备企业总产值的20%。

【宝银公司承担课题通过省级验收】 2013年4月，宝银特种钢管有限公司与省科技厅签订科技项目合同，负责第三代核电蒸汽发生器用690合金U型管研制及关键技术研究。公司通过在变形工艺、热处理工艺、组织与性能均匀性控制、信噪比控制技术、矫直应力控制等技术的研究和突破，研制出符合设计要求的产品。同时，借助合作单位——苏州热工研究院有限公司在应用性能评价方面的优势，对研制产品耐核电环境应力腐蚀性能进行评价，优化制管工艺、提升产品品质，最大程度地满足60年全寿期内的核安全要求，形成具有自主知识产权的制管技术。2016年8月，公司承担的“国产第三代核电蒸汽发生器用690合金U型管研制及关键技术研究”课题通过省科技厅验收。

【共昌轧辊公司启动ESP精品轧辊生产线】 12月，全市轧辊龙头企业江苏共昌轧辊股份有限公司启动ESP精品轧辊生产线项目。该项目计划投资3.5亿元，其中固定投资3亿元，项目投产后可年产主要以高端的超耐磨高速钢轧辊、超级高镍铬无限冷硬轧辊为主的ESP精品轧辊2万吨。项目分二期建设，一期项目计划投资约1亿元新建铸造车间，2017年下半年投产；二期项目以热处理车间、金加工车间为主，2018年年底竣工投产。所有项目设备、软件、控制技术将采用最先进的轧辊制造装备及成套控制系统，提高过程控制的自动化、智能化程度。

2016年宜兴市机械装备产业规模以上企业主要产品产量

表23

产品名称	单位	产量	产品名称	单位	产量
铸铁件	吨	48322	泵	台	39141
铸钢件	吨	14911	风机	台	21125
钢材	吨	84680	气体分离及液化设备	台	4907
钢结构	吨	34314	金属紧固件	吨	3668
金属集装箱	立方米	3522	金属冶炼设备	吨	735
钢丝	吨	34361	模具	套	283249
钢绞线	吨	27728	印刷专用设备	吨	1031
锻件	吨	24375	民用钢质船舶	载重吨	2694
工业锅炉	蒸发量吨	5393	—	—	—

2016年宜兴市机械装备产业重点骨干企业主要经济指标

表24　　单位：万元

序号	企业名称	销售收入	利税总额
	总　　计	1475565	121323
1	江苏沪宁钢机股份有限公司	336616.	61852
2	江苏金泰科精密科技有限公司	125035	7741
3	江苏富陶车辆部件有限公司	89347	6239
4	江苏立霸实业股份有限公司	87422	8697
5	宜兴市金易合金有限公司	85951	5347

续表24

序号	企业名称	销售收入	利税总额
6	江苏银环精密钢管股份有限公司	59201	-4894
7	宜兴市格兰特干燥浓缩设备有限公司	45919	9077
8	江苏宏宇模具集团有限公司	45895	3271
9	江苏共昌轧辊股份有限公司	44187	1637
10	鹰普机械宜兴有限公司	36419	1498
11	江苏赛特钢结构有限公司	33821	1340
12	无锡中正锅炉有限公司	33801	748
13	江苏环宇汽车零部件有限公司	30973	1617
14	宜兴市人防设备厂有限公司	29115	2246
15	江苏银环新能源科技有限公司	27956	315
16	江苏巨能机械有限公司	27776	1345
17	无锡鹏德汽车配件有限公司	26369	3788
18	百事德机械(江苏)有限公司	24557	2451
19	江苏凌特精密机械有限公司	23808	-2779
20	宜兴市宙斯泵业有限公司	18846	4670
21	江苏常工动力机械有限公司	18680	-1346
22	宜兴市富丽华消防器材有限公司	17272	384
23	宜兴市东枫电气科技有限公司	15646	257
24	博耳宜兴电力成套有限公司	15547	648
25	宜兴北海封头有限公司	15416	-389
26	宜兴市太平洋集装箱配件有限公司	15029	376
27	宜兴市灵谷塑料设备有限公司	14708	2555
28	江苏朔耘石化装备有限公司	13242	1204
29	宜兴市洪流集团公司(江苏洪流化工机械有限公司)	12994	767
30	江苏美凯龙钢业有限公司	12943	-1148
31	宜兴华威封头有限公司	12789	-46
32	无锡市瑞尔精密机械有限公司	12072	114

续表24

序号	企业名称	销售收入	利税总额
33	江苏小太阳机械科技有限公司	12061	598
34	宜兴大平杆塔制造有限公司	11849	514
35	江苏聚丰稀土合金有限公司	11840	285
36	宜兴市联丰化工机械有限公司	10213	112
37	宜兴市永昌轧辊有限公司	10170	680
38	江苏和田科技材料有限公司	10080	-448

（韩毅）

陶瓷耐材产业

【概述】 陶瓷耐材产业顶住经济下行压力增大、产能过剩等不利因素影响，保持较为稳定的发展态势。全市陶瓷耐材产业73个规模以上企业全年工业产值67.1亿元、销售收入63.8亿元、利税4.5亿元，分别比上年增长5.1%、7.5%和3.1%，分别占全市规模以上企业相应总量的2.4%、2.5%和2.5%。全年生产陶质砖37.68万平方米、天然大理石建筑板材74.07万平方米，分别比上年下降19.36%和10.71%；生产耐火材料58.09万吨，与上年持平。2016中国宜兴工业陶瓷产业发展高峰论坛在丁蜀镇举办，围绕创新与人才、找准转型路径、补长发展短板等问题，为宜兴陶瓷产业尤其工业陶瓷产业发展建言献策。

【骨干企业】 全市陶瓷耐材产业年销售收入超1亿元企业19个，全年销售收入46.6亿元、利税3.9亿元，分别占规模以上陶瓷及耐材企业相应总量的73%和86.7%。年销售收入超5亿元企业2个，宜兴新威集团有限公司年销售收入8.02亿元，利税总额5746万元；江苏嘉耐高温材料有限公司年销售收入5.16亿元，利税总额6741万元。骨干企业支撑作用加强。

【诺明公司成为耐材行业“小巨人”】 江苏诺明高温材料股份有限公司全年投入销售收入的4%以上用于科技创新，不断引进耐火行业高端人才，建立市新型高温干熄焦耐火材料企业研发中心。该公司制订出《干熄焦炉用耐火制品》《石灰窑用镁铝尖晶石砖》等国家行业标准3个。研发出200多个牌号的耐材产品，获授权专利16件，其中发明专利7件。莫来石基质耐火砖、干熄焦用耐火材料β-SiC砖、镁铝尖晶石基质耐火砖等被省科技厅认定为高新技术产品，与上海宝钢集团有限公司等200多个企业建立长期合作关系。10月，该公司被评为江苏省科技小巨人，成为全市第四个入选的企业。

【化机厂技改项目填补国内技术空白】 江苏省宜兴非金属化工机械厂有限公司是国内微孔陶瓷、结构陶瓷的主要生产企业之一，每年将销售收入的5%用于研发，获得零烧成收缩、高亲和性的堇青石材料制备以及表面改性技术等系列技术成果，并转化成项目。2016年，该公司的“满足柴油车国Ⅳ以上排放标准的大规格堇青石蜂窝陶瓷载体的研发及产业化”项目被列入省重大科技成果转化项目，项目所生产的大规格蜂窝陶瓷载体填补国内技术空白，其产业化开发对助力柴油车国Ⅳ排放标准的落实、减少因柴油车尾气排放而造成的大气污染具有现实意义。项目计划总投资7000多万元，预计形成年产450万升大规格蜂窝陶瓷载体的能力，可为企业新增年销售额6000余万元。7月，该项目一期投产。

2016年宜兴市陶瓷耐材产业重点骨干企业主要经济指标

表25　　单位：万元

序号	单位名称	销售收入	利税总额
	合　计	465830	38710
1	宜兴新威集团有限公司	80200	5746

续表25

序号	单位名称	销售收入	利税总额
2	江苏嘉耐高温材料有限公司	51582	6741
3	无锡市南方耐材有限公司	39918	1629
4	江苏正达炉料有限公司	29503	4976
5	无锡暗星陶瓷有限公司	28172	1514
6	江苏诺明高温材料股份有限公司	25262	2689
7	宜兴东方石油支撑剂有限公司	20968	669
8	宜兴市振球炉料有限公司	20842	799
9	宜兴市苏派炉料科技有限公司	20430	894
10	无锡市宜刚耐火材料有限公司	20065	1743
11	无锡市钢神冶金耐火材料有限公司	19437	128
12	江苏省宜兴非金属化工机械厂有限公司	18882	1996
13	江苏脒诺甫纳米材料有限公司	18149	70
14	无锡市宝宜耐火材料有限公司	12968	502
15	宜兴王子制陶有限公司	12901	6332
16	华耐国际(宜兴)高级陶瓷有限公司	12274	1105
17	宜兴瑞泰耐火材料有限公司	11806	463
18	江苏君耀耐磨耐火材料有限公司	11266	755
19	宜兴市金鱼陶瓷有限公司	11207	-38

（武原野）

铜材加工产业

【概述】 铜材加工产业是全市传统特色产业之一，发展步伐稳健，所占工业经济比重基本维持在20%以上，有力地支撑全市工业经济总量规模。全市铜材加工产业37个规模以上企业工业产值606.8亿元、销售收入637.9亿元、利税总额18.8亿元，分别比上年下降7%、3.6%和1.1%，分别占全市规模以上企业相应总量的21.7%、24.6%和10.3%。铜材加工产业主要产品铜材全年产量151.94万吨，比上年增长13.5%。面对铜材加工产业信贷规模偏大、担保互保链条复杂的风险，市委、市政府重视优化金融环境，定期召开政银企座谈鼓励企业及早出资解决已被收购的不良贷款担保，加大铜加工企业与国企、央企、上市企业的合作，释放闲置铜加工生产线产能，提高产业竞争力，促使铜材加工产业进入良性循环。10月，江苏易慷实业有限公司注册登记，主要为有色金属高端制造，其生产的新型高电位镁合金牺牲阳极可提高金属材料的耐腐蚀性，核心技术获国家发明专利。

【骨干企业】 面对错综复杂的国际国内形势，震荡下跌的铜材价格及较高的融资风险等多重压力，全市铜材加工骨干企业通过升级技术装备水平、提高产品技术含量，继续保持稳定发展。全市铜材加工产业有年销售收入超1亿元企业25个，全年销售收入635.4亿元、利税总额18.8亿元，分别占规模以上铜材加工企业相应总量的99.6%和100%，骨干企业支撑带动作用明显。其中，年销售收入超10亿元企业14个，全年销售收入591亿元、利税总额18亿元，分别占规模以上铜材加工企业相应总量的

92.6%和95.7%。龙头企业江苏江润铜业有限公司全年产值116.2亿元、应税销售收入109.27亿元、利税总额2.75亿元，居2016年中国民营企业500强第390位。

【江润铜业公司进军新能源电缆市场】 近年，铜价走势扑朔迷离，原料市场复杂多变，江苏江润铜业有限公司却逆流而上，凭借装备优势，抢占新能源电缆用铜导体市场的先机。2015年年底，投资3亿元上马6万吨汽车充电桩用铜导体生产线。针对新能源产业电缆所用的铜丝要求高，该公司专门引进德国尼霍夫公司高速连续退火大拉机。2016年3月，该生产线投产，4条新能源汽车充电桩用铜导体生产线实现销售收入5亿元。2017年项目建成后，可新增年销售收入30亿元。

【潞安卓泰祥和公司二期项目开工】 潞安卓泰祥和金属科技宜兴有限公司成立于2012年，是全市工业50强企业。2016年10月，该公司高致密铜线材及高导超细铜合金接触线二期建设项目开工仪式在徐舍镇举行。该项目预计总投资1亿元，新建厂房约4000平方米，年可生产高致密铜线材22万吨、高导超细铜合金接触线5万吨，预计年产值近100亿元，力争2017年上半年建成投产。

2016年宜兴市铜材加工产业重点骨干企业主要经济指标

表26　　　　单位：万元

序号	单位名称	销售收入	利税总额
	合　计	6353521	188554
1	江苏江润铜业有限公司	1092684	27465
2	无锡市凌峰铜业有限公司	1012546	3096
3	潞安卓泰祥和金属科技宜兴有限公司	851605	196
4	江苏中广润新材料科技有限公司	620796	45859
5	宜兴市意达铜业有限公司	526494	16474
6	宜兴市金啸铜业有限公司	485873	42555
7	无锡市天通铜材有限公司	268018	11123
8	无锡市中能铜业有限公司	241664	20904
9	江苏昊迪金属材料有限公司	203654	1466
10	宜兴义源铜业有限公司	159425	2451
11	宜兴市天源铜业有限公司	134297	5879
12	无锡市和佳电工器材有限公司	106790	1851
13	江苏辉宏信科技有限公司	104111	791
14	江苏戎兴铜业科技有限公司	102499	810
15	宜兴市盛牛铜业有限公司	73142	5331
16	宜兴市洲豪铜业有限公司	71019	53
17	无锡新苏能复合材料有限公司	62369	1265
18	宜兴市千金铜业有限公司	60591	198

续表26

序号	单位名称	销售收入	利税总额
19	宜兴市恒峰材料有限公司	54080	229
20	无锡市华敏铜业有限公司	36306	-321
21	宜兴市诚峰铜材有限公司	30576	-154
22	无锡市新奥电子有限公司	16694	14
23	宜兴市华盛金属线材有限公司	16164	874
24	宜兴市同盛金属带材有限公司	11270	102
25	宜兴繁盛铜业有限公司	10854	43

（戴欣晔）

精细化工产业

【概述】 全市精细化工产业113个规模以上企业，全年产值237.3亿元、销售收入234.4亿元、利税12亿元，分别比上年下降8%、6.4%和5.4%，分别占全市规模以上企业相应总量的8.5%、9.0%和6.6%。

【骨干企业】 全年销售收入超1亿元企业44个，销售收入204.1亿元，占精细化工产业规模以上企业总量的87.1%，比上年增长2%。其中，超10亿元企业2个，销售收入87.12亿元，占规模以上企业总量的37.2%。龙头企业江苏三木集团有限公司全年应税销售收入241.3亿元，利税8.9亿元，应税销售收入名列全市第二位，位居2016年中国民营企业500强第195位，比上年上升4位。3月，江苏博砚电子科技有限公司—北京化工大学联合研发中心在徐舍镇揭牌成立，联合打造国内首个光阻剂生产和研发规模基地，打破国内光阻剂相关产品受制于国外企业的局面。

【项目节能量交易日渐常态化】 全省能源消费年均增量为2.5%左右，面对严格的能源消费总量增幅"天花板"，省政府于2015年3月出台全国首个《项目节能量交易管理办法》，同年7月起在苏南地区开展试点。钢铁、有色、化工等高耗能行业，新增产能必须实行能耗等量或减量置换，新增用能则必须通过交易取得，这是推动产业转型升级的一个重要手段。试点工作开展后，江苏高科石化股份有限公司出资2.1万元，购买江苏神羊化纤有限公司600吨标准煤能耗削减量，用于置换即将实施的"废矿物油及废乙二醇资源回收综合利用"项目新增能耗，迈出了宜兴市节能交易第一步。2016年6月，市恒兴精细化工有限公司出资13.5万元，成功购买江苏神羊化纤有限公司4500吨标准煤节能量，用于置换即将实施的"30000t/a有机酮酯酸技改扩能"项目新增能耗。交易单数和交易量的提升意味着项目节能量交易日益为大家所接受和拥护，正式进入常态化运行。

【灵谷化工获国家科技进步奖】 江苏灵谷化工有限公司参与研制的"大型高效水煤浆气化过程关键技术创新及应用"项目，获2016年度国家科学技术进步奖二等奖，代表该领域的全球最先进技术。采用该技术的四喷嘴对制式水煤浆气化炉已先后应用在灵谷大化肥项目一期、二期中，该技术将煤中碳的转化率提高至99%，是公司节能减排的重要成果之一。

【傲伦达技术立企稳居行业龙头】 江苏傲伦达科技实业股份有限公司(以下简称傲伦达公司)成立于1988年，创立之初从事普通染料及周边产品生产。2000年，公司研发出双酚S产品。近年，公司主动和国内有关院校开展产学研合作，并坚持每年投入上千万元用于技术研发，与北京化工大学成立联合研发中心，在常州大学设立实验室，致力于开发新产品和改进现有产品。2016年，公司凭借技术和产品质量优势与美国Solovay公司签订为期10年的双酚S供货合作合同。11月，公司获科技部"中国产学研合作促进奖"成果二等奖。至年底，傲伦达公司拥有专利27件，产品在全世界双酚S市场占比高达四成，成为该行业名副其实的世界龙头。

【丹森科技勇于媲美世界强企】 宜兴丹森科技有限公司成立于2008年。为打破国外强企的垄断，丹森科技创立之初，便把目标瞄准SAP*。每年投入千万元科研经费，在产品稳定性、吸水性以及企业规范化管理上下苦功。2010年10月，公司攻克技术难题，生产出高品质的SAP产品，并申报SAP的制造方法、制备方法等多项专利。公司的SAP样品的吸水速度、稳定性等各项技术指标得到全球前两大个人护理用品公司宝洁(中国)有限公司和金佰利(中国)有限公司的技术部门高度认可，并与之开展合作，一举打破了SAP的全球生产格局。2016年，公司销售收入8.82亿元。SPA全年产量达9万吨，增幅达15%，SAP产品销往五大洲的60多个国家，成功跻身全球同行业排名前五。

2016年宜兴市精细化工产业重点骨干企业主要经济指标

表27　　单位：万元

序号	单位名称	销售收入	利税总额
	合　计	2041083	109419
1	江苏三木化工股份有限公司	593280	26162
2	江苏莱顿宝富塑化有限公司	278040	11089
3	宜兴丹森科技有限公司	88235	-3181
4	宜兴新威集团有限公司	80200	5746
5	江苏雅克科技股份有限公司	76290	9305
6	江苏银燕化工股份有限公司	75215	-28
7	江苏高科石化股份有限公司	57469	4142
8	无锡市虎皇漆业有限公司	55651	5958
9	江苏汉光实业股份有限公司	43705	2028
10	江苏天音化工有限公司	40296	3019
11	江苏瑞佳化学有限公司	38497	2598
12	江苏宇星工贸有限公司	36405	2933
13	江苏凌飞科技股份有限公司	35848	2086
14	江苏傲伦达科技实业股份有限公司	34447	3899
15	宜兴市天石饲料有限公司	33416	872
16	无锡市开来生物科技有限公司	28432	684
17	江苏德美科化工有限公司	25791	1080
18	宜兴市兴合树脂有限公司	21584	1852
19	无锡润新染料有限公司	21273	1358
20	宜兴市昌吉利化工有限公司	20511	1875
21	江苏宏泰高分子材料有限公司	19912	5440
22	宜兴兴农化工制品有限公司	19079	819
23	江苏雷蒙化工科技有限公司	18278	1128
24	宜兴市恒兴精细化工有限公司	18032	3693

续表27

序号	单位名称	销售收入	利税总额
25	中铝稀土(宜兴)有限公司	17900	178
26	宜兴市莱顿塑料助剂有限公司	17250	732
27	江苏国立化工科技有限公司	17095	944
28	江苏鹏鹞药业有限公司	16926	507
29	江苏森禾化工科技有限公司	16302	255
30	宜兴市中正化工有限公司	15860	814
31	宜兴市宜州化学制品有限公司	15069	487
32	江苏宏远药业有限公司	14687	733
33	无锡双诚炭黑有限公司	13963	820
34	江苏燎原环保科技股份有限公司	13827	1206
35	江苏创新石化有限公司	13581	3813
36	宜兴市星光宝亿化工有限公司	13162	511
37	宜兴市军达浆料科技有限公司	13048	1662
38	无锡市凯利药业有限公司	12829	875
39	江苏天竹化工科技有限公司	12373	588
40	宜兴市申生催化剂有限公司	12004	395
41	江苏冠洋精细化工有限公司	11971	105
42	宜兴精密化学有限公司	11834	123
43	江苏沃尔得化工有限公司	11024	35
44	江苏宏盛化学有限公司	10492	79

(戴欣晔)

保温建材产业

【概述】 2016年,全市保温建材产业受到市场需求疲弱、产能严重过剩及环保压力日益趋紧等不利因素影响,产业整体表现低迷。全市保温建材产业62个规模以上企业工业产值63.1亿元、销售收入55.9亿元、利税总额7000万元,分别占全市规模以上企业相应总量的2.3%、2.2%和0.4%。全年生产水泥1254万吨、铝材3.31万吨、钢化玻璃80.26万平方米、竹地板377.35万平方米。

【骨干企业】 全市保温建材产业有年销售收入超1亿元企业15个,全年销售收入33.4亿元,占保温建材产业规模以上企业总量的59.7%。江苏森茂竹木业有限公司推出新产品HDF多层复合地板,公司全年销售收入4亿元、利税6396万元,分别比上年增长32.3%和35.2%。宜兴天山水泥有限责任公司和江苏新街南方水泥有限公司抓住去产能力度加大、产业集中度提高、2016下半年基建投资放开等利好因素,市场销售额略有回升,分别实现销售收入3.6亿元、2.6亿元,比上年增长2.2%和7.8%,利税的亏损额比上年大幅减少。

【竹木业发展迅速】 全市保温建材产业加快转型发展，传统建材产业提档升级，新型建材产业发展迅速，特别是太华镇、张渚镇的竹木地板企业，加快由传统手工生产向现代机械化大生产转变，不断开发新产品拓展国际市场。太华镇利用当地毛竹资源，2012年建成太华竹制品加工产业园，园区占地900多亩，以无锡博大竹木业有限公司为领军企业，拥有竹制品加工企业115个，年产值达30多亿元，具备年产竹地板400万平方米、竹窗帘1000万平方米、竹模板150万平方米的能力。2016年12月，该产业园入选十佳省级农产品加工集中区。无锡博大竹木业有限公司与毛竹初加工企业开展合作，牵头成立市龙珠毛竹合作社。合作社拥有毛竹地5000多亩，通过订单合同的方式优先供应博大竹木业公司，直接带动4000多人发展木材业。江苏森茂竹木业有限公司于2016年成立外贸进出口公司，扩大整合和收购力度，产品远销21个国家和地区。

【产业形势严峻】 受到钢铁、水泥、平板玻璃等行业去产能及房地产业去库存的影响，全市保温建材产业市场需求疲软，产能过剩，全年水泥行业订单不足，产品销售价仍低于生产成本。全市正常生产的规模以上水泥企业22个，亏损的有19个，比上年亏损面扩大。企业资金压力较大，融资困难，由于相互担保的影响，绝大多数企业资金紧张，较大程度影响企业的生产经营。企业规模较小、集中度不高，全市规模以上保温建材企业销售收入1亿元以下的有47个，导致行业重复建设严重，资源严重浪费，规模经济效应无法体现。产业投入不足，在建的投资超1亿元项目很少，装备投入较少，制约产业发展。

2016年宜兴市保温建材产业重点骨干企业主要经济指标

表28 单位：万元

序号	单位名称	销售收入	利税总额
	合　计	334008	8647
1	江苏森茂竹木业有限公司	40301	6396
2	无锡市博大竹木业有限公司	36739	3137
3	宜兴天山水泥有限责任公司	35869	-1784
4	江苏新街南方水泥有限公司	25773	-559
5	江苏阳羡南方水泥有限公司	24630	2105
6	宜兴市金墅水泥有限公司	24493	-1095
7	江苏神马集团公司	21498	-407
8	宜兴市东运建材有限公司	19732	1422
9	江苏徐舍南方水泥有限公司	17841	-2072
10	江苏卡欧彩涂钢板有限公司	15923	-250
11	宜兴新森大竹木制品有限公司	15681	82
12	江苏宜城南方水泥有限公司	15136	-3783
13	宜兴美联常驰石业有限公司	14689	3116
14	宜兴市艾思欧建材有限公司	13499	1843
15	江苏精诚山钙业有限公司	12204	496

（武原野）

节能环保产业

无锡环境家住宅科技有限公司的工作人员在生产线上组装防霾新风机
（翟霄帆　摄）

【概述】 全市节能环保产业技工贸总收入593.4亿元，比上年增长3.4%。134个规模以上企业工业产值144.4亿元、销售收入145亿元、利税总额12.8亿元，分别比上年增长5.4%、4.6%和18.4%，分别占全市规模以上企业相应总量的5.2%、5.6%和7.0%。2016江苏中小企业环保产业协作配套对接会成功举行，省内外200多个环保企业的500余名代表与会，为80多个需求企业和130个供应企业提供产品初步配套信息1500多条。

【骨干企业】 全市节能环保产业拥有年销售收入超1亿元企业26个，全年销售收入69.23亿元，占节能环保产业规模以上企业总量的47.8%。全市投资1亿元以上节能环保项目12个，包括江苏金山环保工程集团有限公司的竺山湖蓝藻、宜兴国电精辉环保设备有限公司的催化再生等项目。全市具备环保工程专业承包资质企业222个，其中一级资质企业26个、二级资质79个、三级资质117个；具备环保工程设计资质企业13个，其中甲级资质企业2个、乙级11个。艾特克控股集团股份有限公司、江苏宝宸净化设备股份有限公司等7个企业在新三板挂牌上市。至年底，全市节能环保产业拥有上市企业11个。江苏菲力环保工程有限公司拓展国际市场，参与孟加拉国的污水处理和污泥处置项目相关设备的招投标，拓展国际市场，与10多个国家、地区相关企业和机构建立合作关系，并承接江苏省科技成果转化专项资金省地联合招标的新型环保技术与装备研发及产业化项目。

【科技创新】 全年新认定（含重新申报）环保类高新技术企业27个，累计75个。新增有效发明专利95件，累计489件。新增江苏巨能机械有限公司、江苏江华水处理设备有限公司、江苏远兴环保集团有限公司3个省级工程技术中心，省级以上研发机构累计32个。6个环保企业技术入选环保部智汇平台技术百强。8月，全省节能环保领域唯一创新中心和核心载体——江苏环保装备产业技术创新中心在环科园揭牌并启动建设。9月，宜兴环保黑马营被科技部评为国家级众创空间，成为全市唯一的国家级众创空间。全市全年立项国家、省级以上环保科技项目16个，争取上级资金4000多万元。

【战略合作】 环科园与韩国大邱市开展中韩环保技术交流，在环保工程设计、合作办学等六个方面签订合作协议。中国—东盟环境保护合作中心与环科园签署第二轮战略合作协议，成立宜兴“一带一路”环保“走出去”企业联盟，服务绿色“一带一路”建设，打造国家—地方合作模式示范；开展国际合作能力建设，服务宜兴示范基地环保产业“走出去”。环科园与环保部对外合作中心开展交流，签署战略合作协议，围绕技术引进来、产业走出去，共同推动环保技术交流合作。无锡康宇水处理设备有限公司、艾特克环保集团等4个环保企业被上市企业或国企并购，借力资本市场，扩大发展规模。

【品牌效应】 全年新认定环保类江苏省著名商标5件（累计15件）、新认定无锡市知名商标13件（累计33件）。环科园被环保部批准为第一批国家环境保护培训基地，并为全国6个现场教学点之一；环科园被环保部对外合作中心授予“环保智汇平台基地”称号，为全国首批“环保智汇平台基地”之一。举办全国环保创新创业大赛，推进苏南国家自主创新示范区建设。中宜环境医院创造环境综合治理和服务新模式，“治愈”首例国外土壤修复类病患，并在广西南宁、四川成都、云南昆明等国内10个城市建立分院。为提升宜兴水处理技术与装备制造的整体水平，环科园联合江苏中宜环科环保产业发展有限公司、江苏一环集团有限公司、清华大学等7个单位发布《中国宜兴环保科技工业园水处理关键技术与设备淘汰目录》（第一批），公布曝气器、格栅、刮吸泥机三大类关键污水处理设备淘汰目录。

2016年宜兴市节能环保产业重点骨干企业主要经济指标

表29 单位：万元

序号	单位名称	工业总产值	利税总额
	合　计	634334	73894
1	江苏金山环保科技有限公司	70710	27750
2	江苏一环集团有限公司	59650	2785
3	双盾环境科技有限公司	52781	3036
4	宜兴市格兰特干燥浓缩设备有限公司	47928	9077
5	江苏宜净环保有限公司	43483	993
6	江苏海德节能科技有限公司	38343	2504
7	无锡中正锅炉有限公司	32867	748
8	江苏巨能机械有限公司	31436	1345
9	江苏兆盛环保集团有限公司	30585	4572
10	江苏远兴环保集团有限公司	27899	769
11	百事德机械(江苏)有限公司	23270	2451
12	宜兴市宙斯泵业有限公司	22503	4670
13	宜兴市环球水处理设备有限公司	21468	486
14	江苏燎原环保科技股份有限公司	20992	1206
15	宜兴国电精辉环保设备有限公司	20784	5543
16	江苏省宜兴非金属化工机械厂有限公司	19895	1996
17	欧亚华都(宜兴)环保有限公司	18600	-568
18	无锡泛亚环保科技有限公司	17748	-728
19	凌志环保股份有限公司	16800	4114
20	江苏东泽环保科技有限公司	16592	1145

（裴赢超　孙夏）

新能源产业

【概述】 全市新能源产业通过兼并重组、拓展市场等举措，顶住国内外市场压力，发展态势良好。全年全市29个新能源产业规模以上企业产值170.7亿元，比上年增长15.9%；销售收入152.5亿元，比上年增长4.9%；利税15.9亿元。光伏电池全年产量达104.48万千瓦，比上年增长95.34%。市新能源产业基本形成以开发区和张渚镇为主体、周边地区为补充的发展格局。

【骨干企业】 全市新能源产业销售收入超1亿元企业19个，其中超10亿元企业5个，全年销售收入147.8亿元，骨干企业在行业内领先优势继续加强。东方环晟光伏(江苏)有限公司由中国东方电气集团、天津中环半导体股份有限公司和美国SunPower公司共同出资组建，其生产线技术改造项目一期8条生产线投产，全年销售收入10.7亿元，利税总额9300万元。浙江昱辉阳光能源江苏有限公司启动500兆瓦组件生产线技改项目，公司向自动化、智能化方向发展。宝银特种钢管有限公司是由江苏银环控股集团与宝钢集团、中广核集团合资成立的中国首个、世界第四个生产核电用管企业，占有国内核用管产品市场三分之二的份额。年内，宝银特种钢管有限公司第一次实现出口。

【新能源项目后劲十足】 江苏国信协联能源有限公司继燃气发电项目建成投产之后，投资1.6亿元新上生物质能发电项目。2016年大批新能源汽车相关项目入驻宜兴。江苏兴云新能源有限公司新上车用锂电池项目，一期投资3亿元，购置先进的生产、检测系统，建起一流的电池研发实验室。该项目在电池散热、电池管理、电池快速加热冷却等领域均有突破，并自主研发了电池包、BMS电池管理系统、电机传动齿轮等关键技术。远东智慧能源股份有限公司计划总投资38亿元，新上智慧能源产业园一期3000兆瓦高性能锂电池项目。上海北斗新能源有限公司计划总投资40亿元，在张渚镇工业集中区建立现代化新能源商用车生产基地，生产纯电动公交用车、纯电动物流用车和纯电动校车等民用车辆。北京华宸文鼎科技发展有限公司计划总投资3亿元，新上年产10万套新能源汽车电控系统项目，其中一期工程形成4万套电控系统产能，实现年销售收入3亿元。

【载体建设支撑产业集聚】 开发区作为全市新能源发展的主阵地，其产业发展初具规模，并呈现出加速集聚的态势，被省商务厅评为新能源产业园，并被中国工业园区招商引资高层论坛评为国家新能源产业示范基地。开发区拥有华东光电子创新基地、光电子产业园、国家能源装备及材料产业园、创意软件园、投影产业园、清华科技园六大平台，其中以海归博士创业团队为核心的投影产业园初步形成了光源、镜头、电路、外壳、整机等一条较为完善的产业链。新能源产业园，总投资100多亿元，占地面积200多亩，集中了大批太阳能电池，高性能车用电池等优秀的绿色能源企业。

2016年宜兴市新能源产业重点骨干企业主要经济指标

表30　　　　单位：万元

序号	单位名称	销售收入	利税总额
	合　计	1575375	176171
1	浙江昱辉阳光能源江苏有限公司	503391	3960
2	江苏国信协联燃气热电有限公司	217292	37473
3	江苏国信协联能源有限公司	213072	33724
4	江苏德盛太阳能科技有限公司	110765	-699
5	东方环晟光伏(江苏)有限公司	106847	9296
6	无锡嘉瑞光伏有限公司	69506	2050
7	江苏银环精密钢管股份有限公司	59201	-4894
8	华东宜兴抽水蓄能有限公司	48060	10312
9	江苏嘉盛光伏科技有限公司	33740	4419
10	无锡市普发电源有限公司	31805	476
11	无锡乐峰太阳能科技有限公司	29123	198
12	江苏银环新能源科技有限公司	27956	315
13	江苏鹏鹭电源有限公司	27138	730
14	国电光伏有限公司	20509	77522

续表30

序号	单位名称	销售收入	利税总额
15	无锡中能晶科新能源科技有限公司	19523	-55
16	国电联合动力技术(宜兴)有限公司	18247	3029
17	远东光电股份有限公司	16714	-2048
18	宜兴市王者塑封有限公司	11850	178
19	江苏佳晨铝业科技有限公司	10636	185

(武原野)

光电子新型显示产业

【概述】 全市光电子新型显示产业主要包括光电产品、集成电路、电子元器件、元件、投影显示等领域,基本形成以环科园、开发区和张渚镇为主体、周边地区为补充的发展格局。全市光电子新型显示产业42个规模以上企业工业产值74.3亿元、销售收入76亿元,分别比上年增长63.6%和58.2%,分别占全市规模以上企业相应总量的2.7%和2.9%;实现利税3.8亿元,占全市规模以上企业总量的2.1%。全年光电子器件产量14.81亿只,比上年下降54.34%;电子元件产量3.45亿只,比上年增长25.8%。

【骨干企业】 全市光电子新型显示产业有年销售收入超1亿元企业11个,全年销售收入63.5亿元,占规模以上光电子新型显示企业总量的83.5%,骨干企业支撑作用加强。江苏利通电子股份有限公司坚持市场导向、加强科技攻关,投资3.2亿元建设OLED/ULED显示模组项目,成为国内首个独立开发大尺寸液晶模组背板并实现量产的企业。公司全年销售收入17.2亿元、利税1.4亿元,分别比上年增长59.5%和144.2%。江苏俊知光电通信有限公司的通信光电缆第五期扩能项目建成投产,公司年产能从800万芯千米提升至1500万芯千米,产能规模跻身国内同行业前三,进入国内光通信领域第一方阵。公司全年销售收入8.4亿元、利税2134万元,分别比上年增长12.4%和29.9%。

江苏博砚电子科技有限公司的施工人员正在无尘化厂房内安装光阻剂产品 (仇洪生　摄)

【俊知集团稳居行业龙头】 江苏俊知集团有限公司深耕通信市场,把握市场机遇,先后成立江苏俊知光电通信有限公司和江苏俊知传感技术有限公司,拥有专利111件、高新技术产品100多种。集团的射频馈线及器件等产品在国内市场的占有率超23%,连续六年名列第一。集团主持参与75%以上的通信天馈系统国家及行业标准,在累计制定、修订的64个国家及行业标准中,22个为该公司主持制定。2016年,集团主持国家通信产业"十三五"发展规划纲要中射频馈线及器件部分的编写,与运营商共同进行5G天馈系统的性能验证、外场组网及网络商用测量的研究。其子公司江苏俊知传感技术有限公司实现销售收入16.9亿元,比上年增长2471%。

【开发区成为光电子新型显示产业发展主阵地】 开发区拥有华东光电子创新基地、国家能源装备及材料产业园、光电子产业园、投影产业园、清华科技园、创意软件园六大平台,其中投影产业园是全国首个投影产业园。拥有江苏森莱浦光电科技有限公司、江苏艾洛维显示科技有限公司等多个行业小巨人企业。其中,无锡视美乐科技股份有限公司是国内首个激光显示技术研发与制造平台型企业,致力于激光显示核心部件及整机的研发与生产。10月，该公司成为继江苏艾洛维显示科技股份有限公司和江苏清投视讯科技有限公司之后，全市第三个在新三板挂牌的投影显示企业。11月，无锡视美乐激光显示科技有限公司凭借其在激光投影显示领域的自主研发实力，夺得“黄金半导·创新未来——首届国际第三代半导体创新创业大赛”企业组冠军。至年底，开发区集聚特种显示相关高新技术企业20余个，掌握投影产业链的八大关键环节中的7个，形成短弧超高压汞灯、激光混合光源、鱼眼镜头等较为完善的产业链，并成功填补商业生产投影光源、超短焦高清投影、裸眼3D技术等领域的国内空白，初步形成具有较强竞争力的投影、特种显示、LED照明三大光电产业集群，呈现出良好的载体支撑效应。

2016年宜兴市光电子新型显示产业重点骨干企业主要经济指标

表31 单位：万元

序号	单位名称	销售收入	利税总额
	合　计	634508	37839
1	江苏利通电子有限公司	171554	14318
2	江苏俊知传感技术有限公司	169232	9683
3	江苏俊知光电通信有限公司	83914	2134
4	江苏佳汇光电科技有限公司	54093	3645
5	微密科技(宜兴)有限公司	53395	4965
6	宜兴硅谷电子科技有限公司	28986	1849
7	江苏清投视讯科技有限公司	18726	1485
8	宜兴市普利泰电子材料有限公司	16664	1387
9	无锡市方舟科技电子有限公司	13170	375
10	江苏东晨电子科技有限公司	12492	-2101
11	中凯光电江苏有限公司	12282	99

（武原野）

绿色食品产业

【概述】 全市绿色食品产业发展较为平稳，23个规模以上企业全年工业产值94.4亿元、销售收入95亿元、利税总额19.8亿元，分别比上年下降0.8%、下降1%、增长9.2%，分别占全市规模以上企业相应总量的3.4%、3.7%和10.8%。

【骨干企业】 绿色食品产业年销售收入超1亿元企业14个，全年销售收入90.6亿元，占全市绿色食品产业规模以上企业总量的95.4%，其中，年销售收入超10亿元企业有红牛维他命饮料(江苏)有限公司和江苏奥瑞金包装有限公司，分别为34.9亿元和14.3亿元，占全市绿色食品产业规模以上企业销售总额的36.7%和15.1%。

【红牛智能生产车间成为全省首批智能车间】 为大力实施技术改造，提高智能制造水平，推动制造业向中高端迈进，2015年，省经信委在全省范围内启动实施“江苏省示范智能车间”评选工作。2016年1月，“江苏省示范智能车间”名单出炉，红牛维他命饮料(江苏)有限公司凭借在智能化车间投入的创新举措入围，成为全市首批省级示范智能车间。入围的功能饮料智能生产车间是该公司为控制劳动成本、提高环境质量、精细内部管理而实施的智能管理系统。车间采用各工序在线检测、纳米技术防伪标识、一罐一码二维码标识等先进技术，可使产品废品率减少70%。2016年该公司销售收入34.86亿元、利税总额10.67亿元，分别比上年增长10.1%和27.6%，展现出良好的发展态势。

【国信协联公司发展良好】 作为中国柠檬酸主要生产企业之一，江苏国信协联能源有限公司注重知识产权保护，推进技术创新、加大研发投入，鼓励全员投身合理化改善与技术创造。年内，公司被评为2016年中国进出口质量诚信企业，其专利“柠檬酸色谱提取法废液的处理和再利用方法”获第十八届中国专利优秀奖，与江南大学的合作项目“柠檬酸高效创制及工业化应用”获中国轻工业联合会技术进步二等奖。至年底，公司累计建成国家级博士后工作站等创新平台8个，承担国家级科技项目2个、省级科技项目3个，申请专利41件，获得授权24件。

【奥瑞金产品再获国际包装行业大奖】 11月，《*Canmaker*》杂志主办The Canmaker Summit年度峰会，该峰会是金属包装行业影响力最大的年度峰会，全世界20个国家、地区的100多个制罐、灌装企业以及供应商参加。颁奖礼上，江苏奥瑞金包装有限公司苏禾黄桃昔饮料罐获三片饮料罐银奖、农仁花生食品罐获三片食品罐铜奖、康之味火锅香油罐获二片食品罐银奖。公司全年销售收入14.3亿元、利税总额6.3亿元，分别比上年增长10.6%、23.6%。

2016年宜兴市绿色食品产业重点骨干企业主要经济指标

表32　　　　单位：万元

序号	企业名称	销售收入	利税总额
	总　计	905978	193897
1	红牛维他命饮料(江苏)有限公司	348603	106709
2	江苏奥瑞金包装有限公司	143068	62704
3	江苏国信协联能源有限公司	80000	12662
4	江苏申乾食品包装有限公司	78146	−1902
5	江苏汉光甜味剂有限公司	65419	4553
6	江苏汉光生物工程有限公司	42128	2068
7	江苏奥宝印刷科技有限公司	30340	1383
8	宜兴市前成生物有限公司	24109	527
9	江苏南顺面粉有限公司	19850	581
10	宝艺新材料股份有限公司	18923	1166
11	宜兴市华丽印铁制罐有限公司	17932	36
12	无锡久滕塑料包装材料有限公司	13463	733
13	宜兴市光辉包装材料有限公司	13437	1260
14	宜兴威尼特包装袋有限公司	10560	1417

（谢锐）

编辑　张路瑶

旅游业 TOURISM

综　述

【概述】 围绕建成长三角著名旅游城市、国内一流的休闲度假目的地和生态文化旅游胜地目标，加快深化旅游改革创新，快速推动旅游产业转型升级，不断优化旅游环境秩序，全市旅游业持续优化发展。全年接待游客总量2203.34万人次，比上年增长10%；接待旅游、参观、访问及从事各项活动的入境过夜旅游者9.96万人次，比上年增长10.2%；全市旅游业总收入224.92亿元，比上年增长12.4%。其中：国内旅游收入224.45亿元，比上年增长12.4%；国际旅游收入0.47亿元，比上年增长11.9%。注重旅游景点提档升级，华东百畅生态园成为国家AAA级旅游景区。至年底，全市有国家AAAA级景区8个、AAA级景区3个，有全国特色景观旅游名镇2个、省级生态旅游度假区1个、省级自驾游基地4个，有全国休闲农业与乡村旅游示范点5个、省星级乡村旅游区(点)38个、无锡市星级“农家乐”85个，有省四星级旅行社1个、三星级旅行社5个、二星级旅行社7个。获“2016中国年度最佳休闲小城”“中国十佳运动休闲城市”“2016同程旅游十大健康养生旅游目的地”“2016十大长三角自驾游线路(中线)”等称号，中国宜兴国际陶瓷文化艺术节成为2016最美中国榜——首批最具影响力特色节庆，智游宜兴旅游电商平台成为2016年度江苏省“互联网+”智慧旅游示范项目。

【宜兴迈入“大旅游”时代】 近年，随着人民群众生活水平的提高，游客需求趋向多样化、多层次，旅游产业链亟须延伸和扩展，“大旅游”概念由此而生。宜兴市为接轨“大旅游”时代，坚持合作共赢的战略方向，在智力、管理、资本等方面积极对接高端市场主体，引入优质社会资本，共同参与旅游业的开发建设。先后邀请德安杰环球顾问集团、北京巅峰智业集团等国内一流的旅游策划营销与旅游规划设计团队，对宜兴旅游的现状、发展目标和发展方向进行充分调研和规划论证，编制《宜兴市旅游业发展总体规划(2005—2025)》《宜兴市乡村旅游发展规划》等高水准规划，指引宜兴旅游业逐步迈向“大旅游”时代，助推宜兴旅游品牌做大做强。宜兴得天独厚的生态文化资源和地方政府合作共赢的战略方针，吸引了国际旅游投资协会、中信投资控股有限公司等旅游行业组织与龙头企业向宜兴抛来“绣球”，吸引优质的社会资本。至2016年，全市有竹海富陶温泉度假酒店、宜兴紫海薰衣草庄园、水墨田园温泉度假酒店等拟建、在建旅游项目66个，总投资额180亿元，为宜兴“大旅游”的发展注入了强劲动力。2016年6月，市政府与宝钢集团、中国广核集团、中国港中旅集团、银环控股集团四个企业签署战略合作协议，联合注册成立陶都文旅康养产业集团，强强联合，旨在整合市场资源、盘活存量资产，以旅游企业集群的新模式，打造陶都旅游发展新的龙头企业，助推宜兴加快发展成为长三角地区一流的旅游度假目的地。

【“茶禅四月到宜兴”旅游季】 3—6月，宜兴市推出“茶禅四月到宜兴”品牌旅游季活动。该活动以“绿色、创意、共享”为主题，推出“一带一路”、运动休闲、阳羡茶香、梁祝情缘、国际素博、度

2016中国·宜兴国际素食文化暨绿色生活名品博览会

(市旅游局　提供)

假体验、陶醉宜兴七大系列活动，先后举办宜兴紫砂全国巡展、2016中国围棋甲级联赛宜兴"善卷洞"专场、江苏省第十七届"陆羽杯"名特茶评比、第四届两岸茶文化论坛、2016中国宜兴梁祝文化旅游节、梁祝观蝶节、2016中国·宜兴国际素食文化暨绿色生活名品博览会、2016江苏休闲度假产品推广月启动仪式等活动，进一步推进体旅、文旅、农旅等多元融合，丰富旅游内涵。推出丰富的宜兴旅游产品的同时，与上海春秋旅行社（集团）有限公司合作，开通上海至宜兴的旅游直通车，打通目的地与客源地输送的渠道；与上海万水千山文化传播有限公司签约，推动"文创宜兴"专营店在上海落地，开创"茶禅四月到宜兴"旅游季旅游市场新思路，新局面。

景区建设

【概述】 整合全市旅游资源，加快旅游设施建设步伐，加大景区开发建设力度，打造内涵丰富、特色鲜明的旅游景观，推进国家AAAAA级景区和国家级旅游度假区"两区同创"工作。继续加强等级景区创建指导，华东百畅生态园创建为国家AAA级旅游景区。建立健全旅游项目基本信息库，至年底，全市有在建旅游项目31个，投资总额近80亿元；拟建项目35个，意向投资超100亿元。积极争取上级资金、政策扶持，全年成功申报省级旅游业发展专项引导资金项目15个，获补助资金705万元。其中：景区及公共服务类7个，获资金400万元；乡村旅游及新业态类8个，获资金305万元。申请省级旅游发展基金补助地方项目6个，获基金贴息贷款3100万元。10月，宜兴市被列入"国家全域旅游示范区"全国第二批创建计划，全域旅游创建工作全面启动。

【华东百畅生态园成为国家AAA级景区】 华东百畅生态园始建于2006年，面积约8平方千米，原为张渚镇马坞岕建筑材料用灰岩矿区。景区开发方先后投入资金2.8亿元，对废矿宕口、残山剩水进行修复、绿化改造。至2016年，建设完成天池、石海、越野基地、水果采摘园等10多个游憩项目，森林覆盖率达88%，成为全国典型的矿山生态修复工程，融生态旅游、观赏休闲、健身游乐、野外拓展的综合性旅游景区。同时，景区也注重建设标准化、管理细节化、服务人性化、运作智慧化，先后被评为"残山剩水、生态修复"国家级示范区、国家级绿色蔬菜标准化基地，省级水利风景区、省自驾游基地、省农科教结合示范基地、省四星级乡村旅游点和省乡村旅游创新项目等。2016年9月，景区通过国家AAA级景区验收，创建为国家AAA级景区。

【竹海风景区入选国家水利风景区】
2001年起，水利部组织开展创建国家水利风景区，旨在打造水利景观功能、推动区域旅游产业发展。竹海风景区位于宜兴湖㳇镇境内，景区依托镜湖而建，总面积10平方千米，其中水域面积约0.05平方千米，包括镜湖、太湖之源、扑虎潭等，水资源十分丰富。近年，景区积极整合景区内的旅游资源，采用锚杆框架梁、木桩等进行护坡，为山坡和沟涧堤岸建设挡土墙等水土保持工作，同时发挥大片竹林对水土保持的天然功用，累计治理水土流失面积670公顷，综合治理水土流失率达96%以上，景区内的水体在调节水位、保护水质、改善生态环境上起到重要作用。同时，通过协调水—景观—人文—社会，景区相继建成中国竹文化馆、水利科普文化园、宜兴竹园，形成一馆、二园、五大功能区格局，成为集水利科普、生态旅游、休闲度假、文化体验等功能于一体的水利风景区。2016年，水利部公布第十六批国家水利风景区名单，宜兴竹海风景区成功入选，成为无锡地区唯一上榜的风景区。

【风景园林资源调查】 市旅游局在市建设局、文广新局等部门的支持下，深入湖㳇、张渚等旅游资源丰富的乡镇，全面展开风景园林资源调查，调查对象涉及具有观赏、文化、科学价值的地形地貌、山体等自然景观和园林建筑、石雕石刻、历史遗存等人文景观及其所处的环境，并以具有观赏游览价值、分布相对集中、具有地域性特色的景区景点为主。经调查，全市有景区景点19个、城镇公园22个、历史文化名园6个、专类园11个、文化古街6个、名人故居8个、遗址遗迹9个、宗教寺院10个，撰写风景园林场所信息91篇。

市场开发

【概述】 坚持政府主导、企业主体、市场化运作，深度打造"中国陶都，陶醉中国"品牌形象。推出"茶禅四月到宜兴""金秋十月醉陶都"旅游季系列活动，承办2016′江苏省乡村美食大赛，举办湖㳇杨梅音乐节、芳桥目连文化节、徐舍美栖花田灯海艺术节等乡村旅游节会，深度宣传和推介宜兴旅游。加大客源地宣传，深化与市内外媒体的合作，利用微博、微信、微电影等新兴网络方式加强宣传，推出旅游微电影《宜兴那么美》，出版旅游文创书《诗游宜兴》，在客源地城市的机场、高铁、街区、社区投放宣传广告，举办网络红人大V游宜兴、上海宜兴两地旅游文学采风等体验活动。加强区域合作，举办旅游季（上海）新闻发布会、冬季旅游主题产品南京推介会，参加南京国际度假休闲及房车展览会、东盟博览会等旅交会、推介会。在携程、同程宜兴旅游旗舰店及天猫专营店开辟"茶禅四月旅游季"专栏，持续推广"陶式生活"主题游线，上线"逛素博游宜兴"系列产品。精心培育市场特色品牌，举办"跟着大师学美食"宜帮菜美食美器提升系列培训以及相关研讨交流会、"素食禅心 品味生活"素食展主题活动和"美食美器宜帮菜"第五届江苏·宜兴餐饮博览会，编撰出版美食书籍《美食美器宜帮菜》，新增"文创宜兴"旅游文创商品陶瓷城专营店、宜兴城市候机厅专营店、竹海风景区专柜、宜兴大酒店专柜等。

【旅游服务中心揭牌成立】 近年，宜兴旅游业迅猛发展，成绩显著，知名度和美誉度日益提升。同时，为满足经济新常态和新时代下旅游发展的需求、完善城市旅游服务功能，宜兴市相继成立市旅游集散中心、旅游咨询中心、旅游信息中心与旅游文创传媒有限公司，在此基础上，2016年5月，市政府整合组建市旅游服务中心。该中心为综合性、公益性的专业旅游服务平台，为游客提供个性化旅游需求的一站式服务，为广大企事业单位提供专业、高效的定制化服务，同时打通线上线下壁垒，为市内外旅游企业提供内联外拓和促进消费市场培育的综合性服务平台。19日，5·19中国旅游日"文明旅游伴你行"主题活动暨宜兴市旅游服务中心揭牌仪式举行，市旅游服务中心正式成立。

【江苏省乡村美食大赛在宜兴举行】 10月，由省旅游局、省人社厅主办，市旅游局、市旅游协会等单位承办的2016′江苏省乡村美食大赛在宜兴根大生态园举行，来自全省16个市的160名选手同台竞技，2000多人现场观摩。参赛选手以各地特色食材为原料，从烹饪技艺、成品装盘、造型款式等方面进行厨艺大比拼。大赛由国内知名烹饪、餐饮人士及院校烹饪餐饮专业教授组成专家评审团，由媒体、旅游达人等组成大众评审团，现场依次按照"色、香、味、形、意、养、声、温"8个标准及"主题鲜明、搭配合理、时令特点、乡土浓情、传承创新"5个方面效果对参赛菜肴评分，体现出较高的专业性和群众参与性。大赛评选出金牌菜38道、银牌菜76道、最佳组织奖9个、优秀组织奖7个、特别组织奖2个。

旅游服务

【概述】 加大旅游管理监督力度，对全市36个旅行社的70个门市部进行摸底检查，开展景区门票价格、旅行社及门市部专项检查、整治工作。落实《市政府办公室关于做好旅游市场综合监管工作的通知》要求，建立旅游市场综合监管机制，加大旅游消费警示宣传力度。强化旅游企业安全基础工作，组建景区安全管理员、景区服务质量监督员和纠纷调处员队伍，落实对重点部位的管控措施，保障重要节庆和假日安全，提高旅游市场的综合监管保障能力。严格基础管理工作，全年通过导游年审人员403人，暂缓通过人员12人，异地转出1人；依法发放旅行社分公司备案证明2个，门市部备案证明13个。指导宜兴宾馆、宜兴大亚达酒店、陶都大饭店通过星级评定性复核，竹海国际会议中心、篱笆园农庄（深氧墅）被评为江苏精品休闲度假饭店，宜兴宾馆、篱笆园农庄获评2016年度江苏省诚信旅游示范单位。创新假日工作模式，保障假日旅游市场实现"安全、秩序、质量、效益、文明"五统一。召开全市风景园林工作推进会，深化对全市公共园林、风景名胜区、宅园等园林功能场所的资源普查，加强景观建设指导，开展精品园林评选工作。推进旅游厕所建设，全年新建旅游厕所13座、在建6座。强化旅游教育培训，组织旅游新媒体营销、导游（讲解）员陶文化知识、乡村旅游、风景园林、美食美器宜帮菜等"旅游大讲堂"系列专题讲座，提升专业化管理水平和服务品质。

【A级诚信旅游单位创建活动启动】 为加强全市旅游行业诚信体系建设，提高旅游服务质量，做好全国文明城市创建和文明旅游工作，按照《关于开展江苏省诚信示范单位创建活动的通知》要求，8月，市旅游局与市委宣传部、市市场监督管理局、市物价局、市文明办、市消费者委员会联合在全市各旅游景区、星级饭店、乡村旅游区（点）、星级农家乐、旅行社和旅游推荐单位中开展宜兴市A级诚信旅游单位创建活动。创建分旅游景区、乡村旅游区（点）、旅行社、旅游饭店（餐点）、旅游购物商店（区）5个类别，创建等级从低到高分为市AA级诚信旅游单位、市AAA级诚信旅游单位、市AAAA级诚信旅游单位3个等级。

（蒋艺）

编辑 吕浩

2016′江苏省乡村美食大赛现场 （市旅游局 提供）

金融业 FINANCE

综　述

【概述】 年末，全市银行机构本外币存款1925.33亿元，比年初增加73.61亿元，增长3.98%；本外币贷款余额1401.17亿元，比年初增加11.32亿元，增长0.81%；年末不良贷款率为2.61%，比年初下降0.27个百分点。全市保险机构保费收入47.73亿元，比上年增长13.6%；赔款和给付17.51亿元，比上年增长2.34%。证券、期货交易额分别完成4894.78亿元和2089.71亿元，分别比上年下降33.96%和29.93%。全市企业担保贷款余额为28.67亿元，比年初减少1.27亿元。典当贷款余额2.32亿元。全市境内外上市企业共25个，其中境外18个、国内主板2个、中小板5个，首发融资合计136亿元，再融资合计72.6亿元。新三板挂牌企业累计25个，其中2016年内新增18个。至年底，全市有商业银行27个、小额贷款公司17个(2个小额贷款公司在筹)、投资担保公司6个、保险公司46个、保险中介公司5个、证券营业部12个、期货公司2个、典当公司6个。

【金融协调服务加强】 积极向上沟通争取，推动银行企业合作，增强各方信心，引导有限的信贷资源优先支持实体经济发展。拓宽企业直接融资渠道，全面推进优质企业上市，宣传引导，落实政策扶持，协调服务企业与机构深入对接，加速企业新三板挂牌，建设高效债券融资通道，为企业发债融资工作提供有力保障。建立运作市镇两级贷款周转平台，企业贷款周转成本降低70%以上。实施针对代偿、承接银行债务企业实施补贴的专项扶持政策，对实际承接或代偿贷款总额500万元以上且达到一定税收的宜兴市企业，按照总额一次性给予2%的利息补贴，减轻企业负担。

【风险协调处置加快】 金融风险协调小组加强风险协调稳控，化解担保链节电企业风险传递，稳定正常企业存量贷款，协调促成江苏海达电缆有限公司、江苏华亚化纤有限公司与宜兴市星海纺织厂、江苏天地化纤有限公司等联合授信签约落地。探索破圈解链的有效办法，协调推进江苏三木集团有限公司担保置换；推进农商行增资扩股，协调服务江苏申乾食品包装有限公司等引入战略合作者，加快产业集团合作步伐。金融风险处置小组加快重点风险企业处置，对于拯救无望的出险企业，坚决走破产重组、依法处置的路径，有力有序推进天乾重工控股有限公司、江苏天地龙集团有限公司、无锡市沪安电缆有限公司、江苏宇杰钢机有限公司等企业的处置工作。

【不良贷款压降成效明显】 通过现金清收、重组盘活、打包处置等方式压降不良贷款74.08亿元，把不良率压降在3%的警戒线以下，连续第二年实现不良贷款余额与不良贷款率双降。推进“联宜基金”精准打包，帮助优质担保企业破圈解链，累计帮助银行机构打包处置不良资产81亿元。研究出台《无锡联宜基金不良金融资产处置清收意见》，按照“分类处置、早还得惠、依法规范”的原则实施资产清收，释放沉淀资金，形成闭环运作，全年累计清收3.02亿元。各金融机构采取系列措施，推进清收处置及打包核销，主动压降不良贷款。

【金融生态持续优化】 从严打击逃废债行为。相继开展大额存量不良贷款处置、打击恶意逃废债务行为等专项行动；建立预防恶意逃废债务信息通报甄别制度，坚决维护银行和债权企业的利益。加强诚信体系建设，塑造良好信用环境。重点打造“一库一网一平台”(市企业信用信息基础数据库、宜兴诚信网、市公共信用信息服务平台)，建立守信激励和失信约束机制，不断完善社会诚信体系，为经济发展保驾护航。

(朱建平　孙响娟)

银　行

【概述】 至年底，全市银行业金融机构本外币各项存款余额1925.33亿元，比年初增加73.61亿元；全市本外币各项贷款余额1401.17亿元，比年初增加11.32亿元。不良贷款余额36.6亿元，比年初减少3.49亿元，不良率2.61%。全市银行业金融机构290个，比上年增加4个。其中，工商银行17个、农业银行35个、中国银行26个、建设银行22个、农发行1个、交通银行10个、中信银行2个、光大银行2个、华夏银行1个、广发银行1个、平安银行2个、招商银行2个、浦发银行2个、兴业银行3个、民生银行2个、恒丰银行1个、渤海银行1个、南京银行1个、江苏银行5个、宁波银行1个、浙商银行1个、无锡农商行3个、宜兴农商行85个、江南农商行1个、汇丰银行1个、邮储银行56个、村镇银行6个。24小时离行式自助银行服务点153个，比上年增加3个。在职员工3971人，比上年增加42人。其中，正式员工3809人，比上年增加45人。

2016年，全市贷款增长仍较为乏力，全年贷款低于无锡和江阴增长水平。主要原因是宜兴地区金融生态环境尚未出现根本性好转，实体有效信贷需求不足和银行机构加快风险客户退出现象并存。同时，全市银行机构持续加快不良资产处置，2016年累计处置不良贷款74.08亿元，拉低了宜兴地区贷款增速。从全年信贷投向方面看，基础设施相关行业仍为投向主力，贷款比年初增加55.68亿元，增幅58.23%。而下降较为明显的行业有：批发和零售业贷款比年初减少13.81亿元，跌幅为16.82%；房地产业贷款比年初减少8.05亿元，跌幅为13.72%；制造业贷款比年初减少67.18亿元，跌幅为8.94%，其中除铜冶炼、新能源、光电子行业贷款新增外，其他行业呈普跌态势，精细化工、电线电缆、节能环保跌幅显著，分别下跌13.72亿元、10.18亿元、8.75亿元，跌幅分别为21.02%、5.88%和16.72%。与此同时，制造业贷款占行业贷款的比重也由2012年的75.37%下滑至2016年的58.73%。原因在于近几年处置的不良贷款中，相当比例为制造业不良贷款，后续的不良贷款处置也将对制造业贷款企业稳定形成压力。担保难问题持续制约中小制造业企业融资，制造业企业融资获得率也受到影响。

2016年宜兴市银行机构存贷款情况

表33

项　目	存款年末余额			贷款年末余额		
	本币（亿元）	外币（亿美元）	本外币（亿元）	本币（亿元）	外币（亿美元）	本外币（亿元）
合　计	1903.25	3.18	1925.33	1392.03	1.32	1401.17
工商银行	103.38	0.20	104.77	88.31	0.14	89.25
农业银行	303.54	0.48	306.86	152.91	0.08	153.45
中国银行	268.92	1.56	279.73	183.27	0.63	187.65
建设银行	116.63	0.16	117.77	97.25	0.25	98.97
农业发展银行	7.62	0	7.62	20.50	0	20.50
交通银行	137.22	0.15	138.25	117.82	0.02	117.94
中信银行	30.54	0.10	31.22	27.27	0.03	27.51
光大银行	24.75	0.01	24.81	40.47	0	40.47
华夏银行	24.84	0.01	24.93	31.08	0	31.08
广发银行	12.65	0	12.65	23.95	0	23.95
平安银行	16.66	0.02	16.80	15.33	0	15.33
招商银行	17.19	0.10	17.87	28.11	0.15	29.16
浦发银行	45.07	0.13	46.00	39.29	0	39.29
兴业银行	44.17	0.01	44.25	26.10	0	26.10
民生银行	16.03	0.01	16.07	11.80	0	11.80
恒丰银行	12.96	0	12.96	17.44	0	17.44

续表33

项　目	存款年末余额			贷款年末余额		
	本币（亿元）	外币（亿美元）	本外币（亿元）	本币（亿元）	外币（亿美元）	本外币（亿元）
渤海银行	2.66	0	2.66	0	0	0
南京银行	47.95	0.03	48.15	19.64	0	19.64
江苏银行	70.35	0.03	70.54	57.75	0.01	57.80
宁波银行	21.54	0.06	21.98	15.92	0	15.93
浙商银行	2.82	0	2.82	0	0	0
无锡农商行	9.65	0	9.65	21.80	0	21.80
宜兴农商行	409.71	0.12	410.52	303.15	0.01	303.25
江南农商行	11.48	0.01	11.54	7.22	0	7.22
邮政储蓄银行	109.42	0	109.42	20.34	0	20.34
村镇银行	28.27	0	28.27	25.30	0	25.30
财政和委托存款数	7.25	0	7.25	0	0	0

说明：1美元=6.9242元人民币

【货币政策执行科学有力】 面对严峻的经济金融形势，中国人民银行宜兴市支行（以下简称“市人行”）强化贯彻落实货币政策，与市经济金融部门积极协作，引导金融机构深化融资服务，助力企业突破融资瓶颈，为全市经济发展营造适宜的货币金融环境。信贷稳存量拓增量。市人行开展县域存款用于当地贷款评价，引导各银行稳定信贷存量，推动信贷合理增长。市政府组织开展银企对接活动，组织全市银行与272个企业签约398.5亿元，其中新增授信200亿元，保障了实体经济的有效信贷需求。助企化解信贷制约。根据深化农村“两权”融资发展要求，市人行与市委农办等部门协作，推动全市镇级农村产权交易平台实现全覆盖，完善地方“两权”抵押贷款相关机制；推动成立辖内首个惠农担保公司——市芳桥惠农担保有限公司；指导南京银行宜兴支行、宜兴农商行创新开办“投贷联动”“税银贷”等信贷产品，加大对新型农业经营主体、小微企业的金融支持力度。此外，市人行大力推广应用应收账款融资服务平台。2016年，全市银企共完成注册261个，成交56笔、62.6亿元，应收账款质押融资规模取得新突破。直接债务融资规模加大。全市银行积极帮助企业发展直接债务融资，拓宽融资渠道。2016年，全市企业共发行直接债务融资工具22.5亿元，余额达58.5亿元，较上年末增加10.5亿元。积极降低实体经济企业融资成本。市人行会同市发改委、经信委等19个部门联合制订出台《关于降低实体经济企业成本促进经济平稳健康发展的实施意见》，并以此引导银行机构着力降低企业融资成本，减轻企业负担。

【金融生态环境整治不断深化】 2016年，市人行与辖内金融机构共同防范和化解金融风险，严守不发生区域性系统性风险底线。做好金融风险监测预警。市人行不断延伸监测视角，组织力量对银行信贷资产进行专项调查摸底，从区域和行业分布、企业融资规模、风险等级等层面全面分析金融风险的分布特点及严重程度，编制金融风险分布图，为市委、市政府科学研判形势、精准施策防控风险提供了详实资料。做好金融风险化解处置。市人行、金融办等金融监管部门联合推动银行与不良资产管理公司合作，加速不良贷款的处置。自2015年四季度至2016年年末，辖内10个银行累计处置不良资产74.5亿元。积极推进地方信用体系建设。市人行联合经信委、税务等部门，组织辖内银行试点推进“一企一表”数据库建设，在省内率先将税收数据纳入企业信用信息数据库，初步实现了企业信用信息公开查询和部门分享；建立健全企业信用"红黑"名单评定机制，倡导诚实守信的社会风尚。着力规范支付结算秩序。市人行着力规范辖内非银行支付机构经营行为，做好辖内无证经营支付业务摸排及专项整治工作；协助公安部门开展银行卡违法犯罪专项整治及打击电信网络新型违法犯罪专项行动，维护良好的支付结算秩序。

【金融服务水平持续提升】 农村金融综合服务站提质增效。市人行梳理农村金融站点，进一步完善服务站准入退出机制；指导宜兴农商行开展城区服务点升级改造，不断拓展服务内容。7月14日，中国银行无锡首个农村金融综合服务站在宜兴落地，在小额取现、转账、消费、代缴公用事业费等基本服务的基础上，增加了农业生产信息发布、农业保险等与村民生产生活息息相关的功能，创新构建"农村金融综合服务站+益农信息社"服务模式。市人行与财政、税务等部门密切配合，完成了营改增及税务金三系统运行等相关改革任务。市人行组织宜兴农商行、农业银行宜兴支行开展硬币自循环试点，全年小面额人民币自循环达1230.27万元，提升了硬币循环流通效率。国家外汇管理局宜兴市支局推动银行机构向外贸企业积极开展跨境人民币业务推介，推进跨国公司外汇资金集中运营试点企业增点扩面。全市银行机构依托"3·15金融消费权益日"、"6·14信用关爱日"、反假宣传"月月行"、"金融知识普及月"、"金融知识进校园"等活动，广泛开展金融知识普及宣传，宜兴农商行创新制作防范非法集资动画宣传片，提升了消费者的金融素养。

【银行结售汇顺差管理加强】 近年，中国外汇资金持续流出，外汇储备持续下降，为加强跨境资金流动管理，外汇管理部门自2015年后适时推出对外汇资金"控流出、扩流入"政策。市人行积极落实相关政策要求，着力加强银行结售汇顺差管理。根据外汇形势的变化，在外汇政策监管趋紧的情况下，加强向政府沟通汇报，争取政府的理解和支持；利用政府重点企业座谈会、重点企业走访、季度例会等平台对银行和涉外企业开展政策宣传及解读。2016年，国家外汇管理局宜兴市支局联合市商务局等主要涉外部门对全市近500个外贸企业开展政策宣讲，对50个重点外贸企业进行现场走访，引导企业依据真实贸易背景和购付汇真实需求合理用汇。在强化政策宣讲服务的同时，加强对辖区银行的窗口指导。对银行机构结售汇顺差月度变化等一系列关键数据进行监测，并建立大额约谈机制，对外汇银行开展控流出专项检查及综合执法检查，针对银行违规办理外汇业务行为依规进行处罚，确保"控流出、扩流入"工作要求落实到位。至12月末，宜兴辖区结售汇顺差累计9.07亿美元，较上年增加3.91亿美元，增幅75.73%，为无锡地区结售汇顺差平稳上升提供了有力支撑。

（姜静晶）

保　险

【概述】 6月底，江苏商业车险改革工作启动，新版条款保险费率降低而理赔范围扩大，无形中加大了保险公司的经营压力。由于7月初的暴雨洪灾造成保险财物的重大损失，保险公司面临面广量大的工作和巨额赔款。由于市委、市政府、上级公司以及宜兴保险业的多方合力，宜兴保险公司均经受住了考验，较好地完成了任务。至年末，全市有各类保险机构42个，全年保险费收入47.73亿元，比上年增长13.6%；赔款和给付17.51亿元，比上年增长2.34%。其中：财险保费收入12.22亿元，赔款8.01亿元，分别比上年增长4.9%和17.45%；寿险保费收入35.51亿元，赔款和给付9.51亿元，分别比上年增长24.33%和下降7.7%。

2016年宜兴市保险公司保费收入、理赔支付情况

表34

公司名称	保费收入（万元）	比上年增减（%）	处理案件（件）	赔偿支付（万元）
合　计	477285.0	18.7	247832	175119.0
人保财险宜兴支公司	43288.0	7.3	153234	31463.5
太平洋财险宜兴支公司	20181.8	1.8	19062	13820.7
平安财险宜兴支公司	25830.3	8.6	16927	15937.5
天安保险宜兴支公司	1259.2	−6.6	1421	961.8
中华财险宜兴支公司	3010.0	−22.2	3938	2270.0
华安财险宜兴支公司	2253.0	23.0	2144	1017.8

续表34

公司名称	保费收入(万元)	比上年增减(%)	处理案件(件)	赔偿支付(万元)
大地财险宜兴支公司	1503.4	10.6	630	819.5
永安财险宜兴支公司	809.0	-19.9	158	316.0
安邦财险宜兴支公司	737.1	-32.7	902	285.0
阳光财险宜兴支公司	1728.4	-10.3	2423	795.0
都邦财险宜兴支公司	443.7	-23.6	410	195.5
太平财险宜兴支公司	3042.5	1.0	1637	1515.6
华泰财险宜兴支公司	2153.5	19.6	1595	958.5
亚太保险宜兴营销部	99.0	-63.7	347	38.0
中国人寿财险宜兴支公司	7889.2	11.6	8128	4458.0
渤海财险宜兴营销部	555.0	-19.8	348	271.3
安诚财险宜兴支公司	2851.5	32.8	2972	1699.0
长安责任保险宜兴支公司	674.0	-16.6	792	438.0
紫金财险宜兴支公司	1527.0	-14.5	3517	1206.0
英大财险宜兴支公司	1920.2	8.7	2567	1327.8
信达财险宜兴支公司	460.0	107.0	127	274.4
中国人寿宜兴支公司	82266.5	13.5	10654	40001.6
太平洋人寿宜兴支公司	60956.5	43.1	6852	12364.0
平安人寿宜兴营销部	47660.0	29.2	901	1992.4
泰康人寿宜兴支公司	54511.0	-0.7	1289	943.6
民生人寿宜兴营销部	6198.7	28.4	675	526.9
太平人寿宜兴支公司	8797.0	87.1	65	80.7
中意人寿宜兴营销部	3975.2	796.5	230	311.0
中国人保人寿宜兴支公司	2829.7	112.0	1021	8178.5
新华人寿宜兴营销部	5158.5	76.6	43	111.8
华夏人寿宜兴支公司	49976.0	36.2	1648	20135.0
华泰人寿宜兴支公司	1395.9	68.5	23	35.1
阳光人寿宜兴支公司	2544.0	-37.6	987	3514.0

续表34

公司名称	保费收入(万元)	比上年增减(%)	处理案件(件)	赔偿支付(万元)
中国人民健康保险宜兴支公司	1784.5	-51.1	8	24.0
同方全球人寿宜兴营销部	44.4	-0.4	5	3.8
利安人寿宜兴支公司	17770.8	15.9	89	147.3
国联人寿宜兴支公司	9045.4	—	63	231.1
东吴人寿宜兴支公司	100.6	24.4	—	—
信泰人寿宜兴营销部	54.3	—	—	—

(陈如相)

证券·期货·典当

【概述】 至年底,全市证券、期货公司全年新开户数1.78万户,累计17.9万户,比上年年末增长25.61%;全年成交额6504.32亿元,比上年年末下降51.58%;营业利润12378.4万元,比上年年末下降60.52%。全市典当公司累计贷款总额3.73亿元,比上年年末下降8.38%。年末贷款余额23236.48万元,比上年年末增长0.42%。全年累计当户数439户,比上年年末下降52.8%。

2016年宜兴市证券、期货公司业务经营情况

表35

单位名称	开户数(户)		成交额(亿元)	比上年增减(%)	保证金(万元)		营业利润(万元)
	当年新开户	累计开户			年末余额	比上年增减(%)	
合　计	17752	179060	6504.32	-51.58	232855.25	-21.00	12378.4
国联证券宜兴人民南路证券营业部	7867	99280	2318.26	-47.51	124464.46	-30.31	9964.54
国联证券宜兴阳羡东路证券营业部	1560	7889	201.38	-41.07	10208.49	-13.33	483.45
申万宏源证券宜兴人民中路证券营业部	143	16731	1403.31	-35.45	19696.81	-47.33	1280.75
国联期货有限责任公司宜兴营业部	7	191	726.28	-83.13	8005.32	0.04	90.12
国联证券宜兴光明西路证券营业部	1477	2862	51.97	-38.64	2912.71	-15.02	139.50
国联证券宜兴和桥西横街证券营业部	1478	2403	35.58	20.8	2178.65	32.97	77.30
国联证券宜兴丁蜀解放路证券营业部	1282	3294	60.98	-15.93	2507.1	-34.96	151.23
国联证券宜兴张渚桃溪路证券营业部	1352	2585	33.04	-28.67	2469.39	-22.12	82.24

续表35

单位名称	开户数(户)		成交额(亿元)	比上年增减(%)	保证金(万元)		营业利润(万元)
	当年新开户	累计开户			年末余额	比上年增减(%)	
国联证券宜兴宜林官新街证券营业部	1406	2668	38.85	-33.21	3015.07	14.67	61.4
国联证券宜兴解放东路证券营业部	62	62	1.58	—	366.92	—	-34.84
弘业期货股份有限公司宜兴营业部	12	1484	1347.99	26.24	17871.87	73.75	63.18
光大证券宜兴阳羡西路营业部	60	3216	81.51	296.34	3382	-24.32	-13.56
南京证券宜兴教育西路证券营业部	3	1262	2.16	-23.27	1272.73	-11.83	4.98
海通证券宜兴营业部	141	12944	12.73	-53.32	7468.2	23.59	127.41
华泰证券宜兴氿滨大道证券营业部	458	5911	8.17	-14.4	2280	-28.35	-25.8
广发证券宜兴解放路证券营业部	205	7477	38.87	28.55	12290.9	20.29	27.21
东吴证券宜兴营业部	25	515	24.86	10.11	—	—	-7.2
中国中投证券宜兴阳羡东路证券营业部	29	1589	46.61	-5.86	2304.48	-14.01	-56
国信证券宜兴东山西路营业部	20	1962	44	116.63	1426.13	48.56	-43.36
招商证券宜兴营业部	60	1114	14.55	0.92	4118.27	0.99	4
中泰证券宜兴氿滨南路证券营业部	105	3621	11.63	16.46	4615.75	32.84	1.85

2016年宜兴市典当业经营情况

表36

单位名称	年末当户数(户)	典当人数(人)	营业利润(万元)	累计贷款金额(万元)	年末贷款余额(万元)	质押贷款余额(万元)	抵押贷款余额(万元)	绝当贷款余额(万元)
合　计	439	1144	-172.80	37349.00	23236.48	11330.00	11936.50	608.20
宜兴市和信典当有限公司	210	373	20.10	28595.23	10126.70	7426.70	2700.00	—
宜兴市振达典当有限责任公司	74	346	0.15	418.15	2812.15	50.65	2751.50	10.00
宜兴市兴业典当有限责任公司	35	219	-11.00	2198.00	219.80	199.80	60.00	—
宜兴市九龙典当有限责任公司	11	60	-36.00	1234.00	2342.00	1812.00	530.00	598.00

续表36

单位名称	年末当户数（户）	典当人数（人）	营业利润（万元）	累计贷款金额（万元）	年末贷款余额（万元）	质押贷款余额（万元）	抵押贷款余额（万元）	绝当贷款余额（万元）
宜兴市华夏典当有限责任公司	91	91	-68.00	2890.00	2890.00	1197.00	1693.00	0.20
江苏和顺典当有限公司	18	55	-78.08	2013.62	4845.83	643.83	4202.00	—

（史卫东）

投资担保

【概述】 全年全市投资担保公司年末注册资金12亿元，全年为全市3330个（户）中小企业累计担保贷款3379笔、43.93亿元。年末担保贷款余额107.69亿元，比上年年末增长13.59%。年末风险准备金余额1.76亿元，比上年年末增长9.32%。

2016年宜兴市投资担保机构经营情况

表37

单位名称	注册资本（万元）	其中政府出资（万元）	营业利润（万元）	全年担保		年末担保余额（亿元）	年末准备金余额（万元）	代偿情况		
				户数（个）	金额（万元）			代偿笔数（笔）	代偿金额（万元）	代偿损失额（万元）
合　计	120000	50000	-110.08	3330	439285.5	107.69	17608.28	313	7080.01	10.81
宜兴市科创投资担保有限公司	50000	50000	145.00	335	195784.0	17.82	7331.00	11	4201.00	—
宜兴市广汇投资担保有限公司	10000	—	7.41	26	15480.0	2.24	2844.33	—	—	—
无锡和信投资担保有限公司	16200	—	15.00	53	35605.0	4.17	6552.00	—	—	—
无锡置业担保宜兴支公司	13000	—	38.66	2857	147241.5	78.33	521.75	302	2879.00	10.81
宜兴市华丰农村小额贷款公司	20000	—	5.85	3	5285.0	1.36	129.20	—	—	—
无锡九龙投资担保有限公司	10800	—	-322.00	56	39890.0	3.77	230.00	—	—	—

（史卫东）

小额贷款

【概述】 受宏观经济环境及复杂金融形势影响，小额贷款行业面临稳健发展与防范风险两大挑战。市金融办引导小额贷款公司创新思路、转型发展；做好协调服务，引导小额贷款公司全力压降不良，提升资产质量。2016年新开1个小额贷款有限公司——中超利永紫砂互联网科技小额贷款有限公司，新增注册资本2亿元。加强对小贷公司的监管检查和评级指导。围绕“调结构、控风险、降不良”，引导小贷公司开展经营活动，通过现场检查和系统非现场检查，督促小贷公司合规经营、规范发展。至年底，全市开业运行的小额贷款公司共16个，总注册资本25.8亿元；贷款余额24.78亿元，平均年利率11.83%，存量客户1209多户，全年累计纳税426万元；5个小贷公司开展担保业务，担保余额2.06亿元。

2016年宜兴市农村(科技)小额贷款公司经营情况

表38

单位:万元

单　　位	注册资本	实收资本	本期贷款余额	担保贷款余额
合　计	258020	233120	247815.0	20581
农贷合计	228020	213120	234241.0	219581
宜兴市华丰农村小额贷款有限公司	20000	20000	22646.0	13580
宜兴市联丰农村小额贷款有限公司	33900	33900	27558.0	1971
宜兴市新天地农村小额贷款有限公司	10000	10000	12851.0	—
宜兴市金久农村小额贷款有限公司	15000	15000	18477.0	—
宜兴市永丰农村小额贷款有限公司	20000	20000	15318.0	—
宜兴市富陶农村小额贷款有限公司	16000	16000	14126.0	—
宜兴市万源农村小额贷款有限公司	36000	36000	46049.0	2930
宜兴市陶都农村小额贷款有限公司	8000	8000	12075.0	—
宜兴市大明农村小额贷款有限公司	12000	12000	13551.0	—
宜兴市明阳农村小额贷款有限公司	10000	10000	17855.0	—
宜兴市万达农村小额贷款有限公司	15120	15120	18481.0	—
宜兴市中合华惠农村小额贷款有限公司	11000	6600	8633.0	1100
宜兴市瑞信农村小额贷款有限公司	11000	5500	1163.0	—
宜兴市中联农村小额贷款有限公司	10000	5000	5459.9	—
无锡市伟丰环保科技小额贷款有限公司	10000	10000	13575.0	1000
宜兴市中超利永紫砂互联网科技小额贷款有限公司	20000	10000	—	—

（史卫东）

编辑　解丽莉

房地产业
THE REAL ESTATE INDUSTRY

综　述

【概述】 全市房地产业平稳发展，呈现交易量升、价格平稳、库存下降的良好态势。全市有房地产开发企业151个，其中一级资质1个、二级资质124个（含暂定二级）、三级资质24个（含暂定三级）、四级资质2个（含暂定四级）。全年征收房屋建筑面积37万平方米，比上年增长38%。全年安置房施工面积48万平方米，比上年减少78 %。其中新开工18万平方米，比上年减少51%；竣工交付17万平方米，比上年减少66%。全年房地产开发投入88.7亿元，比上年减少33.43%。全年在建工程面积262.27万平方米，比上年减少25.6%。其中：新开工70.43万平方米、竣工121.64万平方米；城区（宜城街道、环科园）在建39.68万平方米、竣工51.23万平方米。虹亚房地产开发(集团)有限公司、宜兴市君悦置业发展有限公司被评为2016年度江苏省房地产企业综合实力50强，其中虹亚房地产开发(集团)有限公司连续第13年进入省50强行列。

（周晓东）

受政策利好影响，市民因为刚需、改善性需求积极入市，尤其是对新建商品房热情较高。其中，3月商品房成交以18.11万平方米创历史单月新高。全年商品房销售153.11万平方米、成交金额120.5亿元。全市普通商品住房均价6676元，比上年上涨4.52%。全年办理各类登记业务37963起，面积1344.04万平方米。其中：交易登记9690起，面积133.16万平方米；初始登记6124起，面积158.33万平方米；抵押登记12140起，面积724.21万平方米；商品房首次登记9152起，面积115.18万平方米。全年完成各类备案业务18859起，面积747.89万平方米。其中：租赁备案1010起，面积9.98万平方米；商品房合同交易备案2614起，面积33.4万平方米；存量房抵押备案8376起，面积589.53万平方米；存量房交易备案4285起，面积51.89万平方米；其他存量房转移备案2574起，面积63.09万平方米。

2016宜兴房展会现场　　（肖方荣　摄）

【宜兴房展会】 5月，为活跃宜兴房地产交易市场，市住房局与市广播电视台联合主办的以“人文陶都、宜居宜兴”为主题的2016宜兴房展会在市体育中心举行。展会上，12个国内知名房企和宜兴当地房企带来经典楼盘13个，楼盘类型丰富，商用房、住宅房、特色房源一应俱全。展会期间，组委会以及参展商为观展市民准备了现场砍价、“阳羡茶馆”少儿小主持人大赛决赛、敲章集赞抽奖等表演和互动活动。此次房展会集中了宜兴各板块精品楼盘，为有意置业的市民提供了全面、权威、及时的信息服务。　（刘虹君）

市场监管

【概述】 市住房局利用商品房网上备案平台，加强房地产数据监测分析，认真做好日常数据的月报、季报工作，改版《宜兴市房地产市场月度简报》。强化房地产市场预警监测，建立部门数据共享机制，会同市统计部门完善商品房销售统计与信息发布制度。每月检查全市商品房销售市场，重点查处各售楼现场公示不到位、没有取得预售证进行预售、虚假广告等违规行为。摸底调研尚未交付的在售楼盘，调研结果形成

《关于全市房地产市场延期交房排查的基本情况》上报市政府。专题调研问题楼盘，会同市有关部门和属地政府妥善处置社会矛盾，维护稳定。开展业务培训活动，与市房地产业协会联合开展新版《商品房买卖合同》培训，为全市109个房地产企业解读《商品房买卖合同示范文本》条款。（刘虹君）

市建设局加强房屋征收和安置房建设计划管理，有序推进全市房屋征收和安置房建设。加强房地产领域专项整治，开展整治和查处征地拆迁领域侵害群众利益不正之风和腐败问题专项行动，妥善处置涉房投诉，化解各类矛盾纠纷。为化解历史遗留问题，起草并由市政府办公室出台《关于加快解决拆迁安置房权证办理历史遗留问题的通知》，为解决全市已竣工交付拆迁安置房的权证办理问题提供了可行的途径。加强开发项目市政配套设施管理，制订下发《关于加强商品房开发项目市政配套设施建设管理的意见》，提升市政配套设施的施工质量。

【房屋征收专项检查】 根据市委办、市政府办《关于开展整治和查处侵害群众利益不正之风和腐败问题专项行动实施方案的意见》的精神，市建设局起草出台《开展整治和查处房屋征收拆迁领域侵害群众利益不正之风和腐败问题专项行动的实施方案》，会同市国土、规划、财政、住房等部门，采用自下而上、从上到下，上下联动、全面梳理、重点核查的方式，对2011年后各镇（园区、街道）已经实施和正在实施的房屋征收拆迁项目逐个检查。专项检查主要查看手续是否齐全，规章制度是否落实，操作程序是否规范，被征地拆迁对象补偿、安置、保障是否合理到位，是否存在腐败问题等情况。检查发现，全市房屋征收拆迁工作主要在依法征收、规范操作、权证办理和安置进度4个方面存在问题，并针对问题制订整改措施和监督工作。

【房屋征收宏观管理】 市建设局编制房屋征收和安置房建设年度计划，按照《关于加强全市房屋征收安置管理工作的通知》的要求，通过各镇（园区、街道）申报、现场核实和召开联席会议，确定全年房屋征收和安置房建设计划。全市计划征收房屋82万平方米（国有土地房屋3.5万平方米、集体土地房屋78.5万平方米），其中新建安置房近28万平方米。加强征收评估机构准入备案，按照《江苏省贯彻实施〈国有土地上房屋征收与补偿条例〉若干问题的规定》的要求，通过前期审核、媒体公示等环节，确定陶都评估公司等7个公司入选宜兴市房屋征收机构库。加强剩余安置房源常规管理，做好安置房剩余房源的日常实物管理，做到各类房源资料齐全、应收尽收，确保能随时用于安置和拍卖。加强部门协调配合，配合市住房局、财政局对全市重点镇的房屋征收和安置房建设项目进行调研和审核，初步掌握相关数据。

（周晓东）

产权发证

【概述】 宜兴市房屋产权监理中心更名为宜兴市房屋交易管理中心，并正式挂牌，主要负责全市房屋交易和产权管理工作，包括房屋楼盘表管理、转移备案、抵押备案、租赁备案、商品房网签管理、产权档案管理等业务，房屋产权登记业务从市住房局划出、移交给市国土局。市国土局合理设置窗口、统一工作服装、配备先进设备、开通绿色通道、公开办事流程，为市民做好房产登记工作。10月，新版商品房网签系统上线运行，同时启用新版《商品房买卖合同示范文本》。至年底，累计发放不动产权证书16565本，不动产登记证明8003份。

【房屋交易与不动产登记统一平台上线运行】 6月，按照方便群众办事、保障交易安全、提升管理效率的原则，由市住房局和市国土局共同研发的房屋交易与不动产登记统一平台上线。该平台根据“先交易后登记”的原则，建立起“共建、共有、共用、共享”的新工作系统，保护了房屋交易与不动产登记的安全。该系统由两局共同出资委托软件公司开发，下分交易和登记两个子系统，两个系统的核心楼盘表和登记簿实时进行关联，凡涉及房产交易的先在房产交易子系统办理交易备案，再在房产登记子系统办理产权登记。同时，为了保证业务的运作和安全，双方将各自数据向对方无条件开放，并根据各自工作职责，规定了各自的权利和义务，签订保密协议，并在技术上进行保障与制约。

【商品房楼盘表信息更准确可靠】 年内，在原房屋产权登记簿基础上，新建商品房楼盘表，提取原有房产档案信息，转化为以幢为最小单位的楼盘表信息，并通过调查核对等形式实现楼盘表中的信息与实际自然幢一一对应，逐步达到楼盘管理的直观化、便捷化、精细化，为个人住房信息系统及不动产交易登记提供更加可靠、准确的信息，也便于商品房预售资金监管、二手房资金托管。

（刘虹君）

物业管理

【概述】 全市物业管理工作继续深化属地负责体制，落实镇、街道、园区在物业管理中的职责，组织各镇全面参与物业管理工作，对物业管理工作进行指导、协助和监督。引导各镇将市场化小区纳入管理范畴，及早了解小区动态，开展安置小区、老旧小区、市场化小区差别化考核，开展业主委员会、物业服务合同的双向备案。协调物业管理与社区管理、建设单位与前期物业服务企业、业主与物业服务企业等关系。11月，市住房局会同市建设局出台《关于恢复收取商品房开发项目保修质保金的通知》，对开发商不履行保修期内房屋的保修义务，由市住房局和建设局共同认定后可动用保修质保金，维护业主权益。行业管理力度继续加强，重点推进所有市场化小区（包含已成立业主大会的小区和前期物业管理项目）采用招投标的方式选聘物业服务企业。共完成前期物业管理招标3个项目，面积133.49万平方米；协议方式选聘6个项目，面积41.27万平方米；前期物业服务合同备案（含分期备案）30个项目，面积83.79万平方米；1个已成立业主大会的小区公开招投标选聘。指导2个小区成立业主大会、2个小区换届选举、2个小区成立物业管理委员会。指导1个企业成功晋升为二级资质、4个企业三级资质申报，6个企业完成新资质申报。35个项目承接查验协议备案。归集房屋专项维修资金13347.16万元，全年实施维修项目727个，使用维修资金利息891.22万元。发出行政警示书1份、行政提示书5份、整改通知书14份，处理"12345"政府公共服务热线等交办的咨询、投诉、建议527件，办理政协人大提案建议12件。

【行业监管力度提升】 加强对物业管理活动的监督管理。采用公开招标的方式选聘项目的前期物业服务企业，对已成立业主大会的小区也在书面征得专有部分占建筑物总面积过半数的业主且占总人数过半数的业主同意后，参照前期物业管理招投标的程序进行选聘，规范物业管理招投标活动，完善程序，促进物业管理市场的公平竞争。鼓励、扶持物业企业通过资质升级提升内部管理水平和外部形象，邀请无锡市住建局对企业进行升级工作指导。年内，开展"物业服务达标"活动，联合各住房所、镇（园区、街道）对177个住宅小区进行达标检查，对问题较多、检查不达标的项目发出整改通知书，要求立即整改并跟进复查。通过检查，9个项目创建为无锡市物业管理服务示范项目。

【物业从业人员培训】 年内，组织40名项目经理分批次参加"全国物业管理项目经理岗位技能培训班"培训，全市累计有155人取得项目经理岗位证书。4月，针对物业服务企业用工风险防范与管控，会同市房协物业专业委员会邀请专家对80余个企业的人力资源负责人进行行业普惠制学习。7月，联合市消防大队，组织40多个物业企业负责人参加高层建筑火灾事故综合应急演练活动。8月，邀请国内互联网物业专家到宜兴，开展以未来物业管理智能化的发展趋势为主要内容的学习探讨交流，全市80多个物业服务企业的负责人、项目经理出席研讨会。9月，邀请市消防大队为87个物业企业负责人、项目经理等200余人开展物业企业消防安全知识培训，着重学习消防常识、法律法规、消防设施维护和管理、消防责任追究等方面知识。

【维修资金利息使用监管强化】 起草发布《关于进一步规范物业专项维修资金使用的通知》，明确维修资金使用的原则。针对使用维修资金单项维修工程在1万元以上10万元以下（含10万元）的，在市物业管理中心采取随机（摸球）方式确定中标人；单项维修工程金额在10万元以上的，由招标代理单位通过市招投标中心平台组织公开招投标。维修工程施工中，物业管理单位必须加强对隐蔽工程的监管，施工结束后，由第三方审计单位审计并出具报告。全年共开展维修招标37起，其中物管中心摸球招标31起、市招投标中心招标6起。加强维修企业管理，逐步建立维修企业库，87个建筑工程施工企业、市政公用工程施工企业、电子与智能化工程维修企业入库。

（刘虹君）

编辑 吴艳

建筑业

BUILDING INDUSTRY

建筑队伍

【概述】 全市建筑业有从业人员10.6万人，施工企业660个，其中一级资质89个、二级资质524个。按承包能力分，全市施工企业具有总承包类资质301项、专业类资质971项、劳务类资质4项。全市有注册建造师5099人，其中一级注册建造师838人、二级注册建造师3875人、一级临时建造师141人、二级临时建造师245人。全年受理、报送注册一级建造师118人、二级建造师232人。一、二级建造师的数量基本满足全市建筑施工企业资质要求，能保证企业正常经营。全市有“中国建筑钢结构质量第一品牌”——江苏沪宁钢机股份有限公司（以下简称“沪宁公司”）、国家房屋建筑总承包特级资质企业——华仁建设集团有限公司、被授予“全国优秀施工企业”称号的江苏宜安建设有限公司等重点骨干企业7个，1个企业入围中国建筑业企业竞争力百强企业排行榜，5个企业跻身江苏省建筑业最具成长性百强企业和江苏建筑业百强企业之列，1个企业成为江苏省建筑业“优秀企业”。全市有总产值超1亿元的建筑企业42个，形成“总承包、专业承包、劳务分包配套成龙”的专业结构体系。

【建筑产业转型升级稳步推进】 面对经济下行压力继续加大的严峻形势，全市建筑行业按照产业强市的战略部署，稳步推进建筑产业转型升级。根据新型城镇化和城乡一体化、新型工业化和信息化的总要求，市建设局完成《关于加快推进建筑产业现代化促进建筑产业转型升级的实施意见（试行）》的起草工作，初步确定装配式建筑与成品住房、绿色建筑联动发展的总体思路。全市建筑企业转变经营思路，调整产业结构，采取“走出去、请进来”的办法，保障建筑产业持续健康发展。全年完成建筑业总产值312亿元。全市一级资质企业占全市建筑业企业总数的9%，创造产值占全市建筑业总产值的70%。全市总产值超20亿元、超10亿元的建筑企业分别达3个和6个，龙头骨干企业的示范引领作用明显增强。

【建基集团获中国土木工程“詹天佑奖”】 建基建设集团有限公司始建于1980年，是苏南地区最早获住建部批准的地基与基础专业承包一级资质及ISO 9000、ISO 14000、OHSAS 18000认证企业。近年，公司参与地铁建设工程，先后取得特种地基加固、冷冻法施工专项资质，并购买灌注桩后压浆专利技术，在施工中采用高压旋喷加固端头竖井、冷冻法施工等新技术，为业主和总承包方解决了诸多难题。公司先后承建苏州工业园区东湖大郡静压管桩桩基、昆山市体育中心锤击管桩桩基、无锡市凯宾斯基大酒店钻孔灌注桩桩基、南京地铁二号油坊桥盾沟工作井挖深、苏州地铁一号线（穿越金鸡湖隧道）等重点工程。2016年，公司承建的南京地铁十号线穿越长江盾构隧道工程获中国土木工程“詹天佑奖”。

【世界最大射电望远镜钢结构工程完工】 2012年起，沪宁公司参与位于贵州省的世界最大射电望远镜建设项目中的钢结构工程。贵州省喀斯特地貌造成的窝状洼地增加了施工难度，公司研发的倒扣式滑移系统解决了高空无法完整铺设轨道的难题，研发的多功能平板车及圆周滑移系统则解决了高空运输、高空滑移和高空吊装难题，为恶劣山区条件下开展大型钢结构施工提供了经验。2016年，钢结构工程基本完工，球面射电望远镜（FAST）的环形支撑圈梁建成，望远镜进入测试调整阶段。该望远镜建成后将比现有世界最大的美国300米口径Arecibo望远镜综合性能提高约10倍，将为中国天文观测事业打开新的局面。

2016年宜兴市建筑业骨干企业主要情况

表39

企业名称	资质等级及类别	建筑业产值（万元）		利润总额（万元）		上缴税金（万元）	
		产值	排名	利润	排名	税金	排名
江苏宜安建设有限公司	机电工程施工总承包一级	320284	1	9577	4	2121	5

续表39

企业名称	资质等级及类别	建筑业产值(万元)		利润总额(万元)		上缴税金(万元)	
		产值	排名	利润	排名	税金	排名
江苏沪宁钢机股份有限公司	建筑工程施工总承包一级	289005	2	22527	1	18419	1
华仁建设集团有限公司	建筑工程施工总承包特级	180011	3	5461	5	2255	4
华虹建筑安装工程集团有限公司	建筑工程施工总承包一级	178260	4	10156	3	5269	2
建基建设集团有限公司	地基基础工程专业承包一级	88094	5	2641	6	1104	6
江苏伟丰建筑安装集团有限公司	建筑工程施工总承包一级	57026	6	10926	2	3242	3

2016年宜兴市建筑业获省级以上荣誉

表40

荣誉名称	企业名称
全国优秀施工企业	江苏宜安建设有限公司
全国建筑业AAA级信用企业	江苏宜安建设有限公司
中国建筑业竞争力百强企业	江苏沪宁钢机股份有限公司
江苏省建筑业优秀企业	中弘泰建设集团有限公司
江苏省建筑业百强企业	江苏沪宁钢机股份有限公司
	江苏宜安建设有限公司
	江苏赛特钢结构有限公司
江苏省建筑业最具成长性百强企业	江苏伟丰建筑安装集团有限公司
	华虹建筑安装工程集团有限公司
江苏省安全生产文明施工先进单位	江苏振丰建设工程有限公司

(周晓东)

建筑施工

【概述】 顺应国家宏观经济形势和投资方向的变化，将调整产业结构、调优建筑业布局作为主线，贯穿于建筑业改革发展全过程。抓住省内外重大基础设施建设加快推进、城市轨道交通建设迅猛发展的契机，引导诚实守信、实力雄厚、技术过硬的重点企业与央企开展合作，参与铁路、港口、轨道交通等重点工程建设。鼓励相关企业主动适应市场，发展构配件和部品部件生产企业，引导大型商品混凝土生产企业、钢材和传统钢结构生产企业加快技术改造，调整产品和工艺装备结构，向构配件和部品部件生产企业转型，形成特色品牌、凸显示范效应。全市有建筑施工企业660个，有年产值超1亿元的企业42个，其中超20亿元的3个、超10亿元的6个。全市专业建筑企业达400个(含设计与施工一体化)，施工领域拓展到18个门类，企业数量占全市建筑企业总数的60.6%，产值占全行业总产值的39.1%。全年建筑业总产值312亿元，其中钢结构、环保、防腐保温、地基基础等传统专业企业的建筑业产值达103亿元。全市有建筑机械设备4.3万台，总功率162万千瓦，总净值24.7亿元。全年房屋建筑施工面积1280万平方米，其中新开工工程547万平方米。承建高层建筑工程402个、大跨度结构工程8个。全年建设工程项目中，获国家和省级优质工程奖

19个，获省级标准化工地6个、宜兴市级标准化工地26个。

【省外施工产值高达134亿元】 围绕国内外重点区域、重点专业领域和重点工程项目，采取“走出去、请进来”的方式，发展壮大全市对外承包工程龙头企业集团，推动具有比较优势的建筑企业与金融机构合作，承建境内外隧道、地铁、机场、高等级桥梁等高端领域的施工项目。全市建筑施工企业外埠施工主要分布在北京、上海、河南、浙江、山东、广东、内蒙古等地，全年完成省外建筑业产值134亿元，占全市建筑业总产值的43%。

【绿色低碳城市建设】 贯彻落实《江苏省发展新型墙体材料条例》《江苏省建筑节能管理办法》等法规，以促进墙材革新和建筑节能快速发展为主线，加大“禁实、禁黏、推新”和建筑节能工作力度，江苏省“绿色建筑和建筑节能示范城市”创建工作稳步推进。墙材革新工作取得新突破，与各镇（园区、街道）签订《宜兴市墙材革新与建筑节能工作的目标管理责任书》，将墙改工作列入政府日常管理，城区所有工程全部禁止使用黏土多孔砖，各镇（园区、街道）限制使用黏土类制品，和桥镇通过“禁黏”镇验收。全年墙材产量达16亿块（标砖），其中非黏土新墙材产量15.68亿块（标砖），占墙材总量比例98%以上。建筑节能取得新丰收，新建及既有建筑改造严格执行建筑节能65%的标准，全年完成节能建筑150万平方米，太阳能、地源热泵、外遮阳技术、窗料断桥隔热、中空玻璃、窗框一体化和新型围护结构体系得到广泛应用。开展绿色建筑星级标识评定工作，东氿RBD商业水街取得绿色建筑二星级设计标识，陶里文化广场（一期、二期）、湖滨御景花园、誉珑湖滨B1地块（一期）等取得绿色建筑一星级设计标识。东氿新城“建筑节能和绿色建筑示范区”创建、竹海国际酒店合同能效管理、科技孵化园（一期）可再生能源与低能耗项目等通过省住建厅和省财政厅验收。

（周晓东）

装饰装修

【概述】 全市拥有建筑装修装饰工程专业承包一级资质企业11个、二级83个，建筑幕墙工程专业承包一级资质企业5个、二级27个，电子与智能化工程专业承包一级资质企业3个、二级34个，消防设施工程专业承包一级资质企业5个、二级31个。全年完成公共装饰施工产值7.9亿元。市装饰装修行业协会拥有会员单位93个，全行业年内获得江苏省“扬子杯”优质工程奖1项、无锡市“太湖杯”优质工程6项、宜兴市“陶都杯”优质工程8项，江苏静远建设工程有限公司、江苏江南艺术装饰有限公司等5个企业获“江苏省优秀装饰企业”称号，12人被评为省、市优秀建造师（项目经理）。

【全市首届“智慧家装”行业联盟推荐交流会举办】 近年，随着移动互联网和物联网的发展和普及，家庭信息化和智慧应用逐渐进入寻常百姓家庭。2016年，中国电信宜兴分公司（以下简称“电信公司”）高质量建成开放平台和云服务终端，高标准推出智慧家庭标准化、系列化产品。10月，市装饰装修协会和电信公司联袂举办宜兴市首届“智慧家装”行业联盟推荐交流会，全市24个装饰行业骨干企业参加。推荐会旨在向优秀装饰企业推荐电信公司在“智慧家装”完善的家庭网络产品以及云监控产品，让市民体验家庭智能化的高效、快速和便捷，营造安全、便利、舒适、美观、绿色、环保的家居环境。会上，电信公司对智慧家装方案进行了现场介绍、交流和产品演示，参会各方对宜兴市“智慧家装”的未来进行了展望和交流。

2016年宜兴市装饰装修一级资质企业

表41

企业名称	类别	企业名称	类别
江苏楷正建设有限公司	建筑装修装饰工程	江苏旻晨建筑装饰工程有限公司	建筑装修装饰工程
江苏茂达装璜有限公司	建筑装修装饰工程	江苏静远建设工程有限公司	建筑装修装饰工程
江苏京城装饰工程有限公司	建筑装修装饰工程	无锡长城装璜有限公司	建筑装修装饰工程
江苏江南艺术装饰有限公司	建筑装修装饰工程	新日源建设集团有限公司	建筑装修装饰工程
江苏翰云建设工程有限公司	建筑装修装饰工程	江苏宜安建设有限公司	建筑装修装饰工程
华虹建筑安装工程集团有限公司	建筑装修装饰工程	江苏神马集团有限公司	建筑幕墙工程
无锡长城装璜有限公司	建筑幕墙工程	华仁集团江苏装饰工程有限公司	建筑幕墙工程
江苏静远建设工程有限公司	建筑幕墙工程	新日源建设集团有限公司	建筑幕墙工程

续表41

企业名称	类别	企业名称	类别
江苏楷正建设有限公司	电子与智能化工程	江苏宜安建设有限公司	电子与智能化工程
江苏卓易信息科技股份有限公司	电子与智能化工程	江苏富广源建设发展有限公司	消防设施工程
江苏楷正建设有限公司	消防设施工程	江苏伟丰建筑安装集团有限公司	消防设施工程
江苏宜安建设有限公司	消防设施工程	江苏锡安机电建设有限公司	消防设施工程

2016年宜兴市装饰装修企业所获优质工程奖项

表42

奖项	项目名称	施工单位
江苏省"扬子杯"优质工程奖	宜兴残疾人慢性病疗养大楼室内装饰工程	江苏静远建设工程有限公司
无锡市"太湖杯"建筑装饰优质工程	宜兴市老干部大学危房改造及环境整治工程(装饰改造工程)	宜兴市群英装饰有限公司
	宜兴市新街老年公寓室内装饰工程(二标段)	江苏静远建设工程有限公司
	宜兴市高塍镇社区卫生服务中心装修工程	江苏鹅州装饰工程有限公司
	宜兴金月汇月子中心装修工程	江苏鹅州装饰工程有限公司
	宜兴九如城医护组团一标段(康复医院展示中心、体验中心)幕墙及钢结构工程	新日源建设集团有限公司
	宜兴市徐舍镇文化馆及规划展示馆外幕墙装饰工程	无锡长城装璜有限公司
宜兴市"陶都杯"优质工程	国家环保设备质量监督检验中心智能化工程	江苏茂达装璜有限公司
	和桥高级中学迁建工程(智能化工程)	江苏茂达装璜有限公司
	和桥影剧院(装饰工程)	无锡长城装璜有限公司
	宜兴市工业陶瓷展览馆(装饰及布展工程)	江苏江南艺术装饰有限公司
	宜兴市大地春篱笆园旅游接待中心项目(装饰工程)	江苏静远建设工程有限公司
	宜兴市农村商业银行(智能化工程)	江苏宜安建设有限公司
	宜兴市招投标中心(智能化工程)	江苏宜安建设有限公司
	高塍实验小学(智能化工程)	江苏宜安建设有限公司

(周晓东)

建筑业管理

【概述】 围绕管理法治化、建筑产业化、施工绿色化总体目标，严格规范各方主体行为，全市建筑市场健康有序发展。市场管理日臻完善，市建设局制订出台《关于贯彻落实〈建筑工程施工许可管理办法〉的实施意见》，加强巡查监管力度，有效减少违法项目。规范建筑市场秩序，出台《外市建筑业企业进市登记核验管理办法》和《建筑业企业信用评定标准及考核办法》，宜兴市建筑业企业信用平台正式上线运行。安全监管日益严格，深化"安全文明施工标准化建设年"活动，依托建设工程施工方案专家论证审查库、质量检查专家组和安全检查专家组，建筑工程质量安全监管技术保障更为有力。开展“打非治违”、隐患排查专项整治、“安全月”宣传教育、特种作业人员穿戴“马甲标识”等活动，组织文明施工现场观摩活动8次，高频率督查建筑起重机械和危险性较大工程，全年创建省级标准化文明示范工地12个，安全生产态势持续稳定。质量管理愈发精细，深化“以质量为核心的工程建设管理年”活动，开展各类建设工程质量监督管理活动，严格执行《商品房住宅工程交楼标准样板房制度》，组织开展质量通病防治专项检查，依法打击虚假检测报告行为，加强预拌混凝土、预拌砂浆企业的质量监管工作，全市建筑工程质量平稳可控。

【建筑市场管理】 贯彻实施住建部《建筑工程施工许可管理办法》，加强建筑市场诚信体系建设，严格实施信用考核计分管理，市建筑业企业信用平台建成投用，全市建筑市场规范有序发展。年内，市建设局制订出台《关于贯彻落实〈建筑工程施工许可管理办法〉的实施意见》《外市建筑业企业进市登记核验管理办法》《建筑业企业信用评定标准及考核办法》等规范性文件，逐步形成完备的准入和清出机制，建筑市场实现闭合管理。全年核发建筑工程施工许可证234份、建筑面积222万平方米，实施补办施工许可行政处罚14起、处罚金额16万元，办理外出施工介绍信和诚信证明78份；审核《信用手册》申报资料232份，对其中199个企业核发《信用手册》；办理建造师网络押证和核销367人次，按规定变更在建项目建造师3人；办理外地建筑企业进市备案108个，形成“统一开放、公平公正、竞争有序”的建筑市场新环境。

【宜兴市建筑业企业信用管理平台上线】 2015年，按照省住建厅和市政府的统一部署，市建设局向市经信委申报“宜兴市建筑业企业信用平台”(以下简称平台)信息化项目。2016年1月，市建设局出台《宜兴市建筑业企业信用评价考核办法(试行)》，建立以宜兴诚信网为依托、以建筑业企业为主要管理对象的建设信用体系，完成建筑业企业诚信网、建筑业企业信用数据库和建筑业企业信用管理平台的基本建设工作。5月，平台正式上线运行，从市场行为、质量行为、安全行为和其他行为四个方面对建筑业企业进行综合评价。市民可在网站上及时了解信用方面的新闻动态、通知公告、政策法规等内容，还可查看建筑企业的相关信用信息。根据该平台反馈的信息，市建设局加强与市招管办合作，将建筑企业信用分充分融入建设工程施工招标的全过程，将企业诚信、市场行为、质量安全和整个招投标工作相挂钩，促进了建筑市场和工程现场的联动，加强了对建筑市场的规范化管理。

【安全生产态势平稳】 贯彻落实住建部《建筑施工项目经理质量安全责任十项规定(试行)》精神，强化安全监管措施，防范恶性事故，杜绝较大事故和监管责任事故的发生，全市建筑施工整体安全平稳。明确春节后复工复产条件和程序要求，加强复工安全教育培训，加大复工复产五级检查和大队督查力度，全市在建工程安全复工。全年开展月度专项整治检查12次，集中整治安全管理和安全设施上存在的突出问题；开展季度综合执法大检查4次，狠抓问题整改闭合，及时消除各类隐患。全年累计检查工地745次，发出整改通知单686份，发出停工和局部停工单39份，整改到位率100%。加强对危险性较大分部分项工程和建筑起重机械的监管，加大对危险性较大分部分项方案编制、审批、验收、实施的监管，加强对深基坑、高支模、超限脚手架等专项施工方案的专家论证，全年组织专项施工方案专家论证181次，涉及深基坑65次、脚手架8次、高支模95次、其他类型13次。严格执行建筑起重机械“先检后用、告知准用”制度，落实塔吊、施工电梯使用证统一办理规定，严格预警和控制高龄及超龄起重机械的使用，在建筑起重机械司机持证上岗的基础上，加强对司索信号工持证上岗和“马甲标识”的管理，全面实施施工电梯人脸识别系统，保障机械安全可靠运行。对安全专项施工方案应论证而不论证、建筑起重机械安装未告知和未检先用等六种违法行为实行“零容忍”严管，实行一触即罚、一触严罚，有效遏制违法行为。全年发出建筑施工现场隐患限期整改通知单410份、停工整改通知单51份，提出整改意见2520条，确保了安全生产态势的持续稳定，事故起数和死亡人数连续第四年实现“双下降”。

【扬尘污染防治高效到位】 坚持将扬尘污染防控列为建筑工地文明施工管理的首要任务，连续第六年组织开展“文明施工提升年”活动，推进安全文明施工管理和全国文明城市创建等重点工作。强化源头控制。坚持将文明施工、绿色施工和施工现场扬尘管控列为年度主要考核内容，逐年修订和完善文明施工管理和扬尘污染管控标准，同时将扬尘防控工作列为工程开工建设的必要条件之一，严格做到“五个必须”*后方可开工建设。创新管理举措。坚持科技创新、示范引领、样板引路，开展文明施工观摩活动，提升建设工地文明施工和扬尘污染管控水平。建成区工地塔吊吊臂部位全部装设高空喷淋系统，定时进行施工区域喷洒作业，有效抑制工地扬尘，部分工地还在主要施工道路两侧设置自动洒水系统和临时消火栓系统，引领扬尘防控水平向更高水平发展。加强工地现场在线扬尘和噪声监测系统建设，探索利用信息化手段对扬尘和噪声污染状况进行实时监测控制，提升有效应对各类施工污染的快速反应能力。加强督查管理。坚持将日常扬尘防控和关键时间节点的扬尘污染控制相结合，加大对在建工地的巡查督查力度。在G20杭州峰会、创建全国文明城市接受上级检查期间和重污染天气时段，严格按照应急预案要求进行分级响应，对部分处于易扬尘施工阶段的建设工地采取增加洒水频次、局部停工、全面停工等强制性措施，将施工现场扬尘严格控制在规定范围之内。全年创建成省级标准化文明示范工地12个、无锡市级标准化文明示范工地19个、宜兴市级标准化文明示范工地26个。

【建筑质量管理再上新台阶】 贯彻落实住建部“工程质量治理两年行动方案”，确保全市房屋建筑质量总体水平稳中有升。加大质量责任追究力度，严格落实质量终身责任承诺制、永久铭牌等制度，夯实项目经理及参建各方项目负责人的质量主体责任。加强质量行为管理，突出对参建单位行为管理和参建单位人员到岗履职情况的检查，严格执行施工图设计文件，强化对设计图纸、施工方案的检查，杜绝篡改设计图纸和不按审查合格的设计图纸进行施工的行为。加强现场实体质量监管，加强对建筑原材料、预制构配件的源头监管，督促参建各方认真履行通病防治责任，强化对检测过程、检测行为的监管，依法打击虚假报告行为，切实减少房屋质量通病。全年建筑业获国家“鲁班奖”4项、中国土木工程“詹天佑奖”1项、江苏省“扬子杯奖”14项、江苏“省级标准化文明工地”6项。

文化中心全景图　（鲍陈　摄）

2016年宜兴市建筑业获省级以上奖项工程名单

表43

创优等级	序号	工程名称	承建单位	参建单位
国家“鲁班奖”（共4项）	1	宜兴文化中心	—	江苏沪宁钢机股份有限公司
	2	南京禄口国际机场（二期工程）T2航站楼	—	江苏沪宁钢机股份有限公司
	3	越秀金融大厦	—	江苏沪宁钢机股份有限公司
	4	宁夏国际会议中心	—	江苏沪宁钢机股份有限公司
中国土木工程“詹天佑奖”（共1项）	1	南京地铁十号线穿越长江盾构隧道工程	建基建设集团有限公司	—
江苏省“扬子杯奖”（共14项）	1	榭丽花园保障小区（B块2号楼）	华虹建筑安装工程集团有限公司	—
	2	昆山市马鞍山路（东延）主桥钢结构工程	江苏沪宁钢机股份有限公司	—
	3	0608工程（营房工程K标段XL-1和XL-6）	宜兴市中天钢结构有限公司	—

续表43

创优等级	序号	工程名称	承建单位	参建单位
江苏省“扬子杯奖”（共14项）	4	新来河大桥钢结构工程	江苏赛特钢结构有限公司	—
	5	峄城体育场钢结构工程	江苏赛特钢结构有限公司	—
	6	常州朗捷投资有限公司仓库项目	江苏赛特钢结构有限公司	—
	7	安居提水工程钢结构管拱桥项目	江苏赛特钢结构有限公司	—
	8	无锡110千伏龙潭变电站电气安装工程	宜兴市宜能实业有限公司	—
	9	中铁二十局集团第一工程有限公司办公楼	华虹建筑安装工程集团有限公司	—
	10	宜兴市邮政综合大楼	江苏伟丰建筑安装集团有限公司	—
	11	宜兴市伟丰酒店	江苏伟丰建筑安装集团有限公司	—
	12	宜兴中创耐火材料有限公司办公楼装饰工程	江苏京城装饰工程有限公司	—
	13	宜兴市尚福公寓	中弘泰建设集团有限公司	—
	14	宜兴市招投标交易中心	江苏伟丰建筑安装集团有限公司	—
江苏“省级标准化文明工地”（共6项）	1	中交御景湾（E区、F区）	江苏新红塔建设有限公司	—
	2	宜兴市行政服务中心（改扩建工程）	宜兴市锦城建设有限公司	—
	3	九如城医护组团（养护院）幕墙装饰工程	新日源建设集团有限公司	—
	4	堂前人家拆迁安置小区二期工程（二标段）	中弘泰建设集团有限公司	—
	5	丁蜀综合客运站	江苏伟丰建筑安装集团有限公司	—
	6	无锡工艺职业技术学院（实训楼、经管系、电子系工程）	江苏新红塔建设有限公司	—

（周晓东）

编辑 吕浩

商贸流通

COMMERCE AND TRADE CIRCULATION

综　述

【概述】 全市商贸流通业围绕“区域性商贸中心城市”和“幸福宜兴”两条主线，按照“合理布局，提升功能，繁荣市场，可持续发展”的总体要求，着力“优管理、提档次、拓规模、惠民生”，呈现“发展有序、量质并举、潜力凸显”的良好局面。消费品市场保持平稳增长。全年商品销售额1532.94亿元，比上年增长9.2%。住宿和餐饮业营业额37.89亿元，比上年增长11.8%。社会消费品零售总额556.37亿元，比上年增长9.7%，超过无锡市平均水平，消费规模名列全省县（市）前茅。分城乡看，城镇消费品零售额371.36亿元，比上年增长9.7%；农村消费品零售额185.01亿元，比上年增长9.9%。分行业看，批发和零售业零售额530.87亿元，比上年增长9.8%；住宿和餐饮业零售额25.5亿元，比上年增长8.8%。限额以上企业（以下简称限上企业）零售总额180.16亿元，比上年增长3.3%。市场贸易平稳发展。年末全市有贸易市场90个。市场成交额348.77亿元，比上年下降2.75%。年成交额超1亿元的商品交易市场15个。以“调优结构、培育增量”为目标，做大做强限上企业库，各板块新增限上企业44个，宜城街道、开发区、环科园完成全市78%以上的限上零售额。60个重点商贸流通企业和住宿餐饮服务企业销售额117.94亿元，占到限上企业销售总额的65.5%，支撑作用明显，超半数重点限上企业销售额保持增长。30个重点商贸流通企业中销售额比上年增长的有18个，30个重点住宿餐饮服务企业中销售额比上年增长的有17个。至年底，全市有星级宾馆9个，其中五星级3个、四星级2个、三星级3个、二星级1个。宜兴连续第九年入选“长三角商业十强县（市）榜”。主要商品销售价格涨跌互现。全市销售额前十大主要商品中有6类商品销售额呈增长态势，其中五金电料类比上年增长21.6%，增速较快；粮油、食品类商品销售额29.7亿元，比上年增长11.9%。经市政府批准发布《宜兴市商业规划（2015—2030）》，新修编的规划以立足打造区域性商贸中心城市为目标定位，进一步完善全市商业网点、商品交易市场、特色街区等规划，发挥商业规划的引领作用，促进商贸流通业健康稳步发展。电子商务稳步发展。示范创建继续扩面，对全市电子商务进农村的57个示范项目完成了兑现拨付；载体建设成效明显，布局了恒隆紫砂电子商务产业园、农村电商产业园等4个电商产业园；产业电商加快发展，“材多多”、江苏麦乐多科技、环保城“团购宝”项目等产业电商平台上线，开启行业交易新模式。

【电子商务】 作为国家级电子商务进农村综合示范县，通过继续扩大示范创建面、建设特色园区、加快产业电商发展、频繁资源对接等工作，电商发展进入特色鲜明的新时期。年内，丁蜀镇、新建镇创建成省级电子商务示范镇，洑西村、横山村、余庄村创建成省级农村电商示范村，全市累计有省级电商示范村4个，在无锡市名列前茅。乾元茶场、江苏天乙生态茶叶科技有限公司、市生锋生态河蟹养殖专业合作社创建成2016—2017年度电子商务示范企业。围绕特色园区建设，布局恒隆紫砂电子商务产业园、农村电商产业园、市跨境电子商务产业园、宜兴卓易创业软件园4个配套较为完善、企业初步集聚的电商产业园。其中，恒隆紫砂电子商务产业园、市跨境电子商务产业园、宜兴卓易创业软件园创建为无锡市级电商示范园区。无锡江南电缆有限公司加快实施互联网+战略，与慧聪网合作的“材多多”电商平台于上半年上线，是国内首个基于基础建材产业的B2B（企业与企业之间通过专用网络，进行数据信息的交换、传递，开展交易活动的商业模式）电商平台。江苏麦乐多科技成为国内电商领域最大的宠物用品零售商。环保城“团购宝”项目开启环保行业交易新模式。年内，组织各类电子商务企业交流活动。4月，市商务局带领企业参加在义乌举办的2016电子商务博览会。10月，市商务局组织企业参加2016中国（杭州）国际电子商务博览会。丁蜀镇电商办牵头举办电商产业生态峰会，紫砂行业继续与阿里巴巴集团深度合作；与京东拍卖开展专题推介，引导近20个从事紫砂拍卖业务的电商企业对接交流。市商务局与团市委、市人社局等联合举办“电信杯”2016年宜兴市青年互联网创新创业大赛。

【“诚信兴商”系列活动】 为市民消费提供绿色安全环境和商贸流通企业搭建供需对接平台，并扩大品牌知晓率和影响力，5月，2016年“诚信兴商”系列活动在华地百货宜兴店举办，活动由春（5

月）夏（8月）两季组成，分为农副产品展销、老字号巡展、餐饮博览会、电商平台接洽、家政技能大赛、公益服务等多个项目，参加企业80个，并有全市16个优质农业合作社、农副产品电商平台代表通过产品展示、现场互动等方式加大品牌宣传。

批发和零售业

【概述】 全市批发和零售业完成社会消费品零售额530.87亿元，比上年增长9.8%，占社会消费品零售总额的95.42%。宜兴市中心商圈业态种类齐全，功能配套不断完善，整体销售额保持稳定增长。

2016年社会消费品零售总额限上部分完成情况

表44

单位：万元

序　号	单位名称	累计实绩	累计同比（%）	完成计划（%）
合　计		1801606.7	3.3	96.5
1	张渚镇	34481.5	11.0	102.9
2	西渚镇	16065.9	0.5	90.8
3	太华镇	36742.5	0.1	92.8
4	徐舍镇	39091.4	-1.8	107.1
5	官林镇	46374.6	13.5	107.3
6	杨巷镇	11530.7	49.9	128.1
7	新建镇	12262.1	42.7	136.2
8	和桥镇	16516.4	2.7	125.1
9	万石镇	15596.0	14.0	100.6
10	周铁镇	34852.5	14.8	104.7
11	新庄街道	19675.9	-5.3	81.3
12	丁蜀镇	90002.3	8.8	111.0
13	湖㳇镇	13781.9	30.1	101.3
14	宜城街道	608193.1	-0.6	84.9
15	开发区	603468.7	2.0	98.1
16	芳桥街道	16278.5	75.5	171.4
17	环科园	136553.6	3.0	116.2
18	高塍镇	49373.6	18.3	122.8

【流通企业销售总体平稳】 全市流通企业年国税应税销售收入803.89亿元，比上年增长11.9%，其中年销售收入超2亿元的流通企业42个（含10亿元以上6个、5亿元以上9个）。市中心商业区业态种类齐全，功能配套完善，继续引进高端百货品牌，实现品牌升级。宜兴华地百货有限公司、宜兴新苏南商厦有限责任公司、宜兴新东方百货有限公司、市和信广场有限公司四大商场全年销售额28.46亿元，比上年增长2.4%。“大统华”“大润发”两大品牌超市年销售额14.3亿元，比上年下降0.7%。

2016年宜兴市重点零售企业销售情况

表45　　单位：万元

序　号	单位名称	销售收入	比上年增减(%)
合　计		1138938.7	3.6
1	宜兴华地百货有限公司	145953.9	16.2
2	江苏大统华购物中心有限公司	79654.8	11.4
3	宜兴大润发商业有限公司	62974.6	-13.2
4	宜兴新苏南商厦有限责任公司	59202.5	-1.6
5	宜兴市瑞德蔬菜果品批发市场有限公司	49766.0	18.0
6	宜兴利星汽车销售服务有限公司	49461.4	12.1
7	宜兴路德行汽车有限公司	49024.9	-0.8
8	宜兴宝利丰汽车销售服务有限公司	48907.5	-9.3
9	宜兴德同汽车有限公司	48459.2	7.1
10	宜兴市和信广场有限公司	46945.8	1.6
11	宜兴市宜通汽车销售服务有限公司	36941.1	0.4
12	江苏宜客隆商业管理有限公司	36615.0	-32.7
13	宜兴市鹏龙汽车销售服务有限公司	36408.1	17.9
14	远东买卖宝网络科技有限公司	32840.1	24.7
15	宜兴新东方百货有限公司	32500.6	-5.8
16	宜兴新苏南丰田汽车销售服务有限公司	32171.7	-3.7
17	宜兴市天健医药连锁有限公司	30350.6	32.7
18	宜兴市嘉嘉生态农业专业合作社	25786.0	16.3
19	江苏湖丰特种水产品科技有限公司	24936.3	26.1
20	宜兴盛众汽车销售服务有限公司	24039.2	-6.6
21	宜兴市德森汽车销售服务有限公司	23570.1	-5.2
22	宜兴市兴通汽车销售服务有限公司	22902.2	1.5
23	宜兴市华源汽车销售有限公司	20259.2	33.9
24	宜兴市瑞尔汽车销售服务有限公司	17848.8	-8.2
25	宜兴市恒信汽车销售服务有限公司	17729.4	11.3
26	宜兴市中油石油有限公司	17408.3	0.5

续表45

序　号	单位名称	销售收入	比上年增减(%)
27	宜兴新苏南通和汽车销售服务有限公司	17378.0	-2.6
28	宜兴市太华镇乾元茶场	16830.0	1.5
29	无锡汇全物流有限公司	16589.6	17.8
30	宜兴市粮油集团大米有限公司	15483.8	-15.1

（陈康）

商品交易市场

【概述】 全市有各类商品交易市场90个，其中专业市场19个、农副产品批发市场7个、农贸市场64个。市场成交额348.77亿元，其中年成交额超1亿元的商品交易市场15个、超10亿元的7个、超50亿元的2个、超100亿元的1个——中国宜兴国际环保城。全市农贸市场安全责任全面落实，安全生产责任状签订率100%，属地责任、主体责任清晰明确。综合整治青云、巷头、阳泉、绿园4个农贸市场，有效提升市场安全。南新、兴隆等存在严重安全隐患的农贸市场完成局部整改，原址重建钮家农贸市场，对王府商场等老大难市场提出整改方案。按照应急预案确保市场的保供稳定，提升市场应急保障力。

【商贸市场整顿】 10月，市商务局联合市场监管、农林、安监、城管、公安、消防等部门，检查考核37个重点专业市场和部分农贸市场，对重点薄弱环节进行专题反馈、限期整改。贯彻落实上级“双打”（打击侵犯知识产权和制售假冒伪劣商品）精神，成立市打击侵犯知识产权和制售假冒伪劣商品工作领导小组。研究制订《宜兴市打击侵犯知识产权和制售假冒伪劣商品任务分解表》，在各领域开展“双打”工作，形成全市统一部署、部门依法监管、各方联合行动的工作格局。

【专业市场转型升级有序推动】 按照“整合资源、突出重点、树立标杆”的发展方向，对中国陶都陶瓷城、中国宜兴国际环保城、江苏省华东石材有限公司等10个专业市场作转型指导，引导重点专业市场先行建设垂直电商平台，使市场的咨询、展示、交易、服务范围拓展到全球。中国宜兴环保城“团购宝”上线，中国陶都陶瓷城和新浪、紫砂频道等网络公司、传媒体互通合作，江苏省华东石材有限公司全面构建仓储、物流、O2O展示门店三位一体新型模式。通过“请进来、走出去”形式，为丁蜀镇新规划的农副产品批发市场提供开办经验服务，并带领板块企业到先进市场参观学习、开拓眼界、提升境界。9月，召开全市商品交易市场建设与管理现场观摩会，通过现场会、交流会的方式，推动市场向信息化、定制化、平台化方向发展。

2016年宜兴市成交额10亿元以上商品交易市场

表46　　单位:亿元

市场名称	市场成交额	经营范围
中国宜兴国际环保城	122.43	环保产品、环保设备零配件、市场设施租赁、市场管理服务
宜兴融达汽车城	56.52	汽车汽配，汽车维修、市场设施租赁、市场管理服务
江苏融达建材装潢市场有限公司	45.08	市场设施租赁、市场管理服务
中国陶都陶瓷城	30.18	日用陶瓷、艺术陶瓷、市场设施租赁、市场管理服务
江苏省华东石材市场有限公司	30.18	石材、石材机械、石雕工艺、市场设施租赁、市场管理服务
宜兴市和桥轻纺建材装潢市场有限公司	16.97	市场设施租赁、市场管理服务
宜兴瑞德蔬菜果品批发市场	15.31	蔬菜、果品、粮油、水产、干货批发、市场设施租赁、市场管理服务

（游余良）

住宿和餐饮业

【概述】 全市住宿和餐饮业营业额37.89亿元，比上年增长11.77%；住宿和餐饮业社会消费品零售额25.5亿元，比上年增长8.8%。30个重点住宿餐饮企业社会消费品零售额4亿元，比上年增长1.5%。13个企业社会消费品零售额超1000万元，其中宜兴大酒店、宜兴国际饭店有限公司、陶都紫砂宾馆3个企业社会消费品零售额均超3000万元。

【宜兴餐饮产业链亮相江苏国际餐饮博览会】 10月，2016江苏国际餐饮博览会在南京国际展览中心举行，市商务局组织"徐舍小酥糖""杨巷葱油饼"等老字号，顺南百合、三鑫牛肉等地方土特产，芳庄羊肉、焦老苏等"非遗"项目企业代表以及本土品牌"徐轩记"面馆参展。通过现场展示特色餐饮、地方土特产、食品类老字号，让参会者现场体验"真正宜兴味"，做大做强地方餐饮产业链，创新地方经济加快发展之路。

【六单位入围"真正无锡味"】 9月，无锡市商务局启动"真正无锡味"无锡乡村美食寻访系列活动，市商务局以各地为活动单元，挖掘具有鲜明地方特色的乡村美食代表，征集14个单位推荐的16道菜点，最终徐舍、张渚、西渚等6个参赛单位推荐的6道农家特色菜点入围"真正无锡味"。开展与无锡电视台的合作，录制《无锡乡村美食寻访活动——宜兴站》专题栏目，在电视、网络等媒体上循环播放，宣传推广宜兴特色餐饮建设成效，促进了以餐饮带动地方商贸经济发展的工作机制。

2016年宜兴市重点住宿餐饮企业社会消费品零售总额完成情况

表47

单位：万元

序号	单位名称	营业收入	比上年增减(%)
合　计		40416.7	1.5
1	宜兴大酒店	4964.6	-10.0
2	宜兴国际饭店有限公司	3653.5	4.1
3	宜兴陶都紫砂宾馆有限公司	3425.4	115.1
4	宜兴市氿滨凯悦大酒店	2791.4	-6.1
5	宜兴宾馆	2771.9	-20.2
6	宜兴禄猗园国际大酒店有限公司	2364.3	11.8
7	宜兴竹海国际会议中心有限公司	2105.8	26.0
8	宜兴花园酒店有限公司	1902.7	-19.0
9	宜兴丁山国际大酒店有限公司	1708.0	7.2
10	宜兴市安顿酒店	1272.9	-22.3
11	江苏云湖国际会议中心有限公司	1264.2	-14.5
12	宜兴市兴望农业休闲文化园	1255.7	-14.0
13	宜兴市老地方酒店	1123.8	7.0
14	宜兴市步行街豪客来牛排馆	993.8	12.9
15	宜兴市宜城镇内蒙古小肥羊火锅店	993.0	7.0
16	宜兴市顶峰酒店	744.7	-5.0
17	宜兴市正中假日酒店	641.7	13.8

续表47

序号	单位名称	营业收入	比上年增减(%)
18	宜兴市明星大酒店	619.0	-22.3
19	宜兴市宜城永和豆浆店	591.6	11.5
20	宜兴市新芙蓉大酒店	576.1	-1.1
21	宜兴市宜城镇天宝楼茶院	536.7	7.0
22	宜兴市陶都大饭店有限公司	527.3	-13.9
23	宜兴市宜城阳羡人家茶楼	525.2	11.2
24	宜兴市世纪王朝酒店有限公司	510.8	2.7
25	宜兴市凯富门酒店	479.5	-12.8
26	宜兴市九福楼大酒店	438.5	0.3
27	宜兴市茶竹渡假村有限公司	427.4	67.7
28	宜兴市金云庄酒店有限公司	407.7	42.9
29	宜兴市外婆人家饭店	402.9	-1.0
30	宜兴氿悦沐心香村酒店有限公司	396.6	21.6

2016年宜兴市星级宾馆(饭店)名单

表48

饭店名称	星级	评定时间	地址	客房(间)	床位(个)	餐位(个)
宜兴宾馆	★★★★★	2008.07	宜城街道人民中路2号	264	421	1000
宜兴大酒店	★★★★★	2012.07	宜城街道东山西路70号	275	389	1350
花园豪生大酒店	★★★★★	2013.01	宜城街道陶都路109号	220	300	721
宜兴国际饭店	★★★★	2002.12	宜城街道通真观路52号	236	341	1300
宜兴市荆溪宾馆	★★★★	2010.08	宜城街道龙潭西路290号	121	211	700
宜兴大亚达酒店	★★★	2001.12	宜城街道阳泉路108号	79	148	350
宜兴陶都大饭店	★★★	2003.08	宜城街道人民中路134号	79	143	500
宜兴市静乐宾馆	★★★	2004.05	宜城街道阳羡西路88号	227	130	430
宜兴市公路宾馆	★★	2001.05	丁蜀镇北郊	35	75	300

(陈康)

粮油贸易

【概述】 以保障粮食安全为核心，坚决守住不发生“卖粮难”、不发生大的粮油储存事故和安全事故、不断档脱销、不发生大的粮食质量安全风险的四条底线。立足行业实际去库存、降成本，精心组织两季粮食收购，推进粮食供给侧改革，加快粮食流通现代化建设进程。严格执行军粮供应政策，完善应急保供体系，健全应急保供网络。全市有省级信用等级粮油企业17个，无锡市级信用等级粮油企业24个；有粮食收购资格的企业104个，其中国有企业32个、社会法人64个、个体户8个。年内办理企业变更9个。全年粮油工业销售收入18.3亿元、工业增加值2.08亿元，工业利税8500万元、利润7218万元。

【两季粮食收购】 两季收购前夕，市粮食部门及早做好仓容、资金、设备、人员和政策宣传等收购准备工作。夏收前，备足仓房78个、仓容10万吨，申报夏收托市点17个；秋收前，备足仓房106个、仓容12万吨，申报秋收托市点15个。严格执行“五要五不准”粮食收购守则*，坚持敞开收购、应收尽收，始终坚持质量标准，严格以质论价，杜绝“卖粮难”、压级压价和“打白条”现象，让售粮农民卖“放心粮”“实惠粮”，两季收购实现“零投诉”。全年入库小麦39万吨，托市3.66万吨；入库粳稻7.18万吨，托市3.47万吨。

【粮食应急保供】 以储备库、应急加工企业、粮油应急运输单位、粮油应急供应网点为载体，完善应急保供体系，健全应急保供网络。坚持“合理布点、全面覆盖、平时自营、急时应急”原则，以保供应急救灾、便民利民、构建网络、提升能力、质量安全为核心，以镇与街道全覆盖的粮食应急供应网点为基础，尽可能利用现有资源和企业设施，构建市场化体制下布局合理、运转高效、保障有力的粮食应急加工、储运及供应网络新体系，增强应对重大自然灾害和突发事件的粮食应急供应保障能力，提升粮油消费质量安全水平，为社会稳定构建粮食供应“应急网”。逐步建立覆盖城乡的全市成品粮油供应体系，确定粮食应急加工企业3个、应急运输企业1个、应急供应企业21个，并且统一挂牌。在省、无锡市粮油检测预警平台基础上，建立由4个大米加工厂、2个粮店、1个面粉加工厂和1个油脂企业组成的监测网点，重点监测粮食购销价格、加工数量、销售数量和粮食库存等情况，实行每周报告制度，向社会提供及时、准确的粮油市场信息。

【军粮供应】 提升军粮供应服务水平，按照“补贴到位、管理规范、官兵满意”要求，严格执行军粮供应政策，组织开展“送粮到军营”“科技保粮到军营”等活动，川埠军供站被评为无锡市“双拥”先进单位。抓住省军粮供应统筹安排的契机，宜兴市粮油集团大米有限公司成为无锡军粮大米供应企业，福新面粉（宜兴）有限公司成为苏州、常州、无锡三市军粮面粉供应企业。

【粮食流通监管】 坚持检查人员随机性、粮油库存检查随机性的“双随机”执法机制，做好两季粮食收购监管，加大不合格粮和等外粮监管处置力度。全市全年累计收购处置等外小麦8.5万吨，处置受灾不合格粮食近3000吨，无一例流入口粮市场。开展粮油储藏技术规范专项检查，督促企业进一步规范仓储设施要求，加快仓储设施规范化建设。重大节日期间，开展粮油食品专项检查，联合市市场监管局检查城区粮油店、粮食加工厂、超市粮油柜台，销售的粮油商品要求具有QS质量认证标识、生产日期都在有效期内、检测指标在安全系数内，没有发生粮食质量安全问题。全年累计开展各类监督检查执法活动75批（次），出动人员179人次，检查企业320个（次），抽检原粮87批（次）、成品粮油5批（次），累计抽检样品527件，涉及单位62个（次），合格率100%。统计账面库存数量真实、有效。根据省级诚信申报等级改革为ABCD四等的新政，开展粮食经营者诚信评价，向社会公示符合申报资质的企业，实行动态管理。全市上报省A级信用资质企业16个、B级15个，均通过验收。

（陈沐）

供销合作

【概述】 坚定为农服务宗旨，深化供销合作社改革，创新为农服务方式，加强经营管理，为农服务质量和合作经济发展水平不断提高。至年底，下辖直属公司4个、股份制公司10个、基层供销合作社15个，有在职职工50人、内退职工4人、退休职工2495人。

【社有经济发展】 严格按照《宜兴市供销系统社有资产租售管理办法》管理资产，对系统内南虹商场、物资回收公司仓库、市总社办公楼部分办公室等资产通过市招投标中心进行公开招租。为提高社有资产的整体质量，修缮市供销总社办公大楼、芳庄供销社、徐舍云溪商厦等28处资产，面积6800平方米。重视参股企业管理，对参股的无锡市天信农资有限公司、中合华惠农村小额贷款有限公司等企业开展定期走访调研，帮助参股企业化解发展困难和制约瓶颈，推动参股企业发展。

【现代农业综合服务中心建设】 根据《无锡市现代农业综合服务中心建设意见》要求，以促进农业增效、农民增收为目标，围绕解决“谁来种地，怎么种地”的问题，整合资源建立市天信现代农业综合服务中心、市和桥现代农业综合服务中心。严格按照建设标准，中心内农药化肥、种子超市、庄稼医院、农机维修中心、综合服务大厅等一应俱全，农业社会化综合服务工作得到稳步推进。开展“田保姆”式农作物托管服务，为农民提供农资配送、育秧栽插、施肥除草、统防统治、机耕机收、运输烘干等服务。年内，农业综合化服务面积3.3万亩，比上年增加1000亩，整体保持稳中求进、良性发展的态势。

【农业生产保障】 围绕保障全市粮食安全生产，做好农资保障供应工作。按照农资行业的特殊要求和安全生产体系标准，实行统一采购配送、经营管理、标识品牌、质量标准、服务规范。年内，系统农资化肥供应总量6.07万吨，比上年增长40%；销售总额1.16亿元，比上年增长30%。中国"农一网"宜兴工作站把农药直接配送到田头，减少了中间流通环节，为农民减轻生产成本55万元。提供网上农资产品直购，全年直销农药价值120万元。发挥运输服务优势，在农忙时节组织合理调配运输车辆，保障农资下乡进村渠道通畅。

【农民专业合作社发展】 深入开展全市农民专业合作社走访调研，重点选择规模化种养、标准化生产、品牌化建设、规范化管理的合作社，择优确立一批市场发展前景良好、带动作用明显、影响力和知名度较高的农民专业合作社作为项目建设的重点单位，领办、新办农民专业合作社15个。组织部分系统内农民专业合作社参加2016海峡两岸名优农产品展销会，提升本土农特产品影响力和知名度。帮助农民专业合作社解决发展资金制约，中合华惠农村小额贷款有限公司、华惠三农贷款担保有限公司分别为农民专业合作社贷款1.2亿元和担保资产3540万元。

【农村电子商务加速推进】 1月，由全市130多个农村电商企业、农民专业合作社、农户等发起成立宜兴市农村电子商务协会。年内，协会组织举办农村电商带头人培训班6期，培训人员350人。9月，"中国特产·宜兴馆"在京东网开馆；10月，"特色中国·宜兴馆"在淘宝网上线运行。两馆整合宜兴特色农产品，并帮助商家建立互联网营销平台，打造农产品电子商务服务平台，两馆平台全年销售额2480万元，将宜兴的特色优势产品和旅游资源推向全国。宜城、官林、和桥等7个电子商务服务所全部建成运行，各基层社电商店均上线交易。

（殷明）

石油贸易

【概述】 市商务局加强成品油市场运行监测，强化市场监督检查，保障成品油市场供应。至年底，全市有成品油经营企业163个，其中批发企业5个、加油站（点）158个。加油站（点）中，按经营状态分，在业129个，非在业29个；按企业性质分，外资企业15个，全民企业69个，民营企业68个，集体企业4个，个体2个；按位置信息分，城区型26个，镇（街道）型104个，网点型5个，岸基型4个，公路型4个，加油船15个。中国石油天然气集团公司（以下简称中石油）、中国石油化工集团公司（以下简称中石化）、英荷皇家壳牌集团分别在宜兴有加油站（点）34个、32个、15个。全年销售成品油34.6万吨，比上年下降0.3%。其中：批发8.2万吨，比上年增长12.3%；零售26.4万吨，比上年下降4%。全年销售汽油18万吨，比上年增长7.1%；柴油16.6万吨，比上年下降6.7%。

【成品油管理水平提升】 创新管理模式，顺应管理信息化趋势，适应行政审批试点改革需求。建成成品油信息管理平台，可实时查询企业数字化信息档案，并首度实现网上电子年检。增强规划编制针对性，结合全市城乡道路建设、新居民区、景区配套需要，实地勘察"十三五"期间拟设网点，从源头上优化分销体系，年内完成4个发展网点规划。推进加油站改造，围绕大气污染联防联控、危化品安全整治、文明城市创建、地下水防治等工作，全年改造加油站（点）30多个。创新行业经营模式，部分企业通过拓展非油品业务、引进电子商务手段、以特许经营方式与中石化开展轻资产合作等方式，大幅提升加油站（点）经营水平。

（陈康）

盐业专营

【概述】 江苏省苏盐连锁有限公司宜兴分公司全年供应盐产品1.76万吨，其中供应小包装食盐5701吨、小工业盐（含食品加工用盐）9703.6吨；全年销售收入5264.43万元、利润495.15万元。全年查处盐业行政违法案件49件，查没盐产品3.34吨，罚款7850元，发放行政指导提示书190份。开展专项行动8场（次），联合市公安局、卫计委等部门开展联合执法行动7场（次），开展大型广场宣传8场（次），进社区、农贸市场宣传减盐行动35场（次）。全年未发生食盐安全事故，未发生行政复议与诉讼案件；未收到盐政执法投诉案件，收到盐业市场管理服务性投诉、咨询4起，处理结果均得到咨询人的满意评价。全市碘盐覆盖率、碘盐合格率、合格碘盐食用率（以下简称碘盐"三率"）均达到全省食盐放心消费创建标准。宜兴市盐务局被评为全省盐业行政管理工作先进单位。

【食盐市场综合监管】 加强对食盐流通环节和行业用户的监管，提高碘盐"三率"水平。加大对食盐的运输、批发、零售环节，以及餐饮企业、食品副食品加工企业的日常巡查力度。以行政指导提示书为载体对部分食盐零售单位和用盐单位进行盐业法规宣传，坚持预防为主减少盐业违法案件的发生。加强对工业盐、工业副产盐的监管，严格控制流向。对市内2个工业副产盐生产企业坚持定期上门走访，掌握盐产品的确切流向，督促生产企业严格执行备案制度，从源头上控制住非法盐产品流入食盐市场的风险。加强和完善市场监管网络，及时掌握市场动向，组织实施食盐安全监督网络与营销网络的共建共享，每周召开盐政、营销交流例会，及时沟通市场信息加强市场管理。加大边界地区食盐市场稽查力度，及时反馈边界村镇和农贸市场食盐市场信息，协调公安、市场监管等部门在治安卡口有针对性地排查外省市的冲销盐。

【食盐市场专项整治】 坚持“打、防、管、控”相结合，对省际边界乡镇、城郊结合部、农副产品加工集散地等涉盐违法案件高发地区开展不定期专项整治，坚持日常巡查和专项执法相结合。组织开展元旦、春节、五一、端午、中秋、国庆及“雷霆行动”等专项执法行动。加强与各职能部门合作，对重点地区、重点环节开展专项执法，提高市场监管的合力。结合全市盐业市场实际开展专项执法，针对全市饲料企业较多、有个别不法企业或商贩向饲料企业上门推销饲料添加剂氯化钠做为饲料用盐的情况，适时开展饲料用盐专项检查活动，检查饲料加工企业15个，整治后所用登记在案饲料加工企业均从市盐业公司购进饲料用盐。不断完善边界执法协作机制，持续开展与接壤县市的盐政管理协调沟通工作，不定期开展联合执法行动。主动联系接壤边界县市盐务局开展边界地区食盐安全联合执法行动，全年与邻省市单位联合执法3次。

【盐业法规宣传】 加强盐业法规宣传，营造“人人关心食盐安全、人人维护食盐安全”的良好氛围。结合日常监管开展盐业法制宣传工作，在对零售终端、行业用盐户和工业盐生产企业开展日常巡查的同时，对经营者进行盐业法规规章宣传，提升其守法意识。对盐业违法案件多发的区域，有针对性地开展食盐安全访万家活动，全年累计走访家庭600个。以“3·15”国际消费者权益保护日、“5·15”防治碘缺乏病日为契机开展食盐安全科普知识、防治碘缺乏病、全民减盐等相关宣传工作。宣传盐政执法典型案例，在《宜兴日报》刊发盐业法规、食盐小知识，在宜兴电视台全频道投放游动字幕宣传减盐行动、盐业知识。

【学校食堂食盐监管】 根据省盐务管理局《关于开展全省幼儿园、中小学、中高等院校食盐安全专项检查走访活动的通知》，为加强对学校食堂的食盐监管，市盐务局与教育局协调开展专项检查。9月，开展为期一周的全市学校食堂食盐专项检查，执法人员检查食用盐使用情况、台账记录，现场用碘剂检查食盐，核实食盐进货渠道。向学校管理人员及食堂责任人普及盐业法律法规和食盐安全知识，各学校填写《学校食堂用盐基本情况表》，并签订《食盐安全承诺书》，保障了全市学校食堂用盐安全和师生饮食安全。

【食盐质量监管】 维护食盐生产、流通秩序，强化食盐质量监管工作。积极配合市卫计委、省盐业质检站等部门对盐业批发企业的食盐质量抽查，发现抽检食盐存在质量问题，第一时间向无锡市盐务局报告。加强对配送中心购进食盐质量的监管，将市内每批次食盐质量合格证明报送盐政部门备案。对查出存在质量隐患的食盐，退回生产企业，对实现销售的实施追回，杜绝问题食盐流入市食盐市场。为确保食盐质量安全，严格检验全市210批(次)食盐，检测结果全部合格并上报市食品安全委员会。节假日期间，做好各项应急处置准备工作，重点加强对食盐批发企业库存食盐的检查，及时补充必要库存量，并加强食盐的调配、运输、配送等衔接工作，确保普通食盐充足、有序供应。

（陈宫）

烟草专卖

【概述】 适应经济发展新常态，保障卷烟市场健康运行，在卷烟销售数量比上年略有下降的情况下利税保持增长。全面推开市场化取向改革，卷烟订货启用全省统一的卷烟营销网上平台。全年实现利税5.88亿元，比上年增长4.3%；上缴税收8124.1万元，其中国税7106万元、地税1018.1万元。市卷烟结构(条均价)每条163.31元。市烟草专卖局蝉联江苏省文明单位，创建成无锡烟草系统首个“江苏省五星级档案”单位，QC(质量控制)成果获江苏省质量管理协会评比二等奖。

【卷烟市场监管】 坚持依法行政，打击售卖假烟、走私烟，打击卷烟非法流通，强化与毗邻市、县联合执法监管合作机制。先后开展“冬季会战”“闪电行动”等卷烟市场专项整治行动，保护零售户和消费者的合法权益，卷烟市场秩序进一步规范。全年查获涉烟案件436起，查获违规卷烟1204.5件，收缴罚没款89万元，两次受到省烟草专卖局通令嘉奖。规范和约束执法行为，对现场执法、查办案件进行全程录像。落实烟草专卖零售许可证的后续监管措施，依法规范许可，严格动态管理。持续宣传烟草专卖法律法规，保证卷烟零售店不向未成年人售烟。结合日常执法稽查和客户服务，利用“3·15”消费者权益日、“12·4”法制宣传日加强对服务对象的宣传教育和知识普及。

（朱旭军）

拍卖业

【概述】 规范拍卖备案，全市拍卖企业按照拍卖前后的备案要求，使用规范统一的文书格式，按时到市场监督管理部门备案。规范拍卖行为，全市拍卖企业均按照《中华人民共和国拍卖法》《拍卖监督管理办法》要求，认真审核委托人的资格及拍品的条件，拍卖过程按规范程序操作。全市全年未发现拍卖行业存在违章违法行为，拍卖市场比较平稳。全市有拍卖企业12个，注册拍卖师21人。全年拍卖企业申报拍卖备案66次，委托拍卖合同66份，委托拍卖金额1.07亿元，拍卖成交确认书393份，成交金额7918.17万元。全市拍卖行业拍卖标的物总价比上年减少，且单体金额不大。拍卖资产大多是自然人及私有企业所有，国有、集体资产占比比上年有所减少。由于市人民法院司法拍卖在淘宝网有线上交易，全年拍卖总标的物金额比上年下降82%。以房产为标的的拍卖活动较多，国有与集体等房产租赁和出卖占拍卖比例较高，成交额占总成交额的30%左右。

（周士明　顾良松）

物流和邮政业

【概述】 全市物流业稳中有进，全年全社会物流总额3816亿元，比上年增长4.7%；完成物流业增加值76.3亿元，比上年增长4.7%；货物运输量平稳增长，交通运输、仓储及邮政业完成增加值21.25亿元，可比价比上年增长3.2%；完成全社会货运量3811万吨、货运周转量30.79亿吨千米，分别比上年增长2.9%、2.8%；实现港口吞吐量3536万吨，比上年下降14.4%。中国邮政集团公司江苏省宜兴市分公司（以下简称市邮政公司）全面推进村级电商服务站和邮政便民服务站2个综合服务平台建设，成立宜兴邮政电子商务运营中心，至年底累计建立村邮站229个，发展邮掌柜加盟店402个。市邮政公司全年完成业务总收入2.51亿元，比上年增长15.6%；代理金融类业务收入1.64亿元（不含邮政储蓄银行业务收入），比上年增长7.89%；邮务类业务收入7613.96万元，比上年增长28.5%，其中函件业务、发行业务、集邮业务、包裹快递业务、信息业务、分销物流业务收入分别为1460.77万元、1525.52万元、1499.28万元、2104.9万元、577.4万元、446.06万元。为加强邮政包裹快递业务的发展，实施小包揽收线路的全部外包，成立宜城、丁山、官林、和桥4个营揽分部。7月，为加快邮政业务的转型发展，更好地适应市场竞争的需求，将7个营业分局整合为5个。

【物流企业日趋分化】 年内，全市物流企业两极分化日趋明显。无锡汇全物流有限公司继续延续良好发展势头，实现物流主营业务收入7.46亿元，比上年增长20%。三木运输有限公司、华顺物流有限公司分别实现物流主营业务收入5445万元、3092万元，分别比上年下降3.3%、13%。宜兴市旺达物流有限公司全年完成口岸进出总箱量7262标箱，比上年下降11%。

【物流业重点项目有序推进】 无锡汇全物流二期工程、林凯物流基地二期工程、中央储备粮宜兴库等项目被列为2016年市定重点服务业项目。汇全物流二期工程占地6公顷，是集生鲜农产品储藏、冷链物流、第三方冷链承租为一体的综合性服务园区，主体工程建筑面积3.3万平方米，项目总投资2.5亿元，年底进入工程建设阶段。林凯物流基地二期工程用地面积4.76公顷，主要建设停车场、物流仓储用房等附属设施，新增车辆、物流信息系统等设施，总投资1亿元，年底进入浇筑场地阶段。宜兴国家粮库储备分库杨巷粮库用地面积3.33公顷，总建筑面积1.44万平方米，主要建设库房9幢、办公楼1幢、烘干附属用房及相关配套设施，总投资5004万元，年内工程建设完成。宜兴新兴锆业有限公司与新加坡普洛斯集团在“秋洽会”上对接并签约，计划投资5000万元，在徐舍镇新建物流产业园。

【特色邮局建设加快】 依托地方文化特色，年内市邮政公司先后成立“学生驿站”邮局、紫砂邮局、爱情邮局三大主题邮局。“学生驿站”邮局设在宜兴中等专业学校，以“阅读文化、集邮文化、书信文化”为特色，将校园文化和书信文化、邮文化相结合，融合销售明信片、邮品、书刊、包裹代收代投快递等服务。紫砂邮局设在宜兴丁蜀镇陶瓷城，作为全国第一所以紫砂为主题的邮局，将邮文化和紫砂文化融合，推出与紫砂文化有关的明信片、个性化邮票等，为传承、推广紫砂文化提供了新平台。爱情邮局位于宜兴善卷洞风景区，营业面积近200平方米，集邮局服务和善卷洞风景观光、文化、休闲于一体。8月，以爱情邮局为场地，市邮政公司联合善卷洞风景区举办“浪漫七夕 爱在善卷洞”七夕节活动，开展《相思鸟》邮票、《笔墨为邻之执子之手》邮册发行及情侣重走爱情路等子活动。

【邮政新媒体业务发展】 9月，市邮政公司在政务、商超、汽车、房产、旅游五大行业8个单位拓展新媒体业务，实现收入25万元，曝光量358万次。其中，市文明办的创建文明城市宣传推广朋友圈广告项目，面向全市54万微信用户分3次投放，均次覆盖50万人次，实现全省县级局五个“第一”，即实现全省跨区域投放第一单，第一个实现趣赢平台答题发放红包，第一个实现政务类市场开发，全省县级公司新媒体业务收入第一，全省县级局绑定客户数第一。

【邮政网运支撑流程不断优化】 完成网运系统升级改造，年内，市邮政公司在投递业务上全面启用PDA（个人数字助理）智能终端，取消纸质排单，实现进出口邮件PDA扫描接收，网点无纸化交接工作，从源头上杜绝下行邮件有信息无实物的丢包现象。在全市建立2185个监控点，利用PDA建立邮路监控点，监控投递员关键点到达情况；利用PDA接收、反馈邮件，加快邮件内部处理时间。新增自动皮带机1台、扫描枪8把、大型笼车10辆。扩大快递包裹省内次日递范围，新增组开二频次邮路，实现当日进口的省内次日递全部下行所有网点，并实现15:30以前进口的当日投递工作。

【新邮首发活动】 3月，为庆祝中国邮政开办120周年，市邮政公司举办“百年邮政 感恩邮您”《中国邮政开办一百二十周年》纪念邮票首发仪式暨宜兴邮政高端VIP客户高端文化品鉴答谢活动。4月，配合市委宣传部、市图书馆等单位在市图书馆举办第四届“书香宜兴”读书节暨《全民阅读》特种邮票首发式。5月，在吴冠中艺术馆举办《我从江南走过》主题活动，由《中国古镇（二）》新邮首发、名画邮册《我从江南走过》发行、吴冠中“宜兴那么美之宜兴小镇”油画展览三部分组成。

（熊颖婷　张文韬）

编辑　王雅

农业·农村
AGRICULTURE·VILLAGE

综　述

【概述】 全年农业总产值86.57亿元，比上年下降3%，其中农业50.68亿元、林业3.5亿元、牧业7.16亿元、渔业17.86亿元。粮食播种面积89.31万亩，总产量37.05万吨。农林牧渔增加值53.13亿元，比上年下降4.1%。全市新增高标准农田1.5万亩，总面积达51.79万亩，占全市耕地面积的65.2%。新增高效设施农业（渔业）面积1.57万亩，总面积达20.97万亩，占全市耕地面积的25.5%。有效保护农业生态，推广测土配方施肥技术，实施畜禽养殖污染治理工程，强化农业废弃物“三化”（减量化、无害化、资源化）利用，开展绿色生态屏障建设，全年测土配方施肥应用面积达44.8万亩（次），关停拆除禁养区455个畜禽养殖场，新增成片造林面积4000亩，保护和修复湿地1000亩，松材线虫病防治实现病死松树数量和发生面积“双下降”，未发生重大森林火灾，畜禽粪便、农作物秸秆等农业废弃物有效管控。农产品质量提升，农产品抽检合格率达99%；新增“三品”（无公害产品、绿色食品和有机农产品）农产品128种，种植业“三品”占全市农产品总量的42.2%；动物产地检疫、屠宰检疫监管到位，未发生重大动物疫情。推进农业园区建设，全市七大园区投入资金2.02亿元，引进项目14个，农业园区化率达48%。农业龙头企业稳中向好，新增无锡市级农业龙头企业17个，全市58个无锡市级以上农业龙头企业实现销售收入83.3亿元。启动国有林场改革工作，市政府出台《宜兴市国有林场改革实施意见》。宜南山区资源开发力度加大，休闲观光农业亮点频现，篱笆园、绿缘山庄创建成全国五星级休闲农业与乡村旅游企业；西渚镇白塔村被评为中国美丽休闲乡村；湖㳇镇张阳村获得全国花卉盆景“一村一品”示范村称号，以宁杭高速为起点、阳羡茶产业园为终点的休闲农业观光线路被评为江苏省休闲农业精品观光线路。承办江苏省第十七届“陆羽杯”名特茶评比活动，首次在南京举办宜兴名特优农产品展销专场。宜兴市创建成为全国农村一二三产业融合试点县。

【新型职业农民教育培训资源优化】 市农林局按照年度培训计划和省级下达任务，合理配置培训资源，与宜城、高塍、丁蜀3所成校签订培训协议。优化培训课程，结合当前网店平台发展的新趋势，开展电子商务实用技能培训，强化培训针对性，培训中突出新理念、新技术、新模式的应用。创新培训方式，通过外聘专家讲师、组织现场观摩、外出考察相结合的方法，提高培训质量，全年培育新型职业农民5462人，全市累计新型职业农民占农业从业人口的比重达45.59%。

【农业科技推广】 实施科技入户工程，在粮油、蔬菜、茶果、畜禽、水产5大产业推广新技术20个。重视良种引进、选育和推广，全年推广良种50个，全市粮油作物良种覆盖率达95%以上。加强智慧农业发展，为杨巷远望果蔬专业合作社等6个单位提供大棚果蔬（花卉）、畜禽养殖物联网技术支持，江苏同人科技有限公司大棚智能化生产管理系统，被江苏省农委确定为省级农业物联网示范点。完成竹海物联网智能防火系统建设工程。宜兴市被农业部确定为全国农业物联网创新应用示范基地。

【强农惠农资金专项整治】 7月1日，农业部召开全国农业系统强农惠农资金使用突出问题专项整治工作视频会议后，市农林局立即落实相关问题的自查自纠工作，开展强农惠农资金使用突出问题专项整治行动，对历年特别是中共十八大以后的强农惠农政策落实情况进行全面梳理和清查，及时纠正“三项补贴”（良种补贴、种粮直接补贴、农资综合补贴）台账不规范、公示不到位，生态公益林补偿资金发放程序不严谨、使用不规范等问题；对7个因顶层设计缺陷而无法按标准实施的项目提出取消项目的申请；督促5个单位对项目建设中存在的问题进行整改，进一步强化各级对农林项目建设的规范化意识。9月，宜兴市的强农惠农资金使用突出问题专项整治行动得到省考评组好评。

【农业受灾情况严重】 受上年遭遇秋播连续阴雨、冬季极端低温寒潮侵袭和秋种质量不高影响，全市小麦和油菜生产呈现种植面积和单产水平双减局面。全市夏收小麦面积43.75万亩，亩产301.2千克，分别比上年下降1.69%、21.36%。夏收油菜面积2.92万亩、亩产148千克，分别比上年下降5.16%、2.63%。3月，受持续低温、阴雨影响，导致茶叶、早熟果品产量减少、质量下降、

茶农机械化采茶　　（仇洪生　摄）

价格降低，全年茶叶产量6119吨，比上年下降3.3%。6月下旬至7月上旬，全市遭遇历史最大洪水，稻田受灾面积18.7万亩，绝收4.27万亩；水产受灾面积11.04万亩，绝收3.12万亩；蔬菜受淹面积9.5万亩，绝收1.5万亩，直接经济损失8.5亿元。秋收时期，再遭连续降水，成熟期降水致绝大部分田块出现“穗发芽”，导致稻米产量和品质“均下降”；秋播期降水严重影响秋播质量，弃种面积达8.73万亩，为近20年来最多。全年粮食总产量为37.05万吨，比上年下降21.7%。

（章鹤）

林特产业

【概述】 全年林特产业总产值13.46亿元。茶园面积7.49万亩，茶叶产量6119吨，比上年下降3.3%。果树面积10.6万亩，其中水果5.5万亩、干果5.1万亩。果品总产量2.38万吨，比上年增长5.1%；总产值3.18亿元，比上年增长6%。林业生产通过森林抚育、林业种苗产业发展，实现总产值3.5亿元。有效控制林业有害生物，完成“松材线虫病发生面积及死亡株数双下降”任务。全年发生森林火灾3起，过火森林面积6.9亩，受害森林面积5.2亩，未发生大的森林火灾和人员伤亡事故。市林场和大贤岭林场两大国有林场继续深化生态文明体系改革，落实公益林管护责任，全年经济收入1041.05万元。

【“陆羽杯”名特茶评比】 4月，江苏省第十七届“陆羽杯”名特茶评比颁奖仪式在宜兴竹海国际会议中心召开。“陆羽杯”名特茶评比每两年举办一届，是对全省茶叶品质的一次检阅，也是省内最专业、最权威的茶叶评比活动。该届“陆羽杯”名特茶评比收到全省产茶县市选送茶样196个，其中宜兴市选送茶样72个，占全省总茶样数量的36.7%。经专家评审，评出特等奖47个、一等奖69个，其中宜兴市茶样获特等奖21个、一等奖23个，特等奖和一等奖数量均位居全省第一，进一步夯实宜兴茶业在全省的领先地位。

【标准园艺园建设】 贯彻落实农业调结构、转方式发展要求，提升园艺业质量效益和市场竞争力，大力推进标准园艺园建设。年内，无锡市项珍生态农场有限公司、江苏南山坞生态农林有限公司、宜兴市徐舍镇我家后院家庭农场实施部级园艺作物标准园创建项目。为提升园艺产品的质量水平，3个标准园建设单位严格实施标准化的生产模式，农业品牌效应逐步凸显，有效推进园艺产业向“规模化种植、标准化生产、商品化处理、品牌化销售、产业化经营”发展。

【“宜兴红”国家地理标志证明商标推介】 宜兴红茶（以下简称“宜兴红”）是宜兴茶产业的标志性产品之一。全市红茶年产量2300多吨，占茶叶总产量的近40%。为更好地扩大宜兴红茶知名度，市农林部门专门定制“宜兴红”商标，以宜兴简称“宜”字为设计形态基础，使之具有鲜明的地域指向性。为扩大“宜兴红”品牌知名度，市农林部门利用《今日头条》手机APP和素博会期间户外广告、高炮广告等宣传“宜兴红”商标标识及“宜兴红·红茶中的经典”宣传语，并积极推进向国家工商行政管理总局商标局申报“宜兴红”地理标志证明商标的申报工作。

【林业有害生物普查】 2015—2016年，全市林业有害生物普查工作通过15次的全面普查和100多次区域性踏查，取得丰硕成果。全市林业有害生物普查取得样本3万余个，拍摄记录原始照片5万余张，鉴定昆虫种类1000余种、病害种类500余种、有害植物50余种，制作虫害标本1000余个、病害标本500余个、有害植物标本100余个。通过普查，发现杨梅干腐性溃疡病、红心猕猴桃细菌性溃疡病和碧桃锈病等新出现病害，掌握香樟、杨树、毛竹、茶叶、板栗等主要绿色树种和经济林病虫害的种类、分布及发生规律。建立林业有害生物数据库，提供全市林业病虫害的预测预报和综合防治工作的科学依据，提升林技人员对林业有害生物识别与防治的能力。

【周铁千年古银杏获评江苏最美】 周铁千年古银杏树为国家一级古树，树高23.7米，根部直径1.44米，树冠遮阴面积达500多平方米。相传195年，孙权母亲为纪念孙权15岁到宜兴任阳羡长，代行奉义校尉，亲手栽下该树。该树现为江苏省现存树龄第三长的名木古树，虽屡经兵火战乱，但依旧风采迷人。11月，在邳州市举办的第四届中国银杏节上，宜兴市周铁镇老城隍庙前的千年古银杏获评江苏最美银杏(全省共10株)。

（章鹤）

种植业

【概述】 由于遭遇历史罕见的灾害性天气，全市粮油生产因灾减产减收，特别是粮食生产在上年实现“十二连增”的基础上，出现明显滑坡。全年粮食播种面积89.31万亩，粮食总产量37.05万吨，亩产414.8千克，分别比上年下降10.7%、18.7%和12%。蔬菜因上年冬缺较为突出致价格坚挺、效益提升，尽管受洪涝灾害致总产量有所下降，但全年总产值仍保持上扬。蔬菜播种面积32.98万亩，比上年增长2.58%；总产量52.36万吨，比上年下降1.19%；总产值10.31亿元，比上年增长5.74%。全市保护地栽培面积6.44万亩，比上年增加943亩。其中，大棚面积1.77万亩，中、小棚面积1.71万亩，地膜覆盖面积2.95万亩，分别比上年增加568亩、211亩和164亩。全市喷滴灌面积0.5万亩，遮阳网、防虫网覆盖栽培面积1.2万亩，分别比上年增加982亩和586亩。持之以恒推进优质农产品产地建设和“三品”建设，全年新增“三品”农产品128种，其中无公害食品101种、绿色食品27种，全市“三品”农产品总数达518个，种植业“三品”产量占种植业总产量的42.2%。绿色植保专业化服务组织向专业化、一体化转变，全市粮食作物病虫害统防统治覆盖率达59.5%。

【新惠农政策落实】 根据国家“三项补贴”改革相关政策，将原来“粮食直补”“农资增资补贴”“良种补贴”合并为“农业支持保护补贴(耕地地力保护)”，并确定补贴计发依据(即全市范围内二轮承包耕地中粮食种植面积)与补贴标准(每亩118元)。全市农业支持保护补贴涉及农户15.8万户，发放补贴资金7598.5万元。结合小麦赤霉病防治，完成全市225个行政村(社区)、14.16万户农户、41.64万亩小麦“一喷三防”(在小麦生长期使用杀虫剂、叶面肥等混配剂喷雾，达到防病虫害、防干热风、防倒伏的技术措施)叶面肥补助实施工作，组织下发叶面肥28.24吨，涉及补助资金48万元，全市小麦“一喷三防”补助政策实现全覆盖。

【粮食绿色高产高效示范片建设】 以粮食绿色高产高效创建绿色生态环保、资源高效利用、提高生产效率为目标，全年建设粮食绿色高产高效示范片17个，其中部省级小麦5个、水稻8个，市级水稻4个，涉及14个镇(街道)。在建设区域内高标准建设核心示范片34个，其中小麦核心示范片10个、水稻核心示范片24个。通过粮食高产增效创建实施区推广绿色增产模式，培育高产高效典型，对定点田块小麦、水稻现场实割实测，结果显示，小麦实产为每亩451.2千克、水稻实产为每亩816千克。在全年气候条件不利的情况下依然保持粮食产能的高水平，创建工作取得成效。

【蔬菜规模基地特色凸显】 全市蔬菜规模基地不断壮大，呈现出“数量增多、规模扩大、特色凸显、效益提升”的发展态势。徐舍镇水生蔬菜发展迅速，面积近7000亩，成为徐舍蔬菜的一大特色。周铁镇下邾村新建200亩马兰基地。万石镇水芹，徐舍镇芦笋、白芹，周铁镇番茄等特色基地品牌知名度不断扩大。江苏绿地农业科技发展有限公司实施“以产计酬”管理模式，大幅提高生产效率，实现公司效益和农民收益双赢。全年新增规模基地9个、面积1000多亩，扩建规模基地7个，新增面积均在50亩以上。至年底，全市有50亩以上规模蔬菜基地(大户)107个，面积1.6万多亩。

【农业病虫草害防治】 全年受气候影响，种植业病虫害发生情况总体偏重。市农林部门广泛开展田间调查，做好各类药剂对比试验、强化粮油作物病虫草害预测预报工作。利用手机短信平台，使重要病虫信息及时传达到乡镇农技人员、专业化组织、种田大户等群体。推进以农业统防统治为主要形式的防治手段，逐步扩大高效低毒低残留生物农药等绿色防控覆盖面。全年开展粮油作物病虫草害防治面积384.4万亩，全市粮食作物病虫害统防统治覆盖率达59.5%，高效低毒低残留农药施用面积占比达79.8%。

【“三品”农产品】 按照“大力发展无公害农产品，稳步发展绿色食品，适度发展有机食品”的原则，提升“三品”农产品占比。全年新增无公害农产品101种，新增产量19.4万吨；新增绿色食品27种，新增产量8600吨。全市累计有“三品”企业190个，“三品”产品518种，总产量52.1万吨。其中，种植业“三品”总产量48.9万吨，占全市种植业总产量的42.2%。全年完成无公害产地认定63个，其中无公害种植业产地55个(8.4万亩粮油、0.4万亩蔬菜)，无公害畜禽产地8个。

（章鹤）

养殖业

【概述】 以生产安全、食品安全为目标，实现产业升级转型、养殖区域合理布局、生产模式革新转变。全市畜牧业总产值7.16亿元，比上年下降2.5%，拥有规模猪场343个、规模禽场138个。全市存栏能繁母猪1.13万头、生猪10.69万头、家禽239.38万羽、山羊1.55万头、家兔3.11万只、中蜂1990箱。落实防疫责任，部署基础免疫，组织开展疫情监测，严格动物流通管制，实行网格化管理，提升疫病防控绩效。开展产地检疫和屠宰检疫，全年免疫生猪88万头(次)、家禽446.8万羽(次)、牛1102头(次)、羊3.08万头(次)，产地检疫生猪20.4万头、屠宰检疫生猪41.8万头、检测瘦肉精3.2万份。水产养殖积极引进新品种、新技术，强化疫病监测预警和用药指导。全年新增设施渔业面积4700亩，各级水产品监督抽检合格率均达

100%。全市水产养殖面积20.41万亩，其中成蟹养殖面积12.56万亩、常规鱼养殖面积7.8万亩，全年渔业生产总值17.86亿元，比上年下降0.3%。为防止H7N9流感蔓延对公众健康构成威胁，维护公共卫生安全，市政府发布《关于暂时停止市辖区活禽交易的通知》，从2016年12月31日零时起，全市范围暂停各类活禽交易，关停活禽批发市场、农贸市场活禽经营屠宰点、有固定场所的活禽经营点、各类花鸟市场活禽和野生鸟类交易等。

【生猪屠宰行业清理整顿】 根据省《关于加强畜禽屠宰行业监督管理工作的意见》，加强对畜禽屠宰行业的监督管理，全市关停不合格的生猪屠宰企业4个，严厉打击私屠滥宰等违法违规行为。4个成规模、有资质的生猪屠宰场承担全市肉品市场供应任务，从根本上改善和规范了生猪屠宰市场秩序。

【"宜兴大闸蟹"开启"速运模式"】 宜兴市拥有河蟹养殖面积13万亩，年产量近1万吨，年产值达8亿元，是水产业的重要支柱。为扩大"宜兴大闸蟹"品牌知名度，助推养殖户抱团协作，10月，由市水产协会牵头，宜兴大闸蟹开启"冷链速运模式"。通过与顺丰集团合作，在宜兴大闸蟹生产者和消费者之间架起一条快速通道。为保证产品质量，推行二维码质量监管新举措，统一在螃蟹包装上贴上带有二维码的"宜兴大闸蟹"标签，消费者只要用智能手机扫一扫，即可查询到产品的价格、产地、养殖者，甚至连投喂的饲料、用药等相关信息也能查询到。

【渔业科技入户APP应用】 近年，宜兴市开展渔业科技入户工程，以科技入户专家、指导员和示范户能力建设为核心，建立健全服务结对机制。技术指导员按分工深入示范户家中、塘口，面对面、手把手地传授渔业科技知识，养殖效益逐年提升。2015年，在渔业科技入户工作的基础上，宜兴市创新科技入户工作，研发出"渔业科技入户"手机APP及相应的网络客户端。2016年，为加快把科技成果及时转化为生产力，促进渔业发展，在全市渔业科技指导员中推广该手机软件。渔业科技指导员只要下载该软件，就可掌握最新水产养殖技术要点，还能查看水产品育苗、养殖等过程，实时在线监测水质、PH值、溶氧情况等数值。渔业科技入户手机APP还集成疾病远程诊疗体系，一旦养殖户的水产品出现问题，渔业科技指导员就可通过该款手机APP，把染病样品情况报告给相关专家，专家可实现远程施诊，节省人力和物力成本，为养殖户降低损失。

（章鹤）

2016年度"宜兴大闸蟹"金秋上市发布会的蟹品展示　（市农林局　提供）

粮油饲料业

【概述】 全市粮食系统大米、面粉、油脂、饲料产业体系完备，有粮油饲料工业、流通企业14个，其中大米加工企业3个、面粉加工企业2个（含外商独资企业1个）、油脂加工企业1个、粮食机械制造企业1个、运输企业1个、房产企业1个、流通企业5个。全市粮食系统有在职职工360人，国有资产总额13.67亿元，国有固定资产净值1.25亿元。全市全年生产大米11.8万吨、面粉27.3万吨、油脂1.1万吨。全年粮油工业销售收入18.3亿元、工业增加值2.08亿元、工业利税8500万元、利润7218万元。重视特色和知名品牌培育，全市有无锡市级以上品牌和著名商标10个。其中，"隆元"牌有机大米、"金像"牌面粉为中国名牌产品，"美玫"牌（面粉）、"金法高"牌（面粉）为江苏省著名商标。

【南顺面粉厂搬迁项目启动】 江苏南顺面粉有限公司前身为国营宜兴面粉厂，于2003年被香港南顺集团收购，成为港方独资企业，是该集团在华东地区设立的首个高端专用面粉基地，是省农业产业化龙头企业，其产品在面粉行业享有盛誉。近年，该公司规模不断扩大，原有的厂区规模和地理位置已不能满足企业发展需要。经市政府协调，公司将整体搬迁至新庄街道工业集中区，新厂占地约60亩。2016年11月，市粮食局和香港南顺集团签约，启动江苏南顺特种粉（搬迁）项目。

【大米公司蝉联全国粮油企业50强】 宜兴粮油集团大米有限公司（以下简称大米公司）创始于1997年，隶属于宜兴市粮食局，是江苏省农业产业化重点龙头企业，集粮食种植、加工、经营于一体。注册资本1520万元，拥有精米生产线4条，日处理稻谷750吨，仓储规模2万吨，主要产品为“隆元”牌系列精制大米及稻米副产品等。公司是中国粮食行业协会大米分会常务理事单位，江苏省粮食行业协会理事单位。2002年后，“隆元”牌特等晚粳米被评为全国“放心大米”、江苏省名牌产品，“隆元”商标被评为江苏省著名商标，并先后通过了ISO 9001:2000质量管理体系认证，ISO 14001环境管理体系认证，HACCP食品安全管理体系认证。2003年，大米公司建立“隆元”牌有机大米种植基地，2015年，大米公司在太华镇建立200亩富硒米种植示范基地，产品含硒量达0.13%，达到江苏省富硒大米的企业标准。大米公司瞄准市场需求，发展“订单农业”，实施基地、收购、储存、加工、销售产业链一体化生产。2016年，中国粮食行业协会发布2015中国粮油加工企业50强名单，大米公司连续两年名列其中，为无锡地区唯一入围企业，排名也从第47位上升为第26位。

【粮食仓储建设】 年内根据省粮食局对省“十三五”规划库点项目的完善调整，市粮食局将原有9个规划库点的布局规划调整为10个库点。致力搭建全市粮食智能监管平台，打造“数字粮库”，全年完成“数字粮库”建设项目6个，升级改造杨巷粮库、新庄粮管所的智能化粮库项目。其中，杨巷粮库是经国家粮食局、国家发改委批准的中央资金支持项目，设计总仓容5.75万吨，预算总投资6427万元，用地面积50亩，于2015年11月中旬开工建设，2016年5月完成主体施工，并在夏粮收购中正式投入使用，全年入库地储小麦1.81万吨，有效缓解全市夏收仓容不足的突出矛盾。

【放心粮油消费格局基本形成】 市粮食局在全市开展“创建放心消费”活动，鼓励粮油生产经营企业争创“放心粮油”示范企业，加大放心粮油工程建设力度。大力推进“放心粮油”进社区、进农村，加强日常监管，定期进行抽查，强化年度复审。至年底，全市拥有国家级“放心粮油”企业1个、无锡市级以上“放心粮油”企业7个、宜兴市级“放心粮油”示范企业26个，基本形成规模适中、分布合理、诚实守信的放心粮油消费格局。

（陈沐）

农业产业化

【概述】 市农林局会同市发改委出台《宜兴市农村一二三产业融合试点示范实施方案》，对全市农村产业融合发展作整体规划布局。年内，宜兴市成为全国农村产业融合发展示范县，争取产业融合专项资金1000万元；湖㳇镇洑西村和西渚镇白塔村被评为无锡市级产业融合示范点。通过政策引导、项目带动、农企联动，农业产业化经营水平得到提升。全市列入监测的43个示范园区，呈现省、市、县三级梯度发展态势。七大园区新引进项目14个，新增流转土地7350亩，全市农业园区化率48%。新增投资2.02亿元，年销售收入10.81亿元、利润1.3亿元。农业园区累计引进新品种205种、农业新技术31项，推广新品种65种、新技术20项，制订标准规程15个，注册品牌35个，园区内良种覆盖率达100%。园区辐射带动周边面积40多万亩，受益农户8.2万多户，安排农村剩余劳动力2.1万多人，人均年工资收入超2.8万元。推进设施农业建设，扩大高效农业规模，全年新增高效设施农业面积1.1万亩，全市有设施农业面积15.2万亩，占全市农业总面积的19.2%；高效农业面积55.86万亩，占全市农业总面积的70.4%；全年农业吸纳“三资”（工商资本、民间资本、外商资本）3.17亿元。产业化龙头企业运行健康，全市有农业龙头企业243个，其中省级17个、无锡市级41个、宜兴市级185个；销售收入225.8亿元，其中58个无锡市级以上农业龙头企业销售收入83.5亿元。订单农业加速扩展，品牌营销成共识，实现规模以上农产品加工值220亿元。33个生物农业企业实现销售收入29.8亿元，继续领跑无锡第一梯队。

【张阳村入选全国“一村一品”示范村镇】 近年，湖㳇镇张阳村依托得天独厚的自然资源，大力发展旅游观光产业和高效生态农业，形成以花卉树桩苗木盆景、生态农业、农家乐观光休闲三大项目为支撑，现代农业与乡村旅游相结合的特色产业。全村800多户农户有近一半是苗木树桩种植专业户，形成六大特色种植基地，并建成华东特色花卉苗木盆景一条街，年销售收入达1.5亿元。7月，张阳村被农业部认定为第六批全国“一村一品”示范村镇。

【宜兴名特优农产品（南京）展销专场举办】 10月，宜兴名特优农产品（南京）展销专场在省国际农业展览中心举办，全市69个农业生产经营单位参与展会。场馆设置展位71个，范围涉及茶叶、粮油、水产等九个板块、36个品种，基本涵盖宜兴全部优质地产农产品品种，为全市优质农产品跳出区域局限、展示自身形象提供了平台。展会期间，场馆客流量超2万人次，销售额122万元。同人科技有限公司当场与南京某企业签订10万元的订单，多个企业与南京的电商、超市达成合作意向。

【智慧农业稳步推进】 继续建设以农业物联网应用为主的智慧农业，在全市又快又好信息化奖补政策的推动下，在引导全市农业企业结合自身需要开展物联网建设的基础上，市农林部门先后为杨巷远望果蔬专业合作社、周铁益健生态农业科技有限公司、杨巷盛农生态农业有限公司等6个企业提供物联网系统建设技术支持，其中同人科技有限公司大棚智能化生产管理系统被省农业委员会确定为省级农业物联网示范点。完成竹海智能防火系统二次招标建设，实现全市防火物联网系统和江苏省林业局防火信息系统的完全对接和数据共享。9月，农业部组织相关专家实地抽查全国农业物联网示范基地推广应用情况，宜兴市物联网建设凭借鲜明的区域特色，再次被农业部确定为全国农业物联网创新应用示范基地。

【"互联网+"助推农业信息进村入户】 围绕信息进村入户建设工作要求，市农林部门在全市145个益农信息社分类开展丰富便民服务内容、强化公益服务能力为主导的新一轮益农社建设工作。建立与中国银行宜兴支行协商合作共建益农社的战略伙伴关系，在万石镇后洪益农社开通全省第一个中国银行金融服务站，丰富益农社服务内容。利用"12316"服务热线电话和信息进村入户网络平台传播信息快的特点，在各益农社和广大农户间开展"12316"热线和信息进村入户普及活动，引导益农社利用热线和网络平台为农户开展技术和政策咨询服务。利用试点工作形成的各部门共建益农社工作机制，进一步协调市委农办和市计生、保险等部门开展服务内容分类指导培训工作。6月，全市信息进村入户试点工作通过农业部专家组验收，宜兴市成为江苏省第一个通过验收工作的试点县(市)。

(章鹤)

农业机械化

【概述】 2016年是转变农业发展方式、推进农业产业升级、加快农业机械化向全面协调发展的关键之年，农机工作继续以促进农业增效、农民增收、提高全市农机化水平为重点。全年农业机械原值达5.02亿元，总动力52.15万千瓦，全市农业机械化指标考核自测达90.6分。农机作业水平稳步前行，粮油生产机械化水平95%，其中机械耕翻水平100%、机械种植水平86%、机械植保水平95%、机械收获水平99%。全年累计完成秸秆机械化还田53.2万亩，综合还田率62%。农机装备水平稳中有升，全市拥有大中型拖拉机1025台，配套的三麦玉米播种机具4485台；步进式水稻插秧机1601台，其中高速乘坐式水稻插秧机345台；联合收割机826台。高效设施农业机械化水平达76%，全市拥有微孔曝气式增氧装置1708台、叶轮式增氧机1.36万台、投饵机1.1万台、清淤机286台、田园管理机械1940台、畜禽粪便处理机械431台、茶叶加工机械2284台、果蔬茶花卉喷滴灌设备330台。

【农机实用技术培训和服务】 全年开展农机推广宣传活动7次，发放宣传资料4000余份、宣传品1000余份，开展农机技术培训7期，完成农机人才培训1000余人次。围绕科技入户项目实施，组织专技人员结合春耕秋收开展农机科技入户培训，全年开展培训20场(次)。围绕购机补贴，开展农机具操作手培训，让农民懂得新购置补贴机具的构造原理，并会安全使用操作。开通服务热线，印制《服务联系卡》并发放到每位购机户手中。建立完善的农忙值班和巡回检查制度，夏秋两忙取消节假日，提前和延长工作时间，和农时对接。实行首问负责制、服务承诺制和农忙无休息日制，及时为农民排忧解难。全年累计出动服务车辆500余次，免费为1000余台农业机械提供技术指导和现场修理。在2016年无锡市农业职业技能竞赛中，宜兴获团体和个人第一。

【农机购置补贴工作】 按照《2015—2017年江苏省农业机械购置补贴实施办法》的要求，全市农机购置补贴工作充分发挥补贴政策效应，在加快农机化发展方式转变，推动主要农作物生产全程机械化，促进农业机械化又好又快发展和农业综合生产能力提高等方面取得成效。全市农机购置补贴惠及所有镇(园区、街道)，直接受益农户570户，补贴金额691.36万元(中央补贴632.63万元、省补42.63万元、报废补贴16.1万元)，带动农民直接投入2719.7万元。补贴机具1002台(套)，其中耕整地机械304台(套)、种植施肥机械50台(套)、田间管理机械139台(套)、收获机械42台(套)、收获后处理机械91台(套)。实现补贴资金100%用于农户购机，满足农户需求，为推进全市粮食生产实现全程机械化和增加农民收入奠定基础。

【农机新技术新机具试验推广】 立足宜兴特点，推进设施农业机械现代化。试验推广自走式喷杆式植保机，经测试，该机具作业效率高，农药沉积分布均匀，是理想的适合大田作物的植保机械。引进试验推广反转灭茬条播机，经测试，该机具灭茬效果较好，旋耕、秸秆还田、小麦播种、施肥可同时进行，省工节力，节本增效。试验推广履带自走式旋耕机，经测试，该机具结构简单、操作方便、通过性能好。开展新型热源试

机械化收割　　(仇洪生　摄)

验，在推广传统燃油粮食烘干机同时，引进电能、生物质、天然气等新型热源在粮食烘干机上的开展应用对比试验。年内，市农机推广站承担的2015年度省三新工程设施蔬菜机械化项目通过验收。

【农机安全生产工作】 以“平安农机”长效管理为抓手，提升农机安全生产监管水平。全市有11个平安农机合作社开展长效管理工作，星级服务组织农机“三率”（挂牌率、持证率、年检率）水平超95%。以规范建设和优质服务为着力点，强化源头管理，提高农机“三率”水平。全年完成上道路拖拉机年检1224台，完成拖拉机、联合收割机注册登记123台，新办驾驶证36张，驾驶人审验换证385人，转移登记37台（次）。完成变型拖拉机“双检”（一年检查两次）1008台、农机政策性保险1597台、驾驶人意外伤害险1545人。插秧机、微耕机、机动植保机等主要农业机械备案登记率95%以上。继续开展农机安全生产“打非治违”专项行动、安全隐患排查治理和安全生产大检查等活动，构筑农机安全防线。组织50多名农机执法人员、200多名村农机安全管理员，巡查投入夏忙作业的农机具，特别是跨区作业机具的安全作业，及时查纠违章作业。全年开展道路执法检查71天（次），出动人员192人次，排查出各类隐患66个，隐患整改率达100%。

（夏鹏飞）

农业水利

【概述】 加强农田水利设施建设，启动宜兴市新孟河延伸拓浚工程，开展河道清淤，水利工程建设质量监督持续加强，农田灌溉、防洪保安、河道通航能力均有提高，河道水环境得到改善。全市拥有水库19座，国家级管理单位（横山水库）1个，小型水库规范化管理达标率65%。黄家冲、马湖岕、龙珠水库成为省级小型水库规范化管理单位。全市拥有国家级水利风景区2个（竹海风景区、横山水库）、省级水利风景区4个（阳山荡、华东百畅、油车水库、金沙泉）。宜兴竹海风景区创建为第13批国家级水利风景区，横山水库完成国家级水利风景区复核验收工作。加强丁蜀镇、新街街道2个中央小农水重点县项目区的质量监督，开展入太湖河道生态清淤工程质量监督，对新建、新庄、高塍、屺亭、西渚5个镇（街道）的清淤项目开展质监巡查和飞行检查。

【中央小型农田水利重点县第七期项目投运】 为加强农业基础设施建设，提高农业综合生产能力，2015年，宜兴市被列入全国第七期小型农田水利重点县，第七期项目分三年实施，惠及和桥、杨巷、高塍、万石、丁蜀、新街6个镇（街道）的7个项目区，总投资1.45亿元，其中中央及省级补助资金6300万元、市镇自筹资金8200万元。第七期规划建设和桥镇、杨巷镇2个项目区，涉及耕地面积3.35万亩，灌溉面积3.08万亩，旱涝保收面积2.68万亩，2个项目区共整治灌排渠道82.70千米，新改建配套渠系建筑物2874座，新建机耕路1.2千米，新、拆建灌（排）溉泵站22座，新建闸1座，疏浚河（塘）18.04千米，桩木护岸长5.12千米，总投资4844万元，其中中央及省级补助资金2100万元、市镇自筹资金2744万元。5月，中央小农水重点县七期项目通过省财政厅、水利厅绩效考评，考评结果为良好。6月，中央小农水重点县第七期项目通过水利部稽查。中央小农水重点县第七期项目投运后，全市恢复、新增和改善灌溉面积3.08万亩，新增旱涝保收面积3600亩，新增节水灌溉面积2.97万亩，规划项目区灌溉保证率不低于0.95，渠灌区灌溉水利用系数平均不低于0.7，渠系水利用系数达0.8，项目区排涝能力达十年一遇标准。

【市级农田水利五年规划第五期项目投运】 为提高农田水利防洪保安能力，在工程实施上做到“总体规划、分步实施”，在标准上做到“挡得住、灌得进、排得出”，保障区域粮食安全。发展民生水利，按照省水利厅《县级农田水利建设规划编制大纲》要求，《宜兴市农田水利五年规划（2012—2016年）》共规划项目区203个，涉及镇（园区、街道）17个、行政村147个，受益面积26.32万亩，受益农民32.4万人，工程总投资4.44亿元。年内，市级农田水利五年规划第五期项目涉及徐舍镇、和桥镇、周铁镇3个项目区，新建、改建渠道25.13千米、泵站1座，总投资625万元，其中省级补助300万元、县级财政补助138万元、镇级财政自筹187万元。年内，项目完工投运，圩区、平原区项目区灌溉保证率达95%以上，灌溉区灌溉水利用系数平均不低于0.7，渠系水利用系数达0.8，项目区排涝能力达十年一遇标准。

【新孟河延伸拓浚工程】 新孟河延伸拓浚工程的实施可以调引长江水，提高流域和区域防洪除涝能力，提高流域和区域水资源配置能力，改善太湖水环境。新孟河延伸拓浚工程在宜兴市境内涉及漕桥河、太滆运河、北干河三条河道疏拓，总长19.67千米，需新改建跨河桥梁17座，涉及和桥、万石、周铁、新建四个镇，工程永久征地2424.22亩（其中新增永久征地1165.35亩），临时占地2848.53亩，搬迁居民338户、1256人，拆迁居民房屋10万平方米，涉及企事业单位32个。宜兴市工程总投资约13亿元，其中省级以上投资6.9亿元、市级配套6.1亿元。工程部分投资4.2亿元，征地移民安置部分投资8.8亿元。至年底，全市完成新孟河延伸拓浚工程的设计、招标、拆迁等工作，支付征地拆迁资金2.58亿元，其中支付各镇征地拆迁预付款2.16亿元、支付主线征地预存款4142.58万元。

【农业水价综合改革试点工作】 全市推进农业水价综合改革工作，水利农机局协同专业机构在充分调研的基础上，完成实施方案编制。完成杨巷镇芝果村的改革试点工作，由专业机构测算出能够反映芝果村供水成本的全成本水价，按照不增加农民负担的原则，对实际支出水费超过以往执行水价的，对超出部分实施“精准补贴”。建立杨巷镇芝果村农民用水户协会，负责芝果村排灌工程的运行管理、全成本水价的计收、精准补贴的发放及相关的技术、咨询服务。试点工作为下阶段在全市范围推进改革提供经验。

（徐卓鹏　房展超　王强　季兴超　潘栋飞）

农业资源开发

【概述】 全年实施农业综合开发项目3类、12个，争取到省级以上财政资金4946万元，比上年增长13%。利用国家农业综合开发项目资源，提升农业基础设施水平，新增高标准农田1.5万亩，累计51.8万亩，占耕地总面积的65.2%。坚持以提高农业开发项目惠及率为目标，贯彻落实“共享”开发新思路，采取由“镇村集体开发、区域整体推进”的方法，将宜南山区美丽田园串联成线，并注入“融合发展”理念，拓展开发外延，完善园区功能，助推创意休闲农业发展。2016年，宜兴市丘陵山区农业综合开发绩效位居苏南板块第一。

【宜兴一休闲观光线路入选省精品线路】 近年，宜兴市依托区位优势和资源禀赋，打造多个集农业生产、休闲观光、农事体验、餐饮娱乐于一体的休闲观光与乡村旅游示范村、示范基地和示范点，并在此基础上合理规划休闲农业与乡村旅游线路。5月，在首届江苏名茶暨休闲农业博览会上开展的“江苏省休闲农业与乡村旅游十佳精品线路”评选活动中，宜兴市选送的从宁杭高速（高铁）开始，途径湖㳇镇张阳村、绿缘山庄、阳羡湖公园、篱笆园农家乐、竹海公园，终点为阳羡茶产业园的休闲农业与乡村旅游线路获“江苏省休闲农业与乡村旅游十佳精品线路”称号，有力助推了宜兴农业产业结构转型升级。

【农业资源开发管理制度规范化】 全年农业资源开发工作对项目资源管理、资金使用管理等重点高风险领域实行建管分离、管督分离，强化民主监督，及时向社会公示项目区范围、投资规模、主要工程内容等情况，将项目规划、建设全过程置于群众的监督之下。由镇村实施开发的项目土建工程实行公开招投标。全年项目建设监理单位在市招投标中心监理项目库中选择，监理公司按照工程质量要求，对建设项目进行监理。所有项目均按要求进行双审计（工程审计和资金审计），审计单位由市财政局通过政府采购招标确定的中介机构预选库中选择。

【项目建设绩效凸显】 确立由镇政府、村集体作为开发主体，建设太华镇茂花村生态种植示范基地、云湖生态经济林观光农业示范基地、徐舍镇1万亩高标准农田建设项目等规模基地，实现治理一片、成效一片、带动一片的目标。重点扶持徐舍镇高标准农田建设，累计建成集中连片高标准农田3.8万亩，资源利用率、劳动生产率、土地产出率显著提升。着力扶持张渚镇玫瑰产业园等特色基地建设，不断壮大规模，形成区域优势。在全省率先实施生态开发工程，在高标准农田建设区域建设生产尾水净化工程，得到省开发局的充分肯定，并成为全省示范。

（章鹤）

农林执法

【概述】 加强普法宣传、法律学习，增强依法行政意识。全年80名执法人员通过市法制办组织的执法考试，执法人员获得上级涉农部门核发的执法证。推行涉法、涉权岗位AB角制度，规范依法行政行为。按照简政放权、放管结合要求，梳理部门行政许可中介服务项目清单、公共服务清单，梳理出许可、处罚、强制等权力事项8类、580项，审核转报权力事项17项。推行在监管过程中随机抽取检查对象、随机选派执法检查人员，抽查情况及查处结果及时向社会公开的“双随机、一公开”监管制度，确保制度执行到位，实现执法过程透明。协调政法系统集体会商电捕鱼、毁损林等难点问题，研究处理意见，提高违法人员的违法成本，有效打击损农害农行为。组织开展“12·4”宪法日宣传等普法主题宣传活动，多渠道、多形式宣传农林法治理念，增强农民的法制观念。

【农资市场监管】 按照《宜兴市农资打假实施方案》的要求，强化农林执法工作，净化农资市场环境。4月，对全市70多个种子经营单位、3万多吨种子进行全面“拉网式”专项执法检查。8月，开展“夏季白日行动”，检查门店50多个。11月，重点检查兽药市场，从检查情况来看，全市兽药市场比较正规，药品质量合格，经营秩序规范，总体情况较好。全年对农资市场开展执法检查140余次，出动执法人员420余人次，检查农资生产、经销单位100多个，立案查处8起。

【非法捕捞行为打击】 围绕净化渔业环境、提高渔业资源保护效能的目标，全年以打击非法电捕为重点，在全市域重点水域开展打击非法捕捞渔业资源等行为，采取横向统一、上下联动的方法，严厉打击各种破坏渔业资源行为。加强对典型案例的深度曝光，开展警示教育。发挥“12345”政府公共服务热线，促进快速反应机制、信息分析机制的建立，对群众举报的违法行为迅速予以查处，实现群众举报处理率100%。农林、公安、城管等部门联合对国家翘嘴鲌种质资源保护区、西氿及全市重点河道开展“拉网式”综合执法检查，严肃查处电捕鱼、毒鱼虾等非法捕捞行为。全年查处电捕鱼35起，没收电捕工具61台（套），收缴违章丝网、地笼梢310条。

【林业执法】 严肃林业执法，全年调查、处置涉林案件76起，救助、放生野生动物182只（条），依法没收并销毁野生动物尸体或制品56千克，直接立案处罚林业行政案件16起，移交、协办涉林刑事案件16起，追究刑事责任22人，行政处罚合计补种树木2791株、恢复林地现状1.88万平方米。取缔明显不符合《中华人民共和国森林法》要求的非法加工点15个，进一步理顺全市竹木经营加工秩序，有效遏制非法收购、经营、加工竹木行为。首次协助检察院提起涉林刑事案件公益诉讼，追究当事人损害生态环境的民事责任，全年对3起案件（均为非法狩猎案）采取诉讼，根据执法部门拟制出具的资源环境损失评估及生态修复意见，追缴生态环境公益基金2.87万元。

（章鹤）

农村改革

【概述】 继续加大农村改革力度，推进土地确权登记颁证工作，建立农村产权交易平台，发展培育新型农业经营主体。深化农村土地制度改革、农村金融制度改革，推动农村发展。围绕深化改革，结合农村实际，科学编制实施方案，宜兴申报为省级农村改革试验区。以壮大村级集体经济为目的，围绕以资源有效利用、提供服务、物业管理、混合经营四个方面，因地制宜，宜兴市被财政部列入扶持村级集体经济发展试点县（市）。

【农村土地承包经营权确权登记颁证】 全市严格遵循“确保确权到位、确保群众满意、确保社会稳定”的原则，立足坚持“先易后难、循序渐进，规范操作、梯次推进，严格程序、民主协商，不留后患、维护稳定”的工作思路，推进承包地确权登记颁证工作。至年底，158个村完成合同签字任务，155个村建立登记簿和颁证，128个村完成验收，上级下达的确权工作目标任务全面完成。承包地确权工作取得成效。农户土地权益得到保障，二轮承包后土地面积不准、“四至”不清、权属不明等问题得到解决。全面理顺农户与农户、农户与集体、组集体与村集体三方面的关系，化解大量历史积累矛盾。全市部分村在确权登记颁证工作到位的基础上，对集体所有权、承包权、经营权“三权分置”进行探索，新街街道水北村通过土地归并整理，实施土地规模化、集约化经营，土地综合利用效率得以提高，实现承包农户、经营主体和村集体“三方共赢”。

【农村产权交易平台建设】 在2015年出台的《宜兴市农村产权交易管理办法（试行）》和万石镇、新街街道试点先行的基础上，2016年全市大力推进农村产权交易服务中心建设。镇级农村产权交易服务中心全面建设到位，新街街道等14个镇级平台已正式开展农村土地承包经营权流转、农村集体资产交易等项目流转交易，全年流转交易项目47个、土地3235.25亩、店面等资产9.19万平方米，成交金额达2824.9万元。根据无锡市《关于下达2016年度无锡市农村集体“三资”管理（农村产权交易市场建设）专项资金的通知》，新街街道、万石镇等11个镇（街道）获得无锡市财政补助资金。

【家庭农场培育】 全市拥有农经部门认定的家庭农场437个，其中2016年新认定的66个，全市家庭农场经营总面积达4.9万亩，以种植业为主。积极培育示范家庭农场，全年创建省级示范家庭农场17个、无锡市示范家庭农场44个、无锡市“十佳”家庭农场9个、无锡市“优秀”家庭农场6个、宜兴市示范家庭农场60个，家庭农场的发展数量和发展质量在无锡市均排在首位。积极与高塍成人学校、宜城成人学校合作，组织家庭农场农场主进行系列培训，全年培训家庭农场主200多人次。引导土地向家庭农场集中，各级财政资金向家庭农场倾斜，全年扶持家庭农场111个，涉及资金357万元。

（蒋竹蔚）

村级集体经济

【概述】 坚持“抓两头、带中间、促均衡、强特色”的发展思路，全市215个行政村的村级财务整体走向规范化、制度化的轨道，村与村之间的收入差距不断缩小，村级经济朝着均衡的方向发展。全市215个村村级资产总额67.1亿元，比上年增长9.19%；负债总额15.76亿元，比上年增长7.36%；村净资产总额51.33亿元，比上年增长9.75%。村级净资产最高的为官林镇都山村，达4.86亿元；张渚镇茶亭村最低，为99.15万元。全市净资产在1000万元以上的村有172个，占村总数的80.75%；拥有净资产48.68亿元，占净资产总额的94.84%。净资产在500万元—1000万元之间的村有30个，拥有净资产额2.21亿元，占总额的4.31%。净资产在500万元以下的村有13个。全市215个村全年收益总额为2.53亿元，比上年下降17.86%。全市总收总支结余的村有176个，比上年减少2个，其中结余100万元以上的村81个、结余100万元以下的村95个；收不抵支的村39个。全市215个村总收入10.14亿元，村均471.56万元，比上年增长5.77%。总收入500万元以上的村67个，比上年增加8个；200万元—500万元的村130个；200万元以下的村18个，无100万元以下的村。

【村级可分配收入有所上升】 全市215个村可分配收入总额为7.5亿元，村均348.74万元，比上年增长9.81%。可分配收入最高的为官林镇都山村2459.68万元，最低的为屺亭街道邵谈村101.87万元。可分配收入500万元以上的村32个，比上年减少2个；200万元—500万元的村109个；200万元以下的村74个，无100万元以下的村。全年经营性收入5.21亿元、补助收入2.26亿元，分别比上年增长10.24%和9.62%。经营性收入中：经营收入0.71亿元，比上年增长5.97%；发包上缴收入3亿元，比上年增长4.53%；投资收益0.8亿元，比上年增长19.4%；其他收入0.7亿元，比上年增长22.8%。全市215个村稳定性收入为3.91亿元，村均182.04万元，比上年增长8.38%，占可分配收入的52.2%。稳定性收入最高的为丁蜀镇潜洛村1379.39万元，最低的太华镇太平村13.3万元。稳定性收入在500万元以上的村13个；100万元—500万元的村111个；100万元以下的村91个。

（蒋竹蔚）

农村经济管理

【概述】 加强农村集体“三资”（资金、资产、资源）管理，建设“智慧农村网”二期项目，抓好村级经济规范化管理工作，促进新农村建设和基层党风廉政建设，维护农村社会和谐稳定。稳妥推进村级股份经济合作制改革工作，全年完成四个村的股份制改革工作。

【农村“三资”管理加强】 针对农村“三资”管理中的薄弱环节，市政府出台《关于进一步加强农村集体资金资产资源监督管理工作意见》，为规范村级管理行为提供政策支撑。市委农办全年组织全市350多名镇村农经干部围绕农村经济规范化管理、基层党风廉政建设等内容，进行3期9天集中轮训，实现基层干部政策理论和业务水平的“双提升”。开展村级财务审计工作，对太华镇、新建镇、西渚镇以就地审计的形式，每镇随机抽查两个村开展村级财务审计，并就审计中发现的问题进行分析和总结，及时对相关村级财务人员进行教育培训，促进村级集体经济规范运行。开展农村集体“三资”管理专项整治工作，在各镇（街道）自查自纠整改规范的基础上，与市民政、财政、审计等部门组成联合督查组开展督查，对在督查中发现的问题，及时提出问题清单和整改意见，进一步提升全市“三资”管理水平。

【“智慧农村网”二期建设】 年内，以“智慧农村”为建设理念，全市进一步拓展“智慧农村网”平台应用，完成农村综合产权交易平台、农村土地融资抵押贷款管理平台、数字家庭农场平台、农村GIS地图服务平台、土地确权档案管理系统、智慧管理OA办公系统建设，网站内容更充实、使用更便捷，农村管理信息化程度进一步加深。

（蒋竹蔚）

集体经济薄弱村扶持

【概述】 明确扶持标准范围。市委农办开展新一轮经济薄弱村扶持工作，以2015年村级稳定性收入低于80万元、可分配收入低于150万元两项指标为主要依据，确定宜兴市扶持经济薄弱村71个。同时按无锡市《关于经济薄弱村脱贫致富工程的实施意见》精神，49个村级可分配收入低于200万元的特困村为无锡市级重点扶持对象，其中双扶村29个。制订扶持措施。继续坚持“市主导、镇主责、村主体”的工作思路，通过制订扶持政策、创新工作举措、落实各级责任、增强多方合力，推动经济薄弱村破解发展难题、积蓄后起动能，加快改变村面貌。加大扶持力度。新一轮市级经济薄弱村扶持在确保村级“保开门、保运转”的基础上，将经济薄弱村扶持专项资金增加到每年2800万元。经考核验收，全年市财政兑现71个薄弱村扶持专项资金2635.1万元；市挂钩部门增强帮扶合力，到村帮助指导工作达1082人、197次，无偿支持薄弱村资金及实物折价1083多万元；各镇（街道）对所属薄弱村帮扶资金及实物折价1322万元。

【因地制宜强村富民】 各镇（街道）党委、政府在帮扶薄弱村的过程中，坚持把加强以党支部为核心的村级组织建设作为工作着力点，注重在民营企业骨干中挑选人才，及时把思想素质好、有经营才能、肯吃苦、乐于奉献的党员选拔到村书记岗位上。万石镇、徐舍镇等均从镇（街道）机关选派党委委员、科室干部下村兼任村书记；和桥镇、丁蜀镇等从民营企业老板中选拔出经营管理能人到村任职。坚持把强村富民作为扶贫工作的首要任务，在完善村级管理和规范村级经济运行的基础上，不断增加各项投入发展村级经济，促进村集体和农民增收。全年71个经济薄弱村新增全社会投入1.36亿元，其中经济发展类项目投入3273万元、民生类项目投入8670万元、其他投入1706万元。新建经营性物业4693平方米，多种经营发包面积4.34万亩。全年修建村道153千米、桥梁33座，改造水泵119个，疏浚河道108千米，新建亮点工程41个。芳桥街道大力支持薄弱村发展物业经济，明确经济薄弱村可以优惠购买政府投资建造的商业店铺进行出租，增加每村年稳定性收入5万元至6万元。新庄街道王婆村利用征地拆迁的契机，将村级提留的254万元土地征用款购置418平方米店铺对外出租增加村级收入，成为2016年首批达标转化村。西渚镇筱里村将亳阳路、花园路、后圩路等村级道路全面黑色化提档升级，改善村民生产、生活条件。因地制宜，各村开发利用四荒面积76亩、复垦土地1009亩，完成农村劳动力转移2792人，新建特色基地1330亩、家庭农场41个、农民专业合作组织20个。西渚镇五圣村开发云湖生态经济林观光农业示范基地项目，发展特色产业为村级增收挖潜拓宽渠道；杨巷镇英驻村紧抓全省开展省级财政扶持村级经济发展壮大试点村的契机，建造连栋薄膜温室对外出租，种植高效经济作物促进村级增收。至年底，71个经济薄弱村村均可分配收入211.58万元，比上年增长20.3%；村均稳定性收入达65.67万元，比上年增长15.78%。

（蒋竹蔚）

农民专业合作社

【概述】 以江苏省农民合作社规范化建设整体推进试点县创建为抓手，按照以质为先、量质并举的工作举措，全市农民合作社不断增强合作社服务成员、市场竞争、示范带动的“三个能力”，至年底，累计组建农民合作社1498个，实现合作销售收入35.02亿元，带动社员和周边农民增收16.52亿元，入社农户普遍比非入社农户增收20%以上。全市拥有合作联社22个、示范社115个，其中无锡市级示范社49个、省级示范社29个、国家示范社7个，合作社数、社员人数、省级示范社数量均居无锡首位。

【全国唯一的农民合作社内部信用合作试点通过验收】 2014年，农业部唯一的农民合作社信用合作创新试验项目在宜兴开始试点。2016年，农民合作社内部信用合作创新制订系列制度，建立成员承诺入股制度、基于服务量的分红制度、内外结合的风险防火墙制度、与合作托管银行开展全面业务合作等创新性机制。系统制订宜兴市农民合作社内部信用合作管理实施办法及内部信用合作示范章程、会计制度、试点风险管理暂行办法、操作流程、资金实物折算管理办法、盈余分配制度、成员承诺入股资金使用办法、红利积分制分配办法9项制度，为合作社稳妥规范开展内部信用合作提供制度机制示范。创新建立信息化管理和风险管控体系，开发管理信息系统软件，实现财务管理与业务指导部门监督管理双层信息化管控。聘请南京南审希地会计师事务所对合作社内部信用合作开展情况进行全程审计，确保业务真实有效，识别、管控内部信用合作过程中的风险，为合作社稳妥规范开展内部信用合作提供操作范式。创新探索财政扶持的方式途径，通过试点先导性试验，探索财政扶持农民合作社发展的支持方向和支持环节，创新农村合作金融机制，为制订财政资金有效促进金融资金支持农民合作社的相关政策积累经验，为改革完善财政支持农民合作社投入机制、构建新型农村合作金融体系提供经验参考。2016年年末，试点高标准通过验收，被农业部副部长张桃林评为可推广、可复制、可持续，可实现农民入股有收益、农户借贷低成本、合作社发展有活力的多方共赢。

【农民合作社带头人赴浙大培训】
5月，市委农办组织73名农民合作社示范社带头人，在浙江大学开展为期5天的浙江大学—宜兴市农民合作社理事长研修班。此次培训是江苏省首个走出省门、走进高等学府的农民合作社培训班，也是浙江大学首次专门举办农民合作社理事长培训班。培训内容包括合作社规范化建设、电商操作、农业品牌培育、市场营销、休闲农业等。全国农民专业合作经济组织的权威专家徐旭初、全国农业品牌营销专家黄浏英等专家授课，并组织学员实地有针对性地参观临安市白牛村的农村电子商务、桐庐县阳山畈水蜜桃合作社、桐庐县农村电子商务城等。

【农民合作社省级示范社新增9个】
12月，江苏省农委下发《关于公布2016年江苏省省级农民合作社示范社名单的通知》，苏合农产品销售（宜兴市）专业合作联社、宜兴市丁蜀镇紫砂村上袁紫砂陶瓷专业合作社、宜兴市华山茶叶种植专业合作社、宜兴市兴望观光农业专业合作社、宜兴市中亚淡水生态养殖专业合作社、宜兴市金紫水蛭养殖专业合作社、宜兴市爱德林果生态种植专业合作社、宜兴市兰山茶业专业合作社、宜兴市鑫新生态农业专业合作社9个宜兴市农民合作社获评，数量居无锡市首位。至年底，全市拥有培育省级示范社29个，数量位居全省县级市前列。

【农民合作社规范化建设整体示范县试点】 建立无锡市级以上示范社的动态监测机制，对示范社的运行情况每两年进行一次监测评定，对不合格的示范社，取消示范社称号，并向社会公布。规范名录库建设，按照“动态管理、有进有退、从严把关”的原则，严格认定程序，严把名录质量关，重点审查合作社依法登记、建立健全财务制度、使用财务管理软件等，使列入政府优先名录的合作社能起到示范带动作用。加强与市农林、市场监管、供销等部门的沟通，及时将名录结果通报至合作社业务相联系的单位，切实提高合作社名录公信力，推动农民专业合作社规范发展。组织镇（街道）农经部门业务人员学习《农民专业合作社年度报告公示暂行办法》，领会精神实质，准确答复和解决合作社报告过程中碰到的问题。举办多种形式的年度报告培训班，让合作社能熟练通过企业信用信息系统报送信息。加强分类指导，对不具备网上报送条件和能力的合作社，由镇（街道）辅导员上门指导报送或集中代理报送年度报告。强化项目管理，严格立项标准，规范申报、监管、评价等环节，确保项目公正、公平、公开，项目实施过程符合要求，绩效水平能达到目标，充分发挥项目对提升合作社规范化建设水平的导向作用。建立服务机制，每个镇（街道）配置一名农民合作社业务辅导员，每个行政村设置一名农民合作社业务联络员，建立和完善“市有专职人员、镇有业务辅导人员、村有联络人员”的管理服务网络和机制，重点加强乡镇业务辅导员对合作社相关法规的学习。加强辅导员培训，特别是对合作社发展趋势和创新内容的学习，提升服务指导水平。要求每名辅导员了解属地合作社的发展情况，在指导服务时做到热情、高效。加强考核，将农民合作社规范化建设工作纳入年底的综合考核范围，作为农业先进镇和先进个人的重要评比依据。

（蒋竹蔚）

编辑　张璐瑶

信息化建设
CONSTRUCTION OF INFORMATIZATION

综　述

【概述】 全年全市电信业务总收入14.64亿元。有固定电话33.35万户，比上年下降4.2%；移动电话151.8万部，比上年下降2.6%；互联网万户用户41.2万户，比上年增长12.9%。全市有数字电视用户35万户，其中高清互动电视用户10.21万户。市电信公司通信业务收入5.63亿元，有电信固定电话用户29.5万户、天翼移动电话用户40.9万户、宽带用户24万户、电信电视用户12.1万户。市移动公司移动电话用户99.8万户、互联网用户14.1万户。联通公司移动电话用户12万余户、宽带用户2.2万余户、固定电话用户1.2万余户。市经信委与电信公司合作推进“光网城市·智慧宜兴”建设，研究制订宜兴市千兆电子政务网建设方案，牵头编制《宜兴市通信基站布局专项规划(2016—2020)》《宜兴市管线布局专项规划(2016—2020)》。推进实施工业信息基础设施试点示范项目，全市有16个企业与运营商合作开展企企通项目试点，江苏俊知技术有限公司被认定为江苏省三网融合创新基地(示范)。

【分领域智慧应用提升工程】 智慧教育上，市经信委制订《宜兴市教育信息化“十三五”发展规划》，提出通过教育全过程的信息化，充分发挥教育信息化在推进教育综合改革、教育治理体制和治理能力现代化进程中的积极作用。智慧旅游上，整合既有旅游信息化资源，通过指挥中心建设以及管理应用平台建设，提升行业管理水平，适应高速增长的游客需求，开拓旅游客源市场，推动个性化产品开发，获取创新发展新动力。“智游宜兴旅游电商平台”被评为2016年度江苏省“互联网+”智慧旅游示范项目。智慧政务上，市政府发布《宜兴市政务外网云计算平台管理办法》《宜兴市政务信息资源共享管理办法》，解决电子政务基础设施重复建设、资源分散等问题，为加快推动跨部门政务信息资源的整体部署和共建共享提供有力保障。

【信息化系统建设】 市经信委深入拓展信用体系建设，“宜兴市企业信用平台二期”项目选择6个重点部门开展信用建设示范，为未来实现信用信息深化应用、政务数据融合共享奠定基础。5月，“市民主页”(含WEB和APP)上线运行，提供政务及生活服务42项，包含交通、教育、医疗、住房、公安个性化信息5个类别，41个查询类服务和1个政务互动。建立工业用地信息查询系统，针对政策性关停、企业自身经营性和土地用而不足三方面因素导致资产闲置的情况，录入全市资产闲置的企业403个、闲置土地1.2万亩，总建筑面积261.8万平方米。市档案局数字档案资源建设有新进展，馆藏档案数字化率从上年的68%提升到72%。推广创建基层数字档案室，完成60多个数字档案室的创建及相关数据的迁移工作。库房安全实时管理系统项目建设基本完成，实现基于对库房实体档案的RFID(一种通信技术，俗称电子标签)实时管理。市卫计委“银医通”项目有序推进，先后在市第二人民医院和市中医医院试运行，通过对医院既有就诊流程及医院信息系统的优化改造，实现先看病后付费和边看病边付费的收费方式，方便病人就诊缴费。第二人民医院“区域卫生信息平台”逐步开展，完成市中医医院和市第二人民医院的系统改造工作，医生在就诊时可以基于已采集的诊疗数据查看病人历史就诊信息，计划于2017年实现市人民医院、市中医医院和市第二人民医院三个医院的互联互通。市国土局的宜兴市不动产登记与房屋交易综合信息平台上线运行，确保不动产统一登记和房产交易安全平稳实施。市规划局完成城市地下管线普查探测及地下管线信息系统建设，完成探测管线长度7317.72千米，对共通(共沟共井)管线进行折算后的工程量为6895.69千米。制订《宜兴市地下管线探测及信息管理系统规范》《宜兴市综合地下管线数据标准》《宜兴市1:500地形图空间数据库建库数据标准》等标准规范，以及数据动态更新流程规范和地下管线信息系统运行维护管理制度，建成宜兴市地下管线空间数据库及地下管线信息管理系统。市公安局“技防城三期”、市行政服务中心“智能化工程”等信息化项目建设有序实施。

【“两化”深度融合】 江苏俊知技术有限公司顺利通过国家“两化”融合管理体系评定工作委员会的审查复核，成为工信部两化融合管理体系贯标企业。无锡江南电缆有限公司被评为江苏省两化融合网络信息安全示范企业。江苏亨鑫科技有限公司、无锡江南电缆有限公司被评为江苏省互联网与工业融合创新试点企业。宜兴乐祺纺织集团有限公司、无锡市明珠电缆有限公司、江苏中超控股股份有限公司、无锡江南电缆有限公司入选江苏省两化融合管理体系贯标试点企业。江苏俊知智慧工业有限公司入选江苏省企业互联网化重点示范推广服务机构。江苏俊知传感技术有限公司等6个企业被评为2016年度无锡市两化融合示范企业。至年底,有国家级两化融合示范企业1个、省级两化融合示范企业5个、省级两化融合试点企业36个、无锡市两化融合示范企业18个。江苏俊知技术有限公司"年产二十万套下一代通信天馈系统互联网化工厂"等4个项目获省工业和信息产业转型升级专项资金扶持。江苏亨鑫科技有限公司"基于MIMO技术的新型移动通信天线项目"等8个项目获无锡市物联网发展专项资金扶持。

（陈晨）

设施建设

【电信公司设施建设】 宜兴电信全网建成3G宏基站510个,4G基站超2200个,实现宜兴地区4G信号全覆盖。在高校、核心商圈CBD等业务密集区域,全面开展4G+网络建设,下载速率达300Mbps(兆比特每秒)。对市内AAAA级景区2G、3G、4G覆盖情况摸查,梳理解决问题路段。大力推进全光网建设,建成全光精品网络。宜兴光网覆盖率100%,宽带城域网出口带宽552G,具备全面提供百兆带宽进家庭的接入能力,用户平均上网速度超过32Mbps,完成首个千兆小区(东湖公馆)的试点建设。推进"平安宜兴"建设,完成宜城和丁蜀城区范围内老小区技防改造项目的方案设计,累计完成181个小区的监控系统实现高清和智能化。配合市城区的市政建设,实施宜城街道人民路、东氿大道等4条道路的技防设施的搬迁和改造项目。创新平安镇建设模式,推进未建乡镇的和老监控系统的扩容改造等,年内完成杨巷镇技防监控系统升级改造,共计完成50个监控点的高清智能化改造。实施市公安局公安四级网光端机的优化和改造,提升网络传输速度和系统稳定性。促进平安技防行业应用,先后完成广汇小区一期、杨巷镇芝果村、江苏博莱特有限公司等15个视频监控系统的建设。

（陈城）

【移动公司设施建设】 宜兴移动持续着力4G(TD-LTE)精品网络建设,在城区及各大镇实现全覆盖基础上,重点覆盖广大农村地区聚居区以及宁杭高铁沿线,至年底开通4G站点超过1900个,覆盖人口超98%。采用新技术新方法完善并优化网络,引入LTE载波聚合技术,单用户提速200%以上,突破300Mbps;双频网的规模推进将网络容量翻翻,有效疏导高负荷网络的承载压力;改造核心网,升级推广VoLTE(基于IMS的语音业务)技术,提供数字化更优质清晰的语音服务。全年新增节点机房9个、大型宽带服务器3架,累计可承载宽带用户达30万户,宽带出口带宽扩容90G,新敷设光缆3000千米皮长,新增覆盖小区140个、楼宇30幢、自然村落223个,新增覆盖人口超18万人。

（吕文婷）

【联通公司设施建设】 加快3G时代向4G时代的转变,全年新增4G基站831个,全市累计有联通2G基站327个、3G基站655个、4G基站942个,主要覆盖城区和镇区及主要交通干道。为精准覆盖大型综合体、商场超市、大型公共场所,新增3G室分20个点,累计89个点;新增4G室分89个点,累计100个点。网络覆盖率城区98%、镇(街道)85%、山区75%。实施光纤化改造,全年改造原DSL(数字用户线路)覆盖区86个,光纤覆盖新增3.53万户。宜兴联通宽带覆盖小区403个、19.56万户(光纤到户FTTH覆盖194个、7.37万户,光纤到楼FTTB覆盖201个、11.89万户,ADSL覆盖8个、2980户),覆盖楼宇、大市场58个、1.37万户(FTTH覆盖32个、7681户,FTTB覆盖26个、6068户)。城市固定宽带家庭普及率达90%,20Mbps及以上宽带接入率为98%。

（蒋希茜）

【广电设施建设】 全年完成总收入1.82亿元,比上年增长9%;高清互动用户10.21万户,比上年增加4.17万户;宽带用户5.79万户,比上年增加3.96万户。5月,推出高清Wi-Fi功能机顶盒,将高清节目与宽带业务打包,逐步形成以"全业务融合为主导"的产品架构,实现广电业务的全覆盖。全年推出融合套餐3.3万个。做亮智慧社区项目,推进云媒体电视智慧社区项目。8月,善卷村成为宜兴地区首个试水云媒体电视智慧社区建设的村。全力推进网优网改,全年完成双向网络改造1.3万户,城区CMTS(线缆调制解调器终端系统)区域网络优化1万户和城区光纤覆盖用户1.08万户,全市基本实现双向化网络覆盖。加快设备更新换代,投资500万元对高互平台和宽带平台进行扩容升级,保障用户快速增长。保障平台稳定高效,宽带业务平台提质增速,网页浏览综合性能提高34%,视频性能提高94.1%,节约30%的出口流量,每年节约成本200多万元。提升高互平台承载能力,12月,完成与省网ERM(企业资源管理)系统对接,推流频点由12个扩展到24个,用户并发能力增加30%。

（朱敏）

技术应用

【电信公司项目建设】 依托全光网城市的建成,聚焦智慧政务、智慧民生、智慧产业三大领域,推进宜兴信息化和智慧城市建设。与杨巷镇政府签订信息化战略合作协议,推进杨巷镇信息化建设,协助杨巷镇建成全市首个物联网小镇。协助开发区云计算中心项目建设,总投资1亿元,占地面积8066.7平方米,四星级机房标准,具备500个机架的服务能力,计划2017完工后成为无锡地区第二大云计算中心。开展天翼网络超常规建设，先后通过春风行动、跨越行动、卓越行动等活动，在全市建设广覆盖、高品质的天翼无线卓越网络。电信天翼4G+网络，下行峰值速率300Mbps、上行峰值速率50Mbps，是4G网速的两倍。继续建设推出“天翼宜兴”官方微信公众号，提供“自助服务”“智慧宜兴”和“最新活动”三大内容。结合“无线宜兴商家”推广热门活动，“天翼宜兴”有用户8.6万多人。

（陈城）

【移动公司“市民主页”】 年内，宜兴移动公司与市经信委打造的“市民主页—民生服务平台”投入使用，该平台立足于改善民生和提升公共服务效率，采用云计算方式，与全市各部、委、办、局的12套通信系统进行无缝对接，整合大量权威信源，是政府各部门对外发布信息的统一窗口，实现“一站式、直通式”服务。市民简单动动手指，就能查询交通违章、市民卡账户和社保公积金各类服务信息，实现快速召车、交水电费、办理各项民生事务。

【移动公司助力G20杭州峰会】 9月，G20（20国集团）峰会在浙江杭州召开。为保障峰会举办，宜兴移动公司为执行安保任务的驻宜兴武警部队搭建扁平化指挥调度系统，为部队警员配备150套手持移动终端设备及肩夹式红外摄像头，实现G20杭州峰会安保区域4G无线视频监控、警情警力一图展现、可视化指挥调度及实时对讲、接处警辅助处理、电子地图图层自定义、巡逻预案管理、军营智能手机管理等功能。峰会结束后，部队将扁平化指挥调度系统及设备灵活运用于各种拉练训练及其他警卫任务中，实现安全保卫的信息化。

（吕文婷）

管理与服务

【电信公司为民办实事】 利用自身先进的网络优势，推进“无线宜兴”信息化建设。全年“无线宜兴”工程建设7000多个“YiXingFree”免费Wi-Fi热点，提供安全、稳定、快速的网络。“无线宜兴”免费Wi-Fi全年累计访问65万人次，月均访问12万人次，流量每月165TB（1TB=1024G），每月为市民节省手机流量费577.5万元。新增翼支付后向优惠商家30余个。针对公众、政企、校园等不同客户群体，分别策划翼支付逢“5”五折优惠活动、“翼支付全城8元洗车”等惠民活动。持续开展“加油9.6折”、水电煤缴费立减5元等翼支付活动，为市民提供便利优惠。加快推进“智游宜兴”项目建设，对天猫商城店铺进行重新装修及产品优化，以“陶式生活”为发展主题，推出针对大学生、家庭等群体的当地特色体验产品，共上线产品45个。开通宜兴乡村旅游微信号、智游宜兴APP、天猫手机商城等，加快推进宜兴旅游的宣传营销，先后推出“深氧冬曲　温情湖汉”亲子游、“乡里乡亲”春节民俗游、“烟花三月　精舍春天”踏青游、“逛素博　游宜兴”超值游等线上线下活动，让游客体验到不同寻常的宜兴特色旅游，同时也为商家解决淡季营销瓶颈。

（陈城）

【移动公司推进“放心消费”活动】 宜兴移动推进“放心消费”创建活动，优化渠道管理，提升用户服务感知。推进营业厅服务标准化，完善服务硬件设施，引入营业厅5S管理作业标准，通过客户真实体验平台下发微信与短信问卷调查，放大电子渠道功效，完善网上营业厅、掌上营业厅与短信营业厅，为客户提供便捷的电子渠道服务。全面落实“提速降费”举措，推出4G全单向卡，取消漫游费，实行全国资费一体价，推广清晰透明的订购方式，全面落实“0000统一查询和退订”“二次确认”“BOSS扣费提醒”等透明消费举措。严格落实实名制“人证合一”和黑卡治理管理要求，新增客户实名登记率100%。严厉打击不良信息，向客户推出针对集团行业端口信息的“0000”查询退订和“00000”屏蔽服务。利用MC信令监测平台、伪基站信号检测设备实施精确打击，配合市公安部门共同出击，严查狠打手机淫秽色情网站。

（吕文婷）

编辑　朱敏

服务与监管

SERVICE AND SURVEILLANCE

发展与改革

【概述】 围绕“稳中求进”总基调，突出建设产业强市、稳定金融生态、保障促进民生等重点，稳步推进各项工作。强化宏观调控，市发改委每月编印《经济和社会发展主要指标完成情况综合汇总表》，加强工作考核。市委、市政府修订出台《关于促进经济和社会又好又快发展的意见》，推进现代产业发展和社会事业发展两大板块，设立政策奖励资金6亿元。强化目标管理，市委、市政府下发《2016年镇、园区、街道工作考核意见》，构建反映区域特色和各地科学发展要求的差别化考核体系，丁蜀镇、官林镇、高塍镇、周铁镇、新建镇、万石镇年终考核综合考评列前六位。

【宏观调控】 加强目标考核，印发全市国民经济和社会发展年度计划及主要目标任务书，调研监测全市经济运行情况、计划执行情况，每季度形成经济社会发展情况分析材料。对镇、园区、街道下达半年度、季度、月度经济指标分解任务，逐月编印《经济和社会发展主要指标完成情况综合汇总表》。加强规划编制，做好宜兴市“十三五”规划编制后续工作，印发《宜兴市国民经济和社会发展第十三个五年规划资料汇编》，加强“十三五”规划宣讲及专项规划评审，编制形成《宜兴“十三五”热电联产规划》《“十三五”新一轮农网改造升级规划》《宜兴新能源汽车充电设施规划》等。印发《宜兴市产业扶持资金实施意见(2016年—2020年)》，扶持资金初始规模达50亿元，用好优惠政策吸引项目落地宜兴。编制印发《关于降低实体经济企业成本促进平稳健康发展的实施意见》，帮助企业年度减负10亿元以上。

【项目建设】 实施固定资产投资的动态管理，印发全社会固定资产投资计划，引导对新兴产业、现代服务业等领域的投入。对基本建设项目实行审批、核准、备案制分类立项，完善1000万元以上在建项目、意向项目动态监管机制，严格实施政府实事项目管理办法、竣工验收办法、概算管理办法，修订实施政府投资工程类项目建设管理实施细则，加强固定资产跟踪管理。全年全社会固定资产投资537.3亿元，比上年下降19%。加快重大项目建设进度，按照“建成一批、建设一批、启动一批、储备一批”的要求，选择一批投资体量大、技术水平高、经济效益好、带动能力强的重点项目。建立市、镇两级领导挂钩重大项目工作机制，完成协调服务工作体系，坚持重大项目重点保障，做好土地、资金等要素保障，加大重大项目在镇园考核中的占比，建立健全奖惩分明的考核机制。全年列入无锡市重大项目投资计划的项目计划总投资586.7亿元，年度计划投资105.1亿元。至年底，完成投资108亿元。规范政府投资项目管理，有效控制市、镇两级政府投资规模，科学安排政府投资项目，提高政府资金使用效益，严格开展政府投资项目评审，加强对政府投资项目的论证和审查。全年列入政府投资项目150个，总投资177.7亿元；列入镇级政府投资项目库项目181个，总投资77亿元。推进实事项目建设，11件、44个政府为民办实事项目进展顺利。

【服务业发展】 加强政策扶持，编制《关于促进现代服务业发展的奖励意见》，明确服务业奖励内容及操作细则。全年完成服务业增加值619.5亿元，服务业后劲投入213.5亿元。加强科学管理，制订全市2016年度服务业主要经济指标任务并分解到各镇、园区、街道；修订完善《2016年服务业工作考核细则》，突出差异性、特色化考核，充分发挥考核导向作用；监测分析全市服务业运行情况，把握运行态势。加强项目建设，定期梳理健全2016年宜兴市服务业项目库，将纳入统计的计划投资额3000万元以上的在建、拟建、储备项目纳入项目库统一管理。从现代商贸、物流、旅游等现代服务业领域中初选出一批2016年市定服务业重点项目，对重点项目进行全程跟踪，加快推进万石国际石材市场、云湖温泉度假酒店、苏宁生活广场等重大项目建设。开展招商活动，编制《2016年宜兴市服务业招商项目手册》，在中国陶都(宜兴)金秋经贸洽谈会集中签约仪式上，签约服务业内资项目15个，计划总投资85.68亿元。

【综合改革】 编制投资项目负面清单，审批规划项目，以给出负面清单的方式列出禁止和限制准入的行业、领域、业务等，实现清单之外“法无禁止即可为”。持续推进行政管理体制改革，在丁蜀镇承接行政授权事项33项和延伸服务事项467项的基础上，继续推进对708项相关下放权力的跟踪指导，确保下放事项落实到位。深化政府购买服务，围绕“三农”（农业、农村、农民）主题，组织起草《2016年政府购买社会组织公共服务工作方案》，发动涉及民生、社会服务、社区建设领域的社会组织积极参与，确定30个社会组织购买30项相关服务事项。

【对上争取】 把握宏观经济政策，向上报批项目、争取资金。落实项目报批手续，全年办理项目审批、核准和备案手续346个，为一批重大项目办妥向上转报手续，滆湖东路S262初步设计通过省发改委审批，海翼飞机、万石国际石材市场2个项目通过争取列入2016年省级重大项目。配合无锡市发改委做好“推进市域重大交通基础设施建设加快锡澄宜一体化发展”的相关工作，通过锡宜重大交通基础设施的建设，加强与无锡市区的对接，促进宜兴旅游业的发展。准确把握产业扶持方向，积极对上争取扶持资金1.55亿元。其中，对上争取省级治太湖项目（十期）切块资金1.05亿元，为无锡粮库宜兴分库、宜兴闸口粮食储备库、宜兴云湖节能等争取中央预算补助资金1250万元，为江苏雅克科技股份有限公司、无锡江南电缆有限公司争取省级战略性新兴产业发展专项资金1800万元，协助江苏省宜兴中等专业学校申报“产教融合发展工程”专项资金2000万元。

【企业融资渠道拓展】 构建多层次、多元化的企业融资体系，拓展企业融资渠道。全年新增江苏高科石化股份有限公司、中国艺术金融控股有限公司2个上市企业，全市境内外上市企业累计25个。新三板挂牌企业数创历史新高，新增新三板挂牌企业18个，累计25个。股权融资再上台阶，全年股权融资项目27个，到账金额12.06亿元，签约金额45.72亿元。设立投资基金27个，募资总额超100亿元。债券融资稳步发展，中国宜兴环保科技工业园发展总公司发行企业债券，募资11.7亿元。兼并重组持续推进，全年完成并购项目13个，并购金额10亿元。

（陈滨）

财政管理

【概述】 市财政局把握“稳增长、控支出、强管理、保平衡”的主基调，推进财税体制机制改革，统筹财政收支管理，确保财政安全平稳运行。在严峻的收支平衡形势下，国标工资提标、公积金提标、机关公务员养老金并轨、城乡居民养老金医保金提标等得到保障。全年一般公共预算收入108.65亿元，比上年增长6%。其中：税收收入91.21亿元，比上年增长5%，税收占比83.95%；非税收入17.44亿元，比上年增长11.58%。在无锡市七大板块中，宜兴公共财政预算收入增幅、税收增幅、税收占比分别位列第三、第五和第四位，公共财政预算收入和税收占比分别超无锡大市0.6和3.3个百分点。一般公共预算支出117.42亿元，比上年增长7.61%，其中民生类支出占一般公共预算支出总额的74%。严控一般性支出和预算追加，“三公经费”*、会议费、培训费等一般性支出在上年基础上继续压减10%，预算追加同口径与上年基本持平。

【预算改革全面深化】 构建“一梁四柱”（完善政府全口径预算管理体系，强执行、优统筹、重绩效、讲公开），坚持“统筹兼顾、持续完善、量入为出、收支平衡”原则，合理编制一般公共预算、政府性基金预算、国有资本经营预算和社会保险基金预算“四本账”，形成覆盖政府所有收支的全口径预算管理体系。优化各类财政资金统筹使用，推进预决算公开，召开全市2016年预决算公开工作会议，细化公开内容、明确公开时限、创新公开方式，以财务公开透明推进政务科学规范。对政府专项中的13大类36个项目试行绩效目标编制工作，引入第三方评价机制，提高预算绩效管理工作质量和专业化水平。将绩效目标编审程序纳入部门预算编审内网平台系统，使绩效目标编制与部门预算编制“同申报、同审核、同批复”；以万石卫生院建设项目为试点，有序推进乡镇绩效管理试点工作。为化解镇级融资难、融资贵的矛盾，探索镇级融资新模式，在市级层面成立由镇出资的平台公司2个，年内组建完成。在政府债务管理上，采取直接融资和间接融资、一般性融资和政策性融资并举，压减投融资成本。至年底，中国银行业监督管理委员会的7亿元理财直融资已发行1亿元，期限3年，年利率4.45%；先后发行新公司债2期，总额20亿元，期限3+2年，年利率分别为4%和3.8%；发行定向工具10亿元，期限3年，年利率3.7%。对接存量债务的常规融资有序推进，交通银行贷款置换陆家嘴信托资金9亿元。全年市级融资综合成本比上年降低1.6%，债务增长率由上年的24.44%下降到2.8%。

【财政管理稳妥推进】 全年对90多个市、镇两级政府工程项目进行概算审核，核减额2亿多元；根据《宜兴市关于推进政府和社会资本合作的实施意见》，把宜兴市丁山养护院项目列为2016年财政部PPP（政府与私人组织之间合作建设城市基础设施项目）示范项目，把环科园环科新城基础设施配套项目列为2016年江苏省PPP试点项目。成立市财会培训中心，加强会计从业资格、会计专业技术资格的培训辅导，全年全系统非财会专业人员通过上岗证考试16人，通过高级职称考试4人，喜登全国会计考试金榜1人（全国排名第42名），喜登江苏省银榜1人（全省排名第八名）。坚持强化监督、依法采购、规范操作原则，市政府出台《宜兴市政府采购项目履约验收管理办法》，规定政府采购项目无论金额大小，采购人都须采用采购人负责、引入第三方、法定监督和社会监督相结合的模式对项目进行履约验收。全年政府采购2.36亿元，比上年增长6.31%，节约率16.95%。履行财政监督职责，改进监督方法，推进财政“大监督”长效机制建设，出台各类制度意见6项；加强对外检查力度，牵头组织参与重点专项检查18个，涉及资金6.2亿元；强化联合稽查模式，会同审计、检察、监察等单位执行专项检查10余次，提高财政稽查的有效性。财政稽查大队在2016年全市“千人评议机关”活动中位列全市涉企执法监管单位类第一。

【服务经济发展】 发挥职能服务经济发展，全力稳控金融风险，发挥财政政策激励引导和金融协调作用，通过出台又好又快目标考核奖励政策、落实金融系统不良贷款清降考核办法等措施，鼓励和引导银行机构全力压降不良贷款，全年累计清收不良资产3.02亿元，打包不良资产73.17亿元，不良贷款率降至2.65%；加快有关风险事件的处置进程，市科创科技投资担保有限公司强化对中小企业金融服务的支持，全年为中小企业提供担保21.6亿元，提供转贷1876笔、金额196亿元。完善又好又快政策，市财政局统筹安排5亿元，主要面向工业投资项目、企业科技创新、“互联网+”等13个领域，采用“产业资金+奖扶资金”的模式，引导企业加大投入，推进兼并重组和战略合作，推动经济转型升级。积极对上争取资金。会同相关部门，围绕中央、省鼓励和扶持的关键领域，加大政策研究和协调力度，加强项目筛选、论证和组织申报，全年申报19批、项目425个，资金到账1.5亿元。开展“暖企连心”活动，主动与68个企业对接，了解企业经营发展状况，协调解决制约企业发展难题。

2016年宜兴市财政收入情况

表49

收入项目	2016年收入数（万元）	比上年增减（%）	收入项目	2016年收入数（万元）	比上年增减（%）
增值税	291029	63.72	土地增值税	30311	-8.26
营业税	225726	-21.53	契税	34228	-36.29
所得税	155304	14.05	城镇土地使用税	40951	-3.49
城市维护建设税	63933	0.57	其他各项税收	30572	-10.84
房产税	40072	0.13	非税收入	174377	11.54
土地增值税	30311	-8.26	公共财政预算收入小计	1086503	6.00

2016年宜兴市主要财政支出项目执行情况

表50

支出项目	2016年支出数（万元）	比上年增减（%）	支出项目	2016年支出数（万元）	比上年增减（%）
一般公共服务	82790	11.82	科学技术	29003	-7.26
公共安全	59651	9.49	社会保障和就业	109745	22.08
教育	224542	6.44	节能环保	74954	-0.22
文化体育与传媒	20267	4.74	农业水事务	169064	17.81
医疗卫生与计划生育	57564	9.92	资源勘探信息	38086	56.71
城乡社区事务	117436	1.52	金融监管等事务	—	—
交通运输	45370	20.44	国土海洋气象	6275	-46.40
商业服务业	54690	-34.08	粮油物资储备	5388	93.81

续表50

支出项目	2016年支出数（万元）	比上年增减（%）	支出项目	2016年支出数（万元）	比上年增减（%）
援助其他地区	4762	4.96	国债还本付息	8610	279.63
住房保障	12157	−28.19	其他支出	53807	30.44

（蒋君明）

国有资产管理

【概述】 全市有国有企业85个，其中公益类12个、商业类73个；总资产281亿元，负债206亿元，净资产75亿元；全市国有企业实现营业收入、净利润、对上贡献分别为19.21亿元、0.74亿元、1.42亿元，净资产收益率1.05%。全年收缴全市52个盈利国企2015年国有资产收益2456.94万元，对外投资分红828万元。推动闲置资产变现，公开拍卖城东拆迁安置房剩余房源，拍卖总收益8700万元。规范和加强国资管理，清查全市国有企业85个、市镇两级投融资公司204个、行政事业单位229个。经清查，全市国有资产总额1487亿元，负债总额1041亿元，净资产总额446亿元，资产负债率70%，资产、负债、净资产分别比上年增加385亿元、283亿元、102亿元。

【制度监管和考核】 年初，为加强国有企业监管，规范企业经营行为，市国有资产监督管理办公室（以下简称市国资办）出台《宜兴市市属国有企业负责人履职待遇、业务支出管理实施办法》和《宜兴市市属国有企业资产损失责任追究办法》，从制度上规范企业经营，强化企业内部管理，确保企业优化经营，资产保值增值。针对国有企业开支随意性较大、部分国企负责人办公用房面积偏大、公务用车购置标准偏高、公车使用不规范等情况，严格规范企业负责人履职待遇、业务支出。将改组改制、固定资产投资、产权（资产）转让、资金管理等13个方面、83种情节列入责任追究制度，落实国有企业经营管理责任，保障企业国有资产安全。同时，按照“利润增长收入增长”的原则，商业类企业以经济效益为导向，公益类企业以降本增效为导向，加强国企考核，完善考核办法，实行一企一策，分类考核，并与建设资产经营公司等6个市属国有企业签订2016年度国有企业经营目标考核责任书。至年底，6个考核企业全年营业收入12.22亿元，占全市国有企业的63%，比上年降低8.18%，减幅比全市国有企业低6.71个百分点；利润0.62亿元，占全市国有企业利润的83.78%，比上年降低47%。

【国有企业改革】 3月，市国资办赴吴江、太仓等地调研国有资产管理工作，借鉴周边国有企业改革经验，并结合宜兴国有企业小而散、分割管理、多头管理、政企不分等问题，形成《关于推进宜兴市国有企业改革的设想》的报告。年内，以交通系统作为改革试点，组建交通产业集团，同时推进组建建设、公用事业等产业集团。将规划、公安、人社等部门的企业，根据企业经营内容，有选择的归并至产业集团，市级一级企业控制在10个以内。同时，盘活闲置资产，整合旅游资源，推进政府与央企合作。6月，市政府与宝钢集团有限公司、中国广核集团有限公司、中国港中旅集团公司、江苏银环控股集团有限公司签署战略合作协议，开启宜兴国企混合所有制经济合作模式，联合成立陶都文旅康养产业集团，由该集团开放经营云湖景区康养项目、陶都文旅小镇和茗岭旅游小镇等项目以及策划提升竹海风景区、善卷洞景区，致力于将宜兴打造成集旅游观光、休闲度假、健康疗养、娱乐购物等功能为一体的国家级康养旅游示范基地。

【公车改革有序推进】 2015年12月，按照中央总体部署和省委、省政府关于公务用车制度改革的要求，宜兴市启动公务用车制度改革工作，制订出台《宜兴市公务用车制度改革实施办法》，明确除规定数量的机要通信、应急、调研和接待等用车以及执法执勤用车外，参改单位的一般公务用车全部列入改革范围，所有非保留车辆于12月13日下班前停驶封存。2016年，为确保公正公平，机关公车拍卖全过程接受审计、纪检监察和社会各界的监督，对改革所涉438辆公车进行调剂、拍卖、报废处置，其中338辆公车拍卖成交，拍卖总金额1076万元，增值269.75万元，溢价率近34%，拍卖净收益全额缴入国有资产收益账户，国有资产保值增值成效明显。至年底，国有企业公务用车改革的信息登记工作全部完成，宜兴市行政单位公务用车改革基本完成。

（蒋颖）

审计工作

【概述】 全年完成审计项目68个，累计促进增收节支12.31亿元。其中：查出管理不规范资金0.49亿元、违规金额1.23亿元，收缴财政1.2亿元；核减政府建设项目工程款4.55亿元，核减率9.14%；核减拆迁安置项目补偿资金5.93亿元、拆迁评估项目补偿资金4035万元、重点道路建设工程拆迁项目财政补贴2243万元。审计后作出移送处理6起，审计信息被系统内媒体（刊物）采用

农村生活污水跟踪审计现场

（市审计局　提供）

236篇（次）。协助市委、市政府打击企业逃废债务行为，对江苏宇杰钢机有限公司、江苏江旭铸造集团有限公司等企业开展逃废债务情况专项审计调查，维护全市金融生态环境。审计管理工作制度完善、控制严格。加强审计过程质量控制，推行项目扁平化管理、审计项目定期汇报制、审计审理事项对照查证清单制度、跟踪审理制度，推进审计整改机制建设。力促市委、市政府出台《宜兴市审计整改督查办法》，完善审计整改制度体系建设，审计整改纳入政府督查快车道。年内，市审计局被市委、市政府记集体三等功。

【财政审计】 突出预算收支执行、部门预算执行、专项资金管理、国有资产经营、融资平台管理、问题整改情况六大专题，专项审计融资平台管理和国有资产经营等。审计发现年度预算数据不够真实，揭示土地流转奖励资金中虚报、骗报、多报、重复和提前申报土地流转面积、奖补资金等问题，对某村涉及侵占财政补贴的线索作出移交市纪委的处理决定，市纪委分别给予2位当事人严重警告和诫勉谈话处理。通过延伸审计六大融资平台公司，指出个别融资平台公司存在担保规模偏大、资金使用不规范的情况，市财政存在较大连带责任风险。揭示资产闲置、担保和转贷资金风险隐患大和违规出借资金等问题。对上年同级审计揭示的问题整改情况逐项反映，特别是对尚未全部整改到位的事项进行分析和提示，促使审计落实到位。

【经济责任审计】 坚持“边审计、边整改、边规范”，加大任中审计比重，推动监督关口由事后向事中、事前转移。全年完成市人民法院、市人民检察院、市委老干部局、市环保局和西渚镇等经济责任审计项目11个，其中任中审计占70%，改变以往以离任审计为主的局面。向市纪委、被审单位纪检组移送有关托管资产增值及出租收益被侵占，环保专项资金管理不规范违纪线索3起，8份审计报告得到市主要领导签批。对西渚镇实行审计时，指出西渚镇政府向企业出借资金存在风险的问题，收回出借资金本金及利息143万元，其余200万元借款签订还款协议。对市人民法院历年结存的1.05亿元资金、市人民检察院预算结存的574万元资金作出收缴财政处理。对市委老干部局和市环保局审计中发现的案件线索和问题疑点，按规定作出移送处理决定。市委老干部局根据审计建议，针对审计揭示问题，及时出台财务管理、物资采购、走访慰问全过程管理三项制度，堵塞管理漏洞，规范操作流程。

【政府工程项目审计】 严把政府工程投资审计关，把新开工项目概预算纳入重点审计环节，做到早预警。提升审计规范化管理水平，对部分重大项目采用综合因素评标，把工程审计业务纳入审计范围，逐步改变以往重结果轻过程的审计方法。坚持“组织、管理、指导、监督”，加强对协审机构及协审人员的监督管理。全年实施政府工程审计项目131个、总投资103.72亿元，其中跟踪审计项目26个、决（结）算审计项目103个、抽复审项目2个。决（结）算审计项目累计送审49.77亿元，审定45.22亿元，核减4.55亿元，平均核减率9.14%（其中工程核减率10.76%）。跟踪审计过程中提出审计意见及建议107条，促进规范建设管理行为，节约工程投资。

【拆迁评估审计】 加强评估现场审核，严格界定评估补偿范围，规范审计流程。全年实施建设拆迁审计项目18个，累计核减财政补贴6.56亿元，创历史新高。其中：拆迁安置补偿成本审计项目2个，报审财政应补贴资金9.91亿元，审定3.55亿元，核减5.93亿元，核减率59.83%；重点道路建设工程拆迁补偿成本审计项目5个，送审面积16.81万平方米，审定12.29万平方米，核减4.52万平方米，核减财政补贴资金2243.47万元，核减率26.89%；拆迁评估审核项目11个，报审评估补偿金额1.54亿元，审定8744万元，核减4035万元，核减率26.13%。在资产评估审核过程中，重视现场审核，加大对临时堆放、临时搭建、突种种植等评估标的的核减力度。全年核减突种种植苗木、临时堆放设备等资产评估值329万元，核减率7%。在征地拆迁成本审核过程中，优化使用谷歌地图、天地图等工具，还原事后征地拆迁审计现场，对照审计要求及审核范围，加大对虚报拆迁面积、虚列拆迁补偿费用行为的核减力度。全年核减虚报拆迁面积4.5万平方米、补偿额6.15亿元，核减率59%。为弥补审计力量及专业知识不足等问题，向社会购买服务，严格遴选，扩大审计成果。实施大中型苗圃绿化资产现场抽复审和核价项目中，核减评估值3706万元，核减率36%。

（戴金禾）

税务管理

【概述】 全年组织国税收入89.44亿元，增收5.54亿元，比上年增长6.66%。其中，地方公共财政预算收入34.85亿元，比上年增加10.75亿元，增长44.62%。发挥部门职能，策应供给侧结构性改革，落实减税政策，放大各类产业税收政策和结构性减税政策的叠加效应，全年累计落实各类税收优惠34.58亿元。

（陈力）

全年组织地税收入127.8亿元，其中地方税收73.66亿元。完成公共财政预算收入62.62亿元，占全市公共财政总收入的57.63%。其中实现税收公共财政收入58.09亿元，增幅高出无锡大市地税平均增幅6.35个百分点，增幅位居无锡第二。全年征收社保费47.87亿元，比上年增长11.41%。全面落实各项税费优惠政策，助推供给侧结构性改革，全年减免各类税费12.3亿元。深化征管体制改革，"营改增"平稳过渡，金税三期系统成功上线，国地税合作持续深度融合。成立税源管理统筹指挥中心，实现资源动态配置和事项统筹管理。财务信用平台全面推广，拓宽服务渠道，宣传"大众创业、万众创新"及小微企业等税收优惠政策；简化办税流程，加快推进智慧地税APP的推广应用，加快实现区域通办，融入政府便民服务网络和社区。推进"税银贷"服务项目，发挥"蓝色蒲公英""金色小蜜蜂""A+优"等服务品牌，构建"大服务"格局，实现税收与经济、与社会和谐发展，征纳双方良性互动。宜兴地税局在全市2016年度"千人评议机关"活动中获评第一名，实现三连冠。（尹焱）

【行政审批质效提升】 宜兴国税局开展"便民办税春风行动"，推进"互联网+智慧国税"建设，超94%的纳税人利用电子税务局开展线上办税。在全省率先推行预约取件便民服务，开通10大类、121个主要办税事项的"全省通办"，纳税人50%以上的业务通过全市9个自助办税区的23台自助终端就可完成，2.4万户纳税人通过微信平台享受指尖上的服务，窗口服务评价满意率99.89%。全面深化税务行政审批制度改革，减少税收管理事项329个、清理非行政许可审批事项70个、取消实地调查事项157个，行政审批案头审核办结率超过96%。强化事中事后监管，实施抽查制度，落实实名制办税，推行增值税发票管理新系统，着力防范税源管理风险。推进"三证(营业执照、税务登记证和组织机构代码证)合一""两证整合"商事制度改革，全年新办"三证合一"纳税人3万余户，存量企业办理进度82%。

（陈力）

【地方经济税收秩序规范】 为推动社会诚信体系建设、规范和优化地方经济税收秩序，宜兴国税局开展防范和打击虚开、骗税专项行动，以各类发票违法行为为打击重点，配合省国税局、无锡市国税局打击虚开增值税专用发票违法犯罪，开展虚开网络版普通发票专项整治和黄金票案、金华票案、打骗打虚专项检查及举报督办案等各类案件的检查。全年立案查处涉票案件38起，查处违法发票2084份，查补罚1300万元，移送市公安部门13人次，遏制虚开发票、骗取退税等税收违法行为。压缩陈欠1300万元，与市人民法院联合追征欠税206万元，营造依法诚信纳税氛围。联合地税部门推进社会诚信体系"一库一网一平台"(以企业信用信息基础数据库为基础，以"宜兴诚信网"为窗口，以公共信用信息服务平台为载体)建设，开展信用等级评定，建好纳税人信用数据库，向社会提供纳税信用信息查询。在出口退税、小微企业信贷、名优品牌审批等领域，为信用好的企业开设绿色通道，落实税收"黑名单"制度，探索将纳税信用等级与纳税人的其他活动或评定挂钩。深化"银税互动"助力诚信企业发展，与江苏银行、宁波银行共推"税易融""退税贷"融资征信平台，帮助121户诚信企业获无担保贷款1.51亿元。（尹焱）

【"营改增"实现平稳过渡】 为配合"营改增"工作推进，通过国地税联合共驻行政服务中心、共建办税服务厅、在办税服务厅互设窗口等形式，开展"营改增"工作。宜兴国税局对"营改增"企业全面开展实地核查，安排专场辅导培训17场，免费向企业发放"营改增"政策解读、实务操作、办税指南等资料1000多册。完成61个相关企业的税控系统初始发行工作。宜兴地税局利用改革窗口期，加强对营业税项目的排查和清理，分别清理建筑类项目1877个、房地产开发项目444个，入库营业税3.5亿元。加班加点测试软件、调试系统，确保"双代"(办理代征税款和代开发票)业务顺利开展。在7个有"营改增"非共管小规模纳税人的基层分局开辟"营改增"专门领票窗口，设立"营改增"专用服务窗口18个。同时加强与市财政、宜兴地税、市市场监管局等部门协调沟通，确保6421户营改增纳税人平稳交接。5月1日零点，全市首张营改增发票在云湖国际大酒店开出，营改增税制转换顺利实现。6月1日，完成首期营改增纳税人申报工作。至年底，全市营改增纳税人从2012年试点初期的902户增加到2016年年底的1.1万户，增长11倍。99%以上新增试点纳税人税负下降，基本实现"所有行业税负只减不增"。

【"金税三期"征管系统上线】 根据国务院统一部署，10月起，全国税务统一使用"金税三期"全国税收管理信息系统。市国税局、宜兴地税局按照上级部门统一部署，遵循"将系统更替对纳税人造成影响降到最低"的要求，提前统筹做好操作实测、业务培训、系统运行、窗口办税、公告宣传和解释服务等工作。宜兴地税局完成电子税务局预留业务937户、申报税费1430万元。并利用财信平台对全市纳税人开展电子税务局、新版个税申报培训128场(次)，参培纳税人超过1.6万户。10月，"金税三期"全国税收管理信息系统平稳运行，核心征管系统顺利完成迭代升级。上线首日，各项涉税业务办理2702项。"金

"金税三期"系统上线后成功开出首张发票

（宜兴地税局　提供）

税三期"搭建起移动互联的纳税服务平台，实现全国税收征管数据的大集中，实现"进一家门，办两家事"，大幅提高税收征管水平、降低税收征纳成本。

【税收征管体制改革】 贯彻落实《深化国税、地税征管体制改革方案》，深化税收管理改革，优化完善"大纳服"格局。加强财税、税警、税银、税邮联动，构建"党政领导、税务主责、部门合作、社会协同、公众参与"的共治格局。风险应对总成效1.8亿元，风险任务竞标管理水平走在无锡国税系统前列。强化国地税合作，落实国地税合作规范2.0，明确4类、44个合作事项，通过整合资源、优化流程、完善机制，建立规范化、制度化的国地税合作机制，共建国税、地税合作示范区。推进大厅联合办税、税收联合分析、税户联合服务、案件联合稽查等合作事项：国税、地税2个主厅和8个便民办税服务点实现联合办税，16项国税、地税业务"一厅通办"为纳税人减少往返跑55%以上。国税、地税联合为A级纳税人开展"营改增"专项培训、"金税三期"上线申报问题专题培训，参培纳税人超2万余户。深化"税收视角看宜兴经济"分析品牌，开展联合分析提升税务部门服务决策、献计发展的能力和站位；继续携手启动税收宣传月，开办宜兴日报税务专版和税务信息月报。推广企业财务信用平台加强企业风险内控，签订国、地税稽查合作备忘录，对4户企业开展国税、地税"一次进户、统一检查、分别处理"。建立完善税警、税法、税邮在联合办案、联合追征、信息交换、委托代征等方面的部门合作机制，出台建筑业纳税人综合治税实施方案，税收共治格局初步形成。

（陈力　尹焱）

【地税收入稳中有升】 组织收入总量稳中有升。受"营改增"影响，全年地税组织收入呈现"高开低走"。全年各级各类收入总量127.8亿元，比上年减少0.99亿元。地方财力贡献稳。地税组织全口径公财收入63.17亿元，占全市公财收入58.14%。实体经济税收稳。二、三产业经济税收形势总体平稳，二产实体优于三产。其中，制造业发挥主导作用，全年入库税收17.97亿元，比上年增长0.52%。个税收入增幅高。个人所得税全年收入总量12.45亿元，比上年增长34.37%，成为全市增幅最高的税种。社保收入增量大。全年征收非税收入54.13亿元，其中社保费总量47.9亿元，增收4.89亿元，比上年增长11.41%。减税总量增速快。"营改增"减负5.6亿元，落实各项优惠政策合计减免12.3亿元。

【财务信用平台全面推广】 近年，宜兴金融风险中暴露出中小企业在财务管理方面存在"基础管理缺陷、会计信息缺失、部分管理缺位"等问题，企业经营风险增加，企业经济效益压减。为引导企业诚实守信，宜兴地税局联合市经信委、财政局、国税局等部门共同开发宜兴市企业财务信用平台，通过信息采集和比对及时发现企业的涉税风险。全年18个板块"财务管理办公室"和"会计人员之家"实现正常运行，覆盖2.64万户正常纳税人和1.06万名财务人员，交换、采集信息400万条。该平台采集企业基础信息录入率96.22%，办税人员信息录入率84.26%，会计制度使用小企业会计准则占比72.66%、水电气录入率约60%。依托财信平台，全年累计自查2.52万户企业，补缴税款2714万元；筛选涉税风险疑点7368个，累计向8000多户企业推送涉税风险提醒2.1万条，企业通过自查应对补缴税款6700万元。

（尹焱）

【纳税服务优化】 宜兴地税局优化纳税服务，拓宽服务渠道，建立适应现代化税收的服务体系。继续开展"便民办税行动"，在行政服务中心设立服务窗口，在各镇（园区、街道）设立便民服务点，方便纳税人办税。推行"一窗式"办税服务、首问负责制、预约服务等服务，缩减纳税人办税时间。拓展服务渠道，运用"纳税人之家"和"12366"服务平台等平台，加强税企沟通和涉税信息互通，探索把纳税服务融入政府便民服务网络和社区，对纳税人反馈的各种涉税问题及时跟踪、第一时间解决。打造服务品牌，加强品牌服务建设，组织开展"金色小蜜蜂"纳税需求采集；依托"蓝色蒲公英"纳税人学堂，广泛开展"爱心社区行""春风送岗位"等宣传活动。全年举办宣传辅导活动50多场，受宣人员4000多人次。运用云计算、大数据、移动互联网等现代信息技术，积极推进"智慧地税"建设。推广"智慧地税"APP、"江苏地税掌上办税"APP，倡导自助办税和网上服务，实现业务分流，引导纳税人利用手机查询涉税相关信息、大厅业务情况、手机申报纳税、自然人登记申请等掌上办税服务，将纳税人“+”进互联网。依托政府“一库一网一平台”推广应用，将涉税信息数据与企业的财务信用紧密相连，构建企业财务信用体系。对纳税信用良好的A级纳税人，通过“A+优”创新服务提供预约办税、绿色通道、上门辅导、定向需求采集等服务。通过“税银贷”平台，为纳税信用良好的小微企业与宜兴农村商业银行的贷款合作牵线搭桥。

（尹焱）

物价管理

【概述】 围绕推进资源价格改革，市物价局开展前期成本测算、周边县市调研、征求社会各界意见等工作，召开社会各界参加的价格改革听证会，完善阶梯式价格改革实施方案。市政府第四十一次常务会议审议通过关于宜兴居民用水、用气阶梯价格制度改革实施方案。严格对超耗能企业、产能严重过剩行业实行用电差别电价、阶梯电价的规定，促进全市企业的能源节约。根据市场煤炭价格水平，启动煤热价格联动机制4次。至年底，蒸汽价格下调至每吨167.8元，比原价下降0.9%。开展公立医院医药价格改革督查和考核评估，核定保障性住房价格、确定东方花苑等保障房的上市交易评估单价，全年办理物业服务收费备案30件。出台《宜兴市养老机构服务收费管理暂行办法》，促进全市养老事业的健康发展。助力行政审批制度改革，完成全市211个行政事业性收费单位的收费情况报告和统计分析，合格率100%。落实清费减负政策，开展收费统计和数据报送工作，重点审查已经取消、免征和降低的收费标准，严格审核无偿服务变有偿收费项目。开展全市行政事业性、经营服务性收费项目的集中“体检”，清理涉企、涉农、涉民等收费项目，调整更新《宜兴市行政事业性收费项目目录》《宜兴市涉企收费目录》等收费目录清单9个，实现全市收费目录清单管理的动态化、长效化。全年居民消费价格指数（CPI）为1.4%，涨幅比全省低0.3个百分点。年内，市物价局被省物价局评为2016年度价格工作先进单位。

【市场价格监测】 落实价格调控机制，市政府印发《宜兴市2016年价格调控目标责任制实施意见》，确保全市价格基本稳定。落实价格监测报告制度，建立完善全市城乡价格监测网点52个，重点加强粮油肉蛋菜等生活必需品及生产资料价格动态监测，定期采集居民主要生活和生产资料价格。加强与周边县市市场价格信息的对比分析，重点关注蔬菜、粮油等民生价格波动趋势，坚持定期上报农产品、基本药物的监测价格数据，全年撰写分析材料24篇，采集上报数据2.79万条。强化成本调查监审，打造“引智借力”工程，推动成本监审专家库建设，提高成本监审结论的公信力。开展协联天然气供热、公益性公墓定价等涉及民生价格和垄断行业价格领域的成本监审。

【市场价费秩序规范化管理】 围绕涉农、涉企、教育、医疗、物业等民生价格领域，工作重心由事前审批转向事中事后监管，持续加大价格执法力度，规范经营行为。全年查处价格违法案件10件，实施经济制裁487.43万元。采取全面督查和重点抽查的形式，组织开展全市涉企收费、电信市场资费、商品房价格行为、景区门票价格收费等专项检查，规范市场主体的价格行为。创新价格监管方式，定期巡查教育、医疗卫生等行业，通报存在问题，规范教育、医疗卫生单位的收费行为。依托全市18个基层价格监督站，对全市的休闲农场、度假村、农家乐等消费场所，开展拉网式大检查，发放《关于规范餐饮行业价格行为的提醒函》300余份，提供价格政策咨询服务50多次。春节、五一、中秋、国庆等节假日期间，启动市场巡查机制，重点加强针对商贸流通、旅游景点、餐饮酒店、交通运输等行业的市场检查，开展检查180余人次，检查市场主体320余个，促进全市旅游市场健康有序发展。抗洪救灾期间，启动汛期防汛抗灾物资价格督查，保障防汛抗灾物资和市场价格的稳定。建立数据统计分析和报告制度，畅通网络、来信、来访等维权通道，加强“三位一体”(规范、服务、查处)价格维权服务网络建设，使用国家“12358”举报管理信息系统，及时高效办理群众的价格举报投诉。全年办理群众举报投诉咨询423件，回复率、办结率均为100%。

【平价商店监管】 围绕打造惠民品牌目标，通过改革创新、规范管理、优化服务等举措，彰显平价商店“稳价惠民”功能。注重平价商店长效管理机制建设，推广市平价商店监管服务平台，实现对平价商店的实时监控，探索出“依托连锁经营、严格考核奖励、加强智能监管”的发展路径。根据《宜兴平价商店考核办法》，严格落实管理标准和制度规定，及时发布“菜篮子”价格信息，定期巡查考核和不定期暗访巡查相结合，及时通报并纠正存在问题，完善准入、巡查、考核、退出机制。加大对春节、端午等节假日期间，平价商店经营品种、让利幅度等情况的巡查暗访，提升平价商店的运营质量和效益。坚持优质服务打造品牌，搭建评价商店产供销一体化平台，降低流通成本。全年淘汰并替补平价商店10个，并在网上公示，接受社会监督。会同市发改、商务、财政等部门，根据《2015年度平价商店奖励分配方案》，加大综合考核力度，落实奖励495万元。全市40个平价商店全年销售平价蔬菜3.65万吨，给市民让利8222.72万元，让利幅度32.7 %，“菜篮子”价格持续稳定。

【价格综合服务】 围绕“降成本、稳增长”主题，5月，市物价局与市水务集团有限公司、宜兴港华燃气有限公司、市供电公司等单位协调，降低企业生产成本。降低企业用水成本，工商业用水、特种行业用水每吨优惠0.1元，价格分别调整为每吨3.32元和每吨3.42元。降低企业用气成本，年用气量达100万立方米以上企业，每立方米气下调0.1元，年用气量达300万立方米以上企业，每立方米气下调0.15元；继续执行煤改气用户安装费优惠政策，一般工商业及其他企业每千瓦时降低3.12分。减轻企业供热成本，做好供热单位暂缓提价协调。加大农副产品和常用药品等消费品价格信息的采集和公布力度，拓宽信息发布渠道，提高价格信息公布的针对性和时效性。探索建立农产品成本调查信息公开制度，发布农副产品成本收益信息。全年发布民生价格信息36期、数据9960条，上报《价格监测信息动态》25期。坚持“网上晒价、价比三家、稳价便民”主题，推进“宜兴价费通”建设，落实人员、经费、技术等保障，确保服务平台长期规范、高效运行。贯彻《价格认定规定》要求，开展刑事案件、民事案件涉案财产价格认定工作，加强交通事故中物损价格认定工作。全年完成价格鉴证业务1048件、标的额2.4亿元。开展公车改革车改认定，推进全市340辆拍卖车辆的价格认定工作。价格认定抗洪救灾捐赠的作品329件，所捐作品公开拍卖。开展基层价格矛盾纠纷调处工作，完成车损类价格矛盾调解处理5起、13万元。

【农副产品成本调查和分析】 组织开展蔬菜产供销、部分优势农产品成本收益等9项农产品成本调查工作，服务政府科学决策。农副产品调查设3个点，有农户9户，调查对象为粳稻、小麦。调查户粳稻亩均产量532.82千克，比上年减少50.57千克，下降8.67%；亩均成本为690.75元，比上年增加29.52元，增长4.46%；每亩收益842.69元，比上年减少333.75元，下降28.37%。粳稻生产总体呈现亩均产量减少，成本增加，收益减少的特点。调查户小麦亩均产量280.47千克，比上年减少82.02千克，下降22.63%；亩均成本为488.55元，比上年减少5.95元，下降1.2%；每亩亏损21.18元，比上年减少371.92元，下降106.04%；每50千克平均出售价格比上年减少33.27元，下降29.03%。小麦生产总体呈现亩均产量、平均出售价格和亩均收益均比上年大幅减少，亩均现金成本略减的特点。

（朱爱国）

统计管理

【概述】 全年撰写统计分析46篇、统计信息207条，被各级领导、有关部门、新闻单位和网络媒体采用180多次。做好“十二五”发展成果系列分析，编印《数字看发展——“十二五”宜兴经济社会发展回顾》《“十二五”镇、园区、街道主要经济指标》。改版《宜兴统计》月度册子和季度《宜兴经济运行分析报告》，提升统计纸质产品的质量。更新维护名录库，全市新增法人单位5000多个，变更1000多个。加大统计执法力度，采取随机确定检查人员和检查对象的双随机方式，对工业、贸易、服务业、房地产和建筑业企业开展统计执法检查。建立制度化、规范化的行政指导体系，运用告知、指导、警示、回访、约谈等方式开展行政指导工作，扩大行政指导覆盖面，全年完成对60个联网直报企业的行政指导。对全市联网直报企业实行《统计事务告知书》网上送达签收，送达率和签收率均为100%。年内，开展“数据造假、以数谋私”专项治理，10月，省统计局检查组到宜兴开展专项治理检查工作，查看市统计局2015年度收发文件记录及文件档案等资料，对市统计局队伍建设、统计管理、统计服务、规范化建设工作给予肯定。

【统计规范化建设】 推进市统计局、镇（园区、街道）统计站和联网直报企业三个层面的统计基础工作规范化建设，对队伍建设、制度建设、业务培训等提出要求，列入统计行政指导、业务指导和百分考核的重要内容。推进镇级统计机构规范化建设，实施统计基层基础建设“三年行动纲要”，完善镇（园区、街道）统计规范化建设标准。延伸统计网络节点，将基本单位名录库更新节点向村、社区延伸，构建全覆盖、无盲区的统计网络格局。开展联网直报企业规范化建设，根据“企业一套表”的新要求，推进投资统计改革，将5000万元及以上项目纳入“一套表”调查范围，建立非金融资产投资调查制度。完善GDP季度核算方案，健全以新兴产业、新型业态、新商业模式“三新”统计为主的调查体系，改进贸易统计，完善服务业统计体系；执行市政府统计工作联席会议制度，履行统计调查项目审批和备案程序，执行部门统计数据报送和发布制度；加大对部门统计的管理、协调和指导，实现数据统一、信息共享，加强信息化基础建设，健全统计调查数据的存储备份和应急恢复系统；利用互联网新技术，强化对名录库数据的规范采集和动态维护。在江苏省统计基层基础规范化建设评比中，宜兴环科园统计站被评为江苏省基层统计规范化建设示范乡镇（街道、园区）。

【第三次全国农业普查】 2015年6月，国务院发文在全国范围内开展第三次全国农业普查，到2018年基本结束，时间跨度为3年。2016年1月，宜兴市贯彻国务院精神，启动开展全国第三次农业普查工作。出台《宜兴市人民政府关于认真做好第三次全国农业普查的通知》并成立市第三次全国农业普查领导小组，将全市划分为249个农业普查区、1913个农业普查小区。选调普查员和普查指导员2927人。针对涉及农业从业者情况、土地利用和流转情况等方面的600多个普查指标，对全市所有涉农镇（街道）、255个村级单位、17.8万户农户开展调查。为保障普查数据采集准确可用，全面启用遥感、手持智能数据采集终端、联网直报等新技术，提高普查效率和质量。至年底，完成对全市2000个农业经营单位、26万多户农户的清查工作。

【统计服务】 强化需求导向，加强经济运行态势分析研判，开展重点课题研究，为党委、政府科学决策提供统计服务。强化精品意识，成立调研课题小组，深入村、企开展调研活动，了解经济发展情况和企业生产经营情况，编印《统计年鉴》《统计公报》《宜兴统计》等资料。组织开展年度、季度全市国民经济运行情况系列分析活动，编印年度、季度《宜兴经济运行分析报告》汇编。开展统计宣传，充分利用《宜兴日报》统计专版专栏、《宜兴统计》、宜兴统计网站等宣传阵地，解读统计数据，宣传统计法律法规。开发"宜兴统计"微信服务平台，每月编发"宜兴统计"微信多图信息，推送月度、季度、年度数据，统计分析，法制宣传等内容，向全市1531个联网直报企业发放统计行政事务告知书，发挥统计宣传、数据解读、行政事务告知等作用。年内，市统计局宣传作品《借力政务微信平台 实现统计宣传零距离》被省统计局评为全省基层优秀统计宣传作品示范项目。

（储蕾）

招投标管理

【概述】 全年政府投资工程类招投标395个标段，中标价29.57亿元，比工程预算价节约5.04亿元，资金节约率14.56%；政府投资货物和服务类招投标138个标段，中标价3.96亿元，比招标控制价节约0.75亿元，资金节约率15.84%。政府采购198笔，中标价为1.74亿元，比采购预算价节约0.45亿元，资金节约率20.52%。产权交易461宗，交易金额6493.77万元，比转让参考价增加569.87万元，增值率9.62%。

【制度流程完善】 建立健全制度，梳理工作制度和流程，召开工作专题会、座谈会70余次，制定出台工程招投标重大事项集体会审制度、宜兴市招投标市场信用评价考核办法、加强政府采购管理的意见等制度和流程50多项，汇编成册，印发至各镇（园区、街道）、相关单位和招标代理机构，并在招投标网站、服务大厅及开评标室等张贴制度流程，做到流程透明化。加强流程管理，运用网上监管系统，加大对发包方案、工程施工图、工程量清单、招标公告、招标文件等的审核力度。整合交易服务职能，规范开评标现场的管理和服务，实现工程招投标、政府采购开评标现场由项目交易科统一实施管理和服务，断绝政府采购科、采购代理与评委之间的联系，实现政府采购前期操作人员与评标管理服务的分离。建立诚信体系，为规范招投标市场行为，形成"招标市场"与"工程现场"两场联动的管理体系，制订出台《宜兴市招投标市场信用评价考核办法（试行）》，从投标企业的投标行为、中标企业的标后履约行为两个方面对企业进行信用评价考核打分。起草《关于在建设工程施工招标中应用信用评价结果的通知（试行）（征求意见稿）》，维护市场秩序。至年底，市招投标管理办公室共发出投标行为扣分单46张，扣分154分。

【电子化招投标】 建设工程、监理工程、工程货物、水利工程抽签项目逐步实行电子化。至年底，建设工程项目招标423个标段中，338个标段采用电子招标，电子招标率80%。其中：工程施工项目招标274个标段，采用电子招标272个标段，电子招标率99.3%；监理项目招标29个标段，电子招标率100%；工程类货物招标98个标段，采用电子招标37个标段，电子招标率37.8%。

【招标条件更趋合理】 加强与各镇（园区、街道）和各部门的沟通协调，结合项目的具体情况和招标（采购）人的实际需求，会同招标（采购）人合理设置招标（采购）条件，确保有相当数量的合格投标人参与竞争。287个政府投资工程类项目的招投标中，二级及以上资质企业中标标段数占总量的88.85%，中标率比上年提升25.06%。同时，对一些专业性强、潜在投标人数量可能偏少的项目，鼓励招标人实行招标内容网上预公示，提高这类项目招投标的一次成功率。

【招投标服务】 项目审查坚持"提前介入、并行审查"，优化审查方法，采用详审和简审相结合，确保重点兼顾一般。完成项目审定预算价23.87亿元，净核减率1.54%；审定最高限价和招标合理价21.82亿元，净核减率1.56%。提升工程招投标效率，坚持评标办法多样化。采用综合评估法、合理低价法或最低价法的工程项目，从项目登记开评标结束，平均耗时31天，其中采用抽签法的工程项目，招投标主要环节平均耗时仅为7天。根据市财政部门《市政府关于进一步加强政府采购管理的意见》，明确非集采目录的项目采购人可以委托社会采购代理机构代理采购，从原有的单一集中采购模式转变为集中采购和分散采购相结合的两级模式，提高采购效率。继续推行投标保证金网上缴退系统，所有工程项目投标保证金缴退实现全流程电子化，至年底累计完成402个标段、8038笔、6137.99万元投标保证金的网上缴退。

【招投标市场秩序监管】 为引导规范招投标市场行为，开展全市招投标专项检查。市招投标管理办公室办对各镇（园区、街道）和有关部门招投标工作进行专项检查，对发现问题提出整改方案。打击违法违规招投标行为，全年处理投诉11起，驳回投诉7起；查处招投标行政违法案件10起（其中弄虚作假案件3起、视为串通投标案件5起），行政处罚涉案单位15个，罚款63.1万元。发挥社会监督的作用，对可以公开的交易信息做到全公开，及时处理群众通过"12345"政府公共服务热线、市长信箱、信访举报等反映的问题。加强代理、评委考核管理。制订出台《工程招标造价编制考核管理办法》和《工程评标专家考核管理细则》，按照"一标一考核"和年度考核相结合的办法，对代理业务、评标工作实行动态考核管理。建立资深评标专家库，遴选具有工程类高级职称、8年以上评标工作经历、业绩良好的23名评委作为首批资深评标专家。根据《招标投标法实施条例》和省住建厅文件精神，修订《工程建设项目施工招标评标办法》，打破以往采用综合因素评标办法的工程均由一级企业中标的“定式”，采用合理低价法、抽签法、综合评标法实施招标的工程，遏制低价抢标、围标串标等现象。

（虎娜）

国土资源管理

【概述】 全年划定基本农田5.2万公顷，建设高标准农田1333.33公顷。推进土地复垦整理，实施耕地占补复垦项目45个，新增耕地104.27公顷；完成土地整理项目3个，整理规模333.33公顷，新增耕地41.07公顷；完成城乡建设用地增减挂钩复垦项目9个，新增耕地18.41公顷；完成工矿废弃地复垦项目5个，新增耕地12.07公顷。全年供应土地142宗、344.73公顷。其中，出让供地70宗、133.94公顷，划拨供地30宗、184.28公顷，集体租赁供地20宗、16.41公顷。出让土地中，经营性用地42宗、60.77公顷，工业用地25宗、69.69公顷，公共管理与公共服务用地3宗、3.48公顷。全年设施农用地审核备案35宗、3.29公顷。全年挂牌出让工业用地25宗、69.69公顷。其中，成交24宗、流拍1宗，成交面积59.85公顷，成交金额2.79亿元；全年出让经营性用地41宗、53.95公顷，成交13.64亿元。建立产业项目前期评审和后期评价机制，全年评审工业项目27个，用地面积66.53公顷。推进土地供给侧改革，盘活利用各类存量闲置土地228.33公顷，全市各镇（园区、街道）编制低效用地再开发专项规划和年度实施计划。推进土地利用总体规划调整完善，编制完成“十三五”土地整治规划。张渚镇、新建镇开展耕作层剥离再利用试点，西渚镇“多规合一”研究成果通过省国土资源厅验收。完成第三轮矿产资源总体规划修编工作，成功申报省级绿色矿山试点。出让采矿权1宗，出让资源量364万吨，出让金额3458万元。征缴全市5个矿山企业规费1.76亿元。规范资源管理秩序，建立齐抓共管的执法监察体系，形成联合督查、定期通报、申请强拆、警示约谈等联动机制。做好2015年度卫片（卫星影像图片）执法检查工作，加强视频监控和人工巡查，发现并制止新违法用地行为18起，制止偷采乱挖矿产资源行为10余起，扣押设备3台。搭建稳定规范的不动产登记工作体系，推动不动产登记机构人员、职责整合，正式颁发不动产权证书。配合市财政局、人社局和各镇（园区、街道）落实被征地农民社会保障制度，至年底，全市有4756名被征地农民纳入社会保障体系。做好特大洪灾期间地质灾害防治工作，有效应对地质灾害7起。

【不动产统一登记工作实施】 整合不动产登记职责，设置不动产登记行政机构，并在市国土资源局增挂“宜兴市不动产登记局”牌子，组建市不动产登记交易中心，具体负责办理不动产登记发证有关业务工作。6月27日起，宜兴市正式实施不动产统一登记，颁发《不动产权证书》和《不动产登记证明》，各类不动产登记业务统一由市不动产登记交易中心办理，原土地使用证、房屋所有权证等不动产权属证书停止发放。至年底，发放《不动产权证书》1.66万本，开具《不动产登记证明》8003份，不动产统一登记实现平稳运行。

不动产登记服务窗口　　（市国土局　提供）

【永久基本农田划定】 为实行最严格的耕地保护制度，落实永久基本农田保护目标，根据《国土资源部农业部关于全面划定永久基本农田实行特殊保护的通知》《江苏省永久基本农田划定工作指导意见》等要求，全市推进土地利用总体规划调整完善和永久基本农田划定工作。结合城市总体规划方向，收集举证材料，协同市政府编制完成《宜兴市城镇周边永久基本农田划定实施方案》《宜兴市“十三五”土地利用专项规划》，确定划入永久基本农田260.2公顷，举证不划入永久基本农田1813.33公顷，进一步强化土地利用空间管制，提高土地资源配置效率。同时，市国土资源局收集各镇（园区、街道）和相关职能部门重大项目需求，梳理相关数据和资料，启动全域永久基本农田划定工作。12月，宜兴市永久基本农田划定方案上报无锡市国土资源局、无锡市农业委员会论证评审。

【土地供给侧改革】 建立产业项目前期评审和后期评价机制，评审用地项目的产业情况、用地情况、企业品质等内容，把好入口关，提升产业项目质量。全年评审工业项目27个，用地面积66.53公顷。3月，市政府出台《宜兴市集体经营性建设用地租赁暂行办法》《宜兴市国有土地租赁办法》，构建国有土地出让、国有土地租赁、集体经营性建设用地流转三位一体的建设用地多元供给体系，建立全市国有、集体租赁用地数据库，全年办理集体经营性建设用地租赁19宗、15.93公顷，办理国有土地租赁19宗、9.73公顷。全面实施建设用地批后监管，防止已供土地出现闲置。对原有的闲置、低效土地，出台《宜兴市闲置土地处置办法》，印发《关于加快推进低效用地再开发工作的通知》，向各镇（园区、街道）下达闲置土地处置及存量土地盘活任务书。全年共盘活利用存量闲置土地228.33公顷。提升保障效能，全年供应土地142宗、344.73公顷，确保重大基础设施和重点项目的用地需求。积极参加储备土地推介活动，经营性用地市场保持平稳发展，城东旅游文化综合体等重大项目用地需求得到保障。

【地质灾害防治】 为科学防治地质灾害，保障人民群众生命和财产安全，最大限度地避免和减少地质灾害造成的损失，5月，市政府出台《宜兴市2016年度地质灾害防治方案》，明确地质灾害防治工作目标、重点及措施。市国土局全力做好隐患巡查排查，汛前组织排查地质灾害分布点16个，确立重要地质灾害隐患点9个，汛期将巡查范围扩大到全市丘陵山区切坡建设区域，完善隐患点镇、村、组及监测人的地质灾害群测群防组织，在地质灾害易发区域向市民发放工作明白卡和避险明白卡。针对宜兴大面积强降雨引发的险情，邀请省国土资源厅地质灾害应急技术指导中心专家开展应急调查，做好应急排险、危险区划定、受威胁群众撤离等应急处置工作。针对国道104线滑坡、襄阳隐患点、张渚镇牛犊山滑坡、云湖路滑坡、芙蓉山庄地质灾害、大贤岭张横公路滑坡、竹海战备公路滑坡7处危险性高、影响大、治理需求迫切的险情，上报市政府批准立项，计划于2017年汛期前治理到位。

【耕作层剥离及再利用试点】 为切实加强耕地保护，科学规划、合理利用耕地耕作层土壤资源，开展耕地占用耕作层剥离和再利用工作。市政府起草《宜兴市建设占用耕地耕作层剥离和再利用实施办法（试行）》，选取张渚、新建两镇作为耕作层剥离再利用试点单位，遵循“即剥即用、就近利用”，坚持试点先行，以点到面，逐步实施。两个镇剥离区符合剥离耕地面积13.28公顷、再利用区面积11.54公顷，其中用于增减挂钩项目8.47公顷、占补项目3.07公顷；剥离土方量3.98万立方米，提高了新造耕地质量，提升了耕地产出效率。

（史云瑶）

市场监管

【概述】 为形成监管合力，市政府成立食品安全委员会，将办公室设立在市市场监管局，负责协调食品安全各监管部门之间协作配合。在各镇、街道、园区和各行政村聘请食品监管协管员20人和社会信息员305人，形成层级分明、组织健全、覆盖基本经济区域的三级管理体系，实现网格职责无缝衔接、监管触角到边到底、工作责任到岗到人和监管对象的全覆盖。全市全年新登记内资企业5535个，比上年增长20.72%；新登记外资企业40个，投资额8.31亿美元，注册资本3.84亿美元；新登记个体工商户9074个，比上年增长26.34%；新登记农民专业合作社144个。开展银企对接活动，全年指导企业办理股权出质登记53件，质押股权13.34亿元，担保标的额24.25亿元；办理动产抵押登记190件，融资34.3亿元；指导企业参与拍卖11户，拍卖备案65份，成交7115.9万元。净化食品市场环境，出动执法人员5.6万人次，检查生产流通餐饮单位3.4万余个（次），抽检生产流通领域食品和食用农产品2700批（次），完成餐饮环节抽检4538批（次），检出不合格食品40批（次），发出责令整改通知书574份，立案68件，移交司法部门制售假酒案件4起。创新开展重点产（商）品质量市级监督抽查工作，全年抽查1.02万批（次），其中不合格1026批（次）。全市全年新申请江苏省著名商标14件、无锡市知名商标20件；新申报江苏省名牌产品17个、复评25个，无锡市名牌产品24个、复评43个；核准地理标志证明商标“湖汊杨梅”；新申报省质量信用AAA级企业4个、AA级企业7个；有3个广告单位在省工商局和省广告协会举办的“2016年度江苏省广告行业服务品牌紫金奖”评比中获奖。参与全国文明城市创建，做到店铺亮照经营、商品划行归市、摊位摆放整齐、检验检测到位，全年处理无照经营行为1737起。加速推进“质量强市”建设，出台《宜兴市2016年深化质量强市行动计划》《宜兴市质量强市建设五年行动计划》等政策，对当年度首次获得中国质量奖、江苏省质量奖、无锡市市长质量奖、宜兴市市长质量奖的企业和当年度获得行政认定中国名牌和驰名商标的企业进行奖励。建立企业质量信用档案、信用公示制度和质量“黑名单”制度，构建质量信用信息平台，加大对质量失信企业的惩戒力度。全市全年有10个单位获国家级“守合同重信用”企业。至年底，全市有国家级“守合同重信用”企业26个、省级85个，无锡市“重合同守信用”企业近1300个。

2016年宜兴市被新认定的江苏省著名商标

表51

序号	商标名称	企业名称
1	LMFLEX及图	江苏雷蒙化工科技有限公司

续表51

序号	商标名称	企业名称
2	宜皇及图	宜兴市杨巷伯良米厂
3	玉莲 YULIAN 及图	宜兴市晨虹照明电器有限公司
4	五圣 WUSHENG 及图	宜兴市西渚五圣茶场
5	韵芽 YUNYA 及图	宜兴市御茶农林生态园有限公司
6	瑞盛 RUISHENG 及图	江苏瑞盛水处理有限公司
7	图形	江苏远兴环保集团有限公司
8	颖丰果园 YINGFENGGUOYUAN 及图	宜兴市颖丰生态农业有限公司
9	LETTALL 及图	江苏利通电子有限公司
10	孙猴 SUNHOU 及图	江苏新天齐科技有限公司
11	天石及图	宜兴市天石饲料有限公司
12	诺明及图	江苏诺明高温材料股份有限公司

【商事制度改革】 全面推行注册资本实缴改认缴、企业年检改年报、“先证后照”改“先照后证”、“多证合一，一照一码”、个体工商户“两证整合”、开展企业和个体工商户简易注销试点等便利化改革，市场主体放量增长，全年全市新登记内资企业5535个，比上年增长20.72%，“宽进”成效明显。“严管”初具架构。2016年完成768户企业年报公示信息定向和不定向抽查，组织1401户企业从经营异常名录中依法移出，为158个企业出具信用证明。落实“双公示”（行政许可、行政处罚等信用信息自作出行政决定之日起7个工作日内上网公示工作）、“双告知”（全面实行向申请人、向相关部门告知制度）等监管机制，全面推行经营异常名录、严重失信企业名单制度，建立以定向抽查和不定向抽查为核心、以投诉举报为补充的新型市场监管方式。降低准入门槛，放宽准入条件，催生出新产业、新业态和新模式。2015年度全市市场主体实际有效年报率85.9%，居无锡前列。协调市相关部门自觉服务大局，在行政审批改革、企业信用信息交换共享、协同监管和联合惩戒等方面加强配合，逐步加强事中事后监管工作，推进涉企数据互联互通机制和定期交换机制，“一处违法、处处受限”的监管格局形成。

【食品与餐饮监管】 加强食品安全监管，相继出台《食品安全监管五年行动计划》《宜兴市食品安全事故应急预案》等制度，签订各级食品安全工作管理目标责任书，新建基层食品安全科普宣传站20个；完善《宜兴市食品小作坊登记管理办法》，颁发食品小作坊登记证；开展包装饮用水、校园食品、进口食品等专项检查14次和“春风行动”“净源行动”“扫雷行动”及保障G20杭州峰会等专项行动。实施监督检查554次，7个企业因许可证过期提请注销，发现问题企业56个，发现问题隐患176条，发现违法线索4条，立案查处企业4个。开展全市农贸市场放心消费创建，出台《宜兴市农贸市场放心消费创建评价细则（试行）》《宜兴市农贸市场放心消费创建活动奖励办法》，推进城区农贸市场质量追溯体系及快速检测体系“双体

市市场监督局在城南大润发超市开展节日抽查

（市市场监督局　提供）

系”建设，发放10台多功能食品快速检测仪器到农贸市场。全年在全市7个超市、11个农贸市场实施检测1.96万批（次），其中不合格320批（次），合格率98.06%，销毁、退市不合格食用农产品3.5万多千克。组织食品监管人员培训，开展学校食堂、考生定点酒店食堂专项整治。加强对旅游景点餐饮、农家乐等重点场所的监管，对进货查验、索证索票、食品添加剂使用、清洗消毒等重点环节，凉菜、季节性食品、调味料等重点品种和重大活动、节假日等重点时段进行日常巡查和突击抽查，跟踪监管“美团外卖”“百度快餐”“饿了么”等网络订餐平台，确保不发生群体性食物中毒事件。设计制作食品经营者信息公示牌1.8万张，整合营业执照、食品经营许可证、健康证、监督检查结果记录表和量化分级结果，统一张贴在各类食品经营单位醒目位置。全年全市取缔无证无照小餐饮392户。

【药品医疗器械监管】 市市场监管局制订《“三品一械”安全监管五年行动计划》，以原料药、基本药物、高风险企业和低信用等级企业为重点单位，强化日常监管力度，贯彻新版《药品生产质量管理规范》《医疗器械生产质量管理规范》，组织专项检查精麻药品经营企业和医疗器械生产批发企业，检查覆盖率100%。完成国家级化妆品监督抽检5个批(次)和国家级保健食品抽样3个批(次)。组织开展药品不良反应、医疗器械不良事件监测工作，督促监测单位上报药品不良反应448例、医疗器械不良事件128例、药物滥用248例。组织对全市10个药品生产企业、14个医疗器械生产企业和193个医疗器械经营单位开展冷链管理无菌及植入性医疗器械、特殊药品等专项检查，以及对注射剂、基本药物等高风险生产企业和60个GSP认证跟踪企业的飞行检查。针对山东非法疫苗事件，组织开展非法经营疫苗行为和中药饮片的专项检查，检查单位28个（药品批发企业2个，医疗、妇幼保健机构7个，疫苗定点接种单位19个），确保问题药品“零流通”。开展保健品、化妆品产品市场整顿，完成57个保化品单位的自主抽样176批（次）。开展药品经营企业、医疗机构信用等级年度评定工作，评出A级单位473个、B级单位13个、C级单位3个。会同药品医疗器械行业协会评出2015年度药品质量诚信单位50个、医疗器械质量诚信单位4个。联合市卫计委、公安局对医疗器械批发企业、有整形美容项目的医疗机构开展联合检查，检查经营企业20个、医疗机构6个、生活美容单位76个。

【特种设备安全监察】 按照“党政同责、一岗双责”和“管行业必管安全、管业务必管安全”的要求，制订《特种设备安全监察工作五年行动计划》，召开特种设备安全监察工作会议，结合质量月和安全生产月宣传特种设备知识，与特种设备使用单位签订《安全责任告知书》，强化企业主体责任。在全市范围内组织开展叉车和气瓶安全专项整治活动，检查叉车2166台，发现一般隐患213条、严重隐患60条，对5起叉车安全违法行为立案查处，升级全市25个气瓶充装单位和3个检验单位的气瓶信息化管理系统，粘贴“二维码”标签气瓶3.93万只。开展全市电梯使用安全标准化管理提升年活动，督促电梯维保单位和使用单位开展隐患自查自纠和应急救援演练，推进电梯安全责任险的投保，增强风险抵御能力，全市有4571台在用电梯完成责任险投保工作，投保率88.98%，其中新安装电梯投保率100%。加强特种设备安全隐患排查治理，发现一般事故隐患1308条、严重事故隐患349条，发出《特种设备安全监察指令书》290份，向市安全生产委员会上报挂牌督办隐患3条，全市特种设备安全运行。

【计量检定】 发挥标准在经济社会发展中的技术支撑作用，培育企业抢占“标准话语权”，指导企业做好定标采标工作。年内指导企业参与制修订国家标准、行业标准21项，指导环保、线缆类企业制定企业标准135项，复审企业标准确认459项；指导20多个企业的34种产品获《采用国际标准产品标志证书》；指导无锡羿飞科技有限公司、市城管执法局等单位有序推进“多媒体球幕投影演示仪自主创新”和“宜兴市公共自行车服务标准化”省级标准化试点工作；指导摩根热陶瓷公司主导制定的《高温莫来石隔热耐火砖》国家标准通过审定。开展“5·20”世界计量日宣传活动，计量知识得到普及。开展“两免费”计量检定工作，为全市805台医用计量器具和4315台集贸市场计量器具提供免费检定，公平秤受检率100%。电缆局放校准、钢丝绳探伤仪校准等特色项目继续发挥优势，《倒角尺倒角量表校准规范》通过省立项，培育江苏共昌轧辊有限公司顺利通过测量管理体系AAA评审。

【检验检测机构作用凸显】 加快推进宜兴市产品质量和食品安全检验检测中心建设，全年受理各类检验检测9120批（次），比上年增长7.7%。围绕国家质检中心“三合一”（国家认监委组织相关专家对国家质检总局批准筹建的国家质检中心，开展实验室认可、计量认证、审查认可的活动）认证要求，推进国家环保中心筹建工作。至年底，各项设施建设和实验设备进入验收调试阶段。环保中心全年新授权发明专利1件，新申请专利4件，指导环保企业申报《工程塑料曝气器》《异形沉淀池刮泥机》行业标准并获立项，3项国家标准、5项行业标准正式发布。2015年度环保设备省级监督抽查工作通过省质监局专家组审核。

【省食品安全示范城市创建】 市市场监管局通过责任落实、进度倒排、督查考核、联席会议等方式，对省食品安全示范城市创建九大类测评标准、28项考评项目、50个考核指标进行细化分工，落实到人到点。开展全市基础业务数据、无证无照摸底调查、全国文明城市和省食品安全城市创建工作四个“百日会战"攻坚行动,采用"机关+分局"的模式,实行领导包片、分局负责、机关工作人员包点的形式进行任务分解落实,成立13个工作小组,分别对城区和丁蜀镇区17个菜场和4条街进行包干,提升全市食品安全监管工作。通过走进"政风行风热线""宜兴发布"和市场监管公众号推广宣传等形式,结合食品安全宣传周、"3·15"消费者权益保护日等活动,全方位、多视角、多渠道宣传食品安全工作,建立"报刊有文章、电视有影像、广播有声音、网络有专题、手机有信息"的立体化宣传平台。在各村(社区)公共宣传栏展出食品安全科普宣传展板,在公共阅览室放置食品安全科普宣传资料,传播食品安全科学知识,公示食品抽样结果,发布食品消费提示。联合市教育局举办全市"食品安全知识进校园"活动,发放食品安全知识宣传折页。开展各类食品从业人员培训23场(次),参训人数3600多人,初步形成"党委政府主导,市场主体主力,市场监管部门主抓,社会各界互动"的社会共治格局。年内,顺利通过无锡市食品安全管理委员会的初审验收和省食品安全委员会办公室的中期督查评价。

【消费维权】 理顺"一个中心对外、基层分局承办、科室业务指导"处置流程,提升消费维权效能,全年申投诉举报中心受理申(投)诉、举报2803件,办结2428件,办结率96.23%,涉案金额481.77万元,为消费者挽回经济损失329.03万元,消费者回访满意率99.2%。开展放心消费创建"百千万工程"(在全省打造一百个自主创新能力强、在全国具有较高品牌知名度的放心消费创建诚信品牌规模骨干企业、一千个放心消费示范街区和一万个以上省、市级放心消费创建先进示范企业、行业、区域),获省级放心消费创建诚信品牌企业1个、示范街区1个、示范单位1个、先进单位2个,无锡市级放心消费创建先进单位79个。建立、健全消费维权联络站、服务站,全市消费维权网络实现全覆盖。整合"12315""12331""12365"等举报网络成立举报申诉中心。至年底,全市有各类消费者投诉维权机构352个,参创单位消费维权网络覆盖率96%,各维权联络站投诉自行处理率100%。

（高耐洪）

安全生产监管

【概述】 市安监局深化安全生产基础建设,强化安全生产重点监管领域专项整治,减少职业危害,推进安全生产各项工作,安全生产形势保持平稳。做好在役化工装置设计诊断工作,完成对有限空间、粉尘爆炸、煤气作业、涉氨制冷等行业企业摸排治理,落实烟花爆竹经营单位"两关闭"*规定,组织开展职业卫生示范企业评选,推进企业安全生产标准化建设,开展安全生产宣传教育。组织开展安全生产大检查、安全生产专项整治、安全生产执法检查,部署落实安全隐患排查治理。印发《宜兴市工业企业安全生产责任清单》《关于在全市生产经营单位中开展安全生产诚信体系建设的意见》,试行企业主要负责人上安全课、主要负责人安全生产述职质询点评等制度,聘用安全生产坐班专家。推广政府购买服务,市级政府购买服务200个,比上年增加77个,发现安全隐患1336处,完成整改542条。强化安全生产标准化建设,全市涉及危险化学品(以下简称危化品)的企业中,完成换领证的企业39个,创建达标三级安全标准化企业7个。开展2016年度宜兴市高层建筑火灾—紧急疏散应急预案演练。全年发生生产安全事故20起,死亡20人;火灾事故768起,死亡1人;交通安全事故2.26万余起,死亡205人。非煤矿山行业连续12年保持零死亡,全市未发生较大以上事故。

【安全生产执法检查】 组织开展烟花爆竹、危化品许可证逾期企业、太华镇关停化工企业、金属冶炼企业等专项检查,开展跨区域安全生产交叉检查和多部门联合执法检查,全年执法检查1619次,其中执法监察计划内企业检查1050次、复查532次;开具现场检查记录1619份、复查意见书532份,发现安全隐患3513处,督促整改隐患3421处。开展安全生产委托执法,与各镇(园区、街道)签订安全生产委托执法协议,全年有3个镇(街道)办理行政处罚案件,其中芳桥街道2起、周铁镇2起、万石镇1起。强化法制审核监督。依法行使行政执法权利,全年审核行政处罚案件40起,其中事前处罚22起(包含委托执法5起)、事故处罚18起,处罚金额460多万元。加强行政执法证件管理,完成全市安全监督系统江苏省行政执法证年检注册93张,44

江苏灵谷化工有限公司开展应急救援演练　　（市安监局　提供）

人完成2014年核发的行政执法证和行政执法监督证网上考试换证。

【重点行业(领域)安全监管】 深化重点行业领域专项治理。对照《冶金煤气安全检查指南》,排查冶金铸造企业145个,检查监督涉及煤气发生炉的17个企业整改到位情况。组织专家检查有除尘系统的铝镁、木质、粮食等粉尘企业,排查粉尘企业82个。按照“试点先行、示范带动、循序渐进、逐步推进”的思路,培育基础较好的29个存在有限空间的企业,发现整改安全隐患136处。推行“一企一档”管理,至年底,有实施“一企一档”管理的企业100个。加强非煤矿山安全监管,制订印发《关于做好2016年度矿山企业复工审查工作的通知》《宜兴市2016年矿山企业安全管理工作意见》。严把非煤矿山复工手续审批,执行“不达标不开工”原则。实施风险分级监管,引导企业加大安全投入,全年矿山企业安全投入2866万元。加强烟花爆竹单位安全监管,专项检查全市烟花爆竹经营单位244个,发现整改安全隐患141处,关闭违法经营单位86个。深化工贸行业安全生产专项整治,成立专项整治小组,按照职能职责和属地管理原则,落实企业安全生产主体责任、部门监管责任和属地管理责任,印发《冶金等工贸行业较大安全风险作业安全管理材料汇编》《粉尘防爆标准汇编》1500本至各单位和企业,发动镇(园区、街道)和企业填报涉及企业信息和整治推进情况的有关表格,按照整改、责任、资金、时限和预案“五到位”原则,制订整改方案督促整改。全年排查企业5200个,确定工贸行业有限空间作业企业100个、煤气作业区域企业17个、粉尘爆炸危险作业企业82个、涉氨制冷(使用)企业52个。全市工贸行业较大安全风险作业暨涉氨制冷(使用)企业安全监管的基础数据库建成。

【危化品领域安全监管】 做好在役化工装置安全设计诊断工作,全年对178个企业的在役化工装置完成安全设计诊断。加强安全生产行政许可审批,审查新改扩建项目,执行联合会审制度,严格审查安全设施设计,监督企业安全设施竣工验收。向2016年度需换领生产许可证的企业下发通知书,处理不符合许可条件的企业和项目。全年完成危化品安全生产许可证到期换证39个,危化品经营许可证到期换证210个。开展危化品安全专项整治。从业单位按照《危险化学品企业(单位)安全专项整治自查问题清单》所列隐患进行自查,全市各镇(园区、街道)组织专家检查,各部门组织行业检查,市政府以政府购买服务方式,委托中介机构重点检查前两轮市级专家检查未涉及的危化品使用企业,专项整治检查企业(单位)387个,排查整改安全隐患1982条。印发《安全生产预警分析》7期,发送预警短信20余万条。做好感知系统企业安全生产档案维护,登记企业7743个,上报安全隐患3350处。

【职业健康安全监管】 夯实职业健康监管基础。对200多个企业进行“回头看”专项检查,督促用人单位开展职业危害评价和职业健康监护,督促生产经营单位建立健全职业卫生管理体系,督促涉及建设项目的企业开展“三同时”*。全市323个企业开展职业健康检测工作,5万余名劳动者参加职业健康体检,新诊断职业病人数比上年下降71%。组织开展职工健康保护示范企业评选,4个企业通过无锡市安监局的现场验收。推进全市职业病防治工作,全年有陶瓷、耐火、铸钢、化工等行业的120个存在较重职业病危害的企业被列入专项整治企业目录,要求每个企业开展职业危害现状评价。至年底,专项整治企业申报率100%,体检检测率95.3%。

【安全生产宣传教育】 挖掘传统媒体潜力,打造系列主题宣传,编发纸媒专版10期、电台专题40期、电视节目5期。编印《宜兴市工业企业安全生产责任清单》8800余册发至全市所有工业企业,督促企业履行安全生产主体责任。增强自有宣传平台影响,发挥宜兴安监官方微博、微信公众号和《手机报》等移动互联媒体作用,推送安全生产信息。其中,官方微博发布信息1120条,粉丝数774人;官方微信公众号发布信息750条,粉丝数978人;《手机报》发布信息277条。开拓城市公共交通车载电子屏、大型幕墙彩屏等新型宣传载体,开展“安全生产月”主题文艺晚会巡演22场,开展安全生产主题征文和安全生产电影进村进企活动,发放安全生产宣传资料2万余份。做好安全生产培训,发挥安全生产培训中心、安全生产专家库、安全生产巡讲团作用,优化培训计划,完善考试考核流程,全年培训1.3万余人,其中特种作业人员1669人。

(张琦)

海事管理

【概述】 江苏宜兴海事处以水上安全监管为中心,依法履行海事监管职责,服务辖区航运发展。排查整改隐患,做好事故预防预控,确保辖区水上安全监管精准有效。组织实施水上交通安全生产大检查、“平安交通”创建、“平安船舶”等专项活动,完成2016杭州G20(20国集团)峰会外围安保任务。全年辖区未发生水上交通安全事故险情。推进长三角船舶排放控制区建设,落实船舶燃油质量抽检,开展消防救生演练,完善污染应急体系。全年开展现场巡查1000余人次,办理船舶进出港签证230艘(次),货物吞吐6343标准箱,征收港口建设费5.65万元。年内,江苏宜兴海事处首次被省文明委评为江苏省文明单位。

【便民利民措施】 年内,江苏宜兴海事处制订《江苏宜兴海事现场执法工作手册》,清理细化行政事权,推进内河船舶电子签证实施。至年底,辖区内集装箱定线船舶全部完成电子注册,电子签证使用率100%。新列装“苏海事趸06”趸船,补缺“巡航救助一体化”硬件空白,提升了现场监管水平和应急反应能力。推进“口袋工程”建设，服务内河船员，包括以船员移动服务平台、自助服务平台、远程教育培训平台和远程考试平台四大服务支撑平台为载体的船员电子公共服务体系的船员自助服务终端投入试运行。引导内河船员关注江苏海事局官方微信公众号“江苏海事发布”，并推广手机APP“幸福船员”，向船员们讲解使用方法，增强江苏海事“互联网+船员服务”影响力。

（储云）

口岸管理

【概述】 全年口岸运行安全高效，完成口岸集装箱进出量7262标准箱，比上年下降11%。其中：陆路931标准箱，比上年下降34%；水运6331标准箱，比上年下降6%。完成口岸集装箱货运量8.29万吨，比上年下降21%。其中：陆路运输1.07万吨，比上年下降43.39%；水路运输7.22万吨，比上年下降16.24%。有当地口岸业务企业45个。宜兴旺达保税仓库有限公司完成业务3票、59标准箱，保税货值878.18万美元；出口监管仓库完成业务2票、2标准箱，货物监管货值8万美元。上海中远国际货运有限公司宜兴分公司航班航线保持稳定，“宜兴至上海”的航线保持“天天班”，口岸码头有30标准集装箱驳船3艘，总运力90标准集装箱。

【口岸功能优化】 为协助全市外贸企业降低经营成本，增强拓展国际市场的底气，12月，宜兴市为全市中小微进出口外贸企业搭建的外贸综合服务平台——“旺达通”中小外贸企业服务平台启动，海关、国检、海事、保险、报关、船代、货代等机构和公司相继入驻，成为宜兴口岸经营运作的重要载体。该平台利用各种口岸优势资源，为全市进出口企业在通关、结汇、退税、物流、信保、融资、展会、辅导等方面提供“一条龙”服务，激发宜兴外贸企业的发展活力。全面强化口岸各部门服务理念，促进查验部门、仓储运输、报关代理、场站作业之间的协作交流，实现各个通关环节的无缝对接。年内，市口岸办协助宜兴检验检疫局扩充实验室仪器设备、改造升级实验室布局，打造宜兴植物检疫公共服务平台，成立市林业有害生物防治实验室，完善联防联控的国门生物安全防御体系。与太仓港加强合作，达成“宜兴到太仓”公共班轮的合作意向。

（王强）

海关监管

【概述】 全年外贸进出口243.9亿元，比上年增长3%。其中：出口198.9亿元，比上年增长9.9%；进口45亿元，比上年下降19.5%。全市进出口总值243.94亿元，比上年增长3%。其中，外贸出口总值198.93亿元，比上年增长9.9%。全市加工贸易实绩企业67个，设立加工贸易电子化手册408份，比上年下降16.7%；手册设立金额3.92亿美元，比上年增长25%；办理深加工结转业务594笔，比上年下降16.6%；外发加工业务备案66笔，比上年下降25.8%；加工贸易内销补税2022万元，比上年下降35%；核销结案手册539份，比上年下降19.8%。加工贸易中期核查企业16个，移交案件4起，适用简单案件处罚企业2起。推动加工贸易创新发展，简化加工贸易业务办理和内销手续，无锡海关驻宜兴办事处（以下简称办事处）联合市商务部门取消加工贸易业务和内销审批，推进加工贸易“内销集中征税”，引导企业利用“两个市场”，营造便利的加工贸易企业内销环境，全年宜兴企业申请数比上年增长85%。

【业务改革稳步推进】 深化通关一体化改革。帮助企业了解并运用新模式，方便企业在宜兴口岸办理全部通关验放手续；加强与区域审单中心的联系配合，重点在审单、归类、估价、原产地审核等方面顺畅协调机制。辅导省苏粮麦业有限公司整船4.1万吨玉米纳税587.4万元，在宜兴通关，开创宜兴大宗农产品散货进口的“先河”，丰富口岸商品结构。宜兴口岸一体化报关单大幅增长，一体化通关率超70%，比上年增加20个百分点，高于全省平均水平，在无锡地区各通关现场排名第一。继续推进通关无纸化改革，加大税单电子支付比例，宜兴口岸通关无纸化率达95%，税费电子支付比例达97%。推广汇总征税新模式，推进关库联网改革、报关单修撤单无纸化、转关无纸化，简化纸质单证作业，提高通关效率；积极向上争取，提升现场通关条件，办事处成为无锡海关辖区内唯一配置自助通关一体机的通关现场，企业在报关厅可以完成报关单录入、随附单据扫描、报关单打印等。

【减负增效帮扶企业发展】 加强政策供给精准帮扶，在宜兴地区开展关检服务江苏外贸“提速、减负、增效”百千万活动，制订《无锡海关驻宜兴办事处促进外贸发展服务举措》，为重点企业提供个性化服务。开展进出口税则调研、主动向上提出税则调整建议，积极减轻企业税负。通过实地调研、请示汇报，为宜兴丹森科技有限公司主要出口产品丙烯酸钠聚合物的进口关税提高3.5个百分点，出口退税率提高8个百分点。深化简政放权，以审批流程和受理时限“减法”换取企业效益“加法”，优化企业注册登记方式，开展企业注册无纸化改革，简化企业注册变更材料和手续，减少企业成本，提高企业注册效率，全年新增注册流通性外贸企业58个，比上年增长86%。优化查验工作机制，降低查验率，出口查验率从3%降至2%，保持对海关高级认证企业0.5%的较低查验率。全面落实“双随机”布控查验机制，减少人为干预，随机布控查验占比不低于90%。投入60万元，增设非侵入式查验设备，提高机检查验比例，为企业节省开箱查验的费用和时间。加强口岸执法协作。密切与商务、国检、外管等涉外部门的横向联系，信息互换、监管互认、执法互助，主动服务广大外贸企业；深化关检合作机制，在无锡地区率先成功试点企业通关一次申报、一次查验、一次放行，解决企业面对海关、国检需要分别录入、两次开箱查验的问题，为企业节约成本。

【营商环境全面改善】 全面推广应用中国海关"关企合作平台"，助推企业资信提升。加强《海关信用办法》政策宣传，融入宜兴市信用体系建设，推动企业以信用换便利。至年底，全市有高级认证企业2个，一般认证企业46个。水陆协同发展，促进水路口岸做大做强。完善监管场智能化改造，提升宜兴旺达公路水路监管点数字化、自动化水平，取消纸质单证传递、签章，将外贸物流通关速度提升至"读秒"时代。拓展水路转关业务，推进查验无问题相关费用财政支付试点改革，免除查验没有问题外贸企业吊装、移位、仓储费用，企业每集装箱可节省通关成本1000元以上，宜兴水路口岸通关优势突显。创新服务模式，提升服务有效性。建立"滴灌式"服务模式，办事处领导带队走访重点外贸企业，开展一对一服务，全年召开政策宣讲会16场，走访重点外贸企业50个，帮助重点外贸企业解决商品归类、外口岸结关协调等难题。依托"宜关零距离"QQ服务群实现在线互动，开展日常政策推送和常规业务答疑，实现关企沟通的即时性和零距离，在线企业数达230个。开设"海关业务小课堂"，实现条线服务，对辖区内新注册企业、加工贸易企业分批分类，对口授课，以小课堂小专题的形式，为企业提供解决方案和业务指引。全年举办"海关业务小课堂"10期。聚焦区域发展重点难点，加大调研分析力度，加强统计数据的综合利用，全年撰写《宜兴地区加工贸易业务分析》《宜兴市外贸形势分析》《中韩、中澳自贸协定对我市外贸影响分析及建议》等报送《海关工作专报》，编印海关统计专刊并发至全市各镇（园区、街道）。

（周伟平）

出入境检验检疫

【概述】 宜兴检验检疫局围绕提升履职动力、提高履职能力的目标，利用检验检疫技术、信息、人才、政策等优势，在全程无纸化、生态原产地产品保护、国门生物安全知识教育基地建设等方面取得突破。全年接受报检1.83万批，货值8.09亿美元，分别比上年增长3.15%和下降10.79%。其中：出境报检1.81万批，货值7.3亿美元，分别比上年增长3.8%和减少1.19%；签发优惠原产地证书1.76万份，货值7.26亿美元。助推全国首批茶苗顺利走出国门、宜兴首批螃蟹打入香港市场、太湖蓝藻变废为宝出口美国，力促"爱多"牌竹地板成为宜兴地区第二个国家级生态原产地保护产品、市明珠食品有限责任公司成为全省首个青梅出口示范基地。助力市林业有害生物防治实验室、国门生物安全知识教育基地建设，加强宜兴外来有害生物防控，建立口岸查验、联防联控、群防群控三道防线，构筑起外来有害生物预警监测网络，收集标本近800个品种、3万只，完成宜兴毛竹有害生物本底调查工作，构建江苏毛竹有害生物数据库1个。营造诚实守信的社会氛围与信用环境，帮助企业申报质量诚信企业和绿色通道企业，推广无纸化报检工作模式。至年底，全市有中国质量诚信企业11个、省级质量诚信企业2个、检验检疫绿色通道企业31个。

【行政执法扎实有效】 全年截获外来有害生物18批（次）、55种，其中美云小蠹、凋凹胫跳甲、三带小花象、小侏儒泽甲4种外来有害生物为全国首次截获。首次在自行车主题公园竹林中发现重要病害——毛竹基腐病、亚隔孢壳菌10.32.250.2病；在宜兴市水产有限公司的捕捞水域（宜兴太湖）底泥中检出硝基呋喃及其代谢物阳性，录入进出口食用农产品和饲料安全风险监控信息平台并处理；首次检出宜兴企业出口苏丹非节能灯产品不合格。提升食品企业备案，加大监测力度，完成4个出口食品备案企业的年度监督审核及更换，注销出口食品备案企业2个。加强进口汽车召回监管的溯源管理，调查甄别18个涉事汽车4S店。开展3C（强制性产品认证制度）获证产品监管，检查宜兴质量体系获证企业2个，出动检查人员10多人次，首次销毁无3C标志进口产品。加强进出口产品的检验检疫，全年检出出口不合格产品130批、货值314万美元，出口不合格危包（危险化学品及其包装）55批；进口不合格商品29批、货值300万美元。首次检出出口伊朗不合格工业品，连续检出出口苏丹不合格化学

出口大闸蟹抽样检疫　　（宜兴检验检疫局　提供）

品2批。加强出口工业产品退运货物追溯调查,开展风险评估以及责任认定和追究,处理退运货物21批。

【检验检疫助推地方经济发展】 减轻负担、增加效益,全年签发中国—韩国自贸区原产地证书1257份、货值4243万美元,签发中国—澳大利亚自贸区原产地证书1384份、货值5332万美元,为宜兴企业减免关税479万美元,减免额比上年增长760%。围绕特色产业,服务地方经济,推进全省首批500棵茶苗通关至韩国口岸;为市生锋生态太湖大闸蟹养殖专业合作社首次发送500千克大闸蟹至中国香港;服务江苏灵谷化工有限公司首次出口总重1000吨的高压液化气二氧化碳罐式集装箱50个、1000吨至新加坡;提升陶瓷实验室检测能力,开展紫砂中铜、铁等重金属溶出量检测,为宜兴紫砂发展提供技术支撑;首次对游泳池设备实施进口检验;受理签发市清泰净化剂有限公司通过江苏国际贸易"单一窗口"申报的首份原产地证,货值1.31万美元,为进口国企业节约通关成本600多美元。开展"百千万"活动,通过百企帮促、千企挂钩、万企直通,落实和启动"提速、减负、增效"服务措施。联合宜兴海关直通点建立业务联络协调机制,扩大进口直通、出口直放的货物和企业范围,全面提高通关速度。走访江苏国信协联燃气热电有限公司、宜兴丹森科技有限公司等50个重点企业,提高服务的针对性和有效性。ECIQ(中国电子检验检疫网上申报系统)主干系统上线,企业办理出入境货物报检、包装与集装箱申报、原产地证书申领等业务,无需再支付任何费用。

【"爱多"牌竹地板成为生态原产地产品】 宜兴是全国重点产竹基地之一,竹制品是特色出口商品,无锡市博大竹木业有限公司(以下简称博大公司)生产的"爱多"牌竹地板95%直销美国、欧洲、澳大利亚等30多个国家和地区。宜兴检验检疫局帮助公司进行生态原产地产品认证申报,多次现场调研,审核申报材料,提出整改意见,协助企业整改到位。9月,博大公司的"爱多"牌地板通过评审,成为生态原产地产品。

【明珠食品公司成为江苏省农产品出口示范基地】 宜兴是江苏省青梅的重点产区,为全国盐渍梅出口重点产地。市明珠食品有限责任公司注册备案面积2000亩,主要出口盐渍梅,是全国盐渍梅产业领军企业,2015年销售收入达2100万元。为提高出口青梅产品质量,该公司每年采摘的青梅原料都由宜兴检验检疫局派专人采样,并送江苏检验检疫局食品实验室检测相关指标。同时,公司与南京农业大学园艺学院、江南大学食品学院签订产学研合作协议,为青梅标准化种植、生产、管理提供技术指导和支撑。11月,市明珠食品有限责任公司青梅出口示范基地通过江苏省农委、江苏省海洋与渔业局和江苏检验检疫局专家联合组成的考核组现场验收,成为宜兴地区第六个省级农产品出口示范基地。

【太湖蓝藻变废为宝】 太湖蓝藻会引起太湖水质恶化,但蓝藻干粉的蛋白含量高达40%以上,经过深加工成为可降解的生物质塑料粒子后,可制成3D打印材料、运动鞋鞋垫和手机防滑垫、一次性水杯等,还可加工为摩托车、飞机燃料,用途广泛。8月,市清凌环保科技有限公司在周铁镇实施"太阳能低温复合膜无害化、资源化处理蓝藻及温室种植集成"项目,采取大棚顶部晒蓝藻、大棚下方作为温室种植蔬果和养鱼的方式,既实现了蓝藻的资源化利用,也发展了农业观光旅游,为全国的蓝藻治理树立标杆。10月,该公司生产的15吨太湖蓝藻干粉通过宜兴检验检疫局检验,出口至美国密西西比州阿尔吉斯公司,为宜兴地区蓝藻无害化处理后实现的首次蓝藻资源化产品出口,使蓝藻变废为宝,出口创汇。

(杨敏)

编辑 朱敏

城乡规划
URBAN AND RURAL PLANNING

规划编制

【概述】 围绕城市总体规划，不断完善规划编制体系，优化城市空间布局，发挥城乡规划的统筹引领作用。《宜兴市城市总体规划(2016—2030)》(以下简称《总体规划》)完成评估报告论证、纲要论证等工作。引进国外先进规划理念，完成东氿景观总体规划、东氿彩虹景观详细规划、枫隐广场景观施工图设计等规划任务。宜兴城市地下综合管廊工程专项规划编制启动。根据《宜兴市优化镇村布局规划(2015—2030)》，结合美丽乡村建设，选择景观人文资源好、有较好发展基础条件的重点村、特色村先行编制详细规划，年内完成凤凰村、太平村等10多个村庄的新农村规划，为各镇(街道)下阶段编制所有重点村和特色村的详规规划工作起到指导和示范作用。

【《宜兴市城市总体规划》纲要编写完成】 《总体规划》于2015年启动，2016年完成纲要编写和论证工作。纲要将宜兴的城市性质拟定为"中国陶都、国家历史文化名城、文化生态国际旅游城市、经济发达的工商城市"，立足宜兴发展实际，参照国际现代化城市发展水平，以打造"与众不同的卓越城市"为目标，着力构建"生态""水城""陶文化"三大品牌，促进相关产业快速发展。纲要从探索宜兴特色的新型城镇化发展路径、探索新常态下的产业持续健康发展路径、构建便捷高效的综合交通体系、塑造特色秀美的全域景观、打造独具魅力的陶文化城市特色、构建低碳循环的绿色交通系统、创建舒适宜居的生活空间七个方面探讨宜兴特色的传承与彰显，全面提升城市品质与活力，实现经济、社会、文化、生态的协调发展。

【东氿跑酷公园详细规划初步完成】 6月，东氿跑酷公园详细规划初步完成。该规划作为东氿滨水地区景观整体规划的先行区，总面积130公顷，包括"东氿彩虹一期""东氿之心"两大核心项目。"东氿彩虹一期"为总长7千米的高架自行车道，串联起东氿公园、市文化中心、凤凰街和"东氿之心"，延续低碳出行理念，是城市新风貌的集中展示区。"东氿之心"为规划面积约18公顷的东氿湖心岛，"东氿彩虹"贯穿其间，规划打造"沙滩运动""湿地风光""泳池跃动""山丘露营"四大板块。其中："沙滩运动"以人造沙滩、攀岩、儿童游乐场为核心，塑造滨水活力空间；"湿地风光"以动植物和谐共生的清湖为主休，打造独具魅力的湿地景观生态体系；"泳池跃动"以奥运标准的泳池跳台与时尚现代的跑酷训练场为核心载体,实践运动品质生活；"山丘露营"具备复合泥地、山丘、野餐、露营等功能要素，享受与自然的零距离接触。

【中心城区停车设施规划】 12月，为缓解中心城区停车矛盾，完善中心城区停车设施，推进城市交通和社会经济协调发展，市规划局会同市城管局编制《宜兴市中心城区停车设施专项规划》(以下简称《规划》)。规划范围包含宜城街道和环科园，北至芜申运河、西至新长铁路、东至王婆河、南至龙背山森林公园，区域面积45.18平方千米。规划期限基础年限为2016年，近期至2020年，远期至2030年。《规划》在调研中心城区的停车现状和预测机动车发展趋势和停车需求的基础上，提出了今后的停车

城东新城 (吴坚　摄)

发展战略，明确了停车设施的布局和措施保障，引导中心城区规划期限内的停车设施布点和停车规范，为缓解中心城区停车难奠定规划基础。至年底，《规划》初稿编写工作基本完成。

规划管理

【概述】 全年办理“一书两证”796件，其中办理建设项目选址意见书69份、建设用地规划许可证90份、建设工程规划许可证637份。加强对审批项目的监督管理，制订完善批后管理“一表一册”（项目服务表、项目名录册）和容积率管理补充规定等制度，提升规划审批管理的制度化和规范化水平。加强对批后项目的日常巡查和监管，严格把控违法建设情况，确保每个建设项目严格按照规划控制要求和审批方案实施。全年发现违法建设行为8起，其中制止并拆除整改5起、行政处罚3起。市规划展示馆全年接待团队135批（次），接待社会参观1万余人次。在规划信息网进行规划公示、答复咨询528条。

【《宜兴市农村农户建房规划管理办法》出台】 11月，在《宜兴市农村农户建房规划管理暂行办法》（以下简称《暂行办法》）试行2年的经验基础上，市规划局通过学习周边县市的先进经验、听取汇总相关部门和镇（街道）意见，制订出台《宜兴市农村农户建房规划管理办法》。该办法与《暂行办法》相比，有3个方面变化。一是村庄规划建设理念更切合基层实际。确立了优先发展重点村、特色村和重点特色村指导思想，不再强调撤并村庄概念，不再限制一般村庄农房的原址翻建。二是建房标准更贴近群众需求。调整《暂行办法》中宅基地建筑占地面积，在每户135平方米宅基地面积不变的基础上，建筑占地面积由原来的94.5平方米调整为不高于120平方米；户内人数不足3人需建3层的，建筑占地面积不超100平方米，建筑面积不超300平方米，建筑檐口高度不超10米；户内人数在4人以上（含4人）的，建筑层数不超3层，建筑占地面积不超120平方米，建筑面积不超360平方米，建筑檐口高度不超10米。三是行政许可及批后管理职责更为规范。按照《中华人民共和国城乡规划法》，向农村农户建房发放乡村建设规划许可证，并采用委托方式，由所属镇（街道）负责许可证的发放和后续的规划管理工作，同时明确农房违法建设查处主体为各镇政府。

【《宜兴市城市地下管线管理办法》出台】 2014年起，市政府组织地下管线相关管理部门及建设单位先后赴无锡、江阴、湖州、南京、绍兴等地调研地下管线管理情况。2016年6月，在广泛收集各方意见建议的基础上，市政府出台《宜兴市城市地下管线管理办法》（以下简称《办法》），全面加强对中心城区及国、省干道两侧地下管线工程的规划、建设、信息、维护方面的管理，并提倡使用综合管廊。《办法》明确提出要建立地下管线信息管理系统并形成动态更新机制，确立地下管线信息资源应当实行“共建共享”的原则，最大程度地发挥数据信息的社会效益。同时，参照周边城市先进经验，首次将宜城街道、丁蜀镇、环科园、开发区行政范围内的居住小区、企事业单位、建筑物、构筑物的内部配套管线工程纳入管理。9月，市规划局发布《宜兴市城市地下管线工程规划管理实施细则》，进一步释明了地下管线工程的规划管理流程及重点要求。

【“规划一张图”信息系统建设启动】 年内，面对新型城镇化、行政权力下放新政以及城乡统筹等政策背景下对城乡规划管理的新要求，为加强规划审批图文管理，提升规划编制质量与审批、监察效率，市规划局启动“规划一张图”信息系统建设项目。“规划一张图”信息系统是集基础数据应用、规划编制管理、规划业务审批、地理信息系统查询分析、审批监察与效能监测等功能模块于一体的综合平台。该项目通过整合基础地理数据、地下管线数据、规划成果数据、审批数据及档案数据等数据，实现了对各类数据的叠加显示、分级管理，构建了科学、规范的规划数据管理体系，为规划管理全过程提供了平台及数据支持，实现规划业务的全面信息化，提高了规划服务水平，推动规划工作方式转变，树立新的城乡规划理念。至年底，项目通过项目方案论证、完成招标工作。

【首批市民规划师获聘】 12月，为适应全市城乡规划的发展需要，体现“人民城市人民建”理念，推进“阳光规划”，市政府聘任首批市民规划师。市民规划师的选聘在充分考虑市民群体代表性的基础上，采用推荐和考察相结合的方式确定，36位来自城乡建设、经济产业、文化教育、陶瓷艺术、生态旅游、社会民生、社区农村、网民代表8个不同界别的市民代表成为首批市民规划师。市民规划师每届聘期为2年，主要职责包括：参加与市民关系密切的重大规划编制、重大基础设施、重点工程的规划设计方案咨询和评审；参与监督城乡规划的实施管理工作，并提出建设性意见和建议；及时准确了解和反映群众有关城乡规划方面的意愿和呼声；监督城乡规划部门有关工作程序，推进阳光行政和依法行政。市民规划师的聘任推动了城乡规划委员会技术咨询制度的全面落实，深化了城市规划的公众参与度，提高了规划管理的民主决策水平。

（许健）

编辑　吕浩

城乡建设与管理

URBAN CONSTRUCTION AND MANAGEMENT

重点工程

【概述】 全年实施政府投资工程59个，实际完成投资9.85亿元。有序推进“一院两中心”三大工程：市人民医院新院区通过方案初步评审进入施工图设计阶段，完成泄洪渠施工任务，基础部分土石方爆破工程进入招投标程序；宜兴文化中心全面竣工投用，整体建筑获全市首个群体“鲁班奖”；市行政服务中心改建工程在年底竣工交付。老体育馆改造、电教馆改造等公建项目和滆湖东路景观绿化、双湖路南侧绿化等市政绿化项目全部完工，体育中心亮化改造等照明亮化项目竣工亮灯，阳泉路、通真观路、朝阳路、茶局巷等旧城道路改造工程实现全线通车。周铁医院、红十字会血站及120急救指挥中心、革命纪念园“一体两馆”工程等公建项目按期实施，陶都路拓宽改造、范蠡大道绿化等项目前期工作有序推进。

【宜兴文化中心荣膺群体建筑“鲁班奖”】 宜兴文化中心项目总投资22.79亿元，于2011年6月开工建设，2016年11月全面竣工投用，建设周期6年，是“十二五”期间全市最重要的文化艺术载体和建设体量最大的政府投资类公共建筑。工程参建各方以创建群体“鲁班奖”为目标，坚持把工程质量放在首位，严把材料、施工、监理和验收等环节，创新运用建筑科技新工艺、新技术40余项，对每一栋建筑精雕细琢、精益求精，建筑小品、喷泉、雕塑等配套景观与公共建筑互为补益、交相辉映，市政景观总面积15.7万平方米，绿地率达40%，主体工程获国家级“绿色三星建筑”设计标识，钢结构工程获中国钢结构金奖，一举创造了宜兴公共建筑建设史上建筑规模、建筑文化、建筑质量、建筑科技、建筑景观五个之最。2016年11月，住建部授予宜兴文化中心“2016—2017年度群体建筑‘鲁班奖’”称号。

【市行政服务中心竣工交付】 市行政服务中心位于东氿新城核心区域，东临东氿，西濒东氿大道，南侧为宜兴文化中心，北侧为东氿市民广场，由市创意产业中心综合楼局部改扩建而成，于2015年开工建设，2016年12月竣工，项目总投资8000万元。主体为五层建筑（地下一层、地上四层），占地面积约2500平方米，建筑面积1.2万平方米。作为为民服务的重要窗口，设计单位严格按照行政服务中心的建设要求，对出入口、竖向交通、厕位以及停车位等公共部位进行无障碍设计，最大程度增设停车位数量，停车位增至384个（包括原创意大厦停车位），可满足市民的办事需求。建成后的市行政服务中心，为市民提供了一个法治、公平、公正、高效、便民的办事平台，进一步提升了东氿新城的服务功能。

【徐氏宗祠景观改造工程竣工】 徐氏宗祠景观改造工程于2015年11月开工建设，2016年12月全面竣工，总投资550万元。工程位于徐氏宗祠门前区域，主要对宗祠门前道路、绿化进行改造升级，并新建门前广场、双孔人行桥、柱国太师坊等公共设施。徐氏宗祠门前广场柱国太师坊的落成，标志着宜兴历史上著名的三大城市文化地标——蛟桥、柱国太师坊、相国牌坊相继重建或修复完成。

新建的柱国太师坊 （鲍陈 摄）

【横山水库防洪调度中心改造工程建成投用】 横山水库防洪调度中心位于西渚镇，于2015年7月开工建设，2016年7月竣工交付，总面积达2605平方米，工程总投资745万元。工程主要对原天水湾度假村大楼实施改造，改造出新入口处平台及外墙，屋顶实行“平改坡”改造，建筑内部实现水电、暖通、智能化安装，重新装修警务室、大厅、业务用房、仓库、食堂等部位。

【国家粮储分库杨巷粮库建成投用】江苏宜兴国家粮食储备库分库杨巷粮库建设项目位于杨巷镇黄家村，于2015年11月开工建设，2016年10月竣工交付，建筑面积1.47万平方米，项目总投资6427万元。项目新建8幢库房和烘干房、烘前仓、综合楼、氮气房等房屋，同时完成地磅、码头、围墙、场区道路硬化、绿化等附属工程。建成后的杨巷粮库仓容量达5.75万吨，极大地提升了宜兴市的粮食仓储能力。

【场馆改造工程竣工】 老体育馆改造工程于2015年9月开工建设，2016年5月竣工，改造总面积2996平方米，项目总投资1380万元，包括屋顶、内部的综合改造及外围增设停车位、绿化等，缓解了老城区体育设施的供需矛盾，为广大市民提供了更好的服务。市体育中心体育馆雨篷改造工程于2016年3月开工建设，2016年12月竣工，改造面积约2800平方米，项目总投资390.51万元。工程拆除了体育馆、游泳馆原有的雨篷拉索及玻璃，在基本不改变外观的前提下对雨篷进行轻质钢结构改造，彻底消除了新体育中心雨篷的安全隐患，为市民提供了一个更为安全可靠的健身娱乐场所。市电教馆改造工程于2015年11月开工建设，2016年8月竣工，改造面积1607平方米。工程主要对原有的1栋4层电教馆进行综合改造，改造内容涵盖室内装饰、屋面“平改坡”、外墙出新、水电安装、抗震设防加固、变冷媒流量多联系统小型中央空调安装以及室外场地、市政管线等附属工程改造等。

【官林中学校舍改造工程竣工交付】官林中学校舍改造工程于2015年12月开工建设，2016年8月竣工，总建筑面积7100平方米，总投资1667万元。新建4层教学楼1幢，设班级19个、教师办公室8个、厕所8个和消防水池1个，同时加固处理科艺楼和实验楼纵向墙体，并改造出新部分市政场地，优化了教学环境，拓展了官林地区的教育资源。

【旧城道路改造】 阳泉路综合改造工程西起老国道104线，东至荆邑路，全长7.26千米，同时对周边的氿滨大道(阳泉路至阳羡溪路路段，长470米)以及阳羡西路(氿滨大道至红塔路路段，长393米)作优化提升，于8月开工建设，12月竣工，总投资约2.7亿元。改造后的阳泉路，全面建成沥青路面，实现双向六车道贯通、非机动车道和人行道贯通，设置隔离栏，完成机动车道和非机动车道的分离，建成渠化交叉口10多个，使交叉口与路段通行能力更相匹配。同时，还在学校等区域合理增设停车位，有效地化解车辆拥堵。通真观路综合改造工程西起人民路，北至荆溪中路，全长465米，于8月开工建设，12月竣工，总投资约1400万元。改造后的通真观路，重建了沥青路面，重铺人行道和盲道，实施全线综合管线入地，并科学合理地设置停车位，使城市空间得到更有效的利用。茶局巷综合改造工程南起通真观路，北至解放路，全长480米，于8月开工建设，12月竣工，总投资约620万元。改造后的茶局巷，重建了沥青路面，重铺了人行道，合理安排、科学设置停车位和盲道，使街巷功能等级有新提升。朝阳路综合改造工程南起荆溪路，北至人民东桥，全长370米，于8月开工建设，12月竣工，总投资约560万元。改造后的朝阳路，车行道由S砖路面改建成沥青路面，重新铺装了人行道，同时合理安排停车位，使街巷功能等级有新提升。阳羡东路改造工程西起荆邑路，东至枫隐路附近，全长近1000米，于2月开工建设，5月竣工，总投资512万元。改造内容涵盖部分道路基础修缮改造、沥青路面施工、阳羡东路与枫隐路等交叉口拓宽改造、人行道提升优化改造等。

【展博路竣工通车】 展博路位于东氿新城，南起洑溪路，北至解放东路，全长295米，于4月开工建设，9月竣工，总投资611万元。道路总宽度23.5米，机动车道宽18.5米，两侧各有2.5米宽的人行道，机动车道采用沥青混凝土路面，人行道采用仿石道板砖铺装。展博路的建成通车，进一步完善了东氿新城路网，为周边居民的出行提供了便利。

【滆湖东路景观绿化工程完工】 工程南起分(水)范(道)线，与环保大道相接，北至湖滨大道武进界，全长约16.5千米，于2016年1月开工建设，6月竣工，总投资2805.85万元，绿化总面积62万平方米。设计中分带宽3米，路侧边分带宽20米，其中分范线至后庄桥约2.5千米范围内有宽6米的侧分带。工程秉承多元包容风格，在规则式的绿化种植形式里糅合自然种植元素，侧分带与边分带的行道树使非机动车道形成

改造一新的老体育馆 (鲍陈 摄)

林荫大道，使机动车空间更为宽敞，从而实现规则式与自然组团的有机结合，增加了道路的审美性和观赏性，形成鲜明的对比和不同的景观感觉。地形设计结合实际，将土坑修整为水渠，既节约了建设成本，又打造了滆湖周边特有的湿地景观。

【双湖路（南侧）景观绿化工程完工】 工程施工范围为张（渚）灵（谷洞）慕（蠡洞）线至阳灵隧道南入口，两侧多为山体，全长800米，于1月开工建设，6月竣工，总投资730.67万元，绿化总面积6.4万平方米，其中喷播面积4.3万平方米。工程以"自然生态、人景和谐"为设计主题，通过景观设计、山体修复和水景营造，着力展现"丘陵风光，活力乡村；碧水绿廊，竹海茶洲"的生态景观廊道，缩短了云湖、善卷洞和竹海三大景区之间车程，为全市旅游业发展创造了更好的基础条件。

【新体育中心亮化改造工程竣工】 新体育中心亮化改造工程是2016年度宜兴市政府重点工程之一，于10月开工建设，12月竣工，总投资520.59万元。工程拆除体育馆、连接体、游泳馆建筑外立面上的坏、旧灯具，重新安装LED洗墙灯、LED点光源、LED球泡以及金卤投光灯等灯具，符合绿色低碳和节能减排要求，既提升了城市形象，也创造了和谐环境，让市民出行更为便利。

（周晓东）

城市管理

【概述】 优化提升市容环境，组织实施老旧小区环境治理、夏季夜间市容秩序管控、废旧收购点整治等整治行动，治理"脏乱差"老旧小区7个、占道经营废旧收购点66个。强化镇级城市化管理，推广城区城市管理工作标准，高标准推行市级市容管理示范路创建，覆盖全市22条镇级道路。市场化运作户外广告资源，规范经营性广告运作管理，全年实施户外广告经营权公开拍租3次，非公共广告收缴规费62.45万元。发挥联动平台作用，介入城区物业公司服务质量考评，将防控违法建设、违规燃放等任务纳入考评体系；建立250人的文明劝导队伍，现场劝导不文明行为；推广"宜管家"微信公众号，定期召开城市管理"圆桌会议"。加强执法管控力度，完善执法管理制度保障，建立城区道路临时停车泊位设置管理部门会商机制和城区停车管理协调联动工作机制，开展收费管理技术试点，增划停车泊位1800多个。制订建筑垃圾（工程渣土）违规运输"负面清单"，将防控违法建设、违规燃放等任务纳入物业服务质量考评体系，全年发出黄牌警告7张。全年实施城管执法21万余起。其中，查处违法停车8.7万余起，拆除违建1019起、4万余平方米，实施重大执法保障行动40余起。

【宜兴市被评为江苏省优秀管理城市】 2014年起，宜兴市启动创建江苏省优秀管理城市，市城市环境综合整治领导小组办公室出台《创建江苏省优秀管理城市实施方案》，重点整治城郊结合部、农贸市场、占道经营、户外广告等10余个重点领域，强化完善清扫保洁、道路管养、排水管理、交通秩序及污染治理的日常管理机制。市城管局按照市城市环境综合整治领导小组办公室统一部署，牵头市建设、公用事业、公安等部门，在全市开展污水纳管、河道清淤、垃圾清运、路面整修、公厕提档、违停治理、广告清理、盲道改造等专项行动42次，有效整治问题区域近300处，城郊结合部、城中村、背街小巷面貌明显改观，建设工地、城市河道环境有效改善，占道经营、户外广告、停车秩序规范可控。2015年1月，宜兴市创建江苏省优秀管理城市工作通过省住建厅专家组验收。2016年1月，省政府办公厅授予宜兴市"江苏省优秀管理城市"称号。

【小区环境整治】 年初，市城管局通过排摸城区老旧、安置小区环境秩序情况，对7个环境秩序问题突出的小区开展卫生死角、乱堆放、乱设广告等环境整治行动90多次，集中清运暴露垃圾、破旧家具等废弃物100余车。同时，通过提供修复旧损基础设施、完善停车线位、开辟建筑垃圾临时堆放点等为民服务，大幅改善居民群众居住环境。2月起，针对宜城街道原水产村东侧沿河区域乱堆放、乱搭建、乱种植等脏乱现象，会同碓坊社区居委会开展环境整治行动，通过宣传发动、全面清理、提档升级等措施，清除搭建棚批、堆放物料、沿河围网等120多处，并出资20多万元新建沿河驳岸及护栏，平整并浇筑水泥场地面积近500平方米，添置健身休闲设施1处、石质台凳7套，将卫生死角变为居民休闲健身的好去处。

【废品回收站点整治】 7月，针对城区及城乡结合部的废品回收站点存在的占道堆放、污染物乱排放、废品乱倾倒等"脏乱差"现象，市城管局联合市市场监管、公安、环保等部门以及属地社区（村），摸排调查废品收旧店数量、持照情况、经营规模和环境卫生状况，并派遣执法人员逐户上门发放友情告知，明确整治要求，告知政策法规，督促业主做好自查自纠。同时，按照整治、规范和引导相结合的原则，开展城区废品回收站点专项治理行动，集中清理整治66个废品回收站点周边环境秩序，出动执法人员650多人次，强制清运废品、垃圾70余车，清理私搭乱建、乱设广告、卫生死角等30多处，关停废品回收站点25个，有效改善城市边缘区域的人居环境。

【城区停车管理】 年内，为缓解城区停车矛盾，市城管局坚持"应管尽管、应划尽划、应收尽收、应罚必罚"原则，通过泊位施划、行政执法、规范引导、部门联动、社会参与等措施，综合治理城区停车难题。9月，会同市公安、规划、国土、建设等部门，全面摸排城区道路泊车位设置情况，建立城区路内临时停车泊位设置管理部门联合会商机制，审核宜城街道解放西路、东山东路等12条主干道路的890多个路内泊位，施划路内临时停车位30多处、1800多个。12月，出台《关于强化城区停车管理切实规范交通秩序的工作方案》，建立城区停车管理协调联动工作机制，通过规范停车泊位设置、拓展严管道路覆盖等创新管理措施，提高城区停车治理水平。同时，围绕全国文明城市创建年度测评，组织实施"六十天集中攻坚行动"，采取轮班作业、定巡结合的方式，加大违法停车现场查处率，遏制路面违停、占压盲道等现象。全年查处违法停车8.7万余起，其中12月份违停查处量突破1.2万起，比上年同期增长1倍以上。

【小区违建治理】 坚持"提前防范、抓早抓小"原则，不断加强小区违法建设管控。前置违法建设管控，介入商品房竣工验收和新房交付环节，超前提醒装修业主可能发生的违建部位。参与物业服务企业月度考评，将防控违法建设、违规燃放等任务纳入考评体系，促使物业履行违法建设防控责任，建立混凝土搅拌车辆进小区作业报备制度，强化物业门岗作用，及时制止混凝土搅拌车擅进小区违法浇筑建设行为数十起。依托城管进社区管理机制，会同社区居委会、小区物业，提高新建小区、高层小区、别墅区巡查频率，并运用"无人机"定期巡检高层住宅楼顶、天台区域，及时发现违建苗头，锁定违法证据，全年依法拆除高层住宅违法建设3处。

【抗洪救灾】 7月初，全市遭遇历史最大洪水，给市民生产生活造成严重影响。市城管局根据市委、市政府统一部署，全力投入抗洪救灾。市城管局采取轮岗上阵、轮班作业的形式，以30人为一班，轮班确保每天16小时高强度工作，灌装6万多个沙袋为城区所有进水受淹社区筑堤排涝。同时，抽调50名城管骨干队员成立抗洪抢险应急分队，赴徐舍等受灾严重的圩区筑堤防涝、处置突发事件。抗洪救灾期间，全市城管系统共出动人员6000余人次，完成圩堤加固、险工排除、转移群众、滑坡警戒等突击战斗任务数百次，处置圩区溢洪、决口险情200多处，疏散转移山区、危旧房灾民500多人，尽力降低损失。洪灾过后，城管属地中队和宜城社区管理中队全力支撑属地社区开展受淹小区环境清理整治，参与清运整治任务92次，清理废弃家具、杂物等垃圾50余吨。

（魏赟）

城管队员转移受灾群众　　（市城管局　提供）

村镇建设

【概述】 按照"一手抓环境提升、一手抓长效管理"的总体思路，强化村庄环境长效管理，实施"量化分类、动态考核"管理办法，确保农村环境长久整洁，村镇建设工作稳中有升。探索长效管理市场化，引导高塍镇、徐舍镇完成全镇域范围村庄长效管理服务外包工作。全年组织全市性明察暗访6次，抽查自然村636个，平均合格率始终保持在90%以上。开展村庄环境改造提升工作，8个被撤并乡镇老集镇完成提升改造，"被撤并乡镇老集镇改造提升三年行动计划"圆满收官。推动美丽乡村建设，杨巷镇革新村、和桥镇大生村创建为2015年度省级美丽乡村示范点，同时积极对上争取专项资金1980万元，把张渚镇祝陵村、周铁镇彭干村、芳桥街道金兰村等10个村庄分别列入2016年度省美丽乡村、传统村落保护和康居乡村建设计划。

【"被撤并乡镇老集镇改造提升三年行动计划"圆满收官】 2014年起，按照市委、市政府的总体部署，宜兴市启动实施"被撤并乡镇老集镇改造提升三年行动计划"，计划用3年时间，对环境较差的26个被撤并乡镇集镇区域进行提升改造，总投资2亿元。2014—2015年，先后完成两批、18个被撤并乡镇老集镇的改造提升工作。2016年，继续实施第三批8个被撤并乡镇集镇的改造提升工作。至年底，改造提升工作全部完成，8个老集镇面貌焕然一新，"被撤并乡镇老集镇改造提升三年行动计划"圆满收官。通过老集镇的改造提升，改善了镇村环境面貌，完善了基础设施，增强了服务功能，受到属地群众称赞。

【村庄环境长效管理】 加强生活垃圾收运处理、道路修护、绿化养护、河道管护、公共设施维护"五位一体"建设。年内，市村庄环境长效管理工作领导小组办公室（以下简称市长管办）联合市委农办、市财政局制订印发《宜兴市村庄环境整治长效管理专项资金管理办法》，规范市村庄环境长效资金管理。按照"打造亮点、补齐短板、均衡发展、普遍提升"的要求，市长管办创新督查考核办法，根据各板块前两年村庄长效管理考核结果，将村庄管护分为A、B、C三个等级，推行“量化分类、动态考核”管理，专项督查管护质量较差、管护薄弱的行政村。各镇、园区、街道坚持明查与暗访、集中抽查与日常督查相结合，实现督查考核常态化。根据村庄的不同类型，按照三星级康居乡村、二星级康居乡村和环境整洁村的不同管护标准，开展村庄长效管护示范点创建活动，通过考核、评比、观摩、激励，带动其他村庄提升管护水平。通过样板引路、引领示范，推动杨巷镇革新村、和桥镇大生村创建为2015年度江苏省美丽乡村，革新村成为全市农村生活污水治理和农村燃气入户试点村。年内，市长管办组织相关镇、园区、街道分管领导及部分村党（总）支书记分别赴浙江省长兴县、安吉县、德清县等地参观学习，各地相继掀起美丽乡村建设热潮，争相创建具有特色的亮点村活动。其中：张渚镇通过开展“美丽乡村·秀美庭院”创建活动，提升人居环境，彰显“秀美桃溪、宜居张渚”的亮点和特色；芳桥街道按照“硬化、绿化、亮化、文化、美化”的“五化”目标，挖掘和培育村庄特色，打造“山水芳桥、培源故里、忠孝之乡、江南福地”品牌。

（周晓东）

桥梁维护　　（鲍陈　摄）

市政管护

【概述】 开展城区市政设施现状排查工作，制订实施改造和提升计划，提升城市整体环境。构建快速维修的管理模式，打造“巡查维修+执法管理”互联网合作平台，不断完善市政巡查微信公共群和道路挖掘联合审批微信公共群。全年修复侧石0.95万米、混凝土路面0.39万平方米、沥青路面0.78万平方米，人行道板砖1.5万平方米、花岗岩0.94万平方米，沥青灌缝3.34万米。接收千禧花园开放式场地，城区有开放式场地40处、13.24万平方米。全年完成指令性维修189项，总投资4050万元。加强桥梁专业化检测、开放式公园隐患整治和小区市政配套施工许可管理，全年对城区近60座桥梁开展专业化检测，对所有开放式公园开展安全隐患专项整治，严格实行小区市政配套建设施工许可制度，规范小区市政配套设施建设管理。

【桥梁检测】 规范和加强城区桥梁管理，确保城区桥梁安全有序运行。邀请省交通规划设计院的桥梁专家到宜兴授课和踏勘，推动桥梁巡查养护、加固维修向专业化转变。完成荆邑大桥斜拉索专项检测、结构检测以及陶都路刘家桥等7座桥梁的特殊结构检测，对广汇大桥吊杆锚头防水罩改造实施预养护。同时，根据《2010—2020桥梁检测十年计划》，对沧浦大桥、南中大桥等47座桥梁进行结构定期检测，对梅林大桥、君悦钢桥进行特殊性结构检测，并完成128座桥梁的常规性定期检测工作。

（周晓东）

绿化管护

【概述】 开展城区绿化现状排查工作，制订实施改造和提升计划，不断提升园林绿化养护管理水平。全年新增管护面积60万平方米。推进新一轮“林荫大道三年行动计划”，实施龙背山森林公园林相改造、国省市道绿化密林疏移等工程，开展爱绿护绿系列宣传和送绿化管护知识进基层活动。完成龙光路沿线约200亩杂乱植被的清理整治，精心种植迷你向日葵和波斯菊，成为夏、秋两季新的主打特色景观。构建具有宜兴特色的“城市绿道”，东氿大道、荆邑大道、氿滨路完成林荫化改造，“绿撒社区·书润山村”活动成为新的服务品牌。针对气候异常导致的洪涝、干旱灾害，组织养护公司全力以赴投入抗洪救灾、抗旱保绿，全年补植色块草坪7.2万平方米、苗木2万多株，应对极端恶劣天气的能力和水平进一步增强。

【“林荫大道三年行动计划”第二期有序推进】 年内，在2015年完成“林荫大道三年行动计划”首期的基础上，宜兴市启动“林荫大道三年行动计划”第二期。按照“科学化建设、精细化管理、园艺化管护”总体思路，严格遵循实事求是、因地制宜的原则，着重补植具有庇荫作用的乡土类高层乔木，完成教育东路（延伸段）、运河路和宜红路的林荫化改造，形成“夏有凉荫、冬有暖阳、富有节律”的城市景观。其中：教育东路外侧绿化带内种植以巨紫荆为主的行道树，亭亭如盖，花序密集，花量繁多，为市民创造赏心悦目的景观感觉；运河路、宜红路分别种植具有乡土特色的无患子和乌桕，营造出“春有繁花、夏享阴凉、秋观彩叶”的园林美景。“林荫大道三年行动计划”第二期将持续至2017

年，计划完成桃源路、叠翠路、阳泉东路等道路的林荫化改造。至第二期结束，宜兴市城区将建成林荫大道12条，覆盖城区26.92千米里程，林荫大道的占比将提升至60%。

（周晓东）

照明管护

【概述】 开展城区照明亮化现状排查工作，制订实施改造和提升计划，不断提升照明亮化管护水平。加快推进老小区路灯改造和背街小巷补灯工作，投入资金1021万元，完成全市域20个路段、17个小区以及城区12个区域的亮化大修，更换灯具5415套、光带1906米。《宜城城区和丁蜀城区老小区路灯更新换代五年计划》全部完成，5年累计投入资金500多万元，更换路灯2000余套，两个城区的老小区高压汞灯、节能灯全部更换为LED路灯、高压钠灯和无极灯，大幅提升了城区老小区的照明功能。抗洪救灾期间，关闭存在用电安全隐患的公园、开放式广场、道路、小区的照明设施，杜绝漏电事故；做好正常开启路灯的小区的照明设备保障工作，为东山一村、岳堤南苑等9个受淹无法开启路灯的小区安装临时灯具86套，敷设临时电缆3060米。灾后，维修更换受淹照明灯具3244套、LED光带3030米，确保城市照明设施正常运行。

【"萤火虫"照明服务品牌获好评】 围绕"连心桥"服务的总目标和总品牌，开展"萤火虫"行动，加大为民服务力度。深入社区，排查老旧居民小区夜间照明盲点，实施补灯工作，消除安全隐患。结合年度城市照明大修工作，加快淘汰老小区老旧路灯，改善老小区夜间照明状况。配合社区做好各类公益活动的接电和用电保障工作，确保各项活动正常有序开展。全年为老旧小区更换路灯659套、补灯22盏，为各类活动完成接电18次，获市民一致好评。

（周晓东）

环境卫生

【概述】 围绕"环卫一体化、现代化、精细化"目标，全面提升城乡环卫基础设施布局和承载能力。城区全年新建、改建公厕19座，继续推行免费提供厕纸服务，免费供纸的公厕达84座。做好垃圾收运处置工作，更新置换垃圾桶3500余只，全年收集垃圾540余万桶、处置生活垃圾39余万吨，日均1080吨。张渚镇70万立方米级填埋场改造工程进入前期准备阶段。深入推进"人机协同"作业，城区具备机械化清扫条件的路段基本实现机械化清扫，全年机械化清扫、保洁、冲洗总里程约33.7万千米，清扫总时间3.02万小时，每日平均清扫、保洁、冲洗里程923千米，冲洗覆盖面积1200公顷。

【"人机协同"作业全面推广】 3月，市环卫处会同市公用环卫有限公司和市公用保洁服务有限公司，以环科园绿园路全线、城中人民路全线和城东荆邑南路为示范路，采用"示范先行，总结推广"模式，对机扫行进路线、时间节点等重要环节进行对接，机扫盲点由人工保洁及时补充，确保全面覆盖无死角。同时，总结示范路实施经验成果，优化作业方案，确保作业模式效率高、操作性强，并在公司中全面推广。至年底，城区具备机械清扫条件的路段基本实现机械化清扫，全年新增3条快车道和13条慢车道共计100多千米的机扫路段，减轻了人工作业强度，提高了作业质量。

【环卫服装更新换代】 10月底，全市1300多名环卫工人统一更换新的环卫服装。新服装由藏蓝色的制服和可拆卸的橙色马甲组成，服装上印有反光材料制成的条纹，具有温暖舒适、安全耐用的特点，提升了宜兴城区环卫工人的整体形象，保障了环卫工人清扫作业安全，同时兼顾了冬季环境下环卫工人的身体健康。

（戴琦）

照明设施维修 （朱敏 摄）

防汛防旱

【概述】 立足防大汛、抢大险、抗大灾，坚持科学决策、科学调度、部门联动，成功抵御宜兴历史最大洪涝灾害。全面落实以行政首长负责制为核心的防汛防旱责任制，健全完善防汛防旱组织网络。全市各部门按照市防汛防旱指挥部的统一部署，通力合作、密切配合，形成防汛工作强大合力，在水情调度、物资分配、抢险救灾等重大问题上，做到政令通畅。深入开展防汛防旱法律法规的宣传和防汛防旱应急预案、减灾知识的教育,动员市民积极参与防汛防旱工作,形成"全民参与、共筑长城"的防汛防旱大局意识。组织技术负责人、工程技术人员拉网式检查全市的河道(涧河)、堤防、水塘、库坝、涵闸、泵站等水利工程,重点检查圩堤、库塘和大坝的涵洞、主要航运河道沿线圩堤、镇村结合部的防洪工程、在建工程的安全度汛措施以及城、镇区的防洪排涝设施。汛前除险加固河道堤防险工10处、病闸4座、病站7座,疏浚河道18条,新改建泵站58座、防洪水闸10座、涵洞66座。全年无旱情。

【防汛队伍与物资】 全市有防汛抢险队310个、7556人。其中,民兵抢险队136个、2642人,河道及管理单位抢险队117个、2521人,水库抢险队36个、1533人,其他专业抢险队21个、860人。全市储备防汛"三袋"(编织袋、草袋、麻袋)134.49万只、木材360.5立方米、毛竹1.69万支、桩木(树棍)2.57万支、铁丝4512千克、元钉792千克、柴油21.5吨、块石3153吨、土工布2.94万平方米、彩条布8.6万平方米。其中,市级防汛仓库储备编织袋37万只、彩条布8.6万平方米、桩木3750根,市抗旱排涝队储备编织袋5万只、土工布1万平方米,块石3000吨,潜水泵20台、流动抗排机船30艘。

【雨情、水情、工情】 全年汛期雨量大、来势凶、范围广、时间长、水位高,全线告急。入汛后,全市遭遇连续性强降雨。7月1日17时至7月7日15时,全市平均降雨量达283毫米。再加上上游洪水的"下压"及下游太湖的高水位"顶托",京杭大运河钟楼闸关闭,使得宜兴市境内水位持续攀高并不断刷新纪录。7月5日,宜城最高水位达到5.55米,超警戒水位1.35米、超历史最高水位0.26米;随后,徐舍、杨巷也纷纷超过历史最高水位,分别达5.9米和6.26米,分别超警戒水位1.5米和1.66米,超历史最高水位0.27米和0.4米;大浦(太湖)水位7月8日17时达最高水位5米,超警戒水位1.2米。多地水位接连突破历史最高水位,使宜兴市出现了有水文纪录以来的最大洪涝灾害。汛期内,横山水库、油车水库分别调度泄洪29次和14次。

历史最高水位变化情况

表52

站点	汛限水位	旧历史最高水位	发生年份	2016年突破历史最高水位时间	新历史最高水位	发生时间
丰台	5.0米	6.0米	1991	7月2日15时30分	6.34米	2016年7月5日
杨巷	4.6米	5.86米	1991	7月2日21时15分	6.26米	2016年7月5日
徐舍	4.4米	5.63米	1991	7月2日15时00分	5.90米	2016年7月5日
宜城	4.2米	5.29米	1991	7月2日15时15分	5.55米	2016年7月5日
大浦	3.8米	5.08米	1999	2016年大浦(太湖)最高水位5米		
南新	4.2米	5.3米	1991	7月3日5时30分	5.53米	2016年7月5日

【灾情、抗灾】 面对严峻的汛情和灾情,全市确保了万亩以上圩不破圩、水库塘坝不溃坝、太湖大堤不决口,取得抗洪救灾全面胜利。市防汛防旱指挥部于6月23日启动防汛Ⅳ级应急响应,6月28日提升至防汛Ⅲ级响应,7月2日7时提升至防汛Ⅱ级响应,7月2日17时升级为Ⅰ级响应,之后逐步下降,最终于7月27日结束防汛Ⅳ级响应。洪灾期间,全市河湖水位不断上涨,各地险情、灾情不断增多。据不完全统计,全市累计发生决口、坍塌、渗漏等险情742处,宜城城区62个小区、19条道路被淹,累计受灾人口18.02万人,转移群众3.34万人,受灾农田27.56万亩,受损房屋339户,受淹企业405个,直接经济损失近5.72亿元。抗灾抢险期间,全市累计消耗编织袋240万只、编织布48万平方米,抗灾用电730万千瓦时、用油12吨,投入抗灾设备1065台(套)、运输设备8600班(次)、抢险舟船2086艘(次),投入抗灾人数约32.55万人次。市防汛防旱指挥部调度防汛仓库和抗旱排涝队支援各地各部门编织袋19.5万只、彩条布9.3万平方米、桩木6350根、排涝机泵111台(套),其中省防指支援抗排机泵50台(套)。

(屠飞翔　徐卓鹏)

防震减灾

【概述】 定期维护地震监测台(站)和数据处理中心设施设备,保证监测仪器、信息处理和发布系统正常运行。及时跟踪震情信息,确保辖区及周边地区发生有感地震第一时间报出震级、时

防震减灾教育培训　　（市地震局　提供）

间、地点。严格依法行政，将抗震设防管理纳入建设工程审批程序，全年完成建设工程抗震设防审查项目222个、229.8万平方米。贯彻实施《宜兴市破坏性地震应急预案》，组织地震应急疏散演练45次，开展防震减灾教育培训73批（次），培训学生2.49万余人。至年底，全市有国家级地震安全示范社区2个、省级13个，有地震宏观观测点1个、地震监测台（站）5个、地震数据处理中心1个。年内，市地震局被评为全省市县防震减灾工作综合考核（县级）先进单位和全国县级防震减灾业务工作考核先进单位。

【科普宣传】 “5·12”防震减灾宣传日和科普宣传周系列活动期间，开展地震知识广场宣传活动和防震减灾知识讲座21场，印发《地震应急小知识》《地震科普小常识》2万本、《防震减灾科普宣传折页》1万份，制作宣传展板30块，发放雨伞、鼠标垫等宣传用品2万余件。在全市178个居民小区的广告牌和24个民防多媒体警报终端投放防震减灾公益广告和横幅210条。全年在《宜兴日报》、宜兴建设信息网、中国地震局和省地震局网站等媒体发表防震减灾宣传文章60余篇。

（吴文）

水政水资源管理

【概述】 全年办理审批56件，其中取水许可审批29件、河道堤防占用审批24件、水土保持实施方案审批2件、排污口审批1件。培育建设节水载体，创建省级节水型社会载体7个。上调公共供水水厂水资源费征收标准，地表水征收标准由每吨0.08元上调至每吨0.2元。实行合同前置法制合法性审查制度，全年受理审查合同270件。编制《宜兴省级水生态文明城市建设试点中期评估报告》，客观评估创建省级水生态文明城市前期工作。继续开展河湖健康评估工作，形成《宜兴市（2016年度）重要河湖健康评估报告》《宜兴市水（环境）功能区划调整报告》。编制《宜兴市水资源公报》，定期向社会公告当地水资源情势、开发利用保护情况和重要水事活动。全年创建江苏省水美乡镇2个、江苏省水美乡村8个。宜兴市的各项水资源管理年度指标任务通过无锡市2015年度最严格水资源管理制度考核组考核，综合得分继续名列无锡地区第一。

【水行政执法】 提高水政监察队伍执法管理能力和水平，全年开展水政监察业务培训17次，培训人员756人次。严格落实水行政执法日常巡查制度，依法查处各类水事违法行为。全年开展执法巡查活动766次，出动执法人员2298人次，查处违法行为为25起。开展水行政专项执法检查活动6次，依法下达限期清障通知书7份，签订防汛责任状5份；清除阻水障碍物22处，清除阻水渔网、簖2处，清除涉河工程施工临时围堰、便道19条；检查占河单位（个人）357个（人），依法要求限期缴纳河道工程堤防占用费企业5个、限期缴纳水资源费企业1个。检查12处重点水文测站（址）的水文设施和监测环境，走访鱼塘养殖户1041户，签订鱼塘清淤承诺书153份。全市水事秩序稳定，水行政执法环境始终保持良好态势。

（陈静）

【水源地保护】 落实执法巡查制度，实行24小时不间断执法巡查，加大对横山水库水源地保护区内的排污、建设开发等行为的跟踪管控力度，油车水库饮用水源达标创建工作通过省政府考核验收。全年组织开展饮用水源地联合执法巡查20次、水库日常巡查1675次，出动巡查人员4528人次，发现和处置影响水源安全行为158次，处置重大水源隐患3起，收缴捕鱼工具200余套，全市饮用水源地管理井然有序，水源水质长期安全、可靠、达标。强化水质监测工作，全年检测水源、生活饮用水、污水水样1.3万个，自来水检测计量和污水检测计量、水处理剂及涉水产品计量认证项目分别为90个、28个。每日对横山水库水源地监测点、各污水处理厂进出水监测1次，每月对供水企业的源水、出厂水和管网水计量认证项目全分析1次，每月对全市100个管网水监测点监测1次，横山水库水质稳定保持在国家地表水标准Ⅰ－Ⅱ类之间，生活饮用水水质符合国家生活饮用水标准，合格率100%。

（戴琦　陈静）

编辑　吕浩

交通建设与管理

THE CONSTRUCTION AND MANAGEMENT OF TRAFFIC

交通建设

【概述】 全年交通基础设施建设投资9.52亿元，其中公路工程7.99亿元、航道工程1000万元、客运场站工程1000万元、农村实事工程1.33亿元。全年开工交通基础设施建设项目42个，其中公路工程28个、航道工程3个、客运场站工程4个、农村实事工程3个。滆湖东路、阳灵隧道、蜀浦路、川善线善卷洞改线等7个工程完工，范蠡大道、杨(桥)宜(城)线滆湖东路连接线、闸(口)漕(桥)线3个工程基本建成通车，云岭路道路及隧道、环科大道南延段、西氿大桥、湖光路东延段工程有序推进，宁杭高速宜兴东互通、省道360线洑湖段、善龙路等工程开工建设。锡溧漕河和桥南段开工建设，锡溧漕河大桥改造和芜申运河徐舍水上服务区建设有序推进。屺亭公交首末站、丁山客运站建成启用，新庄公交首末站完成施工招投标，120个候车亭、27块智能电子站牌建设完成，城区主要道路实现电子站牌全覆盖。潘(家坝)元(上)线等4条规划县道改造基本完成，杨(巷)上(黄)线宜兴段等3条规划县道改造有序推进。提档升级农村路桥，全年新(改)建镇道、村道150千米，农村危旧桥梁20座。《宜兴"城市更好"交通基础设施建设三年行动计划(2017—2019)》完成编制，宜兴市"四好"(建好、管好、护好、运营好)农村路示范县创建工作通过省交通厅公路局验收。至年底，全市公路总里程2386.54千米，其中高速公路78千米、一级公路186.04千米、二级公路497.86千米、三级公路424.59千米、四级公路1200.04千米，公路密度每100平方千米135.96千米，有城市公交站场13个、公路客运站场20个；航道总里程558.2千米，其中四级航道458.2千米、五级航道25.5千米、六级航道53.8千米、七级航道66.8千米、等外航道363.9千米，有码头泊位381个，码头总长14976延米；铁路里程达101千米。

阳灵隧道　　　　　　(市交通局　提供)

【交通基础设施建设三年行动计划完成编制】 11月底，市交通部门在《宜兴市"十三五"交通运输发展规划》基础上，经过充分调研和论证，编制完成《宜兴"城市更好"交通基础设施建设三年行动计划(2017—2019)》，围绕对外打开连接通道、对内完善路网结构的发展目标，按照城乡一体、快速高效、绿色智能的发展方式，提出紧扣"一条主线"、统筹"四种方式"、实施"六大工程"的总体工作思路，为构建现代化综合交通运输体系、把宜兴打造成区域性的交通标杆和样板奠定基础。

【国(省)干线公路中修工程完工】 7月，国道104线、省道342线、省道230线、省道240线宜兴段中修工程开工建设，总投资1900余万元。工程主要对道路的交叉口车辙、路段车辙以及局部路段出现的坑塘、松散、沉陷等病害进行铣刨、挖补，并重新摊铺沥青面层。市公路管理处严格按照设计及规范要求进行操作，优选施工、监理单位，在保证道路沿线环境和群众正常出行的前提下，降低施工成本、提高工程质量。10月底，工程完工。

【范蠡大桥建成】 范蠡大道工程于2012年年底启动建设，是宜兴市东部连接东氿新城和高铁新城的交通主干线，总里程约9.3千米。范蠡大桥是范蠡大道工程建设中的重要项目，全长1328

范蠡大桥建成　　　　　　　　　　　　　　　　　　(仇洪生　摄)

米,其中主桥500米、南引桥456米、北引桥372米,是连接东氿南北两岸通道的重要节点。大桥钢结构主体为“玲珑塔”造型,采用三塔多跨单索面斜拉桥方案,造型新颖、结构复杂,在国内同类型桥梁施工中尚属首例。2016年12月,范蠡大桥建成。

【镇村道路提档升级】 12月,完成镇村道路提档升级150千米、危旧桥梁改造27座。市交通部门按照《农村公路提档升级工程的实施意见》,有序推进镇村道路提档升级“五年计划”,全年总投资1.3亿元,拓宽镇道和重要村道,重建部分破损道路,改造危旧桥梁,涉及全市14个镇、街道、园区的镇道31条、66千米,村道47条、84千米,危旧桥梁27座。至年底,工程完工。

交通运输管理

【概述】 实施路域环境专项整治,坚持精细化作业,购置机械设备12台(套),阳灵隧道养护工区投入运行,推行联合巡查机制,开展全市农路管养示范村(路)创建,实施国省干线客运班线和接送学生车辆集中路段安全生命防护工程,全年公路巡查公路34万千米,全市国省干线公路路况综合指数达95.7,全市干线公路和农村公路养护水平居全省前列。持续开展针对长途客运、旅游包车、危货运输、驾驶培训等领域的非法营运整治行动和针对矿产品运输车辆的专项治超行动,常态化巡查连接溧阳市、安徽省广德县等地路段。全年投放出租车30辆,全市483辆出租车实现4G智能实时监控终端全覆盖。加大对“黑车”“黑驾培”打击力度,加强高速公路出口、旅游景区等重点区域的动态巡查管控,坚决取缔非法组客站点。实行新版《道路运输车辆技术管理规定》,稳步推进二级维护视频监控系统安装,加大“绿色汽修”创建力度,一、二类维修企业绿色汽修创建率43%。加强水上秩序监管,提升水上搜救、疏堵保畅等应急处置能力,确保辖区主航道有序畅通,全年实施太湖封湖27次,水上接处警135起,救助船员9人,救助船舶27艘,湖区搜救成功率100%,全市水域全年无堵航责任事件发生。

【出租车服务采用“星”级标准】 6月,《宜兴市出租汽车星级驾驶员管理办法(试行)》(以下简称《办法》)正式施行。《办法》对在岗出租车驾驶员实行星级评定,共设五个等级,市民可通过看车顶灯上的“星星”数,选择乘坐不同星级的出租车。市出租办在星级驾驶员营运的出租车顶灯上安装星级显示设备,并对获得高星级称号的驾驶员予以宣传鼓励,以发挥引领作用。《办法》还制订了退出机制,由市出租办负责对星级驾驶员进行考核,对不符合相应星级驾驶员评选条件的,予以星级驾驶员称号降级或退出的处罚。至年底,全市有出租车星级驾驶员1184人,其中二星级1136人、三星级35人、四星级13人。

【宜兴“微运管”平台上线】 5月,市运输管理处的官方微信公众号——惠民畅行服务平台正式上线。该平台为市民提供信息查询、互动和业务办理三大服务。其中:信息查询服务主要提供从业人员、车辆等道路运输相关信息的查询服务;互动主要包括违章投诉、服务表扬、意见建议等5个子板块,市民可通过子板块对出租车司机进行投诉或表扬,也可对公共交通提出意见、建议;业务办理主要提供人员、车辆、业户的审批服务。同时,该平台还具备提供道路运输各项业务办理的流程说明、发布行业管理公告等功能,市民可查询办理各项业务需提交的资料信息。至年底,该平台被9628人关注,收到投诉35个、表扬102个、公共交通建议28个,发布便民公告16个。

【重点码头实现远程监控全覆盖】 10月起,市乡镇交通综合管理所充分发挥智能科技设备的主导作用,利用远程监控设备,加强对全市重点码头的监控值守,安排专人每天实时查看回放监控图像,确保第一时间发现并解决违规装卸矿产品行为。同时,在针对矿产品运输车辆现场的执法检查中,执法人员利用“江苏运政在线”车辆管理平台,通过手持“运政通”终端设备,不定期核查矿产品运输车辆的车载卫星定位系统使用情况及车辆行驶轨迹,随时了解核实矿产品运输车辆、从业人员的基本情况,及时查处车辆改装、超限超载、抛撒滴漏、无从业资格证等违法违规经营行为。至年底,查处违法违规经营行为8起。

道路运输从业资格考试中心宜兴考点　　（市交通局　提供）

【道路运输从业资格考试中心宜兴考点投用】 8月，道路运输从业资格考试中心宜兴考点投用。该考点位于市交通职业技术学校内，设施设备齐全、分类设置规范、技术条件到位，具备道路货运、出租车、公路客运等道路运输行业准入考试功能，为市内相关从业人员提供方便、规范、高效的考试服务。考点考试能力达每场考试50人次，每年培训考试人数1200人左右。该考点的投用，改变了过去由于相关考试场所不符合考核要求，宜兴市参加客货运输从业资格考试的相关人员只能集中赴无锡市考试的局面。至年底，考点累计举办考试12场，培训考试人员370人。

【港口管理】 全年港口货物吞吐量4115万吨，完成年度计划的98%；水路集装箱吞吐量6600标准箱，完成年度计划的83%。全年组织231人次对危货码头开展安全检查，组织18组、82人次开展暗访与督查，发现安全隐患7处，全部督促整改到位。督促危货码头企业补全经营资质，对码头安管人员进行业务培训。全年补办港口经营许可证6张、危险货物作业附证10张。全市有危货码头企业21个，其中经营许可证、危货作业附证齐全的16个。

【交通运输行业文明创优活动】 3月，为培育交通文明新沃土，提升交通行业新形象，市交通局会同市文明办、宜兴日报社、宜兴广播电视台联合举办交通运输行业文明创优活动。活动除以往的宣传教育、自查巡查、监督考核等常规活动外，还创新组织"最美公交车司机、最美客运司机、最美出租车司机、文明班线、文明示范岗"评选，树立榜样，引导从业人员安全驾驶、文明经营、优质服务。活动公开聘请20名热心公益、关注交通的行风监督员，加强对出租车的行风监督力度。运管部门按照企业服务质量信誉考核办法加强对客运企业、运输车辆、营运人员的管理，会同公安、行政执法等部门加大市场动态监管，重点查处车容车貌不整、服务态度差、拼客、拒载、猛拐掉头、故意绕道、违规使用电台等违章行为，形成企业质量信誉考核与车辆新增、更新等相对应的考核制度，落实驾驶员记分考核，实施违章车辆停运制度。12月，评选出"最美公交车司机"10人、"最美客运司机"10人、"最美出租车司机"10人、"文明班线"5条、"文明示范岗"2个。

（邵巍跃）

编辑　吕浩

生态环保
ENVIRONMENTAL PROTECTION

综　述

【概述】　坚持以生态文明建设为核心，以改善环境质量为主线，以体制机制创新为动力，以全民共建共享为基础，实施环境质量和污染物排放总量双控制，解决群众关注的突出环境问题。排查整治违法违规建设项目，全年清理2526个。以开发区为重点整治区域，围绕异味、粉尘污染开展第六年民生环保专项行动，限期治理企业26个、关闭2个。全市9条入湖河流水质持续改善，全面消除劣五类水质，横山、油车、龙珠3个水库水质全部达标。全市未出现重污染天气，各项污染指标均有所下降。城区和国、省、市道新增绿地面积80万平方米，城市建成区绿地率39.98%、绿化覆盖率43.02%、人均公共绿地面积15.26平方米。全市林木覆盖率29.2%。城区和集镇建成区生活污水处理率分别为96%、86%，城区主干道路机械化清扫率达100%，城区生活垃圾机械化、密闭化收运率达100%。

【生态建设成效明显】　以生态环境治理为重点，开展水、大气、固体废物污染整治，加大高污染燃料锅炉整治力度，强化治太(湖)保(水)源工作，加强固体废物规范化处理监督，全面改善全市生态环境质量。全市9条入湖河流水质持续改善，19个国家、省考核断面全面达标，58.1%的重点河道水质达到或者优于Ⅲ类水标准，3个饮用水源地水质全部达标，全市总体水质有所改善，并连续第九年实现太湖安全度夏。二氧化硫、氮氧化物排放量均比上年下降5%；酸雨率54.7%，比上年降低26.2个百分点；PM2.5平均浓度比2013年基准数下降30.6%，下降幅度居无锡首位。建立重点项目建设进度跟踪服务库，简化审批流程，全年审批建设项目239个，总投资227.5亿元，完成环保“三同时”*验收项目143个，验收率100%。落实水污染减排项目29个、大气污染减排工程3个，完成上级下达任务。加大突出环境问题执法整治力度，依法立案查处问题严重的企业或个人206个(人)。加大信访处置力度，全年处置信访1571件。科学开展环境监测，获得有效监测数据9万多个。

【违法违规建设项目清理】　为规范全市建设项目的环境管理制度，完善企业环境审批手续，淘汰高污染、低效益的落后产能，市环保局按照关停一批、登记一批、整治一批分类处理的工作思路，组织开展全市违法违规建设项目清理工作。年初，成立清理领导小组，制订印发工作方案和工作流程。8月，市环保、经信、发改等部门抽调人员集中办公，收集汇总清理项目。至年底，清理项目2526个，其中完善备案类2397个、整顿规范类78个、淘汰关闭类51个。此次清理行动为优质产业、绿色产业发展腾出了生态空间，拓展了宜兴可持续发展的环境容量。

（吴笛）

治太保源

【概述】　全年完成省、无锡市下达的年度目标任务154项，其中省目标工程33项，完成治太(湖)目标任务投资8.09亿元。省定9条主要入湖河流的9个监测断面中，5个为Ⅳ类、4个为Ⅱ～Ⅲ类，与上年相比整体提升。全市31条河道(包含32个考核断面)，18条河道达到Ⅲ类水质标准，达标率58.1%。19个国家、省考核断面全部达标，达标率均为100%。42个市控断面中，22个为Ⅱ～Ⅲ类、20个为Ⅳ类。围绕“确保不发生大面积湖泛、确保饮用水安全”要求，每月监测分析横山、油车和龙珠3个水库水源地及西氿备用水源地上游入境断面水质，全程监管氿滨水厂制水、出厂水工作。横山、油车和龙珠3个水库的饮用水质全部达标，全市治太工作考核总分位居无锡市第二。加强全时排污监控，全市设立污染处理设施自动在线监控设备182台(套)，31个重点河道和水源地水质自动监测站、12个污水处理厂安装化学需氧量、总磷、氨氮在线监测仪，形成全天候、全覆盖的水环境自动监控监测网络。年内，市太湖办牵头相关部门修编《宜兴市水环境综合治理实施方案(2016—2020)》，突出重点区域的污染治理，安排饮用水安全保障、工业点源污染治理、城镇污水处理与生活垃圾处置等10类、76个重点项目，计划总投资77.42亿元。5月，对全市31条主要河道(9条省定入湖河道、19个国省考核断面、22条入湖重点河道及60余条支浜)开展综合环境大检查，解决问题97个，及时消除水环境隐患。

【河道专项综合整治工作启动】　为深化太湖水污染防治工作，加强全市水环境综合整治力度,3月,市政府印发《宜兴市河道环境综合整治工作方案(2016—2020)》(以下简称《方案》),计划分年度、有步骤地实施河道专项综合整治。《方案》提出,前四年综合治理全市31条重点河道,其中2016、2017、2018和2019年分别整治15、14、18和7条(含跨年整治河道数)。2016年计划投资1.2亿元,年内完成1.05亿元,实施控源截污、清淤疏浚、调水引流、河岸整治和生态修复工程五大类55项,涉及镇(园区、街道)11个,完成漕桥河、社渎港、武宜运河、殷村港、邮芳河24条主干河段和支浜的生态清淤、畜禽养殖整治、工业点源污染治理工程。

【镇级太湖综合治理专职队伍建成】 6月,市政府办公室出台《关于加强镇级太湖治理工作队伍建设的意见》,要求在全市各镇(园区、街道)成立太湖综合治理办公室(以下简称太治办)。太治办为各镇(园区、街道)治太工作的牵头部门,贯彻落实上级关于太湖水污染防治工作的决策部署,负责收集和分析属地治太情况,以及属地范围内太湖水环境治理中长期规划,入湖主要河道的整治方案、专项计划等编制工作。至9月底,全市18个镇、园区、街道建成太治办18个,有专职人员49人。

(林志军)

【治太保源四大专项行动】 市农林局持续开展畜禽养殖整治行动,督促养殖户加快生猪退养进度并及时拆除圈舍,按照"即拆即验即补"要求,由市镇两级财政承担整治经费,并确保财政补偿资金足额发放。至年底,沿太湖6镇累计拆除畜禽养殖场331个。市环保局继续开展治太保源企业达标排放专项行动,开展太湖流域及入湖河道环境问题集中排查专项整治行动,对9条主要入湖河道及全市31条重点河流周边的工业企业实施强制性清洁生产;督促工业园区、工业集聚区完善水污染治理设施和污水收集配套管网建设;推进工业污泥集中处理设施建设,确保工业污泥得到安全处置,防止二次污染;专项整治印染、化工、有色金属等重点行业,运用结构优化、治污减排等措施,治理和减少水体工业污染,提升企业达标排放的稳定性和长期性。市水利农机局持续实施入湖河道清淤工程,年内重点实施太湖符渎港应急清淤工程、官渎港小流域生态整治工程、社渎港(开发区段)小流域水环境综合整治工程一期、钱墅荡生态清淤工程,全年清淤入湖河道152条、148.05千米、204.65万立方米。市公用事业局加快推进污水厂提标升级改造工程,丁蜀华骐污水厂日处理3万吨污水工程完成土建,西渚污水厂深度处理工程竣工,凌霞污水厂提标改造工程开始单机调试,全市污水收集处理能级得到提升。

(章鹤　吴笛　殷俊伟　戴琦)

【蓝藻打捞及利用】 加强湖泛巡查和湖体内蓝藻打捞工作,建立完善蓝藻、湖泛的监测预警和应急机制。沿湖镇、街道每日观测藻类,掌握各点位周边水域水色、气味、藻类聚集等情况。全市组建蓝藻专业打捞队伍23支、450人,应急打捞队伍3支、240人,设置固定机械化打捞作业平台56个,建设蓝藻打捞专用电力线路3条,新建蓝藻打捞、藻水分离、藻泥干化一体化项目1个。全年出动蓝藻打捞人员5.39万人次,打捞藻水139.08万吨、水草1.63万吨,处理藻水117.29万吨,生产藻泥3.2万吨。其中,蓝藻打捞量是上年的4.3倍,藻泥生产量是上年的8倍。

(林志军　殷俊伟)

【太湖水环境预警监测】 4—10月,市环保局开展太湖水污染及蓝藻预警监测。以太湖西部、竺山湖、梅梁湖和西南沿岸及饮用水源地监测预警为重点,根据"发现、确认、上报"的工作流程,每天查看数据质量2次,发现异常及时处置。一旦确认水质恶化向市环境监察局发布监测快报,从监测与监察两个方面进行协作。全年发布监测快报46期,报送浮标站数据214份、沿岸观测报告98份、入湖自动站监测周报31份、自动站比对周报31份,收集卫星图片214份,入太湖巡测105次,确保太湖连续第九年实现安全度夏。

(吴笛)

周铁镇符渎港的藻水分离生产线

(丁焕新　摄)

生态建设机制

【概述】 创新污染防治、环境监管、生态保护机制,深化环保工作机制改革,提升环境制度化管理水平。完善生态红线保护机制,找准绿色发展新方向。建立网格化环境监管机制,构建大环保工作格局。创新河道环境考核机制,提升水污染治理效能。强化落实企业环境信用评价和环保污染责任保险机制,出台环保"黑名单"制度,对1124个企业进行环境信用评价,其中绿色

（很好）企业58个、蓝色（好）企业988个、黄色（一般）企业50个、红色（差）企业26个、黑色（很差）企业2个，完成250个企业的环境污染责任保险参保工作。

【网格化环境监管体系建设】 为加强全市生态环境保护工作，落实属地环境监管责任，化解突出环境问题，3月，市委、市政府印发《关于建立网格化环境监管体系的实施意见》，根据属地管理、分级负责、全面覆盖、责任到人的原则，按照定区域、定职责、定人员、定任务、定考核的要求，在全市建立市、镇、村三级网格化环境监管体系，形成政府组织实施、环保部门统一协调、相关单位各负其责、全社会广泛参与的环境监管大格局，推动环境监管执法全覆盖。至年底，建立市一级网格设置监管工作组7个、巡查工作组18个，二级网格设置工作组18个，并向村级延伸，实现三级网络化全覆盖，网格化监管体系基本建成，强化了政府对属地区域环境监管工作的领导责任，实现了各个区域责任单位各尽其职、相互联动、综合监管的环境监管模式。

【河道环境考核机制创新】 坚持依法治水与行政管控相结合，市环保局制订实施《宜兴市河道水环境质量考核办法》，定期监测全市各镇主要河道交界断面、市重点考核断面水环境，掌握全区域河道水质现状，科学制订整治方案。同时，建立分管副市长一月一推进会、市长每两月一次综合协调会制度，排查问题、研究对策、狠抓落实。为有效推进水环境治理，在全市18个镇、园区、街道建立交界断面监测点78个，规定每月监测、通报，定量考核区域水环境。建立水环境质量工作督查制度，由市环境监察局和市委办、市政府办督查机构督查各属地政府的水环境质量，推动水环境质量考核政府主导、属地落实。

（吴笛）

【“河长制”管理工作体制实现全覆盖】 年内，市河长制管理工作办公室由市太湖办调整至市水利农机局，各镇（街道、园区）成立河长制管理领导小组，建立市、镇、村三级管理责任体制，实现“河长制”管理工作体制全覆盖。强化规划编制，31条无锡市定重点河道由市太湖办牵头编制综合整治方案，287条镇级河道由镇河长办制订规划并组织实施，2100多条村级河道完成河道基本情况调查。落实巡河制度，全年对省定9条主要入湖河流开展巡河57次。加强亮点河道创建工作，重点跟踪新庄街道汇龙村河及洪巷港支浜崔家桥河两条水质劣Ⅴ类河道。深化检查考核，以河道水质、综合整治、长效管理为内容，全年考核市、镇两级河长的履职情况和各镇、街道、园区河长制管理领导小组的工作情况4次。12月，市水利农机局开展全市“河长制”管理工作年度考核。经过考核，国家、省考核断面，主要入湖河流水质及列入无锡市环境综合整治计划的河道水质状况改善明显。

（杨海涛）

生态基础设施建设

【概述】 全年新建和建成污水主管网约64千米，西渚污水厂深度处理工程建成投运，丁蜀华骐污水厂日处理污水3万吨工程完成土建，凌霞污水厂提标改造工程开始单机调试，全市污水收集处理能级得到提升。紧扣“治太保源”“控源截污”等重点目标任务，市公用事业局坚持点面结合、攻坚突破、建管并举，完成全市600多个工商企事业单位的污水纳管工作。开发区（屺亭街道）、新庄街道、芳桥街道等属地政府，消除纳管阻力，创造纳管条件，全年完成纳管施工工程600多个，部分地区污水主管网预留到位，确保污水主管道覆盖范围内排水户的“应纳尽纳”。污水处理厂总体运行良好，全年处理污水6670万吨，出水综合合格率达99%。全年处置生活垃圾39万吨，日均1080吨，垃圾无害化处置率达100%。

（戴琦）

【村庄生活污水治理工作有序推进】 突出太湖一级保护区、水源地保护区及上级重点关注区域，实行市、镇两级分工，按照边探索、边推进的思路，由市公用事业局负责化粪池后的污水管网建设、镇村负责农户污水出户接管及化粪池建设，合力推进村庄生活污水治理工程。年内，率先开展周铁、万石、新建、湖㳇、新庄等镇（街道）的村庄生活污水治理试点工程，试验性地采取纳管、净化槽及三、四格式化粪池等处理模式，强化工程建设管理，统一设计要求、建设标准、验收规范。至年底，全市180个村庄生活污水治理工程得到有效推进。

（戴琦）

【农业生态资源保护】 全年新增造林绿化面积4000余亩，其中成片林3000余亩。全市林木覆盖率达29.2%，比上年增加0.11个百分点。继续在宜南山区实施森林抚育作业，以丁蜀镇洑东村长征茶场为试点，抚育后的林分*拟建设为丁蜀镇森林公园。围绕生态增绿、治水增绿，按照保护优先、科学修复、适度开发、合理使用的原则，完成官林镇马公荡湿地生态二期修复工程，修复湿地1000亩，在太湖、滆湖湖滨开展湿地芦苇收割与资源化利用工作，收割芦苇7000亩，清除芦苇约8000吨。

（章鹤）

生态环境治理

【概述】 坚持“科学治污、依法治污”的原则，打好治太保源、大气污染治理、高污染燃料锅炉整治、固体危险废物治理等环保战役，推动全市环境质量持续改善。开展水污染治理及河道综合整治工作，强化排水企业的执法监管，加强农业面源污染治理，加快截污纳管工程建设，全市19个国家、省考核断面全面达标，重点河道达到或者优于Ⅲ类水标准的占58.1%，3个饮用水源地水质全部达标，太湖连续第九年安全度夏。开展大气污染防治工程，推进节能减排、高污染燃料锅炉整治、秸秆禁烧、VOCs（挥发性有机物)专项整治等全方位污染防治工作。市环保局审批危险废物转移257批(次)、2.6万余吨。继续加强河道长效管理,重点奖补创新保洁管理模式、更新机械化保洁设备、新建漂浮物拦截方式及水上生态作物种植等方面,推广实施河道保洁市场化管理,提高农村河道保洁管理水平。全年出动保洁人员5.91万人次,清理河面垃圾近3.26万吨,机械化保洁覆盖河道1200千米。全年清淤农村河道149条、90.2千米、122.97万立方米,清淤土方30.71万立方米。

【污染物总量控制】 通过节能减排、项目审批,把控污染源头,削减污染总量,优化发展空间。市环保局全年审批建设项目239个,否决、劝退不符合环保政策要求的建设项目25个,环保“三同时”*执行率100%。对照无锡市下达的2016年总量减排任务,实施大气污染减排项目2个、水污染减排项目29个。COD(化学需氧量)、氨氮、二氧化硫、氮氧化物分别减排360吨、46吨、1985吨、3160吨。规范排污许可行为,加强排污许可证管理,做好排污权有偿使用和交易工作,全年办理排污许可证100张,收取排污权有偿使用和交易费5.64万元。推进强制性清洁生产审核工作,全年对化工、热电、水泥等行业的30个企业开展清洁生产审核。

【大气污染防治工程】 落实《无锡市2016年大气污染防治年度实施计划》,重点整治燃煤锅炉,加快推进锅炉清洁能源改造、集中供热设施建设等工程,完成544台锅炉的整治任务,完成6个重点VOCs整治项目和100套港口岸电系统建设任务。深化热电企业整合整治,减排二氧化硫1183吨、氮氧化物2186吨、烟尘84吨。完善加油站油气回收装置建设,加强油气回收装置的运行维护及日常监管,减少油罐无组织挥发现象。加快汽车、运输船的清洁能源改造步伐,确保机动车(船)尾气达标排放,淘汰黄标车2932辆。

【环境整治专项行动】 开展环境执法大练兵专项行动,规范开展排污单位现场监督检查、环境违法案件处理处罚、案件移交移送和环境监察稽查等执法工作,重点打击偷排直排、数据造假、非法处置危险废物等恶意环境违法行为,查处环境违法案件50件。完成G20杭州峰会等重要会议空气质量保障专项行动,全市741个重点企业停产,对未安装油气回收设施或设施运行不正常的加油站实施停运处理,对内饰装潢、车船修理制造喷涂作业实施停工处理。对全市环保敏感区域实施连续7天的汛期环境安全保障专项行动,检查企业500多个(次),确保汛期不发生环境污染事故。

(吴笛)

【城市水环境综合整治】 市公用事业局从观念、机制、方式等方面入手,强化建设和管理,始终以“保洁、清淤、截污、调水、生态修复”为工作方针,持续开展水环境综合整治。全年城区河道常态保洁近1000万平方米,调水总量达2000万吨,保洁垃圾量超1万吨,有效改善城市氿(河)“面上”环境。重点实施下漳河、临溪河及林安河等河道整治工程,全年清淤5.3万立方米,促进河道正常功能的恢复,城市水环境质量明显改善。

(戴琦)

【农业面源污染治理】 落实省、市关于加强太湖水环境治理的工作要求,市农林局采取科学评估核定、合理经济补偿、帮助产业转型等措施,开展畜禽整治专项行动,重点在和桥、周铁、万石3个镇和芳桥、屺亭2个街道推进实施省定62个、市定55个畜禽养殖场的关停拆除整治工作,并将禁养区拓展至全市风景名胜区和水源保护地范围,全年关停拆除畜禽养殖场455个、整改50个。发展生态农业,继续推广测土配方施肥技术,加强病虫测报与科学防治,扶持统防统治专业服务组织建设,全年化肥农药用量较上年实现“零增长”,病虫防治效果好于周边地区。革新农业生产方式,构筑内循环系统和生态拦截体系,年内新增的1.5万亩高标准农田均配套建设农业生产尾水净化工程,有效消纳农业生产过程中产生的富营养物质。

【秸秆综合利用率超九成】 夏收夏种期间,继续在新街街道试点秸秆机械化还田全覆盖工作。鼓励规模食用菌生产企业扩大产能,无锡市新锦源菌业科技有限公司建设秸秆食用菌培养扩能项目,将秸秆转化为培养基,实现农业废弃物的循环利用。江苏国信协联能源有限公司利用秸秆生物质能发电项目可行性研究报告通过评审,项目建成后,年利用秸秆能力可达15万吨。继续在屺亭街道开展秸秆收贮试点工作,探索总结秸秆收贮的有效办法。全市全年秸秆总量约31.2万吨,通过能源化、肥料化、基料化、饲料化、工业原料化利用,全年秸秆综合利用率达96.2%。

(章鹤)

【工程运输“专业化”管理】 市城管局在强化工程渣土运输审批管理、现场管控的基础上,按照“车企同管”的工作思路,强化“专业化”运输管理,检查城区3个渣土运输公司、全市12个混凝土运输企业车辆的车容车貌、防漏装置、密闭运输要求落实情况,确保违规运输发生率保持在较低水平。针对城区道路开挖、施工占道堆放、设施安装等隐患较多、扰民影响较大的施工行为,市城管局建立中队报备纳管及跟踪监管制度,遏制施工乱堆乱放、抛撒滴漏等影响市容环境秩序的现象发生。会同市公安部门加大对违法违规运输的执法力度,全年组织集中整治、突击检查行动各1次,形成严管高压态势。同时,完善工程运输“黑名单”惩戒机制,列入“黑名单”的工程运输车辆及企业,准运许可将被终止,同时在办理禁区通行证过程中将受制约;一年内记入“黑名单”3次的工程运输车辆、运输单位,将被取消承运资格。

(魏赟)

【城区及国省市道绿化建管】 全年投入园林绿化和景观绿地建设资金5000余万元，完成滆湖东路、双湖路（阳灵隧道南侧）等重点绿化工程，全年新增绿化面积80万平方米。推进新一轮林荫大道三年行动计划，完成教育东路（延伸段）、运河路和宜红路的林荫化改造。实施龙背山森林公园林相改造工程，清理整治龙光路沿线杂乱植被约200亩。全年新增管护面积60万平方米，城区绿地率、绿化覆盖率分别达39.98%和43.02%，人均公共绿地面积15.26平方米。优化《城市绿地管理验收考核办法》，完善《绿化抗灾应急预案》，健全古树名木普查建档制度，全市绿化管护面积达2000多万平方米，绿地生态效果和景观效果实现有机统一。

（周晓东）

生态环境监管

【概述】 以中央环保督察为契机，开展各类环保专项行动，解决影响群众生产生活的突出环境问题。提高环境信访处置效率，加快解决废气、废水等环境扰民问题。实施水污染治理及河道专项整治，推进以“控磷降氮”为主攻方向的新一轮水环境治理。加强排水企业的执法监管，做好重点断面水质异常波动处置工作。加强农村环境治理，解决畜禽养殖、农业面源带来的水体污染，确保全市河道水质长期持续改善。研究解析大气污染源及污染因子，推动大气污染防治更具科学性、针对性和有效性。加强固体危险废物处置监管，重点打击恶意倾倒、违法焚烧等行为。完善环境预警监测和在线监控体系，提高环境风险防范和处置能力，高效化解突发环境问题。

【环境执法保持高压】 贯彻落实市委、市政府《关于建立网格化环境监管体系的实施意见》，梳理突出环境问题，将突出问题分解给各级监管网络，并督促问题整改到位。全年组织大规模集中检查和夜间、节假日突击检查50多次，出动执法人员2.7万人次，检查企业1.3万多个（次），保持执法检查的高频高密。根据新《中华人民共和国环境保护法》中查封扣押、按日计罚的新规，加大环境违法行为惩治力度，立案处罚环境违法案件206件，比上年增长8.9%。按日计罚企业2个，查封扣押企业14个，限产停产企业3个。开展司法联动工作，市环保部门联合市公安、检察部门办案6件，行政拘留1人。

【环境信访和应急处置】 建立完善自下而上、纵向到底、横向到边的信访排查网络，排查各种可能因环境污染而引发的矛盾纠纷，在第一时间将苗头性、倾向性信息纳入工作视线，提前把问题解决在基层。全年处置有效环境投诉1571件，比上年下降5.1%，其中噪声污染313件、废气污染935件、废水污染227件、固体废物污染38件、建设项目污染37件、其他污染21件。组织领导接访16件，领导带案下访52件，做到一案一策、包干到人，解决一批信访重点、热点、难点问题。完善以预防为主的环境风险管理制度，实行环境应急分级、动态和全过程管理，依法科学妥善处置突发环境事件。建设高效的环境风险管理和应急救援体系，定期组织培训和演练，组织大规模环境应急演练2次，全市环境应急处置能力得到提高。

【突出环境问题处置高效】 配合中央环保督察，坚持边检查、边整改、边督办的原则，突出问题导向，严格执法查处上级交办和群众反映的突出环境问题，对问题和隐患实行整改“清单制”，逐项整改，逐个销号。全年受理和处置中央环保督察组交办信访43件，配合属地政府完成突出环境问题整改120个，立案处罚企业23个、停产整治26个、限期整改11个、关停取缔2个、查封扣押2个、约谈44个，问责24人，移送市公安部门实施行政拘留1人。

【环境保护宣传教育】 坚持把环境宣传教育作为引导转型升级、带动设施建设、解决突出问题的环保手段，以电视、电台、刊物、微博、微信为载体，以纪念世界环境保护日为契机，开展环保宣传活动，注重舆论引导，组织公众参与，构建良好环境公共关系。全年出刊《绿色家园》报纸专版12期、《宜兴环境监测》杂志4期，制作播出《宜兴环保》电视专栏8期、《环保你我他》电台专栏82档。创新环保宣传方式，开通宜兴环保官方微信、微博，加强与社会各界的信息互动，构建环保宣传教育全媒体、大数据、高透明的互联网新模式。编制环保分类宣传手册，针对政府、部门、企业、社区、学校等开展环保分类宣传，提升环保宣传的科学性和针对性。

（吴笛）

编辑　叶绿

综 述

【概述】 全市全年教育事业投入22.75亿元，比上年增长7.87%。实行公办（集体办）幼儿园、义务教育、普通高中、职业学校公用经费制度，公办（集体办）幼儿园、小学、初中、职业学校每生每年公用经费标准保持不变，分别为350元、700元、1000元、1000元；普通高中每生每年公用经费标准1000元，比上年提高500元。实行特殊教育学校公用经费倾斜政策，每生每年公用经费标准保持6000元。实行农村义务教育小规模学校财政保底政策，小学每校每年18万元，初中每校每年24万元。落实国家、省、无锡市家庭经济困难学生补助政策，义务教育经济困难学生生活补助标准保持不变，分别为小学每生每年1500元、初中每生每年2000元。校舍维修经费保持每平方米10元。全市学前三年教育毛入学率100%、义务教育巩固率100%，高中阶段教育毛入学率95.11%，18周岁高等教育入学率60.48%。

加强教学质量管理。开展省教育现代化建设及省义务教育学校标准化建设监测工作，高质量完成国家义务教育质量监测工作。完善学校综合评价办法，优化高考质量奖励办法，分学段召开质量提升会议，分学区开展质量专项调研，全力引导各级各类学校提升教学质量。完善城乡教育帮扶机制，深入推进学区教育教学协作联盟，开展第七轮校际结对帮扶，组建教育共同体19对。实行中心校与村校（办班点）一体化管理制度，加强村校（办班点）管理。

改善学校办学条件。完成省宜兴第一中学运动场地改造、官林中学教学楼新建、徐舍中学实验楼加固、城中实验小学多功能厅改造、城西小学扩建、丁山小学教学楼改造、堰头小学教学楼加固工程。加强教育装备和信息化建设，全市全年投入1545万元，建成标准化机房12个、校园电视台10个，建设合格信息中心4个、自动录播教室6个、无锡市物联网应用实验项目9个、基础教育云资源中心8个，配备交互式电子白板349套。

加强教育常规管理。规范办学行为，加大办学行为督查，落实减负增效措施。加强教育收费督查，严格执行教育收费巡查制度，重点加强幼儿园保育教育和托管班收费检查。加强学校食堂管理，开展直属学校食堂大宗原材料集中采供情况调研，规范学校食堂大宗材料集中配供管理，开展“学生满意食堂”评比。推进中小学生校服改款，做好校服生产招投标工作，2016款新校服全面发放到位。出台《关于加强直属学校固定资产管理的意见》，严格规范学校资产管理。落实中小学岗位安全职责，层层签订校园安全工作责任书，健全安全隐患定期排查整改制度，设立学校学生安全员，加强安全教育和应急演练，提升学校安全保障水平。年内，宜兴市被省教育厅、省综治办、省公安厅联合命名为首批江苏省平安校园建设示范市，30所学校创建为无锡市平安校园示范校（含幼儿园）、32所学校创建为宜兴市平安校园示范校（含幼儿园）。

加强助学帮困工作。全年免除中等职业学校学生学费1492万元，惠及学生8035人次；免除普通高中建档立卡家庭子女及经济困难学生学费10.55万元，惠及学生125人次。发放义务教育阶段家庭经济困难学生生活补助、学前教育家庭经济困难儿童助学金、普通高中国家助学金、中职国家助学金305万元，惠及学生3462人次。

教育机构设置调整实施到位。7月，撤销市教师进修学校、市中小学教学研究室、市成人教育职业教育研究室、市电化教育馆事业单位建制。市进修学校学前教育专业划归宜兴中等专科学校管理，市进修学校附属幼儿园实现独立建制，成立市进修幼儿园，性质为公办财政全额拨款型幼儿园。

【市青少年活动中心新馆投用】 市青少年活动中心创办于1994年5月，原址位于荆溪中桥南堍。2010年10月，中心迁建工程启动。2015年12月，宜兴市青少年活动中心新馆落成。2016年3月，宜兴市青少年活动中心对外开放。新馆建筑面积2.44万平方米，设有科技类、书画类、器乐类、体育类、益智类等培训项目60多个，有公办培训教师36人、外聘专业教师30余人、学员8000余人，是全市唯一一个公办校外教育阵地。6月，市青少年活动中心被中国科学院授牌为中国科普博览示范基地。

2016年宜兴市各级各类教育事业情况

表53

校园类别 \ 数量		学校数（所）	班级（个）	毕业生数（人）	招生数（人）	在校学生数（人）	毕业班学生数（人）	教职工（人）	
								共计	其中：专任教师
高等院校	无锡工艺职业技术学院	1	209	2525	2408	7589	2573	485	321
	宜兴开放大学	1	64	428	521	1520	302	31	28
中等专业学校	普通中等学校	4	256	2774	2751	8800	2508	1145	900
普通中学	高　中	8	295	4922	4444	13481	4578	1731	1501
	初　中	34	644	9088	9856	27799	8922	3067	2680
小　学		56	1387	10106	10357	60403	10131	3958	3647
特殊教育学校		1	15	18	10	165	29	45	37
幼儿园		82	801	9122	10949	29295	9664	2891	1619
成人学校		19	415	7020	8482	17715	5017	154	127

学前教育

【概述】 贯彻教育部学前教育三年（2014—2016年）行动计划精神，实施宜兴市第二期学前教育五年（2016—2020年）行动计划，加快发展公办幼儿园，扶持发展民办幼儿园，提升学前教育发展水平。全市有注册幼儿园82所，其中公办和集体办幼儿园35所、民办幼儿园47所，有省优质幼儿园46所。全市3—6岁在园幼儿3.08万人，全市户籍适龄幼儿入园率100%。全市有专任幼儿教师1619人，其中专科及以上学历的1581人，占97.65%；在编全额拨款专任教师159人，占专任教师总数的9.82%。年内，新建成屺亭五星幼儿园、丁蜀英伦幼儿园、环科园科瑞丝曼幼儿园。亲亲宝贝幼儿园创建为省优质幼儿园，实验小学（东校区）附属幼儿园创建为无锡市优质幼儿园。

【幼儿园招生政策】 5月，市教育局出台《2016年宜兴市幼儿园招生工作意见》《2016年宜城城区公办幼儿园招生方案》，启动全市幼儿园招生工作。第一批次为服务区幼儿，宜兴市幼儿符合以下五个条件之一视为服务区幼儿可直接报名入园：适龄幼儿户口随父母一方在服务区，父母中另一方为非服务区户口的现役军人（含武警）或出国定居者、在外地工作者；父母离异，适龄幼儿户口随法定监护人在服务区；适龄幼儿为孤儿，户口随法定监护人在服务区；父母双方均为非服务区户口的现役军人（含武警）或长期因公出国、长期支援边疆建设者，适龄幼儿为服务区户口，或住房在服务区；适龄幼儿随父母在上一辈处落户，且无户口迁移史。外来务工人员子女同时符合以下四个条件视为服务区幼儿，可直接报名入园：父母在服务区稳定租住两年以上，父母与城区用人单位签订一年及以上劳动合同或取得工商营业执照，其子女符合户籍地计划生育政策，父母按规定缴纳社会保险一年以上（2015年6月30日前参加社会保险）。另外，符合以下三个条件之一的幼儿可直接报名入园：宜城街道集体户口子女入园，根据其实际常住地，按照相对就近原则在常住地服务区幼儿园入园；城市重点工程项目被拆迁户子女入园，凭拆迁安置相关手续，自主选择户口所在地或安置房所在地服务区的幼儿园入园；引进的高层次优秀人才子女入园，凭宜兴市委组织部颁发的《高层次人才服务一卡通》，按就近入学原则，由市教育局安排到相应的优质公办幼儿园。第二批次为择校幼儿，符合以下四类条件之一的学生可报名登记，经公开方式确认后入园：适龄幼儿家庭（或父母一方）拥有服务区房产；适龄幼儿家庭拥有服务区户籍；幼儿父母（或父母一方）在服务区与上一辈共有房产；父母或其他法定监护人在服务区取得暂住证半年以上，与城区用人单位签订一年及以上劳动合同或取得工商营业执照，其子女在户籍所在地没有监护条件且符合计划生育政策。幼儿园在第一批次招生后仍有空余学额，且第二批次登记人数超出空余学额数，则采用实名摇号的方式录取幼儿。第二批次招生结束后仍有空余学额，则由幼儿园自主调剂招生。优化幼儿招生政策，实行“共享服务区”招生制度，即长新社区为艺术幼儿园和第二实验小学附属幼儿园共同服务区，东山社区为城南实验小学附属幼儿园和宜兴市进修学校附属幼儿园共同服务区，城北社区为湖滨实验学校附属幼儿园和城中实验小学附属幼儿园共同服务区。

【早期教养工作】 11月，为贯彻落实省教育厅、发改委等五部门《关于实施第二期学前教育五年行动计划的意见》精神，推动全市0—3岁婴幼儿早期教养工作，宜兴市0—3岁婴幼儿早期教养指导中心成立。12月，市教育局、财政局、卫计委、市场监管局、妇联联合制订出台《关于规范管理和加快发展全市0—3岁婴幼儿早期教养工作的实施意见》，建立以农村镇乡（村）和在城社区居委为依托、以幼儿园和早教机构为阵地、以优质幼儿园和优质早教机构为骨干的早期教养服务网络，为全市0—3岁婴幼儿及其家长、看护人员提供有效的专业指导和服务。年内，实验幼儿园、杨巷幼儿园、亲亲宝贝幼儿园等26所公办、普惠性民办幼儿园开展公益性早教服务活动，服务幼儿家庭600户。

基础教育

【概述】 坚持全面提升基础教育现代化建设水平，围绕培育和践行社会主义核心价值观，不断推进“新优质学校”培育建设。开展“日行一善”学雷锋、缅怀革命先烈、感恩劳动成果、争做文明人、同心向党等主题教育活动，将民族精神教育、时代精神、感恩教育和爱国主义教育贯穿学校教育教学全过程。编印《宜兴市中小学生文明礼仪养成教育指导用书》，分期分批组织开展社会实践活动。开展第二批“美德好少年”评选、第二届市“美德好少年”红色夏令营活动。加强德育骨干梯队建设，完善德育骨干网络化培养体系，推进班主任岗位成才工程，加强心理健康教师培养，宜兴市获无锡市第十届心理健康优质课赛课一等奖2个。张渚中等专科学校、西渚中学、城中实验小学、大浦小学、堰头小学创建为无锡市依法治校示范校。全市外来务工人员随迁子女公办义务教育学校就读率保持95%。全市高考报名4931人，比上年减少416人；本科录取3260人，录取率76.69%（上年74.03%）；专科录取699人，录取率16.44%；普通类本二以上进线2571人，进线率60.48%（上年53.83%）；体育、艺术类考生省定文化和专业成绩本科双过线282人；全市被北京大学录取1人。

【“书香校园”建设】 为推进素质教育，营造内涵丰富、特色鲜明的校园文化氛围，3月，市教育局印发《关于开展“书香校园”建设的实施意见》，在全市中小学开展“书香校园”建设工作。“书香校园”建设旨在以创建“书香校园”为导向，以倡导师生阅读、提升文化素养为宗旨，以“读书、启智、明理、做人”为主题，以“阅读积累”为突破口，以丰富多彩的读书活动为载体，优化校园文化环境，营造书香氛围，激励师生热情，塑造内涵丰富、特色鲜明的校园文化，实现“以书育人、以书启智、以书怡情、以书养德”的教育目标。市教育局每学年组织一次“书香校园”评选活动，三年组织一次“书香校园”建设先进（示范）学校评选，力争三年实现全市“书香校园”全覆盖。12月，全市36所学校被评为首批宜兴市“书香校园”。

【学校特色建设成效显著】 市青少年体校在省青少年田径比赛中金牌和奖牌总数位列县市组第三，宜兴获“体育道德风尚奖”。高塍小学获省第一届小学生乒乓球锦标赛男子丙组、女子乙组团体冠军和男子丙组、女子乙组个人冠军。市第二实验小学获省第一届小学生乒乓球锦标赛男子甲组团体冠军。悲鸿小学、湖滨实验学校、树人中学、广汇小学、阳羡小学分获啦啦操全国冠军赛冠军。市宜兴第一中学获省中小学健美操、啦啦操锦标自选花球冠军。城南实验小学获省体育舞蹈锦标赛团体舞少儿组冠军。新芳小学获无锡市小学生篮球比赛男女甲组、乙组、团体总分五个第一。市实验中学在无锡市中学生乒乓球传统学校比赛中获初中男子团体冠军、女子团体冠军。周铁小学获全国足球邀请赛U11男子亚军。万石小学获无锡市校园足球冠军赛女子团体一等奖。城中实验小学获无锡市国际象棋丙组团体冠军。悲鸿小学获无锡市软式棒垒球联赛A组冠军。茗岭小

学生阅览室　　（市教育局　提供）

学包揽省第七届全民健身运动会毽球比赛个人前三名，获单双摇接力团体赛优秀奖。省宜兴中学等17所学校获无锡市第36届"百灵鸟"艺术展演金奖，宜兴市获最佳组织奖。全市获省青少年科技创新大赛一等奖3个、二等奖10个。高塍小学被评为全国学校体育工作示范校，城北小学被评为省青少年科学调查体验活动优秀活动学校，广汇小学获省青少年科技模型竞赛优秀组织奖。年内，外国语学校、实验小学创建为国家级青少年校园足球学校。

【高塍中学获国际生态学校绿旗】 国际生态学校项目是国际环境教育基金会推动和管理的项目，也是全球面向青少年的最大的环境教育项目，旨在帮助学校改善当地环境、节约资源并减少他们的碳足迹。2007年6月，环保部宣教中心在环保部和外交部的批准和授权下加入国际环境教育基金会，并作为国家协调机构，负责在中国开展国际生态学校创建活动。2009年6月，环保部宣教中心在全国启动国际生态学校项目。2014年6月，高塍中学向环保部宣教中心申请加入国际生态学校项目，并根据学生自主选定的"废弃物减量"和"能源"两大主题，推动国际生态学校创建工作。2016年1月，高塍中学通过国际生态学校项目现场评审。3月，高塍中学获国际生态学校绿旗荣誉。

特殊教育

【概述】 贯彻落实国务院《特殊教育提升计划（2014—2016年）》和省政府《关于进一步加快特殊教育事业发展的意见》，实施省特殊教育发展工程，提高特殊教育发展水平和办学质量。坚持将特殊教育纳入全市教育事业发展规划，实行家长或学生自主选择特殊教育学校或普通学校随班就读机制，加强随班就读工作指导，举办高中职业教育班，全面落实残疾儿童少年送教上门活动，全市残疾儿童少年均能平等接受义务教育。全市有特殊教育学校1所，有听障教育、培智教育教学班15个，学生（幼儿）193人。全市残疾儿童少年入学率保持100%。有特殊教育专任教师38人，全部拥有专科以上学历。坚持特殊教育投入倾斜政策，实行残疾儿童全免费教育，全年资助残疾儿童教育经费97.91万元，比上年增加4.91万元。

【"博爱教育"品牌建设】 市特殊教育学校坚持"建设博爱校园，为学生的终身发展奠基，为教师的持续发展助力"教育理念，致力打造"博爱教育"品牌。学校加强博爱课堂研究，开展学生社团活动，推进"书香校园"建设，获省第七届全民健身运动会暨残疾人田径锦标赛金牌3枚、银牌3枚、铜牌4枚，获无锡市第五届特奥会及第二届听障学生运动会金牌1枚、银牌9枚、铜牌12枚，获全国特殊教育学校学生美术书法作品展评二等奖1个，获省首届特殊教育师生艺术作品大赛二等奖1个、三等奖1个。鼓乐节目《夜深沉》获宜兴市第十一届中小学校园文化艺术节暨无锡市第36届"百灵鸟"文艺汇演特别奖。国家级刊物《现代特殊教育》以《残障学生艺术素养培养的实践研究》为题专题介绍该校推进博爱文化建设成果。课程《陶艺》获无锡市义务教育学校特色课程一等奖。2016届毕业生1人录取长春大学动画专业，5人录取无锡市特校职业高中，4人被评为追梦好少年，2人被评为江苏省好少年。

职业教育·成人教育

【概述】 统筹协调发展职业教育，规范发展成人教育，全市职业教育、成人教育发展水平稳步提升。宜兴市被教育部命名为第三批国家级农村职业教育和成人教育示范县。年内，市教育局制订下发《宜兴市职业院校管理水平提升行动计划实施方案（2016—2018年）》，全面提升全市职业学校管理水平。全年为宜兴中等专业学校、丁蜀中等专业学校等添置设备、改造校舍投入资金2160万元。全市职业学校全年招收新生2751人，岗位培训8.6万余人次，获证奖补培训0.75万余人。中、高等学历教育在籍学员1.6万余人，职业学校对口单招本科过线率21.88%（上年20.82%），专科过线率保持100%。推动职业教育课堂教学改革，宜兴市获全国职业院校教师微课大赛二等奖1个、三等奖1个，省职业学校教师微课比赛一等奖1个、二等奖5个、三等奖6个，省信息化教学设计比赛一等奖1个、二等奖1个、三等奖2个，省职业院校师生技能大赛一等奖4个、二等奖11个、三等奖38个，省第七届文明风采大赛一等奖10个、二等奖18个、三等奖24个，省第七届职业教育

市特殊教育学校鼓乐节目《夜深沉》 （市教育局 提供）

创新大赛一等奖1个、二等奖4个、三等奖6个，第八届无锡市职业教育创新大赛一等奖8个、二等奖21个、三等奖16个，无锡市大中院校创业能力大赛一等奖2个、二等奖3个、三等奖2个。在全国啦啦操锦标赛暨江苏省职校啦啦操锦标赛中，教师进修学校获省二等奖。张渚中专获省职业学校创新创效创业大赛一等奖。丁蜀中等专业学校工艺美术专业群创建为江苏省现代化专业群。宜兴中等专业学校数控技术应用专业、丁蜀中等专业学校工艺美术专业被评为无锡市职业教育现代化品牌专业，宜兴中等专业学校电机电器制造与维修专业、丁蜀中等专业学校数控技术应用专业、和桥中等专业学校服装设计与工艺专业被评为无锡市职业教育现代化特色专业。12月，宜兴中等专业学校建成江苏省联合职业技术学院分院。至年底，宜兴有江苏联合职业技术学院宜兴中等专业学校分院1个、宜兴丁蜀中等专业学校办学点1个。丁蜀中等专业学校与江苏信息职业技术学院合作开设中职与高职分段培养“3+3”项目(电子商务专业)1个，全市累计有高职与本科“5+2”分段培养项目2个、中职与本科“3+4”分段培养项目4个、中职与高职“3+3”分段培养项目3个。

【两大职教集团成立】 12月，宜兴职业教育集团和宜兴市工艺美术职业教育集团成立。宜兴职业教育集团由宜兴中等专业学校牵头，以服务宜兴经济转型和产业升级为宗旨，以专业建设为纽带，以推进校企合作和中高职协调发展为重点，充分发挥宜兴职业院校、行业协会、企事业单位和科研院所在机电技术、建筑工程、财经商贸、电子信息、旅游服务、中高职衔接等领域的优势，加强集团成员在人才培养、教师实践、员工培训、技术服务和产品开发等方面的交流合作，不断提升职业院校服务宜兴经济社会发展的能力和水平。宜兴市工艺美术职业教育集团由丁蜀中等专业学校牵头，旨在强化职业教育专业建设，打造产教深度融合平台，促进职业教育与行业、产业、企业深度融合，加强职业教育课程建设，充分发挥宜兴职业院校、行业协会、企事业单位和大师工作室等所在艺术设计专业领域的优势，加强集团成员在艺术设计人才培养、教师实践、员工培训、技术服务和产品开发等方面的交流合作，推动宜兴文化创意产业的发展，进一步弘扬紫砂文化，促进紫砂文化与国际文化交流。

【产教融合工程】 年内，宜兴中等专业学校成功申报国家职业教育产教融合工程建设项目，丁蜀中等专业学校工艺美术(紫砂陶)实训基地、宜兴中等专业学校会计与经贸实训基地创建为省高水平示范性实训基地。宜兴中专被评为无锡市职业院校产业发展贡献突出单位。宜兴中专数控技术专业、丁蜀中专机电技术应用专业、和桥中专服装设计与工艺专业实训基地创建为无锡市产教融合现代化实训基地。宜兴中专电线电缆制造与检测专业和酒店管理专业、丁蜀中专陶瓷设计与工艺专业、张渚中专通信运营服务专业、和桥中专服装设计与工艺专业创建为无锡市现代学徒制重点项目。宜兴中专与江苏立霸实业股份有限公司、丁蜀中专与江苏亨鑫科技有限公司、和桥中专与驰马拉链(无锡)有限公司被评为无锡市校企合作示范组合。

宜兴中专电机电器制造与维修专业技能训练　　（市教育局　提供）

高等教育

【概述】 宜兴开放大学是宜兴开展学历继续教育、非学历继续教育以及终身学习支持服务的重要基地。学校有成人学历教育在籍学员1837人，开设会计学、工商管理等本科专业17个，开设法学、建筑施工与管理等专科专业17个。全年培训各类人员1.8万人次。

（王伟平）

无锡工艺职业技术学院(以下简称无锡工艺学院)设有陶瓷学院、数字艺术系、环境艺术系、服装工程系、机电工程系、电子信息系和经济管理系7个院系。以艺术类专业为主，以陶瓷类专业为特色，开设专业36个。学院面向全国招生，年内招收高中起点专科生1569人，对口单招中职生839人。至年底，有全日制在校普通专科生7589人、成人专科生988人，有教职员工485人，其中专任教师321人。不断推进品牌专业和省市重点专业建设工作，省品牌专业——陶瓷艺术设计专业被教育部、文化部、国家民族事务委员会共同确定为第二批全国职业院校民族文化传承与创新示范专业点，陶瓷制造工艺、服装与服饰设计专业被评为无锡市职业教育现代化品牌和特色专业，陶瓷学院与省宜兴紫砂工艺厂合作的现代学徒制项目入选无锡市现代学徒制重点项目。学院职业技能鉴定所全年开展培训及鉴

第五届中国国际现代壶艺双年展教育论坛交流现场

（无锡工艺学院　提供）

定5561人次，其中校内3890人次、校外1671人次，高工及技师培训834人次，获高级工证601人。年内，学院师生参加各类职业竞赛，获江苏省大学生职业技能竞赛团体二等奖、三等奖各3个，个人二等奖、三等奖各4个，其中服装设计与工艺代表队、移动互联应用软件开发代表队分别代表江苏省参加全国大学生职业技能竞赛并获个人二等奖1个、团体三等奖1个；获第二届全国陶瓷职业技能竞赛一等奖2个、二等奖4个、三等奖2个；获教育部职业院校艺术设计类专业第十届年会金牌2枚、银牌1枚、铜牌3枚；获“联合信息杯”全国高职院校Web应用软件开发技能竞赛团体一等奖；获“麦可杯”全国创业大赛二等奖2个；获“挑战杯——彩虹人生”全国职业学校创新创效创业大赛二等奖；在江苏省第二届“互联网+”大学生创新创业大赛中获团体三等奖；获无锡市大学生创业能力提升活动团体一等奖。

【无锡工艺学院推进产学研】　无锡工艺学院不断推进产教深度融合。陶瓷艺术传承创新产教融合实训平台、数码印花服饰产教融合实训平台入选江苏省产教深度融合实训平台，电线电缆先进制造实训基地入选无锡市产教深度融合现代化实训基地，与亨通集团有限公司合作的“双元保障育人才，三方共赢促发展”项目入选《中国高校产学研合作优秀案例》，与无锡泛太科技有限公司合作的“校企合作、优秀互补、合作育人”项目获无锡市校企合作示范组合项目。学院全年发表论文240篇，其中中文核心期刊32篇、C刊4篇。获授权专利91项，完成横向课题52项，到账资金156万元。通过江苏省第二期职教教改课题结题4项，其中获二等奖1项、三等奖1项。课题“陶瓷专业企业生产实际教学案例库”通过教育部行业教育教学指导委员会验收结题，多项课题获江苏省第三期职教教改课题、江苏高校哲学社会科学重点研究基地重大项目立项。12月，举办第五届中国国际现代壶艺双年展教育论坛活动，作为2016年第五届中国上海国际现代壶艺双年展重要活动之一，吸引包括美国、以色列、中国台湾等20多个国家和地区的40位陶瓷设计艺术家参加，促进了中外艺术家之间的交流。

（蒋才锋）

教学科研

【概述】　落实《宜兴市教育科研管理规范》，规范开展教育科研工作。优化调整各学段市教科研中心组，完善教科研网络管理平台，分学区调研小学、初中教学质量提升工作，开展高中教改实验班和初中创新班教学调研，开展中小学课堂教学综合督导评估，推进学科结对帮扶。市教育局出台《宜兴市“深化课堂教学改革 推进高效课堂建设”三年行动计划》，推进课堂教学改革，分别召开高中、初中、小学课堂教学改革现场观摩推进会，加强交流研讨，推广经验做法，增强学校质量自我提升能力。深入推进学区教育教学协作联盟，培育学科教研基地，强化中小学教育质量抽测，指导督促全市各校提升教育质量。严格执行《加强教研员考核管理意见》，实行教研员动态管理。深化有效教学实践研究，强化教科研成果提炼，编印《高考动态》16期，出刊《宜兴课改》2期、《教学理论与教学经验选编》2期。全市获省“教海探航”征文特等奖2个、一等奖11个、二等奖4个、三等奖23个，市教育局获先进集体奖。开展宜兴市教科研工作先进学校和先进个人评选，省宜兴中学、宜兴中等专科学校、市实验小学、市实验幼儿园等70所学校被评为市教科研工作先进学校，87名教师被评为宜兴市教科研工作先进个人。全市教师获省、无锡市教师优质课和基本功比赛一等奖28个、二等奖39个。全市教育系统有国家级课题（子课题）8个、省级课题126个、无锡市级课题153个。

【市实验小学推进教科研工作】　市实验小学立足校情实际和学生发展需求，启动“概念课程·学科+”校本课程，搭建学校课程体系新平台，带动学科教学质量不断提升。年内，学校教学改革经验在2016年省教育学会小学教育专业委员会学术年会上交流，10多名教师在省“师陶杯”教科研论文、省“行知杯”论文评比、省新世纪园丁教育教学论文大赛中获奖，《教育家》《江苏教育》《江苏教育报》等多个报纸杂志对学校教学改革作专题报道。6月，学校获省“教海探航”征文特等奖1个、一等奖3个、二等奖1个、三等奖5个，校长陈克获杰出水手奖，学校获优秀团队奖。12月，学校被评为宜兴市教科研工作先进学校。

2016年宜兴市教育机构承担的国家级课题和子课题

表54

领题单位	课题名称	课题级别
丁蜀中学	提高高中物理课堂教学效益的实践与研究	国家级课题
官林中学	高中物理高效课堂教学的实践与研究	国家级课题
市第二实验小学	走向智慧的语文教学研究	国家级课题
周铁小学	农村小学德育生活化的实践与研究	国家级课题
市教育局	生命教育	国家级子课题
宜兴中等专业学校	县域中等职业学校发展现状调查研究	国家级子课题
张渚中等专业学校	职校生心理潜能与积极开发策略研究； 纵横信息数字化学习与中职学生信息综合运用能力提高的研究	国家级子课题

教师队伍

【概述】 加强师德师风教育，完善师德考核机制，围绕"精读原著写笔记、结合管理写心得、瞄准工作话交流"三阶段要求，开展《花开的声音》《修优美师德，做阳光教师》读书征文活动，举办校长读书论坛与教师演讲比赛。制订出台《关于进一步严肃校级领导规矩纪律及责任追究办法的通知》，严明纪律底线，引导学校领导规范学校管理，约束职权行为。优化新教师招录办法，改说课面试为试讲面试，全年招录新教师193人，其中硕士研究生23人。严格执行农村师资优先配备制度，分配义务教育阶段新教师至农村学校135人。全市全年录取乡村教师定向培养师范生29人。落实完善学校领导干部管理规定，配强配优各级各类学校校级领导，全年累计调整校级领导130人。严格教师流动程序，规范教师流动行为，全市全年自然流动教师187人。常态化开展教师下乡支教志愿者行动，尝试开展城乡学校点对点之间的团队支教带培，初步实现教师团队流动。加大校长培训力度，举办中小学校长高级研修班，组织全体校长赴北京师范大学参加为期一周的能力提高培训，开设校长论坛，首期中学校长高级研修班开班，第二期小学校长高级研修班结业。强化后备干部培养，选派城区学校、直属单位年轻干部到农村挂职锻炼，首次与市委党校合作举办青年干部后备研修班，组织高中学校领导干部赴外县市进行为期2周的跟岗培训。加大骨干名师培养力度，与江苏大学合作举办特级教师后备高级研修班，组织教师参加无锡市举办的特级教师后备培训班，组建乡村骨干教师培育站3个。推进名师培养工程，新增无锡市职教名师工作室2个，3人被评为江苏省特级教师，2人入选省"333工程"*高层次人才培养对象、1人被评为江苏省名教师、1人被列为江苏省职业教育名师工作室培养对象、4人被评为江苏省优秀教育工作者。至年底，全市有教职工1.3万人，其中专职任课教师10539人、教授级（正高级）教师5人、高级教师2636人、中级教师5590人。

【首批市名师工作室认定】 3月，为发挥和强化名师对中青年骨干教师专业发展的示范引领作用，带动全市教师队伍整体素质全面提升，市教育局印发《宜兴市名师工作室建设与管理意见》，成立市名师工作室领导小组，启动宜兴市名师工作室建设工作。市名师工作室由市教育局批准和授牌，并按照每个市级名师工作室每年3万元的标准提供专项经费资助，由市教育局和市教师发展中心负责组织实施和日常管理工作。市名师工作室以三年为一个工作周期，实行年度考核机制，由市名师工作室领导小组负责实施。4月，经学校自主申报、市级审核产生32个宜兴市名师工作室，涵盖从幼儿园到高中各个学段的各个学科。5月，32个市名师工作室正式挂牌运行。

（王伟平）

编辑　王雅

公共文化
PUBLIC CULTURE

综　述

【概述】 以创建全国文明城市为契机，围绕满足人民群众文化需求，深入实施文化惠民工程，狠抓公共文化服务、文化产业市场、文化遗产保护“三个体系”建设，文化宜兴建设取得新进步，公共文化服务体系建设深入推进，为宜兴经济社会发展提供了强有力的精神文化支撑。聚力推进示范区创建工作。持续实施村(社区)公共文化服务“六个有”*标准化提升工程，80个村(社区)达标，随无锡市一起创建成国家公共文化服务体系示范区。文化场馆服务能力提档加速。随着博物馆、美术馆相继开馆，文化中心全面探索运营，完成文艺演出、文化讲座、展览培训、读书沙龙等文化活动近200场(次)，各场馆到馆总人流量超过100万人次，其中接待政府参观团体115批。文化产品供给丰富给力。探索“文化+文明”模式，举办以“与文明同行”为主题的“梦想舞台”系列活动，开展“文明宜兴 文化惠民”文化服务新行动，组织18个民间文艺团队开展文化志愿者基层行活动。全年送电影下乡3200场，送戏下乡160场，文化馆小剧场奉献不同剧种演出304场。第四届“书香宜兴”读书节5大类、24项系列活动圆满完成，城乡一体化公共阅读体系建设继续推进，建成镇级分馆6个、村级分馆20个、阅读驿站50个、小微书店20个和银行、军营、校园等各类书屋数个。举办第二届中国宜兴梁祝戏剧节、第二届企业文化艺术节、第二届“百合花奖”评选等活动。文艺精品创作持续升温。完成《百合大战》《东坡海棠》剧本等各类节目创作200余件，修改新剧目15个，精选289件作品参加第三届无锡市“群芳奖”评选，收获金奖7个、银奖12个、铜奖9个和优秀组织奖。文化遗产保护扎实有效。挖掘“宜兴窑系”文化价值，启动宜兴窑系综合示范区改造工程，举办以第七届海峡两岸传统文化可持续发展论坛为代表的陶瓷学术研讨会4次，创新举办陶瓷文化网络展，组织“一带一路”“运河陶”陶艺巡展交流活动30次。借助国家高端平台，召开调研座谈会，推进“紫砂陶制作技艺”申报世界非物质文化遗产工作。和中国美术协会、中国科学院研究生院文物与博物馆硕士教育中心签署战略合作协议，宜兴文化发展平台进一步提升。举办第三届徐悲鸿艺术节活动，拓展“徐悲鸿美术课堂”社会服务功能，举办精品书画展览17个，出版《老家宜兴》(收录绘画作品132幅、文章132篇、照片132幅)，宜兴书画影响力进一步提升。稳步推进一批古桥梁、古宗祠和抗日战争时期文物维修工程以及村史村志编纂工作，举办国际博物馆日和世界遗产日主题系列活动，争取年度中央、省级非物质文化遗产专项资金47万元，新增宜兴市级非物质文化遗产第三批代表性传承人54人、第四批代表性项目11个。

(房茜)

选送节目参加无锡市第三届“群芳奖”评选　　(市文广新局　提供)

【文化产业稳步发展】 全市拥有文化产业单位1700多个，其中“三上”文化企业(制造类、贸易类、服务类规模以上文化企业)117个，基本形成紫砂陶艺、书画收藏、文化旅游、文化娱乐、印刷包装、投影光电、影视演艺、广告传媒等具有宜兴特色的文化产业群体，其中紫砂陶艺、文化旅游、印刷包装发展尤为突出。江苏艾洛维显示科技股份有限公司、江苏清投视讯科技有限公司、无锡视美乐科技股份有限公司在新三板密集挂牌上市。6月，为保障紫砂行业的健康发展，以紫砂壶检测检验的科研成果为基础，市政府与中国艺术科技研究所签约筹建紫砂陶艺术品检验检测中心战略合作签约。11月，中国艺术金融控股有限公司在香港上市，成为国内首个以紫砂等艺术品为业务特色的港股上市企业。一批市级重点文化产业项目开工或建成运营，投资13亿元的阳光100凤凰街主体建筑完工，该项目既是商业综合体，也是集艺术展览、餐饮、娱乐、休闲于一体的文化综合体；投资4.3亿元的以“陶”文化为主题的城市商业街区陶里文化广场一期、二期项目完工；累计投资4000多万元的银河影视基地部分投入使用，填补了宜兴市在影视拍摄领域的空白；投资10亿元，集博物馆、龙窑、紫砂工作室及创客空间等功能于一体的中超利永紫砂艺术创意产业项目竣工。年内，6个文化企业(艺术场馆)获市财政奖励资金。宜兴陶瓷文化创意产业园被评为江苏省重点文化产业示范园区，成为全省首批8个入选园区之一，也是无锡地区唯一的入选单位。中超利永紫砂陶有限公司总经理沈映斌获无锡市唐鹤千青年文化创意人才奖。谢强凭借作品“风雅：茶道·香道·花道”紫砂器组合获无锡市第二届文化创意设计大赛评委会大奖。

（桂毓澄　林尧　郭昀）

群众文化

【概述】 围绕建设“强富美高”新宜兴的目标，以创建全国文明城市为契机，增强服务手段，拓展服务渠道，壮大文化志愿服务队伍。在建成国家级公共文化服务体系示范区基础上，实施文化惠民工程。年内，完成省文化厅对乡镇文化站资源利用情况的调研和无锡市基层站所公共服务标准化全覆盖运行情况考核评估。2月，举办“阳羡之春”2016宜兴市迎新春音乐会。3月，组织举办全市群文舞蹈编创培训和公共文化服务标准化建设培训，全市40余位群文舞蹈骨干及各镇(园区、街道)分管领导、文化站长，市“十佳”“十优”社区文化辅导员以及市文广新局中层干部与业务骨干参加培训；配合市文明办开展“践行核心价值观 建设文明新宜兴”陶都志愿者学雷锋志愿服务集中活动。4月，举办2016宜兴市第二届“百合花奖”评选活动与中国宜兴第二届梁祝戏剧节。4—9月，开展“文明宜兴 文化惠民”文化服务新行动。5—6月，组织参加无锡市第三届“群芳奖”活动，全市289件作品参加评选，获舞台类金奖3个、银奖4个、铜奖3个，在静态艺术类评比中获得金奖4个、银奖7个、铜奖9个。6月，举办“2016江苏休闲度假产品推广月”子活动之“阳羡问道”雅集活动，以文艺沙龙的形式，展示宜兴“陶、禅、茶”文化。7月，全市文艺工作者走向抗洪抢险第一线，创作各类文艺作品20余件。8—11月，完成第十八届中国上海国际艺术节宜兴分会场相关展览、专场演出及特色文艺团队展演活动。9月，举办“因为有你”慰问驻宜兴武警8694部队专场文艺演出。4—11月，开展2016文化志愿者基层行活动。5—9月，配合宣传部完成“深氧湖㳇”杯宜兴市第二届网络文化节活动，9—11月，举办宜兴市第二届企业文化节。此外，以庆祝元旦、春节、元宵、中国宜兴国际素食文化节等为契机，举办民间特色文艺展演。编印月刊《公共文化服务指南》，及时预告当月全市范围内的书画艺术展览、公益文化活动、送戏送电影情况、电影上映预告以及最新书讯等资讯，并在“宜兴文化网”同步预告公示。市文广新局先后会同宜城街道文化站、官林镇文化站完成文艺创作培训4期，80余人参加培训，创作剧本45件。全年组织、完成各类节目创作200余件，编辑出刊《荆溪剧坛》4期。举办2016新故事征文活动，收到作品62件，评出各类获奖作品29件和优秀组织奖3个。全年为农村送戏160场、电影3200场、图书1.95万余册。

【村(社区)文化服务标准化提升工程】 2014年起，市文广新局启动村(社区)文化服务标准化提升工程，两年全市累计有197个村(社区)建设达标，其中有132个村(社区)考评优秀。2016年12月，市文广新局会同市发改委、财政局对年内申报的85个村(社区)，以看现场、查资料等方式逐一实地考评，经评审，全市有81个村(社区)考评达标，其中丁蜀镇汤渡社区、官林镇白茫村等26个村(社区)考评优秀。经过三年创建，全市村(社区)文化资源得到有效整合，文化服务效率效能明显提升，城乡公共文化服务影响力也不断扩大，推动共建共享、综合利用，并培育积极健康、多姿多彩的社区文化形态。

【“文明宜兴 文化惠民”文化服务新行动】 延伸文化服务触角，营造人人参与文化、人人共建文化、人人共享文化的良好氛围。2016“文明宜兴 文化惠民”市文化服务新行动在原有文化区域互动的基础上，以新理念、新形式、新内容提升全市文化发展影响力，推动全国文明城市的创建。5—10月，经过五个多月的组织实施，全市18个镇(园区、街道)、市民间团队联合会、市文化志愿者联合会等演出单位，以100余场(次)的互动演出，1200多个节目(节目原创率85%)、9000多参演人员的阵容，把丰富多彩、群众喜闻乐见的作品送进全市镇村。

【第二届“百合花奖”评选】 2—4月，由市委、市政府主办，市委宣传部、市文广新局、市教育局、市级机关党工委联合承办的宜兴市第二届“百合花奖”评选活动举行。活动分设音乐曲艺、小戏小品、舞蹈三个门类和五个专场，全市参选作品78个。市教育局和城中实验小学选送的方言快板《武松来到我家乡》、湖㳇镇文化站选送的歌曲《龙山坳》、市公安局选送的小品《娃的名字叫警生》等28件作品获金奖，官林镇文化站选送的歌曲《爱在韶巷》、市老干部大学选送的男女声四重唱《心随歌声飞》等26件作品获银奖，高塍镇文化站选送的舞蹈《香菱古色》、市牙病防治所选送的小品《看牙记》等24件作品获铜奖。市级机关党工委、宜城街道等4个单位获优秀

宜兴市第二届“百合花奖”评选活动现场　　（市文广新局　提供）

组织奖，徐舍镇、新庄街道、高塍镇等7个单位获组织奖。

【第二届中国宜兴梁祝戏剧节】 4月，第二届中国宜兴梁祝戏剧节举行，有18个剧团的33个剧目和个人参加。其中，国家级剧团1个，省级剧团1个，市、县级剧团16个，有评剧、越剧、淮海戏、小品等10个剧种。戏剧节还在“梁祝故事”发生地——市善卷洞风景区组织“全国戏迷票友演唱大展”，有京剧、越剧、锡剧、黄梅戏、昆曲、沪剧6个剧种的60余名戏迷票友参加。经投票评审，《路灯》《还我清白》《村里有个烂箧子》《移动的午餐》《买鞋的故事》等12个作品获戏剧节“最佳剧目”称号，韩志良、杨丽芳、陈庆等18名演员获中国宜兴第二届梁祝戏剧节“中国戏曲红梅金花”称号。该届戏剧节期间还组织了宜兴市民间戏曲票友社折子戏、小戏汇演，评出“最佳演出奖”3个、“优秀演出奖”8个、“演出奖”4个。

（沈玉云）

文　博

【概述】 市文物管理委员会办公室（以下简称市文管办）依据市政府办公室印发的《关于做好宜兴市第一次全国可移动文物普查工作的通知》，完成全市6个文物收藏单位可移动文物的采集、登录、审核、上报工作。和桥镇马嘶渎桥、西渚镇长工桥、张渚镇衔哺桥3座政府立项古桥梁修缮工程竣工。完成全市古碑刻的识读工作，累计识读古碑刻332方。公布新一批宜兴市文物保护单位30处和宜兴市文物控制单位17处。至年底，全市拥有各级文保单位135处、156个点。其中，全国重点文物保护单位6处、11个点，江苏省文物保护单位13处、23个点，宜兴市文物保护单位116处、122个点；文物控制单位65处，红色革命遗址24处。10月，宜兴市博物馆试运行，至年底，累计接待来自马来西亚、荷兰、中国台湾等国家和地区的团队近100个，观众约4万人。

（杨汶　梅荔）

【文物维修力度增强】 7月，市文管办协调原修缮单位完成对蜀山潘氏宗祠腐朽梁柱的更换修复。9月，组织力量抢修维护位于张渚镇的新四军标语所在建筑，和桥镇邵氏宗祠的文物修缮工程通过上级主管部门的综合验收和审计。10月，由市文管办具体负责的市政府重点投资项目文昌阁建筑维修和展陈改造升级全面启动。12月，对允济桥、阳溪桥等28座古桥梁开展树木杂草的清除维护工作。徐氏宗祠建设工程有序推进，相继完成祠前景观桥、牌坊、广场道路建设，年底进入建筑装修和景观建设阶段。

【文物开放点发挥作用】 改善宜兴太平天国王府、卢忠肃公祠、文昌阁等文物开放单位的基本陈列，打造全市“行知大学堂”和“爱国主义教育基地”，为中小学生社会实践提供平台。先后在宜兴太平天国王府举办“岁月的见证，儿时的回忆——王永生现代票据收藏展”“荆溪雅韵——昆曲在宜兴史料展”“顶礼‘摩’拜——徐志摩文集史料收藏展”等展览12个，在瀛园举办“‘双溪雅集 瀛园度曲’昆曲夜间实景专场表演”活动。联合长乐戏剧社、宜兴双溪昆曲社等文化社团常年在瀛园、周王庙举办戏曲票友联谊会。市区有周王庙、太平天国王府、文昌阁、瀛园、卢忠肃公祠等文物点免费向公众开放，全年各文物开放点接待观众20多万人次。

【文物宣传形式多样】 宜兴文物网（www.yxww.cn）累计访问量180余万人次，是市文管办对外宣传、发布消息的重要窗口。7月，市文管办官方微信公众平台正式开通。全年出刊《宜兴文物通讯》（季刊）4期、1200份。5月，“回眸历史，走进文物——宜兴文物进校园图片展”活动首次走进市实验中学，并与其结成共建单位，同时开展文物专题讲座。随后，该展览先后走进市实验小学城中分部、省宜兴中学、市外国语学校等。7月，市文广新局组织“回眸历史，走进文物——宜兴文物图片展暨非遗展演”进善卷洞景区活动，并将景区设立为宜兴市历史文化宣传基地。10月，举办“法相光明——宜兴法藏寺北宋地宫文物与江南佛教文化研讨会”，组织“让非遗走进现代生活——庆国庆宜兴非物质文化遗产善卷洞景区展”活动。11月，相关展览走进“大道峥嵘 琴瑟和鸣——第二届宜兴周铁城隍庙道教音乐文化节”。国际博物馆日和文化遗产

国际博物馆日主题活动　　（市文广新局　提供）

日之际，市文管办联合市博物馆、市陶瓷博物馆等文博单位，围绕“博物馆与文化景观”和“让文化遗产融入现代生活”两大主题，举办文物展览、民间文物捐赠、义务鉴宝、文物知识咨询、文物宣传资料发送等一系列文博宣传活动。

（杨汶）

【市博物馆试运行】 10月22日，市博物馆试运行，对市民开放所有基本陈列并举办首展——星云大师一笔字书法展2016大陆巡回（宜兴），500多名嘉宾参加，星云大师亲临现场。展览由市文广新局、星云文化教育公益基金会、财团法人佛光山文教基金会共同主办，市博物馆、佛光祖庭大觉寺承办，展出星云大师创作的一笔字作品200多件，包括“勉励”“祝福”“修行”“禅”四大主题，增进了两岸文化的交流与联系。

【市博物馆藏品保护】 市博物馆全年通过无偿捐赠、调拨移交、定向征集等形式征集到各类藏品1545件，其中社会无偿捐赠珍贵藏品274件。设立宜兴考古工作站，自主完成58件骆驼墩文物和第三批183件展陈文物的修复工作。配合南京博物院完成246件民俗文物和名人物品的修复清洗。完成1200件文物囊匣的制作，为馆藏文物的安全提供了坚实保障。　　（梅荔）

影　剧

【概述】 全市影院建设步伐进一步加快，保利影城、和桥影城、丁山陶都影剧院影厅相继开业。至年底，全市有注册电影放映单位14个，放映9.2万场（次），流动电影队12个，总座位9891张，营业收入8380万元。市人民剧院全年接待文艺演出团体27个，共有剧目44个、剧种10个，演出22场，观众1.6万多人次，演出分成收入50多万元。

【电影惠民工程基本实现全覆盖】 市影剧有限公司12个流动电影放映队全年送电影进农村、进社区3044场（次），全年放映科教电影1500多场。到100个企业开展安全教育电影宣传放映活动，在全市农村、城市社区中开展反邪教电影宣传放映200多场，全年为22所敬老院巡回放映敬老电影4轮、100多场。开展“电影进军营”活动，送电影到市消防大队、宜兴监狱15场，尤其在G20杭州峰会召开期间，两次到市消防大队，为江苏省G20杭州峰会消防安保宜兴屯兵点200多名坚守岗位的官兵放映慰问电影。拓展校园电影文化，放映校园爱国主义教育电影300多场。全年制作宣传展板80多块、宣传横幅20多条、宣传视频光盘3套，使公益电影真正成为农村公共文化服务体系中的主力军。

【戏曲舞台精彩纷呈】 2月，举办2016春节新戏曲展演活动，《梅竹情》《醉县令》演出4场，省锡剧团原创锡剧《紫砂梦》在市人民剧院公开首演，并接连演出3场。4月，北京青年歌舞团与宜兴群众文艺节目联合演出“拥抱春天，放歌陶都”综艺晚会。5月，举办庆五一慰劳模戏曲演出活动，常州市锡剧团献演《父子三状元》《荆钗记》《攀弓带》3场。10月，上海国际艺术节首次在宜兴设分场，举办上海国际艺术节宜兴人民剧院分场戏曲专场暨第十二届宜兴戏剧节经典传统优秀戏剧展演活动，无锡市锡剧院、杭州青年越剧团轮流上演精彩剧目，锡剧《梅花谣》《花中君子陈三两》和越剧《碧玉簪》《梁山伯与祝英台》《玉蜻蜓》共演出7场。为吸引更多观众感受传统戏曲文化，让戏曲艺术真正走进市民的生活，制订一系列低票价及惠民戏曲演出优惠卡，观众能以超低价格看到最精彩的戏曲演出。

（张俊辉　申太宁）

图　书

【概述】 市图书馆全年新增图书4万册、报纸178份、杂志581份，加工录入图书编码30万条，整理加工古籍1.2万册，办证读者3.31万人，图书借阅量60万册（次），到馆86万人次。组织职工岗位培训25场，开展读者活动255场，包括举办影视展播130场、展览14场、讲座45场、公益培训11场、征文比赛6次、送展下乡5次、送培训下乡5次，送书下乡9次、1.95万册，送讲座下乡1次。建设完成移动数字图书馆，建成镇级分馆6个、村级分馆21个、通借通还的阅读驿站50个。市图书馆被评为江苏省全民阅读工程先进集体，全民阅读推广项目“宜兴市红色记忆读书月”被评为无锡市太湖读书月优秀活动项目，市图书馆选送的节目评弹《竹海赋》获无锡市第三届“群芳奖”金奖。

市图书馆“书香伴成长”暑期系列少儿活动　　(市文广新局　提供)

【图书馆资源综合体建设】 构建实际图书、图书数据库和其他新媒体资源的图书馆资源综合体。完善文献采选条例，调整典藏与流通图书的采购比例。与图书供应商合作开展“你选书我买单”活动，通过让读者参与选书优化馆藏资源结构。配合图书馆阶段任务，推进重点专题文献建设，完成助残、党政、中小学生必读图书、书画、紫砂、茶道及工具书等3万多册专题图书建设。加大文献征集力度，推进宜兴地方文献资源建设，全年接收捐赠图书6000多册，包括地方族谱19部、105册，完成1050册虞兆中捐赠图书专架建设。年度图书采购经费100万元，实际采购图书数量4万多册。加大开发力度，推进数字资源建设，完成知网、龙源期刊、超星读秀等9个自购数字资源库的调试上线，自建数字图书资源库填完总量的30%(约200万字、2000张图片)，12台电子书借阅机提供20万种电子书、100种报纸的扫码阅读。

【读者服务质量提升】 图书馆践行“普遍开放、平等服务、以人为本”的公共图书馆服务精神，全年无休，免费开放。各服务窗口除周一上午外，其余时间均正常开放。自助还书机开放时间为7:00—20:00。完成全馆图书细排架和RFID(无线射频识别)技术定位工作，完成近20万册图书的下架剔旧，使用代书板推广图书借阅，努力为读者营造良好的阅读氛围。加大导读工作力度，定期利用微信公众号和网站发布新书和专题书推荐。新馆开放一周年，总人流量累计86万人次，办证读者3.31万人，图书年借阅量达60多万册(次)。

【城乡一体化公共阅读体系构建】 城乡一体化公共阅读体系建设工作被列入市2016—2018年为民办实事项目，要求每年完成6个一级分馆、20个二级分馆的建设任务，三年完成公共图书馆总分馆制和数字图书馆等阅读体系建设。2016年，按照计划，完成太华、丁蜀、屺亭等6个镇级分馆和乾元村、广汇村、奔马村等21个二级分馆的建设任务，联合分编图书18万多册。在数字图书馆建设方面，完成60个农家书屋的数字视窗建设，包括720台电子阅览室终端设备的安全软件及服务器安装对接工作，60个农家书屋共享工程流媒体资源服务对接工作。深入调研机关、学校、企业图书室的现状与发展意愿，吸收有条件的行业图书室加入市图书馆联盟，至年底建成图书馆联盟4个、阅读驿站50个，全年流转图书1.9万多册。

【全民阅读活动】 宜兴市2016全民阅读活动以阅读推广、社会教育、休闲文化等活动类型为导向，以公益讲座、文化沙龙、少儿活动等活动内容为载体，全面推进“书香宜兴”建设。依托市图书馆讲堂、培训、展览等阵地，通过“馆馆合作、馆校合作、馆企合作、馆社合作”的协作机制，开展阅读推广活动。持续打造“书香宜兴”读书节、“阳羡之春阅读季”“荆溪之夏阅读季”“书香伴成长”暑期系列少儿活动、“小飞屋”绘本故事会等活动品牌，全年开展读者活动255场(次)，其间邀请到央视《焦点访谈》前主持人敬一丹、北京大学教授王余光等著名阅读推广人为读者做讲座，在全市范围内形成阅读推广的示范效应。

【图书馆古籍普查完成】 年内启动古籍保护工作，完成馆藏1万多册古籍编目。通过承办省古籍保护工作培训班、与金陵科技学院联系学生到馆实践的形式，分两批共15天左右的时间全面普查编目馆藏古籍，形成数据目录3237条。整理出乾隆六十年以前的善本如明万历刻本《锦帆集》、明崇祯刻本《三国志》、清康熙刻本《六书通》等，及珍贵地方文献清嘉庆《荆溪县志》《光宣宜荆续志》《荆溪词初集》《阳羡名陶录》等，总计138多种、763册(件)。

【数字图书馆建设】 继续推进数字图书馆建设工作，全面调试各项设施设备，完成自助图书馆、24小时自助还书机、七分拣的场地改造和安装调试。市图书馆网站、微信公共号、少儿图书馆网站和移动APP(应用程序)全面上线开放。继续推进数字化共享平台的搭建，完成与省图书馆VPN(虚拟专用网络)对接，完成与省少儿数字图书馆、全国文化信息资源共享工程的对接。继续推进场馆信息化管理，完成数字多媒体服务区电子阅览室系统的安装和调试，实现读者可管控上网。

(刘香云)

非物质文化遗产

【概述】 年内，不断推进市级非物质文化遗产名录建设、紫砂申报世界非物质文化遗产以及宣传推广等工作。3—6月，市文广新局开展宜兴市级第四批"非遗"代表性项目和第三批代表性传承人的申报评审工作，新增项目11个、代表性传承人54人，挖掘出一批较有地方特色的新项目，壮大了传承人队伍。至年底，全市有国家级非物质文化遗产项目4个、省级项目13个、无锡市级项目21个、宜兴市级项目28个，国家级非物质文化遗产项目代表性传承人3人、省级传承人12人、无锡市级传承人81人、宜兴市级传承人108人。

【"非遗"宣传和考核】 年内，为更多项目提供展示推广的机会和平台，组织"非遗"项目参加第四届中国非物质文化遗产博览会、长三角城市非物质文化遗产传统技艺南通展等多个省部级"非遗"大展，举办庆祝第11个文化遗产日的宜兴"非遗"展、无锡优秀"非遗"项目区域联展等一系列展览。9月，为新一批市级项目保护单位及传承人授牌，并围绕项目的传承和保护开展座谈。11—12月，为加强对项目保护单位和传承人的监督管理、提高"非遗"保护工作的连贯性和实效性，开展全市"非遗"项目保护单位及代表性传承人专项考核，统计审核相关单位和个人近3年的履职情况，梳理全市"非遗"项目的传承情况，对工作成效显著的宜兴市陶瓷行业协会、宜兴市张渚镇文化站等5个项目保护单位以及汪寅仙、李守才等21名代表性传承人给予表彰，对履职不力宜兴氿悦龙兴湾沐心香村酒店有限公司予以警示。

宜兴市非物质文化遗产名录

表55

序号	项目名称	项目类别	申报地区或单位	级别	公布年份
1	宜兴紫砂陶制作技艺	传统技艺	宜兴市陶瓷行业协会	国家级	2006
2	梁祝传说	民间文学	宜兴市华夏梁祝文化研究协会	国家级	2006
3	道教音乐(无锡道教音乐)	传统音乐	无锡道教协会	国家级	2008
4	陶器烧制技艺(宜兴均陶制作技艺)	传统技艺	宜兴均陶工艺有限公司	国家级	2014
5	男欢女喜	传统舞蹈	张渚镇	省级	2007
6	剪纸(宜兴刻纸)	传统美术	徐舍镇	省级	2007
7	宜兴观蝶节	民　俗	宜兴市阳羡风景区旅游发展有限公司	省级	2009
8	宜兴青瓷制作技艺	传统技艺	丁蜀镇	省级	2011
9	制陶技艺(宜兴彩陶装饰技艺)	传统技艺	丁蜀镇	省级	2011
10	宜兴丝弦	传统音乐	徐舍镇	省级	2015
11	盾牌舞	传统舞蹈	官林镇	省级	2015
12	小热昏	曲　艺	宜兴市戏剧曲艺家协会	省级	2015
13	十番音乐(十番锣鼓)	传统音乐	宜兴市文化馆	省级	2015
14	宜兴陶传统仓储技艺	传统技艺	江苏省供销社陶瓷公司	省级	2015
15	宜兴龙窑烧制技艺	传统技艺	宜兴市丁蜀镇三洞桥村村民委员会	省级	2015
16	锡剧	传统戏剧	宜兴市锡剧团	省级	2015
17	中医肝病疗法(汤氏肝病疗法)	传统医药	新建镇	省级	2015

续表55

序号	项目名称	项目类别	申报地区或单位	级别	公布年份
18	宜兴乌饭	传统技艺	宜兴市收藏家协会	无锡市级	2007
19	和桥豆腐干	传统技艺	和桥镇	无锡市级	2007
20	梨膏糖制作技艺	传统技艺	宜兴市戏剧曲艺家协会	无锡市级	2010
21	踩褐莽	传统舞蹈	新庄街道、宜城街道	无锡市级	2010
22	马叉舞	传统舞蹈	太华镇	无锡市级	2010
23	猴棍	传统舞蹈	宜兴市新街小学	无锡市级	2010
24	马灯舞	传统舞蹈	杨巷镇、屺亭街道	无锡市级	2010
25	车水号子·易木牌	传统音乐	徐舍镇	无锡市级	2010
26	唱春	曲　艺	宜兴市戏剧曲艺家协会	无锡市级	2010
27	三跳道情	曲　艺	新庄街道	无锡市级	2010
28	徐舍小酥糖制作技艺	传统技艺	徐舍镇	无锡市级	2013
29	高塍猪婆肉制作技艺	传统技艺	高塍镇	无锡市级	2013
30	官林荤油糕制作技艺	传统技艺	官林镇	无锡市级	2013
31	风筝制作技艺(周铁鹞笛<灯>风筝制作技艺)	传统技艺	宜兴市风筝协会	无锡市级	2013
32	大刀舞	传统舞蹈	徐舍镇、官林镇、万石镇	无锡市级	2013
33	狮舞(西乡狮子舞)	传统舞蹈	徐舍镇	无锡市级	2013
34	宜兴阳羡茶制作技艺(岕茶制作技艺)	传统技艺	无锡市茶叶协会	无锡市级	2013 2014
35	滆湖渔歌	传统音乐	官林镇	无锡市级	2014
36	宜兴绿苎头团子制作技艺	传统技艺	宜城街道	无锡市级	2014
37	烧饼制作技艺(杨巷葱油饼制作技艺)	传统技艺	杨巷镇	无锡市级	2014
38	江南羊肉烹饪技艺(宜兴芳庄羊肉烹饪技艺)	传统技艺	徐舍镇	无锡市级	2014

续表55

序号	项目名称	项目类别	申报地区或单位	级别	公布年份
39	打夯歌	传统音乐	张渚镇	宜兴市级	2009
40	官林野鸭制作技艺	传统技艺	官林镇	宜兴市级	2009
41	酱汁雁来蕈烹饪技艺	传统技艺	西渚镇	宜兴市级	2009
42	腌笃鲜制作技艺	传统技艺	湖㳇镇	宜兴市级	2009
43	黑膏药制作技艺	传统医药	万石镇	宜兴市级	2009
44	牌楼花船舞	传统舞蹈	西渚镇	宜兴市级	2009
45	滆湖的传说	民间文学	高塍镇	宜兴市级	2009
46	烙画(烫画)	传统美术	官林镇	宜兴市级	2009
47	宜兴节场(官林节场、分水节场)	民　俗	官林镇、周铁镇	宜兴市级	2009
48	宜兴庙会(分水庙会、屺山庙会、万石庙会、竺山庙会)	民　俗	周铁镇、屺亭街道、万石镇、宜兴市竺山民间文化研究会	宜兴市级	2009
49	长圩赛龙舟	传统体育、游艺与竞技	宜城街道	宜兴市级	2009
50	宜兴说大书	曲　艺	周铁镇	宜兴市级	2009
51	田螺姑娘的传说	民间文学	宜兴市收藏家协会	宜兴市级	2014
52	王氏月饼制作技艺	传统技艺	新街街道	宜兴市级	2014
53	杨巷焦老苏制作技艺	传统技艺	杨巷镇	宜兴市级	2014
54	官林米酒药丸制作技艺	传统技艺	官林镇	宜兴市级	2014
55	豆腐花制作技艺	传统技艺	宜城街道、周铁镇	宜兴市级	2014
56	万氏针灸	传统医药	宜兴市新建镇社区卫生服务中心	宜兴市级	2014
57	宜兴道教音乐	传统音乐	宜兴市周铁城隍庙道教活动点	宜兴市级	2016
58	小六合拳	传统体育、游艺与杂技	张渚镇	宜兴市级	2016
59	宜帮菜烹制技艺	传统技艺	宜兴市旅游协会	宜兴市级	2016

续表55

序号	项目名称	项目类别	申报地区或单位	级别	公布年份
60	折扇制作技艺	传统技艺	太华镇	宜兴市级	2016
61	宜兴糕粽团圆制作技艺	传统技艺	丁蜀镇	宜兴市级	2016
62	太湖扯蓬船制造技艺	传统技艺	宜兴市竺山民间文化研究会	宜兴市级	2016
63	小龙扎制技艺	传统技艺	湖汊镇老年服务中心	宜兴市级	2016
64	纸狮扎制技艺	传统技艺	湖汊镇老年服务中心	宜兴市级	2016
65	贾氏接骨疗法	传统医药	太华镇	宜兴市级	2016
66	马灯舞(高塍马灯舞)	传统舞蹈	高塍镇	宜兴市级	2016

(潘晴)

文化市场管理

【概述】 不断适应文化市场监管新要求,努力构建现代文化市场体系。推动信息公开,开展文化市场技术监管服务平台建设,把行政许可纳入信息化体系,审批过程更加透明、高效。年内,全市新增文化市场经营主体37个,其中出版物经营单位8个、名片印刷企业1个、歌舞娱乐场所13个、印刷企业2个、网吧13个,累计有文化市场经营主体1053个。全年处罚文化市场违规经营行为19起,其中网吧业11起、歌舞娱乐业4起、书报刊1起、游艺娱乐业1起、其他行业2起,行政罚款6.8万元。

【"扫黄打非"集中行动】 贯彻落实省、无锡市"扫黄打非"会议精神,市文广新局、市场监管局对全市校园周边、车站、乡镇节场等地开展不间断检查。开展"护苗"行动。2月,对全市中小学校园周边开展拉网式检查,取缔无证出版物经营3户,收缴盗版教辅材料1000多册。11月,以创建全国文明城市为契机,全方位、多轮次排查全市书报亭,先后收缴违禁报纸1000多份。全年收缴各类非法音像制品盗版出版物4000多册,净化了全市文化环境,营造出有序健康的文化市场经营秩序。

【网吧专项治理】 为维护未成年人合法权益,市市场监管局、文广新局重点监督管理校园周边的经营秩序,对网吧实施专项督查。针对"黑网吧"屡禁不止的情况,增加检查频次,加大执法力度,定期回查往年被取缔"黑网吧"档案,一旦发现重新营业的,从重处罚。全年检查网吧162个(次),取缔"黑网吧"1个。重点对张渚、新建等边缘镇的网吧市场开展6轮(次)巡查,依法立案处罚7次,有效遏制个别镇(街道)网吧违规行为上升趋势。不断加大网吧业主法律法规培训力度,随着网吧市场准入门槛降低,全市新网吧申办出现井喷态势,不少其他行业从业人员开始进入网吧行业,为最大限度降低新从业人员违规频度,举办网吧业主法律知识培训班2次,重点对新准入网吧业主进行《互联网上网服务营业场所管理条例》等基础性法律法规的培训。多次组织召开行业座谈会,联合市文化市场行业协会继续举办"星级"网吧评选活动,按照日常经营情况评定星级网吧,引导全市网吧行业转型升级,向多元化、品牌化、休闲化方面发展。至年底,全市所有网吧基本实现向"网咖"系列高端网吧的转变。

(高松龄　任荣)

编辑　王雅

报业·广电

THE NEWSPAPER INDUSTRY · RADIO AND TELEVISION

报　业

【概述】 宜兴日报社拥有多种媒介平台，涉及报刊、出版、会展、网络、新媒体等领域，媒体融合发展步伐加快。《宜兴日报》全年出版306期，刊登宜兴地区新闻8000多篇、新闻图片3000多幅。向社会各界代表人士发送《新闻通联》《宜兴日报评读意见》各12期。全年《宜兴日报》发行量1162.8万份，有《宜兴日报手机报》用户1.5万户。全年经营收入3100万元，其中广告收入1800万元。微电影拍摄步入正轨，全市首部慢性病防治微电影《健康特工》、《宜兴日报》创刊60周年报庆微电影《甲子初心》、市第二届网络文化节开闭幕式开场视频均广受好评。连续第十年开展"'隆元杯'记者走基层·听民声"新闻竞赛活动。《宜兴日报》获第十一届中国传媒大会"金长城传媒奖·2015十大地市区域报"奖，社长程伟获"金长城传媒奖·2015中国传媒融合创新年度杰出人物"奖；被2016中国报刊媒体融合创新年会暨2015—2016年度全国报刊媒体融合影响力百强发布会评为全国媒体融合创新城市党报TOP10，社长程伟获"2015—2016年度融合创新发展创新人物奖"。

【新闻报道创优发展】 坚持与时俱进，推动全媒体融合发展，提高新闻精品率。报社编委会坚持新闻立报，针对浅阅读时代不同读者群的阅读习惯，在改进报道形式上积极探索实践，把平面报道立体化呈现在读者面前，并出台《关于全媒体新闻发布、采集基本流程的通知》《"采编差错追溯制"实施办法》等规定，从制度上对新闻创优工作予以保障。在日常报道中，借助报纸、微信公众号、手机报、"i宜兴"手机客户端、微博等平台扩大宣传效应。4月，编委会策划《一匠一情怀》全媒体系列报道，综合利用文字、图片、视频等形式，在报纸、微信、"i宜兴"手机客户端进行联动推出相关报道，实现纸媒与新媒发布的无缝对接，让新闻报道"动"起来、"立"起来，宣传效果明显。为提高报道质量，报社不断强化主题策划，坚持做到"一月一主题"，围绕市委、市政府全年目标和阶段性工作重点，主动策划、超前策划各个阶段的宣传报道主题，全年策划《坚持产业强市 实现"强富美高"》《展望"十三五"开启新征程》等报道60多组，彰显传统媒体舆论引导力。记者赵辉采编的《宜兴拥有国内唯一的陶窑体系》获2015年度江苏省新闻奖，刷新宜兴日报社获奖纪录，《宜兴日报》成为全省首个摘得该奖项的县级媒体。

【全媒体融合转型发展】 在继续做大做强宜兴网、《宜兴日报手机报》、《宜兴手机早报》等宣传平台的基础上，强化宜兴日报社官方微博和微信、宜兴网官方微博和微信、"i宜兴"手机客户端的策划与发布，每天从海量化、碎片化的纷繁信息中，选择最能传播市委、市政府的声音，最能给市民带来正能量的新闻，及时推送到每一位订阅用户手中。同时，为解决记者、编辑在一线采编过程中因数据传输不便带来的时效性延迟问题，投入124万元，启用方正电子出版系统的方正畅享全媒体采编系统、蒲公英云平台系统和方正畅享全媒体资源库，构建社内全媒体采编系统，初步实现一体策划、一次采集、动态整合、多种生成、多元传播、全天滚动的报道模式。

【抗洪抢险全天不间断报道】 7月，宜兴遭遇历史最大洪水，宜兴日报社创新抗洪救灾报道形式，充分利用文字、图片、视频、航拍等形式和手段，展开全方位、立体化报道。7月2—13日，全社组织安排全媒体记者300余人次深入一线采访，推出《应对严重汛情》专题报道，开设《市领导奔赴抗洪一线》《抗洪微故事》等专栏。新媒体平台24小时滚动报道，以最快的速度传递市委、市政府防汛部署和要求，发布最新天气动态与灾情。抗洪抢险期间，组织刊发抗洪救灾报道版面60个、图文稿件400余篇，"i宜兴"手机客户端累计发布灾情相关信息119条，新媒体稿件总阅读量超40万人次，单条消息最高阅读量达11.4万人次。

【《寻香记》出版】 5月，宜兴日报社推出宜兴首本美食创意口袋书——《寻香记》。全书采编、设计均由报社员工担任，历时10个月。全书用诙谐幽默的语言阐述全市各地文化，一改以往美食出版物内容很多仅停留在食谱和图片上的做法，着眼独特视角，以美食为媒，全方位展示地方传统文化和历史故事。为充分挖掘美食背后的文化魅力和生态旅游资源，"寻香"过程不只局限于菜品的烹制过程，还首次创新运用全媒体平台资源，附加二维码和光盘，用精编视频展示每道菜的烹饪过程，直观立体地展示宜兴美食的烹饪过程。

【春博会销售汽车340辆】 4月30日—5月2日，由宜兴日报社和市商务局联合主办的2016第五届宜兴春季博览会在市体育中心举行，并首次在宜兴日报微信公众号上直播开幕式，吸引1.2万人观看。会场总面积约8000平方米，吸引汽车、家居、置业、美食等行业的50多个商户参展。其中，汽车参展商有4S店23个，涉及奔驰、宝马、奥迪、路虎等汽车品牌28个。参展商通过提供购车优惠、订车送礼、购车砸金蛋、一站式服务等方式，吸引6万余人次参观选购，销售汽车340辆。

第五届江苏·宜兴餐饮博览会　　（宜兴日报社　提供）

【第五届江苏·宜兴餐饮博览会举办】 9月23—25日，“美食美器宜帮菜”第五届江苏·宜兴餐饮博览会暨第七届江苏乡土风味烹饪大赛（宜兴专场）在宜兴万达广场举办，120余个星级酒店、农家乐和名点小吃商家参赛，吸引群众10万余人次。此次餐饮博览会由宜兴日报社牵头，与市商务局、旅游局、总工会联合主办，以“美食美器宜帮菜”为主题，特邀市食品营养与安全学会的营养师，现场为市民提供膳食指导、食品安全等咨询活动，着力打造宜兴地方餐饮品牌，传播特色餐饮文化，扩大宜兴餐饮的知名度，促进大众餐饮消费。通过“宜兴特色名小吃”“乡村风味特色金牌菜”“乡村风情团体宴”等评比活动，评出农家乐风情团体宴席（特金奖、金奖）、乡村风味特色金牌菜（特金奖、金奖）、十大宜兴特色名小吃等奖项。

2016年《宜兴日报》获省级以上奖作品

表56

奖项名称	等　级	获奖作品	类别	作　者
2015年度全国报纸副刊获奖作品	二等奖	老爷子的宜兴文化手稿	通讯	许　娟
	优秀版面	4月30日9版徐悲鸿旧时代的新青年	版面	叶慧珠　徐沭明
第十九届江苏新闻奖获奖作品	—	宜兴拥有国内唯一的陶窑体系	消息	赵　辉
2015年度江苏省报纸优秀作品	二等奖	宜兴拥有国内唯一的陶窑体系	消息	赵　辉
		伟大之图	副刊	傅宁军
		“校车妈妈”谈玉琴	摄影	翟霄帆
	三等奖	深氧湖汉成年轻“创客”返乡创业乐土	消息	史志强　郑　钊
		群山有了温暖有了亲切	通讯	冯乐心　张　胤
		路的尽头，那一盏心灯	副刊	冯乐心
		江南，一个铁匠铺子	副刊	徐沭明
		抽奖	漫画	马　超

续表56

奖项名称	等　级	获奖作品	类别	作　者
2015年度江苏省报纸优秀作品	三等奖	7月31日3版	版面	徐沐明　叶慧珠　王凌珏
		化解"落地新闻"的爱恨情仇	论文	李　丽
2015年度江苏省报纸系统副刊获奖作品	一等奖	江南,一个铁匠铺子	散文	徐沐明
		路的尽头,那一盏心灯	散文	冯乐心
		伟大之图	文艺通讯	傅宁军
	二等奖	话到沧桑欲曙天	散文	徐　风
		那一盆醇厚的时光	散文	戴　军
		紫砂壶的乡坯岁月	报告文学	任宣平
		重新发现吴大羽	报告文学	戴　军
		影像(12月22日3版)	版面	叶慧珠　徐沐明
	三等奖	奔跑在战火中的玫瑰	报告文学	耿　蕾
		昆腔雅韵里的悠远背影	文艺通讯	张　芸
2015年度江苏省县市报新闻奖	荣誉奖	宜兴拥有国内唯一的陶窑体系	消息	赵　辉
	一等奖	深氧湖㳇成年轻"创客"返乡创业乐土	消息	史志强　郑　钊
		用短暂的生命筑牢钢铁长城	通讯	张　胤
	二等奖	四省六地在宜"结盟"倡议梁祝传说申报世界"非遗"	消息	郑　钊　高　歌
		群山有了温暖有了亲切	通讯	冯乐心　张　胤
		"寻金"之旅系列报道	系列报道	郑　钊
		太湖清道夫	摄影	翟霄帆
	三等奖	抗日将军蒋志高曾在宜隐居八年	消息	王凌珏
		燃煤"英雄"让位绿电"先锋"	消息	耿　蕾
		杜新明将3000余亩流转地变成高产田	消息	余文桂　史露萍
		验的是粮　守的是情(组照)	摄影	陈　丽　翟霄帆
		一场不分昼夜的战斗	摄影	仇洪生
		孩子你慢慢来(组图)	摄影	周　莱
		芦苇枯陨归何处　化废为肥更护花	好标题	李　丽　李　震
		前日暖阳还相随　今朝或见雪花飞	好标题	李　丽

续表56

奖项名称	等　级	获奖作品	类别	作　者
2015年度江苏省县市报新闻奖	三等奖	7月31日　太滆见证	好版面	徐沭明　王凌珏　叶慧珠
		10月21日　要闻版	好版面	李　丽　贾俊康　杜　晶
2015年度中国城市党报新闻奖获奖作品	一等奖	群山有了温暖有了亲切	通讯	冯乐心　张　胤
		文明的密码	系列报道	赵　辉　耿　蕾　冯乐心　於淑英
		太湖清道夫	图片	翟霄帆
	二等奖	四省六地在宜“结盟”倡议梁祝传说申报世界“非遗”	消息	郑　钊　高　歌
		宜兴首张创客空间执照发出	消息	王凌珏
		江南一个铁匠铺子(组照)	图片	徐沭明
	三等奖	百余件宜兴籍名人遗物归故里	消息	张云芳
		云平台技术为紫砂壶特制“身份证”	消息	赵　辉
		吴国强国内首个尝试利用管袋围堰技术修复太湖生态	消息	张　胤
		深氧湖汊成年轻“创客”返乡创业乐土	消息	史志强　郑　钊
		宜兴小伙异国掌厨收获满满	通讯	张云芳
		“云掌柜”何时“真当家”?	通讯	郑钊
		“农村消费市场暗访记”系列报道	系列报道	贾俊康　张　胤　刘思俊　张　莹
		融资隐性成本不该有	言论	岳　鹏
		验的是粮　守的是情(组照)	图片	陈　丽　翟霄帆
		孩子你慢慢来(组图)	图片	周　莱
		9月4日1、8版抗战专版	版面	贾俊康　张　杰
		画说宜兴	名专题	集　体
		芦苇枯陨归何处　化废为肥更护花	好标题	李　丽
2015年度中国城市党报副刊奖	一等奖	奔跑在战火中的玫瑰	报告文学	耿　蕾
	二等奖	君似白杨　刚毅而立	报告文学	王凌珏
		穿透人世琐碎的忧欢	报告文学	冯乐心
		伐竹者:刀与弓的人生	文艺特写	徐沭明
		昆腔雅韵里的悠远背影	文艺特写	张　芸
		透过窗的那双眼	散文	马　超

续表56

奖项名称	等　级	获奖作品	类别	作　者
2015年度中国城市党报副刊奖	二等奖	景舟之后	散文	徐　风
	三等奖	一路向西	散文	程　伟
		那一盆醇厚的时光	散文	戴　军
		仁心仁术　玉汝于成	散文	张　芸
		紫砂壶的乡坯岁月	散文	任宣平
		设计无穷尽	散文	许　娟
		附近的村庄	散文	宗彩虹
		渎边两棵古银杏	散文	史久雄
		12月22日3版	版面	叶慧珠　徐沭明
2015年度中国县市传媒新闻奖优秀作品	一等奖	第二届芳桥目连文化节成功举办	图片	丁焕新
		太湖清道夫	图片	翟霄帆
		一场迟来的婚礼	图片	蒋　瑜
		12月30日3版	图片	杜　晶　叶慧珠
	二等奖	江苏留学生"丝路青年行"	图片	丁焕新
		江南一个铁匠铺子	图片	徐沭明　张　杰　叶慧珠
	三等奖	好险！一女生登山虚脱	图片	丁焕新
		农村妇女网上行	图片	蒋　瑜
		"校车妈妈"谈玉琴	图片	翟霄帆
		2015第六届太湖国际公路自行车赛第6赛段在宜兴举行	图片	丁焕新
		来！一起包饺子	图片	仇洪生
		锁"医生"毛建强	组照	丁焕新
		江南，一个铁匠铺子	组照	徐沭明
		聚焦客家文化	图片	程　伟
	总编辑类（组照）	一路向西——西藏旅行日记	组照	程　伟
2015年度中国地市报新闻奖摄影作品	一等奖	聚焦客家文化	图片	程　伟
	二等奖	"水上飞人"	图片	丁焕新
		鸟儿跟着"铁牛"走　生态美景入眼来	图片	丁焕新
		一场迟来的婚礼	图片	蒋　瑜
		谈谈新闻摄影中的"所见非所得"	论文	丁焕新

续表56

奖项名称	等级	获奖作品	类别	作者
2015年度中国地市报新闻奖摄影作品	三等奖	扎什伦布寺的僧人	图片	程　伟
		巨型紫砂花盆闯进“基尼斯”	图片	仇洪生
		一个人的课堂	图片	仇洪生
		小热昏:嘴上好功夫　欢喜满街头	图片	丁焕新
		无人机助力现代农业	图片	蒋　瑜
		植物有了电子名片	图片	蒋　瑜
		“校车妈妈”谈玉琴	图片	翟霄帆
		太湖清道夫	图片	翟霄帆
		寒雨中的美丽身影	图片	朱智辉
2015年度中国县市区域报新闻奖获奖作品	一等奖	宜兴拥有国内唯一的陶窑体系	消息	赵　辉
		群山有了温暖有了亲切	通讯	冯乐心　张　胤
		探访宜兴“小众款”非遗系列报道	系列报道	张　胤　张云芳
		太湖清道夫	图片	翟霄帆
		奔跑在战火中的玫瑰	副刊	耿　蕾
		为了阅兵,两位宜兴将军蛮拼的!	微信公众号、新闻客户端	王凌珏　耿　蕾 潘伟杰　贾俊康
		离奇死鱼事件让养殖户戴建民损失30多万元	网络新闻专题	庄李达　盛天义 刘思俊
	二等奖	四省六地在宜“结盟”倡议梁祝传说申报世界“非遗”	消息	郑　钊　高　歌
		抗日将军蒋志高曾在宜隐居八年	消息	王凌珏
		从“寸土寸金”到“寸土寸心”	言论	李　丽
		老爷子的宜兴文化手稿	副刊	许　娟
		离婚缓冲室劝和1200多对欲离婚夫妻	消息	耿　蕾
		宜兴小伙新疆跳沼气井救工友	消息	张　胤　张文熙
		7月1日一版要闻版	版面	李　丽　贾俊康 叶慧珠
		一场不分昼夜的战斗	图片	仇洪生
		太湖之滨“鸟乐园”	图片	丁焕新
		孩子你慢慢来(组图)	图片	周　莱

续表56

奖项名称	等　级	获奖作品	类别	作　者
2015年度中国县市区域报新闻奖获奖作品	三等奖	蒋介石之孙蒋孝严到宜兴祭扫蒋澄墓	微信公众号、新闻客户端	仇洪生　张　晴 潘伟杰　贾俊康 徐　鹏

（杨鋆）

广　电

【概述】 市广播电视台有广播电台、电视台、新媒体中心、《陶都》杂志、广电传媒文化有限公司等宣传平台，广电大厦建筑面积2.33万平方米、电视演播大厅面积1000平方米，配有10讯道高清电视转播车、广播电台应急直播车、全套数字装备等设备，实现媒介立体覆盖。自办广播频率1个、电视频道4个，自办广播、电视节目分别全天候播出16.5小时、4小时，全年播出自采广播、电视新闻2.6万余条（次）。主办“A宜兴”“阳羡茶馆”等8个微信公众号，“陶都传媒”“宜兴交通台”“YXTV阳羡茶馆”3个微博和陶都传媒网1个网站；承办“宜兴发布”“文明宜兴”“宜兴组工”3个微信公众号，“宜兴发布”“宜兴文明”2个政务微博，宜兴文明网1个网站。微信、微博等新媒体线上粉丝数超20万人。一批作品分获多个省政府、无锡市政府优秀广播电视节目奖，市广播电视台获“全国县级广播电视系统十佳电视台”称号。

【新闻宣传主题鲜明】 围绕市委、市政府中心工作，高水准、零差错完成全市大型会议、主题活动的报道。坚持每天至少一条亮点新闻、每周至少一篇深度报道、每月至少一档有分量的主题专栏，根据新闻题材的不同特质，灵活运用消息、现场报道、体验式报道、特别节目、图片动画等表现形式，增强新闻舆论的感染力和吸引力。全年开设主题专栏30多个，涵盖全市产业发展、民生福祉、生态文明、实事工程等方面。8月，现场电视直播市第十三次党代会开幕式，同时融合运用广播、微信联动直播，收到很好的传播效果。新闻中心开设“新闻热线”，全天候接受群众来信来电，以百姓身边事、麻烦事、稀奇事、关心事为主要报道内容，真正把《今日关注》办成关注民生、反映民意、体察民情、化解民怨的窗口栏目。电视、广播《政风行风热线》全年分别播出24档、252档，做到事事有回访、件件有回复，赢得良好的社会口碑。加强与上级主流媒体的合作，全方位、多角度展示宜兴的经济发展、生态禀赋、深厚文脉、特色产品，努力把宜兴城市知名度转化为发展新优势。全年分别被中央电视台、省广播电视总台、无锡电视台录用新闻42条、208条（其中广播录用38条）、82条。与中央电视台联合采制的《绿水青山带来生态红利》和《解放军和武警部队全力投入抗洪抢险》分别在3月、7月的《新闻联播》栏目播出。

【全媒体融合发展步伐加快】 按照“一体化采集、中央厨房生产、多平台播发”的全媒体联动理念，探索实践广播、电视、新媒体深度融合、一体化发展的新路径，加快从传统广播电视媒体向现代视听传媒集团转型升级的步伐，市广播电视台成立新媒体中心。为实现以音视频为重点、以新闻为龙头、以用户为中心，全方位强化宜兴广电音频视频核心优势，建好建强新型地方主流媒体，抢占全市舆论传播制高点，着力搭建全媒体新闻集成平台、策划团队、高水准后期工作室和专业技术支撑团队。加快建设“宜兴发布”手机APP新闻客户端，对接承办市纪委“清风阳羡”微信公众号。坚持内容为主，创新内容生产方式，丰富内容呈现方式，以更优质的内容推动媒体融合发展，以更好的呈现效果吸引用户。7月，宜兴遭受历史最严重洪涝灾害期间，市广播电视台全媒体联动，以及时权威、专业全面的信息发布，有力引导社会舆论，主办和承办的

“身边的感动”党员故事演讲比赛总决赛　　（市广播电视台　提供）

微信、微博平台累计发布防汛、抗洪、救灾、雨情、防疫等新闻、资讯321条，总阅读量超216万人次，单条微信最高阅读量24小时内超22.7万人次。加强新闻节目尤其是网络内容的发布审核和安全播出，做到正能量充沛、主旋律高昂，为网民营造风清气正的网络空间。

【产业经营不断拓展】 以活动为载体、以创新为抓手，实现社会效益与经济效益的有机统一。承办宜兴市“身边的感动”党员故事演讲比赛总决赛、宜兴市“清廉家风润万家”廉政情景剧汇演、首届宜兴市律师辩论赛决赛、中国围棋甲级联赛“善卷洞”专场比赛等重大活动，获社会各界好评。3月，主办阳羡茶馆“小主持人才艺大赛”，打响阳羡茶馆“小主持人”品牌。4月，举办宜兴市首届婚博会，展会兼具消费与演艺双重功能，开创市广播电视台展会经济新模式。5月，联合市房地产业协会举办第六届“人文陶都 宜居宜兴”宜兴房展会。8月，举办宜兴市首届儿童产业博览会暨亲子美食节，打造集艺术培训、智力开发、文教用具、母婴产品和特色美食于一体的儿童消费全产业链。牵头主办“深氧湖㳇杯”宜兴市第二届网络文化节五大主题活动、18个系列子活动，直接或间接参与活动的网民超39.6万人次。11月，联合市国税局、宜兴地税局举办市首届“交通银行、宁波银行杯”最美纳税人评选活动，倡导关爱纳税人、服务纳税人、尊重纳税人的良好风气。12月，举办“听得见的美好——陶醉彼斯堡，邂逅沐心香村”《小君访谈》七周年联谊会，扩大栏目知名度和影响力。年内，不断探索实践“电视+旅游+互联网”项目，主动接触大品牌旅游公司，推出《广游天下》旅游专栏并取得初步进展。与品牌线下项目合作，最大限度利用闲置广告资源，发掘和培育新的创收增长点。和中央电视台、省广播电视总台等合作，充分发挥台10讯道高清电视转播车的装备优势和团队技术力量，先后赴南京、上海、镇江、扬州等地提供电视直播、录播服务，内容涉及体育赛事、综艺活动等多种类型。

【广电改革创新落到实处】 在《阳羡茶馆》栏目实行制片人制，栏目活力得到彰显，品牌节目的收视份额和影响力不断上升，“节目+项目”“线上+线下”的运作模式被市委宣传部授予“媒体融合发展创新案例”奖。推行制播分离，助力紫砂频道成为宜兴紫砂文化传承的重要平台。经探索实践，紫砂频道考核管理模式和薪酬分配制度日趋完善和成熟，为下阶段普及推广提供了借鉴和样本。在广告中心全面推行业务员“零奖金”考核制和后勤服务人员全年奖金“动态考核”，传统广告持续下行的趋势得到改观，2016年春节拜年广告总量止跌回升增长60%。对传统阵地“硬广告”项目，不断梳理排查，全力挖潜增效。大时段广告逐步恢复。在新媒体中心推行“量”“质”并举的双轨考核模式，并根据中心的实际情况不断进行细化和完善。

【装备投入稳步实施】 稳步实施装备投入。投资300多万元建设运营新媒体中心，更好地融合发展；投入约117万元，向市委、市政府申请购置宜兴广播电台应急直播车，满足全市各类突发事件的应急广播、大型活动的现场直播以及新闻事件的现场报道。作为省十大重点实事工程的无线数字化覆盖单频网、多频网建设工程基本建设完成。为确保安全生产，按省信息系统安全等级三级评测的要求，细化完善、更新维护全台音频视频设备系统建设、运维和安全管理等方面。多方调研论证、科学合理地制订《2017—2020高清电视建设工程计划》。

2016年宜兴市广播电视获无锡市级以上奖项主要作品

表57

序号	标　　题(栏目)	类　　别	奖　　项	主创人员
1	莫让生鲜农产品配送成为制约农村电商的“瓶颈”(新闻中心)	电视新闻评论	省政府三等奖、无锡第四届新闻奖	李宁人　申晨希　雷云鹏
2	莫让生鲜农产品配送成为制约农村电商的“瓶颈”(新闻中心)	电视新闻评论	无锡一等奖	李宁人　申晨希　雷云鹏
3	我和猕猴桃有个约会(广播中心)	广播社教对象性节目	无锡一等奖	许　琦　夏　滨
4	追慕大师风范——纪念顾景舟诞辰100周年特别节目(广播中心)	广播新闻现场直播	无锡一等奖	叶勤娣　纪　莹　杨绪赵　吴军霞　黄　芳　沈　婧　许　琦　张佳慧
5	稻草人的心愿(广播中心)	广播连续剧	省政府三等奖、无锡一等奖	张佳慧　孙锦恒　李午言　许　洁　杨绪赵　吴云燕

续表57

序号	标　题(栏目)	类　别	奖　项	主创人员
6	一座城市的梦想舞台(专题文艺中心)	电视文艺艺术片	省政府三等奖、无锡一等奖	田宝山 谢丽娟 宋 源 王滔滔 邵佳程 陈思思 沈 嘉 周奕兵
7	小君访谈:对话救人英雄肖俊强(广播中心)	广播主持社教类	省政府三等奖、无锡一等奖	吴军霞
8	历经曲折　老兵终获抗战胜利纪念章(新闻中心)	电视新闻短消息	无锡二等奖	高笑天 杨济源
9	水北村:确权激活"沉睡"的土地(新闻中心)	电视新闻长消息	无锡二等奖	吕云峰 吴辰超 杜 丽 嵇园园
10	老姜的承诺(社教中心)	电视社教短纪录片	无锡二等奖	吴 霄 林 晗 夏 涛 孙锦恒
11	为您"搭把手"(社教中心)	电视新闻专题片	无锡二等奖	吴 霄 林 晗 李长根 孙锦恒
12	一片丹心绘锦绣——访"江苏最美人物"白塔村支部书记欧阳华(广播中心)	广播新闻访谈节目	无锡二等奖	吴军霞
13	蛤蟆爷爷的秘诀(广播中心)	广播儿童剧	无锡二等奖	傅 强 黄 芳 沈 婧 纪 莹 吴云燕 许 洁
14	宜兴市首届网络文化节开幕式(专题文艺中心)	电视文艺综艺节目	无锡二等奖	周奕兵 谢丽娟 袁震芳 邵佳程 王滔滔 夏旭峰 安 佳 孟祥冬
15	云游宜兴(社教中心)	电视文艺专题节目	无锡二等奖	罗抒萍 李长根 刘 佳 李雪巍
16	文盲的"丹青"(专题文艺中心)	系列电视短剧	无锡二等奖	田宝山 谢丽娟 宋 源 王滔滔 陈思思 周奕兵
17	《宜兴新闻》(新闻中心)	电视播音新闻类	无锡二等奖	杜 丽
18	关注公路晒粮系列报道(新闻中心)	电视新闻连续(系列)报道	无锡三等奖	尚 高 邵哲方 杨济源 嵇园园
19	龙山寻梦(紫砂频道)	电视新闻访谈节目	无锡三等奖	诸葛泳 仇建荣 孟祥冬 王 科 蒋大伟 张家硕
20	海姆立克急救法(广播中心)	广播社教知识性节目	无锡三等奖	黄 芳 傅 强
21	高效农业激活我市农业发展动力(广播中心)	广播新闻长消息	无锡三等奖	张宏才 吴云燕
22	新农村建设构筑宜兴农民幸福新生活(广播中心)	广播连续(系列)报道	无锡三等奖	蒋晔珍 叶勤娣 史银娟
23	《宜兴新闻》(广播中心)	广播播音新闻类	无锡三等奖	叶丹玲
24	金色童年:手机是什么妖怪(广播中心)	广播主持社教类	无锡三等奖	张佳慧

（李滔）

编辑　王雅

体育
SPORTS

综述

【概述】 继续巩固全省公共体育服务体系示范区建设，完善公共体育服务体系。市体育公园老体育馆改造工程和市体育中心体育馆玻璃幕墙及污水管网改造工程全部竣工，市全民健身中心通过市发改委立项。推进龙池山自行车公园二期工程建设，新增健身步道4千米。继续探索学校体育场馆设施开放管理模式，继续推动全市各级各类体育场馆、文体中心向社会免费或低收费开放，全市全年新建文体中心3个、体育馆2个。全年举办全市性体育赛事活动300多项(次)。完成全市22个市级体育协会的年检、换证工作，新增AAAA级体育协会1个。组织424名社会体育指导员参加各级各类社会体育指导员培训。为宜兴省级体质测定与运动健身指导站添置一批设备，完成国民体质测试超1万人。高水平承办2016中法男篮奥运热身赛、2016国际滑水公开赛二项国际级赛事，举办中超乒乓球联赛、中国围棋甲级联赛、全国越野行走公开赛、全国风筝精英赛等国内赛事8项(次)。在省青少年田径锦标赛暨县组田径比赛(第一赛区)中，宜兴市代表队团体总分列全省县(区)第三名。宜兴市高标准通过国家体育产业示范基地验收。市青少年体育运动学校被评为国家高水平体育后备人才基地。市体育局获2016年全国风筝精英赛优秀组织奖、全国百城千村健身气功交流展示系列活动“展示奖”，被评为2016年度全国县区体育彩票发行工作先进单位、江苏省县级体育工作先进单位、江苏省县级体彩工作先进单位。

【国家体育产业示范基地通过验收】 2013年，市委、市政府提出创建国家综合类体育产业基地的目标，成立创建国家体育产业基地工作领导小组，对体育产业发展进行宏观指导和统筹协调。2016年，依据国家和省市加快体育产业发展指导政策，结合宜兴体育产业发展现状，市政府出台《宜兴市人民政府关于加快发展体育产业 促进体育消费的实施意见》。市体育局与省社会科学院、省现代体育产业研究服务中心开展合作研究，编制《宜兴国家体育产业基地建设与发展规划》，立足宜兴既有产业基础、区位优势、资源环境以及城市功能定位，规划体育产业“一核两带四区”*的空间布局，确立在全市形成体育资源富集和体育产业发达的重点区域的发展方向。全年围绕重点发展体育旅游及运动休闲产业，举办国际级体育赛事2项、国家级赛事活动5项(次)和省级赛事3项(次)。指导体育产业类重点企业申报省级体育产业发展专项资金，其中中超乒乓球俱乐部有限公司的“2016赛季乒超联赛江苏赛区组队办赛”项目和宜兴市联创塑业有限公司的“免填充人造草坪技术创新产业化”项目分别获100万元、70万元的资金资助。体育彩票业销售额首次超过5亿元，达5.14亿元，增幅列全省县(市、区)第一。推荐相关单位参加中国体育文化·体育旅游博览会、中国体育用品博览会、江苏省体育产业大会，参加江苏省最美跑步线路等评选活动，其中龙池山自行车公园、宜兴水上运动表演项目分别被授予2016中国体育旅游“十佳精品景区”和“十佳创新”项目称号，沪宁钢机股份有限公司被省体育局评为江苏省体育产业示范单位，湖汉深氧健身公园健身跑段入选“江苏省最美跑步路线”。9月，宜兴市高标准通过国家体育总局专家组验收(2017年1月12日，国家体育总局公示宜兴成为2016年国家体育产业基地)。

群众体育

【概述】 继续巩固提升城乡社区“10分钟体育健身圈”建设成果。市体育公园老体育馆改造工程完成，市全民健身中心由市发改委立项。徐舍镇、湖汉镇、新庄街道均新建文体中心，周铁镇太湖风筝博物馆开馆，张渚镇推进龙池山自行车公园二期建设，官林小学、芳桥培源中学体育馆建成并对社会开放，西渚镇提档升级元上小学运动场塑胶跑道、足球场，丁蜀镇查林村建造的拆卸式游泳池成为无锡示范，太华镇桥涯村三洲文体活动中心、张渚镇祝陵村尚德广场、周铁镇王茂村智义庄健身广场、万石镇南漕村严庄健身广场建成投用。全市有市级单项体育协会22个；镇级体育总会18个，其中AAAA级社团2个、AAA级社团7个。承办健身气功、排舞广场舞和风筝项目全省一线社会体育指导员培训班各1期，分别有50人、100人、86人参与培训。依托市木兰拳协会举办二级社会体育指导员培训，全市各镇(园区、街道)指导员160人参加。参加省体育局组织的一级社会体育指导员培训23人,参加健身秧歌再培训5人。市乒乓球协会承办第七届全民健身乒乓球俱乐部联赛、邀请赛和第十四届“乒协杯”比赛;市老年人体育协会承办江苏省老年人体育节宜兴分会场启动仪式;市门球协会举办成立二十周年庆典暨门球邀请赛;市棋类协会承办宜兴市第六届围棋赛和象棋赛;市羽毛球协会承办全国东西南北中羽毛球大赛,参加环太湖体育圈羽毛球赛,举办宜兴市第一届羽协杯比赛。

宜兴市第三届中老年人可乐球展示大会

(丁焕新　摄)

【群众体育活动精彩纷呈】 春节期间,市体育局“送体育下乡”活动邀请省女子篮球队分别与官林镇、新建镇、丁蜀镇男子篮球队比赛。4月,举办江苏省老年人体育节宜兴分会场启动式和全市可乐球比赛。8月,举行宜兴市全民健身日启动仪式暨全国千村健身气功交流展示系列活动大赛宜兴大赛。全年举办镇级体育活动140多项(次)。年内,西渚镇承办国家青年女篮与江苏女篮对抗赛,湖㳇镇在竹海公园举办国际深氧绿色登山节,张渚、杨巷、周铁、湖㳇、和桥、新街等镇(街道)分别举办全民健身运动会,新建镇继续举办迎国庆系列体育赛,高塍镇举办面向全市的乒乓球赛,周铁镇组织第十八届太湖竺山风筝节暨社区(村)风筝邀请赛,官林镇举行首届环太湖篮球邀请赛,太华镇举办环龙珠湖迎新长跑活动,丁蜀镇举办机关、事业单位篮球友谊赛和丁蜀镇第二届五人制足球比赛等。丁蜀镇武术协会会员李丁楠(6岁)在中央电视台花儿风采全国儿童才艺比赛中表演陈氏太极拳,获华东地区南京赛区唯一特金奖和全国二等奖。

【太湖风筝博物馆落成开馆】 11月太湖风筝节期间,太湖风筝博物馆在周铁镇开馆,国家体育总局社体中心领导、中国风筝协会主席出席开馆仪式。该馆由东南大学建筑学院规划设计,选址周铁历史文化街区,在原清代历史建筑的基础上修建而成,是太湖流域地区第一座以风筝文化为主题的博物馆。博物馆投资近300万元,建筑面积400余平方米,馆内设风筝传统制作工艺、太湖风筝获奖荣誉、太湖风筝精品、中国风筝精品、太湖风筝历史文化等展区,以实物、图片、文字、多媒体等形式回顾与展示太湖风筝的发展历史、代表作品、制作技艺。周铁镇还为来自全国各地参加太湖风筝节的风筝爱好者举行风筝捐赠仪式。

【江苏省老年人体育节宜兴分会场活动】 江苏省老年人体育节是全省群众体育的重要品牌活动之一,2016年的活动主题是“自觉参与健身,共享健康快乐”。4月,省老年人体育节宜兴分会场启动仪式在市体育中心举办,来自全市各镇(园区、街道)18支代表队的250名运动员进行了可乐球展示。宜兴分会场活动从4月持续到10月,组织各类老年体育健身活动904次,活动采用集中与分散相结合模式,将老年人体育节与全民健身日活动、重阳节暨敬老活动、全国老年人健步走大联动等结合,组织引领老年群体参与。活动期间,健身团队每天活跃在各个健身站点,重点推广可乐球、柔力球、气排球、太极系列、门球等项目活动,带动全市数万名老年人参与。10月,江苏省老年人体育节(宜兴分会场)在市体育中心落幕,全市20支柔力球代表队300多人参加展示。

2016年宜兴市体育单项协会参加上级体育比赛获奖情况

表58

协会名称	竞赛名称	获奖情况	举办时间、地点
市保龄球协会	2016江苏省保龄球锦标赛	女子团体季军 女子队际亚军 杨莉艳:女子单人冠军 巫燕勤:女子单人亚军 杨莉艳、巫燕勤:女子双人冠军 杨莉艳:女子全能亚军 巫燕勤:女子全能季军	4月7—10日 江苏省苏州市

续表58

协会名称	竞赛名称	获奖情况	举办时间、地点
市保龄球协会	2016江苏省保龄球精英赛	杨莉艳:女子冠军 巫燕勤:女子季军	5月8日 江苏省常州市
	2016年江苏省保龄球选拔排名赛	巫燕勤:女子冠军	6月4—5日 江苏省苏州市
	2016年全国保龄球锦标赛总决赛	女子团体亚军	9月1—8日 安徽省合肥市
	2016亚洲保龄球协会巡回赛(中国站)决赛	杨莉艳:女子单人冠军	10月13日 上海市
市羽毛球协会	2016年全国东西南北中羽毛球大赛(宜兴站)	孙秋:B组女子单打第一名 孙秋、赵玉:B组女子双打第一名 吴立升、任军:D组男子双打第一名 闵敏、洪平:C组男子双打第二名 赵玉:B组女子单打第三名	4月11—12日 江苏省宜兴市
市风筝协会	江苏省第七届全民健身运动会暨2016年江苏省风筝精英赛	团体体育道德风尚奖 陈国强:体育道德风尚奖运动员 陈国强:地方特色最佳放飞奖 闵莹强:软串类第三名	5月27—29日 江苏省张家港市
	中国·宜兴市第十九届太湖风筝节暨2016年全国风筝精英赛(宜兴站)	团体体育道德风尚奖 闵莹强:体育道德风尚奖运动员 冯歧南:硬翅串类第一名 陆孝彬:软翅串类第三名 冯歧南:地方特色最佳人气奖	11月4—6日 江苏省宜兴市
	中国·宜兴市第十九届太湖风筝节暨2016年江苏省风筝公开赛	团体体育道德风尚奖 吴小富:板串类第一名 张炳良:广告类第一名 吴小富:软体类最佳空中效果奖 王琴芳:夜光风筝最佳空中效果奖 陈国强:地方特色最佳空中效果奖 陈国强:体育道德风尚运动员	11月4—6日 江苏省宜兴市
市木兰拳协会	江苏省首届广场舞精英赛	团体二等奖 体育道德风尚奖	6月24—26日 江苏省宿迁市
	2016中国木兰拳暨民族传统文化展示国际大赛	木兰拳类团队大金奖	6月27日—7月2日 浙江省东阳市
	2016年第一届东方明珠杯广场舞大赛	团体冠军 最佳组织奖	9月22日 上海市
市乒乓协会	江苏省首届乒乓球球王城市争霸赛	俞敏浩:少年组冠军 韦中:女子中年组冠军	11月25—27日 江苏省无锡市
市棋类协会	第六届环太湖六市(县)围棋赛	团体冠军	10月15—16日 浙江省嘉善县

续表58

协会名称	竞赛名称	获奖情况	举办时间、地点
市棋类协会	全国象棋棋王赛无锡分赛区	伍之昂:成年组亚军 吴松林:老年组亚军	9月9—11日 江苏省无锡市
市钓鱼协会	江苏省第32届固城湖钓鱼比赛	团体冠军	7月31日 江苏省南京市

学校体育

悲鸿小学学生参加全国啦啦操冠军赛　　（市体育局　提供）

【概述】 开展中小学体育竞赛、后备人才选拔、中小学体育特色项目创建等工作,并配合市教育局做好校园足球工作。继续推动学校体育场馆设施向市民开放,全年向体育场馆设施对外开放示范学校发放奖励经费152万元。年内,组织开展市级中小学、职校学生竞赛15项(次);全市中小学生田径运动会单项比赛由原来每所学校可报8名运动员增加到12名,参与运动员总数1023人;小学生足球参赛队伍由5支增加到23支。与市教育局联合成立学校体育竞赛参赛资格审查小组,负责中小学、职校学生竞赛的赛风赛纪和各项竞赛运动员的资格审核,全年审核运动员办理参赛证2681人。组织市第二实验小学、新芳小学、西渚小学、实验中学、高塍实验小学申报江苏省传统项目学校(2017—2020年),组织市第一中学、培源实验小学等20所中小学校申报无锡市级体育传统项目学校(2016—2019年)。

2016年宜兴市组队参加无锡市以上中小学生体育竞赛获奖情况

表59

竞赛名称	获奖情况
全国啦啦操冠军赛	公开少年丙组集体花球自选动作第一名:悲鸿小学 公开少年丁组示范套路第一名:悲鸿小学 学校俱乐部丙组课间啦啦操第一名:悲鸿小学 学校俱乐部丁组花球课间啦啦操示范动作第一名:悲鸿小学 公开少年丙组花球规定动作第一名:广汇实验小学 公开少年丙组花球规定动作第二名:广汇实验小学 公开少年甲组校园啦啦操示范套路第二名:丁蜀高级中学
全国少儿乒乓球比赛	男子丙组第三名: 高塍实验小学
江苏省小学生乒乓球锦标赛(南方赛区)	女子乙组团体第一名:高塍实验小学 女子丙组团体第一名:高塍实验小学 男子团体第三名: 高塍实验小学

续表59

竞赛名称	获奖情况
江苏省全民运动会(踢毽比赛)	男子组第一名:茗岭小学 男子组第二名:茗岭小学 女子组第二名:茗岭小学 女子组第三名:茗岭小学
江苏省小学生乒乓球锦标赛(总决赛)	女子乙组团体第一名:高塍实验小学 女子丙组团体第一名:高塍实验小学
无锡市小学生棋类比赛	国际象棋丙组团体第一名:市实验小学
无锡市小学生足球比赛	女子组第一名:万石小学
无锡市小学生篮球比赛	男子篮球甲组第一名:新芳小学 男子篮球乙组第一名:新芳小学 女子篮球甲组第一名:新芳小学 女子篮球乙组第一名:新芳小学
无锡市小学生跆拳道比赛	团体第二名:丁山小学 团体第三名:阳羡小学
无锡市小学生排球比赛	男子组第一名:培源实验小学 女子组第一名:和桥第二小学 男子组第二名:和桥第二小学

竞技体育

【概述】 全市有青少年体育运动学校(以下简称市少体校)1所,专职教练员8人,在校学生162人,设田径、举重、游泳、篮球、乒乓球5个运动项目,全年向上级单位输送运动员15人。市少体校承担全市学校体育竞赛12个项目的注册管理工作,注册运动员2681人。在市中小学生田径运动会、各项社会及学校体育竞赛中,利用信息化管理手段,采用网上报名、赛程计算机管理等方式,确保各项赛事顺利进行。组队参加省田径锦标赛暨县组田径赛获"体育道德风尚奖",获金牌6枚、银牌4枚、铜牌3枚,金牌数居全省64个县、区第三名;团体总分182分,列全省第三名;高中组53分,列全省第三名。参加省田径锦标赛,获金牌9枚、银牌11枚、铜牌8枚。参加省小学生体育传统学校田径夏令营(苏南赛区),获金牌2枚、银牌3枚、铜牌6枚。参加无锡市中学生田径比赛,市实验中学代表分获初中组男子团体与女子团体第一名,市第一中学代表获高中组女子团体第一名。

【市少体校创建成国家高水平体育后备人才基地】 1月,国家体育总局在全国各级各类体校中开展新一周期"国家高水平体育后备人才基地"评定工作,提高了对学校规模、运动员人数、训练项目数量、大赛成绩等指标的要求,江苏省配额数量由36所缩减至26所。市少体校按照国家体育总局和省体育局的要求,在原有田径、举重2个项目的基础上,新增篮球、乒乓球、游泳3个项目,同时创新探索市队校办、校企联合等新型办训模式,由市实验中学承办市女子篮球队,由高塍实验小学引进高水平教练员开展乒乓球项目训练,游泳项目训练依托市体育中心世纪氿风公司游泳馆和教练开展常年训练。新的办训模式提高了对外参赛成绩,全年参加省级以上的体育竞赛获金牌17枚、银牌18枚、铜牌17枚。12月,市少体校通过国家体育总局统评,创建成国家高水平体育后备人才基地。

【打造四季体育品牌赛事】 宜兴市充分利用独特的地理人文资源,积极打造四季体育品牌赛事,全年举办国际级赛事2项、国内赛事8项(次),让市民在家门口就可以满足多元化、多层次的体育需求和健身愿望。春季,第三届全国越野行走公开赛在龙池山自行车公园举办,作为"茶禅四月到宜兴"系列活动之一,有来自北京、浙江、湖南等省、市的近1000名选手参赛;中国围棋甲级联赛第三轮比赛宜兴专场在善卷洞风景区举办,由江苏华泰证券队对战浙江云林棋禅队。夏季,全国东西南北中羽毛球大赛吸引全国各地500多名业余羽毛球爱好者参赛;在阳山荡风景区举办2016"凌飞杯"国际滑水公开赛,来自日本、加拿大、新加坡以及马来西亚等国家和

阳山荡风景区2016“凌飞杯”国际滑水公开赛　　（丁焕新　摄）

地区的近90名滑水选手参加；第三届长三角运动休闲体验季（宜兴站）活动邀请苏皖浙沪四省、市的200多名户外运动爱好者、媒体记者、旅行社负责人，共同体验自行车骑行、采茶制茶品茶、制陶、趣味定向越野、漫游龙池古道等项目；中法男篮奥运热身赛在市体育中心开赛，中央电视台体育频道现场直播赛事，观众超5000人，创下宜兴承办体育赛事多项第一。秋季，宜兴首届青少年OP帆板邀请赛在团氿（宜园）风景区举办。冬季，江苏省风筝公开赛和中国·宜兴第十九届太湖风筝节暨2016年全国风筝精英赛在竺山湖畔举办。此外，宜兴还承办国家青年女篮与江苏女篮对抗赛1场，江苏、山东、湖北省和八一女篮对抗赛4场。

体育产业

【概述】 宜兴国家体育产业示范基地通过验收。组织体育产业项目申报省级体育产业发展专项资金，江苏中超电缆乒乓球俱乐部有限公司的“2016赛季乒超联赛江苏赛区组队办赛”项目和宜兴市联创塑业有限公司的“免填充人造草坪技术创新产业化”项目共获省体育产业发展专项资金170万元。全市体育彩票年销售额首次突破5亿元，列全省县（市）第三名。规范高危险性体育项目经营许可证核发流程，完善行政执法管理模式，联合市公安局、市场监管局、卫计委等单位开展游泳经营单位专项检查。龙池山自行车公园、宜兴水上体育运动表演项目在2016中国体育文化·体育旅游博览会上分别被授予“2016中国体育旅游十佳精品景区”和“2016中国体育旅游十佳创新项目”称号，宜兴市成为唯一有2个项目同时入选全国“十佳”的县（市）。

【体彩销售再创新高】 体彩工作积极探索多业态扩渠道新战略，全面提升行业发展综合保障水平，争先开展竞彩销售升级扩点工作，取得显著成效，成为全省典范。通过网点运营质量综合考评、神秘顾客考核、星级网点评定等新的管理和手段，提高网点运营规范和营销服务水平，在国家、省、市多次专项工作检查中被评为示范样板。全年体彩销售首次突破5亿元大关，达5.14亿元，比上年增长39%，列全省县（市）第三名，筹集市本级体彩公益金和发行费共3600万元。在国家体育总局体育彩票管理中心首次开展的区县体彩工作评优表彰工作中，宜兴市被评为2016年度全国区县体育彩票发行先进工作单位。

【高危险性体育项目经营监管】 加强高危险性体育项目经营的市场监管，规范高危险性体育项目经营许可证核发流程，完善行政执法管理模式。市体育局牵头市公安局、市场监管局、卫计委卫生监督所和疾控中心组成联合执法小组，对全市47个游泳场所开展规范运营和安全管理专项检查。重点督查游泳场所安全隐患问题、安全保障制度和应急预案公示、救生员信息公示、突发事件处理流程和责任人分工、浸脚池设置、救生观察台附近救生器材配备等游泳场所安全保障问题。检查结果显示，全市申领高危险性体育项目经营许可证单位16个，正常营业单位34个，没有正常营业单位13个。联合执法小组发出《游泳场所责令限期改正通知书》22份，督促31个未申领高危险性体育项目经营许可证的单位整改到位。

（张东红）

编辑　王雅

史志·档案·文史资料

THE HISTORY OF LOCAL CHRONICLES·FILES·HISTORICAL DOCUMENTS

史　志

【概述】 与市新四军历史研究会合作，采访新四军老战士，为《太滆烽火》第十辑提供稿件8篇、编辑稿件11篇。配合“两学一做”学习教育活动，开展“送党史进机关”活动。开通“宜兴史志”微信服务号，综合发布服务发展、服务社会、服务市民的史志信息，其格局为无锡地区首创。完成《徐舍镇志》《宜兴市工会志》终审、《和桥镇志》初审、《徐舍小学志》纲目审改，《新建镇志》《湖㳇镇志》《宜兴市残疾人事业志》《宜兴监狱志》资料征集、编写初稿工作有序进行。旧志整理进入收尾阶段，清嘉庆《增修宜兴县旧志》、明万历《重修宜兴县志》、民国《光宣宜荆续志》点注本的首轮点注和校核工作全部完成，影印本的校核工作完成工作量的三分之二。加强在外乡贤资料库和史志图片库建设，入库乡贤2000人、入库照片1.6万余张。

【党史专题初稿完成率达九成】 年初，市史志办制订出台《〈新时期宜兴党史专题〉编辑审稿工作制度》，成立专题审稿组，特邀党史顾问5人。全年组织开展编辑工作会议6次、编辑业务培训3次，深入基层开展业务培训辅导20多次，召开全市党史专题业务推进会1次，编发党史专题情况通报3次。至年底，全市92个承编单位、127个专题中完成的初稿有115篇，占全部任务的90%。其中，进入审稿组和顾问审稿的有8篇。

【《宜兴年鉴(2016)》出版】 7月，《宜兴年鉴(2016)》由方志出版社出版。全书106万字，设特载、概况、陶艺·书画、政治建设、经济建设、“美丽宜兴”建设等大部类11个，记载全市2015年度的经济、政治、社会、文化和生态文明等方面的基本情况和年度大事、要事、新事、特事，展现宜兴特有的地情特点和宜兴人民的精神风貌。全书首次启用二维码，读者可通过手机扫描二维码阅读年鉴，为全省首部可以使用二维码扫描阅读的地方综合年鉴。8月起，《宜兴年鉴(2016)》赠送至各镇、街道、园区、机关单位和其他相关单位。

【革命陈列馆新馆筹建工作多头并进】 宜兴革命陈列馆新馆工程建设推进顺利，11月工程主体建筑封顶，至年底，项目土建部分完成。为配合新馆重新布展，完成以“用史料说话，讲宜兴故事”为布展宗旨的《中国共产党在宜兴(1926—2016)》展陈大纲送审文本。史料文物征集有序开展，组建专门的征集队伍和征集工作联络小组，启动覆盖全市和市外重点地区的宜兴革命史料和党史文物征集工作。全年举行专场捐赠活动5场，走访联络市内外相关组织和个人20多次。至年底，征集到大革命时期、抗日战争时期、解放战争时期、解放初期的物品1000余件。

【“精彩宜兴”2015年度照片征集评选】 2015年度照片征集评选活动自2015年11月启动，至2016年1月底结束，累计收到市内外138名作者的参赛投稿作品1154幅(组)，内容涉及转型发展、城乡一体、生态面貌、百姓生活、文化传承、文明创建等多方面，展示了“强富美高”新宜兴建设的最新成果。2016年4月，选出入围作品60幅(组)，评出获奖作品43幅。8月，举行颁奖仪式，获奖作品汇编成册并收录进《宜兴年鉴(2016)》。

(叶绿)

宜兴革命陈列馆新馆建成效果图　　(市史志办　提供)

档 案

【概述】 市档案局的档案资源数量继续保持全国县级馆前列、省内领先。全年接待查档1.45万人次(婚姻档案信息资源共享平台服务3829人),调阅档案1.44万卷(件)次,复印出证3.32万张,为1.07万人解决独生子女父母补贴、享受社保、完善干部人事档案、编修党史等提供依据性材料。为推广数字化档案室创建,依托馆藏家谱资源,编辑完成《宜兴家谱提要》初稿。历时两年,梳理姓氏近百个、家谱3836册,简述每个姓氏在宜兴的由来、世系和历史名人,具有很高的史料参考价值。收到宜兴御风航拍工作室捐赠的无人机航拍视频及图片(记录7月市内水灾部分场景)数据总量约30G,填补馆藏无人机档案视频资料空白。协助杨巷镇编辑《梦里頔亭 故园杨巷》一书。基本完成三年进馆计划,年内接收市水利农机局、总工会、省宜兴中学等25个单位的9339卷又10.86万件档案进馆,档案总量增至91.18万卷(件)。征集纸质家谱22套、421册,家谱总数增至455套、4212册。新增姓氏4个,姓氏数量累计100个。完成电子家谱纸质化工作,打印家谱34套、364册,《常州府志》6册,《荆溪县新志》5册。基层档案工作保持良好势头,有15个单位完成星级创建工作;155个单位完成复查工作,其中企业2个、机关10个、学校21所、村122个。全年档案数字化率不断提升,1.66万卷、10.99万件、267.62万页的案卷完成数字化。

“国际档案日”宣传活动 (市档案局 提供)

【档案服务工作】 携手条线主管部门,共同推动条线建档创优。配合市委农办推动农村土地确权材料的整理归档,协同市委农办和省皓盘公司制订档案整理方案,以西渚镇为试点开展档案整理和数字化扫描工作。协助市民宗局推动宗教场所档案星级创建工作,全年完成显圣寺、丁山基督教堂等9个单位的档案工作星级创建。协同市教育局评估检查19所教育机构档案工作,表彰优胜单位11个。6月,首次在市文化广场举办“国际档案日”宣传活动,联合国土档案馆、城建档案馆和房产档案馆3个市内专业档案馆,在广场搭台提供咨询服务、发放宣传资料。同时,为了发挥馆藏资源优势,举办“宜兴籍两院院士风采展”和“宜兴籍大学校长风采展”,展示宜兴深厚的人文底蕴。

(高超)

文史资料

【概述】 为挖掘和展现宜兴古村社会风貌和蕴涵的历史文化,让更多优秀传统文化资源得到保护利用、发扬光大,市政协学习文史委员会联合各界人士征集整理宜兴古村文化,编纂出版宜兴文史第44辑——《宜兴古村》。该书以“史实性、可读性”为编辑原则,取材上注重“厚古薄今”,突出对宜兴古村的历史沿革、村落形制、重大事件、名胜古迹、名流贤士、特色风物和耕读传家文化的挖掘。全书38万字,涵盖宜兴历代古村143个,收录各种古村图文资料,其中包含一批珍贵的民国图片,客观记述和反映了宜兴各地民国末年前有记载并现存的古村原貌。

(黄瑜)

编辑 王雅

政法工作

THE POLITICAL AND LEGAL WORK

综　述

【概述】　全市政法综治部门围绕构建平安中国示范区和法治建设先导区的目标，深入推进平安宜兴、法治宜兴建设，宜兴市继续居于全省最稳定、最安全的地区之列。政法系统各部门着力稳金融、稳企业，全年推动61个风险企业进入司法破产程序，涉及企业债务总额383亿元，其中金融债权212亿元，有力保障全市经济社会发展大局稳定有序。完成各级“两会”、G20杭州峰会等敏感节点和重大活动安保维稳任务。全年累计调处矛盾纠纷7613件，调解率、调解成功率分别达100%和98%，继续保持“零激化”。组织开展严打整治专项行动，连续11年实现命案全破，群众安全感满意率95.5%。推进实施技防城三期工程建设，全面完成宜城、丁蜀两地257个城区老小区技防设施改造工程，初步形成立体化治安防控体系。全市违法犯罪警情数、刑事发案数比上年分别下降13.5%和17.9%。挂牌整治宜城街道阳羡中桥以西路段及周边地区等3个治安复杂、案件多发部位，深入推进禁毒、禁赌、禁娼等专项治理。强化综治基层基础建设，张渚、西渚、新街3个规范化政法综治工作中心建成投用。成立市平安志愿者协会，招募平安志愿者2万余人，壮大了群防群治力量。深入推进综治信息系统实战应用，形成基础信息网上采集、办事服务网上流转、工作过程网上监督的工作模式。开展平安创建活动，宜兴市获“江苏省平安校园创建示范县(市、区)”称号，被省委、省政府评为2015年度平安县(市、区)和2014—2015年全省法治建设示范县(市、区)，被国家邮政局评为G20寄递渠道安全先进集体。

【金融生态环境稳定有序】　面对经济下行、金融趋紧等不利影响，市委政法委发挥牵头协调职能，组织相关属地和部门紧密配合、主动作为、标本兼治，着力稳金融、稳企业，保障全市经济社会发展大局稳定有序。健全完善预防企业恶意逃废债务信息甄别制度，累计甄别相关信息6653条，依法查处涉嫌恶意逃债线索200件。组织实施服务业风险企业专项调研，在全市排查梳理出专业市场、酒店、房地产等行业的重点风险企业13个，逐一研究落实处置工作的路径、方法、措施；制订《强化风险企业管控工作方案》，建立健全事前预警、事中控制、事后处置工作机制；建立政法部门金融稳定工作周五例会制度，集中研判、集体会商，及时解决相关重点难点问题。完善落实重大问题市级牵头专案处置、一般问题属地包案处置模式，至年底，完成破产处置4个，资产已经变现、即将完成分配处置的10个，通过破产程序为债权人挽回损失逾20亿元，安置企业职工6000余人。建立重点关注企业约谈制度，通过书面提醒和约谈企业主等方式，督促有逃废债务倾向的企业履行法定义务，为市农商行专项化解不良贷款1.5亿余元。市公安机关持续开展打击恶意逃废债务行为专项行动，及时查破各类经济犯罪案件115件，挽回经济损失2亿余元。市人民检察院对经济金融类犯罪案件坚持优先受理、快捕快诉，全年办理骗取贷款、非法吸收公众存款等经济犯罪案件38件。市人民法院持续开展专项执行行动，执行到位现金12亿元，曝光执行“老赖”82人、限制出境33人、司法拘留273人、移送追究刑事责任13人，造浓了诚信光荣、失信必惩的社会氛围。

【社会环境持续稳定】　市委政法委深入推进涉法涉诉信访改革，牵头成立市涉法涉诉信访改革工作领导小组和涉法涉诉联合接访中心，把解决涉法涉诉信访问题纳入法治轨道，全年依法化解涉法、涉诉信访问题39件。全面推行依法逐级走访权益保障卡制度，加强进京非正常上访处置化解工作，对方面性突出问题和信访积案实施领导包案专项攻坚，妥善化解信访积案8件，信访稳定绩效始终居于无锡地区前列。市维稳办大力推行“第三方”稳评机制，全年完成稳评项目120个，无1起因决策失误引发矛盾纠纷。市公安机关切实加强情报搜集研判和评估预警，排查化解各类不稳定因素和涉稳矛盾纠纷653起，妥善处置各类重大不稳定因素、群体性及集访事件94起，删除网上负面有害信息2600条，落地查证220人次。市司法行政部门从队伍建设、制度落实、运作机制等方面入手，不断规范和完善市镇两级调处中心规范化建设，建立矛盾纠纷三级预警管控体系，组织开展“矛盾纠纷攻坚”活动，全年累计调处各类矛盾纠纷7613件，调解率、调解成功率分别达100%和98%。

【治安防控体系建设】 全市政法机关不断加强打、防、管、控一体化的治安防控体系建设，社会治安秩序持续优化，群众安全感满意率95.5%。市公安机关始终保持严打高压态势，先后组织开展打击“盗抢骗”犯罪、“夏季百日攻势”、打击环境犯罪“清水蓝天”等严打整治专项行动，全年破获刑事案件2283件，打击处理刑事作案人员2742人，连续11年实现命案全破。市人民检察院经审查批准逮捕396件、506人，提起公诉1458件、1852人。市人民法院受理刑事案件1554件，判处罪犯1753人。市司法系统援助办理刑事辩护案件148件。市政法综治部门推进实施技防城三期工程建设，全面完成宜城、丁蜀两地257个城区老小区技防设施改造工程，创新开展新一代技防入户工程“全民眼”建设，不断深化社会面巡防网建设，社会治安防控体系日趋完善。深入推进禁毒、禁赌、禁娼等专项治理，查处“娼赌毒”案件298件、1543人，实现发案下降、治安优化。开展严重交通违法行为集中整治、消防安全专项治理、严打“食(品)药(品)环(境)假(药)”犯罪等专项行动，全市道路交通事故死亡数、火灾事故数比上年分别减少12%和27.3%，“食药环”案件办理数比上年增长156%。

【法治宜兴建设】 全市各级各部门按照法治政府、法治社会一体建设要求，以更高标准、更大力度推进法治宜兴建设，群众对法治建设的满意率达97%。认真贯彻落实《宜兴市政府规范性文件合法性审查工作标准》，成立市依法行政宣讲团，完成全市行政执法主体和行政执法人员的清理工作。市公安局成立执法管理委员会，对主办民警实行办案积分制考核，市人民法院、人民检察院落实司法责任制，完成员额制法官、检察官入额工作，明确“谁办案谁负责、谁决定谁负责”的司法责任主体。市政法系统各部门均实行办案质量终身负责制和错案责任倒查问责制，深化落实警务、检务、审务公开制度。专题组织实施检察机关提起公益诉讼改革、推进机动车管理改革等13项法治惠民实事项目，注重运用法治手段解民忧、惠民生；制订“七五”普法规划，初步形成牵头单位组织、部门乡镇参与、资源共享互补、群众广泛参与的法治宣传新格局；持续加强法治文化阵地建设，在市级层面成立法德堂法治文化交流推广中心，在张渚、丁蜀两镇新建法治文化广场各1个。年内，宜兴市被评为江苏省“六五”普法工作先进市。

【基层综治建设】 整合各类资源，深入推进基层综治平台规范化建设，市综治委和市、镇、村三级综治平台完成更名换牌，对镇级综治中心硬件建设、人员配备、工作规范等层面进行提档升级。成立市平安志愿者协会，通过行业推动、社会运作等方式，在全市招募平安志愿者2万余人。深入推进综治信息系统实战应用，在无锡市组织的比武竞赛中，宜兴市代表团获团体第二名。在各领域、各行业持续开展“平安校园”“平安医院”“平安寄递”等平安创建活动，宜兴市被评为江苏省平安校园创建示范县(市、区)、G20寄递渠道安全先进集体。创新完善流动人口服务管理机制，落实流动人口落脚点治安管控，试点应用“流动人口APP”、出租房屋“二维码”等社会化信息采集管理系统，研究制订差别化落户政策，外来人口犯罪数量逐年下降。深化社区矫正“宜兴模式”新内涵，建立重点人员管控机制，搭建社会化帮扶和互助帮困平台，帮教、矫治工作绩效持续多年全省领先。

（史可茜）

公 安

【概述】 以高水平建设平安宜兴为统领，大力推进公安工作和队伍建设，落实打、防、管、控四项措施，为人民群众安居乐业和经济社会稳健发展提供有力保障。加强情报搜集研判和评估预警，创新公调对接矛盾调解机制，强化矛盾纠纷源头疏导化解，全年排查化解矛盾纠纷1.27余万起，妥善处置重大不稳定因素和群体性事件109起。认真落实反恐维稳措施，开展“关城门”行动、重大交通事故处置、消防灭火救援等实战和演练行动389次，完成重大活动安全保障任务51批(次)。全年破获刑事案件2283起，摧毁犯罪团伙123个、553人，打击处理刑事作案人员2742人，破获现行命案4起、命案积案2起，命案连续11年全破。深入推进“三网三机制”建设，建立完善城区治安监控系统、“3.20”工程道路监控系统和交通监控系

安保检查 （市公安局 提供）

统,增设高清摄像机525套,通过技防设施协助破案2355起。充实加强专职巡防队伍,全市配备专兼职巡防民警147人、专职巡防辅警1061人,组建处突机动队,全年巡防抓获违法犯罪嫌疑人914人,协破案件1036起,全市违法犯罪警情数比上年下降13.5%,公安信息中心完成升级改造,新增无线移动多媒体应急系统,为全警配发警务通3.0终端1545台。组织开展流动人口落脚点治安管控专项整治行动,登记暂住人口28.4万人、流动人口落脚点9.39万个。持续开展酒驾、超速、超载等严重交通违法行为集中整治,严查行人、非机动车等显见性违法行为,全年查处交通违法行为93.4万余起,拘留严重交通违法人员724人。开展消防安全大检查,检查场所单位3.8万个(次),督促整改安全隐患1.7万处,全市防火减灾形势保持平稳,火灾事故比上年下降27.3%。全面整治突出治安问题,查处"娼赌毒"案件298起、1543人,查处"食药环"案件51起,提起公诉55人。搭建"微警务"移动互联网综合服务平台,服务群众10万余次。全市公安窗口单位为群众和企业办理各类事项60万余件,提供上门送证等便民服务16万余人次。组织2640名民警(职工)、辅警健康体检,看望慰问因公牺牲民警家属、因公负伤民警、大病特困民警、患病民警300余人次,维护民警合法权益44起。

【严打整治】 坚持严打方针不动摇,先后组织开展打击"盗抢骗"犯罪、打击恶意逃废债务行为、打击环境犯罪"清水蓝天"等专项行动,着力维护良好社会治安秩序。全年破获刑事案件2283起,摧毁犯罪团伙123个、553人,打击处理刑事作案成员2742人;现行案件破案率达25.9%,连续第四年在无锡地区保持领先水平;破获"八类"(杀人、纵火、投毒、抢劫、强奸、绑架、爆炸、故意伤害)案件130起,破案率达90.9%,其中破获现行命案4起、命案积案2起,命案连续11年全破;"两抢"(抢劫、抢夺)案件发案数同比下降11.1%;破获涉毒案件854起,缴获毒品5.3千克。组织开展打击假冒伪劣、非法传销和猎狐追逃等专项行动,破获经济案件77起,移送起诉149人,为企业、群众挽回经济损失3亿余元。滚动排摸治安突出问题和乱点地区,深入开展打击食品药品环境犯罪,查处娼赌案件298起、1543人,查处"食药环"案件51起,提起公诉55人。

【机动车选号"50选1"新模式推行】
9月起,为进一步推进公安改革进程,规范机动车号牌选取和管理工作,促进机动车放号、选号更加透明化、智能化、均等化,市公安局启用全国统一版机动车选号软件,将原机动车选号"20选1"增加至"50选1"。同时,供市民选择的号池从原来的1000余副扩大到5万副,并统一无锡、江阴、宜兴三地选号池,杜绝号段划分带来的各类问题,使号池设定更公平、维护更阳光,大大提升了群众的选号余地及便利性,切实让群众感受到公安改革带来的"红利"。至年底,通过"50选1"新模式发放号牌1.02万副。

【黄标车报废淘汰任务完成】 9月起,为减少城市污染,改善空气质量,持续推进生态文明建设,市公安局牵头市环保、商务、财政等部门,全面部署全市黄标车报废淘汰工作。按照"政府先行、单位倒逼、个人引导鼓励"的原则,严格落实"属地管理"责任,按照"一车一档一策"的要求,组织警力配合属地政府逐人、逐车、逐户、逐企业进行走访,"一对一"对接联系,"面对面"核实情况,做好法律政策宣传工作,敦促车主自觉参与淘汰工作。同时,市公安局牵头市环保、交通、城管等部门组织开展黄标车专项整治行动,通过环保限检、车管限办、车辆限行、运输证限检、资金补贴等措施,加快黄标车淘汰进度。至年底,全市报废淘汰黄标车3644辆,完成无锡市政府下达任务。

【恶意逃废债务专项打击行动】 为严厉打击恶意逃废债务行为,塑造区域诚信环境,保障经济稳健发展,市公安局组织开展打击恶意逃废债务专项行动,严厉打击和积极防范恶意逃废债务行为。按照"六必查""六必打"工作要求,做到每案基本情况必查、财产情况必查、活动轨迹必查、债务关系必查、资金流向必查、出入境情况必查,坚持对涉嫌非法吸收公众存款、涉嫌集资诈骗、涉嫌恶意欠薪、涉嫌高利转贷、涉嫌贷款诈骗、涉嫌拒不执行判决裁定等犯罪行为必打,用足用好法律武器,对涉案人员依法查处打击。同时,通过限制涉案人员出国出境、监控相关企业财务和资产状况等措施,防止发生恶意分立、虚假重组、私设债务和转移资产等情况发生。至年底,立案查处逃废债务案件57起,抓获违法犯罪嫌疑人72人,涉案金额12亿余元,挽回经济损失3亿余元。

【特大虚开增值税专用发票案查破】
1月,市公安局在前期侦查经营的基础上发现,市春德商贸有限公司自2015年8月成立至2015年10月底,接受货物名称为小麦、大米等农作物的进项发票,向无锡、天津、山东等地开具货物名称为钢管、煤、铜等材料的销项发票,开票金额高达3000余万元,有重大虚开增值税发票的嫌疑。市公安局立即成立专案组,开展案侦工作,成功抓获主要犯罪嫌疑人王某(男,33岁,浙江台州人),并当场缴获出手机、银行卡、电脑等开票用作案工具。之后,专案组通过内审外调和扩线经营,在浙江、山东、北京、上海、天津、重庆、广东等地发起全国集群战役,一举查破特大虚开增值税专用发票案,30余名团伙成员全部被抓获归案。该案涉及江苏、浙江、山东、北京、上海、天津、重庆、广东等全国26个省市的531个单位,虚开发票总金额26亿余元,造成国家税收损失3.8亿余元。

【十六年抢劫杀人积案告破】 2000年10月30日晚,宜兴市洑东镇陶渊村涧众茶场新村发生1起重大入室杀人抢劫案,犯罪分子闯入该新村57号,持刀将被害人丁某千(男,殁年29岁)、王某芳

（女，殁年30岁）夫妇杀死在卧室内，劫走衣柜内的衣服等物品后逃离现场。案发后，市公安局立即成立专案组，部署实施了排查走访、协查协控、现场搜索、梳理同类型案件、清查旅社等侦查工作，但一直未破案。2016年，市公安局认真梳理1990年以来命案积案，将包括“2000.10.30抢劫杀人案”在内的7起命案列为重点，逐案分析研判。9月，无锡市局刑科所对“2000.10.30抢劫杀人案”现场遗留衣物进行常染色体和Y染色体检验，发现与张某然（男，39岁，江苏连云港人）吻合。11月，专案组先后赴南京市江宁区、常熟市练塘镇和黑龙江省大庆市抓获嫌疑人张某然（男，39岁，江苏连云港人）、白某林（男，40岁，江苏响水人）和庞某启（男，38岁，黑龙江绥化人）。经审查，三人对上述抢劫杀人犯罪事实供认不讳，“2000.10.30抢劫杀人案”告破。

（张荷云）

检　察

【概述】 坚持把维护社会和谐稳定作为基本任务，履行批捕起诉职能，全年受理提请逮捕各类刑事犯罪584件、758人，批准逮捕396件、506人；受理审查起诉1658件、2137人，提起公诉1458件、1852人。严惩危害群众安全犯罪，提起公诉制售有毒有害食品、假药劣药犯罪18件、37人，提起公诉电信网络诈骗犯罪24件、37人，提起公诉枪支爆炸物犯罪13件、31人。严肃查办侵害群众切身利益的职务犯罪，立案侦查贪污贿赂案件15件、17人，立案侦查渎职侵权案件3件、5人，其中涉案金额300万元以上1件、2人。会同市纪委、建设等部门，加强对滆湖东路绿化、老城区改造等25个工程项目的廉政风险防范，确保民生实事工程廉洁高效推进。与上级人民检察院建立四级远程视频接访系统，方便群众向上级检察机关反映诉求。全年受理并办结群众来信来访53件，成功息诉历时十年信访案件1件。对刑事被害人实施司法救助，发放救助金6万元。

2016年1月22日，央视《焦点访谈》报道市人民检察院办结的公益诉讼案件（市检察院 提供）

在资源环境领域探索开展公益诉讼，以公益诉讼人身份对破坏生态环境的企业、个人提起刑事附带民事诉讼4件，追缴环境损害赔偿金25万元；对履行环境监管职责不到位的部门、乡镇启动行政公益诉讼诉前程序6件，发送督促履职建议书9份。办结的一起公益诉讼案例被中央电视台《焦点访谈》栏目专题报道。向无锡市人民检察院提请抗诉案件3件，2件被采纳。对49名犯罪嫌疑人、被告人被逮捕后继续羁押的必要性进行审查，经建议，12人由逮捕变更为取保候审或释放。全年检察收监、收押、入矫（治）5476人，检察释放、出所、解矫5917人。市人民检察院监所检察科更名为刑事执行检察科。“宜兴市人民检察院”微信公众号推送43期，每期均处于江苏检察机关基层院微信周榜排名前列。市人民检察院被评为2016年度全国检察宣传先进单位。

【轻微刑事案件认罪认罚从宽处理机制出台】 3月，市人民检察院在无锡市内率先出台《关于建立轻微刑事案件认罪认罚从宽处理机制的意见》。该《意见》规定，在犯罪嫌疑人认罪认罚的基础上，检察机关在提起公诉时建议法院适用简易程序，并在同类犯罪行为正常量刑的基础上，向法院提出减轻10%至20%的量刑建议。同时，认罪认罚的犯罪嫌疑人需在笔录中承诺在审判阶段不对指控的事实、罪名、法定量刑情节、量刑建议、办案程序提出异议。对于适用认罪认罚从宽处理机制的犯罪嫌疑人，如符合取保候审条件的将优先采取取保候审强制措施，对于确有羁押必要的，将尽快办结。该机制主要适用于犯罪嫌疑人、辩护人对指控的事实、罪名及法定量刑情节无异议，且符合适用轻微刑事案件快速办理机制的，或者适用刑事和解程序的案件。至年底，适用案件5件、5人。

【强制隔离戒毒措施检察工作启动】 3月，市人民检察院与江苏省宜兴强制隔离戒毒所（以下简称戒毒所）签订《关于开展强制隔离戒毒检察监督工作的暂行办法》，探索对涉及公民人身、财产权益的行政强制措施实行司法监督工作。4月，在戒毒所成立驻戒毒所检察工作站，强制隔离戒毒检察监督工作正式启动。检察机关对被强制隔离戒毒人员入所、出所管理活动是否合法，强制隔离戒毒人员戒毒期限变更、所外就医、提前或延长解除强制隔离戒毒是否符合相关规定进行监督，认为入所出所条件、期限变更、所外就医、提前解除不当的，及时提出纠正意见；对被强制隔离戒毒人员逃跑、破坏监管秩序、重大疫情、所内吸毒、安全生产事故、所内死亡等事故进行监督，与戒毒所共同剖析事故原因，研究对策；对教育矫治、生活卫生、戒毒治疗、诊断评估、习艺劳动、文化建设、安全防范等方面进行监督，发现违规违纪行为及时提出纠正意见；对被强制隔离戒毒人员犯罪案件的立案、侦查和审判等工作进行监督；受理被强制隔离戒毒人员及其法定代理人、近亲属提出的控告、举报和申诉。检察机关定期开展检察监督工作，并开设检察信箱，处理分流各类线索。至年底，开展巡视、法治宣传教育、处理强戒人员猝死事件等检察活动9次。

【预防职务犯罪廉政征询】 为加大对工程建设项目的监督力度，预防和遏止招投标项目可能出现的贪腐行为，9月，市人民检察院对相关工程建设项目开展廉政征询工作。对宜兴市2016年供水工程(第二批)出户改造工程等3个工程项目和17个参与工程建设项目投标企业开展廉政征询调查。重点围绕招标公告是否符合规定、标书是否规范、招标程序是否合法、有无乱收费现象，在投标过程中有无发生陪标、围标、串标等不正常现象，在投标过程中有无发生请客送礼、受到不公平待遇等违法违纪问题，在招标投标过程中有无需要反映的行贿受贿、渎职等职务犯罪线索开展调查，并专门设计表格下发至随机抽取的被征询单位征求意见。至年底，未发现问题。

【无锡市首例虚假诉讼罪案审结】 2012年，犯罪嫌疑人田某向犯罪嫌疑人王某借款150万元，后田某严重资不抵债，且被部分债权人起诉至市人民法院。为使王某的部分债权能够优先受偿，2015年年初，田、王两人合谋指使犯罪嫌疑人郑某夫妇冒充工厂门卫，以伪造20万余元的工资欠条的形式，向市人民法院提起虚假诉讼，使该部分虚假债权享有法定优先偿还权。其他债权人为维护自己正当权益，向市人民检察院提出控告。同年11月，市人民检察院受理后迅速展开调查，通过走访取证、询问相关人员、固定证据查明了事实真相，审查认定劳务合同纠纷案系双方当事人捏造事实的虚假诉讼案，遂向法院发出再审检察建议书，同时还将涉嫌犯罪的案件线索向公安机关移送。2016年4月，检察院以虚假诉讼罪对4人提起公诉。6月，4名犯罪嫌疑人被法院以虚假诉讼罪分别判处管制6个月至有期徒刑8个月不等的主刑，并处1万元—2万元不等的罚金。该案是自《中华人民共和国刑法修正案(九)》增设虚假诉讼罪后，无锡市首例以虚假诉讼罪追究当事人刑事责任的案件。

【超20年追诉期被告人受追诉】 2015年12月，市公安机关通过技术手段，将涉嫌于1992年7月在宜兴市入户抢劫致人死亡的犯罪嫌疑人周某、谭某抓获归案。2016年1月，市人民检察院依法对2名犯罪嫌疑人作出批准逮捕决定。因该案发生时间适用1979年颁布的《中华人民共和国刑法》，至2016年已超《刑法》规定的20年追诉期期限，如须追诉须报请最高人民检察院核准。经层报无锡市人民检察院、省人民检察院、最高人民检察院，最终审查认为，犯罪嫌疑人周某、谭某入户抢劫他人钱财，造成1人死亡、1人轻伤的严重后果，其行为已涉嫌抢劫罪，虽然已超20年追诉期限，但犯罪情节恶劣、后果严重。最终，决定对周某、谭某以涉嫌抢劫罪依法核准追诉。

(金晶)

审　判

【概述】 全年受理案件2.95万件(其中旧存5856件)，审案2.22万件，诉讼标的额253亿元，分别比上年增长9.1%、3.4%和20.5%。受理刑事案件1554件，结案1395件，判处罪犯1753人，分别比上年下降7%、8.9%和1.5%。受理民商事案件1.65万件，结案1.28万件，分别比上年增长3.9%和2.3%。受理行政案件132件，结案91件，分别比上年增长38.9%和49.2%，审查非诉行政执行案件100件，全部裁定准予执行。受理执行案件1.13万件，执结7835件，分别比上年增长20.4%和11.2%，执结标的总额18.8亿元。不断强化司法服务和完善保障措施，制订实施《关于司法服务保障“强富美高”新宜兴建设的实施意见》。引进世界五百强企业意大利普睿斯曼公司收购破产企业江苏申环电缆科技股份公司(以下简称申环电缆)。打击破坏生态环境违法犯罪，依法审理全市首例污染环境罪和首例非法狩猎罪案件。严厉打击妨害司法秩序、损害法院权威的不诚信诉讼行为，公开宣判无锡市首例虚假诉讼犯罪案件，依法打击虚假诉讼和虚假陈述等妨害民事诉讼的违法行为，首次对故意作虚假陈述的公民诉讼代理人作出司法拘留7天的处罚。年内，市人民法院司法新闻宣传工

某案件开庭现场　　(市人民法院　提供)

作和司法网络宣传工作受最高法院表彰，市人民法院被评为全省法院党建工作先进集体，市人民法院执行局被省高级人民法院评为江苏省执行标兵单位。

【多方联动共治执行顽疾】 年内，市人民法院贯彻执行最高人民法院"用两到三年时间基本解决执行难问题"的决策部署，成立基本解决执行难问题工作领导小组，制订出台专项工作方案，并向市委进行专题汇报，健全完善协助执行工作网络，补齐执行短板，初步形成"党委领导、政府参与、各方配合、法院主办"的综合解决执行难工作大格局。发挥执行指挥中心"网络互联、统一指挥、快速反应"优势，加大对被执行人及其财产的查控力度，集中查询财产信息5万余次，冻结银行存款12亿元，查控房产、土地1.65万宗，查扣机动车52辆。推进委托执行模式，委托市公安机关拘留被执行人15人。制订《执行案件调查令实施细则》，规定申请执行人可委托代理律师持调查令向相关单位调查被执行人的财产状况，提升执行效率。加大资产处置力度，全年在淘宝网司法拍卖平台上线拍品553件，成交384件，变现金额11.42亿元。抓住社会信用体系建设大力推进的有利契机，加大对失信被执行人的信用惩戒力度，发布失信被执行人信息并限制高消费8094人次，同时全部录入最高法院失信名单库，限制出境33人，促使被执行人自动履行或达成和解662件，总金额2.8亿元。强化执行强制手段的适用，加大对规避执行、抗拒执行等行为的惩治力度。10月20日中午11点至21日凌晨5点，市人民法院参与省高级人民法院统一部署并组织的网络直播无锡法院执行"会战"，对36起执行案件进行专项集中执行，执结案件9件，执行到位人民币116.2万元、港币600元，现场扣押白金戒指1枚、阿玛尼手表1只，依法采取司法拘留17人、拘传3人、现场搜查13处、强制搬迁交付房屋2处。全年"执行110"出警280次，出动警力1134人次，司法拘留325人。加大对拒执罪的打击力度，及时向公安机关移送案件9件，有力地震慑被执行人，取得良好的法律效果与社会效果。

【司法服务维护金融生态稳定】 年内，市人民法院围绕全市工作大局，制订实施《关于司法服务保障"强富美高"新宜兴建设的实施意见》，不断强化司法服务和保障措施，全力服务经济社会发展，维护金融生态环境稳定。加大金融案件审执工作力度，全年审结金融借款合同纠纷案件1006件，结案标的额58.4亿元，分别比上年增长17%和31%；执结金融债权案件653件，标的额25.6亿元，分别比上年增长4%和19.6%。依法保障金融债权，切实防范和化解金融风险。优化企业破产审判机制，全年受理破产案件17件，接受债权申报额逾79.72亿元，结案12件，合计消化全市危困企业债务金额37.37亿元。成功引进世界五百强企业意大利普睿斯曼公司参与申环电缆破产竞拍，并以3.05亿元成交。探索关联企业合并破产和"管理人负责持续经营破产企业"模式，推动"僵尸企业"清理处置，促进产业优化升级，编发的简报《宜兴法院"府院联动"清理僵尸企业保障服务供给侧结构改革成效好》被省高级人民法院转发。

【库存车辆拍卖】 8月起，为尽快实现"拍品清零"，市人民法院对库存查封车辆进行"集中、快速、高效"司法拍卖。库存查封车辆经集中评估后，网拍工作人员对符合上线拍卖条件的车辆进行实地走访采样，拍摄照片和视频，并公布看样细则，提供电话咨询及网络咨询。同时，加大新媒体展示力度，通过法院网站、微信、微博等媒体，加大网拍宣传，详细介绍网拍流程，定期推出拍品介绍，耐心解答留言意见。创新推出"一公告二拍卖"，在对动产可能的二次拍卖过程中，在拍卖公告中载明一次流拍后将按相关规定直接下浮价格，并于当天上网公告，公告五天后即可以开展第二次拍卖竞价，改变以往流拍后由法官通知网拍小组再次公告七天后拍卖的方式，加快拍卖节奏。至9月7日，第一期查封车辆集中司法拍卖上架12辆，成交10辆，成交金额170余万元，成交率83.3%。

【申环电缆整体资产成功拍卖】 申环电缆资金链断裂，最终因资不抵债进入破产程序。市人民法院受理该案后，立即对该公司情况进行全面深入的研判分析，制订详细工作计划，多措并举加快公司资产变现进度。经评估，申环电缆实物资产总价值4.14亿元，公司对外债务16.64亿元。面对巨额债务，经管理人初步预测，扣除抵押资产后普通债权清偿率预计极低，社会矛盾隐患较大。由于该公司在进入破产清算前具备较高的社会知名度，其购置的机器设备在同行业中亦居于领先水平，前期受资金不足制约未充分发挥其规模经济效益。法院及地方属地政府将破产案件审理工作与地方招商引资工作有机结合，成功吸引世界五百强企业、电缆行业巨头意大利普睿斯曼公司参与洽谈，顺利解决资产变现中的相关法律问题。经多轮磋商，最终意向投资人同意按评估价的74%竞买申环电缆整体资产。12月，市人民法院通过淘宝网司法拍卖平台对申环电缆整体资产进行拍卖，普睿司曼公司按协定价格3.05亿元竞拍成功，拍卖款项全部划入指定账户，用于依法有序清偿全体债权人债权。此次变现工作不仅加快申环案件审理进程，维护了全体债权人权益，也有助于属地政府加快"腾笼换鸟"进度，实现市场出清和企业提档升级，实现了司法效果及社会效果的双赢。

【物流公司被判全额赔偿因运输破损的保价紫砂壶】 2015年5月，毕某售出一把高档"西瓜"紫砂壶，委托某物流公司将紫砂壶运送到买家杜某在内蒙古自治区的家中。寄件时，毕某在物流公司提供的货运单保价声明价值栏内注明，其托运的紫砂壶价值为4万元。杜某收到寄送的紫砂壶查验发现，由于长途运输，该壶的壶钮部分出现破损。毕某只能重新委托原来的物流公司运送另一把茶壶至杜某处，同时约定，采取货到付款的方式收取杜某茶壶款3.9万元，另支付1000元运输费给物流公司。之后，毕某与物流公司交涉，要求物流公司按照其注明的价格对第一次托运时破损的紫砂壶予以赔偿。物流公司不同意按照保价价格赔偿，毕某最终诉诸法院。庭审中，毕某将茶壶款赔偿额变更为3.9万元。宜兴法院认为，紫砂壶是紫砂艺术的集中体现，是具有高度艺术的工艺品。紫砂壶一旦受损，从技术上虽可以对此修复，但已不能在工艺品市场上流通，同时依照《中华人民共和国合同法》第312条规定，判决物流公司赔偿毕某茶壶款3.9万元。

（蒋璐）

司法行政

【概述】 全年开展矛盾纠纷排查1.5万人次，排查及化解可能引发不稳定因素的矛盾3962个；受理群众诉求7220件，调解7077件，调解率、调解成功率分别为100%和98%。劝阻群体性上访14起、63人。劝阻群体性上访13起、59人。接收入矫社区服刑人员374人，解除社区矫正475人，有在册社区服刑人员569人；接收刑满释放人员676人，有在帮刑释人员2304人、后续照管人员63人；“三类人员”*衔接率、帮教率均为100%。全市有法律服务机构49个，为政府部门、企事业单位和村（社区）担任顾问3845人次，代理诉讼案件5783件、非诉讼案件6300件，为企业和进城务工人员审查和规范劳动合同4200份，为企业避免和挽回经济损失8.1亿元；排查和调解环境污染、农业生产经营、征地拆迁等纠纷437件，为群众规范土地流转合同482份，提供免费诉讼87件。市法律援助中心受理法律援助案件1703件，结案1430件，接听“12348”专线电话733人次，网上登入法律咨询数3701人次。市公证处办理公证8833件，其中国内民事公证3840件、国内经济公证3096件、涉外公证1897件。市司法鉴定所受理鉴定申请568份，出具鉴定报告680件。围绕“七五”普法，全市开展法治文艺演出115余场（次），发放宣传资料25万多份，受教育群众60万人次。宜兴市被评为江苏省“六五”普法先进市和全省法治建设示范市；市法援中心被评为第五届全国法律援助工作先进集体，办理的《老兵车祸身亡难理赔，法援律师助力维权》案件入选江苏省十大优秀案例。

【“七五”普法工作启动】 1月，宜兴市召开“六五”普法总结暨“七五”普法动员大会，总结“六五”普法成果，部署“七五”普法工作任务。4月，市司法局针对农民的学法、用法情况，在全市范围内组织展开调研工作，制订调查问卷，由张渚、太华等14个乡镇司法所组织500名农民填写调查问卷，并汇总数据，形成调查报告，从总体上了解全市农民的普法需求。5月，市委宣传部、市司法局完成编制《关于在全市公民中开展法治宣传教育的第七个五年规划（2016-2020年）》（讨论稿）。8月，市第十六届人民代表大会常务委员会第二十九次会议审议通过《关于开展第七个五年法治宣传教育的决议》。11月，市委、市政府转发《市委宣传部、市司法局关于在全市公民中开展法治宣传教育的第七个五年规划（2016—2020年）》的通知，“七五”普法正式启动。年内，市司法局结合宜兴新常态下法制宣传教育工作实际和特点，开展“七五”普法宣传，编制印发“七五”普法宣传折页3万份。

宜兴市“六五”普法总结暨“七五”普法动员大会　　（市司法局　提供）

【职工维权法律援助】 市司法局加强与市总工会沟通协调，联动配合开展职工维权法律援助工作。市法律援助中心在市总工会及6个中心镇设立法律援助工作站，服务范围覆盖全市18个镇（园区、街道）及纺织、电缆等21个行业协会，法律援助律师与各镇工会和行业工会结对挂钩，定点定员开展法律援助工作，零距离为职工提供法律援助维权服务。同时，成立市工会阳光法律援助志愿者服务队，通过以案说法、企业结对、面对面咨询、定向精准普法等形式，创新开展法律援助志愿服务活动，与工会法律援助工作站相互协作，维护职工合法权益，促进企业劳动关系和谐，为经济发展保驾护航。市法律援助中心律师受聘担任市总工会劳动法律监督员，参与全市工会劳动法律监督检查活动，深入企业抽查劳动用工情况，开展监督检查，针对企业劳动用工的不规范问题，及时进行法律会诊，提出具体整改意见。在监督检查过程中，同步开展劳动关系矛盾隐患排查和普法宣传，帮助企业正确认识权利与义务，保障职工合法权益。市法援中心有重点、有针对性地组织开展“送法进企业”“送法进工地”“法润采茶工”等专项专题宣传活动，与市总工会合作编印相应普法宣传资料，发放法律援助联系卡，确保每个行业普法宣传有重点、有亮点，职工学法懂法有途径，依法维权有能力。

【“双严”整治专项行动】 2015年12月，根据省司法厅“双严”（社区矫正严格执法、严格管理）工作要求，宜兴市全面开展“双严”集中整治活动，开展追逃专项行动、不假外出专项整治行动、遵纪守法专题教育、社区矫正系统信息数据专项核查、社区矫正执法质量专项考评、贯彻执行社区矫正执法管理工作省级标准六大专项行动。2016年5月，“双严”集中整治活动结束。通过整治，社区矫正工作人员的规范执法意识明显提升，社区服刑人员遵纪守法意识进一步强化，社区服刑人员不假外出情形明显减少，手机定位成功率明显上升，因违纪受警告人员明显比上年减少。至年底，全市无1名社区服刑人员重新犯罪。

【涉灾法律服务及时高效】 7月初，宜兴市遭受历史最大洪涝灾害，损失惨重。随着抗洪抢险接近尾声，各种涉灾法律问题和矛盾纠纷逐渐显现。8日，市司法局与市律师协会共同召开灾后热点法律问题研讨会，就群众普遍关心的房屋受灾、车辆涉水、农田损毁、意外伤害、合同履行、相邻关系纠纷等问题进行研讨，为维护社会稳定、减少群众损失做好充分的法律服务准备。会议决定，对群众普遍关心的问题从法律层面和操作层面作出详细解答和引导，并通过《宜兴日报》、宜兴司法行政网络平台和手机平台、印发宣传资料等途径，普及有关法律知识，引导群众正确处理涉灾问题；及时对敏感问题和重大问题作出预案，指导基层司法所及各法律服务机构协同配合，避免激化矛盾、引发群体性事件，合法合理化解群众矛盾；提升灾后应急服务能力，加强各级矛盾纠纷调处服务中心、法律援助服务窗口人员值守力量；增派公益律师加强对“12348”公共法律服务热线的值班解答，并增开“87969092”热线号码作为灾后法律问题咨询专线；组织“三农法律服务团”及时送法下乡，为基层群众提供贴心服务；充分发挥“公益律师进驻派出所”活动作用，做好化解群众矛盾的参谋助手作用。至年底，受理群众涉灾诉求482件，接听涉灾热线电话1870人次，提供涉灾咨询1550人次，化解涉灾矛盾705件。

【司法行政社会组织发展指导中心成立】 为加快培育发展司法行政社会组织，推动司法行政社会组织健康有序发展，10月，市司法局经市民政部门批准，成立市司法行政社会组织发展指导中心。该中心主要职能为指导管理司法行政类社会组织的孵化、培育和培训工作，保障和监督领域内社会组织健康运行，为入驻孵化的社会组织提供政策解读、信息咨询等服务。该中心按照省司法厅构建基础型、枢纽型、行业型、专业型和网络型的社会组织模式的要求，结合市、镇（园区、街道）司法行政工作实际，在对全市11镇（园区、街道）司法所、法律服务所进行调研后，召开社会组织建设推进会，并邀请市民政部门对培育发展对象组织培训，确保孵化出一批具有发展潜力、社会效益的司法行政社会组织，培育为服务大局、服务中心、服务群众的一支主力军。

【法律服务进警营】 年内，针对部队官兵面临的涉法问题和心理问题逐年增多的情况，为帮助官兵分析法律问题、维护合法权益，同时化解心理问题、保障身心健康，市司法局在原有法律服务进军营基础上，利用司法行政心理咨询师队伍资源，将专业的心理咨询服务送到警营，加强与武警部队双拥共建力度，并建立共建长效机制，不断提升服务质效。12月，驻宜兴武警8694部队聘任法律辅导员、心理咨询师暨宜兴市司法局服务到连队活动启动仪式在武警8694部队举行。由市司法局委派的6名律师事务所主任、76名律师、10名心理咨询师受聘担任驻宜兴武警部队法律顾问、法律辅导员和心理辅导员，与各团、师直属部队、师后勤部队结成法律心理服务对子，常态化为各连队无偿提供法律心理服务。92名律师和心理咨询师将定期和按官兵需求开展多种形式的普法和心理常识教育，提供法律援助，接受心理咨询，并为部队培养法律和心理咨询骨干，帮助官兵解决法律难题和心理困惑。启动仪式结束后，律师和心理咨询师现场为部队官兵提供一对一咨询服务，解答各类咨询150余人次。

【律师参与信访积案化解】 市司法局加强与市信访局沟通对接，多措并举推进律师参与信访积案化解工作。按照省、无锡市律师参与化解信访突出问题工作统一部署，成立市联合工作领导小组，统筹推进相关工作。由领导小组、市司法局党组、律师事务所（法律服务所）研究，共同梳理出由律师参与攻坚化解的信访积案31件（其中群访案件12件、个案19件）。精选政治意识强、业务素质高、热心公益事业的律师事务所、律师及整体实力强、群众基础好的基层法律服务所、法律服务工作者组成信访积案化解攻坚团队，按照“顾问单位优先、专业特长对口、群众基础熟识”原则，把梳理出的积案逐一分配到责任所和责任人，同时抽调部分专职人民调解员、心理咨询师、司法所所长共同配合开展信访结案化解工作。建立每1件信访积案有1名市领导挂帅、1名局领导协调、1个律师小组包案的制度，实行主任负责制，并组成由2—3名骨干律师组成包案小组，全面参与案件化解。建立联络员制度，加强与涉案相关部门的沟通协调，建立信息专报制度，及时向市领导汇报工作进展情况，通过横向、纵向无缝衔接，推进积案化解。建立考核奖励制度，将律师（法律工作者）参与信访积案化解工作纳入年终考核，并与评先评优挂钩，由市司法局与市信访局共同设立奖励基金，对信访积案化解工作突出的单位和个人，以以奖代补的形式给予奖励，提升积案化解实效。至年底，化解信访积案8件。

【社区矫正信息化管理平台建设】 年内，宜兴市积极探索信息化管理运用，开发出宜兴智慧司法信息管理系统一期、两期工程，建立社区矫正信息化管理平台，搭建手机矫务通平台，不断完善定位监管平台。社区矫正信息化管理平台包括六大系统。其中：智能化生物考勤系统通过面部考勤记录仪和指纹考勤仪可在社区矫正人员开展日常集中公益劳动、集中教育学习等活动时，进行面部识别和指纹签到、签退，确保考勤记录的真实性和准确性；远程视频监管系统通过网络专线延伸至全市18个镇（园区、街道）司法所，可对所内开展的镇级教育活动、个别谈话教育等工作情况进行远程监管；电子执法系统与省司法厅平台对接，管理人员可不受办公场所和工作时间限制，对社区服刑人员实行移动式管理，实地实时记录核查、走访、汇报等情况，真实有效地反映管理过程；社区服刑人员监管软件系统集聚电子档案、手机定位、指纹签到、网上教育学习、证据保全、远程监控、综合考核等功能；教育APP“点餐制”系统通过互联网实现预约教育学习、社区服务的时间和教育课程内容、社区服务项目，方便社区服刑人员灵活安排好学习和工作生活时间，同时也提高了社区服刑人员的自主选择权，提升了教育的多样性；网上远程教育系统通过远程视频开展教学，实现教育多样化、信息化；“12348”电话汇报系统建有语音汇报录音功能，具有自动转接录音、留言录音和录音回放及统计功能，既提升了汇报真实性，又提高了管理人员的工作效率。

【《宜兴司法》创刊】 3月，为及时传播上级指示精神，宣传先进法治理念，全面反映司法行政、法律服务工作的新情况、新动态、新举措、新成效，市司法局创办《宜兴司法》。该刊物以“服务中心、贴近实际、推进工作”为宗旨，致力于打造成为信息交流的平台、领导决策的参谋、政群沟通的桥梁、开展工作的助手、展示成果的窗口。刊物为双月刊，设有《理论研讨》《法规关注》《案例剖析》等栏目，兼具业务性、指导性、实用性。刊物为内部交流资料，每期发放给全市司法行政系统各部门，并向市领导、各机关单位，省司法厅、无锡市局及部分兄弟县（市）司法局赠阅。至2016年年底，共出刊5期。

（韩进）

监所管理

【概述】 省宜兴监狱实现连续21年未发生罪犯脱逃和狱内重特大案件，连续18年未发生重伤以上安全生产责任事故，全部监区通过省监狱管理局规范化建设达标验收。建立健全刑释人员衔接管理制度，成立安置帮教工作站，监狱被评为2016年度全省司法行政系统安置帮教工作先进集体。弘扬平安法治文化、注重人文关怀、聚力社会协同，监区文化建设工作获《江苏法制报》专版报道。成立法律援助工作站、心理矫治服务站和矛盾调处中心，每1个监区配备1名律师和1名心理咨询师，丰富法律援助内容，提升心理疏导实效。创新罪犯矛盾调处工作机制，全年调解处理轻微性矛盾97件、突出性矛盾56件、危险性矛盾13件。深化“法润江苏·德法同行”系列活动，联合苏州弘毅同光文化传播有限公司LP33团队开展“感恩心连心”大型帮教活动，吸引70余名志愿者参加。全年开展亲情帮教活动19次，帮教罪犯近500余人；举办团体帮教活动9场、就业推介会2场、法律咨询会17场，帮教罪犯4000余人次；联合地方开展大型文体活动5次。开展改造之星、改造标兵评比，评出改造之星322人、改造标兵168人。

（陆之龙）

省丁山监狱坚持“建设现代监狱、推动领先发展、服务全省大局”总目标，全面推进“四大载体”*和整体搬迁工程建设，深入推进安全治理“六大机制”*建设，优化狱内“110”运行机制，构建实施安全防控等级响应管理及“防、控、管”安全网格化管理模式，实现第18个监管安全年。部署开展监管制度强化月和安全隐患排查专项整治，全年开展专项检查9次、特别检查90余次，排出问题全部落实整改到位，安全防控水平显著提升。加强服刑人员思想文化技术教育，创新个别化矫正方法手段，新生成人文化学校开班授课，加大重点罪犯教育转化力度，成功转化率达70%以上。开展“法润江苏·2016春风行动——走进丁山监狱”系列活动，全年排查化解矛盾80多起。严格执法办案质量终身负责制和执法审查工作制度，全年办理罪犯减刑假释及暂予监外执行案件合格率100%。年内，省丁山监狱创建为全省第二批省级机关法治文化建设示范点。

（陈伟）

省宜兴强制隔离戒毒所（以下简称强戒所）夯实安全基础，探索戒治规律，推进各项工作科学健康发展，场所保持安全稳定。坚持“净物入所”制度，完善安全工作机制，规范戒毒执法工作，成立应急防暴队深入开展隐患排查整治工作，全年开展隐患排查53次，整治安全隐患69项。扎实推进“四期流转、三分戒治、双向延伸”戒毒模式，开展职业技能培训4期，260人获职业培训资格证书，教育戒治成效显著。加强心理矫治工作，开展心理咨询和危机干预175人次。开展“法润江苏·2016春风行动”活动，为戒毒人员发放特困扶助金和生活慰问品折款7500余元，为60名戒毒学员提供了法律援助。实地走访两名困难戒毒人员家庭，为其子女发放助学金1200元。加强心脑血管、精神类等重点病号分级管理、跟踪治疗，邀请社会医院专家定期坐诊，全年开展医疗知识讲座5次。

（王建伟）

【宜兴监狱安置帮教显成效】 省宜兴监狱针对短刑押犯多带来释放衔接压力大的情况，从维护社会稳定大局出发，按照刑罚执行一体化要求，坚持“上下联动、监地协同、亲属参与”原则，依托互帮共建和安置帮教工作平台，建立健全刑释人员衔接管理制度，严把排查认定、政策引导、联系沟通、处置留痕、必接必送五大关口，坚持超前排摸、超前应对，做到衔接前置，最大限度使每名刑释人员出狱后与地方或其亲人无缝对接。G20杭州峰会安保期间，刑释人员及减刑假释裁定释放人员衔接率100%，有效维护了狱内外稳定、促进了社会平安和谐。全年完成“必接必送”对象167人，化解“释放难”个案7个，完成精神病犯释放衔接2起。年内，刑释人员安置帮教工作受到省司法厅通报表扬，监狱被评为2016年度全省司法行政系统安置帮教工作先进集体。

（陆之龙）

【丁山监狱重视服刑人员教育改造】
推动监狱文化技术教育教学工作创新发展，创新个别化矫正方法手段，建立服刑人员问卷调查、心声访谈等工作机制，实行因人施教。新生成人文化学校开班办授课，开设陶艺、器乐、书画3个班级，加强服刑人员思想文化技术教育。加大重点罪犯教育转化力度，实行集中攻坚，成功转化率达70%以上。开展“法润江苏·2016春风行动——走进丁山监狱”系列活动，全年排查化解矛盾80多起，完成重点刑释人员“必接必送”338人。充分发挥教育叠加效应，举办《弟子规》、《三字经》、宜兴地域文化等主题讲座。开展以“防心理疾病 保健康心态”为主题的系列教育活动，举办“预防春季心理感冒”图片展和课堂化教学课程，常态化开展集体运动和娱乐活动，普及心理卫生常识，引导服刑人员正确对待情绪问题，加强身心调节，保持积极健康的心态，及时排遣消极负面情绪。开展优秀电影夏季展播活动，缓解和调适高温季节服刑人员的不良情绪，帮助服刑人员陶冶情操。

（陈伟）

宜兴强戒所为戒毒学员提供汽车美容技术培训　（宜兴强戒所　提供）

【宜兴强戒所教育戒治质量稳中有升】
强戒所坚持以教育戒治工作为中心，创新推进新型戒毒模式，教育戒治质量稳中有升。大力推进“四期流转、三分戒治、双向延伸”戒毒模式，成立戒毒人员意志力训练循证项目研究小组和内观疗法研究小组，开展意志力训练、内观疗法和陶艺转移疗法。与市心理学会合作，共建书法戒治研究课题。扎实开展基础教育工作，全年开展职业技能培训4期，260人获洗车美容、烹饪、电子装配等职业培训资格证书。丰富教育戒治载体，确立“文明、和谐、富强、希望”四季主题教育活动，成立和谐之音广播站、“阳羡之韵”文艺小分队，编发《戒毒人员应知应会手册》和漫画式《戒毒人员行为规范》。开展书香戒毒所建设，编印《2015读书活动美文赏析》，开展大型读书竞赛活动2次，购买图书3000册，着力营造浓厚书香氛围。加强“361”康复训练，印发《361康复训练实施计划》，聘用运动康复指导员6人。推进亲属、社区、志愿者“三位一体”社会帮教平台建设，加强与市心理学会、常州市武进区司法局、苏州弘毅同光文化传播有限公司LP30团队及后续照管工作站的合作，并聘请41名社会人士为戒毒工作志愿者，开展各类主题帮教活动，成效显著。

（王建伟）

编辑　吕浩

就业与创业

【概述】 全年新增就业岗位3.2万个，劳动力实现就业2.6万人。城镇新增就业人数1.87万人，转移农村劳动力0.92万人，高校毕业生就业率96.47%，城镇登记失业率2.2%，零就业家庭动态清零。全年组织2511人参加创业培训，扶持自主创业1960人，带动就业6856人。培训初、中级技能人才8544人，培训高技能人才3509人。成功申报国家级技能大师工作室1个、省首席技师2人，赴海外培训2人。全年发放灵活就业困难人员社保补贴6255万元。规模以上企业劳动力合同签订率99.5%，工资集体协商建制率99.3%。全年处理劳动争议案件1700件，结案率99.4%以上，其中调解结案率62.5%；受理工伤认定申请3110件，作出认定2914件，劳动能力鉴定1297人；处理职工工资拖欠案件1644件，涉及2.1万人、3.6亿元。全年主动监察检查用人单位891个，处理举报投诉1030起，立案查处185件，实施行政处罚3件、2.95万元。全年组织开展执法专项检查5次，检查用人单位473个，涉及职工1.56万人；纠正违规职业介绍、招聘行为2次，纠正4个派遣机构和实际用工单位的违法违规行为、纠正违反工作时间规定单位26户，督促发放高温津贴3.6万元。督促补签劳动合同567份，补办社会保险666人，责令退还不合理费用3.07万元。丁蜀镇、徐舍镇、高塍镇设立基层仲裁庭，促进劳动争议在基层化解。组织开展快递物流、餐饮休闲娱乐、劳动密集型行业企业用工专项检查，掌握用工特点、分析管理模式，规范特殊行业用工管理。

【就业创业政策实施意见出台】 10月，为加大助推就业创业的扶持力度，激发群众就业创业热情，市政府出台《市政府关于进一步做好就业创业工作的实施意见》。该《意见》就促进就业稳定增长、推进创新创业带动就业、统筹推进重点群体就业、加强就业创业服务和职业培训、强化组织领导五个部分，推出22条举措，建立起政策—资金—培训—平台的完整体系。新政在培育新型孵化平台、强化创业担保贷款、完善创业扶持政策、鼓励投身农业领域、创业也享住房优惠、支持电子商务创业、加强创业孵化服务等方面的扶择更精准、更有力；在建立联动机制、落实失业预警、完善职业培训等方面更科学、更健全；资金扶持力度进一步加大，每年遴选的优质大学生创业项目到宜兴落户的可获10万元—20万元的资助；农业创业孵化基地可获10万元补贴。

【援企稳岗促进就业】 1月，为帮助企业减轻负担，预防失业，稳定就业，市政府出台《市政府关于进一步做好援企稳岗促进就业工作的实施意见》。该《意见》规定继续实施失业保险降率政策，全市失业保险缴费比例统一由3%降至2%，其中单位缴费比例1.5%、个人0.5%。对上年度不裁员的企业，按该企业及其职工上年度实际缴纳失业保险费总额的50%给予稳岗补贴。补贴政策执行至2020年年底。企业新招用毕业2年内初次就业的高校毕业生，且签订1年以上劳动合同并缴纳社会保险费的，按其为高校毕业生实际缴纳的社会保险给予1年的社会保险补贴，同时企业为高校毕业生进行岗前培训的享受培训补贴，补贴标准为每人150元。科技小微型企业和劳动密集型小企业，吸纳高校毕业生、登记失业人员等群体就业并与其签订1年以上劳动合同并缴纳社会保险费的，根据其实际吸纳人数，对该企业的银行贷款按每人不超过10万元、最高不超过300万元、期限不超过2年的标准，由财政按基准利率给予50%的贴息。全年为2686个企业减负2463万元，惠及职工8万多人。举办2016宜兴市“惠民送岗位，稳岗促就业”专场招聘会，邀请14个享受稳岗补贴单位在内的80余个单位参加，提供岗位近1000个，吸引求职者1000多人。

【“麦客杯”全国大学生创新创业大赛】 5月，为吸引高校青年人才集聚宜兴创业发展，投身“大众创业，万众创新”的实践中，市人社局联合开发区、江苏麦客创和网络技术有限公司、宜兴众创空间科技发展有限公司举办宜兴市首届“麦客杯”全国大学生创新创业大赛，东南大学、湖南大学、山东大学、中国海洋大学等50所高校的大学生带500多个项目参赛。大赛分智能硬件、移动互联网、创新创意3个组别，涵盖一、二、三产业及电商服务领域，既有自主研发、推广性强的新技术，又有突破传统、市场营销的新理念。大赛评委由风险投资人、行业技术专家、创业成功人士及财务专家组成。大赛在凤凰网和新浪网投放宣传信息，比赛过程由爱奇艺、斗鱼和熊猫等直播平台全程直播，江苏卫视等电视媒体全程参与。经过海选、初赛、复赛，评出一、二、三等奖18个、优秀奖12个，其中净善竞美系列手工作品、速必力竞速无人机、iLock——基于互联网的自行车智能锁系统分获创新创意组、智能硬件组、移动/互联网组一等奖。

（蒋励）

人力资源市场

【概述】 市人力资源市场坚持每周三和周六定期举办招聘会，全年举办82期，进场招聘单位6268个，提供工作岗位9.06万个，进场应聘人员9万余人次，初步达成就业意向2万人。为缓解“招工难”“就业难”等问题，组织企业赴外地开展招聘活动。首次组织江苏俊知技术有限公司、江苏卓易信息科技股份有限公司、江苏天长环保科技有限公司、江苏中农物联网科技有限公司4个物联网重点企业参加世界物联网人才招聘会，初步达成就业意向10多人，填补全市物联网人才的岗位缺口。至年底，共组织外出招聘11场(次)，131个单位提供岗位1388个，初步达成就业意向757人。开展校企对接洽谈系列活动，到江苏科技大学等院校举办专题讲座，为应届毕业生提供政策指导、择业指导和信息服务。拓宽网络招聘渠道，全年人力资源和社会保障局网站访问量135万人次，注册网络招聘企业507个，发布网络招聘信息2万条，求职者网上注册简历6千多份（次），微信公众号关注人数达3935人。

【专场招聘会力求特色】 市人力资源市场根据求职人员的不同特点与需求举办各类专场招聘会。为高校毕业生提供见习实训、技能培训、创业指导等就业服务，举办2016届高校毕业生寒假、暑假大型招聘会和宜兴中等专业学校五年制高职毕业生顶岗实习专场招聘会、无锡工艺职业技术学院2017届专场招聘会，提供工作岗位5600多个，初步达成就业意向4500多人。协调各合作单位发挥其自身特点举办特色招聘会10多场：面向失业人员，举办春季大型招工洽谈会，129个企业提供岗位2932个，达成初步就业意向近2000人；促进女性就业，与市妇联联合举办“三八架金桥，春风送岗位”女性就业专场招聘会，引导企业放宽应聘人员的经验、年龄、学历等条件，突出女性劳动者的特定优势，提高薪酬待遇，95%的企业底薪都在每月2000元以上，81个单位提供岗位938个，达成初步就业意向500人；为企业招工和残疾人求职架桥梁，与市残联会举办“助残扶贫，奔小康”专场招聘会，68个单位提供就业岗位105个，达成初步就业意向29人；帮助企业稳定职工队伍，增加就业人员，举办“惠民送岗位，稳岗促就业”招聘会，80多个单位（其中有14个享受稳岗补贴单位）提供岗位近1000个，达成初步就业意向500人。

女性就业专场招聘会　　（仇洪生　摄）

【人力资源供求分析报告发布】 据全年统计数据显示，全市技术人才供不应求矛盾依然突出。用人单位对技能人才的需求量占总需求的49.88%，而求职人员中有一技之长的求职者仅占39.91%。技能人才紧缺行业主要集中在制造业，缺工岗位主要涉及机械装配、电子加工、设备维修等工种。从用人单位性质看，中小型企业用工需求上升。有限责任公司、私营企业、个体经营户的用工需求比重达85.76%。私营企业、个体经营户等小微型经济体对劳动力的需求量逐步上升，吸纳就业潜力不断扩大，这两类用人单位的用工需求全年比重占总需求的11.23%。但因企业管理水平和薪酬待遇的参差不齐，劳动者求职这两类用工经济体的意愿相对较弱，供不应求的缺口长期存在。预计2017年全市批发和零售业、住宿和餐饮业、居民服务和其他服务业企业需求人数将有所上升，对求职人员综合能力、文化程度、专业技能的要求会显著提升。

（吴光）

社会保险

【概述】 全年办理社保扩面参保1.12万人，完成市定目标的112%；净增缴费4215人，完成市定目标任务的100.4%；新增企业参保率100%。至年底，全市职工基本养老保险、职工基本医疗保险、学生医保参保人数分别为34.2万人、44.29万人、11.8万人，失业保险、工伤保险、生育保险参保人数分别为27.5万人、24.3万人、24.3万人。居民养老保险覆盖人数38.66万人，领取养老金的22.61万人，城乡居民养老保险覆盖率

99.9%。全年征缴社会保险费50.84亿元，其中机关事业养老保险0.92亿元、企业职工养老保险25.44亿元、失业保险2.22亿元、城镇职工基本医疗保险16.75亿元、工伤保险1.54亿元、生育保险0.5亿元，基金收缴率98.5%。全年支出各项基金46.9亿元，其中机关事业养老保险1.3亿元、企业职工养老保险24.44亿元、失业保险2.3亿元、城镇职工基本医疗保险13.3亿元、工伤保险1.1亿元、生育保险0.9亿元，累计结余79.42亿元。企业职工基本养老保险单位缴费比例由20%降至19%，个人缴费比例仍为8%，个体工商户及其雇工、灵活就业人员的缴费比例仍为20%。完善职工医保政策，提高参保职工慢性病、重性精神病和特殊病种等门诊医疗年度补助标准；患有多种慢性病或重性精神病的，可申请两个病种并提高年度补助标准。推进机关事业单位养老保险制度改革，拟订全市机关、事业单位人员工资收入分配政策，建立机关企事业单位人员工资正常增长和支付保障机制。加快推进社会保障卡的应用，通过社会保障卡发放老农保、城乡居民养老保险、老失地农保、新失地农保等待遇，城乡居民养老参保人员、灵活就业人员通过社保卡进行缴费。根据人社部《关于加快推进建筑业工伤保险工作的通知》，正式将建筑业纳入工伤保险参保范围。年内，市人社局与市建设局建立协作机制，规定全市建筑项目凭参保凭证到市建设局办理《施工许可证》，全年建设项目参加工伤保险61个。

【全民参保信息登记】 为摸清所有用人单位及个人参保状况，实现社会保险全覆盖目标，人社部在全国开展专项检查，通过信息比对、入户核查、数据集中管理和动态更新等措施，对各类群体参加社保情况进行记录、核查和规范管理。3月，市人社局启动全民参保登记工作。登记内容包括登记人员基本信息、就业状况、参保现状和未参保原因等，重点采集应保未保人员信息。采取“先数据比对、后现场核查”的方法，比对市公安部门常住人口信息与社会保险系统中参保信息，确认全市需要核查登记的有26.58万人，其中户籍人口6.29万人、常住流动人口16.09万人、中断缴费人员4.2万人。4月起，各镇、园区、街道组织入户核查未参保及断保人员，进行手机端数据采集，信息录入全民参保登记信息管理系统。5月工程师开始进行入户调查，8月完成第一轮调查。至年底，基本完成26.58万人（包括外来人员）的信息采集工作，建成宜兴市社会保险基础数据库，做到“查不漏户、户不漏人、人不漏项”。

【工伤保险费率降低】 为降低社会保险费率，减轻企业减负，5月，市人社局根据人社部、财政部《关于调整工伤保险费率政策的通知》，出台《关于调整工伤保险费率政策的通知》，按“总体降低、细化分类、健全机制”的原则，调整工伤保险费率。依据用人单位工伤保险费使用情况、工伤发生率等因素，把行业类别由原有的3类调整为8类，基准费率分别为用人单位职工工资总额的0.4%、0.9%、1.4%、1.9%、2.0%、2.1%、2.2%、2.3%。平均工伤保险费率由原来的1.67%降至1.34%。调整参保单位9256个，全年可为企业减负2700多万元。

【社保待遇优化】 全市基础养老金由每人每月158元提高至170元。调整退休人员基本养老金，2015年年底前退休（职）人员养老金调整到每月每人2143.4元，平均每月增加158.85元。2016年1—6月退休（职）人员养老金调整到每人每月1030.62元，平均每月增加110.7元。提高各类特殊群体的相关待遇，为142名离休人员及新中国成立前老工人每年增发1—2月基本工资待遇和特需费、参观费65.13万元，代发516名企业退休军转干部年度困难生活补贴和“两节慰问金”（财政专项资金）411.24万元，发放97名企业退休的抗美援朝复员战士2015年下半年度和2016年上半年生活困难补贴（财政专项资金）40.11万元，为2015年度3634名企业退休人员发放独生子女一次性奖励金（财政专项资金）1308.24万元，发放8.57万名的企业退休人员健康体检费1028.47万元。根据省人社厅《江苏省征地补偿与被征地农民社会保障办法》，做好新失地保障工作。全年有新失地农民参保513人，其中：享受养老补助金的432人，总金额265.97万元；转居民养老保险的31人，代缴居民养老保险的50人，二项转移171.88万元。

【居民基本医疗保险制度完善】 完善居民医疗保险政策，居民基本医疗保险的筹资标准由每人每年580元提高至680元，参保学生的筹资标准由每人每年260元提高至320元，住院以及门诊特殊病种治疗发生的符合规定的医疗费用统筹基金的最高支付限额提高至20万元。同时，为完善社会医疗保障体系，减轻参保人员自负医疗经济负担，提高参保人员医疗待遇，根据省发改委、人社厅等六部门下发的《关于开展城乡居民大病保险工作的实施意见》和无锡市政府《关于无锡市开展城乡居民大病保险工作的实施意见》的精神，市政府出台《市政府关于宜兴市开展城乡居民大病保险工作的实施意见》，规定大病保险补偿起付标准为2万元，分段补偿比例是：参保职工个人负担费用在2万元以上（“以上”不含本数，下同）至5万元的部分补偿50%；5万元以上至8万元的部分补偿60%；8万元以上的部分补偿80%；参保居民个人负担费用在2万元以上至10万元的部分补偿50%；10万元以上的部分补偿55%。大病保险筹资标准为职工每人每年40元，城乡居民（含学生）每人每年30元。该意见从2017年1月1日开始实施。

（蒋励）

住房保障

【概述】 全年发放廉租住房租赁补贴351户、53.81万元，新增廉租住房实物配租174户，新增公共租赁住房实物配

宜兴市第八批公共租赁住房选房抽签会场　　（市住房保障局　提供）

租121户。发放退休职工住房补贴420户、808.19万元；审批新职工住房补贴735人次；核准备案职工已购公有住房上市交易750套（间），交易面积5.63万平方米，交易金额2.27亿元；清退重复房改40户，清理住房面积1221平方米，回收55.8万元；办理经济适用住房上市交易34户，回收土地收益金402.18万元。全年审核保障性住房3个批（次），经过“三审两公示”（镇、街道初审，市住房、民政、公安等11个审核联动部门二审，市住房局三审；社区公示和宜兴住房保障网、《宜兴日报》公示），确认符合各类保障条件住房困难家庭309户，其中公共租赁住房实物配租142户、廉租住房实物配租153户、廉租住房货币补贴11户、保障性限价商品房3户。全年开展选房配租4次，新增公共租赁住房保障对象125户、廉租住房保障对象179户、轮候保障43户、保障性限价商品房3户。开展廉租补贴保障对象季度核查4次，核查出在保对象死亡8人，入住养老院2人，收入超出保障条件20户，购置房屋17户，购置车辆11户，工商登记1户，领取廉租补贴的轮候保障家庭选房61户，因联系不上、材料不全停发7户，主动放弃廉租补贴2户，全年共退出廉租补贴在保对象129户，节省廉租住房补贴资金5.32万元。开展公、廉租房实物配租在保对象年审，核查出在保对象死亡13人、收入超出保障条件65户、购置房屋14户、购置车辆30户，“尚福公寓”清退公廉租房实物配租在保对象5户。

【公共租赁住房项目全部投用】 2010年，市政府为解决城市中等偏下收入家庭、新就业人员及外来务工人员的阶段性住房困难，加快实现“住有所居”，推动实施全市公共租赁住房项目。至2016年年底，全市有“尚福公寓”、“钱墅人家”二期、“桃溪人家”3个公共租赁住房项目。其中：“尚福公寓”公共租赁住房小区于2013年投入使用，有公共租赁租房（含廉租住房）814套，居住保障对象714户，并于2016年5月获省住房与城乡建设厅授予的江苏省“扬子杯”优质工程奖；“钱墅人家”二期保障房小区于2016年1月投用，有公共租赁住房（含廉租住房）468套；“桃溪人家”保障房小区于11月投用，有公共租赁住房（含廉租住房）216套。至年底3个公共租赁住房小区入住保障对象962户。

【渔民上岸安居工程完成】 年初，为改善渔民的住房条件，让无房渔民“居者有其屋”，更有效地保护水环境，由市住房局牵头10多个部门成立市渔民上岸安居工程领导小组。7月，市政府出台《宜兴市以船为家渔民上岸安居工程实施方案》（以下简称《方案》），全面开展全市渔民上岸安居工作。根据《方案》，渔民可以从购买房屋、自建房屋、租赁房屋3种方式中选择上岸安居，同时，符合相关住房保障条件的主城区渔民家庭可申请经济适用房、公共租赁住房及保障性限价商品房，购房渔民凭真实有效的购房合同每户可领取购房补助4万元，建房渔民每户最高可领取自建补助资金4万元，租房渔民可按租金分年度领取租赁补贴合计3万元。至年底，渔民上岸居住126户，其中购房上岸37户、建房上岸12户、租房上岸77户，合计获国家、省级、宜兴市级补贴金427万元，全年发放补助金235.72万元。12月10日，渔民上岸安居工程通过国家、江苏省、无锡市组织的抽查验收。

【棚户区改造工作有序推进】 年初，为最大化利用国家棚户区改造贷款优惠政策，提升群众居住生活水平，改善城镇面貌，市住房局赴常州市、金坛区考察融资经验，探索宜兴融资模式。7—8月，市政府相继出台《宜兴市区棚户区改造规划（2016年—2018年）》《关于加快全市棚户区（危旧房）改造工作的实施意见》，并组建市棚户区改造投资有限公司，为棚户区改造提供服务。10月，宜兴市完成政府单一来源购买棚改服务的征求意见和专家评审，落实农业发展银行宜兴支行政策性融资10亿元。至年底，宜城街道春雁花园、丁蜀镇张边村、徐舍镇云溪花园、运河花园和新河花园5个项目均完工，共开工2012套（户）、竣工1089套（户），棚户区改造货币化安置比例达66.15%，超额完成省下达的目标任务。

【住房保障收入标准线调整】 为更好地解决城镇中低收入家庭住房困难问题，根据上年度城镇居民人均可支配收入，市住房局调整2016年度住房保障收入标准线。6月13日起，申请廉租住房的人均月可支配收入标准由上年每人1600元调增为1800元；申请经济适用房和公共租赁住房的人均月可支配收入标准由上年每人2600元调增为2900元;申请保障性限价商品房保障的城市中等偏上收入标准由上年每人4900元调增为5400元。

（刘虹君）

住房公积金管理

【概述】 全年归集住房公积金12.78亿元(含新职工住房补贴0.26亿元),比上年增长14.3%;累计归集总额83.67亿元(含新职工住房补贴),比上年增长18%;新增开户单位688个,比上年增长10.4%;新增缴存职工1.63万人;有12.96万人(含委托还贷)支取公积金8.29亿元,支取额比上年增长25.4%;年末住房公积金余额43.38亿元(含新职工住房补贴),比上年增长11.5%。全年向2857户职工家庭发放住房公积金贷款10.26亿元,支持购房39.27万平方米,放贷额比上年增长26.97%。累计放贷总额54.07亿元、贷款余额27.55亿元,资金使用率60.5%,无贷款逾期行为发生,实现增值收益7006万元。全年有11.69万人次享受委托还贷。制订风险防控措施,严格防控各业务风险点,全年识别支取造假资料20多件,追缴骗提行为2起。至年底,全市共有建立住房公积金制度的单位5039个、职工18.3万人,分别比上年增长15.8%、5.2%。

【公积金扩面】 面对宏观经济形势未有好转,企业经营状况不佳的形势,市公积金中心,采取公积金行政扩面与执法扩面双管齐下的措施,推动公积金扩面。年初,将扩面任务分解至各镇(街道),并列入政府对各镇(街道)的年终综合考评内容。与各镇(街道)社保所协作,以新设立企业、拟上市企业、规模企业、缴交人数不符合规定的企业为重点,通过宣传发动、走访督查、政策约束等办法,推动扩面工作。在官林镇、丁蜀镇等7个镇设立工作联系点,下派工作人员一周一次开展驻点服务。同时,集中开展执法扩面专项行动。向157个社保缴存人数在20人以上的企业中未建立住房公积金制度的单位统一寄发《缴存登记告知书》,并约谈部分企业。以官林镇为试点镇召集辖区内近100个企业召开执法扩面专题会议,新增开户企业10个、125人。加大政策宣传力度,利用报纸、广播、电视、网络等媒体多渠道宣传公积金有关政策规定及热点问题20多次;开通2条客服热线,全年接听咨询电话1.41万个;深入鹰普机械(无锡)有限公司、江苏新远程电缆股份有限公司等大型企业,零距离为职工解答问题;推广“无锡公积金”微信公众号,全年新增关注4843人。

【归集支取管理规范有序】 7月,市公积金中心贯彻执行无锡市《关于调整住房公积金及新职工住房补贴缴房技术等有关问题的通知》,调整住房公积金缴存基数上限为每月1.8万元,下限为每月1630元,比例保持8%～12%不变。11月,市公积金中心会同市财政局、人社局及住房局等联合印发《关于规范和调整我市机关事业单位住房公积金、提租补贴缴存基数及比例的通知》,明确全市机关事业单位公积金基数调整。开展租房支取新业务,采用网上预约提取方式办理,最高租房提取额为每年9000元。全年有10.08万人设置手机短信服务,覆盖率89.52%;单位缴存集中代收付签约2833个,托收率达97.59%;寄送催缴通知书577份,补缴单位177个,补缴人数1585人、金额229.59万元。

【公积金放贷发放量创历史新高】 年内,房地产市场需求旺盛,房地产交易契税及营业税“双降”优惠政策出台,公积金贷款形势较好,资金使用率逐月攀升,放贷量不断刷新纪录。市公积金中心加强与人民银行、产监部门合作,做好贷款情况调研,抽调业务骨干走进售楼现场、房展会派发贷款宣传资料,组织金水名都、苏宁天氿御城、岭秀首府等楼盘销售经理及银行客户经理进行贷款知识培训,建立QQ群与各开发公司进行实时互动。开展异地贷款新业务,解决外地缴存公积金职工的购房难题。全年为87户在外地缴存公积金的职工家庭发放贷款3536.3万元,开出异地贷款职工住房公积金缴存证明69张。全年贷款发放量10.26亿元,创历史新高,比上年增长26.97%。

（张欢）

消费者权益保护

【概述】 全年受理申(投)诉1640起,办结1611起,办结率98.23%,涉案争议金额499.89万元,挽回消费者经济损失301.24万元,被欺诈消费者获得加倍赔偿18.38万元。通过消费者投诉发现违法行为立案查处29起,罚没74.65万元;受理举报546起,办结517起,办结率94.6%,其中,因无证无照经营、销售假冒伪劣不合格商品、虚假宣传、侵犯商标专用权、标识标注不符规定、虚假违法广告等违法行为立案查处73起,罚没242.1万元。依法抽检手机、珠宝、摩擦材料、电线电缆、床上用品等30个品种、300个批(次),年内,收到20个品种137个批(次)的检测报告,其中有15个品种、55个批(次)经检测评为不合格,不合格率77.6%;依法查处办结商品质量抽检不合格案件25起,罚没款15.54万元。年内,全市创建江苏省放心消费创建诚信品牌企业1个、示范街区1个、示范单位1个、先进单位2个,创建无锡市放心消费创建先进示范单位79个、先进街区14个。

【消费维权体系建设】 由于近年宜兴市机构改革和行政区划的调整,市消费者协会原下设的12个基层分会已不适应新的消费维权服务要求,3月,市消费者协会撤销原城北分会、丁郊分会,同时增设西渚分会、太华分会、杨巷分会、新建分会、万石分会、湖汊分会、新庄分会7个基层分会。至此,全市共有基层分会17个,消费维权网络延伸到所有镇(街道),居民在家门口就能合法维权。至年底,全市村、社区消费维权联络站覆盖率达100%。建立消费维权服务站

食品安全宣传活动 （市市场监督局 提供）

进商场、进超市、进市场、进企业、进景区的“五进”制度，畅通民意，提高维权效果。同时，加强维权窗口标准化、投诉处理规范化建设，完善消费维权工作体系和处理机制，做到厘清事权，明确职责。畅通消费者申投诉举报渠道，组建一支专、兼职相结合的消费维权调解队伍。加强与市政府“12345”、公安“110”、物价“12358”、卫生“12320”等服务平台的对接，实现各公共服务平台之间的案件移送、信息共享和执法协作。

【消费环境优化】 推进以“食品放心、旅游舒心、服务温馨”为内容的放心消费创建活动，通过典型引路、先进示范等形式，将创建活动延伸至各行业、各区域，打造城南大润发、蛟桥步行街、酒类行业协会、竹海风景区等特色亮点单位、行业和区域，全年新培育申报江苏省放心消费创建先进示范单位3个、无锡市放心消费创建先进示范单位17个。加强问题突出的汽车销售行业的维权力度，净化消费环境，通过对汽车销售4S店经营者进行行政指导、行政约谈和培训，建立汽车投诉联系人制度。开展全市农贸市场放心消费创建活动，以消费环境放心、食品安全放心、管理服务放心、诚信经营放心、价格计量放心为目标，升级农贸市场的软硬件。围绕“3·15”国际消费者权益日、“5·20”世界计量日、食品安全宣传周、科普宣传周及全国文明城市创建、省食品安全城市创建等举办各类消费教育活动，开展现场服务40多场(次)，为近600人提供咨询和举报投诉受理服务，发放各类资料3000多份。同时，通过各类媒体、公益广告、村委和社区维权专栏发布消费警示和提示等信息，提升全市消费维权的社会影响力。

【商品质量监管强化】 加大对消费者举报投诉的查处力度，做到案件应查尽查、应办尽办，增强行政维权效果。全面完成省工商局安排的2016年流通领域商品质量抽查检验工作任务。共组织完成抽检成品油、床上用品、移动电源、珠宝、汽车灯具、摩擦材料、人造板、陶瓷砖、服装、电动工具等40个品种共271个批次。完成无锡市工商局安排的5个批次的学生书包质量抽查检验工作任务。完成市市场监督局安排的3个品种25个批(次)的投诉举办涉案商品质量抽查检验工作任务。立案查处抽检不合格商品37起。利用“G20杭州峰会”、“创建江苏省食品安全城市”等契机，对开展粮食市场、包装饮用水等行业开展专项整治20多次，严厉打击流通领域以假充真、以次充好等行为。

（高耐洪）

编辑 朱敏

民政事务
CIVIL AFFAIRS

综　述

【概述】 在第十一届村民委员会及第六届居民委员会换届选举中，全市各村（社区）均通过公开选举产生新一届村（居）务监督委员会，全市直选率提升，缓选率减少。推进为民办实事项目的落实，突出靶向瞄准、精准实施，临时救助范围、"慈福"两险（自然灾害险、住房财产险）受益对象扩大到常住居民，医疗救助力度增强。出台《宜兴市困境未成年人社会保护实施意见》，对困境儿童情况实行动态管理和更新报送的常态机制。推动养老服务改革，编制完成《十三五养老服务设施布局规划》，成立市养老服务指导委员会和市养老服务评估委员会，推动全市的养老服务向规范化、标准化迈进。新建标准化居家养老服务站点37个，出台《宜兴市养老机构服务收费管理暂行办法》，明确养老机构的水、电、气、热等公用事业优惠价格。全年向各镇、街道及林场4万多名80周岁以上的老年人发放尊老金2700多万元，发放市级配套资金1900万元。启动低保对象信息核对工作，低保对象占全市总人口的比例由上年的0.77％下降到0.67%。村级慈善基金成为慈善资金募集的重要补充，全市有村级慈善基金14个，基金总额超1300万元，位居全省县级市前列，其中张渚镇五洞村募集基金达625万元，创全省同类型基金之最。举行全市首次自然灾害善款艺术品拍卖，拍得善款46.52万元。全年募集慈善资金6153万元，支出3980万元，惠及群众6.5万人次。宜兴城市公益慈善指数位居第四届"中国城市公益慈善指数"全国县(市)第二位。注重优抚信息的整理，建立优抚档案室，实现全市所有优抚对象档案的归档入册。完成对全市6126名优抚对象的入户核查。全市有中福在线销售厅2个、投注站201个，福利彩票总销量为3.69亿元，募集公益金3700多万元。

【民政工作创新】 在慈善捐赠、养老服务、社区建设等工作中不断创新，统筹整合政府、社会、市场等资源，促进融合发展，探索建立工作新型模式与成果。市民政局将社区与慈善融合，建立"社区+慈善"捐赠新模式，在全省县(市)中首创村级慈善基金。将社会力量融入救灾慈善，洪涝灾害期间市慈善会募集款物合计345万元。养老服务不断引入社会资本，通过公建民营、共建共营的模式，与九如城等社会养老服务机构合作，由政府提供土地，由养老机构投资、建设、经营，提供更加专业化、标准化的养老服务。年内，杨巷敬老院、市养老护理中心、新街敬老院等养老机构完成公建民营改革，丁蜀镇、湖汊镇均与九如城合作，实现共建共营，同时宜城街道开展社区智慧养老服务，引进成熟稳定的虚拟养老院网络系统平台，九如城进驻社区服务，"一中心、多点位、广覆盖"的连锁服务效应逐步呈现。医养结合实现新突破，苏欣护理院成为全市首个实行"医保定点"养老机构。融合公益力量参与养老服务，创新公益助老服务模式，推动老年人需求、公益资助、公益服务"三方对接"，建立"养老+公益基金"机制，多渠道筹措资金，加大对老年人尤其是孤困老人资助力度。全市累计成立为老慈善基金11个，受益群体达1万多人。建立"养老+义工服务"机制，形成市义工联、街道(镇)义工协会、社区义工站的三级义工组织网络，全市义工活动中助老类活动占30%。宜城街道成为协商民主的试点，宜城街道巷头社区的"双周末民情议事厅"、大同社区的"友邻之家"协商点等议事点成效明显。推进省农村社区试点指导工作，打造湖汊镇大东村的农村社区志愿服务站点、洑西村的"民宿"农村社区文化。

【基础建设加强】 坚持突出基础提升，把推进硬件建设与软件建设结合起来，创优民政事业发展环境，提升公共服务质量和水平。年内，万石镇元亨颐养园建成投用，苏欣护理院二期和杨巷敬老院的改造工程全面完工。加强养老队伍建设，继续推进养老护理员持证上岗制度，完成养老机构护理员培训11期。占地5万平方米的金鸡山公墓二期生态墓区完工。烈士陵园完善"慰烈工程"基础设施建设，投资实施凉亭、花架及门楼建设。注重优抚信息的整理，建立优抚档案室，实现全市所有优抚对象档案的归档入册。注重社区工作者队伍建设，继续在全市公开招考社区事务工作站工作人员，开放退伍军人名额8个，新招录人员的整体素质较高，呈高学历年轻化趋势。全市社工考试通过率全无锡第一。继续开展"提质增能"工程，对新招录的社区工作人员及全体社区工作人员进行轮训，提升社工服务能力。

（徐佳宁）

社会救济

【概述】 春节期间，全市各级组织慰问团154个，走访慰问敬老院23所（含市福利中心），困难群众2.8万户、3.94万人，发放慰问金（含实物折价）2017.3万元。发放城乡困难群众等对象节日补助金178.03万元。医疗救助制度有效对接，全年资助1.02万名困难对象和特定对象参加城乡居民医疗保险，资助223.52万元。对困难群众就诊实行一站式结算，确保实时核报、即看即补。全年共救助各类对象4474人，支出医疗救助金763万元。做好灾害救助工作，开展“一帮一、献爱心”结对帮扶困难家庭活动，实现低保家庭结对帮扶全覆盖。开展民生救济救助工作的专项整治和检查，全市组织检查组38个，召开调研座谈会47次，走访家庭1283户，发放社会救助调查问卷500余份，入户调查500余户，满意率98%。全年整改立知立改问题43个，建立完善机制制度12个，社会救助的整体效能和适度普惠水平明显提高。

【城乡低保规范化建设】 开展城乡低保年检复审工作。组织业务培训，加强分类施保管理，推行低保对象长期公示制度，做好低保证换发新证，强化低保档案管理。继续做好宜兴市申请救助家庭经济状况核对系统的开发。发挥申请救助家庭经济状况核对工作联席会议的作用，协调市人社、公安、住房等部门开展对低保家庭房产、车辆等信息的比对，全年比对信息1.48万人次。全市有保障城乡低保对象5049户、7281人（其中，城市低保590户、884人，农村低保4459户、6397人），低保对象占全市总人口的比例由上年的0.77%下降到0.67%。全年发放低保金总额3300万元（其中市级资金2320万元），城市低保每人每月补助452元，农村低保每人每月补助354元。

【防灾减灾应急体系建设】 围绕全市应急体系建设的要求，注重自然灾害应急救助的机制创新、资源集聚、力量集合，提升自然灾害应急救助的能力和水平。7月，受持续暴雨影响，全市大量农田被淹、部分房屋倒损。全市受灾人口18.02万人，紧急转移安置2.14万人，集中安置3943人（集中安置点76个），倒损房屋441间，直接经济损失4.15亿元。市民政局及时成立救灾应急指挥部，印发《关于切实做好洪涝灾害应急救助工作的通知》，先后启动市二级、一级救灾应急响应，做好灾情的统计上报和查灾、核灾、救灾工作，及时调拨夏被、急救包、手电筒、救生衣等救灾物资，紧急转移安置受灾群众，设置集中安置点76个，集中安置3943人。确保受灾群众有饭吃、有衣穿、有干净水喝、有住处、有病及时医治。紧急下拨临时救助款208万元、自然灾害生活救助资金800万元，启动民生保险大面积灾害事故处理特别程序。8月30日起，自然灾害公众责任保险、城乡居民住房财产保险受益对象扩大到常住居民。全年全市居民家庭受灾后享受自然灾害、住房财产普惠性保险救助慰问（理赔）4.19万户、3402.31万元，其中洪涝灾害理赔4.16万户、3294.35万元。同时，按照“政府拨一点、镇村补助一点、个人自筹一点、亲友资助一点、社会捐助一点、政策减免一点”的办法，投入市级补助金218万元，改造193户困难群众的危旧房343间。做好防灾减灾宣传工作，会同相关部门做好第八个“5·12”国家防灾减灾日的宣传，组织协调开展防灾减灾广场咨询活动和社区应急救护演练活动。推进全国综合减灾示范社区创建工作，宜城街道新华社区、和桥镇劳动社区被国家减灾委员会、民政部评为全国综合减灾示范社区，新华社区紫金名都小区探索建立综合减灾与小区居民融入式宣传教育的新模式，为无锡市首创。

【流浪乞讨人员救助】 继续开展“夏季送清凉”“寒冬送温暖”等专项救助行动，协调市公安、城管等部门，巡查街头及繁华路段，为愿意到救助站救助的流浪乞讨人员提供无偿服务，向不愿到救助站的流浪乞讨人员发放避暑、御寒物资，通过各类媒体及时发布救助信息，专项行动期间，救助流浪乞讨人员97人次，没有发生任何一起安全事故和恶性事故，各类人员发现救助率100%。同时，启用全国救助寻亲网，及时为滞留受助人员开展寻亲登记、寻亲公告发布等工作，并与“今日头条”网站达成发布寻人启事的合作协议，主动为走失人员家属寻亲提供帮助。开展“在站寻家、让爱回家”寻亲服务主题宣传周活动，发放宣传单1000份，引导社会力量参与寻亲服务，提供寻亲服务37人次。

【困境未成年人救助保护】 立足源头预防、主动干预，延伸救助保护范围服务，将困境儿童救助保护对象从传统的流浪乞讨未成年人向面临生存危机、监

运送抗洪物资　　（市民政局　提供）

护缺失、成长障碍的困境未成年人延伸。建立市、镇、居(村)委三级救助管理网络，在各社区(村)设立劝导救助点，组织救助人员加强街头巡查。联合市未成年人救助保护中心开展“同在蓝天下、带上爱飞翔”主题教育活动。与市心理学会合作开展“心灵相约健康成长”项目，搭建心理救助平台，建立心理干预机制。与市欢乐义工站合作开展“爱心相伴 感恩成长”项目，给予孩子们精神和情感上的关爱。与市新蕾艺术培训中心合作开展“艺手相牵快乐成长”项目，用艺术干预帮助孩子们提高艺术情操和道德修养。通过政府购买服务的形式，与宜兴市陶都社会工作发展服务中心签订服务协议，为困境未成年人提供监测预防、发现报告、帮扶干预、个案管理等服务。为20名困境儿童建立个案管理机制，定期开展上门服务，并进行监测评估。举办“乐助未来”大型广场文艺晚会，向全社会宣传共同关注帮扶困境未成年人。印发无锡市民政局《关于进一步做好全市农村留守儿童摸底排查相关工作的通知》文件，全市范围开展摸底排查，建立全面、清晰的农村留守儿童的数据信息库，健全信息报送机制，排查出留守儿童30人。结合“夏季送清凉”专项救助行动，对重点留守儿童进行慰问、助学等关爱帮助。

（沈江桥　唐晨光）

慈善救助

【概述】 市慈善会发挥“扶贫济困、安老救孤、赈灾助医、兴善助学”作用，坚持多渠道、多途径、多形式募集慈善资金，通过企业认捐、慈善“一日捐”、一次性捐赠、定向捐赠、结对助学等方式，充实慈善资金。全年募集慈善资金6153万元，超市政府实事工程计划62%，比上年增长37%。其中，认捐资金1828万元，“一日捐”709万元，定向捐赠2852万元，其他捐赠及利息收入785万元。围绕改善民生，推进政府实事工程实施，全市各级慈善组织实施助学、助医、助困、助老、助残、应急救助六大救助工程，发放慈善款3980万元，全年慈善救助困难对象6.5万余人次。其中，助学3058人、557万元，助医4791人、1137万元，助困1.14万人、789万元，助残357人、22万元，助老2.69万人、86万元，应急救助7315人、167万元，其他救助1.14万人、1222万元。7月，宜兴遭受历史最大洪涝灾害，市慈善会引导公众、企业以及社会组织进行捐赠，募集慈善资金277.52万元(含拍卖艺术品所得46.52万元)。

【村级慈善基金超1300万元】 近年，市慈善会不断延伸慈善触角，打造具有宜兴特色的慈善“村级自助”模式。2016年，张渚镇五洞村成立村级慈善基金，募集善款625万元，用于困难救助、助学等公益事业，成为全市资金规模最大的村级慈善基金会，在全省位居前列。全市各村、社区慈善基金与属地镇、街道签订合作协议，把慈善资金以年平均7%的利息借给镇、街道使用，实现保值、增值。坚持“村募村用”原则，各村级慈善基金会重点救助本村的低保、“五保”、孤儿、低保边缘人群以及特困职工、特困优抚对象等困难家庭，同时还用于支持村公益性事业项目建设。至年底，全市有14个村、社区成立慈善基金，募集善款1307万元。

【宜兴公益慈善指数跻身全国前列】 年内，民政部主管的中民慈善捐助信息中心开展第四届“中国城市公益慈善指数”测评，对全国256个样本城市的社会捐赠、慈善组织、慈善项目、志愿服务、政府支持、慈善文化六大方面、51个指标进行统计、计算，分析样本城市2014—2015年的慈善发展水平，涵盖全国87.5%的省(自治区、直辖市)，城市覆盖率达39%，覆盖人口7.7亿余人，占全国总人口的56%左右，具有较强的代表性。经统计、计算，2014年、2015年，宜兴市直接捐款分别为3.4亿元和4.44亿元，城市公益慈善指数达84.83分，居全国县(市)第二位。12月，第四届“中国城市公益慈善指数”发布，宜兴市的公益慈善社会捐赠指数和公益慈善政府支持指数首次跻身全国20强之列，分别位列第七位和第十四位。

【慈善捐赠社会参与度愈发广泛】 慈善捐赠主体从单一的企业捐赠向多元化方向发展，社会参与度愈发广泛。企业成为慈善事业的主力军，企业用于慈善事业的款项连续三年均达1700万元，内容覆盖身残人士救助、大病医疗救助、特困帮扶等多个领域。各类冠名基金成为汇聚暖流的重要渠道，全市有109个冠名基金，母本资金近1.2亿元。“一日捐”活动全年募集款709万元，捐赠人群扩大到8万人左右，覆盖全市机关部门、企事业单位等。慈善捐赠渠道日益多样化，“村募村用”的村级慈善基

宜兴市名列第四届中国城市公益慈善指数前20名　（市民政局　提供）

金吸引村里的爱心人士和在外乡贤踊跃捐款，呈现蓬勃发展态势，全市14个村级慈善基金会基金总额超1300万元，位居全省县(市)前列。全年全市募集善款6153万元，累计救助困难群众近6.5万人次。宜兴文明网专辟《陶都好人365》《文明播报》栏目，涌出"爱心老人"姜达敖、"献血达人"万汉强、"寻亲大姐"吕顺芳等热心公益的"好人"，崇德向善蔚然成风。

（骆鸿舜）

社会福利

【概述】 全年年审福利企业131个。福利企业变更403个(次)。至年底，全市有福利企业131个，安置残疾人就业6566人。有养老机构29个，其中镇(园区、街道)公办农村敬老院16个(含市社会福利中心)、民办及公办民营养老机构13个。年内，新增养老床位200张，累计床位9280张。其中敬老院5641张、市社会福利中心1640张、民办养老机构1999张。全市每1000名老人拥有机构养老床位数达38张。投入1800多万元，改造养老机构消防设施和整治内部环境，改善老年人入住的软、硬件设施及环境。市福利彩票中心全年销售福利彩票3.7亿元，其中电脑彩票2.9亿元、"福彩刮刮乐"1345.34万元、"中福在线"6499.59万元，为全市募集福彩公益金3700多万元，在全省县(市)中排名第五位。

【三种供养对象资金落实到位】 全市有孤儿131人，其中福利机构集中供养孤儿60人、散居生活孤儿71人。7月，根据省民政厅、财政厅《关于进一步做好全省孤儿基本生活保障工作的通知》和无锡市政府《市政府关于调整特困人员供养标准的通知》，建立孤儿养育标准增长机制，提高孤儿基本生活最低养育标准，集中供养孤儿养育标准由每人每月1600元提高到1890元，散居孤儿、事实上无人抚养的未成年人、受艾滋病影响的未成年人养育标准由每人每月1100元提高到1300元。全市有城镇"三无"(无劳动能力、无生活来源、无法定赡养)和"五保"供养对象3100人，其中集中供养的967人、散居生活的有2133人。实行城乡一体化，对城镇"三无""五保"供养对象实行统一供养标准，每人每月770元，全年发放供养金2290多万元。春节、端午、中秋期间向城镇"三无""五保"供养对象发放过节费每人每节100元，累计发放93万元。

（许玄）

婚姻登记

【概述】 全年办理业务总量1.6万对。其中：结婚登记9099对(包括补办登记1975对)，补领婚姻登记3622对，结婚登记率比上年下降12.04%；离婚登记2997对，补办离婚登记265对，离婚登记率比上年增长10.75%。2月1日起，宜兴市执行新《婚姻登记工作规范》。全年开展疏导、协调500余次，全年未发生矛盾，群众满意率100%。

做好婚姻登记档案的移交工作，婚姻登记处设立专业人员把婚姻登记档案全部登记造册，电子档案目录全部录入，至年底，6.71万件(2012—2015年)婚姻档案全部移交至市档案局。继续推进民政、档案两部门婚姻档案资源共享查档平台，全年婚姻登记处查档接待约2550多人次，查阅婚姻档案2250余卷，为群众解决购房、子女抚养、财产纠纷、独生子女待遇、出国移民等问题提供法律依据。

【登记高峰日安全有序】 为备战2016年的各大登记高峰日，婚姻登记处围绕服务群众"零距离"、婚姻登记"零差错"的要求，做好提前、预约、填表照相。提前对婚姻登记处电脑、打印机、线缆等设备进行维护、检修，确保供电线路、网络和设备的正常运转。使用叫号器并由专人负责引导、业务咨询、秩序维持等，避免登记人员拥挤无序、喧哗吵闹等现象。岗位安排重新部署，专责人员调配到位，对岗位进行灵活分工，审查区、候登区、照相区、颁证区均有专人负责，登记区则由精兵强将领衔，确保登记现场安全有序。顺利完成2月14日(情人节)，5月20日(我爱你)、8月8日(七夕节)和9月9日(爱你一世久久)4个婚姻登记高峰日登记工作，分别办理登记186对、336对、120对和149对。

（孟潇逸）

安置优抚

【概述】 贯彻落实优抚安置政策，全年发放救助金、抚恤经费4747.92万元。全市有民政部确认、认定的优抚对象6073人。1月起，调整全市部分重点优抚对象生活补助标准。其中，抗日战争时期入伍的复员军人由每人每月2963元提高到3276元，解放战争时期入伍的复员军人由每人每月2469元提高到2730元，新中国成立后入伍的复员军人由每人每月2222元提高到2457元，义务兵家庭优待金从1.78万元提高到1.92万元，残疾军人、"三属"(烈士和因公牺牲军人遗属及病故军人遗属)等对象的抚恤生活补助标准都相应提高。按照《军人抚恤优待条例》《伤残抚恤管理办法》的规定，上报评残、调残、换证以及审核带病回乡28件。建立优抚档案室，购买专业档案设备，开展档案整理工作，为全市优抚对象档案查询提供便利。推进"优抚之家"建设，从单一的乡镇设点向企业深入推广，江苏中超电缆股份有限公司建立"优抚之家"，全市"优抚之家"累计19个。开展优抚对象数据核查工作，完成各类信息核查任务。合计应核1538人，实际核查5244人。其中：全市80岁以上应核460人，实际核查616人；70—79岁应核426人，实际核查1604人；60—69岁应核554人，实际核查2421人；60岁以下应核98人，实际核查603人。

【安置工作有序开展】 推进退役士兵安置工作，接收2015年退役士兵465人，其中秋季义务兵354人、冬季士官111人，发放一次性经济补助2366.71万元。与市人社局举办退伍士兵就业专场招聘会，80余个企业提供近1000个工作岗位，近200名退役士兵与企业达成就业意向。与市总工会成校联合举办退役士兵短期职业技能培训，412名退役士兵参加，参训率89%，结业率100%，其中7人参加复学。全年接收符合政府安排工作条件的春季转业士官4人，根据“积分选岗”的安置方案，全部妥善安置在省属企业。

（马小波）

双拥工作

【概述】 春节、“八一”建军节期间，市主要领导和双拥工作领导小组成员慰问驻宜兴部队官兵、武警8690部队驻广州海关执勤官兵和军队离退休干部，赠送慰问金200余万元。驻地部队和双拥办分别召开军政座谈会，双方相互通报发展建设情况，共叙友情、共商双拥大计。7月，全市遭遇历史最大洪灾，驻宜兴各部队及华东战区3000余名官兵、武警8690部队1200余名官兵奋战在宜兴抗洪一线，通过转移受困群众、装运沙袋、加高加固堤坝、清理粮库等减少群众生命财产损失，市财政局赠送慰问金、慰问品50余万元。市音乐舞蹈家协会30余名文艺工作者与武警8693部队的文艺骨干一起，为1000余名抗洪抢险勇士献上“情满陶都　抗洪凯旋——宜兴市文艺家走进军营”慰问演出，并在保利大剧院专场为抗洪官兵、“军嫂”、军队离退休老干部表演。在全市开展评先评优活动，挖掘近年在双拥工作中涌现的先进事迹和典型，评出先进集体11个、先进个人15人。市民政局被评为无锡市拥军模范单位。

【军地互动】 春节前夕，组织社区居民到部队为新战士包一顿饺子，提前和他们吃年夜饭，缓解思乡之情。3月，组织部队官兵开展学雷锋活动，到大润发广场现场开展义诊、修家电、理发等便民服务。军事日期间，组织机关中层干部及各镇民政助理到武警8693部队营区，通过看实地、看训练、看内务、看管理，提升拥军意识、国防观念。武警8690部队到江苏省宜兴市中学开展“奉献卫士爱心、成就大学梦想”助学活动，部队官兵捐资18万元，资助该中学30名高一贫困学生完成高中学业。

【部队建设】 为提升部队应变能力，召开协调会，将地方的公安道路交通监控系统、公安社会治安监控系统、气象灾害预警系统、防汛抗旱信息系统、森林防火系统、地震灾害救援应急联动系统与部队联网，协助部队建立联防联治网络，使部队更加快捷的掌握道路、交通、治安、自然灾害等动态，及时参与救援行动，提升战斗力。改善官兵饮用水质量。市双拥办与市公用事业局沟通，将自来水接通到73031部队营区，解决官兵应饮用水难题。市政府多次召开军地协调会，赴和桥镇、部队以及武进区实地调研，推动73031部队副食品基地在宜兴的4000余亩水域军产回收进程，涉及渔户38个。建立法律辅导师、心理咨询师服务到连队机制，由市司法局组织的6个律师事务所、10个心理咨询师分别与武警8690部队各团、师直属队及师后勤队结成法律心理服务对子，开展经常性辅导活动，为部队普及法律和心理常识教育、培养法律和心理骨干、提供法律援助、心理咨询。

（鲁勇）

老龄事业

【概述】 推进公办养老机构改革，建立基层养老服务人员定期培训制度，开展庆祝第四个老年节、走访慰问百岁老人、老年文艺会演等活动，在全社会营造敬老爱老浓厚氛围。年内，与市财政局联合出台《关于开展居家养老援助服务的实施意见》，协助市规划设计院制订《十三五养老设施规划》，确保全市养老事业有序发展。全市有60周岁以上老年人29.55万人，占户籍人口的27.33%，其中80—89周岁老年人3.61万人、90—99周岁老年人0.52万人、100岁以上老年人68人。规范尊老金发放，优化尊老金发放管理系统，全年为全市80周岁以上的老年人发放尊老金49万多人次、2779万元。继续开展“安康关爱行动”，为全市老年人投保“安康关爱”老年人意外伤害综合保险，至年底共投保12.68万人次、627.43万元，投保率超42.9%。将“孝道”文化融入尊老敬老、养老助老工作中，开展《中华人民共和国老年人权益保障法》广场宣传和咨询活动，发动镇、街道征订《老年周报》300多份。以老年节为契机，开展敬老月系列活动，市、镇、村三级投入资金520多万元，走访慰问老人4.5万余人。

【居家养老服务载体建设】 加大财政扶持力度，对达到省级示范标准的居家养老服务中心、无锡标准的老年人助餐中心、省级标准化社区居家养老站点，给予不同标准的补助，推进居家养老服务载体标准化建设。探索居家养老服务新模式，探索第三方参与从站点建设到配餐服务的运作新模式，委托九如城在西花园社区、画溪社区等8个社区试点设置日间照料中心，缓解地方政府财政资金压力，推动优质养老服务向社区拓展延伸。提升居家养老信息服务水平，依托九如城虚拟养老院网络系统平台，推动全市信息服务由单一求助服务向提供生活照料、精神关怀、服务协调、计划分配、服务跟踪、质量管控等综合服务转型，“线上+线下”相结合，让老人在家中享受养老服务，至年底，该系统在49个社区试点运行。完善居家养老服务购买机制，推动服务对象从城区向农村扩展，逐步提高特困老人等群体的补助标准，织密政府购买居家养老服务保障网，同时探索农村与城市不同的购买服务模式。有序推进居家养老服务工作，对新建社区老年食堂、标准化城乡社区居家养老服务站点和社区智慧养老工作进行宣传发动和调研排摸。年内，新街街道日间照料中心试营业，屺亭街道东郊社区爱心配餐中心落成。至年底，全市新建标准化居家养老服务站点37个，有15个社区(村)居家养老服务机构委托社会养老组织参与管理。

【居家养老服务体系建设】 近年，市政府积极探索建立具有“宜兴特色”的居家养老模式，逐步构建起政府主导、社会参与、专业与志愿相结合的居家养老服务体系。宜城街道试点建设乐龄居家养老日托中心，设置棋牌室、茶室、演练室和信息服务中心等20多个功能馆室，提供上门、日托、信息、慈善等为老服务项目，并建有养老对象电子化档案管理、服务机构及义工组织服务对接派单管理、养老呼叫救助服务运营管理平台，为老年人提供统一的热线及智能通讯终端和GPS卫星定位系统，全天候为老年人提供紧急支援、医疗保健、生活照料、法律维权等综合服务，确保20分钟步行服务圈。同时，围绕日托中心，街道各社区建有居家养老服务站并延伸出养老服务点，居家养老服务平台从街道到楼道实现了全覆盖。老年人根据自己的兴趣、爱好，在小区、楼道中自由组合，开展活动。为缓解居家养老服务的资金紧缺问题，日托中心推行冠名和购买居家养老服务的模式，吸引数十个银行及公益基金组织参与，融资数百万元。推行医养结合养老模式，解决老年人来回奔波求医、养老的医养难题。宜兴苏欣护理院针对入院老人多数为“三高”老人情况，实行“养老院+医院”医养结合模式，为老人们提供专业的医疗服务。2016年市政府依托财政补贴、税收优惠等扶持政策，探索推行养老机构公建民营新模式，引导社会力量多形式、多渠道参与健康养老产业发展。由市养老护理中心与九如城养老产业集团签署宜兴市养老护理中心资产运营管理协议，实行公建民营，依托九如城成熟、完善的运营管理，满足监护老人的服务需求，让养老变成享老。

【百岁老人】 至年底，全市有百岁老人68人，其中女性55人。

2016年宜兴市百岁老人

表60

序号	姓名	性别	出生年月	居住地址
1	张鸿俊	男	1911年6月8日	和桥镇楝聚村
2	史彩华	女	1911年8月16日	官林镇滨湖村
3	潘梅君	女	1911年12月10日	宜城街道荆溪新村
4	芮岳金	男	1912年1月1日	官林镇凌霞村
5	朱义妹	女	1912年7月11日	官林镇前城村
6	陈阿胖	女	1913年6月17日	周铁镇分水村
7	陈小妹	女	1913年8月15日	官林镇大儒村
8	周凤珍	女	1913年10月11日	张渚镇柏山村
9	张牛大	女	1913年11月15日	丁蜀镇双庙村
10	沈英妹	女	1914年1月3日	屺亭街道后亭村
11	徐巧英	女	1914年1月5日	官林镇滆湖村
12	马福娣	女	1914年2月16日	徐舍镇翔圩村
13	王进才	男	1914年9月21日	周铁镇中新村
14	潘　玉	女	1914年10月4日	宜城街道碓坊新村
15	史玉英	女	1914年10月11日	周铁镇中新村
16	翁招罗	女	1914年12月9日	丁蜀镇查林村

续表60

序号	姓名	性别	出生年月	居住地址
17	宗金娣	女	1915年1月18日	新街街道陆平村
18	叶秀清	女	1915年1月22日	宜城街道民主社区
19	魏正娣	女	1915年1月27日	周铁镇欧毛渎村
20	王来玉	女	1915年4月10日	丁蜀镇潜洛村
21	盛金娣	女	1915年4月12日	芳桥街道扶风村
22	杨凤娟	女	1915年4月13日	官林镇义庄村
23	谈汝念	女	1915年5月20日	和桥镇北新村
24	毛金梅	女	1915年6月1日	杨巷镇安乐村
25	赵扣大	男	1915年6月2日	高塍镇高遥村
26	谢惠芳	女	1915年7月12日	宜城街道大同社区
27	薛顺珍	女	1915年7月15日	新街街道归径社区
28	夏凤英	女	1915年7月15日	和桥镇西锄村
29	杨秀大	女	1915年7月23日	徐舍镇烟山村
30	茅冰妹	女	1915年8月26日	宜城街道和平社区
31	唐玉娥	女	1915年9月9日	杨巷镇安乐村
32	史秀娟	女	1915年10月4日	官林镇凌霞村
33	曹金娣	女	1915年10月8日	杨巷镇塘门村
34	崔秀英	女	1915年10月23日	丁蜀镇定溪村
35	许　芬	女	1915年10月26日	高塍镇梅家渎村
36	王桂英	女	1915年10月29日	太华镇云湖村
37	郁息妹	女	1915年11月13日	官林镇戈庄村
38	胡永大	男	1915年11月25日	芳桥街道夏芳村
39	黄招伢	女	1915年11月29日	杨巷镇杨巷社区
40	陆菊仙	女	1915年12月17日	杨巷镇英驻村
41	熊奶英	女	1915年12月19日	张渚镇祝陵村
42	缪惠珍	女	1916年1月1日	新街街道绿园社区
43	邵洪娣	女	1916年1月6日	高塍镇六圩村

续表60

序号	姓名	性别	出生年月	居住地址
44	吴龙娣	女	1916年1月16日	和桥镇中巷村
45	吴金泉	男	1916年2月8日	官林镇大儒村
46	陈顺保	女	1916年2月20日	徐舍镇洴浰村
47	吴秀英	女	1916年3月8日	徐舍镇洴浰村
48	瞿云山	女	1916年3月15日	宜城街道城东村
49	徐杏娣	女	1916年4月22日	和桥镇钟溪村委会
50	董小龙	男	1916年5月20日	杨巷镇邬泉村
51	储烟水	女	1916年6月1日	宜城街道新华社区
52	胡义凤	女	1916年6月12日	屺亭街道广汇社区
53	蒋志明	男	1916年6月20日	芳桥街道芳桥村
54	史连清	男	1916年6月20日	官林镇桂芳村
55	花德龙	男	1916年7月6日	丁蜀镇蠡墅社区
56	李安田	男	1916年7月8日	太华镇胥锦村
57	陆凤珍	女	1916年8月24日	丁蜀镇画溪社区
58	周叶娟	女	1916年9月19日	宜城街道宜北社区
59	缪龙喜	男	1916年9月29日	丁蜀镇湖渎社区
60	沈金凤	女	1916年10月29日	杨巷镇塘门村
61	许梅英	女	1916年11月16日	宜城街道东氿社区
62	陈全娣	女	1916年11月24日	丁蜀镇方钱村
63	王月娥	女	1916年11月29日	新庄街道王婆村
64	沈丽华	女	1916年11月29日	芳桥街道芳桥村
65	马东生	男	1916年11月29日	官林镇钮家村
66	陈生娣	女	1917年1月3日	芳桥街道夏芳村
67	董必华	女	1917年1月16日	太华镇云湖村
68	陈锁娣	女	1917年1月17日	新建镇新建村

（蒋志才）

社区建设

【概述】 在社区(村)大力开展社区社会化服务,提升社区治理能力,推进"政社互动"社区管理新模式,形成以制度强管理、以管理促服务、以服务赢民心的工作格局。协商民主试点工作有序推进,街道级试点宜城街道分别在巷头社区设立"双周末民情议事厅"、大同社区设立"友邻之家"协商点、新华社区设立"你我家园"恳谈会,丁蜀镇在蠡墅社区设立"民声直通车"议事点,围绕"协商什么、和谁协商、如何协商、协商成果如何运用"等内容,推进社区主体共同参与。全年成功创建江苏省和谐社区建设示范单位8个、江苏省农村社区试点单位2个、无锡级民主协商试点镇(街道)1个、无锡级民主协商试点社区4个。

【村居委换届选举完成】 9月,宜兴市启动全市第十一届村民委员会及第六届居民委员会换届选举工作,至11月结束。为确保新一届村(居)委会换届选举工作顺利开展,市民政局深入基层加强调研,认真分析现状、开展分析预测,借鉴以往经验,印发《选举工作日程安排表》《突发事件应急处置预案》。各镇、街道抽调精干人员包片包村,加强指导、检查和督促。组织全市各镇(街道)分管领导、业务部门负责人及各村(社区)书记共348人进行选举工作培训,印发《村(居)委会选举操作规程》《宜兴市第十一届村民委员会和第六届社区居民委员会换届选举资料汇编》,使其熟悉政策法规,掌握方法步骤。做好选民登记和核对工作,逐户登记选民,做到不错登、不漏登、不重登,保障选民权。组织选举投票,设置代写处、秘密写票处和票箱,确保选举过程公开和选举结果有效,保障投票权。全市215个行政村、97个社区,除徐舍镇潘家坝村、西渚镇横山村、宜城街道蠡河社区、和桥镇新城社区外,全部完成选举,一次性选举成功率99%,选民参选率97%,村直选率100%,一票直选的村比上一届增加19%。选举产生新一届村委会成员共1080人,其中党员885人、女性293人,分别占81.94%和27.13%;新当选主任52人、副主任36人、委员222人。居委会成员中有女性成员280个,占居委会成员总数的51.01%。同时,全市各村(社区)均通过公开选举产生村(居)务监督委员会,覆盖率100%。

【农村社区试点工作稳步推进】 根据省民政厅的要求,按照村务公开的要求,广覆盖、促规范、求实效,开展以财务清理、村务公开、规范财务行为为重点的"三位一体"村级民主管理督查,推进农村社区管理。市民政局印发《进一步完善村规民约(居民公约)的通知》,完善村级事务管理。湖㳇镇大东村建立农村社区志愿服务站点,湫西村重点发展别具特色的"民宿"农村社区文化,全民参与,增强农村居民的归属感和认同感。同时,将城镇社区信息化平台管理延伸到两个试点农村社区,用信息化的手段进行社区工作管理。年内,大东村和湫西村被省民政厅确认为省农村社区建设工作试点。

【社区工作人员队伍】 严把招聘关,提升人才素质,连续两年在全市公开招考社区事务工作站工作人员,共招录人员68人。按照新招录社工人员到岗适应快、综合能力强的要求,开放8个退伍军人名额,为退伍军人提供岗位。新招录人员的整体素质较高,呈高学历年轻态趋势,本科人员占90%,1人拥有社会工作专业研究生学历,平均年龄26岁。同时,与受聘者所在社区及时进行沟通和信息反馈,对新社工实行动态管理。注重人员培训,从结构上完善人才梯队。继续实施"提质增能"工程,对新招录的社区工作人员及全体社区工作人员进行轮训,主要学习社区治理创新、社区事务处理技巧、PPT(微软公司的演示文稿软件)制作、社工心理学等内容,还特别增加团队破冰环节,打破各板块社工之间的距离感,社工个人风彩得到展示。全年培训社工295人,社工服务能力获提升。

(虞婧)

殡葬管理

【概述】 围绕《关于推行节地生态安葬的指导意见》精神,扎实推进生态殡葬改革,抓好私埋乱葬整治、镇级骨灰楼建设,落实惠民政策,服务环境有改善。惠民殡葬全面铺开。对宜兴户籍居民殡葬基本服务实行免费,全年为市城乡低保对象、城市"三无"对象、农村"五保"对象、重点优抚对象246名减免34.07万元。财政减免6479人次,减免费用总计809.88万元,奖补海葬1人金额1500元。推进市镇两级骨灰堂免费存放、家属自愿选择生态安葬奖补或免除费用等措施,逐步建立全覆盖、多层次的殡葬惠民体系。继续开展"优质服务月"活动,强化内部建设、完善规章制度、训练素质技能,提升殡葬职工的工作技能和服务水平;强化外部监督,发放民主行风调查表、聘请社会监督员以及结合人大代表、政协委员监督等,打造殡葬服务单位为务实、规范、清廉的窗口。按照市政府办公室《关于进一步加强殡葬改革和管理工作的意见》,扎实做好殡葬改革工作,推进镇级骨灰楼建设,和桥镇、芳桥街道、屺亭街道、湖㳇镇、万石镇高标准完成新式镇级骨灰楼建设,投入奖补资金1650万元。全面完成金鸡山公墓二期生态墓区建设和金鸡山公墓规划改造工程,加快推进市殡仪馆开票大厅重建项目。

【祭扫活动平安有序】 除夕祭祀期间,金鸡山公墓接待群众10万余人次,车辆3万辆(次),祭祀环境安全文明。清明期间,以"平安清明、文明清明"为目标,全面部署清明祭扫工作方案,分析研究可能出现的突发情况,明确各部门工作职责,确保清明各项工作平稳有序。开展清明殡葬宣传,在各镇街道主要道路、殡仪馆及公墓发放宣传资料1000多份、悬挂宣传标语横幅200余条、宣传板30多块，通过媒体大力宣传文明殡葬、生态殡葬理念、公益告示及清明祭扫注意事项等，刊登、发布信息9次。举办金鸡堂骨灰楼集中祭祀活动，配合无锡殡管处圆满完成第十二次海葬活动，近距离向群众宣传生态文明殡葬理念。清明节期间，金鸡山公墓接待群众祭扫60万人次，疏导车辆30余万台（次），祭扫环境安全文明。

【殡葬专项工作有序推进】 强化公墓规范化管理，市物价局、民政局联合调查、摸底全市公墓成本，按照省民政厅《关于开展全省社会事务实地督查工作的通知》要求，提前对全市的3个经营性公墓开展年检工作，并对各殡葬管理服务单位做好自查、整改、巩固，10月通过省督察组检查。大力推进节地生态安葬，骨灰处置以骨灰堂存放为主，树葬、海葬、花坛葬、草坪葬等为辅，倡导文明殡葬集体公祭和网络文明祭扫，推进节地生态安葬专项整治，推动传统殡葬向现代殡葬转型。

【殡葬设施逐步完善】 全面推广节地、环保为主的生态墓地，新型葬式逐步取代传统墓地。2013年，金鸡堂投入使用，至2016年年底骨灰安放数达7600多个，节约土地30亩。生态墓区被命名为生态人文纪念园。该园一期以海葬、降解循环葬、遗体器官捐赠纪念广场、艺术葬、花坛葬等多元的新型生态葬式为主；二期突出传统孝道文化和生态文明的殡葬理念，建设长廊水榭、风水亭、云鹤墙、五行六轮回、百孝园等特色景点，有壁葬、草坪葬、个性艺术葬等生态葬式。2016年7月，占地5万平方米的生态墓区二期工程竣工验收，标志金鸡山公墓规划改造工程全面完成，公墓的生态化带动全市祭祀方式的生态化。

（王丽君　周盘锋）

区划与地名管理

【概述】 全年命名（更名）地名25处，其中居民住宅区14处、道路9处、商业街1处、大型建筑物1处。坚持对历史负责、对市民负责的原则，实地察看每处命名地段，做到地址准确、群众满意。新设宜城街道蠡河社区，优化调整高塍社区和滨水社区。修订《宜兴市地名管理实施实施办法》，明确规定地名通名的使用、专名的规范使用、地名命名的流程、历史地名的保护等。

【全国第二次地名普查】 根据《宜兴市全国第二次地名普查实施方案》要求，归类、整理2015年普查地名登记表，共整理出地名普查表格9110张。其中，自然村（居民点）4945张，单位1108张，道路729张，桥梁699张，河流299张，群众自治组织313张，山峰284张，风景区、市场、纪念地等其他地名733张。为提高地名普查的质量，根据省民政厅、无锡市民政局要求，聘请专业的地名普查监理公司指导全市地名普查工作。

【界线管理工作】 根据《江苏省与安徽省行政区域界线第三轮联合检查工作实施方案》精神，5月，市政府与安徽省广德县政府联合印发《2016年苏皖线宜兴广德段界线联检实施方案》（以下简称《方案》），部署开展第三轮界线联检工作。根据《方案》要求，市民政局和广德县民政局分别自查各自辖区范围的行政区域界线，组织沿线的三个村召开座谈会，听取边界情况汇报。在自查过程中，发现广德县有部分村民租用宜兴市太平村、桥涯村山地的情况，但是土地权属清晰，没有任何矛盾。9月，无锡、宣城两市民政局在太华镇召开苏皖线无锡宣城段界线联检暨平安边界建设联席会议，宜兴、广德两地分别签订平安边界建设协议书，落实属地责任，健全矛盾排查和纠纷应急机制，对风险点抓早抓好，化解跨界生产生活纠纷。

（杨小冬）

社会组织管理

【概述】 全年登记社会团体15个、民办非企业单位42个，累计登记备案社会组织数为2571个，其中社会团体328个、民办非企业单位670个、基金会9个、备案1564个。7月，宜兴遭受历史最大洪涝灾害，全市社会组织组织会员至灾民安置点参与志愿服务活动。市义工联合会、市宜城街道陶都爱心社、市无线电协会、各镇街义工协会等全年组织会员参与志愿服务1000余人次。探索开展社会组织拥军活动，全面动员和组织社会组织积极参加爱国拥军活动，组织开展全市有关社会组织慰问宜兴籍在外地服役战士的活动。

【公益创投成效明显】 服务关口下移社区，创新社区建设、社会组织培育和社会工作现代化体制"三社"联动工作模式，邀请南京爱德社会组织培育中心作为第三方全程参与督导培训。全市全年有38个市创投项目、78个社区微创投项目、26个试点镇（街道）微创投项目参与申报。经过初审和专家组联审，74个项目申报成功，其中公益创投项目22个、社区微创投项目32个、试点镇（街道）项目20个。全年投入创投资金330万元（市级300万元、丁蜀20万元、新街10万元），项目覆盖除芳桥街道、周铁镇、张渚镇外的全市15个镇、街道，服务范围涉及民政工作九大类，服务人数8万人。5月，举行项目签约开展业务能力培训，对所有入选项目进行资料汇编。举办全市各村社区书记（主任）公益创投业务知识培训班，扩大公益创投的知晓率。组织"我与公益创投"征文活动，体现项目的参与性。会同第三方对所有参加项目单位进行集中式和走访式督导5次，对项目单位的操作实务和财务管理进行辅导。

【社会组织规范化建设】 开展社会组织年检工作，要求所有参检社会组织必须实施网上申报审核、业务单位初审、窗口年检。所有年检单位加入信息平台，实行信息共享。全市参加年检的社会组织有605个，其中年检合格552个、基本合格17个、不合格36个，撤销21个。全年对2015年度机构不健全、换届不及时、财务不规范等社会组织共下发整改通知36份。推进工商营业执照、税务登记证、组织机构代码证三证合一换发工作。根据民政部、省民政厅的工作部署，1月起，在全市启用社会组织统一信用代码。新登记的社会组织统一使用新版登记证书，存量社会组织将通过变更、年检、换届等，有序换发新证，全年换证533张，其中社团222张、民办非企业311张，换证数占应换证书单位的55.4%。开展社会组织等级评估工作，举办评估专题培训班，使社会组织了解评估工作以及评估的重要性。组织第三方进行资料和现场评估，完善社会组织评估指标体系和程序。参加评估单位27个，评估出AAAA等级13个、AAA等级10个、AA等级4个。

【社会组织品牌建设】 近年，全市社会组织一直保持10%的年增长速度，其中文化艺术类与公益类社会组织分别占社会组织总量的20%和10%。大量社会组织都活跃在社区中，城镇社区平均拥有社会组织8个，农村社区也平均拥有4个。社会组织的发展质态逐步向好，市政府连续多年出台鼓励政策，对首次获得AAAA级、AAA级的社会组织分别给予2万元和1万元的奖励，并积极扶持社会组织开展公益创投项目，引导其参与社会治理和公共服务，打造出一批具有较强生命力的社会组织。市旗袍文化研究会有会员近200人，多次组织旗袍爱好者走出宜兴，与上海、武汉、台湾等地的旗袍爱好者交流互动，弘扬旗袍文化，展现宜兴女性的自信与优雅。市癌症康复协会拥有注册会员500多人，是省癌症康复联席会和长三角地区癌症康复组织联席会的成员单位，多次承担省、无锡市和宜兴市的公益创投项目。“爱心一家”义工社是全市第一个民办非企业义工社，拥有义工500多人，组织义工每周五为居民提供免费理发、磨刀、量血压、测血糖、推拿等服务，传递正能量。至年底，全市有社会组织2560个，其中拥有独立法人资格的社会组织首次突破1000个大关，宜兴每万人拥有社会组织超20个。

（沈永明）

义工服务

【概述】 全市有义工协会19个，机关部门义工站19个，社会义工站5个、社区义工站289个、义工服务基地36个、便民服务岗5处、各类服务队100多支。开展“蓓蕾行动”助幼服务、“霞光行动”为老服务、“绿色行动”绿化美化服务、“蓝盾行动”治安维稳服务、“春雨行动”便民利民服务五大服务项目，全年组织义工站（协会）开展活动820次，直接或间接服务群众10万人次。为鼓励市民参加志愿服务，市文明办出台《宜兴市志愿者礼遇办法（试行）》，产生一星级义工200人、二星级义工64人、三星级义工28人、四星级义工7人、五星级义工2人。创新建立“一网”“一微”“一站”式网络服务体系，宜兴义工时间银行高效运转，在线注册数1.64万人，全年录入工时12.4万小时。升级社会公益服务，打造陶都爱心社“社会好儿女”、绿叶义工站“绿叶相扶，携手成长”、爱心一家义工站“相约星期五”、欢乐义工站“欢乐助残，爱满陶都”等站点特色品牌。推行“公益服务+购买服务”新模式，确保服务持续长久，市美术馆、市科技馆、市汽车客运总站、宁杭高铁宜兴站、市图书馆购买服务。

【《宜兴市志愿者礼遇办法(试行)》发布】 2月，市文明办出台《宜兴市志愿者礼遇办法(试行)》，对志愿者实行志愿服务星级认定，志愿服务时长满100、300、600、1000、1500小时的，分别认定为一至五星级志愿者，颁发星级证书，并给予相应奖励；志愿服务时长满1500、2000、2500小时的，分别授予铜星、银星、金星奖章，并给予相应奖励。市文明办、市志愿者工作指导中心还将每年开展志愿服务评优活动，市级以上优秀志愿者可优先推荐宜兴市级及以上好人、最美人物等先进典型评选，在部门条线各类评优评先中优先推荐，对生活困难的志愿者给予相应的生活照顾和物质帮扶。同时，按100小时、200小时、300小时、600小时等不同年度服务时长，获得下一年度相应礼遇。至年底，全市有166名义工达到服务时长，获得旅游年卡、宜兴保利大剧院充值卡和体检套餐等不同奖励。

（沈华为）

编辑　朱敏

公用事业
PUBLIC SERVICE

公 交

【概述】 全年新辟公交线路4条,优化公交线路30条;新增、更新燃气型、电动型公交车160辆,新能源和清洁能源公交车占46.9%;新增制式校车29辆,校车公司累计有校车88辆,运行线路145条,服务全市13个镇、街道的39所学校、4700余名中小学生,实现全市农村义务教育阶段上下学校车接送全覆盖。开通省宜兴中学,市实验中学南、北校区,外国语学校东、西校区,市青少年体育运动学校学生公交专线42条,惠及学生4300余人。城市公交全年完成客运总量6060万人次,与上年持平;新辟公交线路3条,优化调整20条;新辟夜间线路2条,延长2条公交线路的夜班营运时间;推出大站快线公交23路,形成宜城街道与丁蜀镇之间的快速公交通道;优化市外国语学校、实验中学、少体校的学生定制班线和无锡工艺职业技术学院至高铁站的定制公交专线;全年新增30辆新能源公交车,其中天然气车15辆、新能源车15辆;更新35辆公交车,其中天然气10辆、新能源车25辆;全年安全行驶总里程3400万千米,发生千元以上责任事故33起,比上年下降8.3%。长途客运有班线52条,全年完成客运总量212万人次,安全行驶5419万千米,安全行车728天,安全态势总体平稳,无重大投诉事件发生;做好节假日运输工作,春运40天共发送旅客25.08万人次,组织加班包车378辆(次);"元旦""清明"及"国庆黄金周"等节日期间,累计发送长途旅客55万人次,组织加班690班。城乡公交注重提高居民出行舒适度,淘汰黄标车92辆,新购置纯电动车75辆、燃油车20辆。公交场站配套基础设施更趋完善,丁蜀公交客运枢纽、屺亭公交首末站公交场站启用,城区投运的城市公交首末站增至12个;完成丁山、太华等10台充电桩建设。编制《城市、城乡公交三年发展规划(2016—2018)》,城市、城乡公交开行多条"大站快线""定制班线"和"定制快速公交专线",全市公交的线网布局和服务能力进一步提升。公共自行车服务系统全年新增钱墅人家小区门前站点1个、替换更新公共自行车1200辆,至年底,全市有站点136个、公共自行车3100辆,覆盖城区主要节点的服务网络基本形成。宁杭高铁宜兴站日均客运量1.2万人次、停靠124列(次)。

(邵巍跃　魏赟)

【城乡公交"大站快线"开通4条】 创新思维、优化服务,开展公交"提速行动",提高公交行车速度和运行效率。宜城至太华的公交216路为全市最长的公交线路,全线行驶里程41千米,原设站点65个,单程运营时间长约90分钟。10月起,公交216路试运行"大站快线",悬挂"大站快线"专用车头牌,以"蓝底黄字"明显区别于其他班线,日发班次14个,线路走向不变,站点缩减到12个,单程运营时间最多可缩短约30分钟。同时,对线路实施"边试边调整",根据实际客流情况,视情增减站点。至年底,有宜城至太华、宜城至竹海景区、宜城至善卷洞风景区、宜城至官林客运站4条线路实行"大站快线"。

【定制公交220路开通】 推广"定制公交",把有共同出行需求的乘客从普通乘客中分离出来,提供差异化服务,满足市民个性化出行需求,解决工业集中区企业员工上下班、部队官兵节假日出行等交通问题。11月8日起,"定制快速公交专线"——公交220路投运。该路公交只在上下班时段开行,主要解决宜城至万石两地上班族公交出行难的问题。公交220路首末站分别为宁杭高铁宜兴站和省华东石材市场3号路口,日发班次6个。该路公交在省道342线不作停靠,实现宜城至万石的快速直达。

【"微循环"公交线路开通】 随着城市建设的不断发展,一些区域或社区一时难以被公共交通网络有效覆盖。"微循环"公交线路具有"线路相对较短,周转较畅通、顺应流向"的特点,可使居民的日常出行更加方便快捷。市交通运输部门按照《宜兴公交三年发展规划(2016—2018)》和城市公交年度发展计划,3月1日起在开发区内开通全市首条"微循环"城市公交线路——城市公交21路,解决屺亭街道奔马社区居民出行不便的问题。公交21路从五星小区站始发,经荆邑北路、凯旋路、广汇北路、屺山路回到五星小区,采用顺时针单向循环运行模式。其中途设置荆邑路屺分公路、宜兴创业园、奔马花园、奔马社区、屺亭村等12个站点。首班车发车时间为6:30,末班为17:00,每30分钟至40分钟一班,全天共17个班(次)。

【智能化公交建设】 市公交公司紧随"互联网+"时代步伐,年内新建27只智能电子站牌，城区主要道路实现电子站牌全覆盖；不断完善公交微信公众号，推行"掌上公交"和"陶都出行"手机应用软件，发布"惠民畅行"微信公众服务平台。7月，"公交免费Wi-Fi"项目启动，全市有400辆公交车、100个公交站台率先安装无线热点，逐步实现所有公交车辆Wi-Fi热点全覆盖。市民在公交车上、公交站台候车都能享受免费无线上网的乐趣，提升市民移动互联生活品质。同时，市公交公司检售票系统升级为2.0版本，附带微信购票功能，增设包车、租赁业务网络订购流程，完善推广"巴士管家"手机购票软件，适应不同消费层次。

【"绿色公交"队伍再扩充】 近年，市交通运输部门坚持"绿色交通""低碳交通"的发展理念，新增、更新的公交客运车辆，以液化天然气等清洁能源车型为主。2016年7月，市公交公司引进的15辆液化天然气公交车顺利上线运营，加入到公交101路和公交2路等线路。与传统燃油汽车相比，液化公交车结构相对简单，运转传动部件相对较少，无需更换机油、油泵装置等，车辆维修保养工作量少，实现PM2.5及各类有毒有害物的"零排放"。车辆采用新型变速系统，行驶中无换挡过程，乘客乘坐感觉更舒适。至年底，全市城市公交拥有各类新能源车辆192辆，占该公司总运力的38%。

【"随车医生"服务】 公交客运驾驶员每天处于高度紧张的工作状态，驾驶员成为高血压等慢性病易发、高发群体。6月，市交通运输部门经广泛调研，在市公交公司率先启动"互联网+"慢性病防控系统试点，为每名公交驾驶员发放一张健康管理卡，建立电子健康档案。同时，在各公交场站、集中办公区域及驾驶员休息站点等地，设置了40多台神鹰e生信息传输型电子血压计。驾驶员可随时使用健康卡测量血压，每次测量的血压和心率等数据自动传输至系统健康云平台。该系统还设有手机客户端，驾驶员可以通过手机客户端随时查阅个人健康档案的数据。此外，市交通运输部门还与医疗机构紧密合作，委托其根据检测和筛查情况，不定期开展高血压防控专业知识培训等。

（邵巍跃）

供　水

【概述】 宜兴水务集团有限公司打造"智慧水务"体系，做强做优宜兴供水事业，全年完成总供水量1.2亿吨，饮用水水质全部符合或优于国家标准。建成供水管网72千米，桃花水库工程全面启动，完成归径水厂的接收。实施新街水厂取水改造，解决新街水厂原水不足困境。今日星城无负压供水改造工程启动，新天地小区无负压供水改造工作有序推进。全年管网末梢水冲洗排放水量35万吨。寒潮保供期间，处理市民诉求3.98万件；修复冻破水表、阀门6.47万只，冻破消防栓4000余处，冻坏立管4200处。7月起，按建制镇、园区、街道设立分公司，划小区域管理，实施老小区楼道表、农村破损水表井的改造及铺沙等保温工作。防汛保供期间，优先使用横山水库水，用好用足优质原水。做好全市范围内所有制水厂和供水泵站的隐患排查和应急防范工作，确保防汛、保供两不误。

【供水服务零距离】 调研市民需求、供水服务半径和服务成本等基本信息，综合考虑运行成本，关停城东和城南两个服务网点。至年底，全市有服务网点21个，全年水费预存累计余额1770万元、预存户数14.2万户，比上年增加3000户；全年夜间施工2117次，提供志愿服务90次、延伸服务1.23万起，受理用水咨询和诉求8.2万件，走访居民用户2.12万户、单位用户1608户，用户满意率98%，供水服务质量和效率有提升。

（章薛栋）

【油车水库建设】 油车水库建成投用后，市水利农机局和油车水库管理所重视饮用水源地达标建设工作，按照工程性措施与非工程型措施相结合的原则，落实最严格的饮用水源地保护措施，扎实推进饮用水源地安全保障体系建设，确保饮用水源水质优良、水量充足、水生态环境良好。2016年，水库饮用水源地达标建设工作通过省级验收，成功申报省级水利风景区。至年底，水库全年完成供水2600万立方米，调峰泄洪4346.11万立方米，保障水面环境7万平方米，完成库区绿化14.76万平方米。

（杨秋石）

供　电

【概述】 全年实现三个百日无事故、全年无考核事故的安全目标。全年全社会用电量92.25亿千瓦时，比上年增长8.27%。其中：工业用电量70.35亿千瓦时，比上年增长7.3%；农业用电量1.21亿千瓦时，比上年增长2.9%；生活用电量11.17亿千瓦时，比上年增长1.9%。全年供电量84.07亿千瓦时、售电量81.90亿千瓦时，分别比上年增长7.91%和7.42%。调度用电最高负荷161.8万千瓦，比上年增长19.85%；年度线损率2.58%。城市供电可靠率99.96%，农网供电可靠率99.92%。全市总营业户数69.35万户，电费收入59.54亿元。完成配网、农网投资6.11亿元，其中配网投资4.37亿元，新增、扩容配变627台，增容142.69兆伏安，新增、改造10/20千伏架空线路263.51千米。市供电公司同业对标获省公司管理标杆第一、综合标杆第二。官林供电所成为无锡地区首个国网五星级供电所。

【电网建设】 500千伏阳羡、220千伏都山输变电工程投运，廻峰山—武南单改双500千伏线路宜兴段工程稳步推进，高压电网和配电网"两头薄弱"问题有所缓解。为提高全市基础电力设施供电的效率和稳定性，扩建宜兴110千伏"单线单变"变电站，至年底，芳桥、红塔等5座110千伏相关变电站扩建完成并投运，变电站供电能力提升1倍。完成全市18个片区的配电网"单元制"规划。完善网架结构，完成9台主变租赁、1台主变更换、2座110千伏变电站综合自动化改造。30条10千伏线路的60个点的配网自动化改造基本完成，所有自动化终端实现“三遥”(遥测、遥信、遥控)功能。全市配网联络率86.06%，配网故障率比上年下降6.35%。推进项目建设，8个“美丽乡村”改造项目均实现户均配变容量5.0千伏安，低压供电半径小于200米。13个迎峰度夏工程项目竣工投运，新建、改造13条线路，新建10千伏架空线路18.62千米、10千伏电缆1.64千米；新立15米电杆326基；安装变压器80台，新增容量21400千伏安；铺设400伏电缆4.37千米，安装400伏综合配电箱80台。排查整改用户低电压1434起，整治重超载配变70台，配合市政杆线迁移施工工程23个。年内编制完成《宜兴市“十三五”电网发展规划及2030年展望报告》《宜兴市充电桩建设规划》。

【供电服务】 落实线损常态管理，采集线损合格率99.91%。深化“业扩直通车”工程，供电业扩报装周期由上年的132.1个工作日下降到58.8个。开展智能营业厅建设试点，太华、西渚智能营业厅投用，设有业务办理自助终端、自助缴费机等设备，用户可自助缴费、自助办理高低压新装、增容申请，销户、更名过户等26项业务，实现由柜台服务向自助服务的转变。完成12户“源网荷”(大规模源网荷友好互动系统)智能互动终端建设，可快速精准控制客户中断负荷，将大电网的事故应急处理时间提升至毫秒级。刚性监控企业中央空调38个、柔性改造9个。完成4809户专变客户“量改费”(买电量改为买电费)调试。宽带采集覆盖1.4万户。有序推进水、电、气“三表合一”建设，实现跨行业能源运行动态数据集成平台，2.06万户采集成功率99.10%。落实《江苏省大气污染防治行动计划》，实施“以电代煤、以电代油、电从远方来”的电能替代工程，全年完成电锅炉改造38台，新增153台，替代电量1.27亿千瓦时。提前投运太湖大浦港、新港的低压岸电项目，完成芜申运河水上服务区岸电桩建设。建成投运大型公交车充电站1座、高速服务区充电站2座和城市快充站3座，市域高速公路实现充电全覆盖。

(蒋逸)

【抽水蓄能电站平稳运行】 江苏宜兴抽水蓄能电站全年电站机组发电启动2266次，成功率100%；抽水方向启动1348次，成功率100%；发电量14.97亿千瓦时，发电量创历年新高；上网电量14.91亿千瓦时，受网电量18.76亿千瓦时，抽水电量18.55亿千瓦时，电站综合效率79.5%，等效可用系数90.07%，创历史最高水平。年内，电站获“全国电力行业优秀企业”“全国‘安康杯’竞赛优胜单位”等称号。

(蒋洁青)

【电厂建设】 全市有发电机额定容量3000千瓦以上的发电企业15个。其中，抽水蓄能电站、垃圾发电厂、天然气发电厂各1个，热电联产企业5个，利用余热、余气、余压发电的资源综合利用企业7个。总装机容量1466.5兆瓦(江苏国信协联能源有限公司退役12兆瓦和60兆瓦发电机组各1台)，全年共发电71.39亿千瓦时。发电共消耗煤炭328.92万吨、生活垃圾21.08万吨、天然气8.59亿立方米。热网管道总长303.1千米，全年供热3497.12万吉焦。

(顾彬跃)

2016年宜兴市电厂主要技术经济指标

表61

序号	单　位	发电机额定容量(兆瓦)	供电量(万千瓦时)	燃料量(万吨煤)	供热量(万吉焦)	供电煤耗(克/千瓦时)	供热煤耗(千克/千焦)	热网总长度(千米)
	合　计	1466.5	713889.50	—	3794.12	—	—	303.1
1	江苏三木集团有限公司	24.0	7481.52	18.36	239.81	347.00	41.50	5.0
2	江苏华亚化纤有限公司	24.0	17451.40	18.23	142.68	402.00	42.00	10.0
3	大环保能源(宜兴)有限公司	12.0	5482.00	21.08	—	—	—	—
4	江苏国信协联能源有限公司	312.0	188664.00	134.00	862.99	300.47	37.37	250.0
5	江苏国信协联燃气热电有限公司	870.0	375890.00.	8.59	398.15	206.02	34.73	—
6	宜兴灵谷热电有限公司	60.0	24764.00	113.33	1842.49	316.00	36.46	2.5
7	宜兴华润热电有限公司	120.0	71322.00	45.00	308.00	318.97	36.00	35.6
8	无锡双诚碳黑有限公司	3.0	1767.00	—	—	—	—	—

续表61

序号	单　位	发电机额定容量（兆瓦）	供电量（万千瓦时）	燃料量（万吨煤）	供热量（万吉焦）	供电煤耗（克/千瓦时）	供热煤耗（千克/千焦）	热网总长度（千米）
9	宜兴市金墅水泥有限公司	4.0	2511.21	—	—	—	—	—
10	江苏阳羡南方水泥有限公司	7.5	3519.31	—	—	—	—	—
11	江苏宜城南方水泥有限公司	4.5	2094.89	—	—	—	—	—
12	江苏徐舍南方水泥有限公司	4.5	2884.20	—	—	—	—	—
13	江苏新街南方水泥有限公司	9.0	4794.00	—	—	—	—	—
14	宜兴天山水泥有限公司	12.0	5264.00	—	—	—	—	—

说明：1.大环保能源（宜兴）有限公司的燃料为生活垃圾
2.不消耗燃料的为利用余热、余气、余压发电
3.江苏国信协联燃气热电有限公司的燃料为天然气
4.江苏国信协联燃气热电有限公司的燃料量单位为亿立方米

供　气

【概述】 围绕"低碳发展、安全监管、稳定保供"目标，加强燃气基础设施建设，全年新建天然气中压管道84.7千米、低压庭院埋地管55.8千米、镀锌立管及架空管94千米，全市天然气输配管网累计2174千米。开拓燃气采暖市场，保障市民采暖用气需求，完成宜兴城区中星湖滨城A区、江南春天等4个小区的天然气管网扩容改造工程。拓展燃气普惠面，完成老小区改造8300户，签约工业、商业、公共福利用户450户，其中工业用户243户、商业用户201户、公共福利项目6户。新增天然气居民用户1.11万户，点火生效1.54万户，全年管道天然气供应量4.16亿立方米。有序推进瓶气安全保障工程，全年置换公用燃气专用瓶达5万只，年销售瓶气近7000吨。启动设计无锡市首个岸基船舶加气站，全市全年累计销售车用气5700吨，全市车用加气站供应网络基本建成。

【瓶气安全保障工程有序推进】 以公用燃气公司为主体，利用公用事业基层工作服务网络，联合镇、街道、园区等力量，按照"试点先行、逐步推开"原则，向全市推广专用瓶装气，加快建网布点、进村入户，迅速形成品牌效应。同时，严抓安全责任和措施落实，做好安全生产及宣传培训，全年累计培训学习188人次，其中充装工19人次、压力容器操作工25人次、压力巡查工25人次、安全管理人员25人次和液化石油气送气工94人次，累计发放安全用气手册、宣传单5000余份，力争打造一条优质安全的瓶气保供产业链。至年底，累计置换公用燃气专用瓶5万只，无安全事故发生。

【清洁能源低碳发展】 宜兴市严抓大气污染防治，发展绿色清洁能源，全市新增"煤改气"（对燃煤锅炉进行该改造，换成燃气锅炉）企业296个。年内，宜兴昆仑能源金三角LNG（液化天然气）车用加气站、徐舍LNG车用加气站、城南L-CNG（液化压缩天然气）合建车用加气站相继试运行，全市车用加气站布点建设全面完成，加气站供应网络基本构建完毕。启动设计无锡市首个岸基船舶加气站——锡溧漕河北庄船舶停泊服务区LNG加注站，建成后将减少船舶高污染尾气的排放，优化大气环境。

（戴琦）

编辑　朱敏

卫生计生

PUBLIC HYGIENE AND FAMILY PLANNING

综 述

【概述】 推进医药卫生体制改革，完善公共卫生服务体系建设，规范实施基本和重大公共卫生服务项目，公共卫生服务均等化水平显著提高。全市所有一般预防接种单位、新生儿预防接种单位完成全面规范化建设和重新认定，爱婴医院创建、产科标准化建设和省级基层妇儿保门诊规范化建设均按时序有效推进。市疾控中心创建成国家食品安全风险监测县级分中心，市人民医院被设为省级食源性疾病监测哨点医院，市预防医学会与东南大学协作开办东南大学公共卫生硕士（MPH）宜兴班。推进基本公共卫生服务项目“三位一体”*服务新模式，连续第二年代表无锡市高分通过省级基本公共卫生服务项目绩效考核，国家免疫规划接种率、新生儿、产后访视率和高血压、糖尿病规范管理率等项目指标均高于国家、省、无锡市标准。重大妇幼卫生服务项目有序实施，住院分娩补助、“两癌”（宫颈癌、乳腺癌）筛查、母婴阻断、叶酸补服项目开展效果良好。卫生应急保障能力持续加强，卫生应急组织体系建设得到完善，保障各个重大活动顺利开展，并完成汛期卫生应急工作。卫生监督执法力度加大，开展公共场所卫生、传染病防治、学校卫生、爱国卫生等监督执法和专项整治工作。至年底，全市有各级各类医疗机构517个，其中三级甲等综合医院1个、三级乙等中医医院1个、二级医院8个（含肿瘤医院1个、骨科医院1个）、一级医院17个、康复医院2个、民营医院15个、疗养院1个、社区卫生服务中心18个、社区卫生服务站242个，编制床位数4963张；医疗设备总价值9.69亿元，比上年增加0.85亿元。基本形成以市级医疗机构为龙头、区中心医院和社区卫生服务中心为骨干、社区卫生服务站为基础、民营医疗机构为补充的三级医疗卫生服务网络。全市有卫生技术人员9490人，其中注册执业医师3269人、执业助理医师439人、注册护士3888人。全年门（急）诊530.76万人次，比上年增长1.53%；收治住院病人17.72万人次，床位使用率99.65%，分别比上年增长7.16%、5.28%；业务收入28.37亿元，比上年增长7.26%。市血站有效保证临床用血安全，在省内率先出台《宜兴市无偿献血表彰奖励办法》。全年无偿献血总量6.8吨，向临床提供合格血液6.52吨。

【卫生服务机构服务能力提升】 年内，杨巷镇社区卫生服务中心建成全国群众满意乡镇卫生院，全市建成省示范村卫生室4个，湖汊镇社区卫生服务中心康复医学科、万石镇社区卫生服务中心骨科再次被确认为无锡市级特色科室。做好基本药物目录遴选工作，及时供应廉价基药，定期开展社区卫生服务机构处方点评。加强开展对口支援工作，二级以上医院全年对口支援社区卫生服务中心12个，99名医生晋升职称前到社区服务。家庭健康医生制度逐步完善，开展家庭医生签约服务包个性化服务试点工作，全年重点人群签约服务30.88万人、签约率82%，签约对象服务内容知晓率100%，服务对象满意率90%以上。全市社区卫生服务机构有54人被确认为无锡市基层卫生骨干人才、11人被确定为省级基层卫生骨干，获省级基层骨干奖补专项经费11万元。提升基层卫生服务能力，组织全市社区卫生机构医技人员开展岗位练兵和技能竞赛，并选拔优秀参赛队员参加无锡市级竞赛，个人和团体均获佳绩。全市社区卫生服务机构完成门（急）诊149.88万人次，比上年增长2%；门诊总收入8410.28万元，比上年增长0.31%；销售基本药物6948.68万元，比上年增长3%。社区卫生服务中心、服务站门诊均次费用分别为84元、52元。

【基本药物规范化采购】 根据省卫计委《关于开展2017年度医疗卫生机构药品采购计划报送工作的通知》，在全市社区卫生服务机构原有药品目录基础上，结合双向转诊以及医联体用药需求，遴选增补价格适中、供货正常的基本药物品规78个，至此，全市基本药物采购目录有品规835个（不含大输液品规48个及无锡市增补品规106个）。制订市社区卫生服务机构急（抢）救、妇儿专科非专利药品带量采购目录，含品规203个，为各社区卫生服务中心足额配齐抢救药品。根据群众用药需求，针对部分廉价药品供应不及时的情况，在省基本药物集中采购平台上定期监测及上报短缺药品信息动态，及时与相关配送公司衔接，确保短缺药品供应到位。

（陆亚琴　袁俊）

医疗技术

【概述】 注重继续教育与业务培训，落实全科医师与住院医师规范化培训，鼓励基层单位派员外出进修与业务学习，支持开展科研与新技术项目，不断提升医疗服务水平。继续加强中医治疗特色及中医科普知识的宣传与教育。全年市级以上科研立项14个，完成科研课题4个。市人民医院骨关节中心有1个技术项目获江苏省医学新引进一等奖、8个技术项目获二等奖，获奖总数列省内县(市)第一。各单位全年派到外地三级医院进修的医生有46人，市医学会主办、承办、协办学术活动85期，参加会议及培训1.16万人次。

【科教研工作】 全年省级科研立项2个、无锡市级(含高校科研)立项12个，完成省级科研项目3个、无锡市级科研(含高校科研)1个。全年招录住院医师规范化培训63人，其中全科医师方向的25人；参加住培考试147人，通过率82.3%。市人民医院新增省“六大人才高峰”高层次人才1人、省“333”高层次人才培养工程1人。市中医医院继续开展中医师承工作，有9名中医师参加第六批青苗培养工程；选送15名中医师参加无锡市中医学会组织的经方培训；肾内科主任中医师杨金荣通过第三批全国优秀中医临床人才研修项目的结业考核，成为全市首位全国优秀中医临床人才。各医疗机构医技人员全年发表论文500余篇，其中中华级论文13篇、SCI(美国科学信息研究所编辑出版的引文索引类刊物)论文377篇，有国家级发明专利3件、实用新型专利6件。

【技术水平】 对照相关标准，不断完善相关设施，注重人才队伍建设，积极开展专科能力建设。全市全年新增省级重点专科1个、省级重点专科建设单位2个，累计有省级重点专科2个、省级重点专科建设单位2个、无锡重点专科10个、无锡市特色专科2个、无锡市特色专科建设单位1个、无锡市中医重点专病1个。市人民医院获省新技术引进奖9个、无锡市科技进步三等奖1个。其中，骨关节中心主持的股骨柄假体周围骨折采用改良Vancouver(温哥华)分类的临床应用获省新技术引进奖一等奖。

【中医药工作】 年内，确定太华、湖㳇、新建、杨巷4个社区卫生服务中心开展“中医馆”建设，并组织社区中心与中医科负责人赴无锡上马敦社区卫生服务中心参观学习，湖㳇社区卫生服务中心中医馆投用并通过省级验收。继续开展“中医药就在你身边”中医文化科普巡讲活动100余场(次)，参与群众8000余人。继续开展和督导65岁以上老年人中医体质辨识、0—3岁儿童中医药预防保健服务与指导2项公共卫生服务工作，指导率45%，以较好的成绩通过省级考核。市中医医院鼓励临床科室使用中药饮片、针灸、推拿、中药贴敷、换药等中医药方法，病区中医、中药参与率基本达标，部分手术科室中医参与率72%；与天津中医药大学第一附属医院合作成立全国针灸临床研究中心宜兴分中心，运用“醒脑开窍针刺疗法”建立脑病、针灸、康复一体化诊疗平台。

(周光明)

疾病防控

【概述】 市疾病预防控制中心(以下简称市疾控中心)结合创建全国文明城市，围绕公民健康素养干预监测工作、亿万农民健康促进行动等，组织开展全民健康教育和各类健康促进活动。在第三届“江苏省卫生摄影微电影招贴画优秀作品评比”中，选送的微电影《健康特工》、招贴画《日行一万步吃动两平衡》均获铜奖。全市全年报告法定传染病16种、4802例。其中，甲类未发生，乙类传染病12种、1567例，甲乙类传染病报告率122.02/100000。通过无锡市慢病网络管理信息系统上报“慢五病”(高血压、糖尿病、脑卒中、冠心病、恶性肿瘤)2.63万例，报告及时率和完整率分别为97.58%和99.47%。累计建立居民电子健康档案102.44万份，规范电子档案93.14万份，规范化电子档案建档率81.74%，电子健康档案合格率90.92%。老年人体检工作持续推进，慢病管理人数稳步增加。全年编发宣传资料32种、161.48万份，制作《膳食营养》专题3档，在市电视台播放公益片6档，《宜兴日报》刊登相关文章32篇，发送至中国健康教育中心网站6篇、江苏健康教育网站32篇，取得良好的社会宣传效益。全年完成食源性疾病病例监测256例，检出阳性65件，处理食源性暴发事件5起，采集样品432件、2486个(项、次)。全年监测34所中小学环境卫生，完成227户公共场所证前监测，职业病诊断7900人次，确诊各类职业病27例。

【血吸虫病防治】 全市全年累计完成查螺面积2590.16万平方米，查螺用工2.57万个，未发现钉螺。组织环境清理专业队伍和药物喷洒灭螺专业队伍20支，对环境较为复杂的历史有螺条块进行药物喷洒巩固灭螺工作，全市累计完成巩固灭螺面积375.7万平方米，环境清理、药物喷洒用工9986个。2015—2016年，实施张渚镇芙蓉村葛山菜场历史有螺条块环境改造综合灭螺工程，总计扩大灭螺面积5.6万平方米，项目报批为省血防重点灭螺项目，累计投入灭螺资金36.67万元，2016年7月通过省级竣工验收。全面开展血防数字化工作，各镇、村及社区卫生服务中心、社区卫生服务站结合春季查螺工作，对全市4175个历史有螺环境、可疑钉螺孳生环境开展经纬度测量、照片拍摄、信息采集等工作，基础调查数据全部录入江苏省血吸虫病防治信息管理平台。

【艾滋病防控】 市疾控中心落实艾滋病“四免一关怀”*政策，全市有艾滋病筛查实验室16个、快速检测点20个，全年检测HIV(人类免疫缺陷病毒)抗体12.9万例(次)。市人民医院作为艾滋病抗病毒治疗定点医院，艾滋病筛查检测全人群覆盖率10%以上，在管HIV感染者情况良好。进一步加强对同性恋者、吸毒人员、外来务工人员等重点人群的干预力度，检测重点人群近2万人次。

【传染病和突发公共卫生事件处置】 开展发热伴血小板减少综合征、不明原因肺炎病例等专项监测工作，规范有效地处置各类传染病疫情。全年调查处置流感样暴发疫情2起、手足口病重症病例1例、聚集性疫情26起、一犬伤多人事件4起、诺如病毒所致急性胃肠炎疫情2起。为应对可能发生的传染病疫情和突发公共卫生事件，市疾控中心开辟新的应急物资储备库，调整完善应急物资储备目录，并组织开展应急培训和演练，举办个人防护技能知识竞赛。每月根据突发公共卫生事件与传染病疫情实际情况发布疫情信息简报。

（赵雪峰）

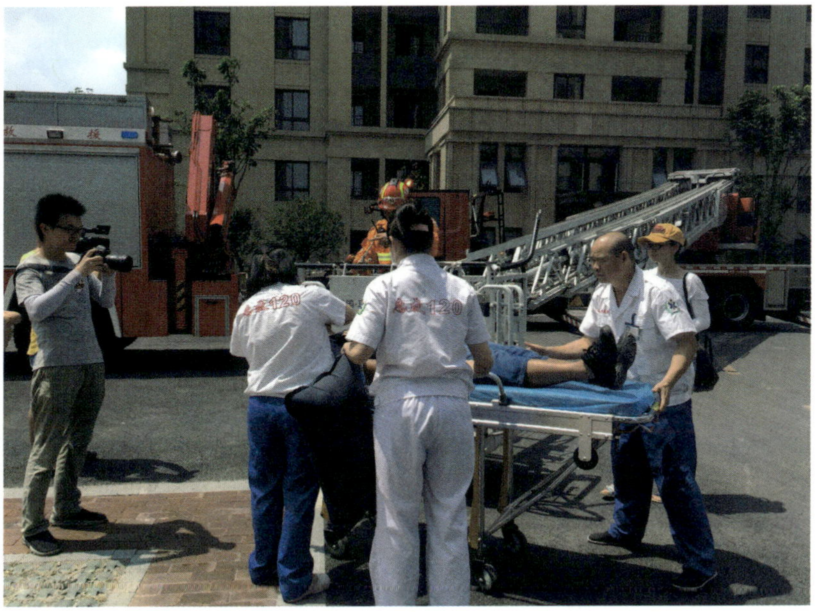

市医疗救援队伍在天氿御城开展高层建筑火灾应急演练

（市卫计委　提供）

卫生应急

【概述】 围绕突发公共卫生事件防控、突发公共事件紧急医学救援和重大活动保障三大任务，加强卫生应急体系建设，提高全系统卫生应急能力水平。成立市级突发事件卫生应急处置队伍，调整专家库成员和信息，更新各医疗卫生单位应急组织和队伍，编印突发公共卫生事件诊疗技术方案，并更新物资储备。市卫计委结合突发公共卫生事件应急处置、应急救护、预防意外伤害、夏季肠道传染病、水灾后易感染传染病防治等方面，开展形式多样的宣传教育活动。完成全市高考、“茶禅四月到宜兴”旅游季等重大活动医疗保障任务29个，出动医疗保障人员265人次。全年调查处置未分级突发公共卫生事件1起、可疑食源性疾病暴发事件9起（判定5起）、暴发疫情2起、一般疫情37起。院前急救出车5685辆（次），处置病员4804人次，院内急救处置3人以上的突发伤害事件98批（次）、232人次。

【应急培训和演练】 为提高全市卫生应急实践能力，市卫计委不断开展各项卫生应急培训和演练。7月，组织市医疗救援队伍参与由市政府组织的高层建筑火灾应急演练。8月，组织举办市级卫生应急培训班，邀请无锡市卫生监督所医疗监督处和无锡市120急救中心对《医疗卫生机构在突发公共卫生事件和传染病疫情处置中的工作职责和需要承担的相关法律责任》《突发公共事件现场医疗救治、脊柱伤的固定与搬运、多发伤的固定与搬运、现场心肺复苏》等内容进行师资培训和现场操作演练，全市相关医务人员100多人参加培训。在各医疗卫生单位开展二级培训和演练，覆盖到每一个医务人员。11月，联合市环保局在经济开发区开展宜兴市环境突发事故应急救援演练。12月，开展中东呼吸综合征应急处置桌面推演。

【洪涝灾害防疫】 7月，全市遭遇有气象记载以来最强洪涝灾害，市卫计委科学有序开展医疗救治和卫生防疫工作。提供医疗救治和巡回医疗服务，累计出动医务人员800余人次。市血站24小时轮班值守，随时提供临床用血。迅速组织采购发放各种卫生防汛消杀应急物资10种，折款42.8万元；组建消杀队伍138支，出动3199人次，消杀1000余万平方米，覆盖全市所有受灾村（社区）。迅速启动传染病应急监测，在全市所有医疗卫生机构及各个受灾安置点开展肠道、发热、腹泻、皮肤异常等症状监测，并实行日报和零报告制度。加强饮用水监督监测，对全市5所水厂供水区域的末梢点开展水质应急监测，实现水质应急监测全市全覆盖，并加强农村饮用水卫生安全巡查工作，确保群众饮水安全。广泛开展健康宣教，通过报纸、电视、电台、网络、宣传栏、讲座、入户发放等途径开展卫生防病知识及工作动态普及，并统一制作印发宣传资料16万份。

【监测预警报告和风险评估】 全市各医疗卫生单位规范开展预检分诊，组织实施埃博拉出血热、中东呼吸综合征、不明原因肺炎病例等传染病和突发公共卫生事件的监测，全面实现网络直报。指导督促学校（含托幼机构）建立健全卫生管理制度，做好晨午检、因病缺课、食源性疾病等的监测统计和上报。市疾病预防控制中心每日两次审核突发公共卫生事件相关信息和传染病疫情监测信息网络系统，对每起预警信息开展监测分析，发现异常情况及时报告、调查和处置，及时开展风险评估。年内，监测处置传染病预警信息129起，开展突发事件公共卫生日常风险评估52期，持续关注手足口病、诺如病毒、一犬伤多人、水痘、其他感染性腹泻病5类疾病信息。

（陆凤君）

妇幼保健

【概述】 市妇幼保健所推行大保健服务模式改革，实现群体和个体相结合、临床和保健相结合。积极参与区域妇幼健康服务联合体建设，推进全市妇幼保健优质服务资源向基层下沉，方便群众就医，减轻患者医药费用负担。7月，全面实施以购进价为基础的药品零差率销售，且严格执行原来低于中标价的药品进价，全年药品收入比上年下降20%。严格执行出生医学证明管理制度，发放出生医学证明1.18万张，废证41张，废证率0.35%。全年无孕产妇死亡，婴儿死亡率2.85‰，新生儿出生缺陷率3.41‰，围产儿死亡率3.89‰。新生儿访视率89.86%，新生儿疾病筛查率98.3%，新生儿听力筛查率98.06%。孕产妇早孕建册率85.81%，产前健康管理率90.7%，产后访视率89.37%，产前筛查率84.74%，高危妊娠及体弱儿规范管理率100%，孕产妇住院分娩率100%，剖宫产率为39.23%。儿童健康管理率99%，儿童系统管理率95.77%。

【妇幼健康服务体系建设】 加强产科标准化建设，将产科标准化建设工作纳入医院年度工作任务，与医疗机构签订综合目标责任状，8个单位产科标准化建设通过无锡市级评审,标准化产科创建达标率50%。市妇幼保健所与无锡市妇幼保健院成立妇幼健康服务联合体，与丁蜀镇、新庄街道等地的4个社区卫生服务中心签约成立妇幼健康服务联合体，探索建立分工合作、分级诊疗、协同发展的妇幼健康服务新模式。妇幼健康分级服务有序落实，孕产妇保健、0—6岁儿童保健、计划生育技术、助产技术、产前诊断与产前筛查技术、新生儿疾病筛查和新生儿先天性心脏病筛查等项目全面实行分级服务。

【重大妇幼卫生服务项目】 全面实施农村孕产妇住院分娩补助项目，全年3954名农村孕产妇获住院分娩补助每例500元，全市孕产妇住院分娩率100%。孕产妇增补叶酸预防神经管畸形项目稳步实施，全年发放叶酸1.09万瓶，目标人群增补叶酸率92.28%。“两癌”筛查有序推进，通过TCT（液基薄层细胞）检查完成宫颈癌初筛2.56万人次，阴道镜检查2656人，宫颈组织病理检查1358人，乳腺癌初筛2.57万人，乳腺B超检查2.57万人，乳腺钼靶检查579人，确诊宫颈癌7例、乳腺癌14例，发现宫颈癌前病变272例，所有病例均得到及时诊治。规范实施预防艾滋病、梅毒和乙肝母婴传播项目，全年未发生梅毒感染新生儿病例；确诊表面抗原阳性孕产妇所生儿童328例，均获注射乙肝免疫球蛋白，注射率100%。

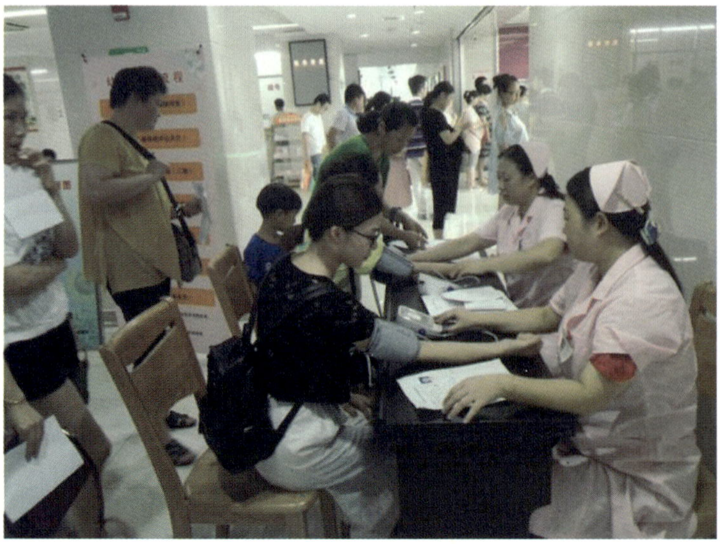

妇女“两癌”筛查

（市卫计委 提供）

【围产保健和儿童保健】 市妇保所每季度召开围产协作组会议和儿保协作组会议，全年评审围产儿死亡33例、危重孕产妇15例、新生儿死亡11例。孕产妇建卡1.04万张，检出高危妊娠4242例，早孕建册率85.81%，产后访视率89.37%，专案管理率100%，追访率100%。0—6岁儿童建卡1.04万张，开展0—6岁儿童体检9.8万人次，检出高危儿415例、体弱儿7336例，专案管理率100%。完成儿童视力筛查3.7万人，筛查率85.59%，阳性检出率8.40%，所有阳性儿童均获得矫治。

【新技术新项目拓展】 市妇保所加大硬件设施设备投入，拓展中医适宜技术，针对小儿常见病开展药浴治疗和小儿推拿。新生儿先天性肾上腺皮质增生症（CAH）、新生儿苯丙酮尿症、先天性甲状腺功能减低症三病筛查9356人，确诊高TSH（促甲状腺激素）和LH（先天性甲状腺功能减低症）7人，均在治疗随访中。开设儿童眼保健门诊，对全市58所托幼机构4—6岁儿童进行视力筛查，筛查2.04万人，视力可疑和异常的占13.4%，矫治视力异常患儿250多人。为孕妇提供更便捷平台，新增17羟孕酮检测、25羟基维生素D检测、无创基因检测及宫颈冷冻枪等项目。全年立项宜兴市儿童先心病筛查干预模式研究（市科技局）、一次性包茎扩张器在小儿包茎治疗中的运用（市科技局）、利用婚检平台研究宜兴地区孕前女性碘营养状况与甲状腺主要血清指标的相关性（市科技局）、利用婚检平台对孕前女性进行亚临床甲状腺功能减退的筛查及干预模式的研究（省妇幼保健协会）4个科研项目，完成项目治疗300例，发表项目相关论文6篇。

（唐颖雯）

卫生监督

【概述】 年内，市卫生监督所（以下简称市卫监所）将餐饮、保健品、化妆品的许可、监管职能和对饭馆、美容美发店四类公共场所的卫生许可审批、监管职能移交给市市场监管局，把以区域为主的执法模式转变为业务条线和区域执法相结合的综合执法监管模式。全年受理公共场所单位申请1061个，审核发证772张，复核240个。监督抽检各类样品2512件，合格2479件；现场快速检测样品1405件，合格1400件。实施行政处罚78起，申请强制执行2起，证据先行登记保存18户。受理各类投诉举报65件，办结65件。2份行政执法微课获全省卫生监督微课竞赛二等奖。

【传染病和消毒卫生监督】 全年检查各类医疗机构和消毒产品生产经营单位1365个（次）。对全市526个医疗卫生机构开展传染病防治分类监督综合评价工作，评出优秀单位10个、合格单位515个、重点监督单位1个。开展医疗卫生单位传染病防控监督及抽检工作，抽检523个单位的样品103份，均合格。监督检查消毒产品经营单位、生产企业，抽检样品均合格。3月、6月，分别抽检3个餐饮具集中消毒单位的消毒餐具90份，均合格。4—5月，全市专项监督检查二类疫苗预防接种单位28个。

【公共场所卫生监督】 全年监督检查理发美容业、住宿业、公共浴室、歌厅酒吧、游泳馆等公共场所单位3419户（次）。对全市2229户公共场所经营单位进行量化分级管理。2月，召开宜兴市公共场所控烟试点工作会议。年内有宜兴保利影城、宜兴万达广场有限公司等7个企业创建成2016年宜兴市无烟单位。4月，召开公共场所住宿业“五常法”（常组织、常整顿、常清洁、常规范、常自律）管理推进会，全市新增“五常法”管理试点单位7户。7月，市卫监所联合市体育、市场监管等部门对全市营业的32个游泳场所开展专项执法检查，关停无证经营单位6个，立案处罚7个、罚款2.9万元，约谈抽检不合格单位5个。9月，监督检测集中空调通风系统使用单位34户，现场空气质量快速检测23户、134项，实验室采样3户、21件，检测均合格。10—11月，市卫监所联合市公安局等部门及宜兴日报社、市电视台等媒体，对40个歌舞厅、音乐厅开展夜查6次，采集公共用具样品60件、空气监测样品55件，均合格。全年结合全国文明城市创建工作和各地卫生镇、卫生村复审工作，做好“四小行业”*监督管理，查处无证经营单位，对拒不改正单位实施行政处罚7起，监督采样24户、148份，合格23户、140份，现场快速检测空气样品30户、109份，均合格。

【学校卫生和饮用水卫生监督】 全年监督检查学校420所（次）。3月、9月，联合市教育局分别对全市203所学校和托幼机构进行专项卫生监督检查。5—6月，对学校饮水卫生开展专项检查，卫生状况较好，抽检12所学校的12份水样全部合格。全年卫生监督检查供水单位、涉水产品生产和经营单位159个（次）。率先对全市19个涉水产品生产企业使用“二维码”管理。7月洪涝灾害期间，全市循环不间断监督检查和现场快检5个集中式供水单位，多次抽检出厂水和末梢水，均合格；对全市14个二次供水单位（非无负压）进行量化分级打分，优秀3个、良好10个、合格1个，现场快检60项（次），合格58项（次）。9月，监督抽检化学处理剂生产企业6个、输配水设备生产企业1个，检查样品19件，合格10件，5个不合格企业经集体约谈后重新采样均合格。

【职业、放射、医疗服务卫生监督】 全年监督检查放射诊疗机构54个、放射卫生技术服务机构1个、职业健康检查机构4个、职业病诊断机构1个，共92个（次），完成放射校验现场审核40个，批准校验37个。对54个医疗机构的117个放射诊疗场所进行放射防护检测，检测率100%。对全市7个有放射诊疗项目的口腔门诊部、诊所开展放射卫生监督检查。全年检查各类医疗机构1252个（次），受理无证行医举报36件，办结30件，查实并处罚无证行医行为17件。2—3月，对全市358个生活美容单位、4个医疗美容服务单位开展打击非法制售和使用注射用透明质酸钠行为专项行动，责令限期改正存在医疗美容风险的单位7个，立案处罚2个。8—10月，开展整治“号贩子”“网络医托”专项检查，查处打击“号贩子”违法犯罪行为，约谈涉嫌“医托”行为的医疗机构1个。

【卫生监督执法信息化】 市卫监所作

卫生监督员对自来水厂出厂水进行现场快检　　（市卫计委　提供）

为省卫计委卫生计生监督执法全过程记录制度试点单位，推行全过程执法信息化记录、行政权力清单工作“双公示”(行政许可与行政处罚的信息公开)、“双随机”(随机抽取被检查对象、随机选派检查人员)制度，基本实现卫生监督执法全过程在纸质文书和信息系统包括视频音频同步记录。完成“宜兴市卫生监督移动执法系统”应用程序的研发、测试工作，并投入使用。该程序结合“户对象二维码”以及便携式打印机，实现现场执法信息的采集、录入、文书输出及打印。

(王云霞)

医政管理

【概述】 继续开展“进一步改善医疗服务行动”，在二级以上医院推进预约诊疗，改善便民服务设施，优化就诊流程。二级以上医院7月1日前门诊停止静脉使用抗生素，12月31日前门诊停止输液。积极开展等级医院创建，利用PDCA(计划—执行—检查—修正)循环理论持续改进医疗质量，提升医疗卫生服务水平。继续依法、合理、合情开展医患纠纷与矛盾调解，客观公正保护医患双方合法权益，全年未发生重大恶性群体性医患纠纷事件，调解医患纠纷与矛盾150余起。

【等级医院创建】 市人民医院不断优化服务环节和流程，通过省卫计委三级甲等综合医院的评审，成为省内第一批“三甲”县(市)医院之一。和桥医院、红塔医院注重提升医疗质量与安全管理，通过无锡市卫计委二级乙等综合医院定等评审。市中医医院儿科创建为省中医重点专科，市人民医院心血管内科、肿瘤科成为省重点专科建设单位。市第二人民医院普外科、市肿瘤医院肿瘤科创建为无锡市特色专科，善卷骨科医院骨科成为无锡市特色专科创建单位。

【医疗质量管理】 建立完善医疗、护理、院感、病历、药事和药物治疗、医学影像、医学检验、病理8个方面的质量管理，明确工作职权，定期开展质量控制活动。部署二级以上医院7月1日前门诊停止静脉使用抗生素，12月31日前门诊停止输液工作，所有二级以上医院均落实到位。继续开展“进一步改善医疗服务行动”，在二级以上医院开展临床路径管理，改善便民服务设施；在三级医院探索开展多学科协作诊疗模式，开设日间病房并不断扩展病种。至年底，市人民医院开展临床路径病种85个，入径病例4749人次；市中医医院开展病种48个，入径病例3630人次。严格执行省卫计委《江苏省抗菌药物临床应用分级管理目录(2015版)》，定期召开药事质控委员会会议，开展处方点评和抗生素管理质控工作，全市二级及以上公立综合医院药品收入占业务总收入(不含中药饮片)比率控制在40%以下。全市二级、三级公立医院优质护理服务病房覆盖率90%，第三方测评优质护理患者满意度95%以上。

【医政监督管理】 采取年中、年度全面检查和专项质量检查、夜查房等形式，全面检查全市主要医疗机构的医疗质量与安全。通过诫勉谈话的形式，开展集中谈话与个别谈话，约谈对存在问题较为严重的单位主要负责人，全年诫勉谈话5次。委托无锡市医院协会分3批对全市一级医院、门诊部、个体诊所负责人开展常见存在问题、依法执业、医疗质量管理、医院感染相关业务培训和考核。对部分一级医院、门诊部、个体诊所进行基本标准的排查与抽查。5月，对全市医疗机构进行排查与自查，重点检查公立医疗机构是否存在出租或变相出租临床科室、自体免疫细胞治疗技术临床研究等问题，经检查未发现有承包出租临床科室现象。加强医疗机构业行为监督，进一步整顿和规范医疗服务市场秩序。与市公安、检察等部门协调，形成非法行医致人死亡案件的行政执法与刑事司法有效衔接机制。全年受理无证行医举报36件，办结30件；查实无证行医行为17件，处罚17件。

(周光明)

爱国卫生

【概述】 周铁镇、湖汊镇、徐舍镇、新建镇、太华镇、西渚镇、芳桥街道7个国家卫生镇(街道)通过全国爱国卫生运动委员会复审，和桥镇西锄村、新街街道陆平村等23个省卫生村通过省级复审。宜城街道、新庄街道和徐舍镇各新建健康步道1条，太华镇建成龙珠湖健康主题公园，宜城街道南园社区卫生服务站新建健康小屋1个。强化控烟工作，在全市开展无烟单位创建活动，宜兴市保利大剧院有限公司、宜兴市太华山竹文化艺术中心等42个单位(含非企业)创建为无烟单位。农村饮用水水质卫生监测工作实现各镇(街道)全覆盖，持续开展农村饮用水水质卫生监测，全年监测饮用水样品136份，水质卫生监测合格率100%。

【病媒防制】 开展病媒防制先进城市达标考核工作，制订印发《关于开展春夏季病媒生物防制活动的通知》《宜兴市病媒生物防制效果省级评估迎检工作实施方案》等文件，召开市年度病媒生物防制工作会议，宜兴市病媒生物防制工作通过省级评估。大力开展除“四害”(老鼠、蚊、蝇、蟑螂)活动，全年召开除“四害”专题会议2次，全市免费发放灭鼠药物近16万包、灭蟑药物10万包。各镇(街道)、部门单位、社区(村)开展投药前宣传发动，组织辖区群众彻底整治城乡结合部、单位内部、河边、塘边的卫生死角，清除“四害”孳生地。4月、11月，分别统一组织集中投放灭鼠、灭蟑药物，有效控制“四害”密度和相关传染病的发生，保障了群众身体健康。

(王骊)

人口和计划生育

【概述】 坚持计划生育基本国策，启动

实施“全面两孩”政策，推进计划生育服务管理改革，深化计划生育优质服务，促进计划生育家庭发展，人口和计划生育各项工作取得新进展。全市户籍人口108.34万人，其中男性53.41万人。全年出生10130人（常住人口），出生率8.34‰；死亡8108人（常住人口），死亡率6.67‰；人口自然增长率1.66‰。出生政策符合率99.76%，出生人口性别比107.33（女为100）。加强新型婚育文化传播，新建宜城街道长新社区、新庄街道钱墅人家2个健康文化广场，为期2年的青春健康家长培训项目顺利完成，宜城街道宝东社区青春健康俱乐部被中国计划生育协会命名为“全国青春健康教育示范基地”。宜兴市创建为全国计划生育优质服务先进单位。市计生协会被评为全省计划生育系列保险工作先进单位。

【“全面两孩”政策初显成效】 1月1日起，“全面两孩”政策正式实施，标志着计划生育工作步入转型转轨的历史新阶段，宜兴市同步贯彻实施。市卫计委开展“全面两孩政策宣传月”和“生育新政宣传村村行”活动，制作宣传展板19套、114块，编发《“全面两孩”政策特刊》5.5万份，利用报纸、电视等主流媒体集中解读生育新政。对生育两个以内子女的夫妻，推行婚育承诺制，提供生育登记服务，不再办理再生育审批，二孩生育由原来的许可审批制度转向登记服务制度，简政便民。更加重视孕前优生健康检查，孕前优生健康检查3965例，覆盖率100%。围绕“做好母婴健康护理，做个健康快乐妈妈”主题，启动准妈妈和新手妈妈讲座活动，全年开办培训讲座45场（次），学习受益对象3000多人。全市全年办理生育登记8524件，其中二孩生育登记3152件，二孩生育登记数量上升；全市户籍人口出生总数8539人，比上年出生总数增加1320人，其中二孩及以上出生数比上年增加818人，达3333人。

【计生奖励扶助受惠面继续扩大】 落实计划生育奖励、扶助、优惠和关怀政策。新增符合条件的企业持证退休（退职、退养）人员3646人，发放一次性奖励金1312.56万元；符合奖励扶助条件的人员52817人，发放奖励扶助金4691.38万元；符合特别扶助条件的人员3164人，发放特别扶助金1952.18万元。全年发放一次性奖励金、奖扶金、特扶金总额7956.12万元，比上年增加803.52万元。重视计生特殊家庭精准关怀工作，2016年起，年满60周岁的独生子女伤残、死亡对象特扶金分别提高到每人每月600元和700元；为全市2848名计生特扶对象统一购买住院护工服务保险，理赔165人次，赔付金额34.08万元，赔付率超过90%；集中办理就医便利卡，为计生特殊对象就医提供优先服务。

【幸福家庭健康促进活动】 继续实施“幸福家庭·关爱女性生殖健康”民生项目，注重检查项目针对性、目标人群参与度和服务质量性价比，5.74万名妇女参加“两癌”及其他妇科项目的生殖健康检查。市计划生育指导站门诊接待8120人次，完成各类计生手术2348例，解决疑难手术15例，施行传统优势服务项目的老年取环术800例，保持“零差错”，彰显特色性。全市在册避孕药具使用人员6.27万人，其中使用外用避孕药1349人、口服避孕药388人、避孕套6.1万人，全年依托药管员上门、发放机自助、网络上配送等途径和方式发放口服避孕药2456板、外用避孕药8600本（盒）、避孕套983箱（196.6万个）、节育环800只，各类药具使用人员均能及时免费得到适合需要的避孕药具。参与国家扩大智能安全套发放机覆盖范围项目的实施，率先在市人民医院、市中医医院、市妇幼保健所、市二院、和桥医院、官林医院、徐舍医院、市预防保健所、高塍镇社区卫生服务中心9个医疗卫生机构试点安装，至年底全市安装各类避孕安全套发放机161台，药具发放逐步转向信息化和自助化方式。

【流动人口计划生育服务管理同进共享】 流动人口“村建卡、镇协作、市督查”三级信息管理制度进一步完善，流动人口网络信息双向协作机制运行有效。至年底，全市流动人口信息平台登记流动人口12.77万人，其中流入11.48万人、流出1.29万人；全年清理核对数据信息流入人口2.82万条、流出人口1.52万条，发送协查信息1.52万条、反馈协查信息7405条，发送避孕节育通报信息1543条、接收信息通报439条，流动人口信息提交、接收和反馈率达98%。徐舍镇、官林镇、万石镇、屺亭街道、丁蜀镇抽中为全国流动人口卫生计生工作动态监测样本点，完成样本点调查任务10个，并首次使用智能手机进行有关内容的调查。推进流动人口计生服务均等化工作，免费提供生殖健康检查6000人次、孕前优生健康检查268人、避孕药具2.83万份、计生宣传品3.21万份。

（吴伟中）

编辑　王雅

张渚镇

【概述】 区域面积175.6平方千米，辖行政村13个、社区5个，总人口72134人。财政可支配收入2.08亿元。全社会固定资产投资34.28亿元，比上年下降4.2%。应税销售收入140.53亿元，比上年下降3.1%。其中：工业应税销售收入132.62亿元，与上年持平；流通应税销售收入6.57亿元，比上年下降46.9%。工业利税总额13.11亿元，比上年增长2.8%。全年完成进出口总额2.05亿美元，比上年增长36.54%。其中，自营出口1.99亿美元，比上年增长36.55%。农业总产值5.67亿元，比上年增长1.5%。农民年人均可支配收入25028元。全年新认定省高新技术产品2种，申请专利142件，获专利授权78件。申报工业科技项目2个、农业科技项目3个，完成市级科技项目验收5个、省级科技支撑项目验收1个。开展产学研合作，江苏沪宁钢机股份有限公司、无锡嘉瑞光伏有限公司、江苏森茂竹木业有限公司分别与冶金工业信息标准研究院、淮海工学院、南京林业大学进行项目对接。在全国"2016综合实力千强镇"排名中，张渚镇名列第407位、无锡市第11位。依法完成镇党委、镇人大和91个党（总）支部换届选举。召开张渚镇第十五届一次党代会和第十九届一次人代会。在宜兴市率先完成村（社区）两委换届，换届后的13个行政村定员干部60人，比换届前减少30人，平均年龄降低1.2岁。

【主体经济】 面对复杂的宏观环境，始终坚持加快发展不动摇，工业经济提质增效。全年完成工业总产值133.65亿元，比上年增长0.4%。全年工业在建项目11个，总投资6亿元，其中8个竣工投产或试生产。江苏森茂竹木业有限公司、宜兴市东枫电器科技有限公司等11个规模企业应税销售收入保持两位数增长。推进银企合作、协调服务、打包清收等工作。依法处置欠薪出险企业1个，盘活闲置企业5个、土地41亩、厂房1.58万平方米。服务业质态升级，完成服务业投入11.76亿元，比上年增长6.91%。5月，张渚镇青年商会成立，为青年企业家投资交流提供平台。9月，张渚镇赴上海举行产业项目招商活动，签约意向项目9个，总投资13亿元。10月，张渚镇在"2016中国陶都（宜兴）金秋经贸洽谈会"上，签约意向项目4个，总投资78亿元。在新华网举办的第四届旅游业融合与创新论坛上，张渚镇入选"2016最美中国榜"，为无锡地区唯一的入选镇。

【农业农村】 现代农业增收增效，粮食生产连续保持丰收。全年农作物播种面积7.59万亩，其中粮食作物4.18万亩、经济作物1.89万亩、其他作物1.52万亩。4个茶叶企业被评为无锡市农业龙头企业。张渚镇出产的各类茶叶在江苏省"陆羽杯"评比中获特等奖13个、一等奖6个，在"亚太茶茗大奖"评比中获金奖1个、银奖3个，"项珍"牌红茶在香港国际名茶比赛中获红茶类冠军。省级丘陵山区项目二期工程开工建设。三省度牡丹产业园栽种牡丹300亩，核心观光区基本建成。有序推进农村土地确权登记2件，完成登记2.32万亩，完成率78.5%。建立镇级农村产权流转交易平台，规范山林发包与土地流转管理，全年流转土地848亩。新注册备案家庭农场3个。全年完成水利工程37个，总投资2600余万元。完成河道清淤5条、塘坝清淤8个，土方累计4.15万立方米。全年绿化造林400亩，善卷村、祝陵村创建为江苏省级绿化示范村，茗岭村创建为省级水美乡村。

【社会事业】 全年民生投入资金9500万元，占全镇公共财政预算总支出的46.3%。开展就业培训740人次，农村劳动力转移就业725人。新增参保企业13个，完成社保扩面2000余人；核准低保户308户、486人，发放低保金187.4万元。开展慈善救助活动，发放善款130余万元，惠及1200余人；为困难群众改造危房12间。中、高考成绩继续保持全市同类学校前列；红黄蓝幼儿园建成启用。举办张渚镇第十届运动会、首届企业文化节、"爱在张渚"精神文明系列创建活动。通过"江苏省文明镇"复查，新增江苏省文明村2个、无锡市文明村1个。"十番锣鼓"申报为省级非物质文化遗产。全年完成便民服务事项3.1万件，解决群众诉求1650件。检查企业630个（次），排查隐患980条。

【镇村建设】 建管并重，城乡面貌实现新提升。全年实施招投标项目111个，总投资3116.8万元。张渚镇综合文化服务中心建成启用，总面积6281.14平方米，为全市最大的镇级文化中心项

张渚镇综合文化服务中心　　　　　（张渚镇　提供）

目。老集镇改造暨背街小巷环境整治、镇区主干道高压线缆入地工程、工业集中区路灯工程、宜广公路绿化节点工程按期竣工。农村道路提档升级工程顺利推动，全年村道黑色化改造21千米，危（农）桥改造7座。天然气入户改造工程顺利推进，全年完成1000户。农田水利基础设施建设不断完善，完成水利工程37个，总投资2600余万元。开展村庄环境综合治理，整治燃煤小锅炉42台，关停禁养区养殖场1个，清淤农村河道5条、塘坝8座，新建农村生活污水管道9.3千米，淘汰黄标车193辆。城乡管理不断加强，拆除违章建筑18处、4400平方米。开展交通秩序整治，桃溪路人民路口设置固定红绿灯，全年依法查处违法停车行为500多起，道路交通秩序明显改善。

【张渚镇获“中国大理石薄板出口基地”称号】 石材行业是张渚镇的传统产业。20世纪70年代，张渚镇白云山、老虎山开采的“白奶油”“红奶油”“青灰奶油”“咖啡”等大理石品种被国家建材局评为国内珍稀品种，其中白云山大理石矿生产的“奶油”系列和“咖啡”品种大理石板材于1977年被用于装饰北京毛主席纪念堂。20世纪80年代末，全镇有外贸型石材加工企业20多个，产品畅销国内外，年出口花岗岩、大理石板材20万平方米。2016年5月，张渚镇组建石材同业商会，同时被中国石材协会授予“中国大理石薄板出口基地”称号。至2016年年底，全镇有石材加工企业89个，从业人员2000余人，年产大理石薄板380多万平方米，马赛克、大理石薄板年出口量260多万平方米，全年应税销售收入5.14亿元，产品出口至美国、日本、加拿大等国家，占到全国同类产品出口量的50%。

【“美丽乡村·秀美庭院”创建活动启动】 4月，张渚镇启动“美丽乡村·秀美庭院”三年创建活动，重点围绕清洁卫生环境美、物品摆放整齐美、院落设计协调美、植树栽花绿化美、文明和睦家庭美的“五美”要求，按照内外兼修、建管并举、条块结合的原则，以点带面、逐步推开，进一步提升村容村貌，打造农民生活的幸福家园和乡村旅游的美好乐园。活动启动后，张渚镇组织农户、民宿、农家乐代表赴浙江省安吉县、德清县参观学习。至年底，根据建设效果的不同档次，评选出首批“星级秀美庭院示范户”18户，其中五星级5户、四星级5户、三星级8户，分别给予5万元、3万元、2万元的奖励。

【“梁祝·七夕爱情节”活动获全国大奖】

张渚镇是千古爱情传说“梁祝”的发源地，2006年3月被中国民间文艺家协会授予“中国梁山伯祝英台之乡”称号。为进一步打响梁祝文化品牌，提升张渚旅游品牌识别度，打造具有鲜明张渚特色和较高文化品位的旅游节庆活动品牌和群众性文化节日，2016年8月5—7日，张渚镇策划举办首届张渚“梁祝·七夕爱情节”。来自全国各地的77对新人和近2万名游客参加活动，共同体验夜游红汕坞、“一路有你”情侣骑行、种植爱情林、挂爱情锁、制陶制茶、爱情街市、爱情音乐节、high夜场等活动。活动被江苏电视台、《新华日报》、《扬子晚报》、中新社、新华网等28个省级以上媒体报道。12月，在“美丽中国——2016年度新型旅游品牌推介盛典”上，“梁祝·七夕爱情节”获“中国特色文化旅游节庆奖”。

【张渚镇入选“最美中国榜”】 作为梁祝文化的发源地，张渚镇文化底蕴深厚，民间文艺繁荣，非物质文化遗产《男欢女喜》《十番锣鼓》等传承至今。同时，该镇自然资源丰富，境内有龙池山景区、善卷洞景区、悦禧玫瑰园等特色景点，可谓“山水交融、美丽富饶”。近年，该镇确立打造苏西南生态旅游核心区的目标定位，实施“1+6”旅游发展战略（修编好张渚镇发展总体规划，做好龙池风景区、善卷风景区、红汕坞景区、华东百畅园、悦禧玫瑰园、茗岭旅游小镇六个生态旅游板块的规划设计工作），打响“运动休闲、旅居度假”旅游品牌，在景区建设水平、品牌创新能力、活动组织水平、游客满意度、旅游业增加值以及全镇美誉度等方面都有大幅提升。2016年11月，在2016创新“互联网+全域旅游”暨第四届旅游业融合与创新论坛上，“2016最美中国榜”发布，张渚镇成功入选，成为无锡市唯一入选的镇。

2016年张渚镇各行政村、社区基本情况

表62

名　称	区域面积（平方千米）	户籍数（户）	户籍人口（人）	可分配收入（万元）	书　记	主　任
东龙村	10.50	1356	4110	387	郑　庆	郑　庆(兼)
茶亭村	8.50	1057	3324	113	杨泉真	陈钦民
南门村	18.81	2616	7172	581	吴永全	朱　岚(女)
凤凰村	9.63	1254	3635	243	曹庆云	曹小强
北门村	4.32	852	2194	502	夏正祥	沈　强
犊山村	6.15	1623	4824	158	骆明春	任奋林
善卷村	5.20	513	1562	774	李为清	李　强
五洞村	7.59	1655	4452	437	高国荣	陈胜强
祝陵村	13.19	1425	4206	873	赵如法	芮国平
芙蓉村	18.25	1034	3105	606	唐登勇	吴华江
龙池村	21.60	1271	4009	466	张建其	王岳明
茗岭村	27.35	2218	6439	341	徐　平	朱齐军
省庄村	25.24	941	3062	308	杨来强	徐　健
东街社区	—	1099	2574	—	冯美娟(女)	冯美娟(女,兼)
新街社区	—	2049	4802	—	潘洪奇	潘洪奇(兼)
西街社区	—	1721	3969	—	单　旭(女)	单　旭(女,兼)
桃溪社区	—	2142	5152	—	朱立群	朱立群(兼)
水埠社区	—	1038	2269	—	陈海青(女)	陈海青(女,兼)

说明：全镇另有集体户284户、681人

（史香莲）

西渚镇

【概述】 区域面积66.6平方千米，辖行政村8个、社区1个，总人口28264人。全年地区生产总值16.7亿元，比上年增长6.6%。财政总收入1.14亿元，比上年下降5.6%；财政可支配收入4860万元，比上年下降26.01%。应税销售收入35.61亿元，比上年下降6.9%。其中：工业应税销售收入32.99亿元，比上年下降8.7%；流通应税销售收入2.53亿元，比上年增长20.2%。工业利税总额1.3亿元，比上年下降16%。全社会固定资产投资6.67亿元，其中工业投资2900万元、服务业投资6.38亿元。全年出口总额4071万美元。农民年人均可支配收入2.28万元，比上年增长18.2%。农业总产值5.3亿元，比上年增长8.8%。坚持“国际禅居小镇”建设既定思路，推进生态环境建设。提升现代农业建设水平，“三资”投入农业开发增长明显，土地确权发证工作基本完成。坚持规划先导，合理布局城乡一体化建设。

【主体经济】 经济发展实现平稳运行。规模以上工业企业产值26.63亿元，外贸出口逆势而上达4071万美元，比上年增长10.6%。江苏威腾草坪有限公司、市华芸纺织有限公司、市奇达纺织服饰有限公司等企业应税销售增幅明显。市联创塑业有限公司申报为江苏省高新技术企业，并在新三板挂牌上市，实现西渚镇企业在资本运作层面上的突破。开展政银企协调对接，信贷担保保持基本平稳，金融风险传导得到控制。推进闲置停产企业处置，完成市冠元漆业有限公司清偿，兼并重组市耀华模具厂和市宇峰保温材料有限公司。搭建企业与高等院校、科研院所双向互动机制，市舜昌亚麻纺织有限公司、市兴望农牧有限公司、无锡市晟元金属制品有限公司分别与苏州大学、扬州大学、湖南大学实现产学研合作。建立并完善网格化环境执法监管体系，整治高污染燃料锅炉。实施水墨田园生态环境修复治理、白塔村生态环境治理等环保项目。专项整治危化企业，开展对化工、印染企业的环保大检查活动，加强对全镇企业水、气、声、渣等方面的执法监管。

【农业农村】 “三农”工作保持良好态势，出台《关于进一步加强农村集体“三资”管理的意见》，完善细化13项管理制度。全面清理经济合同，健全管理台账，做好合同实行鉴证和备案。规范化管理集体资产转让、资源发包、土地流转交易，建立镇级农村产权交易服务平台，公开招标操作流程。引导“三资”（农村集体资金、资产、资源）投入现代农业开发，制订《关于大力发展现代高效农业的实施意见》，全年新增“三资”投入农业开发资金3236万元。新建培育面积100亩以上的农业基地9个。市兴望循环农业文化园被评为省级农业园区，金山农庄和盛道茶业被评为无锡市重点农业园区。盛道白茶、盛道“孝心红”牌红茶和“盛源”红茶获江苏省第十七届陆羽杯名特茶评比特等奖。全年实施惠农重点工程项目6个，总投资近700万元，其中云溪路、云雾路防洪沟整治及百亩涧上游水系整治工程竣工。白塔村被评为中国生态文化村，获全国最美村镇人文奖。

【镇村建设】 强化“规划先行”理念，继续做好全镇“多规融合”规划编制。加快推进一批在建工程建设，完成云雾路污水纳管、天然气管道铺设、景观绿化工程和高标准基本农田整治工程。元埝公路全线实现路面黑色化改造，云溪路绿化及景观节点建设全面展开，完成省道360线宜兴段建设前期各项准备工作。全年完成农村道路黑色化、拓宽、重建共计17千米。开展环境秩序整治，集中整治主要道路两侧广告牌，利用技防监控设备抓拍违章停车。增配人力加强对大觉寺景区摊贩和停车的管理，维护景区秩序。加大违法建筑查处力度，全年查处21起。确保镇区及旅游干线干净整洁，加强对旅游干线公路和镇区施工工地的管理，防止车辆抛撒滴漏、带泥行驶污染路面。

【社会事业】 坚持改善民生不动摇，大幅提高民生福祉。坚持“应保尽保”原则，超额完成企业职工参保扩面任务。完成全民参保登记工作，建成覆盖全镇的社保基础数据库。做好特困家庭、“无生活来源、无劳动能力、无法定抚养义务人”对象的慈善救助工作，全年向319人发放低保金145万元、救助金103万元。新增就业人数310人，举办职工技能培训270人，实现农村劳动力转移584人。投入教育经费170余万元，完善升级全镇学校硬件设施。筹建成立镇教育奖励基金，全镇49个村、企业捐赠116万元。推进村级公共文化服务标准化提升工程，持续开展“文明乡风沐农家”系列活动，举办“氿悦·沐心香村”杯全市乒乓球邀请赛、“水墨田园”杯青年女子篮球队对抗赛等赛事活动，丰富群众文体生活。推进平安创建，加强全镇技防监控建设，发挥警民联动机制和基层治保群防群治作用。在江苏省和无锡市公众安全感测评中，西渚民众安全感名列前茅。

【旅游产业蓬勃发展】 坚持“国际禅居小镇”建设既定思路，推动西渚旅游丰富质态、提升品质、增强活力。大觉寺四期藏经楼项目进入全面施工阶段。中宜京都总部中心项目一期五星级度假酒店及会议中心完成土建工作。水墨田园温泉酒店二期会议中心建成投运，三期温泉主楼、露天泡池及特色花海等环境配套工程开工建设。推进白塔文化公园改造提升工程，重新布展于伶纪念馆和时光行旅展馆，“白塔春天”简餐厅建成投用，宜人书院进场装修。姜昆艺术综合体、中国书法院宜兴创作培训中心等重点项目签约。出台《发展西渚镇乡村旅游》等相关文件，保障民宿产业发展。心宅竹林禅舍、石盘山乌饭树庄园、行香竹苑、老九·家、江南蒙

星云法师在市体育中心体育馆举办讲座　　（西渚镇　提供）

古风情园5个民宿相继投运。策划开展“西渚养心食宿体验之旅”系列活动，召开“茶禅四月到宜兴”旅游季推介会暨2016宜兴国际素食文化博览会和星云大师“禅与生活”素博文化论坛西渚专场，吸引游客近20万人次。探索校地合作新模式，与合肥工业大学联合举办“中国宜兴·西渚镇白塔村文化主题公园”设计大赛，借助高校人才助力西渚旅游发展。收集全镇旅游资源、时令讯息，制作宣传专题，利用微信、微博平台进行网络推广，总浏览量超25万人次。推出《寻春》《乐夏》《拾秋》《养冬》旅游宣传图文册，深度展示西渚丰富的旅游资源和深厚的文化底蕴。与省级刊物《畅游江苏》《远方的家》《悠游南京》合作，不断加大“水墨云湖禅意西渚”的国际禅居小镇品牌宣传力度。

2016年西渚镇各行政村、社区基本情况

表63

名　称	区域面积（平方千米）	户籍数（户）	户籍人口（人）	可分配收入（万元）	书　记	主　任
横山村	12.01	1281	3777	189	张中良	熊明友
溪东村	4.31	631	1988	131	陈志刚	陈志刚（兼）
溪西村	4.39	692	2118	199	王　云	张华军
五圣村	6.95	853	2753	200	潘　震	金朝松
西渚村	10.50	1792	5518	221	方　忠	陆文冠
白塔村	7.16	938	2867	284	欧阳华	张建新
篁里村	10.06	1350	4127	262	王天元	狄云龙
筱里村	7.56	1317	3862	362	魏道远	钱　鹏
新和社区	—	677	1254	—	—	任达兴

说明：“区域面积”不包括大贤岭林场和横山水库

（戴阳）

太华镇

【概述】 区域面积97平方千米，辖行政村8个、社区1个，总人口25137人。全年地区生产总值15.1亿元，比上年增长8.9%。财政总收入1.43亿元，比上年增长17%；财政可支配收入7384万元，比上年增长27.4%。工业应税销售收入27.53亿元；工业利税总额1.55亿元。全社会固定资产投资5.6亿元。流通应税销售收入4.69亿元，比上年增长38.5%。农业总产值1.81亿元，粮食总产量1738吨。农民年人均可支配收入21177元。乡村旅游强势崛起，全年接待游客190万人次，比上年增长26.67%，实现营业收入9850万元。太华中学获“宜兴市教育科研先进学校”称号，太华小学跻身“宜兴市教育前瞻性项目实验学校”行列。

【主体经济】 全年规模以上工业总产值17.87亿元，比上年增长6.2%。进出口总额8150万美元，比上年增长2%。流通应税销售收入4.69亿元，比上年增长38.5%。公共财政预算收入突破1亿元大关，实现“好于往年、高于全市、进位争先”的总体目标。规模骨干企业的引领作用、支撑效应进一步凸显，5个年应税销售收入1亿元以上企业实现应税销售收入12.4亿元，比上年增长19.2%，占全镇总量的48%；34个年应税销售收入1000万元以上企业实现应税销售收入19.6亿元，比上年增长14%，占全镇总量的75%。无锡博大竹木有限公司的重竹复合地板、江苏浙宏科技股份有限公司的3D打印等一批新建或技改扩能项目实施，全年工业后劲投入达1.6亿元。

【农业农村】 现代农业提速增效，太华山富硒产业基地、乾元茶业、蓝山湖农庄、砺山花果场等农业园不断向规模化、基地化和产业化方向发展。全年春茶产量123吨，产值8500万元，中高档茶比例达100%。打造“太华茶”作为旅游核心元素和重要特色品牌，市华锦茶场、市太华龙珠茶场等茶企在第十七届“陆羽杯”名特茶评比中，摘得特等奖2个、一等奖4个。宜兴珍香生态茶业专业合作社成为无锡地区唯一获第十四届国际农产品交易会金奖的企业。乾红牌早春茶瞄准"中国名茶"目标定位，全年新增外埠专营店8个，累计达34个，品牌影响力和市场占有率稳步提升。

【镇村建设】 全年投入实事工程建设资金超3800万元，实施邵西路、见花路等工程建设，顺利推进涧河综合整治、农村污水纳管、自来水扩面提质等涉及群众生活和安全的民生工程。通过国家卫生镇复检，如期完成龙珠路"示范路"创建任务，集镇环境卫生和市容秩序管理实现新提升。基本完成太华山新四军和抗日根据地纪念馆配套市政景观工程，内装布展工程进入招投标程序。综合整治涧河6条、塘坝1座，完成重点土方清淤2万立方米，抵御历史最大汛情考验。新建2座增压泵站，完成自来水扩面近700户，全年自来水水质、水压实现"零投诉"。构建瓶装燃气二级配送网络，确保群众安全、便利、廉价使用燃气。规范农村建房，全年审批建房118户，强制拆除违法建设6处，公平、有序的建设秩序逐步形成。

【社会事业】 全年完成社保扩面172人，提供就业岗位323人，转移农村劳动力492人。开展助学、助困、助老活动，全年投入民政、慈善救助资金250余万元。全面实施计划生育新政，简化办理手续，加强科学育儿辅导。突出文教惠民，太华中学获"宜兴市教育科研先进学校"称号，太华小学跻身"宜兴市教育前瞻性项目实验学校"行列。丰富群众文化工作，文化区域互动不断深入，创编舞蹈《荷花灯赋》等作品在宜兴市第二届"百合花奖"评奖活动中获金奖。建成龙珠湖健康步道，成功举办首届环龙珠湖迎新长跑比赛。加强综合治理，重视矛盾调解和信访化解工作，全年接待信访群众300余人次，受理群众反映的各类问题150余起。加强市场管理，太华集贸市场成功创建宜兴市"放心消费市场"。

【乡村旅游产业崛起】 举办首届早春茶开采节、第四届两岸茶文化论坛开幕式、中国书画陶艺名家太华采风行、太华乡村旅游产业推介会、首届环龙珠湖迎新年健康徒步赛等活动。全年接待游客190万人次，比上年增长26.67%；实现营业收入9850万元，比上年增长20.12%，获"江苏省特色景观旅游名镇""中国最佳康养旅居度假名镇"等称号。太华天谷国际养生度假景区（一期）、中华亲情林文旅综合体、江苏省云湖湿地公园等在建重大旅游项目有序推进。兰博基尼·云邑水疗度假酒店开工建设，开创超五星级国际高端品牌度假酒店项目落户宜兴的先河。乾红早春茶舍建成投运，乾元谷山庄配套项目运行良好，中高端乡村精品酒店宜兴市砺山庄园餐饮文化有限公司对外营业。南美足球风情小镇、太华山森林公园综合开发等10多个生态文化旅游项目成功签约，计划总投资超40亿元。乡村旅游配套工程加速推进，云岭路、石门路等旅游骨干道路加快实施，龙珠湖二期工程全面建成，太华山新四军和抗日根据地纪念馆配套市政景观工程基本完成。乾元村、太平村、石门村编制《美丽乡村旅游规划》。"一线天"等景区基础设施改造提升工程规划方案如期完成，古树名木保护景观改造规划初步形成。加强旅游宣传推广，"灵秀太华"公众号全年推送微信信息近60期，太华乡村旅游的知名度、影响力和美誉度进一步提升。

太华镇乡村景观　　（太华镇　提供）

2016年太华镇各行政村、社区基本情况

表64

名　称	区域面积（平方千米）	户籍数（户）	户籍人口（人）	可分配收入（万元）	书　记	主　任
乾元村	9.80	581	2176	181	宗汉平	宗岳行
茂花村	4.74	414	1323	156	魏根培	何再良
云湖村	7.52	608	2112	151	李再安	段中群

续表64

名　称	区域面积（平方千米）	户籍数（户）	户籍人口（人）	可分配收入（万元）	书　记	主　任
桥涯村	17.28	1436	4453	150	黄建强	汤震伟
太平村	8.13	562	1978	163	陆岳勤	陆　兵
胥锦村	16.70	1431	4627	159	林国明	林国明(兼)
太华村	19.07	1889	6267	165	张国群	汤志伟
石门村	8.83	413	1640	148	储蕴康	吴耀东
杨店社区	—	341	545	—	徐建国	董春兰

（周胜薇）

徐舍镇

【概述】 区域面积180平方千米，辖行政村23个、社区2个，总人口99643人。全年财政总收入4.89亿元。全社会固定资产投资21.59亿元，其中工业后劲投入16.42亿元。工业应税销售收入187.64亿元，比上年增长2.44%；流通应税销售收入33.08亿元，比上年下降16.8%。工业利税总额7.19亿元，比上年增长13.59%；规模以上工业产值94亿元，比上年下降13%；规模以上工业主营业务收入89.29亿元，比上年下降16.87%。自营出口创汇6550万美元，比上年增长16.97%。农业总产值10.41亿元，比上年下降0.9%。农民年人均可支配收入23498元。全市首批农业创业导师团走进徐舍，168个企业获援企稳岗补贴，新增劳动力就业岗位1800个，转移农村劳动力2368人。完成社保扩面近1000人，公积金扩面1200人。新培育市级以上农业龙头企业8个，累计建成合作经济组织205个、家庭农场132个，申报省级扶持项目14个。组织企业与大连交通大学等院校开展政产学研活动4次，搭建合作项目11个，申报市级以上项目13个，3个企业获评国家高新技术企业，徐舍镇创建为无锡市科普示范镇。

江苏高科石化股份有限公司外景　　（陈寿春　摄）

【主体经济】 产业质态持续优化。坚持项目为王、产业强镇、多元发展的策略，工业后劲投入16.42亿元，服务业投入5.17亿元，到位注册外资114.88万美元。铜材加工、电线电缆、水泥建材等传统主导产业主动消减落后产能，迈出转型步伐。环保、纺机、风机等地方特色产业加速整合提升，努力挺进产业链中高端。高端装备制造、新材料等新兴产业逐步崛起，成为新经济增长点。仓储物流、乡村文化旅游等服务业日益兴起，为产业结构优化积蓄后劲。骨干企业有力支撑。江苏中超投资集团有限公司入围中国民企制造业500强，3个子公司登陆新三板；江苏高科石化股份有限公司登陆A股主板。科创实力显著提升。持续深化双招双引，全省首家科技镇长团工作站落户徐舍，组织产学研对接活动4次，搭建合作项目11个，申报省级科技人才项目5个、市级项目8个，引进“双高”（高级管理人员、高级技术人员）人才30人、海归人才5人。申请发明专利超100件，授权发明专利30件。江苏华纳环保科技有限公司、江苏宏远药业有限公司、宜兴法阿姆工业电池有限公司获评国家高新技术企业。

【农业农村】 加大农业基础设施投入，加强和服务平台建设，投入2500万元实施农田水利改造工程，总投资1500万元的省万亩高标准农田项目完成建设。现代农业提质增效，新增“三品”（无公害农产品、绿色食品、有机食品）基地7个、产品14种，宜兴华汇现代农业发展有限公司入选2016中国农产品好品牌百强。出台《农村土地流转规范管理实施意见》，规范流转土地3400余亩。推进第三次全国农业普查、新一轮经济薄弱村扶贫转化工作。举办四季鲜果采摘之旅、美栖花田灯海艺术节、“咩咩芳庄”羊肉季等主题活动，形成“春采鲜果，夏游灯海，秋揽美景，冬品羊肉”徐舍乡村文化旅游模式，打响“鲜美徐舍”乡村文化旅游品牌，为农村强村富民探索出新路径。

【镇村建设】 勾画以徐舍集镇为核心，以美栖村、邮堂村、芳庄村、苏宁现代农业产业园为支点的北部核心建设区，及以鲸塘集镇为核心，堰头村、港华烟山旅游项目为支点的南部核心建设区的规划设想，确立以“点”串“线”、以“线”带“面”的镇村统筹建设思路。新河安置小区交付，云溪花园封顶，芳庄新菜场、徐舍中学及堰头小学校舍改造等实事工程竣工。全年改造农路15.5千米、农桥26座。招投标、审计、档案管理日益规范，创建全市首个江苏省特级村镇建设档案室。全面实施农村环境长效管理“四位一体”模式*，统筹做好环卫保洁、垃圾清运、河道保洁和绿化养护，通过国家卫生镇复审检查。实施公用事业一体化管理，出台《加强徐舍镇区安置小区、老旧小区物业管理工作的实施意见》。进一步完善对矿产品运输、矿山宕口码头、违法建设的监管。

【社会事业】 推动乡村教育改革发展，成立教育事业发展奖励基金，研究制订乡村教师培养实施方案。全市首个公建民营（即由政府出资，招标社会组织或服务团体去经办和管理运作，政府负行政管理和监督）的养老机构徐舍颐养园运营良好。成立恒安妇女儿童基金、关爱妇女儿童驿站等慈善专项基金，全年发放助困、优抚资金1450万元，帮扶困难群众近2800人，补助受灾农户2481户。主动融入全国文明城市创建工作，开展文明家庭、文明单位争创活动。实施文化强镇工程，镇文化中心建成投用。《徐舍镇志》定稿付梓。开展群众义体活动30余场，《美栖村歌》获宜兴市村歌大赛金奖，独唱《文明新风 扬帆远航》获宜兴市“百合花奖”金奖，小戏《一把青菜》获无锡市第三届“群芳奖”银奖。创新建立新任镇管干部和新招录人员任前法律测试制度。完善村规民约和居民公约，成立全市首个乡村法律咨询供给中心。

【徐舍美栖花田灯海艺术节】 美栖村原名木樨里，木樨指桂花。美栖村历来有制作花灯的习俗，20世纪30年代，每到中秋节前后，美栖村都会举办灯会，吸引当地及周边地区的游人观赏。2016年，为探索一条富民强村、发展圩区乡村旅游的创新之路，美栖村结合自身实际，将继承传统习俗与旅游开发结合起来，把村里的150亩荒地改造建成花田灯海，马鞭草、波斯菊、矢车菊、太阳花等40多个品种的鲜花和现代化的灯光技术将原本的荒地点缀一新。8月1—30日，第一届徐舍美栖花田灯海艺术节举办，吸引15万余人次游客观赏。夜幕降临，108米长的“时光隧道”、美丽的“城堡”、开屏的“孔雀”以及布满“玫瑰花”的“爱情之桥”等花灯，让游客仿佛置身于充满浪漫气息的童话世界。花衬灯，灯映花，相得益彰，让八方游人品景色之美，享人文之乐。

【“鲜美徐舍·咩咩芳庄”羊肉季活动】 为拓展芳庄村羊肉文化，丰富徐舍镇乡村旅游内涵，探索以乡村文化旅游为抓手的强村富民新路径，11月27日，为期一天的“鲜美徐舍·咩咩芳庄”2016羊肉季旅游发布会暨首届“咩咩乐跑”开跑仪式在芳庄村举办。活动包括：芳庄村举行“江苏省传统村落”揭牌仪式，有着1800多年历史的苏南第一美村再现辉煌；2016羊肉季主题微电影《寻秘宜兴—芳庄羊肉》发布，展现芳庄羊肉不为人知的奥秘；《徐舍镇芳庄花海项目规划》公布，致力于打造以荷花为主题的花海观光旅游；举行乐跑活动，参赛选手体验穿越乡间小路的独特魅力，感受悠久绚丽的小镇文化；邀请游客免费品尝羊肉汤、烤全羊等特色美食，品味享誉江南的羊肉盛宴；进行“鼓王”“幼狮”等徐舍镇传统非遗文化表演。活动受到跑步爱好者、美食爱好者的热捧，523位选手报名参与活动，吸引游客近1万人。被《江南晚报》《无锡日报》《宜兴日报》等十几个媒体报道。

2017年徐舍镇各行政村、社区基本情况

表65

名　称	区域面积（平方千米）	户籍数（户）	户籍人口（人）	可分配收入（万元）	书　记	主　任
浒溂村	8.73	1705	5003	368	李祖民	谢旭东
东岳村	5.06	1078	3335	215	杨立平	钱勤春
宜丰村	5.61	1010	2996	140	杨锡中	杨锡中（兼）

续表65

名　称	区域面积（平方千米）	户籍数（户）	户籍人口（人）	可分配收入（万元）	书　记	主　任
长福村	5.26	1037	3456	155	许文忠	徐国成
美栖村	4.41	1190	3431	371	宗华东	蒋林祥
翔圩村	5.96	1273	4348	135	蹇　春	蹇　春(兼)
南星村	7.29	1465	4419	401	吴保生	蒋卓炜
佘圩村	4.65	968	2969	327	薛锡群	蒋其良
潘东村	10.07	1798	4999	249	黄正军	张达君
潘家坝村	4.51	820	2585	215	董俊荣	董俊荣(兼)
丰台村	5.23	825	2598	200	王松元	曹云康
胥藏村	4.10	787	2305	137	谢育新	谢育新(兼)
盛家村	5.90	1426	4012	2417	柯荣荣	陈　锋
鲸塘村	11.31	1723	5016	186	王孟定	蒋亚君
堰头村	8.55	1549	4620	348	刘福生	张志明
烟山村	12.71	1459	4692	226	丁爱国	丁亚军
汤泉村	9.49	1312	3918	273	程国平	陈德明
西墟村	7.15	1221	3596	334	郑　刚	郑　刚(兼)
联星村	9.98	1935	5392	307	王　俊	王　俊(兼)
芳庄村	6.84	1633	4620	324	张建伟	王建新
五牧村	8.27	1509	4550	377	蒋国成	彭东明
邮堂村	11.33	2185	5625	398	朱永明	吴祥春
奖墅村	8.24	1335	4135	290	吴胜良	杨志刚
民主社区	2.90	2750	8310	134	鲍春明	鲍春明(兼)
鲸塘社区	3.75	1215	3210	188	薛　敏	谈荣彬(兼)

（陈麟）

官林镇

官林镇镇区 （陆其忠 摄）

【概述】 区域面积121平方千米，辖行政村18个、社区4个，总人口71968人。全年财政总收入13.49亿元，比上年下降11.9%；财政可支配收入1.58亿元。应税销售收入1005.09亿元，比上年增长1.4%。其中：工业952.23亿元，比上年下降1.5%；流通45.55亿元，比上年增长93.3%。工业利税总额54.46亿元，比上年增长1.6%。工业利润总额45.04亿元，比上年增长2.1%。全社会固定资产投资42.19亿元，其中工业34.4亿元、服务业7.79亿元。全年粮食总产量2.4万吨，农业总产值5.17亿元。农民年人均可支配收入27654元。全年新增高新技术企业7个、新三板挂牌企业1个。投入2000多万元用于城乡建设，持续深化村庄环境整治，切实加强生态治理，积极参与文明创建，实现城乡环境形态和社会文明程度“双提升”。11月，在《人民日报》和《2016中国中小城市发展报告·绿皮书》联合发布的全国科学发展千强镇榜单中，官林镇入围前100强。

【主体经济】 面对严峻的宏观形势，全镇政企同心、合力应对，狠抓项目建设、加快企业转型、力保金融安全，实现经济稳中有进、稳中向好。规模骨干企业支撑有力，全年培育4个百亿级企业，江苏金辉铜业集团、江苏三木集团有限公司、无锡江南电缆有限公司、无锡市凌峰铜业有限公司4个企业应税销售收入超过100亿元，江苏长峰电缆有限公司等40个企业应税销售保持两位数增长。江苏江润铜业有限公司、江苏三木集团有限公司稳居中国民营企业前500强，无锡江南电缆有限公司、无锡市凌峰铜业有限公司入围中国民营制造业前500强。全年工业用电量和用气量比上年增长均超过10%。有效化解企业风险，借助市级转贷平台，帮助企业转贷120多笔，总额达12.5亿元，打包处置不良贷款16.3亿元。全年处置关停企业7个，总资产达6.3亿元，盘活土地900亩、厂房20万平方米。意大利普睿司曼集团全资收购申环电缆科技有限公司，盘活关停企业资产，带动全镇电线电缆产业结构优化、质态提升。江苏浦漕科技股份有限公司在新三板挂牌，江苏东峰电缆有限公司、加宏科技(无锡)有限公司等企业加快上市速度。推进重点项目建设，江润铜业汽车充电桩束线、恒顺防水材料等项目达产。启动省级高新区筹建工作，全年新增高新技术企业7个。“江南牌”电缆入围“江苏省自主工业品牌50强”。

【农业农村】 扎实推进农村工作制度化、规范化建设，全面加强农村“三资”(资金、资产、资源)管理，特别是村级出借资金管理，管控风险隐患。基本完成农村土地承包经营权确权登记颁证工作，有效激发农村发展活力，维护群众切身利益。针对三农工作的重点和难点，不断改进薄弱环节、优化服务保障，有力促进农业增效、农民增收、农村稳定。全年投入资金3500万元发展现代农业，至年底，农业园区入园企业数达18个，农业生产经营效益不断提高。

【镇村建设】 持续推进村庄环境整治，启动农村污水收集处理、自来水支管网改造工程。建立垃圾清运市场化机制，落实环境卫生长效管理制度，不断强化属地管理责任，村庄环境质量持续提升。基本完成老街改造、北菜场道路、学前路景观带、东虹路人行道、钮家菜场改造五大实事工程。扎实推进生态建设，完成凌霞污水处理厂、三木环氧树脂废水处理提标升级改造，工业煤改气工作达到时序进度，15个企业通过清洁生产审核，33个企业完成生活污水纳管，秸秆禁烧成为常态，生态环境质量不断提升。开展企业环保大检查、世界环境日宣传等活动，引导群众转变思想观念、改进生产方式、自觉爱护环境，在全社会营造“节约资源、保护生态、共建美好家园”的浓厚氛围。

【社会事业】 始终把促和谐、惠民生作为根本目的，努力做实民本文章，增进民生福祉、促进社会和谐。社会事业蓬勃发展，全年新增就业岗位2600多个，转移农村劳动力683人，完成社保扩面1209人。投入1500万元用于水利设施建设。投入400多万元完成官林二中教学楼、都山小学体育馆改造，成立600万元的教育振兴基金。创新公共卫生服务，在全市率先开展医院、中心、站“三位一体”管理试点，实现医疗与公共卫生服务无缝对接。加强殡葬基础设施建设，投资1600万元的钮家安息堂进入内装修阶段。弘扬社会主义核心价值观，主动融入“全国文明城市”创建，不断深化公民道德建设，广泛开展志愿者活动，全年举办群众文体活动60多场（次），通过"江苏省公共文化服务示范区"创建验收。扎实推进"平安官林""法治官林"建设，发挥镇村两级调解组织作用，成功调处矛盾纠纷572起，化解信访积案4起，公众安全社会满意度测评位居全市首位。推进全镇安全生产、人口计生、慈善救助等工作，巩固和谐稳定的良好局面。

2016官林镇各行政村、社区基本情况

表66

名　称	区域面积（平方千米）	户籍数（户）	户籍人口（人）	可分配收入（万元）	书　记	主　任
凌霞村	1.5	1332	4233	759	邓锡生	邓锡生（兼）
官林村	6.0	1264	3668	529	宗和强	周　玲（女）
滆湖村	3.7	890	2760	220	谢树良	秦　虎
滨湖村	4.5	1004	3030	568	钱锦林	曾中良
笠渎村	2.5	668	2147	256	宗达仁	孙　超
义庄村	4.6	1169	3743	729	唐志良	史冬云
白茫村	7.7	1246	3792	350	蒋跃君	王洪明
杨舍村	8.2	1208	3579	335	张永兴	宗胜良
桂芳村	6.8	959	2681	748	吴君毅	史建卫
钮家村	4.0	1126	3315	276	左建平	韩俊锋
都山村	10.0	2044	7115	3985	刘洪林	刘洪林（兼）
前城村	14.5	2171	6485	343	毛洪南	王建益
大儒村	2.8	769	2307	209	谢新平	谢新平（兼）
南庄村	5.1	1140	3548	193	吕明芳	张明华
丰义村	8.0	1535	4466	445	储云方	储浩生
东尧村	3.7	1032	3148	158	储正云	储正云（兼）
韶巷村	3.7	747	2261	250	施永平	薛伯华
戈庄村	4.6	894	2811	383	徐俊华	徐俊华（兼）
官林社区	0.7	2380	5469	—	—	宗和强（兼）
丰义社区	6.5	656	1362	—	—	储云方（兼）
钮家社区	0.5	140	472	—	—	左建平（兼）
凌霞社区	0.6	160	490	—	—	邓锡生（兼）

（蒋佳文）

杨巷镇

【概述】 区域面积86.42平方千米，辖行政村16个、社区2个，总人口46814人。全年财政总收入1.9亿元。应税销售收入47.62亿元。其中：工业应税销售收入41.01亿元，比上年增长11.23%；流通应税销售收入3.74亿元。工业利税总额5949万元。全社会固定资产投资7.68亿元，其中工业投资5.9亿元、服务业投资1.68亿元。外贸出口额684万美元。农业总产值4.6亿元，粮食总产量2.52万吨，农民年人均可支配收入23490元。全年申请专利106个，无锡市天兴净化空调设备有限公司与西安工程大学、宜兴市宏伟科技有限公司与华东理工大学开展产学研合作项目。新增“三品”（无公害农产品、绿色食品、有机食品）农产品7个，完成土地储备4600亩。启动镇文体中心、钱松喦艺术馆等文化阵地建设，出版发行杨巷历史人文读本《梦里函亭 故园杨巷》。杨巷社区卫生服务中心创建为省级建设群众满意卫生院、江苏省基层医疗卫生机构中医馆。

【主体经济】 全年规模以上工业产值33.96亿元，比上年增长50.6%。推进项目建设，全年落户项目6个，完成投资5.3亿元。江苏柯能新材料有限公司有色涤纶工业丝、无锡市精盛洲科技有限公司零配件等项目投产。重组盘活江苏远洲纤维科技有限公司、无锡圣恩铜业有限公司、无锡荣诚电工材料有限公司等企业。着力协调银企关系、提供法律援助，缓解企业转贷难题。加强与第三方资产经营机构的战略合作，大力压降不良贷款，全力处置相关债务，不断优化全镇金融生态环境。

【农业农村】 宜兴市兴杨现代农业园区初步建成筑博二期精品盆景、梦之源欧美式梨园、佳奇“蕃茄小镇”等农业项目。杨巷大米与市大统华超市共建粮食基地，杨巷农产品入驻顺丰优选、京东商城、苏宁易购等电商平台。出台《关于壮大村级经济发展的若干激励政策意见》，建立完善农业土地储备、土地流转村受益、集体经营性用地流转等机制。完善村级财务管理，建成镇农村产权交易平台，增加村级“三资”（资金、资产、资源）收益。全年投入水利建设资金4300万元，建成硬质沟渠96千米，河道清淤28.5万立方米，新建、改建泵站65座、闸2座，进一步筑牢防洪保障安全网。

【镇村建设】 着力强化建设管理，镇村面貌实现持续提升。启动物联网小镇建设，完善全镇管理网络，完成杨巷历史老街区保护性详规，基本完成安前路、菜场路、邮电路“示范街”创建规划、历史文化名村（美丽乡村创建）规划，全面启动镇文体中心、钱松喦艺术馆布展规划。加快推进重点工程建设，完成建新路改造、北环路绿化亮化、金峰小区整治、统建房平改坡一期、中桥路示范街创建等一批重点工程。新芳幼儿园扩建等工程完成主体建设。革新、英驻美丽乡村建设形态初现，面貌形象全面提升。启动物联网小镇建设，健全集镇管理网络，着重加强环卫保洁、安置小区物业服务等常态化、精细化管理。深入推进文明城市创建，积极开展停车秩序、经营秩序、违法建设、矿产品运输秩序等专项整治行动，集镇面貌持续改善。深入推进村庄环境长效管理，完善考核机制，落实奖罚措施，巩固整治成果。

【社会事业】 社会保障不断加强，推进全民参保，落实城乡居民养老保险、被征地农民养老保险、城乡居民医疗保险等保障政策，完善社会救助体系，投入1280万元设立“宜安梦”公益基金，全年发放救助款物1200多万元，救助群众5000多人次。建设文化阵地，启动建设镇文体中心、钱松喦艺术馆、琅玕马灯展示馆、农耕文化馆，完成芳东村、城典村文体中心建设，实现村文体中心全覆盖。承办荆溪诗社走进杨巷采风活动、宜兴老年书画协会送书画下乡活动等活动。探索社会化养老模式，完成敬老院资源整合，杨巷“公建民营”敬老院运营良好。大力发展群众体育，举办镇第二届全民运动会。扎实加强信访稳定工作，强化重点信访督办，全年未发生有重大影响的社会事件。整治环保突出问题，完成G20杭州峰会保障、中央环保督察等任务。

杨巷镇第二届全民运动会开幕式　　（杨巷镇　提供）

2016年杨巷镇各行政村、社区基本情况

表67

名　称	区域面积（平方千米）	户籍数（户）	户籍人口（人）	可分配收入（万元）	书　记	主　任
塘门村	4.29	1157	3317	149	潘凤仙（女）	周旭强
英驻村	5.28	1127	3396	280	印德方	夏立君
城典村	6.51	523	1624	291	毛益民	卢　俊
新芳村	5.54	1088	3341	156	席　巍	毛锦龙
安乐村	5.89	1003	3003	479	徐林芳	马占良
革新村	4.99	635	1951	330	许志亚	韩　忠
镇龙村	8.21	524	1669	224	许为林	刘　波
坝塘村	4.27	751	2359	134	储俊伟	徐立平
黄家村	4.28	950	2946	450	罗志平	蒋中磊
凸林村	2.98	984	1858	151	史志林	史志远
金紫村	4.28	1276	3674	223	—	张少东
邬泉村	3.76	671	1988	271	曹国群	周招君
皇新村	5.94	880	2583	197	王小明	曹德平
西溪村	5.31	1134	3366	209	周亚娟（女）	袁　岩
芳东村	4.31	994	3092	170	徐小良	庄　超
芝果村	3.93	683	2126	135	沈正民	戴白龙
杨巷社区	2.20	608	1106	—	蒋文彬	韦青桥（女）
宝寿社区	1.50	944	2895	—	孙华平	周玉娟（女）

（董琰）

新建镇

【概述】 区域面积45平方千米，辖行政村6个、社区1个，总人口25818人。全年地区生产总值40亿元，比上年增长3%；财政总收入2.18亿元，财政可支配收入5695.85万元。全社会固定资产投资5.65亿元，其中工业投资5.23亿元。工业应税销售收入92.39亿元；工业用电量3.5亿千瓦时；规模以上工业利税总额2.83亿元。出口总额3686万美元，比上年下降27.2%。农业总产值3.62亿元。农民年人均可支配收入23187元，比上年增长27.5%。企业加强产学研合作，全年建立省研究生工作站1个，引进省“双创”（创新、创业）博士1人。蝉联“中国化纤纺织名镇”称号，通过国家卫生镇复查，创建为省级文明镇，“汤氏中医”获省级非物质文化遗产正式授牌。

【主体经济】 全镇经济金融发展经受住风险考验，继续稳健前行。全年工业总产值106.06亿元，其中规模以上工业产值82.88亿元。重点项目建设有力推进，全年在建重点项目8个，总投资超12亿元。无锡索力得科技发展有限公司投资3.25亿元的年产4万吨差别化功能化产业用丝项目、帝斯曼（江苏）生物技术有限公司投资2100万美元的酶制剂产品生产污水处理设施改造及磷脂酶—C生产项目竣工达产；宜兴市豪艺棕纤制品有限公司投资1.32亿元的年产120万张环保床垫垫芯项目主体车间完工，进入设备安装阶段。战略合作推进步履实。中国恒天集团完成对江苏华亚化纤有限公司的审计评估和法律尽职调查，相关合作事宜稳步推进；江苏共昌轧辊股份有限公司与马钢集团相互参股，实施精品轧辊项目，向高端化、国际化迈进；新疆兵团联创基金与江苏昌吉利新能源科技股份有限公司新能源达成收购协议。紧抓处置契机，金融风险逐渐化解。坚持一企一策、依法操作原则，落实接盘对象，7个停产及危机企业进入司法程序，3个停产企业资产通过司法拍卖得以盘活。协调金融机构，对江苏华亚化纤有限公司、江苏天地化纤有限公司、江苏卡欧彩涂钢板有限公司3个重点企业实行联合授信，有效防范银行收贷。江苏共昌轧辊股份有限公司、江苏国信复合材料科技股份有限公司等企业加强产学研合作，建立省研究生工作站1个，引进省“双创”(创新、创业)博士1人。

【农业农村】 理顺和化解农民土地权属纠纷历史遗留问题，南塘村、臧林村土地确权颁证工作通过市级验收。南塘村率先试点南天竹种植，各村流转集体土地确定种养殖方向，村级经济发展进一步转型。完成土地复垦试点100多亩，新建镇创建成为省级耕地保护示范镇。完成6个村的村级财务收支、资产、借入借出资金、土地年租金合同及收缴审计，成立农村产权交易服务中心，完善村级工程项目会审制度，农村“三资”(资金、资产、资源)监督监管得到加强。村庄环境长效管理在全市考核中

新建镇农村新景 （魏小军 摄）

名列前茅。

【镇村建设】 攻坚河道治理，整治水环境。投入1600万元启动中干河、宝寿河、新建河等河道清淤工程。投入1000多万元开展中干河沿线省定禁养区畜禽养殖专项整治，退养、关闭和拆除养殖户19户。启动建设老街区污水管网，完成中小学范围内管网铺设。完成12个自然村农村生活污水治理任务。加强大气污染物排放整治，关停燃煤锅炉55台，淘汰黄标车90辆。实施村道改造，全年拓宽改造农路14条，总里程达18.3千米。建芳线新建段提标升级工程完工，共昌大道珍里段、新闸西路延伸段、新司路节点景观改造工程启动。启动老宜金线路庄段环境综合整治。完成省级土地整理项目工程建设任务。臧林村国家重大水利工程保障工作提前完成。

【社会事业】 突出普惠共享，稳定社会大局。全年用于改善民生的财政资金达1200万元。提高社会保障水平，适龄居民参保覆盖率98.5%，到龄居民养老金发放率100%。改善就业环境，新增就业岗位1238个，转移农村劳动力698人。帮扶弱势群体，全年发放资金600多万元，受助对象近1800人。开展劳动维权，协调企业欠薪近260万元。社区卫生服务中心硬件设施不断加强，中医馆建成投用。新增医疗设备专款60万元。路庄村60周岁以上老人健康管理试点工程竣工。教育事业再上台阶，新建中学中考重点高中录取率实现三连增。新建小学建成师竹园、风之馆、和乐廊等二胡特色场地。举办第三届“大美新建”文化体育节、新建好声音大赛等活动，文化服务新行动“新建专场”获得市级优秀专场奖。新建成人学校创建为省标准化社区教育中心。新建村、南塘村顺利通过市级“一村一品”乡村文化验收。“道德讲堂”、《新建镇志》编撰有序进行。政务微博微信覆盖率和知晓率稳步提升。

2016年新建镇各行政村、社区基本情况

表68

名　称	面积（平方千米）	户籍数（户）	户籍人口（人）	可分配收入（万元）	书　记	主　任
新建村	9.78	2547	6406	186	袁洪荣	陈建平
南塘村	5.83	1285	3697	186	储云华	史胜中

续表68

名　称	面积 （平方千米）	户籍数 （户）	户籍人口 （人）	可分配收入 （万元）	书　记	主　任
臧林村	5.79	1192	3394	153	赵顺根	储群峰
闸上村	7.35	1297	3827	200	邵红星	邵红星（兼）
留住村	9.09	1619	4787	148	韩国平	储国新
路庄村	6.43	1246	3646	184	蒋国军	邓永平
新建社区	—	—	—	—	—	袁洪荣（兼）

（强倍）

和桥镇

【概述】 区域面积105.1平方千米，辖行政村14个、社区5个，总人口67928人。全年财政总收入6.3亿元，比上年增长12.2%；财政可支配收入1.29亿元，比上年增长5%。应税销售收入124.93亿元，比上年增长13.7%。其中：工业应税销售收入104.9亿元，比上年增长10.9%；流通应税销售收入18.31亿元，比上年增长19.6%。工业利税总额15.86亿元，比上年增长12.1%；工业利润总额7.54亿元，比上年增长7.5%。全社会固定资产投资23.54亿元，其中工业投资15.73亿元、服务业投资7.81亿元。全年粮食总产量3.69万吨，农业总产值7.98亿元，农民年人均可支配收入24933元。完善城镇功能，金桥财富商业街竣工，和新路商业综合体开业，永兴物流园续建。加强环境整治力度，完成畜禽养殖整治、燃煤锅炉改造、秸秆禁烧等工作，推进黄标车淘汰、违法违规建设项目清理等。统筹做好社会保障、医疗卫生、文化教育等工作，发放救助和慈善资金1300多万元，救助人员5000余人次，鹅洲教育基金首次发放，举办和桥镇第七届运动会。推进《和桥镇志》修编工作。劳动社区被评为全国综合减灾示范社区、全国社区侨务工作示范单位。和桥镇入选全国综合实力千强镇，创建为无锡市河道综合整治示范乡镇。

【主体经济】 面对严峻复杂的宏观形势，和桥镇坚持加快发展不动摇，定期召开经济运行分析会、财税分析会等专题会议，科学分析形势，落实发展举措。完善领导班子与百强企业、重点项目挂钩联系制度，开展“向企业家学习、为企业发展鼓劲”活动，强化为企业服务，化解发展制约。组织企业家赴中山大学开展企业经营管理高级研修班培训，提升管理能力，拓展发展视野。出台促进经济发展激励政策，引导企业转型升级。全年工业应税销售收入104.9亿元，比上年增长10.9%；规模以上工业产值66.44亿元，比上年增长1.3%。工业用电量持续增长，总量位列全市第五。工业后劲投入15.73亿元，结转及新批工业重点项目9个。继续推进中小企业产业园、集装袋产业园建设，无锡市兴盛新材料科技有限公司的短纤维扩能项目、江苏富陶车辆部件有限公司的汽车关键零部件智能化生产线项目竣工投产，无锡市新蓝天复合材料有限公司的玻璃纤维多轴向增强布项目土建竣工，无锡市浩月机械设备有限公司、江苏欧亚水秀景观工程有限公司的扩能项目有序推进。申报培育高新技术企业6个，实施产学研合作产业化项目10个，新增专利申请和授权47件。创新发展能力增强，宜兴市中碳科技有限公司成为全市首个登陆省“专精特新板”企业，无锡市兴盛新材料科技有限公司申报省重大成果转化项目，无锡鹏德汽车配件有限公司入选省级五星级数字企业。

【农业农村】 全年农业总产值7.98亿元，比上年增长1.4%。新兴农业经济体发展迅速，示范作用明显。加强农机推广管理，加快升级农业生产装备设施结构，完成中巷项目区市级小农水工程，拆建灌溉泵站1座，新建灌溉渠道8637米。启动村庄环境整治，打造大生村、钟溪村等特色亮点村庄。完成畜禽养殖整治任务，秸秆禁烧成效得到巩固，徐家荡湿地被列入市级湿地保护小区，优化镇村生活垃圾集中收运体系，农村人居环境持续改善。规范农村土地承包管理，全镇1080户农户，流转土地面积达2580亩。加强村级财务管理，农村土地承包经营权确权登记颁证工作基本完成。建立健全审批结报制度、村级财务季度会审制度和专项审计监督制度。完善村级大额集体资产处置、大额“双包”（包工、包材料）工程招投标工作机制，确保工作公开透明、规范有序。

【镇村建设】 全年投入城镇建设资金2.1亿元，实施工程项目20个。推进重点工程建设，完成东西横街、南新公路

金桥财富商业街　　　　（和桥镇　提供）

改造及西延工程。完成老镇区主要道路黑色化改造，集镇形象持续改善。深化精细管理，全面实施镇级城市化管理，举办全市城镇精细化管理现场观摩会，文明新风劝导队经验做法在市级层面得到推广。打击违法用地和违法建设行为，推进示范路创建，开展整治60次，处理占道经营48起，拆除破损广告牌及灯杆旗90个，拆除违章建筑建26个、面积2732平方米。生态环境持续优化，137台燃煤锅炉改造基本完成，黄标车淘汰、环保违法违规建设项目清理等工作深入推进。科学开展镇区黑臭河道综合整治，对13条河道进行生态清淤，总长达8.1千米，土方9.2万立方米，河道水质显著改善。成立河道长效管理服务中心，制订实施农村河道“河长制”管理细则，从源头上治理水污染、从根本上改善水环境，创建为无锡市河道综合整治示范乡镇。

【社会事业】　社会事业统筹发展，严格落实各项社会保障政策，完成社保扩面1180人，发放稳岗补贴111.8万元；始终关注弱势群体生活，发放各类救助和慈善资金1300多万元，救助人员5000余人次；和桥医院病房大楼改扩建工程启动，社区卫生服务站人均服务人次居全市前列，公共卫生服务水平有效提高。文化教育提质强基，《和桥镇志》等文史资料编撰按进度推进，举办和桥镇第七届运动会，公共文化服务标准化提升工程通过市级验收，市恒和食品有限公司豆腐干制作技艺传承人陈伯金被申报为市级非物质文化遗产代表性传承人。出台教育考核激励政策，鹅洲教育基金首次发放。中高考成绩再创新高，市和桥高级中学本二以上入线率位列全市第三，入线人数比上年增长10%。社会治理全面加强，坚持贯彻落实领导干部信访值班接待制度，着力平安和桥、法治和桥建设，打击违法犯罪，维护社会和谐稳定，提升群众安全感和满意率。在群众安全感测评中，和桥镇居民满意率达98.33%，居全市前列。

【劳动社区两获全国荣誉】　劳动社区建于1950年2月，是宜兴最早成立的社区之一，区域面积1.6平方千米，下辖居民小区16个，常住人口1.5万余人。其中，户籍居民1603户、海外华人华侨和留学生49人、侨眷89人。社区积极开展综合减灾示范社区创建活动，通过健全领导减灾工作机制、火灾常态演练、深入宣传、完善设施等方法，提高居民对防灾减灾的意识，增强社区抵御灾害风险和意外事故的能力。社区坚持“社区惠侨，侨惠社区”的宗旨，把侨务工作融入社区日常工作之中，贴近实际，创新思路，为侨架桥，探索网络桥、同心桥、经济桥、文化桥、公益桥“五桥”建设，通过构建社区侨务工作网络，健全和完善社区侨务工作制度，多渠道开展侨务工作宣传活动，及时收集更新侨情资料库，组织志愿者队伍为归侨、侨眷排忧解难。2016年11月，创建为全国综合减灾示范社区。2016年12月，劳动社区被国务院侨务办公室评为全国社区侨务工作示范单位。

【福巷桥村集装袋同业商会成立】　和桥镇集装袋生产始于20世纪80年代。近年，随着国际贸易和物流业的飞速发展，集装袋被越来越多的企业采用，和桥集装袋包装产业步入高速发展期。2011年年末，该镇被中国包装联合会授予“集装袋包装产业基地”称号。福巷桥村是和桥镇集装袋产业企业发展较为聚集的地区，拥有相关企业约80个，企业数量、应税销售收入约占全镇集装袋行业的40%，但大部分企业规模小、生产工艺设备水平落后、产品附加值低，随着市场大环境变化和同质化竞争的白热化，企业在重压之下开始恶性竞争。和桥镇通过前期调研，决定在福巷桥村成立集装袋同业商会，着力将其打造成区域企业相互交流、学习、合作的平台。2016年8月18日，福巷桥村50个集装袋企业一起监督盟约，成立宜兴市首个区域集装袋同业商会。商会通过《和桥镇福巷桥村集装袋行业倡议书》，把清洁化生产、差异化发展、杜绝用工价格恶性竞争等业内企业关注的焦点问题纳入其中，对会员单位在行业自律、规范竞争等方面进行明确规定，对行业良性发展、改善村内及周边生态环境起到积极作用。

2016年和桥镇各行政村、社区基本情况

表69

村、社区	区域面积（平方千米）	户籍数（户）	户籍人口（人）	可分配收入（万元）	书　记	主　任
同里村	4.50	1158	3601	297	胡爱平	蒋镜桃
北庄村	7.10	1688	4874	585	路竹青	陈小伟
湖滨村	4.33	682	2336	140	孙惠军	许建康
大生村	4.20	837	2714	151	樊平平	樊平平（兼）
永兴村	9.80	2063	5622	468	吴建良	堵明东
西锄村	16.50	2046	6192	580	方伟政	吴桂良
中巷村	7.00	1544	4702	410	邵乃其	徐建业
北新村	7.50	969	3102	121	吴建新	许志强
王母桥村	7.50	1129	3414	173	陶建中	蒋小中
闸口村	9.60	1655	5357	186	陆　军	钱俊芝
福巷桥村	5.70	1284	4215	203	陈　陆	钱建林
钟溪村	3.73	683	2341	125	吴建平	王伟军
北渠村	4.95	1126	3618	201	徐国华	冯华君
楝聚村	8.70	1639	5283	488	缪绿明	费国鹏
兴业社区	1.65	1278	3022	—	李　辉（女）	李　辉（女，兼）
生建社区	1.60	1495	3334	—	徐　艳（女）	徐　艳（女，兼）
劳动社区	1.60	1603	3834	—	闵健芬（女）	闵健芬（女，兼）
南新社区	2.25	116	161	—	徐瑞芬（女）	徐瑞芬（女，兼）
海棠社区	1.00	38	206	—	邵其新	秦均南

（颜婧烨）

高塍镇

【概述】 区域面积109平方千米，辖行政村14个、社区3个，总人口60001人。全年财政总收入10.15亿元，比上年增长5.2%。财政可支配收入1.14亿元。应税销售收入731.47亿元，比上年增长12.6%。其中：工业应税销售收入489.13亿元，比上年增长7.6%；流通应税销售收入239.3亿元，比上年增长22.8%。工业利税总额15.23亿元，比上年增长0.5%。工业利润总额7.27亿元，比上年增长2.8%。全社会固定资产投资49.81亿元，其中工业投资38.55亿元、服务业投资11.27亿元。全年粮食总产量3.55万吨；农业总产值7.81亿元，比上年增长2.8%。农民年人均可支配收入25203元。线缆和环保两个主导产业应税销售收入增幅近10%。启动高新技术企业培育发展行动计划，拥有高新技术企业32个，引进"双高"（高级管理人员、高级技术人员）人才35个。出台《关于人才引进和科技创新奖励政策的意见》，支持企业招揽高层次人才，支持高塍镇生源报考高校环境类专业。

【主体经济】 积极面对宏观经济持续下行、发展任务不断加压的实情，全力降低洪涝灾害带来的影响，全镇经济保持稳健发展态势，取得优异业绩。远东控股集团、鹏鹞环保有限公司、圣安电缆有限公司等规模骨干企业坚守实业、深耕主业，为经济发展提供重要支撑。59个市定规模以上企业占到全镇GDP总量的75%以上，线缆和环保两个主导产业完成应税销售占全镇总额的98%。狠抓项目建设不放松，江苏景氏环保科技有限公司、宜兴市海纳环保有限公司等企业的一批项目开工建设，总投资50亿元的远东福斯特锂电池项目与投资20亿元的中建材"一园一院一中心"（三新产业园、创意创新研究院、玻璃销售中心）项目相继落户，为下阶段发展积蓄强大后劲。企业上市、战略合作势头较好，鹏鹞环保有限公司、欧亚华都（宜兴）环保有限公司完成上市前期工作；江苏蓝天沛尔膜业有限公司、艾特克控股集团股份有限公司在新三板上市；远东光电股份有限公司和中国建筑材料集团有限公司的合作显成效；赛特集团与中国华信集团下属的大连联港能源实现战略合作，获得广阔的发展空间。科技人才支撑有力。在全市率先启动高新技术企业培育发展行动计划，全镇拥有高新技术企业32个，全年引进"双高"（高级管理人员、高级技术人员）人才35人。出台《关于人才引进和科技创新奖励政策的意见》，支持鼓励企业招揽高层次人才，支持镇内生源填报高校环境类专业，对录取211以上高校环境类专业的给予3万元奖学金，录取其余高校环境类专业的本一、本二、本三分别给予2万、1万、8千元的奖学金，对录取硕士、博士的分别奖励1万元和1.5万元。

【农业农村】 全年农业总产值7.81亿元，比上年增长2.8%，"三资"（工商资本、民营资本、外来资本）投入农业5100万元。百亩高产水稻示范方亩产816千克，为无锡市单产最高，省委书记李强在宜兴调研期间到高塍视察指导并给予肯定。市富根农业服务专业合作社稻鸭共生有机大米种植通过农业部基地和产品认证。市云爱生态农业科技有限公司投入1000多万元，高标准建设旅游观光农业。加强村级"三资"（资金、资产、资源）管理，规范运作农村产权交易服务平台，严格村务公开、民主理财、集体资源发包等工作。有序推进农村土地经营权确权登记颁证工作，保护农民合法权益。扎实开展农业普查工作，掌握农村、农业和农民本底情况。

【镇村建设】 加速推进镇村建设，环境面貌深刻变化，大力实施基础设施建设。全年投资2000多万元实施政府投资建设工程24个，镇村面貌日新月异。加大教育配套设施投入，重建改造高塍中学、范道小学教学楼，提档升级红塔小学等学校的配套设施。疏浚改造范道集镇雨水管网，拓宽改造农村道路6千米，改造农桥3个。实施新庄路、亳村路、红高路改造工程，启动中桥路建设，西氿大桥建设有序推进。新建防洪护坡5.6千米，加高加固圩堤12.7千米。启动村庄环境整治五年行动计划，探索村庄卫生保洁市场化运行体制，投入1315万元改造自然村34个。继续加大拆迁工作力度，全年完成拆迁面积5万平方米。实施塍文东路绿化改造、滆湖路绿化补植，绿化管护面积44万平方

新农村建设示范村——梅家渎村 （高塍镇 提供）

米，道路管养总长达94千米。启动环保大道沿线农房立面改造。生态建设成效显著。完成环境综合整治任务，整治燃煤锅炉110个，完成河道清淤9条，清理黄标车151辆，关闭畜禽养殖场23个。实施社渎港高塍段水环境综合整治，中小河流域治理重点水利项目二期植物防护工程按时序进度推进，完成植物防护面积6.4万平方米。

【社会事业】 积极落实就业政策，确保就业岗位稳定不裁员。不断加大社会保障力度，全镇就业困难人员获补贴308万元，1.69万人享受城乡居民定期养老待遇，城乡居民最低养老保障达每人每月230元。全年募集慈善基金220万元，发放助学金、助医助困金等337万元。科教文卫协调推进，连续第三年获"宜兴市教育先进乡镇"称号，镇成人学校被评为江苏省农科教示范基地，高塍小学创建为首批全国体育工作先进示范学校。远东集团捐款1.2亿元设立远东教育奖励基金。社区服务中心与社区服务站一体化管理进一步加强，全年社区卫生中心门诊6.9万人次。公共文化服务体系不断完善，全年举办宜兴市"鹏鷂杯"乒乓球精英赛等赛事26场(次)。社会秩序安定和谐，全年调解处理矛盾纠纷133起，化解信访127起，刑事案件比上年下降11%，全年未发生有重大影响的事故事件。

2016年高塍镇各行政村、社区基本情况

表70

村、社区	区域面积（平方千米）	户籍数（户）	户籍人口（人）	可分配收入（万元）	书　记	主　任
高塍村	2.31	730	2242	620	沙玉琴(女)	沙玉琴(女，兼)
高遥村	6.06	1454	4350	232	吴振兴	吴振兴(兼)
胥井村	4.01	1007	3145	210	王加君	陈小平
塍西村	8.29	1643	5442	402	王盘华	王盘华(兼)
志泉村	8.32	1409	4327	383	蒋继中	周泽民
赋村村	6.93	1495	4399	229	叶　兵	宋顺强
高塍社区	1.40	1864	3819	292	庄伟彦	王　佳(女)
梅家渎村	10.84	1575	5286	492	杨伯民	裴初平
范道村	6.85	1245	3681	279	周洪良	徐伯希
天生圩村	7.02	1109	3402	216	杜国农	陈培良
六圩村	7.70	1021	3037	309	朱荣标	凌洪彬
红塔村	3.38	908	2652	297	王再兴	邵　利
徐家桥村	7.42	1494	4584	242	杜海民	陆国平
宋渎村	5.58	1166	3575	195	蒋建民	吴才良
肖张墅村	8.73	1561	5184	188	肖健生	肖健生(兼)
红星社区	0.19	193	492	65	吴丹平	吴丹平(兼)
桃园社区	0.60	79	228	50	周建良	孙文君

（耿鹏程）

万石镇

【概述】 区域面积43.77平方千米，辖行政村9个、社区2个，总人口26849人。全年财政总收入4.62亿元，比上年增长11.9%；财政可支配收入4078.29万元。应税销售收入101.98亿元，比上年下降7.6%。其中：工业85.12亿元，比上年下降7.4%；流通15.88亿元，比上年下降13.8%。工业利税总额7.56亿元，比上年增长4.6%。工业利润总额5.21亿元，比上年增长5%。全社会固定资产投资19.88亿元，其中工业12.09亿元、服务业7.79亿元。全年粮食总产量2.48万吨，农业总产值4.45亿元。农民年人均可支配收入24561元。后洪水芹被农业部认定为无公害产品，“陶都”牌水芹被农业部评为全国百个合作社农产品品牌，被省农委评为省十家农民合作社十个畅销产品品牌。江苏新坤兴生态农业有限公司入选农业部畜禽养殖标准化示范场。加快完善医疗卫生设施，推进万石卫生院新址迁建。开通万石至宜兴高铁站快速公交专线。

【主体经济】 积极开展“暖企行动”，帮助企业减轻负担，解决实际困难。江苏金山环保科技有限公司、博耳电力控股有限公司等骨干企业逆势发力，市普利泰电子材料有限公司、大平杆塔制造有限公司等规模企业稳健运行，江苏宏泰高分子材料有限公司与江苏广信感光新材料股份有限公司达成资产重组、并购上市计划，经济增长平稳。开展“项目建设攻坚年”活动，加快重点项目建设，江苏惠瑞生物科技有限公司、市金鹏印铁包装制品有限公司等优质项目落户，金山科技园、国际石材城二期、国际石材信息科技中心等重大项目有序推进。探索金融风险防控新路径，依法防范处置金融风险，利用市镇两级转贷平台，为企业提供应急转贷资金2.6亿元，切实保障企业健康运行，组织骨干企业与宜兴农商行实行“点对点”交流对接。加快传统产业改造升级，支持企业科技创新、品牌创建、标准制订，新增省“双创”（创新、创业）人才2人，市九洲封头锻造有限公司承办2016中国锻压协会封头成形技术研讨会，江苏健龙电器有限公司研发生产的高压岸电用插头和插座通过国际CCS认证。发挥石材市场集聚优势，“万石石材进口交易中心”挂牌。中首集团与红星美凯龙达成战略合作，举办“中国石材高峰论坛”。大力推动“互联网+”经济，成立无锡市首个镇级电商平台万石镇跨境电商服务中心。

【农业农村】 以“强基础、促发展、保稳定”为目标，积极推进农村工作。以丰汇现代农业园区为主要发展载体，全年培育引进项目3个，流转土地达430亩，资源整合不断深入，农业特色更加彰显，示范作用初步显现。全面推进南漕、大尖、余境、余庄4个村的农村土地承包经营权确权登记颁证工作，涉及村民小组142个、农户3062户、面积1.06万亩。年内完成入户调查和地块指界工作，入户率98%，签字率95%。化解各类矛盾200多起。地形图测绘完成95%，确权公示率达95%，承包合同签订有序进行，进度位于全市前列。农村产权交易中心试点工作全面完成，成为市级典型。

【镇村建设】 加大基础设施提升改造，投资700多万元，全面优化路网系统、提升关键节点景观、修补老小区破损道路。万石卫生院建设筹备工作基本完成。深入开展“镇村管理提升年”活动，针对城乡管理薄弱环节，创新网格化、扁平化、精细化管理手段，突破管理短板，提升镇村管理制度化、常态化水平。积极应对国土例行督察，分类施策整改违法、违规用地问题。引入市场运营模式，加强对公共区域、公建设施维护整修，群众生活环境更加舒适。持续加强河道整治，全面推进畜禽养殖专项整治。新建石材市场大型分级集水沉淀装置，完成茶亭小区、兴隆小区污水纳管。在全市率先启动22个自然村农村生活污水治理工程。实施河道清淤4条，总长7.4千米、土方6.7万立方米。推进环境综合整治，清理环保违法、违规建设项目164个。

【社会事业】 大力推进创新创业，为241个企业办理稳岗补贴，就业形势保持稳定。着力优化养老服务体系，元亨颐养院竣工投用。城乡居民基础养老金提升至每人每月180元，社会保险扩面200人。推进教育现代化工程，安装中小学校园视频监控系统。高标准提升办学条件和学校教育内涵质量水平，万石中学中考总均分蝉联全市同类学校第一，成为省教育工作先进集体。开展第四届“善”文化节，村歌《可敬可爱后洪人》在市委宣传部组织的宜兴市村歌赛中摘得金奖。推进社会矛盾纠纷排查化解，有效化解劳资、拆迁、环保等矛盾纠纷。全面落实安全生产责任，组织开展安全标准化建设和安全生产技术服务外包。深化平安创建，完善社会治安防控体系，在无锡市公众安全感测评中获得满分。

2016年万石镇各行政村、社区基本情况

表71

名　称	区域面积（平方千米）	户籍数（户）	户籍人口（人）	可分配收入（万元）	书　记	主　任
南漕村	7.16	1418	4586	956	徐　东(8月免) 马俊峰(8月任)	陈　亮

续表71

名　称	区域面积（平方千米）	户籍数（户）	户籍人口（人）	可分配收入（万元）	书　记	主　任
大尖村	4.13	1368	4316	301	王裕芳	吴晓东
万石村	2.67	644	2067	376	王　斌	钱　鹏
余境村	3.72	757	2515	331	刘若华	余建江
余庄村	4.18	912	3034	487	王志平	宋小刚
后洪村	4.02	603	2004	130	濮焕中	徐　敏
漕东村	5.41	889	2853	187	吴　源	何　军
黄土寺村	3.33	722	2370	146	王阿平（5月免） 谢克中（8月任）	徐　淇
马庄村	2.11	521	1750	148	彭秋君	陆友良
万善社区	—	628	1144	—	谢小龙	任　春（女）
南漕社区	—	10	29	—	—	马俊峰

（谈赛涛）

周铁镇

【概述】 区域面积73.2平方千米，辖行政村14个、社区3个，总人口55937人。全年财政总收入6.3亿元，比上年下降6.2%；财政可支配收入1.82亿元。应税销售收入135.84亿元，比上年增长7.4%。其中：工业应税销售收入113.27亿元，比上年增长5.9%；流通应税销售收入14.62亿元，比上年下降25.1%。工业利税总额10.17亿元，比上年增长0.3%；工业利润总额7.05亿元，比上年增长5%。全社会固定资产投资19.97亿元，其中工业投资15.54亿元、服务业投资4.43亿元。全年粮食总产量2.79万吨，实现农业总产值6.72亿元，农民年人均可支配收入27528元。全年新增专利授权66个，签约产学研合作项目8个，申报国家级科技支撑项目1个。首届周铁古镇文化之旅举办，中国·宜兴第十九届太湖风筝节暨2016年“东泽杯”全国风筝精英赛、江苏省风筝公开赛在周铁镇竺山湖湿地公园举行，太湖风筝博物馆建成开馆，江苏省太湖风筝基地落户周铁。

看“风筝盛会”　（周铁镇　提供）

【主体经济】 坚持发展主基调，抓住项目建设龙头，通过专题招商、项目观摩、产学研对接等形式，招引宜兴市竺山湖环境治理有限公司的蓝藻打捞处置一体化项目、无锡金沃伺服冲床有限公司的伺服冲床项目等，江苏天源焊割机械有限公司的激光切割、等离子切割喷嘴设备项目、江苏力维智能装备有限公司的物流输送设备项目等建成投产，为全镇经济发展作出贡献。企业质态有效提升，新增高新技术企业3个，江苏兆盛环保股份有限公司、江苏傲伦达科技实业股份有限公司挂牌新三板。招才引智成效显著，引进“双高”（高级管理、高级技术）人才42人、海归人才3人，江苏巨能机械有限公司与常州大学合作建立的研究生工作站入选江苏省研究生工作站。重构金融生态，稳步推进政银企合作，盘活宜兴市易达混凝土公司等闲置资产。

【农业农村】 全年粮食总产量2.79万吨，实现农业总产值6.72亿元，农民年人均可支配收入27528元，比上年增长17.97%。完成"三资"投农3060万元，新增蔬菜标准化钢管大棚600亩，喷滴灌设施面积500余亩。推进农村土地承包经营权确权登记颁证工作，有序引导农村土地流转。完成前观村5500亩水稻丰产示范基地建设，推广应用科学种植技术，引进水稻新优品种，进行高产栽培示范指导，顺利通过上级验收。

【镇村建设】 集中力量推进镇村百件惠民实事工程建设，周南路、人民路等道路改造工程竣工通车，周铁医院主体完工，周铁小学开工建设，年度农田水利建设工程和镇域范围基础配套工程基本完成。牢固确立生态宜居核心价值，不遗余力推进生态建设和环境保护。持续推进入湖河道综合整治工程，完成太滆南运河修复整治工作，投入资金218万元清淤镇村河道5条，总长2.4千米；新建、加固防洪驳岸近3千米，新建排涝泵站11个。实施市级小农水工程，在前观村建设1100亩项目区，新建沟渠8.6千米。农村生活污水收集工程快速推进，年内完成30个自然村的污水治理。"三个一批"（完善备案一批、整顿规范一批、淘汰关闭一批）违法违规建设项目清理工作成效显著，畜禽养殖、燃煤锅炉、黄标车专项整治任务基本完成，全年关停畜禽养殖场112个、燃煤锅炉113台，淘汰黄标车172辆。秸秆禁烧目标全面实现，环境质量综合指数明显提高。农村环境卫生长效管理水平名列全市前茅，城乡人居环境质量不断提升，通过国家卫生镇复审，获中国最美村镇生态奖。

【社会事业】 始终坚持民生优先导向，不折不扣兑现民生承诺，困难帮扶力度和社会保障水平稳步提高，人民群众获得感更加明显。新增青商爱心基金、中豪德爱基金、弘道慈善基金、鹤鸣奖学基金4个冠名慈善基金，竺西教育基金自2015年成立后共募集社会善款570万元。周铁小学荣获"国家示范体育俱乐部"称号，周铁中学、行知学校被评为江苏省优秀行知实验学校，周铁中学创建为江苏省平安校园，高考、中考均超额完成目标任务。深化平安周铁、法治周铁建设，高度重视食品药品监管、安全生产等工作，社会局面始终保持安定和谐、稳定有序。举办首届周铁古镇文化之旅、太湖风筝节暨全国风筝精英赛等重大活动，吸引大批游客，"古镇儒风、湖韵周铁"宣传语和周铁形象片、《周铁之歌》等文化元素广泛传播，周铁古镇的知名度进一步提升。全力做好历史文化名镇提档升级工作，太湖风筝博物馆开馆，营桥改造、竺西医院旧址、游客接待中心、岳飞文化园等工程建设顺利推进，历史街区面貌日新月异。

【周铁青少年体育俱乐部被评为国家级俱乐部】 周铁青少年体育俱乐部成立于2012年，是以周铁小学为主体，整合周铁学区内数所中小学体育资源，以中小学生为服务对象，以"开展体育技能培训，提供体育健身服务"为宗旨的社会组织，至2016年，有管理与培训人员25人，青少年会员近500人。根据中共中央、国务院《关于加强青少年体育增强青少年体质的意见》精神，经国家体育总局委托第三方机构进行综合评估，周铁青少年体育俱乐部脱颖而出，被评为国家示范性青少年体育俱乐部，获国家体育总局每年资助金额10万元，资助周期3年。国家体育总局通过资金支持帮助示范俱乐部组织公益性青少年体育活动、训练、竞赛，促进青少年体质健康，普及体育文化。

2016年周铁镇各行政村、社区基本情况

表72

村、社区	区域面积（平方千米）	户籍数（户）	户籍人口（人）	可分配收入（万元）	书　记	主　任
彭干村	6.80	1638	5124	303	周伟明	胡晓勋
王茂村	4.40	773	2412	198	王国荣	钱　军
棠下村	4.35	948	2952	126	冯国忠	蒋乾生
周铁村	5.54	1652	5061	334	吴智君	蔡利群(女)
东湖村	4.18	824	2700	157	陈年丰	周逸锋

续表72

村、社区	区域面积（平方千米）	户籍数（户）	户籍人口（人）	可分配收入（万元）	书　记	主　任
前观村	2.52	499	1575	174	王育明	王元春
龙亭村	2.18	417	1287	102	吴晓琴（女）	彭国兴
分水村（含湖光社区）	7.20	2566	7560	593	吴　健	钱晓云（女）
下邾村（含下邾社区）	4.21	1860	5275	353	宋小龙	宋小龙（兼）
沙塘港村	2.90	969	3318	246	王仁安	杨　健
欧毛渎村	2.55	834	2840	145	宋春洪	许望强
徐渎村	5.50	1335	4458	336	蒋胜军	蒋胜军（兼）
洋溪村	4.30	1118	3665	244	许军良	周宣英（女）
中新村	7.30	1468	4811	174	蒋法中	蒋法中（兼）
周铁社区	1.20	1450	2864	—	沈　黎（女）	沈　黎（女，兼）

（周冠男）

丁蜀镇

【概述】 区域面积205平方千米，辖行政村28个、社区17个，总人口148371人。全年财政总收入17.3亿元，比上年增长15.2%；财政可支配收入4.68亿元，比上年增长6.73%。应税销售收入230.47亿元，比上年增长10.1%。其中：工业181.05亿元，比上年增长4.7%；流通41.3亿元，比上年增长13.5%。工业利税总额11.71亿元，比上年增长1.6%；工业利润总额7.79亿元，比上年增长1.6%。全社会固定资产投资51.44亿元，其中工业31.22亿元、服务业20.22亿元。全年粮食总产量1.72万吨，实现农业总产值5.81亿元。农民年人均可支配收入27469元。在全市年终综合考评中，丁蜀镇获总分第一名。年内，丁蜀镇被住房和城乡建设部、国家发展和改革委员会、财政部认定为第一批中国特色小镇，宜兴陶瓷文化创意产业园入选江苏省重点文化产业示范园区，方钱村被评为江苏省水美乡村。"莲花荡"牌大米获第十七届绿色食品博览会金奖，阳羡青茶、"阳羡雪芽"茶获江苏省"陆羽杯"特金奖。

【主体经济】 59个骨干企业支撑作用显著，全年工业应税销售收入132.68亿元，江苏亨鑫科技有限公司、江苏汉光甜味剂有限公司等6个企业位列宜兴市工业前50强。3个企业增幅超50%，8个企业增幅超10%，7个企业保持平稳增长态势，6个企业产品市场占有率持续提升。外贸出口平稳增长，江苏汉光甜味剂有限公司出口额超9500万美元，比上年增长6.2%，位居宜兴市出口前10强；江苏亨鑫科技有限公司、宜兴维多利亚家具有限公司、宜兴长荣织造有限公司出口额均超2000万美元，宜兴华兴刷子有限公司、旭硝子工业陶瓷（宜兴）有限公司出口额均超1000万美元。可持续发展能力持续增强。实施稳企、暖企行动，发挥丁蜀镇中小企业协同发展基金会作用，稳妥推进不良金融资产处置。第一届中国通航产业发展（丁蜀）论坛举办。申报国家高新技术企业5个、复报9个，申报江苏省高新技术产品16种，获批江苏省科技项目3个。申请专利1050件，其中发明专利260件；引进"千人计划"专家3人、海外留学人才10人、海外智力项目2个、"双高"人才55人、引进国内外顶尖人才1人、引进江苏省"柔性教授博士"*6人；申报江苏省"双创"人才项目6个。无锡市宇超电气科技有限公司、江苏蓝星化工环保有限公司、新嘉理（江苏）陶瓷有限公司登陆新三板。

【农业农村】 农村经济发展优化，"三资"管理更加规范。现代农业加快转型，基本完成农业博览中心建设。加大农业基础设施投入，全面完成中央小农水项目，农业机械化水平更加完备。市静乐农艺有限公司、市颖丰生态农业有限公司、江苏神力农业科技有限公司加快新品种引进，市场引领效应明显。江苏紫峰农业科技有限公司、市陶都国兰生态农业专业合作社、江苏三正华禹环境工程有限公司加大科研投入，竞争力更加显著。专业合作社、合作联社发展更加规范，新增家庭农场3个，申报示范家庭农场1个，新增宜兴市农业龙头企业2个。“莲花荡”牌大米获第十七届绿色食品博览会金奖，“阳羡青茶”、“阳羡雪芽”茶获江苏省“陆羽杯”特金奖。

【镇村建设】 以文化旅游建设为动力，大力开展城乡建设。以体现“见山望水、禅意休闲”为特点的莲花荡景区初具规模，以体现“田园风光、创意设计”为特点的太湖绿道二期基本完成，以体现历史传统、特色文化为特点的蜀山南街、前墅龙窑建设顺利。生态基础建设提升新高度。西望村“美丽乡村”建设、大潮山梯田花海、南中村环境整治工程竣工。完成蜀浦路建设、蜀张路改造，完成陶瓷产业园基础改造、任墅工业集中区道路和常安路新城区段黑色化。全年新增绿化16.4万平方米。老城区建设取得新实效。华都广场、美陶厂周边老小区完成整改，实施住宅“平改坡”1万平方米，惠及居民958户。紫砂小区、化机新村、煤炭小区、南中庄等老小区完成开工准备，民主路、第二人民医院立体停车楼开工建设。大浦、张泽老集镇改造完成前期准备。洛涧二期安置房竣工交付，省丁山监狱干警宿舍建设过半，查林高层安置房即将开工。丁山监狱迁建工程基本竣工，供电、农电公司业务用房启动建设。环境治理力度加大。建成农村生活污水处理站25个，铺设管网27.23千米，实现专业智能化运行管理。实施畜禽养殖专项整治、“三河”(大港河、大浦港、乌溪港)整治、农村环境连片整治，强化太湖湿地养护，秸秆资源化利用成效明显。

【社会事业】 教育条件持续改善，校舍改扩建工程稳步实施，陶都小学教辅楼完成建设。教育质量稳步提升，高考、中考成绩保持上升趋势。公共卫生服务工作扎实推进，新建健康档案9387人、儿童建卡2028人、电子健康档案13万余人，完成疫苗接种5.44万人次，为65岁以上老年人免费体检1.73万人次。文化体育建设成效明显，全年开展“道德讲堂”、社区文化艺术节等群众性文化活动80多次，丁蜀幸福戏曲节全程直播，区域文化活动全面进村、进社区；举办“陶都乐跑”、江苏省女篮邀请赛等各类体育活动30多次。道德建设不断夯实，大力推进文明城市创建工作，积极培育践行社会主义核心价值观，大力倡导凡人善举，有效集聚社会正能量，广泛开展“好家风、好家训”“陶都好人”等评选，曹婉芬家庭获评第一届全国“文明家庭”，唐黎萍紫圣陶轩陶瓷经营部被评为全国先进个体工商户。开展“援企稳岗促就业”专项行动，实现劳动力新增转移就业1694人，帮扶失业人员、就业困难人员实现再就业130人；培训就业人员1100人、农村劳动力1124人，培训创业人员1100人，完成职业技能培训取证998人。社会保险和公积金扩面工作持续推进，完成社会保险参保1924人、公积金扩面新增1231人，完成城乡居民养老保险参保人数2.14万人、居民医保参保人数5.41万人，企业职工养老保险和城乡居民养老保险基本实现全覆盖。推进被征地农民社会保障工作，第一批88人进入社保系统，北塘村、定溪村、汤庄村完成农村土地承包经营权确权登记颁证工作。

【丁蜀镇入选首批“中国特色小镇”】 宜兴丁蜀镇以盛产陶瓷而闻名中外，陶文化源远流长，制陶历史可追溯到5000多年前，是中国最重要的陶瓷生产基地和陶瓷产品销售集散地，被誉为“中国陶都”。丁蜀镇拥有紫砂专业合作社60多个、紫砂企业400多个、紫砂家庭作坊1.2万多个。2016年10月，在中央财经工作领导小组办公室、国家发展和改革委员会、住房和城乡建设部在浙江省杭州市联合召开的特色小(城)镇建设经验交流会上，丁蜀镇入选首批“中国特色小镇”，并作为江苏唯一、全国仅有两个的小镇代表，出席会议并上台进行建设经验交流发言。对于符合条件的特色小镇建设项目，国家发展改革委等有关部门将支持其申请专项建设基金，中央财政会对工作开展较好的特色小镇给予适当奖励。

【宜兴陶瓷文化创意产业园入选“省示范”】 宜兴陶瓷文化创意产业园区总规划面积4.1平方千米，按“一区多点”思路进行总体规划布局，其中：“一区”是指江苏宜兴陶瓷产业园区通蜀路两侧文化企业分布区域；“多点”是指核心区周围与陶瓷文化创意产业配套融合发展的点状分布重点项目，包括中国紫砂博物馆、中国陶都陶瓷城、蜀山风景区、陶里街区、江苏大益中国茶道艺术中心等。园区拥有国家级文保单位5个、省级5个、宜兴市级22个，拥有国家级陶瓷类非物质文化遗产项目代表性传承人国家级3人、省级10人、无锡市级42人、宜兴市级61人，拥有国家级非物质文化遗产项目2个、省级4个。初步形成陶瓷工艺美术品制造、文化旅游、创意设计、艺术培训、文化相关服务五大重点发展领域。10月，文化部公布省级重点文化产业示范园区名单，宜兴陶瓷文化创意产业园位列其中，成为无锡唯一、全省8个入选园区之一，进一步推动紫砂行业持续健康发展。

【第一届中国通用航空产业发展(丁蜀)论坛】 10月，第一届中国通用航空产业发展(丁蜀)论坛在丁蜀镇举办。论坛以“新产业 梦驰翔”为主题，旨在响应国家发展通用航空的号召，汇聚通用航空行业力量，结合丁蜀镇的经济发展特点，邀请军民航、工信部、行业协会领导，国内外通航制造企业代表，通用投资、运营、机场规划、低空旅游企业代表，高校及通航专业研究机构资深专家与学者，大众及航空界媒体人士共同研讨新形势下通用航空研发制造、低空旅游、航空文化、产业投资、国际合作、通航小镇与通航园区的创新发展路径，同时打造行业交流平台，为通航项目对接、商务洽谈和学术交流创造机遇和环境，助推中国通用航空的发展。

【丁蜀镇紫砂电子商务行业协会成立】 近年，为加快构建“互联网+紫砂

第一届中国通用航空产业发展(丁蜀)论坛　　（丁蜀镇　提供）

陶瓷”格局，丁蜀镇率先启动江苏省电子商务示范镇创建工作，成立电子商务管理办公室。2016年6月，市丁蜀镇紫砂电子商务行业协会在恒隆紫砂电子商务园区成立。该协会主要是在政府和电子商务企业之间发挥桥梁纽带作用，提供对紫砂陶产业的深度调研、政策解读、项目对接等服务，通过举办大型论坛、展会、人才交流及培训、会员主题日等活动，推动产业发展，帮助传统紫砂陶企业向电子商务企业转型。该协会的成立标志着由中国陶都陶瓷城、西望村、恒隆紫砂电子商务园区组成的“一城一村一园”电商初步发展格局基本形成。

【首届蜀山文化艺术节举行】 近年，丁蜀镇作为宜兴的历史文化特色镇，大力发展和培育以“陶文化”“东坡文化”为特色的蜀山文化。2016年6月，首届蜀山文化艺术节在市东坡书院举行，旨在进一步弘扬和传承蜀山文化，促进书画艺术与陶文化的交流。艺术节包括手工制陶大赛、中国书画名家·陶艺家跨界交流活动、中国书画名家作品展及“陶魂”摄影作品展、东坡书院系列讲座四项活动。开幕式上举行“蜀山印社”揭牌仪式和第十一届手工制陶大赛获奖代表颁奖礼，评出一等奖15人、二等奖30人、三等奖59人、优秀奖50人。

2016年丁蜀镇各行政村、社区基本情况

表73

村、社区	区域面积（平方千米）	户籍数（户）	户籍人口（人）	可分配收入（万元）	书　记	主　任
定溪村	4.14	873	2692	337	沈　康	许伟中
双桥村	5.94	1379	4323	1014	苏立清	冯志松
三洞桥村	3.57	1365	3760	777	周顺良	庄泽明
西望村	2.77	687	2208	464	范泽锋	范泽锋(兼)
紫砂村	15.11	971	3118	901	杜其松	刘国新
查林村	9.38	847	2690	1592	田洪生	周朋华
川埠村	19.25	1904	5412	971	王建祥	戴亚权
潜洛村	4.37	1073	3233	2025	许暗清	朱洪祥
洛涧村	9.25	1002	3048	924	沈昌才	蒋建春
任墅村	6.61	1400	4407	1074	李春明	俞小军
大港村	12.55	1238	3766	1123	崔玉连	沈伯清

续表73

村、社区	区域面积（平方千米）	户籍数（户）	户籍人口（人）	可分配收入（万元）	书　记	主　任
上坝村	21.85	1251	4045	496	魏洪明	陈运达
洑东村	12.99	1704	4925	853	苏立顺	林仕秋
陶渊村	4.25	466	1384	281	蒋连达	崔益龙
塍里村	4.92	659	1992	644	周玉明	姜根明
建新村	3.94	524	1435	299	高东升	周福明
洋岸村	2.89	658	2069	539	强绍兵	江泽平
洋渚村	2.59	722	2159	442	杨听大	顾国芳
渭渎村	3.54	719	2231	308	孙志平	沈东君
汤庄村	3.40	703	2044	387	杨锡听	沈雪锋
浦南村	3.11	943	2894	329	王开芳	许良西
大浦村	1.36	550	1640	266	张方群	张方群(兼)
方钱村	3.71	905	2920	315	陈建新	吴建伟
双庙村	3.62	660	2111	327	周达君	蒋跃平
施荡村	2.86	613	1802	251	李洪明	蒋秀丽(女)
北塘村	3.14	661	2002	277	姚伯洪	—
张泽村	4.82	1308	4069	376	李益军	周平
毛旗村	2.01	509	1533	218	陈菊平	吴准超
蜀山社区	1.28	995	2556	451	李国强	周暗坤
蜀北社区	1.90	1278	2830	48	许晓梅(女)	许晓梅(女,兼)
蠡墅社区	0.95	1929	5088	20	—	—
潘南社区	2.80	525	1248	564	王志强	李加瑞
南河社区	1.30	1701	4345	63	孙惠媛(女)	孙惠媛(女,兼)
丁山社区	1.18	2674	6736	49	单芳娣(女)	单芳娣(女,兼)
周墅社区	1.37	732	2035	454	侯建坤	周毅军
湖渎社区	2.90	4316	10780	33	周红芬(女)	周　燕(女)
赵庄社区	0.28	636	1977	240	钱汉成	钱汉成(兼)
白宕社区	3.10	4113	10353	52	徐　芳(女)	杨　琴(女)
龙溪社区	0.51	277	556	424	许海明	许海明(兼)
公园路社区	3.20	3411	8578	79	陈　瑾(女)	陈　瑾(女,兼)

续表73

村、社区	区域面积（平方千米）	户籍数（户）	户籍人口（人）	可分配收入（万元）	书　记	主　任
汤渡社区	0.26	302	828	854	孙法林	孙法林（兼）
画溪社区	3.09	3449	8286	43	周丽琴（女）	周丽琴（女，兼）
大浦社区	0.79	51	124	33	庄良清	庄良清（兼）
张泽社区	0.65	153	241	49	吴仕娟（女）	吴仕娟（女，兼）
川埠社区	1.50	942	1836	28	—	鲍　燕（女）

（吕俊昌）

湖汊镇

【概述】 区域面积118平方千米，辖行政村7个、茶场1个、社区1个，总人口23214人。全年财政总收入2.2亿元，比上年增长22.5%；财政可支配收入9000万元。应税销售收入27.42亿元，比上年增长37.1%。其中：工业18.84亿元，比上年增长2.4%；流通1.81亿元，比上年增长13.5%。工业利税总额2.7亿元，比上年增长2.2%。工业利润总额1.58亿元，比上年增长9.4%。全社会固定资产投资12.9亿元，其中工业投资2.36亿元、服务业投资10.54亿元。全年粮食总产量3732吨，农业总产值4.54亿元。农民年人均可支配收入28475元，位列全市第二名。全镇有重点项目29个，总投资超100亿元，其中已建、在建21个。全年发明专利申请、授权15个。举办江苏省第十七届"陆羽杯"名特茶评比活动、2016江苏休闲度假产品推广月活动、"梅好时光"杨梅音乐节、2016"深氧湖汊"文化体育节等活动，"深氧界·3H（Health、Heart、Home）生活"等活动，地域品牌知名度与影响力持续提升。11月3日，江苏省委书记李强到宜兴调研期间，在镇政府主持召开基层党建工作座谈会。年内，阳羡生态旅游度假区考核成绩列全省35个省级旅游度假区第二，深氧健身公园健身跑道入选江苏省最美跑步路线，"湖汊杨梅"注册为地理标志证明商标，竹海风景区创建为国家水利风景区。

【主体经济】 鼓励和引导一、二、三产业提高发展质效，提升对全镇绿色经济的贡献度。加强镇域统筹，提升旅游业发展层次，全面启动国家级旅游度假区、国家级生态旅游示范区、江苏省旅游风情小镇创建工作。坚持发展特色旅游，完善旅游厕所、生态停车场、Wi-Fi全覆盖等度假配套设施，定期举办湖汊旅游大讲堂，不断提升旅游服务水平。强化市场运作，入驻阿里巴巴支付宝口碑网，做活线上营销，主动进军沪宁杭一线城市，打响湖汊镇"深氧界·3H生活"旅游品牌，阳羡生态旅游度假区接待游客人次与综合收入实现大幅增长。中交深氧度假小镇、竹海公园、竹海国际会议中心、力安置业、竹海天元酒店位列服务业税收前五名，总额达3206.5万元。加快工业科技化发展步伐，以"优势企业技改扩能、优势产品产业链延伸"为方向，着力提升本土优质企业的整体实力与竞争优势。全镇工业应税销售收入达18.84亿元，比上年增长2.4%，其中博宇机械加大创新力度，抢占市场份额，应税销售收入比上年增长41%。

【农业农村】 全面推进农村土地承包经营权确权颁证工作，全镇7个村基本完成农村土地确权登记工作。建立湖汊镇农村产权公开交易服务平台，制订相关制度及产权交易管理办法。以大东村为试点单位，实施农村智慧网入户，向全体村民播送民生实事、平安家园等信息。加大农产品品牌培育力度，杨梅、笋、乌饭等8个农业特色产品被国家农业部评为无公害农产品、绿色产品，获有机农产品资格认证。张阳村被评为全国一村一品示范村镇、江苏省休闲观光农业示范村。大东村被评为江苏省和谐社区建设示范社区，洑西村创建为江苏省文明村。

【镇村建设】 投入6000万元，稳步推进42个镇村实事工程。推进洑西涧上游、永红涧、板门涧等拓宽疏浚、整治工程。湖汊文体馆建成使用，满足镇区活动功能配套需求。启动实施公共卫生设施一期改造工程，新建、改造公厕8个。对集镇道路、雨水管道、店招店牌进行整治改造提升。强化环境治理，关停整治畜禽养殖场12个、整治燃煤小锅炉4台、清理整治违法违规项目12个，淘汰黄标车83辆，在11个自然村启动农村污水管网建设。

【社会事业】 促进社会劳动力充分就业，新增就业岗位210个、企业参保483人，转移农村劳动力260人。8个慈善基金会高效运转，筹集善款304万元，发放善款168.01万元，惠及群众1687人次，使"尊老敬老、助学关爱、扶贫济困"覆盖面扩大。做优"一老一少工程"，每天到老年服务中心就餐、培训、活动的人超1000人次，镇老年服务中心被评为全国敬老文明号、江苏省敬老文明号。市湖汊实验学校加入苏派教育联盟，在全市率先推进课改，获评宜兴市A级特色学校、宜兴市平安校园示范校。湖汉幼儿园获评宜兴市先进幼儿园、宜兴市校园文化先进学校。社区卫生服务中心医疗环境和服务质量得到群众认可，就诊量比上年增长20%，被评为无锡市五星社区卫生服务机构，银湖村卫生室获评省级示范卫生室。

竹海公园一景　　（湖汉镇　提供）

【休闲度假产品推广月活动在湖汉启幕】 6月，由省旅游局主办的2016江苏休闲度假产品推广月活动在阳羡生态旅游度假区启幕，活动分为主会场活动和全省活动两个部分。作为推广月活动的主会场，湖汉镇推出“陶艺文化”“茶禅一味”“深氧避暑”3条度假产品体验路线，举办体验陶艺文化、学习传统茶道、“梅好时光”杨梅音乐节等活动。推广月期间，全省各市围绕休闲度假活动主题，推出180多场丰富多彩、形式多样的休闲度假避暑活动。省旅游局通过途牛、同程等网站对全省休闲度假产品进行网络宣传，邀请部分休闲度假产品策划机构代表、客源市场旅行商考察踩线、业务洽谈。湖汉镇篱笆园·深氧墅酒店、竹海国际会议中心入选江苏精品休闲度假酒店。

【“陆羽杯”名特茶评比在湖汉举办】 江苏省第十七届“陆羽杯”名特茶评比活动在湖汉镇竹海国际会议中心举行。此届名茶评比活动收到全省产茶市（县）选送的茶样196个，其中宜兴选送茶样72个。经评审，评出特等奖47个，一等奖69个。湖汉镇的“龙池雪莲”牌阳羡雪芽荣获特等奖，“定元百岁红”牌红茶等7个茶样获一等奖。在颁奖仪式上，湖汉镇推出的“深氧界茶生活”七式、沙画表演——阳羡茶的历史故事受到在场观众好评，《深氧界茶空间体验点地图》《一百零一叶：湖汉·茶的101个故事》等也受到社会关注。

2016年湖汉镇各行政村（场）、社区基本情况

表74

名　称	区域面积（平方千米）	户籍数（户）	户籍人口（人）	可分配收入（万元）	书　记	主任（场长）
竹海村	22.20	861	2442	281	—	卢建军
湫西村	25.80	1507	4300	335	曹志华	徐爱国
邵东村	14.50	732	2090	152	谢　鸣	应汉云
东兴村	18.40	1479	4271	226	勇兴成	王朝平
大东村	6.80	985	2396	640	宋文君	周　欣
银湖村	8.70	1107	2760	434	周伯青	陈建中
张阳村	16.30	907	2591	314	李上彬	殷岳平
阳羡茶场	4.70	442	1009	-89	叶志军	叶志军（兼）
湖汉社区	0.60	630	1288	—	李正海	—

（许琪）

编辑　张璐瑶

街　道

VARIOUS STREETS

宜城街道

【概述】 区域面积40平方千米，辖社区32个(新设蠡河社区)、行政村3个，总人口159815人。应税销售收入436.28亿元，比上年增长44.7%。其中：工业应税销售收入208.04亿元，比上年增长59.6%；流通应税销售收入184.56亿元，比上年增长7.9%。工业利税总额28.57亿元，比上年增长98.3%。服务业投入39.66亿元。到位注册外资1031.51万美元。财政可支配收入25.33亿元，农民年人均可支配收入27662元。推进服务业重点项目建设，中国艺术金融控股有限公司在香港联交所成功上市，八佰伴购物中心、苏宁生活广场开业，九如城养老养生综合体部分运行，阳光100凤凰街、城东文化旅游综合体等重大服务业项目高效推进，引入民间资本创办融创实验幼儿园。应税销售收入超1000万元的商贸企业185个，超5000万元的40个。全年完成专利申请490件，专利授权13件，有国家高新技术企业7个、省工程技术研究中心2个、院士工作站1个、大学生实验基地2个、产学研合作基地3个。超额完成社保扩面任务，扩面4275人，完成市定目标的225%。乐龄"时间银行"高效运转，新增义工477人，开展志愿服务324次，结对帮扶905人。发放各类善款2000余万元。

【社区转型发展】 进一步健全社区组织架构，完善管理网络，整合辖区资源，优化为民服务，实现以"扁平化管理、片区化服务"为主要内容的社区转型发展全覆盖。创新居民自治工作机制，打造巷头社区"协商民主"、和平社区"和韵家园"、土城社区"相约星期五"等社区建设新品牌，推动辖区单位、社会组织、志愿者队伍、居民群众参与社区建设。激发社会组织活力，小巷星火文化公益社编撰出版宜城草根人物故事——《从青石板的小巷走来》，在社会上引起强烈反响。探索总结社区党建、社区自治、社区文化、社区服务、社区管理"五位一体"成果经验，推出具有宜兴特点、苏南特色、全国普适的社区建设"宜城模式"，扩大宜城街道在全国同级同类街道中的影响力。

【抗洪救灾】 7月，受超强厄尔尼诺持续影响，宜兴市遭遇历史最大洪水，全街道共有25个社区、62个小区、582幢房屋大面积进水。根据市委、市政府统一部署，宜城街道围绕保人身安全、保出行便利、保群众生活的"三保"目标，众志成城，科学抗灾，投入600多万元，先后为29个小区搭设便桥33.6千米，铺设空心砖道路16.69千米，投入水泵200多台抢排内涝。开展危旧房屋、受淹严重小区、用电安全隐患排查，转移东风巷、东虹新村等39个小区居民1784人，确保洪灾期间居民群众的生命安全及出行便利。利用街道网站、"文明宜城""宜人之城"微信公众号直击抗洪救灾第一线，及时更新一线最新抗洪救灾情况，报道抗洪救灾中涌现出来的先进典型、先进事迹、先进做法。

【社区建设"协商民主"模式探索】 为了深化转型发展，宜城街道创新社区治理新途径，让社区由"管理"走向"治理"，公共事务由"包揽式"走向"参与式"，由"替民做主"走向"由民做主"。年内，巷头、大同、新华三个社区均主动

为受淹小区老百姓搭设便桥　　(宜城街道　提供)

探索社区建设“协商民主”新模式。其中，巷头社区先行先试，通过打造“一心五站”（心相连红色服务台，睦邻互助、法治志愿、助老联盟、同心家园、商会共建五大驿站品牌）服务新载体、建立“双周末民情会客厅”民主协商制度、深化“一核五制”（核心干事，建立片区联系制、民情约谈制、联动办理制、民情通报制、群众评议制），拓展社区治理创新空间，多层次、全方位地实现居民自治。

【老小区改造】 全年投入866.98万元，改造东虹新村（西区）、朝阳南北小区、内华阳小区、岳堤教工小区等老旧住宅区的地面、立面、车位、绿化等，增加塑胶健身场、文化长廊、石凳、园路等设施，共修复道路2.05万平方米、增加停车位137个、改建下水管网1万米、铺设路沿石5000米、整修绿化5000平方米、改造外墙立面3.55万平方米，涉及1332户、4236人。

【平安宜城和法制宜城建设】 建立集综治、司法、信访、维稳、矛盾调解、社区矫正、法律援助等多项社会管理职能于一体的政法综治中心，健全各项机制和制度，形成大调解工作体系。开展矛盾纠纷排查、信访积案化解专项行动和“百日会战”专项整治工作。街道调处中心全年调解社会矛盾纠纷案件724起，成功率99.7%，履约率100%，无民转刑、民转非案件发生，实现矛盾零激化目标。开展“每月一法”广场法制宣传，推动城区点、线、面的法制宣传活动，做到点上活动月月有、条线活动季季搞、面上活动年年新，全年组织大型法制宣传活动12场（次），参加人数2500人次，普法宣传工作成绩显著。年内，街道被省司法厅评为省人民调解委员会规范化建设示范点，被无锡市委、市政府评为“六五”普法先进集体。

【第八届邻居节】 坚持“以文化人、以文育人”，结合全国文明城市创建，10月10—20日，举办第八届邻居节。邻居节以“宜·无境，城·有约”为主题，街道、社区围绕邻里学、邻里情、邻里乐、邻里和、邻里助、邻里颂六个板块，举办厨艺比赛、国粹交流、道德讲堂、文化走亲、辩论赛等各类活动190多场，参与群众6万余人次。《无锡日报》《江南晚报》《宜兴日报》等媒体报道了邻居节情况，街道网站及时推送活动开展情况，发布新闻报道150余篇，各社区（村）通过社区微信公众平台及时向辖区单位及居民群众发布邻居节活动公告和报道活动情况，街道文化影响力不断扩大。

2016年宜城街道各社区、行政村基本情况

表75

名　称	区域面积（平方千米）	户籍数（户）	户籍人口（人）	可分配收入（万元）	书　记	主　任
城北社区	1.10	4785	14527	259	何伯勤	徐祖清
谈家干社区	2.40	1397	4190	229	郑利骏	蒋建平
徐圳社区	2.76	2050	4362	116	周晓良	张　云（女）
宜北社区	1.60	6766	21600	217	魏建华	谢勤明
宝东社区	0.91	2010	6044	300	蒋丽萍（女）	蒋丽萍（女，兼）
东虹社区	0.38	2627	6968	180	周　韦	周雪琴（女）
阳羡社区	0.56	3645	7869	105	吴凌云（女）	吴凌云（女，兼）
北虹社区	0.22	948	2680	150	沈　娴（女）	沈　娴（女，兼）
巷头社区	1.40	4222	12781	900	朱群锋	张祥元
曲坊社区	2.60	850	2520	50	张祖军	刘文燕（女）
阳泉社区	1.28	1483	3820	251	许建中	许建中（兼）
宝塔社区	1.20	2012	5559	148	许忠林	邵　艳（女）
和平社区	0.61	3600	11000	108	储　慧（女）	储　慧（女，兼）

续表75

名　称	区域面积（平方千米）	户籍数（户）	户籍人口（人）	可分配收入（万元）	书　记	主　任
茶东社区	1.16	3268	4367	130	王　芳(女)	王　芳(女,兼)
新华社区	0.52	2420	7308	101	韦　琴(女)	韦　琴(女,兼)
民主社区	0.35	2451	5962	69	陈丽君(女)	陈丽君(女,兼)
大同社区	0.50	2530	7500	139	张燕萍(女)	张燕萍(女,兼)
城南社区	0.32	1896	4367	120	陶锦荣	葛　佼(女)
土城社区	0.50	4232	12685	216	徐佳倩(女)	徐佳倩(女,兼)
荆溪社区	0.87	1574	2552	116	黄赛英(女)	黄赛英(女,兼)
下漳社区	1.94	2560	7546	116	徐小清	徐洪伟
长新社区	2.20	3000	4000	65	沈敏华	—
袁桥社区	1.80	5032	4200	382	邵小强	魏岳峰
唐公社区	1.50	2020	6064	346	邵益民	吴媛媛(女)
碓坊社区	0.40	2312	6500	150	陈法如	刘红娟(女)
岳堤社区	0.80	2756	9636	116	徐双喜	徐双喜(兼)
文峰社区	0.46	2677	9015	32	林　娟(女)	林　娟(女,兼)
荆东社区	0.60	3355	17000	126	蒋发娟(女)	蒋发娟(女,兼)
溪隐社区	3.73	4538	13654	200	高敬平	蒋明娟(女)
东山社区	1.60	2382	6345	62	高伟明	范群英(女)
城东村	2.42	5983	14676	80	王伟东	王岳军
沧浦社区	4.89	4563	5583	800	焦林生	丁　慧(女)
山林村	2.00	420	1266	229	闵熙君	胡伟军
南园村	5.70	856	3160	500	顾耀平	顾耀平(兼)
蠡河社区	0.50	2008	3551	20	顾荣才	王丽君(女)

（蒋霄）

屺亭街道

【概述】 区域面积68.6平方千米，辖行政村12个、社区5个，总人口47685人。农民年人均可支配收入25056元。民生福祉持续改善，新增劳动力岗位1.9万多个，转移农村劳动力6200多人。推进企业职工社保扩面及全民参保登记调查工作，新增参保单位100个、参保人员7406人。在全市率先开展“公益创投”活动，为退伍军人提供就业岗位100多个。民生实事工程进展顺利，完成悲鸿小学教学楼加固除险工程和奔马小区一、二期和五星小区一、二期天然气管网全覆盖工程，五星市场投入运营。有序推进集镇污水收集和农村污水收集试点等工程。完成120个社区（村、合作社）和其他党组织换届选举，新增新经济组织和新社会组织党组织3个。发放“2015—2016年度屺亭街道教育奖励基

五星市场　　（屺亭街道　提供）

金”奖励金24.47万元。轸村村进入市经济综合实力十强村行列。

【换届选举】 按照市人大常委会和街道党工委的要求，8月，采用党组织和群众（村民代表）推荐、党员大会选举的“两推一选”方式，开展村（社区）党组织换届选举，历时近1个月，完成12个行政村、5个社区、5个集体经济股份合作社党（总）支部换届选举，党员参选率91.8%。9月，开展第十一届村民委员会和第六届社区居委会换届选举。其中，边庄、文庄、屺亭、胜天、学圩5个村采取直接提名确定候选人、直接投票选举村委会成员的“两票直选”方式，轸村、前亭、后亭、邵谈、寺前、虞山、大塍7个村采取无候选人一次性直接投票选举的“一票直选”方式，广汇、奔马、东郊、五星4个社区采取居民代表选举方式，三阳社区采取有选举权的居民直接选举方式。10月，村民委员会和社区居委会换届选举工作全部结束。12个村登记选民31482人，参加投票31474人，选举产生主任12人、副主任5人、委员23人；5个社区登记选民1246人，参加投票1234人，选举产生主任5人、副主任4人、委员14人。11月，开展市第十七届人民代表大会代表选举工作，参加投票选民42106人，参选率99.7%，选举产生人民代表16人。

【关心下一代工作扎实开展】 为弘扬“忠诚敬业，关爱后代，务实创新，无私奉献”精神，发挥各级关工委和“五老”的积极性，以纪念中国共产党成立95周年和红军长征胜利80周年为契机，开展青少年思想道德教育。各村（社区）均建成“有班子、有队伍、有阵地、有经费、有制度，领导班子建设好、‘五老’作用发挥好、制度健全执行好、积极探索创新好、活动经常效果好”的“五有五好”村（社区）关工委。屺亭中学、悲鸿实验小学建成关工委工作常态化建设合格学校，社区校外教育辅导站均建有电子阅览室并对外开放。街道关工委开展“颂歌献给党，立志跟党走”主题教育活动，印发辅导材料3000多份；组织知识竞赛、签名宣誓表决心等活动61场（次），参与青少年9500多人次；组织开展“党的光辉照我心”征文大赛等专题教育活动，参与学生2000多人。至年底，街道有基层关工委组织26个、“五老”骨干30余人、社区（村）校外教育辅导志愿者30余人，老教师“四帮一”帮教学生203人，“五老”志愿者结对社区矫正对象8人，创办家庭辅导站10个，广汇、奔马、东郊、五星4个社区创建为市未成年人“零犯罪社区”。

【社会保障体系不断完善】 围绕致力民生事业、打造幸福园区目标，建立慈善分会救助、低保救助、敬老服务、残疾人安置、就业培训五大平台。慈善分会通过“慈善认捐”“慈善一日捐”等途径，筹集善款201.1万元，发放助老、助孤、助残、助医、助学、助困救助金145万元，受助485人次。低保救助平台按照“应保尽保、应退即退”原则，复审低保对象，城乡低保家庭333户、415人实行社会化发放，月发放资金16万元。完善敬老服务平台，街道敬老院有床位285张，入院老人122人，村（社区）老年活动中心、居家养老服务站点覆盖率分别为100%、70%；全年为80周岁以上老年人发放尊老金138万元，向121名困难老人发放救助款30.25万元；春节、重阳节期间走访慰问90周岁以上老年人650人，发放慰问金9.75万元。残疾人安置平台安排所有具备就业条件的残疾人进入福利企业，并实行同工同酬，向没有工作能力的重度残疾人发放重残保障金122.36万元。就业培训平台以成人学校为载体，培训农村富余劳动力3700多人次。

2016年屺亭街道各行政村、社区基本情况

表76

名　称	区域面积（平方千米）	户籍数（户）	户籍人口（人）	可分配收入（万元）	书　记	主　任
边庄村	7.57	1755	4866	411	丁志敏	丁志敏（兼）

续表 76

名　称	区域面积（平方千米）	户籍数（户）	户籍人口（人）	可分配收入（万元）	书　记	主　任
文庄村	5.43	1245	3660	251	吴小南	邵其新
轸村村	3.31	815	2256	1067	雷正君	吴柏元
寺前村	3.37	596	1645	105	马金华	吴再勤
胜天村	3.29	590	1709	114	蒋　峰	曹亚彬
邵谈村	1.65	439	1104	102	邹建南	欧伟皎
屺亭村	6.51	1369	4034	287	黄建平	褚锡伟
前亭村	4.15	1074	3144	168	堵宣强	堵宣强（兼）
后亭村	6.45	1523	4604	306	蒋泽伟	殷申华
学圩村	3.05	741	2163	169	汤国民	蒋剑锋
大塍村	3.15	803	2424	199	徐秀平	张忠新
虞山村	3.89	703	2434	199	丁永乐	史锡平
三阳社区	1.51	349	1069	121	曹洪强	周其洪
广汇社区	0.87	596	1340	—	吕建强	王燕峰
奔马社区	0.31	781	1630	—	陈爱民	堵士明
东郊社区	2.59	1082	3259	—	汤国民	马其能
五星社区	0.63	102	248	—	黄建平	申卫中

（宋亮）

新街街道

【概述】 区域面积84.82平方千米，辖社区10个、行政村7个，人口61267人。农民年人均可支配收入28540元。受春秋两季多雨、夏季高温洪涝等气候不利因素影响，粮食产量较上年大幅减少，水稻、小麦总产分别为5043吨、2931吨，分别比上年减少2580吨、2233吨；茶叶、果品总产量分别为75.1吨、1127吨。落实农业保险，全年落实麦油、水稻、茶叶、蔬菜、果树、能繁母猪、林木等保费92万元。水稻理赔4554亩、赔付100.2万元，小麦理赔面积2550亩、赔付23.9万元，茶叶理赔798亩、赔付33.8万元，能繁母猪理赔1头、赔付0.1万元。下发农业支持补贴223.58万元、生态公益林补贴75万元。宜兴神州茶业选送的“神香茶眉”茶获省第十七届“陆羽杯”名特茶评比一等奖，茗苑茶场选送的“荆溪云片”茶获江苏名茶展暨休闲农业观光博览会银奖。

【水利建设不断加强】 加大水利工程建设力度，提高防洪抗旱能力。全年累计投入水利建设资金近3500万元，实施中央小农水、环科园小区排涝、圩区闸站建设和库塘涧河治理等项目。中央小农水项目涵盖吴墟、潼渚、水北、新乐、陆平、归径6个村，涉及农田近8000亩，至年底完成工程总量的85%；环科园小区排涝项目包括绿园泵站改造、马兰河清淤及驳岸加固工程、梅东涧防洪涧沟治理等；圩区闸站建设项目主要包括吴墟村西圩闸站的建设工程等；库塘涧河治理项目主要是加强水北村山田涧、归径社区枫林岕涧、铜山村乔子门涧和横岗岕涧、陆平村坟安塘和荷花潭等的防洪治理工程。工程严格按照招投标程序，严把质量关及施工进度，汛前全部完成。加强河道管理和执法巡查力度，查处侵占填埋河道、河浜等水事违法行为，制止和清除河道内阻水障碍物、拦水设施等违章行为，纠正随意向河道内倾倒垃圾等不良行为。全街道97条河道保洁实行市场化运作，由街道实施招标，专业保洁公司负责保洁。

【社会保障体系不断完善】 全年新增低保对象32户、40人，调出18户、36人，调整27户、55人。至年底，街道有低保户222户、349人。全年发放低保金109.2万元；发放贫困对象慈善救助金31.4万元(139人)，发放困难对象临时救助金1.11万元(11人)，发放贫困学生慈善助学款28.1万元(164人)。清查审核街道"五保"(保吃、保穿、保医、保住、保葬)、"三无"(无生活来源，无劳动能力，无法定赡养人、抚养人及扶养人)对象，健全台账资料，提高供养对象规范化管理水平。做好防汛抗灾及灾后重建工作，洪涝灾害期间收到防汛救灾物资、资金折款合计约70万元，其中社会捐资捐物折款约25万元，向4561户因灾受损群众发放救灾款534.1万元。

【吴墟自然村被评为省村庄绿化示范村】 吴墟村有农户116户、985人，农田320亩。该村以新型农村社区建设为契机，以绿化示范村创建活动为切入点，坚持复绿、添绿、护绿，制订《村庄绿化方案》《绿化规章制度》《绿化养护管理制度》，强化工作措施，整治村容村貌。成立绿化示范村创建领导小组，责任落实到人，分片包干落实村庄绿化和养护等工作。精心规划，合理设计，把村庄绿化纳入村庄建设总体规划中，使村庄绿化和设施建设整体协调。加大投入，累计投入近100万元，完成村前农民休闲广场景观绿化配套工程2000平方米、村北侧堰径河沿河绿化8000平方米及村庄内空地、道路两侧等景观绿化，区域绿化覆盖率达42%。成立专门的管护队伍，负责村庄绿化养护管理和林业有害生物监测预报工作。7月，吴墟村被省林业局评为省村庄绿化示范村。

2016年新街街道各社区、行政村基本情况

表77

名　　称	区域面积(平方千米)	户籍数(户)	户籍人口(人)	可分配收入(万元)	书　记	主　任
南河社区	0.65	1780	4450	584	卫国建	万君华
铜峰社区	3.63	1350	4080	309	姚国强	李志强
南岳社区	1.45	1820	4985	323	杨国平	朱国军
谢桥社区	3.12	686	1826	706	杨利民	汤良其
梅园社区	5.79	965	2819	278	王伯文(女)	黄彩富
氿南社区	1.08	5431	9639	—	庞明华	庞明华(兼)
绿园社区	1.70	7066	19995	—	嵇亚萍(女)	嵇亚萍(女，兼)
堂前社区(振新居委)	9.11	2526	7548	608	钱建华	殷建忠
归径社区	12.19	1420	3929	369	周金福	曹杏秋
百合村	3.82	690	2238	109	蔡思超	白希坤
新乐村	6.27	953	2953	252	裔　琪	李志荣
陆平村	8.48	1376	4110	411	袁伯军	潘敖齐
水北村	3.17	618	1837	173	蒋伟年	蒋伟年(兼)
潼渚村	3.37	758	2238	181	周科星	强才军
吴墟村	5.21	910	2586	239	谈洪泉	潘建能
铜山村	11.69	779	2286	209	韦志其	董文志

(孙夏)

新庄街道

【概述】 区域面积42.83平方千米，辖行政村5个、社区3个，总人口34375人。全年地区生产总值36亿元，比上年增长17.56%。财政可支配收入3545.65万元。工业应税销售收入37.87亿元，利税总额4.09亿元，规模以上工业产值24.12亿元；流通应税销售收入25.54亿元，比上年增长14.6%。全社会固定资产投资4.4亿元，其中工业投资2.11亿元、服务业投资2.29亿元。粮食总产量1.61万吨。农业总产值3.03亿元，比上年增长2.6%。农民年人均可支配收入23551元。组织特色文体活动10余场，“三节”(元旦、春节、元宵节)文化活动、社区文化艺术节、文化区域互动等文化品牌活动深入人心。新增“无锡好人”1人、“陶都好人”2人。核心村被评为江苏省文明村。宜安食品爱心基金成立。

【工业经济】 坚持优存量、扩增量，鼓励优势企业通过技改扩能、新上项目做大做强。有规模以上工业企业21个，规模以上工业企业工业总产值24.12亿元。江苏金能环境科技有限公司、中储粮宜兴库、市南顺面粉有限公司整体搬迁等项目建设和江苏正泰化纤有限公司收购兼并宜兴立邦电子有限公司工作有序推进。江苏嘉耐高温材料有限公司、江苏泰源环保科技有限公司、江苏国强环保集团有限公司、江苏泰电节能工程有限公司等企业通过产业提档升级，运行质态持续优化，应税销售收入均实现大幅增长。街道和武汉科技大学材料与冶金学院签订项目合作、成果转化、平台共建、人才培养与交流等协议，开展“教授博士柔性进企业”活动，引进教授、博士9人，分别与市龙宸炉料有限公司、江苏晟宜环保科技有限公司等7个企业结对。组织6个企业参加市组织的“合肥高校行”“西安高校行”产学研对接活动。耐火保温、电光源和环保设备三大特色支柱产业发展态势良好。

【农村工作】 针对夏季洪涝灾害，对受淹较轻的3500亩水稻进行移苗补植，对经过长时间浸泡的2000亩秧苗及时补种中耕稻种，水稻仍获较好收成，粮食总产量与上年基本持平。加强流通环节H7N9高致病性禽流感防控，全年共免疫高致病性禽流感2.54万羽。按照市统一部署，开展二轮畜禽养殖生态环境综合整治行动，退养养殖户47户、处理能繁母猪129头、生猪1418头、家禽9350羽，拆除猪圈1708平方米、棚舍3771平方米。开展职业农民培训，提高种养殖技术水平，培训职业农民300人次。开展农业面源污染防治，推广秸秆堆腐、林带覆草等技术，秸秆适量还田1.5万亩。农业园区完成投入500万元，铺浇水泥道路1400米，耕乐园引种优质蓝莓品种9种，唐卉生态园创建为市生态(乡村)旅游示范点。

【镇村建设】 按照市政府推进新型城镇化要求，街道优化城乡规划体系，统筹推进城乡形态、功能建设。高标准建设安置小区，临泽人家B、C地块安置小区建设项目主体工程完工。启动域内城市公交首末站建设。投资2000余万元的塍芳公路、景湖西路、清雅东路、新北路东延段建成通车，新西路北延段完成基础施工。新建、扩建农路3条，长约3千米。投资150余万元，改造洞山圩和朱家圩2座农桥。强化集镇管理，整治违法建设行为，优化镇容镇貌，开展“示范路”创建，创新安置小区物业管理模式，集镇管理成效显著提升。

【社会事业】 推进社保扩面，新增参保人数396人，转移农村劳动力493人，发放就业困难人员社保补贴194.68万元，申报享受稳岗补贴企业106个。推动劳动保障维权，处理劳资纠纷案件12起，为职工协调解决工资、工伤待遇180余万元。落实低保政策，城乡低保、政府供养对象实现应保尽保。安养院与康复站实现规范化、常态化运作。新庄小学稳步提升教学质量，营造“墨香文化”校园，打造书法教育特色，300多人次在各级各类比赛中获奖，6名教师加入各级书法家协会，学校通过市AAA级特色学校复评，先后被评为中国书法特色学校、江苏省首批中小学书法特色学校、江苏省书法教育先进集体等。文化站创作的小品《吃不完的白虾》获市百合花奖金奖。街道被评为宜兴市文化事业先进集体。

【生态文明建设】 新庄地处太湖西岸，是宜兴河、荡水入太湖的主要通道之一，为确保“治太保源”成效，加大工业污染、生活污染和农业面源污染防治力度，实施生态文明建设工程。按照“定区域、定职责、定人员、定任务、定考核”

安置小区临泽人家效果图　　（新庄街道　提供）

要求，结合实际，编制《新庄街道网格化环境监管体系实施方案》，建立镇、村两级网格化环境监管体系，确保完成中央环保督察、杭州G20峰会期间空气环境质量提高等任务。完成61个企业污水纳管管网设计，2个企业施工进入收尾阶段。加强域内106条河道的长效管理，投入6430万元，实施生态清淤和驳岸建设工程，累计完成土方140余万立方米，涉及河道总长约106千米。投入250万元，开展蓝藻打捞和打捞设施改造。综合整治高污染燃料燃烧设施和畜禽养殖场（户），继续压减主要污染物排放总量。开展村庄环境长效管理，设立“党员责任区”和“党员服务区”，引领群众主动参与环境整治，村庄环境长效管理成效在全市考核评比中名列第一。

2016年新庄街道各行政村、社区基本情况

表78

名　称	区域面积（平方千米）	户籍数（户）	户籍人口（人）	可分配收入（万元）	书　记	主　任
茭渎村	2.47	690	2284	198	王科强	徐　骏
核心村	4.73	1226	3978	173	黄　江	李　锋
洪巷村	5.16	1242	4183	176	黄振球	朱培源
曹家村	6.87	1660	5066	185	潘宇东	陈盘君
王婆村	3.67	927	3015	204	杨光辉	庄亚联
新庄社区	10.29	3668	11320	362	王建平	陈建元
东氿社区	3.29	839	2664	98	蒋杏金	顾华君
新塍社区	2.02	477	1532	152	徐　亮	周兵源

（蒋昱）

芳桥街道

【概述】 区域面积43.78平方千米，辖行政村8个、社区2个，总人口27922人。全年地区生产总值23.26亿元，比上年增长6%。财政可支配收入6575.91万元。应税销售收入56.26亿元，比上年增长8.44%。其中：工业应税销售收入51.9亿元，比上年增长3.13%；流通应税销售收入4.36亿元，比上年增长91.5%。工业利税总额4.3亿元、利润3.43亿元。粮食总产量2.47万吨，农业总产值3.03亿元。农民年人均可支配收入23551元。全社会固定资产投资15.45亿元，其中工业投资9.06亿元、服务业投资6.39亿元。有规模以上企业30个，年产值39.68亿元。举行产学研对接活动10次，签订产学研合作项目16个。吸引海外归国人才3人，引进“双高”人才12人、“陶都英才创新人才”1人、“省柔性教授博士”2人，申报省“双创博士”1人、国家“千人计划”专家1人、高层次创新人才项目2个，开展合作交流活动2次、科技合作项目5个，有“151培育计划”*人才强企单位5个，新建“千人计划”工作站1个、科研成果转化项目1项。专利申请总量150件，其中发明专利81件。破获刑事案件81起，查处治安案件106起，抓获违法人员94人。年内，街道创建为江苏省水美乡镇，芳桥村、后村村创建为江苏省水美乡村。阳山荡AAA级景区水上体育运动演出项目获评2016年度中国体育旅游创新项目。景区全年吸引游客50万人次。

【工业经济】 规模企业质态良好，13个年产值超1亿元企业运行较好，无锡奥灵特清洗剂科技有限公司、江苏朔耘石化装备有限公司等企业工业产值增速超35%，市洪流集团公司、无锡市虎皇漆业有限公司等老牌骨干企业产销两旺。工业后劲持续发力，14个工业在建项目完成后劲投入10.5亿元，比上年增长14.1%。其中，总投资1.5亿元的无锡上工搪化工设备有限公司搪瓷反应罐项目5月竣工。积极盘活闲置资产，加快实现“腾笼换鸟”。利用原江苏宜德新材料有限公司闲置厂房引进总投资1.6亿元的江苏威腾人造草坪有限公司低热人造草坪项目，利用原江苏舜天服饰有限公司闲置资产引进总投资5000万元的江苏栖霞通讯技术有限公司电子连接器项目。通过挖掘上海市场、以商引商、乡贤荐商等方式，围绕开发环阳山荡AAA级景区和打造高端装备制造产业群开展精准招商。清理违法违规建设项目99个，“三个一批”（淘汰关闭一批、整顿规范一批、完善备案一批）完成率100%，拆除改造锅炉41台，完成率97.6%。

【农村工作】 坚持走发展绿色高效现代化农业之路，积极拓展强村富民新途径。在2015年金兰村整体流转3000亩土地基础上，龙眼社区、华阳村、阳山村、屺山村因地制宜，集中流转土地近5000亩，探索试行“金兰”模式，采用服务外包和村干部直接分片负责的经营模式。金兰村“锦尊”牌大米精加工生产线投运。全年村级收入实现550多万元。成立苏南首个惠农担保公司——宜兴市芳桥惠农担保有限公司，解决农村种植户“融资难”问题。对52个畜禽养殖场（户）开展专项整治，拆除圈舍1.4万平方米。完成9个村土地确权颁证，涉及农户7585户、面积3.68万亩，农户签字率97%。

【镇村建设】 坚持规划先行，提高规划设计水平，邀请上海交通大学、常州市政设计院、苏州城市建筑设计院等单位设计规划方案，按照方案实施镇村建设。以行政村（社区）为主体，选取金兰村大巷、龙眼社区红旗、后村村后西等9个自然村落开展“美丽村落”建设，提升村庄环境，挖掘农村文化。总投资500万元的后村村“传统村落”重点修缮保护项目——周培源故居和江南美专旧址修缮保护工程在不改变原来外观风貌前提下，根据实际进行维护和修缮，至年底，完成工作量的90%。提升改造镇区中心阳山的基础设施，新建绿化1万平方米，增设阳山东侧登山步道1000米、山顶健身场地100平方米和观景平台3个，改造阳山西北侧入口景观，增设牌坊，修建加固台阶、亭台、栏杆等，新增庭院灯、健身器材等设施。投入550万元，提档升级金扶路、官北路、后窑路等村道10条，总长11千米。重建祥门桥、培源东桥、李山木桥等危桥5座。亮化潮音寺、人才中心、炫宇风景俱乐部等建筑外观，巡查和维护全街道的主干道路灯、阳山荡公园及禅文化园的亮化设施，亮化率97%以上。

【社会事业】 公共服务进一步完善，群众实现安居乐业。新增就业岗位750个，办理社保补贴150人，发放补贴77.33万元。办理社会保障卡1000张、市民卡181张，转移农村劳动力616人，城乡居民保险实现全覆盖。帮扶弱势群体，为600多人发放救助款近100万元。成立尹俊、朔耘等孝老基金，全年发放孝老金近20万元。培源实验小学获无锡市第一届青少年科技创新市长奖，被评为江苏省教育工作先进集体；培源中学被评为无锡市足球学校，在省金钥匙比赛中获二等奖；扶风小学在宜兴市象棋比赛中获一金二银。深入推进文明城市创建、群众性精神文明单位创建、“文明乡风沐农家”守护行动、“文明家庭”评选等精神文明创建活动，文明乡风沐农家全覆盖。全年共调处矛盾纠纷112件，接待来访群众12批（次）、108人。

【第三届目连文化节】 为进一步挖掘芳桥深厚的文化底蕴，大力传承弘扬忠孝文化，将芳桥忠孝文化与山水景观深度融合，打造人文旅游品牌。5月，举办第三届目连文化节暨2016年“凌飞杯”宜兴国际滑水公开赛，打响“四月初八到芳桥”品牌。活动以“培源故里、山水芳桥”为核心，以“乐亲水”“乐传统”“乐孝行”“乐采摘”“乐禅修”为主题，以“凌飞杯”滑水公开赛、“醉美阳山荡”、“感动常在、孝心常拍”摄影比赛、“潮音悟禅”系列活动、桑果采摘节、啤酒龙虾音乐节和“宜兴市十大孝心人物”“家有百岁老人—文明孝亲家庭”“芳桥十大孝老明星”评比表彰等为主要内容，融忠孝文化底蕴、传统民俗节庆、现代水上运动于一体。

第三届目连文化节开幕式　　（芳桥街道　提供）

2016年芳桥街道各行政村、社区基本情况

表79

名　称	区域面积（平方千米）	户籍数（户）	户籍人口（人）	可分配收入（万元）	书　记	主　任
芳桥村	8.05	1733	5550	200	凌晋大	丁焕平
阳山村	3.33	710	2370	156	丁国强	丁国强（兼）

续表79

名　称	区域面积（平方千米）	户籍数（户）	户籍人口（人）	可分配收入（万元）	书　记	主　任
后村村	2.88	625	2035	151	蒋锡君	周荣法
夏芳村	6.72	972	3341	194	王建平	冯有农
华阳村	3.45	1309	4030	166	杨立新	王国强
金兰村	3.80	730	2360	649	蒋仲良	吴志强
扶风村	5.34	841	2715	145	许丽强	许丽强(兼)
屺山村	5.40	867	3015	180	黄福清	谢锡良
龙眼社区	1.20	710	1925	223	陆卫强	徐　明
神龙社区(区域面积属于夏芳村)		—		—	—	—

（王晨曦）

2016年宜兴市各镇、园区、街道主要指标

2016年宜兴市各镇、园区、街道主要指标

表80

镇园区街道	总面积（平方千米）	人口（人）	财政总收入（万元）	农业总产值（万元）	粮食总产量（吨）	工业产品销售收入（万元）	流通应税销售收入（万元）	全社会固定资产投资（万元）	到位注册外资（万美元）	农民年人均可支配收入（元）
张渚镇	175.60	72134	62442	56700	16312	1207126	65658	342770	—	25028
西渚镇	66.60	28264	11407	53027	16529	327504	25284	66679	—	22822
太华镇	97.00	25137	14300	18055	1738	278815	46865	55950	500	21177
徐舍镇	180.00	99643	48899	104066	84357	1885773	330824	215919	115	23496
官林镇	121.00	71968	134887	51661	23963	10712109	455473	421844	4034	27654
杨巷镇	86.42	46814	19001	45974	25152	371749	37429	76780	—	23490
新建镇	45.00	25818	21794	36181	3962	1035650	90741	56521	1364	23187

续表80

镇 园区 街道	总面积（平方千米）	人口（人）	财政总收入（万元）	农业总产值（万元）	粮食总产量（吨）	工业产品销售收入（万元）	流通应税销售收入（万元）	全社会固定资产投资（万元）	到位注册外资（万美元）	农民年人均可支配收入（元）
和桥镇	105.10	67928	62929	79831	36939	1179609	183117	235413	5	24933
万石镇	43.77	26849	46211	44463	24825	929070	158824	198797	272	24561
周铁镇	73.20	55937	62971	67245	27895	1396155	146196	199734	2	27528
芳桥街道	43.78	27922	19537	35090	24654	522356	29715	154503	—	23551
丁蜀镇	205.00	148371	172960	58085	17156	1817798	412911	514441	331	27469
湖㳇镇	118.00	23214	22031	45412	3732	290142	18121	128964	51	28475
宜城街道	40.00	159815	237901	3973	500	1328644	1845590	405962	1032	27662
新庄街道	42.83	34375	28159	30308	16146	395892	255360	44400	—	21895
开发区	71.00	47911	272756	18821	19194	4754065	919219	1137742	3781	25056
环科园	103.00	61267	254535	104305	13545	7355013	3017604	821664	3950	28540
高塍镇	109.00	60001	101509	78069	35462	4952236	2393079	498121	15	25203

说明：开发区含屺亭街道，环科园含新街街道和高塍镇中除总面积、人口、粮食总产量、农民年人均可支配收入以外的数据

（市统计局　提供）

编辑　吴建群

人　物
PERSONAGE

新任市领导

沈　建

男，1963年5月生，江苏吴江人。1993年2月入党，本科学历。历任无锡市市政工程设计院技术员；无锡市市政公用事业局市政科科员、副科长，市政处处长（其间挂职无锡市市政设施管理处副处长）、市重点道桥工程建设办公室副主任（兼），副局长、党委委员、市市政公用事业总公司副经理；无锡市建设局局长、党委副书记、书记，市建筑工程管理局局长、党委书记（兼），无锡市人民政府副秘书长（兼）；无锡市北塘区区委书记、区人大常委会主任；中共无锡市委秘书长；中共江阴市委副书记、江阴市人民政府代市长、江阴市人民政府市长、江阴市人民政府党组书记、江阴高新技术产业开发区党工委副书记、江阴高新技术产业开发区管委会主任；2016年7月，任中共宜兴市委书记、宜兴经济技术开发区党工委书记。

李　平

男，1970年7月生，安徽太湖人。1999年3月入党，本科学历。历任铜陵市商业职工中专学校教师；铜陵市人事局办公室秘书，副科级秘书，副主任；无锡市人事局副局长（公选），副局长，副局长、党组成员；无锡市人事局副局长、无锡市人事局党组成员、江阴市人民政府副市长（挂职）；无锡市南长区副区长、区人民政府党组成员、江阴市人民政府副市长（挂职）；无锡市南长区副区长、党组成员；无锡市梁溪区人民政府筹备组成员，区人民政府党组成员；2016年7月，任中共宜兴市委常委、市纪委书记。

裴焕良

男，1965年6月生，江苏宜兴人。1992年6月入党，党校函授本科学历。历任无锡日报宜兴记者站记者；宜兴县洋溪乡科协秘书长，工业公司外经科科长、办公室主任，工业公司副经理，洋溪镇工业发展总公司常务副总经理、党支部书记，洋溪镇经管办副主任（兼），洋溪镇党委组织委员，党委副书记、组织委员（兼）；芳桥镇党委副书记；官林镇党委副书记、副镇长，党委副书记、镇长；万石镇党委书记、人大主席（兼）；周铁镇党委书记，党委书记（副处级）；官林镇党委书记〔副处级（待遇）〕；2016年7月，任中共宜兴市委常委、宜兴经济技术开发区党工委副书记、宜兴经济技术开发区管委会副主任（主持日常工作）、官林镇党委书记；2016年11月，任中共宜兴市委常委、宜兴经济技术开发区党工委副书记、宜兴经济技术开发区管委会副主任（主持日常工作）、芳桥街道党工委书记。

张凡明

男，1970年4月生，湖北石首人。1994年7月入党，自考本科学历。历任解放军坦克某师战士；南昌陆军学院后勤干部训练大队学员；坦克某师高炮营营部司务长，汽车营一连副政治指导员、代理政治指导员；装甲某师汽车营一连政治指导员，师政治部组织科正连职干事，某团装步营副政治教导员、代理政治教导员，师医院政治协理员，某团炮兵营政治教导员，汽车营政治教导员，炮兵团政治处主任，某团副政治委员；无锡市北塘区人武部副部长；无锡军分区政治部副团职干事；2014年2月，任宜兴市人武部部长；2016年7月，任中共宜兴市委常委、市人武部部长。

刘亚民

男，1963年2月生，江苏宜兴人。1983年5月入党，党校在职研究生学历。历任宜兴县中学教师，团委书记，政教处副主任；团县委副书记；团市委副书记，书记；扶风乡党委副书记，党委副书记、乡长，党委书记、乡长；扶风镇党委书记、镇长，党委书记、人大主席（兼）；宜兴陶瓷集团党委副书记、副总经理，党委书记、总经理；中共宜兴市委常委；中共宜兴市委常委、新疆霍城县委副书记（挂职）；中共宜兴市委常委、新疆伊犁地区行署副秘书长、霍城县委副书记（挂职）；江阴市人民政府副市长、党组成员，江阴市人民政府副市长、江阴市人民政府党组成员、江阴经济开发区管委会副主任、江阴经济开发区党工委委员、江阴靖江园区党委书记、江阴靖江园区管委会主任，副市长、党组成员、江阴经济开发区管委会副主任、江阴经济开发区党工委委员、江阴靖江园区党委书记、江阴靖江园区管委会主任（正处级）；无锡市环保局局长、党组书记；无锡市崇安区委书记、区人大常委会主任；2016年2月，任宜兴市人大常委会党组书记；2016年7月，任宜兴市人大常委会党组书记、提名为市人大常委会主任候选人（2017年1月，宜兴市第十七届人民代表大会第一次会议当选为市人大常委会主任）。

周　斌

男，1963年2月生，江苏宜兴人。1983年1月入党，党校在职研究生学历。历任济南陆军学校学生，副排长，排长；信阳陆军学院副连长，副连职干事、大队党委秘书（兼）；宜兴市劳动局办事员；市委办公室科员，副科长；市经济发展总公司总经理、党支部书记；市委老干部局副局长；太华镇党委副书记、镇长，党委书记、人大主席（兼）；徐舍镇党委书记，党委书记、人大主席（兼），党委书记；无锡市北塘区副区长、党组成员，副区长、党组成员兼无锡锡北生产性服务业集聚区党工委书记、管委会主任，区委常委、副区长、党组副书记兼无锡锡北生产性服务业集聚区党工委书记、管委会主任，区委常委、副区长、党组副书记兼无锡锡北生产性服务业集聚区党工委书记，区委副书记、副区长、党组副书记、党校校长兼无锡锡北生产性服务业集聚区党工委书记，区委副书记、副区长、党组副书记、党校校长；2016年2月，任宜兴市人大常委会党组副书记；2016年7月，任市人大常委会党组副书记、提名为市人大常委会副主任候选人（2017年1月，宜兴市第十七届人民代表大会第一次会议当选为市人大常委会副主任）。

朱保强

男，1963年11月生，江苏宜兴人。1988年12月入党，党校函授本科学历。历任宜兴市（县）新庄乡财政所会计；市财政局办事员，农财科副科长；市房改办副主任；市财政局局长助理，局长助理、办公室主任，局长助理、预算科科长；市审计局局长助理、党组成员，副局长、党组成员；西渚镇党委副书记、镇长，党委书记；市财政局副局长、党组成员（正科级）；环科园管委会主任助理、新街街道党工委书记；环科园党工委副书记、纪工委书记，党工委副书记；环科园党工委副书记、高塍镇党委书记；2016年11月，任市人大常委会党组成员、提名为市人大常委会副主任候选人（2017年1月，宜兴市第十七届人民代表大会第一次会议当选为市人大常委会副主任）、高塍镇党委书记。

马　钟

男，1968年11月生，江苏宜兴人。1991年12月入党，党校函授本科学历。历任新街中学教师，教导处副主任；市广播电视局编辑，办公室副主任；市纪委秘书，办公室副主任，办公室主任，常委、办公室主任；市纪委常委、市监察局副局长；丁蜀镇党委副书记、镇长；市委办公室主任；丁蜀镇党委书记；宜兴陶瓷产业园区党工委书记、丁蜀镇党委书记；2016年11月，任市人民政府党组成员、提名为市人民政府副市长人选、宜兴陶瓷产业园区党工委书记、丁蜀镇党委书记；2016年12月，任市人民政府副市长、市人民政府党组成员、宜兴陶瓷产业园区党工委书记、丁蜀镇党委书记。

谢海华

男，1970年8月生，江苏江阴人。1994年10月入党，党校在职研究生学历。历任无锡市公安局机动大队民警，机动大队内勤股副股长，防暴支队秘书科副科长，防暴支队作训科科长（正股级），防暴支队作训科科长、副主任科员；无锡市交警

支队办公室副主任；无锡市交巡警支队秩序科科长，沪宁高速公路大队大队长，副支队长；无锡市公安局特警支队副支队长，支队长；2016年11月，任宜兴市人民政府党组成员、提名为宜兴市人民政府副市长人选、市公安局党委书记、提名为市公安局局长人选、督察长（兼）；2016年12月，任市人民政府副市长、党组成员、市公安局局长、党委书记、督察长（兼）。

洪 雅

女，1968年2月生，江苏南京人。1997年1月加入民盟，党校在职研究生学历。历任宜兴县经济开发公司会计；市有色金属材料有限公司财务科副科长；市经济协作委员会财务科会计，副科长；市审计局局长助理，副局长；市人民政府副市长；无锡市人力资源和社会保障局（市外国专家局）副局长；无锡市人力资源和社会保障局（市外国专家局）副局长、无锡市政协提案委员会副主任（兼）；2016年11月，提名为宜兴市政协副主席候选人（2017年1月，政协宜兴市第十五届委员会第一次会议当选为宜兴市政协副主席）。

（市委组织部）

院 士

张 旭

男，神经科学家。原籍江苏宜兴，1961年8月生于江苏省南京市。研究员，教授，博士生导师。1985年毕业于第四军医大学，1994年获瑞典卡罗琳斯卡医学院博士学位。中国科学院上海分院副院长，中国科学院上海生命科学研究院神经科学研究所课题组长。2015年12月当选为中国科学院院士。

长期从事神经系统疾病的分子细胞生物学机理研究。系统性地研究了慢性痛的背根节和脊髓基因表达谱，发现内源性钠钾泵激动剂等新的痛觉信息调控系统，为临床镇痛及药物研发提供了新的理论基础。发现伤害性感受神经元中阿片受体亚型间的相互作用，及其与吗啡镇痛耐受的相关性，拓展了受体复合体功能及药物研究方向。发现成纤维细胞生长因子13（FGF13）通过稳定微管调控神经元和大脑的发育，阐明了FGF13基因缺陷造成智力障碍的机理。在国内外核心刊物发表学术论文110余篇。曾获国家杰出青年基金、何梁何利基金科学与技术进步奖、中国青年科技奖、亚洲杰出青年科学家奖和上海市自然科学牡丹奖等。

（中国科学院）

入选国家“千人计划”人才

吴 炯

男，1964年1月生，湖北省鄂州市人。博士研究生学历，众森源生物技术（江苏）有限公司执行总裁，肿瘤细胞信号传导技术领域的国际知名专家。1990年获南京大学&法国健康医学研究院细胞生物学专业博士学位，1995—2000年任加拿大蒙特利尔麦吉尔大学医学院教授，2000年参与创办美国Cell Signaling Technology抗体公司并担任首席科学家，2009—2012年任美国细胞应用公司副总裁。2012年，带领一批国际知名骨干科学家与银环控股集团合作成立众森源生物技术（江苏）有限公司，将具有自主知识产权的新型抗体制备技术投入实际应用；协助诺贝尔奖获得者理查·罗伯茨博士成立理查·罗伯茨生物科技中国（宜兴）研究院，开江苏省民企与诺贝尔奖得主合作的先河，推动了宜兴市生物医药产业的快速发展。在国际权威杂志发表论文60余篇，申报专利20余件，获江苏省“双创人才”及“双创团队”核心成员、江苏省“六大人才高峰”高层次人才培养对象、宜兴市“陶都英才”科技领军人物等荣誉。2016年，入选第十三批国家“千人计划”。

（市委组织部）

入选国家“万人计划”领军人才

王恒秀

男，1969年7月生，山东省郓城县人。博士研究生学历。宜兴市恒兴精细化工有限公司总经理，中港集团总裁。1999年浙江大学化学工程专业博士研究生毕业，2001年清华大学绿色催化专业博士后出站。先后在宜兴创办宜兴市中港精细化工有限公司、宜兴市千叶非金属材料有限公司、宜兴市恒兴精细化工有限公司，承担国家“火炬计划”项目“甲基异丙基酮”、江苏省科技攻关项目“低级醛催化合成低级羧酸催化剂和工艺的开发”、科技部中小企业技术创新基金项目“稀土催化剂催化异丁醇一步法生产异丁酸异丁酯”，掌握国际一流非均相催化生产精细化学品绿色工艺和技术，拥有一批具有自主知识产权的技术成果，具备研发新技术及实现产业化能

力。获科技部“科技创新创业人才”、江苏省“333高层次人才培养工程”培养对象、江苏省“科技企业家培育工程”、无锡市有突出贡献中青年专家、宜兴市科技英才、宜兴市学术技术带头人等荣誉。2016年，入选国家第二批“万人计划”领军人才。

（市委组织部）

入选江苏省“333高层次人才培养工程”培养对象

2016年宜兴市入选江苏省“333高层次人才培养工程”培养对象

表81

序号	姓　名	工作单位	从事专业	职　　称	培养层次
1	沈　立	江苏森莱浦光电科技有限公司	高效能电光源的开发和制造	高级工程师	第二层次
2	谢　乾	江苏卓易信息科技有限公司	计算机软件	高级工程师	第二层次
3	刘中华	江苏亨鑫科技有限公司	电线电缆	高级工程师	第三层次
4	徐　静	远东电缆有限公司	电线电缆	研究员级高级工程师	第三层次
5	胡清平	远东电缆有限公司	电线电缆	研究员级高级工程师	第三层次
6	王梦芝	宜兴市天石饲料有限公司	饲料添加剂	副教授	第三层次
7	谢卫平	宜兴市环境监测站	环境监测	高级工程师	第三层次
8	赵伟荣	江苏安琪尔废气净化有限公司	环境工程	副教授	第三层次
9	薛　强	江苏中宜生态土研究院有限公司	固废处置	研究员	第三层次
10	张海强	江苏省宜兴中学	数学教育	中学高级教师	第三层次
11	刘炜杰	江苏省宜兴丁蜀中等专业学校	职业教育	正高级讲师	第三层次
12	杨　波	无锡诺万光学科技有限公司	光电显示	教授	第三层次
13	刘　晨	江苏艾洛维显示科技股份有限公司	光电显示	—	第三层次
14	单奇华	宜兴市林业指导站	林业	高级工程师	第三层次
15	汤旭东	宜兴市农林局	农业信息化	高级农艺师	第三层次
16	孔　赟	宜兴市产品质量监督检验所	环保	工程师	第三层次
17	陈燕春	宜兴市人民医院	心血管内科	副主任医师	第三层次

（市委组织部）

市内新增正高级职称人物

2016年，全市新增正高级职称23人，其中研究员级高级工艺美术师5人、研究员级高级工程师6人、主任医师7人、主任技师2人、主任护师1人、社区主任医师1人、一级演员1人。

2016年宜兴市新增正高级职称人物

表82

姓　名	性　别	出生年月	工作单位	职　　称
潘友芳	女	1945-02	江苏省宜兴紫砂工艺厂	研究员级高级工艺美术师
邵毓芬	女	1954-08	江苏省宜兴紫砂工艺厂	研究员级高级工艺美术师
丁洪顺	男	1955-09	江苏省宜兴紫砂工艺厂	研究员级高级工艺美术师
何忍群	男	1968-12	中国宜兴陶瓷博物馆	研究员级高级工艺美术师
管唯皓	男	1971-08	丁蜀镇皓芳陶庄	研究员级高级工艺美术师
侯日桐	男	1963-11	新远东电缆有限公司	研究员级高级工程师
田维生	男	1966-01	远东电缆有限公司	研究员级高级工程师
蒋国春	男	1966-02	宜兴市水产畜牧站	研究员级高级工程师
王　庆	男	1972-08	南京大学宜兴环保研究院	研究员级高级工程师
谢卫平	男	1973-09	宜兴市环境监测站	研究员级高级工程师
蔺　军	男	1976-06	江苏沪宁钢机股份有限公司	研究员级高级工程师
王凤娣	女	1967-04	宜兴市人民医院	主任医师
褚爱琴	女	1969-06	宜兴市第二人民医院	主任医师
陈建国	男	1969-07	宜兴市人民医院	主任医师
夏晓明	男	1971-01	宜兴市第二人民医院	主任医师
冯　艳	女	1973-02	宜兴市人民医院	主任医师
蒋晓东	男	1973-10	宜兴市人民医院	主任医师
吴俊东	男	1974-10	宜兴市和桥医院	主任医师
吴海鹏	男	1970-12	宜兴市第二人民医院	主任技师
董永康	男	1972-10	宜兴市人民医院	主任技师
范　萍	女	1968-11	宜兴市中医医院	主任护师
范忠芬	女	1970-03	周铁镇计划生育中心服务站	社区主任医师
王凤华	女	1965-07	宜兴市锡剧团	一级演员

（蒋励）

新闻人物

贾林康

男，1940年12月生，张渚镇人，张渚镇红十字会常务副会长。2016年10月，被中国党史党建网、世界杰出华人联谊会等联合授予“祖国万岁——2016海内外中华好儿女”称号，被中国影响力协会、影响中国编辑委员会评为影响中国·2016年度行业最具影响力人物。

1963年毕业于常州医学专科学校，在张渚人民医院从医38年。1988—1998年任张渚中心预防保健所所长，2000年退休。1989年担任张渚红十字会负责人。至2014年，累计将18名孤儿培养成才，为17名台胞寻找到亲人。事迹先后被中央电视台、人民网等主流媒体宣传报道，特别是被全球华人网向120个国家和地区宣传报道，先后被授予中国红十字会先进会员、2009年“中国好人榜”——助人为乐好人、中国公益事业十大功德人物、道德中国榜样人物等荣誉，获中国公益事业十大新闻人物唯一提名奖。

（王来根）

逝世人物

张昆峰

（1921-02—2016-03）

男，山东省德州市人。1942年10月参加革命工作，1943年10月加入中国共产党。1942年10月至1945年11月，先后任德县县大队文书，晋冀鲁边区教导营干事，边区中队和德县县大队副指导员等职。1945年11月至1948年11月，任华东军政大学三大队三连副指导员、新兵连连长等职。1948年11月至1952年6月，任28军82师246团副指导员、指导员、团后勤协理员等职。1953年4月至1958年5月，任江苏省公路修建指挥部组织科科长，江苏省公路总局八局人事科科长、公路总局干训班党委书记等职。1958年5月至1960年3月，任苏州玻璃厂党总支书记。1960年3月至1981年4月，任江苏省陶瓷研究所所长，江苏省宜兴陶瓷工业学校校长、书记等职。1981年6月离休。1984年1月享受地市级政治生活待遇。2016年3月25日因病逝世。

毕西英

（1929-10—2016-09）

男，周铁镇人。1949年6月参加革命工作，1956年8月加入中国共产党。1949年6月至1950年6月，在常州军分区政治部文工队、华东航空处政治部文工团工作。1950年6月至1961年3月，任空军第四供应大队见习书记、空军苋桥场站书记、空军衡州场站参谋、空军第四修建分部人事助理、昆明空军修建总队干部干事等职。1961年3月至1982年2月，任空军第九修建总队干部干事、五大队三中队政治指导员、四大队副政委、政治部文化科副科长、二大队政委、政治宣传科科长、后勤部政委等职。1982年3月至1983年10月，任宜兴县丁蜀镇党委副书记。1983年10月至1988年4月，任政协宜兴县委员会副主席、秘书长，宜兴市委统战部部长等职。1988年5月至1990年4月，任政协宜兴市委员会副主席。1990年5月离休，享受处县级政治生活待遇。2016年9月1日因病逝世。

（老干部局）

邓铜山

（1943-12—2016-10）

男，和桥镇人。少将军衔。1961年3月加入中国共产党，1963年考入中国人民解放军第十七航空学校。历任政治指导员、干事，南京军区空军干事、副科长、科长，空军某师团政委、师政治部主任、政治委员，军区空军政治部副主任，解放军原总政治部干部部副部长兼老干部局局长，军委空军政治部副主任等职。1975年被评为全军学雷锋先进个人，受到毛泽东、邓小平等党和国家领导人接见。20世纪90年代初，参与组建全军首个“苏-27”战斗机师，克服重重困难，用短短3年时间就出色掌握这一尖端武器，创造空军安全飞行时间最长纪录，荣立集体一等功、个人三等功2次，受到中共中央总书记、国家主席、中央军委主席江泽民通令嘉奖。1999年晋升少将军衔，正军职。退休后任中华慈善总会高级顾问、副会长等职。2016年10月16日因病逝世。

（吴建群）

革命烈士

殷挺元

（1913-05—1948-02）

男，新街街道堂前社区人。1947年3月，经武工组领导建议并同意，担任国民党映山乡（现新街街道陆平村）乡长。任职期间，积极为武工队、游击队征粮、筹款和收集情报。8月，得知国民党宜兴县县长李乙飞要到映山乡搜捕武工队员和伤员后，冒着生命危险及时将情报送出，武工队员和伤员20多名得以安全转移。事后，由于叛徒出卖，被国民党县政府逮捕。1948年2月，被秘密杀害。2014年2月，被追认为革命烈士（补记）。

方振祥

（1905—1933-05）

男，湖汊镇人。早年参加国民革命军。1933年5月，在河北抗战中牺牲，时任陆军第117师649团3营上尉营附。2016年7月，被追认为革命烈士。

（徐佳宁）

编辑　吴建群

先进集体

【省(部)级以上先进集体】

2016年宜兴市获评的省(部)级以上先进集体

表83

被授予单位	授予称号(荣誉)	授予单位
宜兴市	国家农村职业教育和成人教育示范县	教育部
宜兴市	国家体育产业示范基地	国家体育总局
宜兴市	2016年度全国区县体育彩票发行先进工作单位	国家体育总局
宜兴市	全国计划生育优质服务先进单位	国家卫计委
宜兴市	江苏省优秀管理城市	省政府
市教育局	江苏省促进义务教育均衡发展先进集体	省政府
宜城街道新华社区	全国综合减灾示范社区	国家减灾委员会
宜城街道谈家干社区	全国农村社区建设示范单位	民政部
徐舍镇	国家卫生镇	国家爱卫委
市体育局	2016年全国风筝精英赛优秀组织奖	国家体育总局
市体育局	全国百城千村健身气功展示系列活动“展示奖”	国家体育总局
市青少年体育运动学校	国家高水平后备人才基地	国家体育总局
市地震局	全国县级防震减灾工作综合考评先进单位	中国地震局
市工商联	全国“五好”县级工商联	中华全国工商联

【省(部)条线先进集体】

2016年宜兴市获评的省(部)条线先进集体

表84

被授予单位	被授予称号(荣誉)	授予单位
宜兴市	江苏省平安校园建设示范县	省教育厅、省综治办等

续表84

被授予单位	被授予称号(荣誉)	授予单位
宜兴市	2015年度平安县(市、区)	省综治委
宜兴市	2014—2015年全省法治建设示范县(市、区)	省综治委
宜兴市	江苏省人口协调发展先进县	省政府办公厅
宜兴市	江苏省综合类体育产业基地	省体育局
宜兴市住房保障和房产管理局	2013—2015年度江苏省文明单位	省文明委
宜兴市住房保障和房产管理局	江苏省职工文化模范之家	省总工会
市关工委	全省关心下一代工作先进集体	省关工委、省文明办
市教育局关工委	全省关心下一代工作先进集体	省关工委、省文明办
张渚镇关工委	全省关心下一代工作先进集体	省关工委、省文明办
宜兴华地百货有限公司关工委	全省关心下一代工作先进集体	省关工委、省文明办
市民政局	江苏省文明单位	省文明委
市救助管理站	江苏省青少年维权岗	团省委
江苏宜兴海事处	江苏省文明单位	省文明委
宜城街道	江苏省人民调解规范化建设示范点	省司法厅
宜城街道新华社区	江苏省食品药品安全科普宣传站	省食品药品监管局
宜城街道新华社区	江苏省文明社区	省文明办
宜城街道碓坊社区	江苏省和谐示范社区	省民政厅
宜城街道下漳社区	团结管湖先进集体	省太湖渔业管委会办公室
宜城街道土城社区	江苏省绿色社区	省环保委员会办公室
宜城街道土城社区	江苏省科普示范社区	省科协
宜城街道岳堤社区	江苏省城市管理示范社区	省住建厅
宜城街道文峰社区	江苏省充分就业示范社区	省人社厅
宜城街道谈家干社区	江苏省人民调解规范化建设示范点	省司法厅
宜城街道谈家干社区	江苏省平安家庭创建活动示范社区	省妇联
宜城街道巷头社区	江苏省十佳巾帼志愿服务队	省妇联
宜城街道阳羡社区	江苏省和谐示范社区	省民政厅
宜城街道民主社区	江苏省居家养老示范社区	省老龄委
宜城街道民主社区	江苏省民主法治示范社区	省司法厅
宜城街道民主社区	江苏省文明社区	省文明办
宜城街道北虹社区	江苏省健康社区	省卫生厅
宜城街道沧浦社区	江苏省文明社区	省文明办

续表84

被授予单位	被授予称号(荣誉)	授予单位
宜城街道沧浦社区	江苏省和谐示范社区	省民政厅
市政府法制办	2016年度政府法制工作成绩突出单位	省政府法制办
环科园经济发展局	2016年度乡镇统计规范化建设百家单位	省统计局
国际环保展示中心	江苏省科普教育基地	省科协
环科园司法所	江苏省“双严”活动先进集体	省司法厅
环科园商会	全省工商联商会组织先进集体	省工商联商会
宜兴移动分公司行业班	工人先锋号	省总工会
宜兴移动分公司分工会	2015年度省公司先进分工会	江苏移动公司
宜兴移动分公司环科园营业部	2015—2016年度省级标杆班组	江苏移动公司
江苏诺明高温材料股份有限公司	江苏省科技小巨人企业	省经信委
新庄街道核心村	江苏省文明村	省文明委
市人防办	全省人民防空先进单位	省民防局
市地震局	全省县市防震减灾工作综合考评先进单位	省地震局
市城建档案馆	全省村镇建设档案工作有突出贡献单位	省住建厅
市委政法委	2011—2015全省普法工作先进单位	省委宣传部、省司法厅等
市对外贸易促进会	全省贸促工作先进单位	省贸促会
市卫计委	全省妇女儿童工作先进集体	省政府妇女儿童委员会
市疾控中心	全省疾病预防控制工作先进集体	省卫计委
市疾控中心	江苏省免疫规划(预防接种)工作先进集体	省卫计委
宜城防保所	江苏省免疫规划(预防接种)工作先进集体	省卫计委
市烟草专卖局(分公司)	江苏省文明单位	省文明委
市城管局	2011—2015年全省普法工作先进单位	省委宣传部、省司法厅等
市知识产权局	江苏省知识产权宣传培训工作先进单位	省知识产权局
市工商联	江苏省“五好”县级工商联	省工商联

【无锡市级先进集体】

2016年宜兴市被无锡市委、市政府、军分区表彰的先进集体

表85

被授予单位	被授予称号(荣誉)	授予单位
市人武部政工科	双拥先进单位	无锡市委、市政府、军分区

续表85

被授予单位	被授予称号(荣誉)	授予单位
市民政局	双拥先进单位	无锡市委、市政府、军分区
宜城街道	双拥先进单位	无锡市委、市政府、军分区
宜城街道巷头社区	双拥先进单位	无锡市委、市政府、军分区
宜城街道	“六五”普法先进单位	无锡市委、市政府
宜城街道	2011—2015年度法治宣传教育先进集体	无锡市委、市政府
市墙材革新与建筑节能管理办公室	无锡市“十二五”节能工作先进集体	无锡市委、市政府
市世纪物业管理有限公司	无锡市农贸市场食品安全检测工作先进单位	无锡市委、市政府
徐舍镇党委	无锡市先进基层党组织	无锡市委

先进个人

【省(部)级以上先进个人】

2016年宜兴市获评的省(部)级以上先进个人

表86

姓　名	工作单位	被授予称号(荣誉)	授予单位
宗占君	江苏宜兴海事处	2015—2016年度全国无偿献血奉献奖铜奖	国家卫计委、中国红十字会总会等
丁建平	市地震局	全国县市防震减灾工作综合考评先进个人	中国地震局

【省(部)条线先进个人】

2016年宜兴市获评的省(部)条线先进个人

表87

姓　名	工作单位	被授予称号(荣誉)	授予单位
蒋顺龙	市关工委	全省关心下一代工作先进工作者	省关工委、省文明办
薛根荣	市政法系统关工委	全省关心下一代工作先进工作者	省关工委、省文明办
唐川弘	丁蜀镇关工委	全省关心下一代工作先进工作者	省关工委、省文明办
郑浩明	徐舍镇关工委	全省关心下一代工作先进工作者	省关工委、省文明办
鲍溪英	市教育局关工委	全省关心下一代工作先进工作者	省关工委、省文明办
吕建强	屺亭街道广汇社区	全省关心下一代工作先进工作者	省关工委、省文明办
薛建英	无锡市明珠电缆有限公司	全省关心下一代工作先进工作者	省关工委、省文明办
姜达敖	欧亚华都(宜兴)环保有限公司	全省关心下一代工作先进工作者	省关工委、省文明办

续表87

姓　名	工作单位	被授予称号(荣誉)	授予单位
许明康	江苏宜兴海事处	优秀共产党员	交通部长江航务管理局
蒋　臣	环科园经济发展局	江苏省商务厅统计先进工作者	省商务厅
戴海燕	宜兴移动公司	2015年度江苏省用户满意服务之星	省总工会、江苏移动公司
曹　忱	宜兴移动公司	江苏移动公司优秀党务工作者	江苏移动公司
潘彬彬	宜兴移动公司	江苏移动公司优秀共产党员	江苏移动公司
王　雷	宜兴移动公司	2015年江苏移动公司先进个人	江苏移动公司
张　卓	宜兴移动公司	2015年度江苏移动公司先进积极分子	江苏移动公司
丁文莲	徐舍镇司法所	全省社区矫正严格执法、严格管理集中整治活动先进个人	省司法厅
裴曙兵	市人防办	全省人民防空先进个人	省民防局

【无锡市级先进个人】

2016年宜兴市被无锡市委、市政府、军分区表彰的先进个人

表88

姓　名	工作单位	被授予称号(荣誉)	授予单位
卢旭娟	市民政局	双拥先进个人	无锡市委、市政府、军分区
关纯利	市民政局	“六五”普法先进个人	无锡市委、市政府
汤文涛	环科园司法所	无锡市法制宣传教育先进个人	无锡市委、市政府
丁文莲	徐舍镇司法所	无锡市法制宣传教育先进个人	无锡市委、市政府
金　晶	市人民检察院	无锡市法制宣传教育先进个人	无锡市委、市政府
高　鹏	市人武部	优秀共产党员	无锡军分区党委
高　鹏	市人武部	优秀机关干部	无锡军分区
蒋国强	市人武部	三等功	无锡军分区
吴继生	市人武部	嘉奖	无锡军分区
王金楼	市人武部	嘉奖	无锡军分区
夏建方	市人武部	优秀职工	无锡军分区
张根忠	市人武部	优秀职工	无锡军分区
陈　斌	徐舍镇安监科	无锡市安全生产先进个人	无锡市政府

编辑　吴建群

文件索引

2016年中共宜兴市委重要文件索引

表89

文　题	文　号	成文时间
中共宜兴市委　宜兴市人民政府　关于建设“强富美高”新农村的意见	宜发〔2016〕6号	2016年3月23日
中共宜兴市委　宜兴市人民政府　关于扎实开展新一轮经济薄弱村扶持工作的意见	宜发〔2016〕7号	2016年3月23日
中共宜兴市委　宜兴市人民政府关于深化“陶都英才”工程　促进人才创新创业的实施意见	宜发〔2016〕10号	2016年3月25日
中共宜兴市委　宜兴市人民政府关于建立网格化环境监管体系的实施意见	宜发〔2016〕11号	2016年3月31日
中共宜兴市委　宜兴市人民政府关于进一步深化太湖水污染防治工作的意见(2016—2020年)	宜发〔2016〕12号	2016年3月31日
中共宜兴市委　关于认真做好镇党委换届工作的意见	宜发〔2016〕14号	2016年4月23日
中共宜兴市委　宜兴市人民政府关于促进经济和社会又好又快发展的意见	宜发〔2016〕17号	2016年5月6日
中共宜兴市委　宜兴市人民政府关于宜兴市2016年重大项目投资计划的安排意见	宜发〔2016〕18号	2016年5月6日
中共宜兴市委　宜兴市人民政府关于降低实体经济企业成本促进经济平稳健康发展的实施意见	宜发〔2016〕27号	2016年8月5日
中共宜兴市委　宜兴市人民政府关于促进全市开放型经济转型升级的工作意见	宜发〔2016〕28号	2016年8月25日
中共宜兴市委　宜兴市人民政府关于宜兴市产业发展扶持资金实施意见(2016年—2020年)	宜发〔2016〕32号	2016年9月15日
中共宜兴市委　关于进一步加强巡察工作的实施意见(试行)	宜发〔2016〕34号	2016年11月5日
中共宜兴市委关于加强和改进党的群团工作的实施意见	宜发〔2016〕35号	2016年11月8日
中共宜兴市委　宜兴市人民政府关于加快推进教育改革发展的意见	宜发〔2016〕39号	2016年11月22日

(潘娉娉　摘)

2016年宜兴市人民政府重要文件索引

表90

文　　题	文　　号	成文时间
市政府关于进一步做好援企稳岗促进就业工作的实施意见	宜政发〔2016〕7号	2016年1月20日
市政府关于2016年全市安全生产工作的意见	宜政发〔2016〕20号	2016年3月7日
市政府关于市政府关于印发《宜兴国家历史文化名城保护规划"五年行动计划"(2016—2020)》的通知	宜政发〔2016〕27号	2016年3月23日
市政府关于深入推进预算管理制度改革的实施意见	宜政发〔2016〕29号	2016年3月28日
市政府关于加快建设知识产权强市的实施意见	宜政发〔2016〕45号	2016年4月12日
市政府关于印发2016年重点工作分解落实方案的通知	宜政发〔2016〕55号	2016年5月12日
市政府关于印发宜兴市政务信息资源共享管理办法的通知	宜政发〔2016〕82号	2016年6月27日
市政府办公室关于加快我市新能源汽车推广应用的实施意见	宜政发〔2016〕100号	2016年8月2日
市政府关于加快全市棚户区(危旧房)改造工作的实施意见	宜政发〔2016〕104号	2016年8月11日
市政府关于进一步做好就业创业工作的实施意见	宜政发〔2016〕115号	2016年9月2日
市政府印发宜兴市税收征管保障及税收遵从引导实施办法的通知	宜政发〔2016〕160号	2016年12月5日

（杨若凌　摘）

统计资料

【全市概况】

2016年宜兴市区划、人口概况

表91

	单位	2016年	2015年		单位	2016年	2015年
一、行政概况				四、年末总人口	万人	108.34	108.29
镇	个	13.00	13.00	男性	万人	53.41	53.41
街道(园区)	个	5.00	5.00	女性	万人	54.93	54.88
行政村	个	213.00	213.00	五、出生人数	人	9218.00	9704.00
社区居委会	个	98.00	97.00	出生率	‰	8.51	8.97
二、全市总面积	平方千米	1996.60	1996.60	六、死亡人数	人	8108.00	8303.00
三、年末总户数	万户	37.60	37.59	死亡率	‰	7.49	7.67
				七、人口自然增长率	‰	1.02	1.30

【国民经济主要指标】

2016年宜兴市国民经济主要指标

表92

	单　　位	2016年	2015年	比上年增减(%)
一、综合				
地区生产总值	亿元	1377.74	1285.66	6.7
第一产业	亿元	48.74	50.27	-3.6
第二产业	亿元	709.51	659.05	7.3
第三产业	亿元	619.49	576.34	7.0
二、工业				
(一)工业总产值	亿元	3510.60	3502.89	0.2
(二)工业销售收入	亿元	3402.75	3398.43	0.1
(三)工业利税总额	亿元	258.02	235.15	9.7
三、农业				
(一)农业总产值	亿元	86.57	89.22	-3.0
其中:农业	亿元	50.68	53.02	-4.4
林业	亿元	3.50	3.57	-2.0
牧业	亿元	7.16	7.34	-2.5
渔业	亿元	17.86	17.91	-0.3
农林牧渔服务业	亿元	7.37	7.38	-0.1
(二)粮食总产量	万吨	37.05	45.56	-18.7
其中秋粮	万吨	23.59	27.15	-13.1
(三)油料总产量	吨	5052.00	5638.00	-10.4
(四)水产品产量	吨	81256.00	79717.00	1.9
(五)蚕茧产量	吨	0.00	2.70	—
(六)茶叶产量	吨	6119.00	6331.00	-3.3
(七)水果产量	吨	21360.00	26202.00	-18.5
(八)猪年末存栏数	万头	11.19	18.71	-40.2
(九)肉猪出栏数	万头	22.60	26.68	-15.3
四、固定资产投资				
全社会固定资产投资总额	亿元	537.31	663.55	-19.0
五、国内贸易				
(一)商品销售总额	亿元	1532.94	1403.68	9.2
(二)社会消费品零售总额	亿元	556.37	506.96	9.7
六、开放型经济				
工商登记协议注册外资	亿美元	4.60	2.74	67.9

续表92

	单　　位	2016年	2015年	比上年增减(%)
到位注册外资	亿美元	1.58	2.00	-21.0
外贸进出口总额	亿美元	37.00	38.20	-3.2
其中:进口	亿美元	6.82	9.02	-24.4
出口	亿美元	30.17	29.18	3.4
七、财政				
一般公共预算收入	亿元	108.65	102.50	6.2
一般公共预算支出	亿元	117.42	109.10	7.6
八、金融保险				
金融机构本外币存款余额	亿元	1925.33	1851.72	4.0
金融机构本外币贷款余额	亿元	1401.17	1389.42	0.8
保险业务收入	亿元	47.73	42.01	13.6
保险赔款支出给付	亿元	17.51	17.11	2.3
九、社会保障				
参加基本养老保险人数	万人	34.20	33.74	1.4
参加失业保险人数	万人	27.50	27.00	1.9
参加企业职工基本医疗保险人数	万人	44.29	43.94	0.8
参加城乡居民医疗保险人数	万人	44.76	45.31	-1.2
十、物价				
居民消费价格总指数	%	101.70	101.40	—
服务项目价格指数	%	101.50	100.90	—
商品零售价格指数	%	101.50	100.60	—
农业生产资料价格指数	%	101.00	101.80	—
十一、人民生活				
城镇居民人均可支配收入	元	46092.20	42750.00	7.8
城镇居民人均生活消费支出	元	28767.20	26862.00	7.1
农村居民人均可支配收入	元	23709.30	21910.00	8.2
农村居民人均生活消费支出	元	16770.70	14999.00	11.8
十二、交通邮电				
公路客运量	万人次	7091.00	7740.00	-8.4
公路客运周转量	万人千米	66280.00	69714.00	-4.9
货运量	万吨	3811.00	3704.00	2.9
货运周转量	万吨千米	307911.00	299524.00	2.8

续表92

	单　　位	2016年	2015年	比上年增减(%)
邮政业务总收入	万元	25102.00	21711.00	15.6
电信业务总收入	万元	146428.00	151158.00	-3.1
十三、旅游				
旅游总收入	亿元	224.92	200.11	12.4
国内旅游收入	亿元	224.45	199.69	12.4
国际旅游收入	万元	4700.00	4200.00	11.9

说明：统计资料中的数据为统计局2016年12月《宜兴统计》数据，正式使用时以宜兴市统计局编发的《宜兴统计年鉴》为准；全市地区生产总值为现行价，增幅为可比价增幅

【2016年50强村排序】

1.官林镇都山村
2.丁蜀镇查林村
3.官林镇义庄村
4.丁蜀镇潜洛村
5.屺亭街道轸村村
6.湖㳇镇大东村
7.丁蜀镇紫砂村
8.张渚镇善卷村
9.高塍镇高塍村
10.丁蜀镇任墅村
11.官林镇凌霞村
12.丁蜀镇洛涧村
13.高塍镇梅家渎村
14.万石镇南漕村
15.官林镇官林村
16.杨巷镇黄家村
17.和桥镇西锄村
18.丁蜀镇西望村
19.芳桥街道金兰村
20.官林镇滨湖村
21.丁蜀镇洑东村
22.丁蜀镇双桥村
23.官林镇戈庄村
24.丁蜀镇川埠村
25.张渚镇祝陵村
26.张渚镇芙蓉村
27.官林镇桂芳村
28.丁蜀镇大港村
29.丁蜀镇塍里村
30.周铁镇分水村
31.和桥镇北庄村
32.张渚镇五洞村
33.万石镇余庄村
34.张渚镇北门村
35.官林镇笠渎村
36.湖㳇镇银湖村
37.丁蜀镇洋渚村
38.官林镇大儒村
39.官林镇丰义村
40.张渚镇龙池村
41.湖㳇镇张阳村
42.高塍镇志泉村
43.官林镇东尧村
44.屺亭街道后亭村
45.张渚镇南门村
46.官林镇南庄村
47.宜城街道南园村
48.高塍镇高遥村
49.高塍镇塍西村
50.丁蜀镇三洞桥村

【交流资料】

2016年沿海部分区(县、市)地区生产总值、工业、固定资产投资主要指标

表93　　　　单位：亿元、亿千瓦时

指标 单位	地区生产总值		工业总产值		规模以上工业				工业用电量		固定资产投资	
	2016年	比上年增减(%)	2016年	比上年增减(%)	产值	比上年增减(%)	利税	比上年增减(%)	2016年	比上年增减(%)	2016年	比上年增减(%)
宜　兴	1377.74	6.7	3510.60	0.2	2792.15	0.6	182.85	8.7	70.35	7.3	537.31	-19.0
江　阴	3083.26	7.4	6603.70	1.2	5874.66	2.8	—	—	214.41	2.9	1133.03	0.4
锡　山	708.25	7.7	1371.08	4.4	1227.42	4.2	103.47	8.4	45.93	4.0	713.88	11.5
武　进	1968.99	8.0	—	—	4672.37	7.1	439.09	12.4	144.34	-0.8	1029.41	6.0
常　熟	2112.39	7.5	4577.10	0.5	3712.16	3.0	325.73	31.3	144.18	5.4	544.91	-13.7

续表93

单位\指标	地区生产总值		工业总产值		规模以上工业				工业用电量		固定资产投资	
	2016年	比上年增减(%)	2016年	比上年增减(%)	产值	比上年增减(%)	利税	比上年增减(%)	2016年	比上年增减(%)	2016年	比上年增减(%)
张家港	2317.24	7.0	—	—	4542.04	-1.5	255.35	15.0	264.91	-1.2	724.80	-4.1
昆　山	3160.29	7.4	9093.53	1.0	8369.09	0.9	589.64	4.7	171.12	7.4	757.42	-6.6
吴　江	1628.33	7.5	3900.00	1.8	3048.56	2.5	215.92	19.3	215.91	5.1	681.02	-5.5
太　仓	1155.13	7.3	2550.26	-4.0	2040.22	1.4	213.42	15.8	81.30	5.5	465.00	-7.0
通　州	1026.66	9.3	—	—	2159.35	10.0	249.50	9.1	38.32	3.8	681.49	14.0
海　门	—	—	—	—	2086.97	10.3	—	—	25.91	3.6	613.19	8.5
启　东	881.85	9.5	—	—	1862.74	12.1	217.91	6.5	19.07	5.4	614.84	14.1
靖　江	801.75	5.7	—	—	1961.63	-4.4	—	—	26.43	-1.3	500.00	0.8
江　宁	1680.52	9.5	—	—	3002.70	1.8	400.310	-5.6	—	—	915.40	1.1
柯　桥	1239.25	3.5	—	—	3368.64	-2.9	276.18	-4.8	110.69	-8.2	746.67	12.1
萧　山	1928.57	8.6	—	—	3826.32	1.1	348.99	14.3	171.83	-1.0	1078.32	12.0
鄞　州	1380.97	5.7	3031.01	2.4	2416.97	1.6	205.05	0.8	54.54	4.8	769.88	11.1
诸　暨	1099.06	7.3	3254.44	7.4	2553.96	8.2	182.43	1.9	56.07	4.3	941.05	14.2
慈　溪	1209.42	6.5	—	—	2321.64	8.8	252.88	35.4	98.03	9.9	807.78	12.4
嘉　定	1875.90	6.9	—	—	5279.50	5.4	937.60	7.7	61.50	5.4	430.30	-4.8
青　浦	939.70	7.0	—	—	1556.90	2.5	—	—	34.20	1.2	388.80	-8.1
南　海	2411.00	8.3	6200.59	—	5686.30	7.7	—	—	168.11	5.6	1078.29	16.8
顺　德	2793.22	8.4	7368.37	7.8	6825.58	7.9	—	—	116.30	5.7	764.85	18.9
晋　江	1744.24	7.8	4321.17	8.4	3924.79	8.7	343.83	2.0	109.61	7.8	914.90	3.2

2016年沿海部分区(县、市)财政、金融、社会消费品零售额主要指标

表94

单位:亿元

单位\指标	一般公共预算收入		金融机构存款余额				金融机构贷款余额		社会消费品零售额	
	2016年	比上年增减(%)	存款余额	比上年增减(%)	住户存款	比上年增减(%)	贷款余额	比上年增减(%)	2016年	比上年增减(%)
宜　兴	108.65	6.0	1925.33	4.0	966.82	5.7	1401.17	0.8	556.37	9.7
江　阴	229.91	5.0	3624.54	16.9	1090.98	5.5	2751.37	10.7	776.05	10.1

续表94

单位＼指标	一般公共预算收入		金融机构存款余额				金融机构贷款余额		社会消费品零售额	
	2016年	比上年增减(%)	存款余额	比上年增减(%)	住户存款	比上年增减(%)	贷款余额	比上年增减(%)	2016年	比上年增减(%)
锡　山	72.24	9.1	955.66	6.4	421.66	9.9	802.47	1.6	164.65	10.8
武　进	147.52	5.1	2453.34	13.5	—	—	1839.03	19.5	530.73	10.6
常　熟	173.58	10.1	2913.64	11.9	1206.70	8.4	3262.72	10.9	740.78	9.6
张家港	190.00	9.1	2632.06		1031.40	—	2044.19	—	535.16	8.1
昆　山	318.92	12.0	4122.91	18.4	1169.90	11.0	2789.70	18.7	815.04	14.0
吴　江	165.25	12.1	2319.40	8.0	—	—	2337.30	5.4	467.66	10.7
太　仓	127.71	11.5	1440.09	9.8	529.29	8.0	1255.13	7.6	287.31	8.5
通　州	74.68	−7.4	1420.34	13.5	859.89	7.0	748.88	10.4	341.12	10.9
海　门	72.41	−7.6	1379.13	17.4	770.73	9.8	825.88	19.1	344.60	10.8
启　东	71.03	−7.6	1248.54	15.2	771.40	7.4	712.78	9.4	324.57	10.8
靖　江	58.93	−12.4	1011.36	16.7	475.01	9.1	718.21	10.3	177.24	11.2
江　宁	210.20	9.7	2290.63	16.3	718.77	8.6	1404.77	30.5	469.40	11.6
柯　桥	106.02	8.1	1743.64	7.3	816.89	6.9	1223.33	−1.5	260.91	11.8
萧　山	195.16	21.9	3534.57	8.0	1450.77	9.8	3013.19	3.6	635.04	10.7
鄞　州	207.78	9.4	2102.83	9.2	—	—	1835.34	6.2	556.85	11.8
诸　暨	71.59	0.3	1249.89	4.5	717.14	11.6	1193.13	−0.4	395.20	11.6
慈　溪	132.10	17.4	1868.31	6.6	—	—	1787.32	−2.9	518.88	8.7
嘉　定	227.30	18.8	2604.30	17.5	1184.90	9.1	1227.30	10.2	989.50	13.4
青　浦	160.20	27.8	1537.00	16.2	644.90	9.4	803.20	8.8	538.70	10.0
南　海	203.34	9.6	4724.90	8.6	2404.69	8.0	2842.29	12.4	967.88	10.7
顺　德	201.90	7.7	3943.96	15.3	2270.90	8.6	2813.22	3.0	975.45	11.2
晋　江	120.68	3.0	1521.60	6.2	805.80	6.2	1291.83	11.7	588.28	9.1

2016年沿海部分区(县、市)外贸出口额、到位注册外资指标

表95

单位：亿元、万美元

单位＼指标	外贸出口额		到位注册外资		单位＼指标	外贸出口额		到位注册外资	
	2016年	比上年增减(%)	2016年	比上年增减(%)		2016年	比上年增减(%)	2016年	比上年增减(%)
宜　兴	301749	3.4	15817	−21.0	靖　江	193561	7.1	2290	−91.1

续表95

单位 \ 指标	外贸出口额		到位注册外资		单位 \ 指标	外贸出口额		到位注册外资	
	2016年	比上年增减(%)	2016年	比上年增减(%)		2016年	比上年增减(%)	2016年	比上年增减(%)
江　阴	1197542	-3.9	105509	4.4	江　宁	745094	-6.1	78755	11.8
锡　山	335469	-1.4	35052	4.9	柯　桥	951680	-8.7	18299	-20.9
武　进	683574	1.3	85037	15.3	萧　山	897135	-2.1	155159	7.0
常　熟	1335629	-8.6	63004	-21.7	鄞　州	1204655	-1.8	49172	-9.2
张家港	1420200	—	60000	—	诸　暨	408936	-0.2	24013	19.9
昆　山	4632104	-13.9	89626	-18.3	慈　溪	877513	-1.8	48547	-32.8
吴　江	1401994	-2.8	61600	-36.5	嘉　定	—	—	—	—
太　仓	542970	-13.9	56057	11.9	青　浦	—	—	41693	—
通　州	336874	6.7	—	—	南　海	997000	-10.2	65194	-24.5
海　门	357864	152.3	31717	21.6	顺　德	2059000	-0.5	44096	-52.6
启　东		—	—	—	晋　江	757548	-8.4	54600	4.9

（市统计局）

编辑　吴建群

便民信息

【宜城城区公办幼儿园服务区安排】

宜城城区公办幼儿园服务区安排

表96

幼儿园名称	服务区（社区、村）	备　注
实验幼儿园	唐公、宝东、宝塔、袁桥	—
湖滨实验学校附幼	谈家干、城北	城北社区为湖滨实验学校附幼和城中实小附幼的共同服务区
城西小学附幼	徐坝、巷头、曲坊	—
阳羡幼儿园	阳羡、北虹、东虹、宜北	—
阳泉幼儿园	阳泉	—
艺术幼儿园	下漳、长新	下漳社区为艺术幼儿园和宜城幼儿园的共同服务区；长新社区为艺术幼儿园、宜城幼儿园和二实小附幼的共同服务区

续表96

幼儿园名称	服务区(社区、村)	备 注
宜城幼儿园	茶东、和平、新华、长新、下漳	下漳社区为艺术幼儿园和宜城幼儿园的共同服务区;长新社区为艺术幼儿园、宜城幼儿园和二实小附幼的共同服务区
荆溪小学附幼	土城、荆溪	—
城南实小附幼	东山、文峰	含谢桥新村、龙背山庄、南郊花园;东山社区为城南实小附幼和进修幼儿园的共同服务区
城中实小附幼	民主、城南、大同、城北	城北社区为湖滨实验学校附幼和城中实小附幼的共同服务区
实验小学东校区附幼	城东	含钱墅人家、王婆村、新源城市花园、景湖人家(庆源大道以南、唐芳路以西)
进修幼儿园	碓坊、岳堤、东山	东山社区为城南实小附幼和进修幼儿园的共同服务区
二实小附幼	沧浦、荆东、溪隐(含原荆南)、长新	长新社区为艺术幼儿园、宜城幼儿园和二实小附幼的共同服务区

(市教育局2017年6月公布)

【宜兴市城区小学、初中施教区划分方案】

一、小学

1.实验小学

实验小学本部:袁桥、下漳和长新三个社区。

实验小学东校区:城东社区,城东村、东郊村、王婆村,东郊一期、东郊二期,钱墅人家、新源城市花园、景湖人家(庆源大道以南、唐芳路以西)。

2.城中实验小学:民主社区、和平社区(除原茶西居委)、城南社区(迎宾路以北)。

3.城南实验小学:文峰社区、碓坊社区、东山社区(华兴路以西),岳堤社区中的富丽花苑、教工新村、夏圩,南郊花园、龙背山庄、谢桥新村。

4.第二实验小学:荆南、荆东、溪隐三个社区,东山社区(华兴路以东),溪隐府,东山、溪隐、沧浦、南园、山林五个村。

5.荆溪小学:荆溪、土城、茶东、城南(迎宾路以南)、岳堤五个社区,和平社区中原茶西居委。

6.城北小学:大同、新华(除原常胜居委)、北虹(除原水上居委)、宜北四个社区及宜北村、原宜城水产村。

7.阳羡小学:阳羡、新华(仅指原常胜居委)、东虹、宝塔、北虹(仅指原水上居委)五个社区及宝塔村、东虹村。

8.东域小学:宝东、唐公两个社区及久隆碧云花园,东郊和城东两村拆迁至紫竹花园的,东梅村、花圩村。

9.陶城小学:阳泉、曲坊两个社区。城北社区中氿滨大道以东区域,巷头社区(除原徐坝村)。

10.湖滨实验学校:徐坝、谈家干两个社区及徐坝村、轸村拆迁至两个社区的,巷头社区中原徐坝村,城北社区中团氿花园、金三角小区。

11.广汇小学:广汇社区及轸村、徐坝村、边庄村、文庄村、东梅村、花圩村、杏里村拆迁至广汇社区的。

12.环科园小学:绿园、南河、铜峰、南岳、谢桥、梅园、氿南7个社区。

二、初中

1.实验中学:民主、溪隐、荆南、荆东、东山、岳堤、碓坊、荆溪、土城、城南、文峰11个社区,南郊花园、龙背山庄,城南村、碓坊村、东山村、溪隐村、沧浦村、谢桥村、南园村、山林村8个村,环科园绿园、南河、铜峰、南岳、谢桥、梅园、氿南7个社区。

2.外国语学校:和平、新华、大同、茶东、长新、下漳、宝东、东虹、阳羡、宝塔、北虹、宜北(宜北河南)、唐公、袁桥、阳泉(人民路东)、城东16个社区,城东村、花圩村、东梅村、东郊村,东郊一期、东郊二期,钱墅人家(仅限原户口在城区的经济适用房户)。

3.树人中学:城北、阳泉(人民路西)、曲坊、巷头、徐坝、谈家干、广汇、宜北(宜北河北)8个社区,轸村、徐坝村、边庄村、文庄村、东梅村、花圩村、杏里村拆迁至广汇社区的,徐坝村、轸村拆迁至徐坝、谈家干社区的。

(市教育局2017年6月公布)

《宜兴年鉴(2017)》部分缩略语、专用词语注释

三解三促

了解民情民意、破解发展难题、化解社会矛盾,促进干群关系融洽、促进基层发展稳定、促进机关作风转变。

三大三送

大走访、大调研、大宣传,送政策、送服务、送温暖。

三学三强

学党章党史,强党性;学政策理论,强素质;学实用技术,强技能。

四讲四有

讲政治、有信念,讲规矩、有纪律,讲道德、有品行,讲奉献、有作为。

四个全面

全面建成小康社会、全面深化改革、全面依法治国、全面从严治党。

“五位一体”总体布局

党的十八大报告指出,建设中国特色社会主义,总体布局是经济建设、政治建设、文化建设、社会建设、生态文明建设五位一体。

五大发展理念

中国共产党第十八届中央委员会第五次全体会议强调,实现“十三五”时期发展目标,破解发展难题,厚植发展优势,必须牢固树立并切实贯彻创新、协调、绿色、开放、共享的发展理念。

选举“两推一选”

党员推荐、群众推荐,党内选举。

“三强一好”非公企业创建

党建强、人才强、发展强,形象好。

人大“两级载体、两项制度”

人大代表之家、人大代表工作室两级履职载体,代表接待选民、代表向选民述职两项履职制度。

政治协商“三在前、三在先”要求

协商在党委决策之前、人大通过之前、政府实施之前,真正做到先协商后决策、先协商后通过、先协商后实施。

纪委“责任双报”

各级党委和纪委每半年向市委和市纪委报告落实主体责任和监督责任情况,市纪委每半年向市领导通报分管(联系)单位纪检监察信访、案件查处情况。

纪委“监督双谈”

市委主要负责人与领导班子成员、下级党政主要负责人每年至少进行一次廉政谈话,市纪委书记与下级党政主要负责人和下级纪委负责人每年至少进行一次约谈。

团市委“六个一”

上好一堂法制教育课,组织到法院少年庭和市看守所接受一次警示教育,现场看一次图片展,开展一次法律知识竞赛,举行一次向不良行为告别签名活动,写一篇接受法制教育后的学法用法心得体会。

团市委“四覆盖五整合六推进”

覆盖重点规模企业、覆盖国有企业、覆盖科创型及小微企业、覆盖外资企业,整合党政资源、整合企业资源、整合社区资源、整合园中园资源、整合人才资源,推进服务青年成长、推进服务青年成才、推进服务青年成家、推进团的区域化建设、推进团的阵地建设、推进团的自身建设。

八礼四仪

仪表之礼、仪式之礼、言谈之礼、待人之礼、行走之礼、观赏之礼、游览之礼、餐饮之礼,入学仪式(7岁)、成长仪式(10岁)、青春仪式(14岁)、成人仪式(18岁)。

九严禁

严禁拉帮结派,严禁拉票贿选,严禁买官卖官,严禁跑官要官,严禁造假骗官,严禁说情打招呼,严禁违规用人,严禁跑风漏气,严禁干扰换届。

基层党组织、党员“双评议”制度

镇(街道)党(工)委、党员评议村级党组织,村级党组织、群众评议党员。

党员“8+2”制度

“8”是指发展党员计划申报审批制度、“四双”制度、全程纪实制度、资格审核制度、知识答辩制度、党性锻炼制度、质量评估制度和责任追究制度;“2”是指《发展党员工作流程图》和《发展党员全程纪实表》。

干部调配“四重五凭六看”

“四重”,即重品德、重实绩、重基层、重公认;“五凭”,即凭党性、凭作风、凭能力、凭业绩、凭口碑;“六看”,即看德才、看担当、看民意、看潜力、看人岗相适、看结构需要。

“三个一线”挂职锻炼

发展一线、民生一线、稳定一线。

干部“三龄两历一身份”

“三龄”即干部的年龄(出生日期)、工龄(参加工作时间)和党龄(入党时间);“两历”即干部的学历和经历;“一身份”指是否具备干部(公务员/事业性质干部)身份。

国家“千人计划”

海外高层人才引进计划。围绕国家发展战略目标,从2008年开始,在国家重点创新项目、学科、实验室以及中央企业和国有商业金融机构、以高新技术产业开发区为主的各类园区等,引进2000名左右人才并有重点地支持一批能够突破关键技术、发展高新产业、带

动新兴学科的战略科学家和领军人才来华创新创业。

江苏省“333”工程

培养30名左右研究成果具有国际先进、国内领先水平的国家级科学家、工程技术专家和理论家，培养300名左右具有省内领先水平的省级优秀人才，培养3000名左右成绩显著的市级优秀人才。

151培育计划

每年培育“人才强企”先进单位10个、“人才强企”重点培育单位50个、“人才强企”后备单位100个。

柔性教授博士

柔性教授博士即柔性引进教授博士，是指打破地域、档案等人才流动中的刚性制约，在不改变和影响人才与所属单位人事关系的前提下，适应市场经济和人才社会化发展要求的政府引导、市场调节、契约管理的非本地户籍人才的人才引进方式。

林分

森林的内部结构特征。即树种组成、森林起源、林层或林相、林型、林龄、地位级、出材量及其他因子大体相似，并与邻近地段又有明显区别的森林地段。

“五要五不准”粮食收购守则

要敞开收购，随到随收，不准折腾农民；要公平定等，准确计量，不准克扣农民；要依质论价，优质优价，不准坑害农民；要现款结算，不打白条，不准算计农民；要优质服务，排忧解难，不准怠慢农民。

农村环境长效管理“四位一体”模式

涵盖集镇、道路、河道、村庄四大区域的保洁新机制。

财政“三公”经费

财政拨款支出安排的出国（境）费、车辆购置及运行费、公务接待费。

“五保”对象

农村中无劳动能力、无生活来源、无法定赡养扶养义务人或虽有法定赡养扶养义务人，但无赡养扶养能力的老年人、残疾人和未成年人。

环保“三同时”

建设项目中防治污染的设施与主体工程同时设计、同时施工、同时投产使用。

四小行业

小理发美容店、小旅店（旅社、招待所）、小浴室（含洗浴、沐足）、小歌舞厅（含歌厅、舞厅、影剧院及娱乐场所等）。

烟花爆竹“两关闭、三严禁”

关闭存在“下店上宅”“前店后宅”等形式与居民居住场所设置在同一建筑物内的零售点，关闭与人员密集场所和重点建筑物安全距离不符合条件、集中连片经营、在超市内销售、未按规定专店（或专柜）销售的零售点；严禁销售超标、违禁、专业燃放类产品或非法产品，严禁在许可证载明的经营场所外存放烟花爆竹，严禁超许可证载明限量存放烟花爆竹。

职业健康安全“三同时”

一切新建、改建、扩建的基本建设项目（工程）、技术改造项目（工程）、引进的建设项目，其职业安全卫生设施工程必须符合国家规定的标准，必须与主体工程同时设计、同时施工、同时投入生产和使用。

安全治理“六大机制”

责任机制、教育机制、制度保障机制、监督制约机制、惩戒机制、预警机制。

工程开工“五个必须”

施工现场必须围挡、场内道路必须硬化、散装物料堆放必须苫盖，出入工地车辆必须冲洗、拆迁工地必须洒水降尘。

体育产业“一核两带四区”

一核即以宜兴市区形成体育产业创新发展核，两带即沿湖体育产业带、沿森林公园产业带，四区即南部体育旅游休闲片区、东部体育文化体验片区、北部先进体育制造片区、城郊体育康复休闲片区。

基本公共卫生服务项目“三位一体”

以基层医疗卫生机构为主体、区域综合医院及专业公共卫生机构为协同的“三位一体”综合防控体系。

艾滋病“四免一关怀”

农村居民和城镇未参加基本医疗保险等医疗保障制度的经济困难人员中的艾滋病病人，可到当地卫生部门指定的传染病医院或设有传染病区（科）的综合医院服用免费的抗病毒药物，接受抗病毒治疗；所有自愿接受艾滋病咨询和病毒检测的人员，都可在各级疾病预防控制中心和各级卫生行政部门指定的医疗等机构，得到免费咨询和艾滋病病毒抗体初筛检测；对已感染艾滋病病毒的孕妇，由当地承担艾滋病抗病毒治疗任务的医院提供健康咨询、产前指导和分娩服务，及时免费提供母婴阻断药物和婴儿检测试剂；地方各级人民政府要通过多种途径筹集经费，开展艾滋病遗孤的心理康复，为其提供免费义务教育。国家对艾滋病病毒感染者和患者提供救治关怀，各级政府将经济困难的艾滋病患者及其家属，纳入政府补助范围，按有关社会救济政策的规定给予生活补助；扶助有生产能力的艾滋病病毒感染者和患者从事力所能及的生产活动，增加其收入。

公共文化服务“六个有”

有1个特色文化活动品牌，有1名专职文化辅导员，有3支以上的特色文艺团队，有5次以上的村级文化培训，有6个以上的免费开放项目，开展8次以上广场文体活动。

刑释解教“三类人员”

少数确有危害社会和重新违法犯罪倾向的Ⅰ类人员;因生活困难、无亲友等原因可能成为影响社会稳定不安定因素的Ⅱ类人员;生活较为安定,犯罪主观恶意及社会影响不大,而且有着较为稳定生活来源的Ⅲ类人员。

监狱“四大载体”

推进监区规范化建设、民警队伍素质提升、劳动改造提档升级三个三年行动计划和监狱信息化智能应用工程。

军事“四室四库”

即作战室、作战值班室、战备资料室、兵器室和战备器材库、战备图库、作战数据库、非战争军事行动器材库。

军事“四网四监控”

即互联网、军事综合信息网、水文气象专网、电子政务网和重要目标监控、交通监控、营区监控、兵器室监控。

宜兴市部分机构全称、简称对照

宜兴市部分机构全称、简称对照

表97

全　称	简　称	全　称	简　称
宜兴市人民代表大会常务委员会	市人大	中国人民政治协商会议宜兴市委员会	市政协
宜兴市人民代表大会常务委员会办公室	市人大办	中国人民政治协商会议宜兴市委员会办公室	市政协办
中国共产党宜兴市纪律检查委员会	市纪委	中国人民解放军江苏省宜兴市人民武装部	市人武部
中国共产党宜兴市委员会统一战线工作部	市委统战部	中国共产党宜兴市委员会农村工作办公室	市委农办
中国共产党宜兴市委员会市级机关工作委员会	市级机关党工委	中国共产党宜兴市委员会台湾工作办公室	市委台办
中国共产党宜兴市委员会老干部局	市委老干部局	中国共产党宜兴市委员会机要保密局	市委保密局
宜兴日报社	报社	宜兴市史志办公室	市史志办
中国共产主义青年团宜兴市委员会	团市委	宜兴市妇女联合会	市妇联
宜兴市科学技术协会	市科协	宜兴市归国华侨联合会	市侨联
宜兴市文学艺术界联合会	市文联	宜兴市残疾人联合会	市残联
宜兴市工商业联合会	市工商联	宜兴市发展和改革委员会	市发改委
宜兴市经济和信息化委员会	市经信委	宜兴市安全生产监督管理局	市安监局
宜兴市科学技术局	市科技局	宜兴市人力资源和社会保障局	市人社局
宜兴市机构编制委员会办公室	市编办	宜兴市文化广电新闻出版局	市文广新局
宜兴市市场监督管理局	市市场监管局	宜兴市人口和计划生育委员会	市计生委

续表97

全　　称	简　　称	全　　称	简　　称
宜兴市旅游园林管理局	市旅游局	宜兴市人民政府法制办公室	市法制办
宜兴市城市管理局	市城管局	宜兴市公用事业管理局	市公用事业局
宜兴市住房保障和房产管理局	市住房局	宜兴市人民防空办公室	市人防办
宜兴市口岸办公室	市口岸办	宜兴市商贸资产管理公司	市商贸公司
宜兴市烟草专卖局	市烟草局	华东宜兴抽水蓄能有限公司	宜蓄公司
中国电信股份有限公司宜兴分公司	宜兴电信公司	中国移动通信集团江苏有限公司宜兴分公司	宜兴移动公司
中国联合网络通信有限公司宜兴市分公司	宜兴联通公司	宜兴市盐务管理局	市盐务局
宜兴出入境检验检疫局	宜兴检验检疫局	中国宜兴环保科技工业园	环科园
宜兴经济技术开发区	开发区	无锡工艺职业技术学院	无锡工艺学院
宜兴市关心下一代工作委员会	市关工委	宜兴市生态文明研究与促进会	市生态文明研促会
宜兴市老区开发促进会	市老促会	宜兴市人民政府金融工作办公室	市金融办
中国银行业监督管理委员会无锡监管分局宜兴办事处	宜兴银监办	中国人民银行宜兴市支行	人行宜兴市支行
中信银行股份有限公司宜兴支行	中信银行宜兴支行	中国工商银行股份有限公司宜兴支行	工行宜兴支行
中国农业银行股份有限公司宜兴市支行	农行宜兴市支行	中国银行股份有限公司宜兴支行	中行宜兴支行
中国建设银行股份有限公司宜兴支行	建行宜兴支行	中国农业发展银行宜兴市支行	农发行宜兴市支行
交通银行股份有限公司宜兴支行	交行宜兴支行	招商银行股份有限公司宜兴支行	招商银行宜兴支行
上海浦东发展银行股份有限公司宜兴支行	浦发银行宜兴支行	兴业银行股份有限公司宜兴支行	兴业银行宜兴支行
江苏宜兴农村商业银行	宜兴农商行	中国人民财产保险股份有限公司宜兴支公司	中国人保宜兴支公司
中国人寿保险股份有限公司宜兴支公司	中国人寿宜兴支公司	中国太平洋财产保险股份有限公司宜兴支公司	太平洋财险宜兴支公司
中国太平洋人寿保险股份有限公司宜兴支公司	太平洋寿险宜兴支公司	—	—

2017年年鉴工作先进

【先进个人】

潘娉娉	周　健	周晓东	丁治国	李逸萍	强　倍
陈　啸	吴　笛	刘虹君	王伟平	王婷婷	蒋　霄
杨若凌	章　鹤	高耐洪	张东红	王明康	蒋　昱
黄　瑜	王业达	蒋　励	韩　进	颜婧烨	孙　夏
李梦姣	许　健	徐佳宁	金　晶	吕俊昌	梅　玲

【优秀专文、分目、条目】

名　称	类别	作　者	责任编辑	页码
万众一心　奋起抗灾　宜兴抵御历史最大洪涝灾害	专文	屠飞翔	吴　艳	1
金融业·综述	分目	朱建平　孙响娟	解丽莉	153
政法工作·综述	分目	史可茜	吕　浩	266
“陶都英才”政策新体系初步搭建	条目	周　健	吴　艳	73
丁蜀镇行政管理体制改革试点工作通过验收	条目	吴　伟	叶　绿	84
“颂歌献给党，立志跟党走”主题教育	条目	倪锦豪	解丽莉	106
环保黑马营晋升为国家级众创空间	条目	丁治国	吕　浩	127
竹海风景区入选国家水利风景区	条目	蒋　艺	吕　浩	151
房地产业·综述·概述	条目	周晓东　刘虹君	吴　艳	162
商贸流通·综述·概述	条目	陈　康	王　雅	172
种植业·概述	条目	章　鹤	张璐瑶	184
全国唯一的农民合作社内部信用合作试点通过验收	条目	蒋竹蔚	张璐瑶	192
治太保源·概述	条目	林志军	叶　绿	228
教育·综述·概述	条目	王伟平	王　雅	233
国家体育产业示范基地通过验收	条目	张东红	王　雅	258
渔民上岸安居工程完成	条目	刘虹君	朱　敏	279
居家养老服务载体建设	条目	蒋志才	朱　敏	286
村居委会换届选举完成	条目	虞　婧	朱　敏	290
乡村旅游产业崛起	条目	周胜薇	张璐瑶	309
社区建设“协商民主”模式探索	条目	蒋　霄	吴建群	332
生态文明建设	条目	蒋　昱	吴建群	335

《宜兴年鉴(2017)》审稿人员名单

（按姓氏笔画为序）

丁建平	马才军	马国华	马南新	王学君	王春南	王　勇	王继青
史成飞	史伟平	史伟明	史旭辉	史俊棠	史黎辉	丛伯群	师　晔
吕旭明	朱　伟	刘俊尧	刘培珍	许红霞	许明亮	苏　冉	杨南华
吴　旭	吴志良	吴　林	吴春祥	邱远远	何祖伟	何　涛	应和君
闵曲成	沈　健	沈鹰峰	宋立勤	张益强	张涛	陆海华	陈　仪
周水仙	周光明	周叔军	宗占君	宗伟方	赵菊明	钮颂坚	俞　军
贾　俊	夏红军	钱卓军	钱　靖	徐早其	徐　洟	徐　震	谈　超
黄　力	黄立明	黄维正	彭福友	董国强	蒋永祥	蒋　欢	蒋志刚
蒋杰敏	蒋　波	蒋洪法	蒋震平	程　伟	储锡峰	舒志超	温秀芳
褚亚南	戴亚芳						

索 引
INDEXES

条目(表格)索引

说 明

1.本索引采用主题分析法编制,按汉语拼音顺序排列,同音字按声调排列,声调相同按下一字的音序排列。

2.标目后数字为页码,字码a为左栏,b为中栏,c为右栏。

3.索引设有条目(表格)索引、随文插图索引两部分。

A

B

C

D

E

F

G

H

J

K

L

M

N

P

Q

R

S

T

W

X

Y

Z

图片索引

A

B

C

D

F

G

H

G

L